**실전**

# 육임신과

이론편

실전

# 육임신과

## 이론편

육임학 전문가 **김갑진** 편저

보고사
BOGOSA

# 序文

옛 성현들께서는 방대한 동양역술학에 대해 아래와 같이 요약하여 말씀하셨다.

上通天文之學은 太乙數요
<sub>상 통 천 문 지 학</sub> <sub>태 을 수</sub>

下察地理之學은 奇門遁甲이고
<sub>하 찰 지 리 지 학</sub> <sub>기 문 둔 갑</sub>

中通人義之學은 六壬神課다.
<sub>중 통 인 의 지 학</sub> <sub>육 임 신 과</sub>

상기의 "奇, 乙, 壬"은 三式 또는 三數라 하여, 고대 중국에서는 역술학에 뜻을 든 사람들은 반드시 이 세 가지 학문을 섭렵해야 만이 역술학 통달의 경지에 오를 수 있다고 여겼던 것이다. 현대 사회는 고도화된 과학문명과 더불어 정보 및 지식 문야에서 최첨단으로 발달해있는 사회이지만, 반면에 모든 것을 豫斷할 수 없는 불확실성의 시대이기도 한다. 따라서 미래사에 대한 불안감과 다가올 운명에 대한 어떤 대책도 세울 수 없는 無力함이, 종종 사람들을 驚惶된 상태로 끌고 가기도 하는 것이 또한 현실이기도 하다.

"人事가 萬事"라는 말이 있듯이, 예나 지금이나 세상사는 모두 사람으로 인해 비롯된 것이다. 天命을 다루는 "四柱命理學"이 있고, 타고난 운명을 바꿔보고자 하는 "奇門遁甲"이 있고, 사안에 대한 성패와 길흉을 점단해보는 "六壬神課"가 있는데, 人事가 무엇보다 중요하게 대두되는 현대의 고도산업사회에서는 "六壬神課"란 학문이 다른 무엇보다도 더욱 더 주시 받게 되는 사유이기도 하다.

六壬神課와 연관하여 "應驗如神"이란 말이 종종 거론되고 있다. 매사 길흉과 성패를 알고 싶은 사안의 점단에서 應驗함이 神과 같다는 뜻으로 그만큼 적중률이 뛰어나다는 말이기도 하다. 옛 성현들께서 우리 후손들에게, 실패하지 않는 인생을 살아가도록, 또한 무리수를 두지 않고 현명하게 살아가도록, 그리고 복잡다단한 현대사회에서 올바른 판단을 내릴 수 있도록, 이런 귀중한 학문을 남겨놓았지만,

정작 현대의 우리들은 誠心誠意로 받아들이지 못하고 있으니 안타까운 것이다.

泰山不讓土壤하여 故能成其大하고
태산은 한줌의 흙도 버리지 않아야 큰 산을 이루게 되는 것이고,

河海不擇細流하여 故能就其深하며
하해는 작은 물줄기라도 마다하지 않아야 그 깊음을 이루게 되는 것이고,

王者不卻衆庶하여 故能明其德이라
왕자는 온갖 부류의 사람들을 마다하지 않아야 그 덕을 밝히게 되는 것이다.

상기 글은 중국 秦의 始皇帝 때 법가사상을 표방했던 李斯가 시황제의 逐客令에 대해 諫하고저 올린 〈諫逐客書〉의 한 대목이다. 필자는 상기 글을, 사회 지도층의 사람들에게만 해당되는 것이 아니라, 역술학을 공부하는 사람들이 자신의 학문만이 최고라는 아집에서 벗어나, 넓고 깊게 여러 학문을 섭렵하여 장단점을 취하라는 뜻으로도 조심스럽게 해석해보기도 한다.

젊은 시절, 상원암에서 高王, 法印 두 분 선사님들을 모시고 이 학문을 공부할 때, 늘 상 저에게 열심히 이 학문을 배워, 두루 세상에 이로운 사람이 되라고 말씀하시곤 하셨는데, 우둔하여 아직도 이 학문과의 연을 끊지 못하고 있으니 "日月은 逝矣라 歲不我延"이란 朱子의 勸學文의 한 구절이 더욱 가슴에 와 닿는다.

六壬神課 역시 방대한 학문이다. 古今의 여러 문헌들을 탐구하며 정리정돈을 하고, 또한 틈나는 대로 실전에 적용해 보는 과정에서, 적중되지 않는 이론들과 비교적 정확하게 규명되지 않는 학설들은 배제하였으며, 古今의 占斷 실증사례들을 취합하여 이론과 접목시켜 실전에 두루 활용할 수 있도록 하여, 후학들이 보다 쉽게 이 학문에 접근하고, 보다 나은 학문적 성과를 이루고, 우리나라 역술학 발전에 일익이라도 담당했으면 하는 소박한 마음으로 저술에 임한 것이다, 세상 모든 학문이 그렇지만, 특히 東洋五術學은 一心과 忍耐와 熱情 없이는 더욱 깨우치기가 난해하고 어려운 학문이니, 각고의 노력으로 보다 높은 학문적 경지에 이르기를 바랄 따름이다.

지난 "실전사주비결 1, 2, 3권"과 "실전 기문둔갑"에 이어 금번 "실전육임신과"까지 비인기 서적이지만 출판을 허락해주신 보고사출판사 김흥국 사장님과 출판까지 세세하게 도움을 주신 직원 여러분들께도 심심한 감사의 말씀을 전하며, 그동안 저술 과정을 묵묵히 지켜보고 응원해주신 연로하신 어머님과 가족들에게도 다시 한번 감사의 마음을 전하며 글을 마친다.

－戊戌年 子月－

帝釋 拜上

# 목차

# 역술학 연원 개략易術學 淵源 槪略

| 時代 | 著者 | 著書 | 內容 |
|---|---|---|---|
| 三皇 | 伏羲氏 | 河圖論 | 伏羲 四卦론. 河圖論 創案 |
| 五帝 | 皇帝(軒轅氏) | 皇帝內.外經 | 九天의 玄女에게 十干 十二支 받음<br>太乙.奇門.六壬의 三式 받음 |
| | 帝堯(요임금) | | 六十甲子를 완성 |
| 夏나라 | 禹(우)임금 | 洛書論 | 洛書論 창안. |
| 周나라 | 文王 | 八卦論 | 文王八卦 창안<br>太乙.奇門.六壬 이론 완성 |
| | 呂尙(姜太公) | 六韜三略 | 奇門과 六壬을 응용한 兵法서 |
| 春秋時代 | 孔子 | | 周易 체계 완성. |
| 戰國時代 | 珞琭子.鬼谷子 | 鬼谷秘訣 | 합종과 연형책의 소진.장의 사부<br>奇門遁甲 응용편 |
| 漢 | 張良 | | 奇門과 六壬의 응용 이론 |
| | 董仲舒.司馬李<br>東方朔.嚴君平 | | 漢代의 정치가 겸 책략가 |
| 三國時代 | 管輅.晋有郭<br>璞北齊.有魏定 | | 占術家 및 策略家 |
| | 諸葛亮 | 奇門遁甲<br>通宗大典 | 蜀漢의 정치가 겸 책략가 |
| 唐 | 李靖 | 遁甲萬一訣 | 책략가 겸 역술학자 |
| | 李筌 | 天一遁甲經 | 책략가 겸 역술학자 |
| | 李淳風<br>遠天綱 | 萬法歸宗 | 唐代의 뛰어난 정치가 겸<br>역술학자 |
| | 一行禪師 | 大衍曆 | 천문학자 |
| | 李虛中 | 李虛中命書 | 年柱의 納音으로 運命判斷 |
| | | 玉井訣 | 日干爲主의 논설 |
| 宋 | 陳搏(希夷) | 紫微斗數 | 麻衣道士 弟子. 宋太祖 등극<br>예언 |
| | 陳搏.邵康節 | 河洛理數 | 河圖와 洛書의 이론 체계적 정리 |
| | 徐升(子平) | 淵海子平 | 日干을 중심으로 四柱體系 定立 |

| 時代 | 著者 | 著書 | 内容 |
|---|---|---|---|
| | 楊愉德 | 景祐太乙福應經 | 정치가 겸 역술학자 |
| | | 景祐六壬神定經 | |
| | | 景祐遁甲符應經 | |
| | 岳 珂 | 奇門遁甲元機 | |
| | 趙 普 | 烟波釣叟歌 | 기문둔갑의 체계 및 정리 |
| 元 | 耶律楚材 | 千官經 | 五星書 |
| | 劉秉忠 | 奇門秘竅 | 기문둔갑 이론서 |
| | 張 果 | 果老星宗 | 五星書의 일종 |
| 明 | 茅元義 | 武備志 奇門玄覽 | 기문둔갑 술수학 |
| | 張 楠(神峯) | 命理正宗 | 淵海子平의 誤謬 바로잡음 |
| | 萬育吾 | 三命通會 | 諸神煞 定理가 優秀 |
| | 劉基(伯溫) | 滴天髓 | 四柱命理學의 最高峰이라 함 |
| | | 奇門遁甲 秘笈全書 | 明나라 개국공신으로 奇門遁甲의 체계화된 정리 및 응용이론 확립 |
| | | 陽宅遁甲圖 | |
| | | 燒餠歌 | |
| | | 金面玉掌記 | |
| | 陣素菴 | 滴天髓輯要 | |
| | 저자미상 | 窮通寶鑑 | 欄江網. 調候를 適用 用神 찾기 |
| 清 | 甘霖時 | 奇門一得 | 기문둔갑 술수학 |
| | 釋孟槼 | 奇門法竅 | 기문둔갑 술수학 |
| | 沈孝瞻 | 子平眞詮 | 四柱命理의 格局이론 정리 |
| | | 命理約言 | |
| | 任鐵樵 | 滴天髓闡微 | 滴天髓에 註釋 |
| 近.現代 | 徐樂吾 | 滴天髓徵義 | 陣素菴선생의 주석부분 삭제 |
| | | 滴天髓補註 | |
| | | 子平粹言 | |
| | 遠樹珊 | 命理探原 | |

| 時代 | 著者 | 著書 | 内容 |
|---|---|---|---|
| | | 命 普 | |
| | 韋千理 | 命理講義 | |
| | | 八字提要 | |
| | 何建忠 | 八字心理學 | |
| | 吳俊民 | 命理新論 | |
| | 花提館主 | 命理新義 | |
| 韓國<br>(朝鮮祖) | 無學大師 | 無學秘訣 | 예언서. 지리서 |
| | 徐敬德(花潭) | 洪烟眞訣 | 東國奇門(中國奇門을 我東邦에 맞게 洪<br>局과 烟局으로 구분 체계 세움) |
| | 南師古 | 格菴遺錄 | 비결서 |
| | 金 緻 | 深谷秘訣 | 紫微斗數를 심층 연구한 저서.<br>조선중기 인조 등극을 예언. |
| | 李之菌(土亭) | 月影圖<br>土亭秘訣 | 洪烟眞訣의 이론 발전시킴 |
| 韓國 | 自彊 李錫映 | 四柱捷徑 6권 | 상담을 통해 사주를 정리연구 총6권 |
| | 陶溪 朴在玩 | 命理要綱 | 命理講義를 연구하여 지은 이론서 |
| | | 命理辭典 | 韋千里의 八字提要를 飜譯 日支論을 첨<br>부하여 지음 |

제1편

# 입문入門

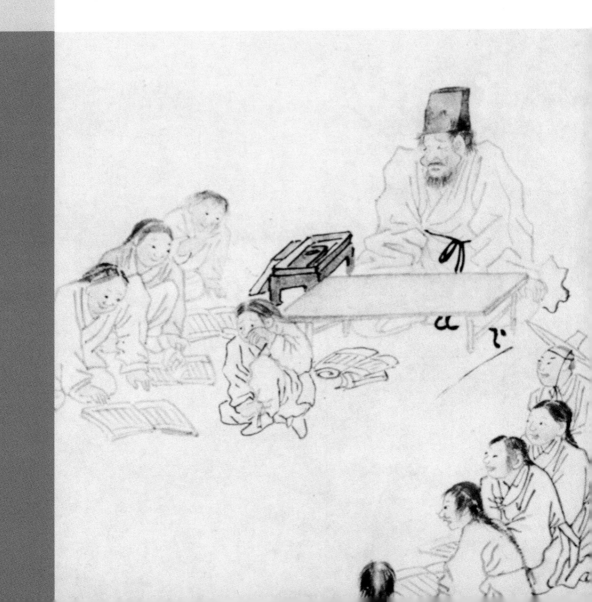

# 제1장
# 육임六壬

## 1. 연원淵源

六壬은 中國 古代의 三皇五帝중 皇帝 軒轅씨가 九天의 仙女인 玄女에게 전수받은 것으로 世上萬物의 奧妙한 이치를 꿰뚫어 볼 수 있는 至高의 학문이다. 氣候變化, 兵法, 用兵, 世上事의 大.小事, 人才登用 등 적용 안되는 것이 없을 정도로 다양하면서도 깊이 있는 학문이다. 古代中國의 3가지 易學書를 三式 혹은 三數라 하는데 "太乙" "奇門" "六壬"이 이에 해당된다. 이중 太乙은 死藏되었고 奇門과 六壬은 간간히 명맥을 유지해 현재에 이르고 있다.

河圖說에 의하면 우주가 생성되면서 太易의 시기에 맨 처음으로 水가 생성되었는데, 이는 陽이요 天이요 一水이며 生數라 하고, 이의 배합되는 數는 六으로 陰이요 地이며 六水이며 成數라 한다. "六水"는 後天의 乾卦에 자리하며, 乾卦 중 亥水는 "壬"天干의 祿地이다. 또한 水는 생명의 근원이며 만물이 생존할 수 있는 근간이 되고, 人間事 길흉을 점치는데 있어서 가장 主된 학문이라 "六壬"이라 칭한다고 전해진다.

## 2. 개략槪略

六壬은 끊임없이 순환하고 있는 자연의 理法을 근간으로 삼는 자연과학이면서, 또한 日月의 움직임과 28宿의 운행의 법칙을 연구하여 학문으로 체계화한, 천문학적 성격을 지니고 있는 점술학이다.

오천년 전 우리의 자부선인의 학통을 계승한 중국 三皇五帝시대의 황제로부터 시작된 이 학문은, 주나라 창업의 일등공신 강태공과 삼국시대 제갈공명의 지혜를 거쳐 많은 발전을 거듭했고, 한나라 이후로 象數學이 발전하는 과정에서 術數學으로 응용되면서, 많은 지식인과 術士들의 끊임없는 연구발전에 힘입어 비약적이 발전을 이루게 되었다.

六壬은 六壬神課라고도 불리는데 太乙數, 奇門遁甲과 더불어 奇乙壬 三式으로 불리며, 역리를 응용한 학문으로 상수학의 범주에 든다.

육임학은 인간의 운세를 점단하는 命學과, 한 가지 문제의 길흉만을 논하는 占學으로 대별된다.

六壬看命學은 육임학에 인간의 다가올 운세를 점단해보는 명리학을 접목한 학문이라 생각하면 된다. 따라서 타고난 생년, 월, 일, 시에 따른 인간운명의 길흉을 육임이라는 학문을 통해 설하고 판단해보는 술수학인 것이다.

육임점학은 글자 그대로 용사코져 하는 시점의 운명의 길흉을 점단해보는 학문이다. 문점의 내방시간이나 전화가 온 시간을 기준하여 문점자의 과거, 현재, 미래의 길흉을 판단해보는 학문이다.

六壬의 관련서적은 중국에서는 명나라의 역사를 기록한 明史를 비롯하여, 청나라의 四庫全書에 존재하고, 우리나라에서는 奎章閣에 여러 서책이 있다.

奇乙壬 三式 중 인사를 다루는 학문은 육임이 단연 으뜸이라 판단된다.

# 제2장
# 음양오행陰陽五行

## 1. 생성원리生成原理

　五行이란 목(木), 화(火), 토(土), 금(金), 수(水) 다섯 가지를 말한다. 동양의 전통적 우주관은 우주는 陰陽과 五行으로 구성되어졌으며, 지구에 살고 있는 우리 사람들도 음양오행의 영향을 받아 태어났고 또 살아가고 있으며, 고대에 성현들께서 사람이 태어난 生年, 月, 日, 時를 조합하여 하늘을 상징하는 十干과 땅을 상징하는 十二支로 분류 적용하고, 이를 다시 음양오행으로 구분 상호간의 生化剋制의 연관 관계속에서 사람의 운명을 예지했던 것이다.

　사주명리학의 조종이라 할 수 있는 淵海子平(연해자평)에 五行의 기원에 설하였는데 이를 보완하여 부연설명하면 다음과 같다. 과거 오랜 세월 전에 우주가 대폭발을 한 이후로 무한한 팽창의 과정을 거치면서, 天地가 아직 開判(개판)되지 않았음을 혼돈(混沌)이라 이름하고, 乾坤(건곤)이 始分(시분)되기 이전을 胚運(배운)이라 하니 日月星辰(일월성신)이 생기지 않았고, 陰陽寒暑(음양한서)가 존재하지 않았다. 上虛에는 비와 이슬이 없으며 바람과 구름이 없으며, 우뢰와 천동이 없어서 香香(향향=깊고 어두운 모양)하고 冥冥(명명=고요하고 허령하며 어두움)할 따름이었고, 下에는 초목이 없으며 서천이 없으며, 금수가 없으며, 인민이 없었으니, 昧昧(매매=날이 새기 전의 어두운 모양)하고 昏暗(혼암=날이 어둘 때의 어둡고 질서없는 모양)할 뿐이었다. 이 때에 홀연히 動함이 있고 엉기는 힘이 생기었으니 이를 "太易(태역)"이라 한다.

　太易의 시기에는 氣라는 것도 없고, 물질(원자. 분자)이라는 것도 없었으며, 따라서 자연히 형태라는 것도 존재하지 않았던 것이다. 이 太易의 시기에 水가 생성되었던 것이다. 그후 이제 氣라는 것이 존재하게 되었으나, 아직 물질과 형태는 이루어지지 않은 시점을 "太初(태초)"라 하는데 이 시기에 火를 생하였던 것이다. 다음으론 氣는 이미 존재하고, 다시 물질이라는 것이 존재하게 되었으나, 아직 형태가 존재하지 않은 시기를 "太始(태시)"라 한다. 이 太始의 시기에 木이 생성되었던 것이다. 다음에는 氣와 물질이 이미 존재했고, 이제는 형태가 존재하게 된 시기를 "太素(태소)"라 하는데, 이 太素의 시기에 金이 생성되었던 것이다. 다시 氣와 물질과 형태가 존재하게 된 연후에, 中央이라는 구심점이 있어 이로써 상하와 전후좌우 등의 방향과 높낮이와 거리 등이 존재하게 되었으니 이 시기를 "太極(태극)"이라 한다. 이 太極(삼라만상 일체의 본존)의 시기에 土가 생성되었던 것이다.

  그리하여 水의 數는 1이 되고, 火의 數는 2가 되고, 木의 數는 3이 되고, 金의 數는 4가 되고, 土의 數는 5가 된 것이며, 이를 "生數"라 하고, 天地人 三元의 極(극)을 이루었으며, 혼돈은 열리었으며, 배운이 시성되어서 가볍고 맑은 것은 하늘이 되고, 무겁고 흐리며 탁한 것은 땅이 되었으니 이에 2기(天地)가 성립된 것이며 兩儀(양의=陰·陽)가 생출된 것이므로 우주는 바야흐로 전개되기에 이른 것이다. 요약하면 아래와 같다.

**우주의 대폭발**
↓

| | 生成 | 生數 | | 中央數 | 成數 |
|---|---|---|---|---|---|
| 太易(氣× 質× 形×) → | 水 | 1 | + | ⑤ | 6 |
| ↓ | | | | | |
| 太初(氣○ 質× 形×) → | 火 | 2 | + | ⑤ | 7 |
| ↓ | | | | | |
| 太始(氣○ 質○ 形×) → | 木 | 3 | + | ⑤ | 8 |
| ↓ | | | | | |
| 太素(氣○ 質○ 形○) → | 金 | 4 | + | ⑤ | 9 |
| ↓ | | | | | |
| 太極(氣○ 質○ 形○)+方位 → | 土 | 5 | + | ⑤ | 10 |
| ↓ | | | | | |

## 2. 하도河圖

太極에서 가벼운 것은 위로 올라가 하늘이 되고, 무거운 것은 아래로 내려와 땅이 되어 천지가 開判(개판)되고 兩儀(양의=陰.陽)를 생하였으니, 生數 1, 2, 3, 4, 5에 中央數 5를 더하여 成數인 6, 7, 8, 9, 10이 되고, 이로써 음양의 배합이 이루어졌고 우주의 數는 10이라는 완성수가 있어 균형과 조화를 이루며 전개되게 된 것이다.

木은 靑色을 띠고 東方을 차지하고, 火는 赤色을 띠고 南方을 차지하고, 土는 黃色을 띠고 中央을 차지하고, 金은 白色을 띠고 西方을 차지하고, 水는 黑色을 띠고 北方을 차지하고 있다.

陽數는 1, 3, 5, 7, 9이고 陰數는 2, 4, 6, 8, 10이다. 陽의 數의 합은 25인데, 우주의 본체인 天元인 1을 빼면 24로써 1년 동안의 24節氣(절기)를 나타내고, 陰의 數의 합은 30인데, 이는 每月의 日數가 이에 해당하는 것이다. 또한 상기의 시기는 先天運의 시기라 하는데, 數가 1부터 10까지 陰과 陽이 짝을 이루어 어느 한쪽으로 치우치지 않으며 균형을 이루니, 상기의 시대는 화평하며 시기질투가 없고, 전쟁과 탐욕이 없었으며, 또한 나눔과 베풀음이 있었으며, 상호 상부상조를 이루어 相生의 시대였던 것이다. 아래표의 오행상생도와 같다.

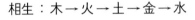

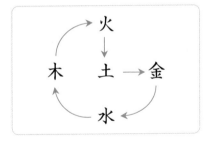

木의 數는 3.8
火의 數는 2.7
土의 數는 5.10
金의 數는 4.9
水의 數는 1.6이다.

상기의 오행상생도에 숫자를 대입하고 陰.陽(●.○)으로 표시하면 아래의 도표와 같은데 이것이 河圖(하도)이다.

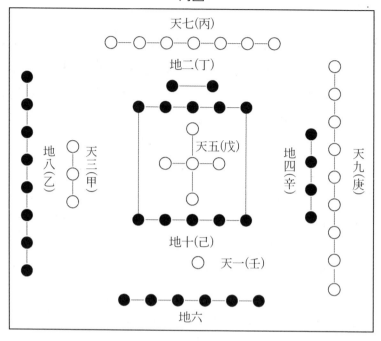

河圖

天七(丙)

地二(丁)

天五(戊)

地十(己)

天一(壬)

地六

地八(乙)　天三(甲)

地四(辛)　天九(庚)

## 3. 낙서洛書

　　하도 이후 오랜 시간이 지나 우주의 氣가 혼탁해지고, 天地의 법도가 제대로 세워지지 않았고, 대자연의 운행질서가 定軌(정궤)대로 움직임이 없어 온갖 재앙이 빈번하게 발생하고, 人倫(인륜)의 기강이 제대로 정립되지 않고, 시비다툼과 전쟁과 사악한 기운이 창궐하니 창생은 도탄에 빠졌고, 간사함과, 요괴스러움과, 황폭함과 무질서가 極(극)에 이르게 된 것이다. 先天의 相生의 시대에는 5.10 土가 있어 중앙에 위치하며 가장 완벽하게 힘의 균형을 이루고 각기 定位에 자리매김하였지만, 後天 相剋의 시대는 우주의 氣는 왜곡되고 뒤틀려지게 운행하게 되었으니 가장 완성된 숫자 10이 隱伏(은복)하게 된 것이다.이를 後天의 相剋의 시대라 하는 것이다.

그 중 1, 3, 5, 7, 9는 陽의 數로써 그래도 기세가 있고 柔弱(유약)하지 않으니 東西南北 4正方과 중앙을 차지할 수 있었으나, 陰의 數인 2, 4, 6, 8은 기세가 약하고 柔하므로 자기 자리를 고수하지 못하고 이동하게 된 것이다. 陽의 기운은 左旋(左에서 右로 旋=시계바늘 진행방향)하고, 陰의 기운은 右旋(右에서 左로 旋=시계바늘 진행 반대방향)하는 것이다. 먼저 木은 東方의 靑色에 해당하고 數는 3.8인데 陽數 3은 그대로 동방에 남아있고 陰數 8은 右旋하니, 東方과 北方의 사이 隅方(우방)인 艮方(간방)으로 이동한 것이다. 이어 木剋土하니 土의 數는 5.10인데 中央의 陽數 5는 그대로 남아있으나 陰數 10이 隱伏(은복)되게 된 것이고, 이어 土剋水하니 水의 數는 1.6으로 陽數 1은 그대로 北方을 차지하고 있으나 陰數 6이 右旋하여 西方과 北方 사이 隅方(우방)인 乾方(건방)으로 이동하게 된 것이다. 이어 水剋火하니 火의 數는 2.7인데 陽數 7은 그대로 西方에 남아있고 陰數 2는 右旋하여 西方과 南方의 사이 隅方(우방)인 坤方(곤방)으로 이동하게 된 것이다. 이어 火剋金하니 金의 數는 4.9인데 陽數 9는 그대로 자신의 자리인 南方을 지키고, 陰數인 4는 右旋하여 南方과 東方 사이 隅方(우방)인 巽方(손방)으로 이동하게 된 것이다. 아래표의 五行相剋圖(오행상극도)와 같고 이를 洛書(낙서)의 九宮圖(구궁도)라 한다.

相剋 : 木 → 土 → 水 → 火 → 金

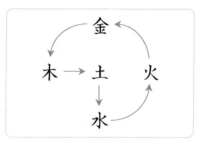

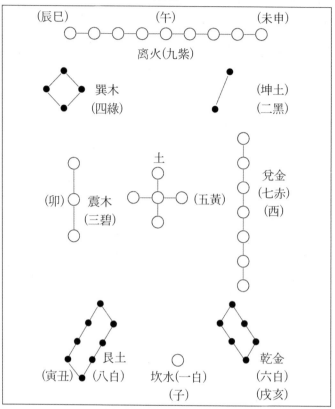

洛書

## 4. 오행五行의 정의正義

### 五行正義

| | | 木 | 火 | 土 | 金 | 水 |
|---|---|---|---|---|---|---|
| 干 | 陽 | 甲 | 丙 | 戊 | 庚 | 壬 |
| | 陰 | 乙 | 丁 | 己 | 辛 | 癸 |
| 支 | 陽 | 寅 | 午 | 辰戌 | 申 | 子 |
| | 陰 | 卯 | 巳 | 丑未 | 酉 | 亥 |
| 方角 | | 東 | 南 | 中央 | 西 | 北 |
| 季節 | | 春 | 夏 | 中季節 | 秋 | 冬 |

| 時刻 | 아침 | 점심 | 대낮 | 저녁 | 밤 |
|---|---|---|---|---|---|
| 氣 | 生氣 | 旺氣 | 鈍氣 | 肅殺之氣 | 死氣 |
| 色 | 青色 | 赤色 | 黃色 | 白色 | 黑色 |
| 性質 | 仁 | 禮 | 信 | 義 | 智 |
| 맛 | 신맛 | 쓴맛 | 단맛 | 매운맛 | 짠맛 |
| 氣象 | 바람 | 청명 | 흐림 | 뇌성 | 비 |
| 感情 | 노여움 | 즐거움 | 편안함 | 서러움 | 두려움 |
| 部類 | 기는 종류 | 나는 종류 | 걷는 종류 | 껍질 종류 | 비늘 종류 |
| 形態 | 길고 뻣뻣 | 활발 돌출 | 무겁고 투박 | 단단하고 네모진것 | 부드럽고 수려함 |
| 性質 | 仁 | 禮 | 信 | 義 | 智 |
| 氣運 | 양육 밀어줌 나아감 낮은것 | 활력 들어올림 올라감 마른것 | 중후함 받아들임 머무름 평탄한것 | 엄숙함 잡아담김 버팀 높은것 | 감춤 내맡김 내려감 습한것 |
| 身體 | 다리.코 | 어깨.눈 | 머리.얼굴 | 등.귀 | 꼬리.혀 |
| 五臟 | 간장 | 심장 | 비장 | 폐장 | 신장 |
| 數 | 3 . 8 | 2 . 7 | 5 . 10 | 4 . 9 | 1 . 6 |
| 事物 | 나무 | 불 | 흙 | 금 | 물 |

# 5. 오행五行의 성상性狀 및 왕상휴수사旺相休囚死

## 五行의 性狀

| 天干 | 甲 | 乙 | 丙 | 丁 | 戊 | 己 | 庚 | 辛 | 壬 | 癸 | | |
|---|---|---|---|---|---|---|---|---|---|---|---|---|
| 五行 | 木 | 木 | 火 | 火 | 土 | 土 | 金 | 金 | 水 | 水 | | |
| 陰陽 | + | − | + | − | + | − | + | − | + | − | | |
| 性狀 | 巨木 | 花草 灌木 벼 芝蘭 蒿草 | 太陽 大火 | 燈燭 火爐불 | 大土 山 제방토 | 小土 庭園土 담장토 | 미가공 금속 도끼 | 가공 금속 수술칼 차바퀴 | 大海水 먹구름 大雪 | 甘露水 澗溪水 이슬비 안개 | | |

| 地支 | 子 | 丑 | 寅 | 卯 | 辰 | 巳 | 午 | 未 | 申 | 酉 | 戌 | 亥 |
|---|---|---|---|---|---|---|---|---|---|---|---|---|
| 五行 | 水 | 土 | 木 | 木 | 土 | 火 | 火 | 土 | 金 | 金 | 土 | 水 |
| 陰陽 | + | − | + | − | + | − | + | − | + | − | + | − |
| 性狀 | 大海水 강 호수 | 진흙 | 巨木 | 花草 灌木 벼 芝蘭 蒿草 | 濕土 | 燈燭 火爐불 | 大火 | 모래 | 미가공 금속 도끼 | 귀금속 차바퀴 수술칼 | 大土 山 | 작은물 산골물 도랑물 |

## 木(목)

木의 성질은 위로 솟아오를 생각만 하고 그침이 없다. 氣가 너무 솟으면 剪伐(전벌)하여 줌이 좋다. 고로 木은 어떤 형태로든 金을 떠나 생각할 수 없다.

木이 있고 또한 金이 있으면 오직 높이 거두어 줌이 있다. 土의 重함이 필요하니 두터우면 뿌리가 깊이 뻗어 단단해진다. 土가 적고 가지만 무성하면 뿌리가 위태로울 근심이 있다. 木은 水를 의지하여 살고 물이 적으면 滋潤(자윤)하여 주고 너무 많으면 떠내려간다.

## 火(화)

火는 불길이 있고 따뜻함이 있는 것이 眞火다. 南方을 차지하고 있으므로 밝지 않을 이유가 없고, 輝光(휘광)은 오래가지 못하니 伏藏(복장)됨을 요한다. 이리되면 찬란하지는 않으나 밝음은 오래간다. 火는 木에 의지하는데 많으면 빛을 가리게 되니 흉하고 成格을 이루기 위해서는 金의 쪼개줌이 필요하다. 또한 물이 필요하고 물이 없으면 너무 燥熱(조열)해져 오래가지 못한다. 가을인 金旺節과 四季인 土旺節엔 死囚가 되므로 미약해지고 겨울엔 감추어지고 隱匿(은익)되어 있으나 또한 水生木하여 旺相함을 감추고 있다.

## 土(토)

土는 네 모퉁이에 흩어져 있으므로 木火金水가 이것을 의지하여 또한 만물이 성장하게 된다. 土는 四季節에 고루 旺하다. 대개 土는 火運을 의지하게 되니 火死하면 土囚하게 된다. 水가 있으면 만물의 생장의 터가 되나 너무 많으면 씻겨 떠내려간다. 土가 너무 많으면 묻히고 滯(체)하게 되나 흩어지면 輕(경)하게 된다.


## 金(금)

金은 至陰으로 형성된 것이나 그 가운데는 至陽의 精을 가지고 있어 堅剛(견강)하므로 다른 사물과 특이하다. 만일 金이 陰으로만 되어 있으면 단단하지 못하니 火를 만나면 소멸되나 金이 火의 鍛鍊(단련)이 없으면 貴器(귀기)를 만들지 못한다. 金은 土를 의지하나 重하면 파묻히게 되고, 輕하면 단단해지지 못한다. 또한 물로 씻어 眞價를 나타냄이 필요하다.


## 水(수)

水는 炎炎(염염)하여 건조함을 大忌(대기)하고, 金의 근원이 있어 물이 마르지 않음을 요한다. 너무 많으면 土의 제방이 필요하고 水火가 고르게 있으면 旣濟(기제)의 功이 있다. 水土가 혼잡되면 탁하게 되니 貴하지 못하고, 土重하면 물길을 막으니 흉하게 된다.


### 五行의 旺相休囚死

| 陰曆 | 旺 | 相 | 休 | 囚 | 死 |
|---|---|---|---|---|---|
| 春(木) | 木 | 水 | 火 | 土 | 金 |
| | 寅卯 | 亥子 | 巳午 | 辰戌丑未 | 申酉 |
| 夏(火) | 火 | 木 | 土 | 金 | 水 |
| | 午巳 | 寅卯 | 辰戌丑未 | 申酉 | 亥子 |
| 四季(土)辰戌丑未 | 土 | 火 | 金 | 水 | 木 |
| | 辰戌丑未 | 巳午 | 申酉 | 亥子 | 寅卯 |
| 秋(金) | 金 | 土 | 水 | 木 | 火 |
| | 申酉 | 辰戌丑未 | 亥子 | 寅卯 | 巳午 |
| 冬(水) | 水 | 金 | 木 | 火 | 土 |
| | 子亥 | 申酉 | 寅卯 | 巳午 | 辰戌丑未 |

### 木(목)

木은 봄에 가장 왕성하고, 여름에는 木生火로 여름에 기운을 빼앗기어 쇠약해져 休 즉 쉬게 되고, 가을엔 金의 肅殺氣運(숙살기운)에 꺾이게 되어 가장 쇠약해지게 되어 死가 되고, 四季인 土旺季節엔 木이 土에 갇히게 되므로 囚가 되고, 겨울엔 봄에 나무를 생장시킬 水氣가 있어 水生木하여 相生의 기운을 띠게 되므로 相이라 한다.

### 화(火)

火는 여름에 가장 왕성하고, 四季엔 休가 되고, 겨울엔 死가 되고, 가을엔 囚가 되고, 봄엔 相이 된다.

### 토(土)

土는 四季에 가장 왕성하고, 가을에 休가 되고, 봄에 死가 되고, 겨울에 囚가 되고, 여름에 相이 된다.

### 금(金)

金은 가을에 가장 왕성하고, 겨울에 休가 되고, 봄에 水가 되고, 여름에 死가 되고, 四季에 相이 된다.

### 수(水)

水는 겨울에 가장 왕성하고, 봄에 休가 되고, 四季에 死가 되고, 여름에 囚가 되고, 가을에 相이 된다.

# 6. 오행五行의 상생相生 · 상극相剋

### 오행의 상상순서도

원을 그리며 진행되지 않고,
화→토→금에서 땅속으로 한번 꺾여
들어갔다가 나오는 형태를 취한다.

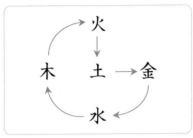

相生 : 木→火→土→金→水

### 오행의 상극순서도

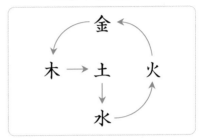

相剋 : 木→土→水→火→金

# 7. 수리오행數理五行

| 先天數(선천수) | | | | | | | | | | | |
|---|---|---|---|---|---|---|---|---|---|---|---|
| 天干 | 甲 | 乙 | 丙 | 丁 | 戊 | 己 | 庚 | 辛 | 壬 | 癸 | |
| 數 | 9 | 8 | 7 | 6 | 5 | 9 | 8 | 7 | 6 | 5 | |
| 地支 | 子 | 丑 | 寅 | 卯 | 辰 | 巳 | 午 | 未 | 申 | 酉 | 戌 | 亥 |
| 數 | 9 | 8 | 7 | 6 | 5 | 4 | 9 | 8 | 7 | 6 | 5 | 4 |

| 後天數(후천수) | | | | | | | | | | | |
|---|---|---|---|---|---|---|---|---|---|---|---|
| 天干 | 甲 | 乙 | 丙 | 丁 | 戊 | 己 | 庚 | 辛 | 壬 | 癸 | |
| 數 | 3 | 8 | 7 | 2 | 5 | 10 | 9 | 4 | 1 | 6 | |
| 地支 | 子 | 丑 | 寅 | 卯 | 辰 | 巳 | 午 | 未 | 申 | 酉 | 戌 | 亥 |
| 數 | 1 | 10 | 3 | 8 | 5 | 2 | 7 | 10 | 9 | 4 | 5 | 6 |

| 陰·陽水 | | | | | |
|---|---|---|---|---|---|
| 五行 | 木 | 火 | 土 | 金 | 水 |
| 陽數 | 3 | 7 | 5 | 9 | 1 |
| 陰數 | 8 | 2 | 10 | 4 | 6 |

## 8. 오행五行의 합合 · 충沖

### (1) 六吉 · 六凶(육길 · 육충)

六吉 : 生. 扶. 官. 祿. 德. 合

六凶 : 刑. 沖. 破. 害. 鬼. 脫

### (2) 干合(간합)

- ◆甲－己 合土 : 中正之合(중정지합)
- ◆乙－庚 合金 : 仁義之合(인의지합)
- ◆丙－辛 合水 : 威嚴之合(위엄지합)
- ◆丁－壬 合木 : 仁壽之合(인수지합=有情之合)
- ◆戊－癸 合火 : 無情之合(무정지합)

◎ 中正之合(중정지합)

貴人이 乘하면 吉하고, 德神을 대하면 凶事가 소멸되고, 만약 太陰, 天后, 玄武, 六合 등이 卯酉에 乘하면 奸詐不正(간사부정)의 일이다.

◎ 仁義之合(인의지합)

吉神이 乘하면 내외 모두 和合의 象이다. 만약 太陰, 天后, 玄武, 六合 등이 卯酉에 乘하면 僞善(위선), 奸詐(간사)의 일이 있다.

◎ 威嚴之合(위엄지합)

吉神이 乘하면 위엄과 권위가 있고, 凶神이 乘하면 명령을 내려 엄하게 하는 일이다.

◎ 仁壽之合(인수지합)

吉神이 乘하면 謀事가 성공하고, 만약 太陰, 天后, 玄武 등이 卯酉에 승하면 가정 내에 음란하고 추행의 일이 있다.

◉ 無情之合(무정지합)

吉神이 乘하면 半實半虛하고, 凶神이 乘하면 外合內分하고 매사 거짓된 것이다.

## (3) 支合(지합=六合)

◆ 寅-亥 = 合木

상호 도와주고 洩氣되는 父子의 합이다. 吉神이 乘하지 않으면 순리대로 풀리지 못하고, 合도 성사되지 않는다 판단한다.

◆ 戌-卯 = 合火

火化되어 약속을 하는 형제의 합이다.

◆ 子-丑 = 合土

화합하는 夫婦의 합이다.

◆ 辰-酉 = 合金

辰土가 酉金에게 자신을 맡기는 친구의 합이다.

◆ 申-巳 = 合水

상호 의심하며 합하는 僧徒의 합이다. 刑合이라 하니 길신이 있어야 온전한 합이 된다.

◆ 午-未 = 불변

午는 밝아지고 未는 어두워지는 君臣간의 합이다.

◉ 六合과 德神이 三傳에 들면 百事가 吉하고, 凶神이 들면 凶 重 和合의 象이 있다.

◉ 三傳에 合이 있고, 진퇴를 논하는 문제는 進茹課와 退茹課에 준한다.

◉ 六合이 三傳에 들면 대체로 무난하나 즉시 결론이 나지는 않고, 질병, 사고, 사송 등은 흉하다.

◉ 寅亥의 합은 破合이고, 巳申의 합은 刑合이다. 謀事는 合而不合이고, 成而不成이다. 貴人, 靑龍, 德神, 祿神을 대하면 순리대로 움직인다.

◉ 12天將의 天后와 神后(子)가 육합되면 혼사는 성립되고, 또한 12天將의 태음과 육합의 합도 같은 이치다.

◉ 刑破와 합하고 발용이 되면 內吉外凶하고, 점단사는 소비, 徒勞가 많으나 나중엔 완화된다.

◎ 支合이 空亡되고 또 刑害가 되면 和中禍가 있고, 德神을 대하면 禍는 소멸된다. 刑害中의 합은 길신이 乘해도 복록이 감소한다.

◎ 支合이 日干을 剋하고 螣蛇, 白虎, 朱雀이 승하면 合中害가 있다. 사람을 너무 믿으면 안된다. 합의 역학 관계는 干合이 우선이고, 支合이 다음이고, 三合이 그 다음이다.

◎ 합이 四課에 있고, 日干上神과 支上神이 交剋이 되면 外合內離하고, 각각 의혹을 품거나, 타인에 의해 不和한다. (甲子日 五局의 경우)

◎ 干支가 交合하면 합심과 협력의 象이다. 만약 刑害가 있으면 合中暗鬪가 있다.

◎ 日支가 一課上神에 임하고 가까이 支合이 있으면, 變更相謀하면 성취한다.

◎ 干支上神이 합하고 다시 傷害가 있으면 외합하나 안으로 암투가 있다.

◎ 日干上神과 日支가 합하고, 日支上神과 日干이 合(寄宮의 합)하면 교차합이라 한다. 점단사는 상호교환 협력의 象이고 성취된다. 謀事에는 길하고 解産事는 흉하다.

◎ 脫合은 피아 교섭하여 손실이 된다.

◎ 寅-亥의 合害는 合中 沮害가 있다.

◎ 空亡이 합이 되면 선길후흉하다.

◎ 巳-申의 형합은 합중 쟁투가 있다.

◎ 三傳의 沖과 합은 先合後離한다.

◎ 剋이 합되면 교섭 중 쟁투가 있다.

◎ 四課 三傳 中 支合, 三合이 많으면 內外가 합하고 외부의 원조가 있고. 목적을 달성하나 空亡을 기피한다.


**(4) 三合**

◆ 申子辰 三合 水局 ： 申-子, 子-辰, 申-辰 半合水局

◆ 巳酉丑 三合 金局 ： 巳-酉, 酉-丑, 巳-丑 半合金局

◆ 寅午戌 三合 火局 ： 寅-午, 午-戌, 寅-戌 半合火局

◆ 亥卯未 三合 木局 ： 亥-卯, 卯-未, 亥-未 半合木局

◎ 三合局이 三傳에 들면 占事는 結局되어 當月을 지나 결말이 난다.

◎ 三合局 中 一神이 缺하면 折腰格이라 하고, 결말은 缺한 地支日이다. 이를 虛日
  代用이라 한다. 缺한 一神이 日干支의 上神에 壬하면 湊合格이라 하여 의외의
  화합사가 있고, 干支 上神에 臨한 十二天將의 길흉에 따른다.


## (5) 刑殺

◎ 三刑殺

　◆ 寅-巳-申 : 持勢之刑
　자기 세력을 믿고 좌충우돌하며, 시비구설이 많고, 예기치 않은 손재와 관재구
　설이 있다.
　寅-巳. 官災口舌 및 逃走事가 발생한다.
　巳-申. 이별과 만남, 화합과 불화가 반복된다.
　寅-申. 분쟁이 고착되어 재액을 초래한다.


　◆ 丑-戌-未 : 無恩之刑
　배은망덕하고, 불의비도를 일삼고, 관재구설이 발생한다.
　분쟁이 고착되어 관재의 우려가 있고, 道路事가 발생한다.
　丑-戌. 刑中有鬼하고, 매사 저체되고, 災禍와 詞訟이 발생한다.
　戌-未. 刑中有破하고 상하가 불화하고, 가택이 영락한다.
　丑-未. 시비구설과 官災가 있고, 損財 및 道路事가 발생한다.


◎ 子-卯 : 無禮之刑
　예와 의가 없고 음탕하고, 가정내 풍파가 있고, 화합 중 다툼이 있다. 상하가
　불목하고, 자식의 양육이 어렵다.


◎ 自刑殺

　◆ 午-午　辰-辰　酉-酉　亥-亥
　진퇴양난이고, 매사 災厄이 따른다.
　正命을 누리지 못하는 경우가 있다.

### (6) 沖殺

◆ 子-午

남녀간의 충이다. 子와 午는 陰陽二至이기 때문이다.

매사 번복, 변이 되고, 행동이 불란해진다.

◆ 卯-酉

門戶와 가정의 충이다. 卯는 太陽의 門이고, 酉는 달의 門으로 이 둘이 다투는 상이다.

이별과 실물수가 있다.

◆ 寅-申

驛馬와 道路의 충이다. 남녀간의 불화와 의심이 있다. 그리고 길흉의 발동이 빠르다.

邪鬼의 작동이 있고, 이로 인한 災厄이 있다.

◆ 巳-亥

陰陽의 沖이고 驛馬의 沖이다.

巳亥는 廟堂의 宮인데, 沖되면 順逆이 반복되어 목적한 바는 실패하고 손실이 있다.

順去難來하고, 求重輕得한다.

◆ 辰-戌. 의혹의 沖이다. 길흉이 분명치 않고 아랫사람이 도망칠 염려가 있다.

◆ 丑-未. 불성실의 沖이다. 형제간의 분란이 있다.


### (7) 破殺

◆ 子-酉 : 아이와 여자에게 해가 있다.

◆ 午-卯 : 집안에 불안과 의혹이 있다.

◆ 申-巳 : 몸에 刑傷을 당한다.

◆ 戌-未 : 몸에 刑傷을 당한다.

◆ 寅-亥 : 성패가 반복된다.

◆ 丑-辰 : 묘소나 출입문을 닫는 일이 있다.

## (8) 害殺

- ◆子－未 : 圖謀之事가 불완전하고 災禍와 口舌이 따른다.
- ◆丑－午 : 부부간 및 타인과의 불화가 발생하고, 매사 불성한다.
- ◆酉－戌 : 시비구설이 발생하고, 고용인 및 가족에게 배해가 있다.
- ◆寅－巳 : 일을 도모함에 어려움이 있고, 형상이 따른다.
- ◆申－亥 : 先害後成이며 성패가 다단하다.
- ◆卯－辰 : 시비구설로 인해 圖謀之事는 불성한다.


## (9) 怨嗔殺(원진살)

- ◆子 ↔ 未
- ◆丑 ↔ 午
- ◆卯 ↔ 申
- ◆寅 ↔ 酉
- ◆巳 ↔ 戌
- ◆辰 ↔ 亥

⊙ 怨嗔殺은 서로 미워하고, 질투하고, 시기하고, 쟁투하는 殺이다.

⊙ 三傳에 怨嗔殺이 있으면 매사 沮滯(저체)되고, 貴人(귀인)의 도움을 받기 어려우며, 謀事(모사)에 뜻을 이루기가 어렵다.

⊙ 婚事占에 怨嗔殺이 있으면 부부해로하기 어렵고 처자식과의 연(緣)이 박(薄)하다.

⊙ 身數占에서 初傳 官鬼가 怨嗔(원진) 되면 매사불성이고, 官災口舌(관재구설)과 損財數(손재수), 事故數(사고수)와 예기치 않은 疾病(질병) 등이 따른다.

# 제3장
# 개요概要

## 1. 절기 조견표節氣 早見表

### 節氣 早見表(절기 조견표)

| 月建 | 1월 | 2월 | 3월 | 4월 | 5월 | 6월 | 7월 | 8월 | 9월 | 10월 | 11월 | 12월 |
|---|---|---|---|---|---|---|---|---|---|---|---|---|
| | 寅 | 卯 | 辰 | 巳 | 午 | 未 | 申 | 酉 | 戌 | 亥 | 子 | 丑 |
| 節 | 立春 입춘 | 驚蟄 경칩 | 淸明 청명 | 立夏 입하 | 芒種 망종 | 小暑 소서 | 立秋 입추 | 白露 백로 | 寒露 한로 | 立冬 입동 | 大雪 대설 | 小寒 소한 |
| 氣 | 雨水 우수 | 春分 춘분 | 穀雨 곡우 | 小滿 소만 | 夏至 하지 | 大暑 대서 | 處暑 처서 | 秋分 추분 | 霜降 상강 | 小雪 소설 | 冬至 동지 | 大寒 대한 |
| 月將 | 亥 | 戌 | 酉 | 申 | 未 | 午 | 巳 | 辰 | 卯 | 寅 | 丑 | 子 |
| 名稱 | 登明 등명 | 河魁 하괴 | 從魁 종괴 | 傳送 전송 | 小吉 소길 | 騰光 등광 | 太乙 태을 | 天罡 천강 | 太沖 태충 | 功曹 공조 | 大吉 대길 | 神后 신후 |

## 2. 육임六壬 조식도造式圖

◆ 十二地支의 地盤은 고정불변이고, 占時에 月將을 加하여 天盤을 布局한 다음, 日干을 기준하여 晝貴와 夜貴를 구분 順逆으로 十二天將을 포국한다. 十二天將 포국법은 제2편 육임총론에서 상세히 다루도록 한다.

◆ 問占時의 日辰으로 陽陰의 四課를 설정하고, 十二天將을 포국한 다음 이에 의거하여 三傳을 정한다. 三傳을 정하는 방법은 제2편 육임총론을 참조한다.

◆ 四課에 해당 十二天將을 표시한다.

◆ 四課를 근거로 하여 三傳을 정한다.

◆ 남녀의 年命과 行年을 알고 三傳과 四課를 비교하여 운명을 점단한다.

|  | 初傳 |  |
|---|---|---|

|  | 中傳 |  |
|---|---|---|

|  | 末傳 |  |
|---|---|---|

| 四課 | 三課 | 二課 | 一課 |
|---|---|---|---|
|  |  |  |  |
|  |  |  |  |

|  |  |  |  |
|---|---|---|---|
|  |  |  |  |
| 巳 | 午 | 未 | 申 |
| 辰 |  | 陰地盤 | 酉 |
| 卯 | 天地盤布局圖 陽地盤 | | 戌 |
| 寅 | 丑 | (地)子 | 亥 |
|  |  | (天) |  |
|  |  | (天將) |  |

## 3. 지장간支藏干

### 支藏干

|  | 子 | 丑 | 寅 | 卯 | 辰 | 巳 | 午 | 未 | 申 | 酉 | 戌 | 亥 |
|---|---|---|---|---|---|---|---|---|---|---|---|---|
| 餘氣 | 壬 | 癸 | 戊 | 甲 | 乙 | 戊 | 丙 | 丁 | 己 | 庚 | 辛 | 戊 |
| (日數) | 10 | 9 | 7 | 10 | 9 | 5 | 10 | 9 | 7 | 10 | 9 | 7 |
| 中氣 |  | 辛 | 丙 |  | 癸 | 庚 | 己 | 乙 | 壬.戊 |  | 丁 | 甲 |
| (日數) |  | 3 | 7 |  | 3 | 9 | 9 | 3 | 3.3 |  | 3 | 5 |
| 正氣 | 癸 | 己 | 甲 | 乙 | 戊 | 丙 | 丁 | 己 | 庚 | 辛 | 戊 | 壬 |
| (日數) | 20 | 18 | 16 | 20 | 18 | 16 | 11 | 18 | 17 | 20 | 18 | 18 |

## 4. 기궁寄宮

六壬學은 육십갑자의 간지 중 天干보다는 地支의 활용이 대다수이며, 日辰과

月將과 占時는 육임학 구성요소의 근본 골격으로 지지를 활용한다. 따라서 天干을 地支로 바꾸어 상호 대비하기 위해서 日干에 해당하는 天干을 地支로 바꾸어 적용하는 것을 "寄宮(기궁)"이라 한다.

| 天干 | 甲 | 乙 | 丙 | 丁 | 戊 | 己 | 庚 | 辛 | 壬 | 癸 |
|------|----|----|----|----|----|----|----|----|----|----|
| 寄宮 | 寅 | 辰 | 巳 | 未 | 巳 | 未 | 申 | 戌 | 亥 | 丑 |

## 제2편

# 육임총론六壬總論

# 제1장
# 육임 조식법六壬 造式法

## 1. 조식 순서造式 順序

(1) 地盤定位圖를 布局한다.

(2) 보고자하는 占時刻에 해당하는 地盤上에 月將을 加하여 天盤을 정하고 順布한다.

(3) 日干을 기준하여 十二天將을 포국하되 占時에 따라 晝天乙貴人과, 夜天乙貴人
    을 정해서, 地盤의 陽地와 陰地의 해당도에 따라, 天乙貴人이 陽地盤에 있으면
    순포하고, 天乙貴人이 陰地盤에 있으면 역포한다.


   ◆ 十二天將 布局順序(십이천장 포국순서)

   天乙貴人(천을귀인) → 螣蛇(등사) → 朱雀(주작) → 六合(육합) → 勾陳(구진) → 靑龍
   (청룡) → 天空(천공) → 白虎(백호) → 太常(태상) → 玄武(현무) → 太陰(태음) → 天后
   (천후)


(4) 日干의 寄宮을 알고, 三傳과 四課를 정한다.

(5) 太歲, 月將, 占時, 地盤, 天盤, 十二天將, 三傳四課, 遁干, 本命과 行年 등을
    상호 참작하여, 길흉화복을 점단하는 것이다.


## 2. 조식요소造式要素

### (1) 太歲(태세)

太歲는 일명 年中天子라 하고, 매년에 해당하는 干支로서 其 歲의 주인이 되므

로 歲君이라고도 한다.

즉 서기 2006年 丙戌年이라면 丙戌이 太歲가 되고 歲君이 된다.


### (2) 月將(월장)

◉ 月將은 每月之將으로 太陽이 어느 宮에 진입되어 있는가를 따라 정해진다. 자평 명리에서의 月建은 太陰의 궤도이고, 月將은 太陽의 궤도라 月建은 陰曆을 적용하고, 月將은 陽曆을 적용한다. 또한 月建과 月將은 서로 六合이 된다.

◉ 月建(월건)은 天道를 左旋하고, 月將은 天道를 右旋한다.

　　月建(월건) : 寅 卯 辰 巳 午 未 申 酉 戌 亥 子 丑
　　月將(월장) : 亥 戌 酉 申 未 午 巳 辰 卯 寅 丑 子

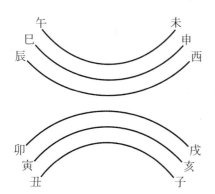

◉ 1년 24節氣 중 月建은 節과節 사이를 말하고, 月將은 氣와氣 사이를 말한다.


### (3) 占時(점시)

◆ 正時(정시)

문득 어떤 생각이나 마음이 動한 시점의 占事에 활용하는 시간으로, 통상 自占에서 활용하는 占時를 말한다.

◆ 活時(활시)

自占이 아닌 他人의 占을 대신하는 占事인 경우의 占時를 말한다.

♦ 통상 正時라 하면 問占時(문점자가 점을 보러온 시간)를 말하는 것으로 壬學에서는 대단히 중요하다. 자평명리학의 時干支에 따른다.

## (4) 地盤(지반)

十二地支의 定位로 고정불변이다.

| 巳 | 午 | 未 | 申 |
|---|---|---|---|
| 辰 | 陰地盤 (地盤布局圖) | | 酉 |
| 卯 | 陽地盤 | | 戌 |
| 寅 | 丑 | 子 | 亥 |

## (5) 天盤(천반)

問占時의 해당 地盤圖 上에 月將을 加하여 順布한다.

예1) 月將이 一月將이고, 占斷하는 時刻이 午時인 경우
一月將은 亥將이므로 地盤 午 上에 月將 亥를 加하고 順布한다. 아래와 같다.

|  |  | 戌 | 亥 | 子 | 丑 |  |
|---|---|---|---|---|---|---|
|  |  | 巳 | 午 | 未 | 申 |  |
| 酉 | 辰 | 天.地盤 |  | 酉 | 寅 |
| 申 | 卯 | 布局圖 |  | 戌 | 卯 |
|  |  | 寅 | 丑 | 子 | 亥 |  |
|  |  | 未 | 午 | 巳 | 辰 |  |

예2) 月將이 午月將이고, 占斷하는 時刻이 酉時라면 占時에 月將을 加하니 지반 정위도 酉 上에 午를 加하여 順布한다. 아래와 같다.

| 寅 | 卯 | 辰 | 巳 |
|---|---|---|---|
| 巳 | 午 | 未 | 申 |

| | | 寅 | 卯 | 辰 | 巳 |
|---|---|---|---|---|---|
| | | 巳 | 午 | 未 | 申 |
| 丑 | 辰 | 天·地盤 | | 酉 | 午 |
| 子 | 卯 | 布局圖 | | 戌 | 未 |
| | | 寅 | 丑 | 子 | 亥 |
| | | 亥 | 戌 | 酉 | 申 |

## 3. 십이천장 부법 十二天將 附法

### (1) 布局法(포국법)

⊙ 天盤과 地盤을 포국한후 十二天將을 포국하여야 하는데, 日干에 따른 晝天乙貴人과 夜天乙貴人을 구분하여 地盤定位圖 上의 天盤에다 十二天將을 順·逆 포국한다.

### 天乙貴人

| 日干 | 甲 | 乙 | 丙 | 丁 | 戊 | 己 | 庚 | 辛 | 壬 | 癸 | 비고 |
|---|---|---|---|---|---|---|---|---|---|---|---|
| 晝天乙貴人<br>주천을귀인 | 未 | 申 | 酉 | 亥 | 丑 | 子 | 丑 | 寅 | 卯 | 巳 | 낮 |
| 夜天乙貴人<br>야천을귀인 | 丑 | 子 | 亥 | 酉 | 未 | 申 | 未 | 午 | 巳 | 卯 | 밤 |

### (2) 布局 順序(포국 순서)

⊙ 天乙貴人(천을귀인) → 螣蛇(등사) → 朱雀(주작) → 六合(육합) → 勾陳(구진) → 靑龍(청룡) → 天空(천공) → 白虎(백호) → 太常(태상) → 玄武(현무) → 太陰(태음) → 天后(천후)

⊙ 日干을 기준하여 晝天乙貴人과 夜天乙貴人을 구분하는데, 밤과 낮의 기준은 다음과 같다.
- ◆ 낮 : 卯時 ~ 申時(05:30분 ~ 17:30분)
- ◆ 밤 : 酉時 ~ 寅時(17:30분 ~ 익일 05:30분)

◎ 晝.夜를 구분하여 地盤定位圖上의 亥, 子, 丑, 寅, 卯, 辰 上(陽地盤)에 天乙貴人이 떨어지면 順布하고, 巳, 午, 未, 申, 酉, 戌 上(陰地盤)에 天乙貴人이 떨어지면 逆布한다. 즉, 天盤에 附法하되 順·逆의 기준은 지반정위도 上의 陽地盤과 陰地盤 중 天乙貴人이 어느 곳에 臨하는 가를 기준한다.

◎ 十二天將이 順行하는 경우는 吉이 먼저 작용하고, 逆行하는 경우는 凶이 먼저 작용한다.

◎ 十二天將이 順行하는 貴人順置格의 경우는 貴人의 도움을 받을 수 있고, 일의 진행이 빠르며, 吉凶 중 吉의 작용이 더 크다.

◎ 十二天將이 逆行하는 貴人逆置格의 경우는 귀인의 도움이 적고, 매사 저체되며, 吉凶 중 凶의 작용이 더 크다 판단한다.

예1) 甲子日 亥將 午時課라면 아래와 같이 포국된다.

| | | 六合 | 勾陳 | 靑龍 | 天空 | | | |
|---|---|---|---|---|---|---|---|---|
| | | 戌 | 亥 | 子 | 丑 | | | |
| | | 巳 | 午 | 未 | 申 | | | |
| 朱雀 | 酉 | 辰 | | 陰地盤 | | 酉 | 寅 | 白虎 |
| 螣蛇 | 申 | 卯 | 陽地盤 | | | 戌 | 卯 | 太常 |
| | | 寅 | 丑 | 子 | 亥 | | | |
| | | 未 | 午 | 巳 | 辰 | | | |
| | | 貴人 | 天后 | 太陰 | 玄武 | | | |

◆ 午時는 낮이므로 晝天乙貴人을 적용하되, 甲子日의 日干 甲의 주천을귀인은 未에 해당되므로 天盤 未上에 천을귀인을 附法하는데, 未上의 貴人은 地盤 寅上에 있고, 천을귀인이 陽地盤인 亥, 子, 丑, 寅, 卯, 辰에 있을시 순행포국하므로 시계방향으로 順布시킨다.

예2) 戊申日 戌將 酉時課라면 아래와 같이 布局된다.

| | 螣蛇 | 貴人 | 天后 | 太陰 | | | |
|---|---|---|---|---|---|---|---|
| | 午 | 未 | 申 | 酉 | | | |
| | 巳 | 午 | 未 | 申 | | | |
| 朱雀 | 巳 | 辰 | | | 酉 | 戌 | 玄武 |
| 六合 | 辰 | 卯 | | | 戌 | 亥 | 太常 |
| | 寅 | 丑 | 子 | 亥 | | | |
| | 卯 | 寅 | 丑 | 子 | | | |
| | 勾陳 | 青龍 | 天空 | 白虎 | | | |

❖ 酉時는 밤이므로 夜天乙貴人을 적용한다. 日辰 戊申日의 戊의 夜天乙貴人은 未에 떨어지므로 天盤 未上에 天乙貴人을 부법하는데, 未 上의 貴人은 地盤 午 上에 있고, 天乙貴人이 地盤定位圖에서 巳, 午, 未, 申, 酉, 戌에 있을시 逆行布局하므로 시계 반대방향으로 逆布시킨다.


## 4. 사과삼전 조식법四課三傳 造式法

### 1) 四課 造式順序(사과 조식순서)

#### (1) 天·地盤布局 및 十二天將 附法

四課를 만드는 법은 天盤을 조식한 다음 그날의 日辰으로 정하는데, 먼저 十干의 寄宮(기궁)을 알아야 한다.

| 十干 | 甲 | 乙 | 丙 | 丁 | 戊 | 己 | 庚 | 辛 | 壬 | 癸 |
|---|---|---|---|---|---|---|---|---|---|---|
| 寄宮 기궁 | 寅 | 辰 | 巳 | 未 | 巳 | 未 | 申 | 戌 | 亥 | 丑 |

◎ 陽干은 日干의 祿이 되고, 陰干은 祿 前 一位 즉 羊刃이 된다.
◎ 陽干은 支藏干의 正氣, 陰干은 支藏干의 餘氣에 해당되는 地支를 적용한다.
◎ 四課는 즉 日干上神이 第一課이고, 日干陰神이 第二課이고, 日支陽神이 第三課이고, 日支陰神이 第四課가 된다.

예) 甲子日 子將 卯時課인 경우

| | | | |
|---|---|---|---|
| 寅 | 卯 | 辰 | 巳 |
| 巳 | 午 | 未 | 申 |

| | | | | |
|---|---|---|---|---|
| 丑 | 辰 | 天·地盤 布局圖 | 酉 | 午 |
| 子 | 卯 | | 戌 | 未 |

| | | | |
|---|---|---|---|
| 寅 | 丑 | 子 | 亥 |
| 亥 | 戌 | 酉 | 申 |

- ◆ 天·地盤布局圖는 위와 같다.
- ◆ 占時에 月將을 加하니 地盤 卯上에 月將 子를 加하여 순행포국한다.

◎ 十二天將 布局法(십이천장 포국법)

卯時는 낮이고, 甲의 畫天乙貴人은 未이다. 天盤 未는 地盤 戌上에 있는데, 地盤 圖의 巳, 午, 未, 申, 酉, 戌 上은 陰地盤으로 天乙貴人을 逆布하므로 아래와 같이 포국된다.

| | 靑龍 | 勾陳 | 六合 | 朱雀 | | |
|---|---|---|---|---|---|---|
| | 寅 | 卯 | 辰 | 巳 | | |
| | 巳 | 午 | 未 | 申 | | |
| 天空 | 丑 | 辰 | | | 酉 | 午 | 螣蛇 |
| 白虎 | 子 | 卯 | | | 戌 | 未 | 貴人 |
| | 寅 | 丑 | 子 | 亥 | | |
| | 亥 | 戌 | 酉 | 申 | | |
| | 太常 | 玄武 | 太陰 | 天后 | | |

## (2) 四課 造式法(사과 조식법)

| 第四課 | 第三課 | 第二課 | 第一課 | |
|---|---|---|---|---|
| 午 | 酉 | 申 | 亥 | 天盤 |
| 酉 | 子 | 亥 | 甲(寅) | 地盤 |

◆ 第一課 (寅)은 日干 甲의 寄宮을 적은 것이다.

第一課 甲의 寄宮은 寅이므로, 地盤定位圖의 寅의 上神 亥를 第一課 天盤으로 정한다.

◆ 第一課 天盤의 亥는 무조건 第二課 地盤으로 내려온다.

◆ 第二課 地盤 亥의 上神 申을 第二課 天盤으로 정한다.

◆ 第三課 地盤 子의 上神 酉를 第三課 天盤으로 정한다.

◆ 第三課 天盤의 酉는 무조건 第四課 地盤으로 내려오고, 第四課 地盤酉의 上神 午가 第四課 天盤이 된다.

이로써 四課의 造式이 상기와 같이 완성된다.


## 2) 三傳 造式法(삼전 조식법)

六壬神課에서는 총 720개의 課式을 三傳의 造式방법에 따라 10종류로 나눈다. 이를 "九宗十課式"이라 하는데 통상 "發用九法"이라고도 한다.


1) 重審課(중심과)

2) 元首課(원수과)

3) 知一課(지일과)

4) 涉害課(섭해과)

5) 遙剋課(요극과)

6) 昴星課(묘성과)

7) 別責課(별책과)

8) 八專課(팔전과)

9) 伏吟課(복음과)

10) 返吟課(반음과)이다.


이중 重審課는 下賊上의 發用을 말하며, 元首課는 上剋下의 發用을 말하는데 이를 묶어 賊剋課라 한다. 따라서 發用에는 9개의 방법이 있게 되니 이를 "發用九法"이라 하는 것이다. 知一課는 일명 比用課라고도 한다.

三傳造式法은 뒷장 "發用九法"에서 상세히 다루도록 한다.

# 5. 육신六神

## 1) 六神이란?

六壬神課에서의 六神 附法은 三傳에 附法하는데 전적으로 자평명리학에 의거한다. 사람의 운명은 복잡다단한 것이어서, 태어난 月에 따른 각 日辰과 三傳의 旺함과 衰함이 다르고, 또한 三傳과 四課 상호간의 合과 沖剋으로 인해 五行의 작용력의 輕重이 또한 다르며, 天盤과 地盤의 合과 沖 등의 相互關係(상호관계)가 운명점단에 미치는 영향이 또한 다르다. 따라서 日辰과 月將, 占時, 天·地盤 서로간의 유기적인 연결관계와 상호작용, 그리고 强弱과 輕重을 분석하여 사람의 운명을 비교적 정확하고 상세하게 판단해 보고자 하는 방법에서 三傳에 六神을 부기하는 것이다.

占斷日의 日干을 기준하여 三傳의 陰陽五行의 生化剋制 관계를 분석 정립하여, 운명에 대한 작용력을 판단하고자 별의 이름을 부과하여 놓은 것이 六神이다. 또한 이것은 日辰과 三傳의 음양오행 서로간의 生化剋制를 통한 예견되어지는 숙명적 암시를 알기위해 대표적으로 명명해 놓은 명칭인 것이다.

자평명리학에 의거 占斷日의 日干과 三傳을 비교하면, 比肩(비견), 劫財(겁재), 偏印(편인), 正印(정인), 偏官(편관), 正官(정관), 偏財(편재), 正財(정재), 食神(식신), 傷官(상관)의 10가지로 표시되어 본시 十神이라 칭해야 할 것이나, 比肩과 劫財는 日干과 같은 오행으로 格을 이루지 못하므로 제외하고, 正財와 偏財는 그 성정상 사주에 미치는 작용력이 비슷하므로 묶어서 "財星"이라하고, 正印과 偏印도 그 성정상 사주에 미치는 작용력이 비슷하므로 "印星"이라 묶어 총 6가지로 분류되므로 六神이라 칭한 것이다.

다만 주의할 것이 있는데, 六神 표기 중 육임학과 자평명리학에서 차이가 나는 부분은, 육임학에서는 偏財를 財鬼라 표기하고, 偏官을 官鬼라 표기하는 것이 다르다.

## 2) 六神 附法(육신 부법)

자평명리학에서는 天干과 地支에 六神이 부법되는데, 육임학에서는 地支를 주로 활용하므로, 三傳에 해당되는 地支에 육신을 부법하는 법을 알아보도록 한다.

앞서 지장간에서 기술했듯이 十二地支에는 각각의 地支마다 餘氣(여기), 中氣(중기), 正氣(정기)가 있다.

支藏干

| | 子 | 丑 | 寅 | 卯 | 辰 | 巳 | 午 | 未 | 申 | 酉 | 戌 | 亥 |
|---|---|---|---|---|---|---|---|---|---|---|---|---|
| 餘氣 여기 | 壬 | 癸 | 戊 | 甲 | 乙 | 戊 | 丙 | 丁 | 己 | 庚 | 辛 | 戊 |
| | 10 | 9 | 7 | 10 | 9 | 5 | 10 | 9 | 7 | 10 | 9 | 7 |
| 中氣 중기 | | 辛 | 丙 | | 癸 | 庚 | 己 | 乙 | 壬.戊 | | 丁 | 甲 |
| | | 3 | 7 | | 3 | 9 | 9 | 3 | 3.3 | | 3 | 5 |
| 正氣 정기 | 癸 | 己 | 甲 | 乙 | 戊 | 丙 | 丁 | 己 | 庚 | 辛 | 戊 | 壬 |
| | 20 | 18 | 16 | 20 | 18 | 16 | 11 | 18 | 17 | 20 | 18 | 18 |

餘氣(여기)는 前月의 기운이 아직 남아있는 것을 干으로 표시한 것이고, 中氣(중기)는 그 地支가 三合하여 바뀌는 오행의 기운을 干으로 표시한 것이고, 正氣(정기)는 그 地支가 지닌 본래의 오행의 기운을 干으로 표시한 것이다.

따라서 같은 月將에 占斷한다 하더라도, 占斷日에 따라 내포된 五行의 氣運이 차이가 나는 것인데, 이를 상기의 표에서처럼 日數로 표시한 것을 藏干分野(장간분야)라 하고 앞서 支藏干(지장간)에서 詳述(상술)했던 것이다.

그러면 支藏干의 餘氣, 中氣, 正氣 中 어느 것을 기준하여 六神을 附法할 것인가에 따라 학자들간 의견이 분분한데, <u>正氣를 나타내는 五行의 干을 기준하여 六神을 附法해야 한다</u>는 것이 일반적인 지론이다.

## 3) 六神 早見表(육신 조견표)

六神 早見表(육신 조견표)

| 日干 六神 | 甲 | 乙 | 丙 | 丁 | 戊 | 己 | 庚 | 辛 | 壬 | 癸 |
|---|---|---|---|---|---|---|---|---|---|---|
| 比肩 | 甲 | 乙 | 丙 | 丁 | 戊 | 己 | 庚 | 辛 | 壬 | 癸 |
| | 寅 | 卯 | 巳 | 午 | 辰戌 | 丑未 | 申 | 酉 | 亥 | 子 |
| 劫財 | 乙 | 甲 | 丁 | 丙 | 己 | 戊 | 辛 | 庚 | 癸 | 壬 |
| | 卯 | 寅 | 午 | 巳 | 丑未 | 辰戌 | 酉 | 申 | 子 | 亥 |
| 食神 | 丙 | 丁 | 戊 | 己 | 庚 | 辛 | 壬 | 癸 | 甲 | 乙 |

|  | 巳 | 午 | 辰戌 | 丑未 | 申 | 酉 | 亥 | 子 | 寅 | 卯 |
|---|---|---|---|---|---|---|---|---|---|---|
| 傷官 | 丁 | 丙 | 己 | 戊 | 辛 | 庚 | 癸 | 壬 | 乙 | 甲 |
|  | 午 | 巳 | 丑未 | 辰戌 | 酉 | 申 | 子 | 亥 | 卯 | 寅 |
| 財鬼 | 戊 | 己 | 庚 | 辛 | 壬 | 癸 | 甲 | 乙 | 丙 | 丁 |
|  | 辰戌 | 丑未 | 申 | 酉 | 亥 | 子 | 寅 | 卯 | 巳 | 午 |
| 正財 | 己 | 戊 | 辛 | 庚 | 癸 | 壬 | 乙 | 甲 | 丁 | 丙 |
|  | 丑未 | 辰戌 | 酉 | 申 | 子 | 亥 | 卯 | 寅 | 午 | 巳 |
| 官鬼 | 庚 | 辛 | 壬 | 癸 | 甲 | 乙 | 丙 | 丁 | 戊 | 己 |
|  | 申 | 酉 | 亥 | 子 | 寅 | 卯 | 巳 | 午 | 辰戌 | 丑未 |
| 正官 | 辛 | 庚 | 癸 | 壬 | 乙 | 甲 | 丁 | 丙 | 己 | 戊 |
|  | 酉 | 申 | 子 | 亥 | 卯 | 寅 | 午 | 巳 | 丑未 | 辰戌 |
| 偏印 | 壬 | 癸 | 甲 | 乙 | 丙 | 丁 | 戊 | 己 | 庚 | 辛 |
|  | 亥 | 子 | 寅 | 卯 | 巳 | 午 | 辰戌 | 丑未 | 申 | 酉 |
| 印綬 | 癸 | 壬 | 乙 | 甲 | 丁 | 丙 | 己 | 戊 | 辛 | 庚 |
|  | 子 | 亥 | 卯 | 寅 | 午 | 巳 | 丑未 | 辰戌 | 酉 | 申 |

## 4) 六神 풀이

三傳에 부법되는 육신의 性情에 따라 예견되어지는 점단의 운명적 추이는 다음과 같다.

### (1) 正官

◎ 正官은 남자에게는 자식과 조카, 여자에게는 남편과 조모를 의미한다.

◎ 정관은 占人이 남명의 경우 직장, 직업, 직책, 명예 등의 점사와 연관되고, 여명인 경우 남편 혹은 애인과의 문제이다.

◎ 정관은 官을 상징하고 文官의 의미가 강하며 온후정직하며 厚德한 성격 많다. 一位만 있으면 독후강직한 성격이나 官殺(정관과 관귀)이 혼잡되고 沖되면 매사 더디고 점인은 잔꾀에 능한 사람이다.

◎ 三傳에 正官이 있고 刑, 沖, 破, 害, 怨嗔殺이 없으면 품위 있고 단정하고, 이해심 있고, 명예와 신용이 있고, 공명정대한 성격이나, 많으면 오히려 흉조를 뛰고, 재성이 있으면 길조는 더욱 증가하나, 傷官이 있으면 凶兆로 변하고, 자식에게 해가 있다.

◉ 女命의 점단시 正官과 偏官이 있어 官殺混雜이 됐을 경우에는, 남편과의 문제, 애인과의 문제, 관재구설과 연관된 문제, 직장인의 경우라면 이직문제 등이고, 점인은 두번 결혼하는 경우가 많고, 일찍 결혼했을 경우 이혼수가 높다. 특히 桃花, 華蓋殺이 있을 경우 유흥업에 종사하는 여성인 경우가 많다.

◉ 女命 점단에 正官과 財가 있고 刑. 沖. 破. 害, 怨嗔殺 및 傷官, 偏官이 없으면 남편덕이 있고, 天月二德과 貴人이 있으면 더욱 좋다.

◉ 女命 점단에 正官과 長生이 同支하면 貴夫와 緣이 있고, 沐浴과 同支면 남편이 호색이고, 死, 墓, 絶, 空亡과 同支면 남편덕이 없다.

◉ 女命 점단에 正官이 많으면 부부간 화목하지 못하고, 결혼운이 적고, 刑. 沖. 破. 害, 怨嗔 되면 여자로써 下賤格이다.

◉ 女命占에 正官과 偏官이 혼잡되어 있으면, 대체로 연애결혼하는 경우가 많고, 혹 결혼을 일찍하게 되면 이혼수가 많다. 특히 官星이 刑, 沖, 破, 害, 怨嗔되면 부부연이 적고, 독신으로 사는 경우도 많다.

◉ 女命 占斷에 正官이 合이 되어 타 오행으로 바뀌면 남편이 바람피는 경우가 많고, 女命 또한 평생 한 남자에 매달리지 않는 경우가 많다.

◉ 正官과 驛馬와 同支하면 자리의 이동 건이 많고, 吉格이면 높은 관직에 오르고 여명점단에 정관이 桃花殺과 同支면 남편이 온순하다.

◉ 女命 점단에 正官이 他傳의 五行과 合이 되면 애교가 많고, 남자들에게 인기가 있으며, 三傳에 印綬가 많으면 결혼운이 적은 편이다.

◉ 점단에 正官이 많으면 오히려 발전이 늦고, 남의 모해를 많이 받으며 잔재주나 모사를 꾸미는 下賤人이 많다.


## (2) 官鬼

◉ 官鬼는 남자에겐 자식, 백모, 조부, 사촌형제, 여자에게는 남편의 형 또는 애인을 뜻한다.

◉ 官鬼는 사고, 질병, 관재구설, 명예훼손, 이혼 등과 연관된 점사의 경우가 많다.

◉ 官鬼는 강열, 황폭, 쟁투, 고독 등의 의미가 강하며, 삼전에서 制伏되지 않거나 財星의 생조를 받으면 흉조가 증가한다.

◉ 三傳에 官鬼가 있고 制剋됨이 없으면 대체로 직업상 정비공, 기술직, 기능공,

운전직, 소방직에 종사하는 경우가 많고, 군인, 경찰직이라면 문점인은 직위가 높게 되지 못한다.

⊙ 女命 점단에서는 官鬼를 본남편이 아닌 애인 혹은 남자친구로 보고, 남명 점단에서는 자식으로 보나 아들과 연관된 점사가 많다.

⊙ 女命 점단에서 官鬼와 孤神殺, 寡宿殺이 있으면 남편복이 적다. 아울러 紅艶殺, 桃花殺이 있으면 유흥업에 종사하는 경우가 많다.

⊙ 官鬼가 잘 制剋되고 吉將이 乘하고 貴格이면 頭領, 軍人, 俠客, 大富, 大貴人 등이 될 수 있고, 삼전 중 食神을 선호하나 財鬼는 기피한다.

### (3) 正印

⊙ 正印은 印綬라고도 하고 남자에게는 어머니, 장모, 여자에게는 어머니와 사촌형제를 의미한다. 그리고 남녀 공히 손자를 의미하기도 한다.

⊙ 正印은 명예, 학문, 지혜, 문서 등을 상징한다. 점사에서는 계약관계, 이사문제, 소송과 연관된 서류문제, 소식 등과 연관된 문제, 명예와 연관된 문제 등을 관장한다.

⊙ 三傳에 正印과 比肩이 있으면, 형제와 직장동료, 동업관계 등의 점사에 연관된 경우가 많다.

### (4) 偏印

⊙ 偏印은 육친상 계모 및 유모를 의미하고, 남자에게는 첩의 아버지 또는 어머니의 형제를 의미하고, 여자에게는 어머니의 형제를 나타낸다.

⊙ 偏印도 正印과 마찬가지로 명예. 학문, 지혜, 문서 등을 관장하나, 질병과 연관된 입원수속 등의 문서, 訟事와 연관된 문서, 사고와 연관된 문서 등의 부정적인 요소가 많이 내포된 건이다.

### (5) 正財

⊙ 남자에게는 처를 의미하고, 여자에겐 시어머니를 의미한다.

⊙ 六壬에서의 主事는 봉급과 같은 고정적인 재물과 연관된 문제는 주로 정재로 판단한다.

### (6) 財鬼

⊙ 財鬼는 남자에겐 아버지, 첩, 첩의 형제들을 의미하고, 여자에겐 아버지와 시어머니를 의미한다.

⊙ 六壬에서의 主事는 투기적인 재물, 손재수 등과 연관된 사항이나, 여자문제, 재혼 등을 점단하는 경우이다.

### (7) 食神

⊙ 食神은 남자에게는 장인, 장모, 조카, 손자를 의미하고, 여자에게는 자식, 손자 및 친정조카를 의미한다.

⊙ 六壬에서의 主事는 자식문제, 취직문제, 예체능, 기술과 연관된 문제, 자선사업 등의 재물과 연관된 문제이다.

### (8) 傷官

⊙ 傷官은 조모, 외조부를 뜻하고, 男命은 첩의 어머니, 女命은 자식 등을 나타낸다.

⊙ 六壬에서의 主事는 자식관련 문제, 예체능과 연관된 문제, 이동과 변동수 등을 관장한다.

### (9) 比肩

⊙ 比肩은 오행상 日干과 오행이 같고 陰陽도 같은 것으로, 남자의 경우 남자형제, 여자의 경우는 여자형제를 나타낸다. 즉 형제자매, 조카, 친구, 직장동료, 남편의 첩을 표시한다.

⊙ 六壬學에서의 主事는 체육과 연관된 문제, 단순노동, 자영업, 외판원, 이발업, 운전업 등의 단순노동이나 독립된 직업과 연관된 문제, 직장동료와의 문제, 형제자매간의 문제, 동업자와의 문제 등이다.

### (10) 劫財

⊙ 劫財는 比肩과 五行上 같은 성격으로 재물을 빼앗긴다는 뜻으로 男命 기준시 여자형제의 의미가 많다.

男命의 경우 겁재는 여형제를 뜻하고, 女命의 경우 반대로 남자형제들을 뜻한다.
⊙ 六壬學에서의 主事는 교만, 동업자와의 문제, 시비구설 문제, 부부간의 재산다툼 문제, 무계획적이고 투기성과 연관된 손재, 이혼, 파산, 질투심 등과 연관된 문제, 상속과 연관된 문제 등이다.

## 5) 六神풀이 요약

六神의 적용

| | | 男命 | 女命 |
|---|---|---|---|
| 官星<br>관성 | 正官<br>정관 | •자식(여)<br>•문관직<br>•직업. 직장. 직책(정규직)<br>•승진. 합격. 당선 | •남편<br>•문관직<br>•직업. 직장. 직책(정규직)<br>•승진. 합격. 당선 |
| | 官鬼<br>관귀 | •자식(남)<br>•무관직 (군인.경찰.소방.이공계)<br>•직업. 직장. 직책 (비정규직)<br>•관재구설. 시비 다툼. 사고. 질병 | •재혼할 남. 애인<br>•무관직(군인.경찰.소방.이공계)<br>•직업. 직장. 직책 (비정규직)<br>•관재구설. 시비 다툼. 사고 질병 |
| 財星<br>재성 | 正財<br>정재 | •본 처<br>•고정수입 재물 | •고정수입 재물<br>•시어머니 |
| | 財鬼<br>재귀 | •첩. 애인<br>•아버지<br>•투기사업 재물 | •아버지. 시어머니<br>•투기사업 재물 |
| 印星<br>인성 | 正印<br>정인 | •본 어머니<br>•지혜. 학문. 문서. 도장. 소식<br>•이사문제. 계약문제<br>•수명<br>•언어능력<br>•선천적 질병 | •본 어머니<br>•지혜. 학문. 문서. 도장. 소식<br>•이사문제. 계약문제<br>•수명<br>•언어능력<br>•시어머니 |
| | 偏印<br>편인 | •서모.<br>•부정적 요소<br> (지혜. 학문. 문서. 도장. 소식)<br>•질병. 수술<br>•이사. 계약<br>•후천적 질병 | •서모<br>•부정적 요소<br> (지혜. 학문. 문서. 도장. 소식)<br>•질병. 수술<br>•시어머니<br>•이사. 계약 |
| 食傷<br>식 | 食神<br>식신 | •밥그릇(취직)<br>•자식(아들)<br>•예체능(문학, 기술계) | •밥그릇(취직)<br>•자식(딸)<br>•예체능(문학, 기술계) |

| | | | |
|---|---|---|---|
| 상 | 傷官<br>상관 | •자식(딸)<br>•예체능(예술. 체육계통)<br>•자식을 극함 | •자식(아들)<br>•예체능(예술. 체육계통)<br>•남편을 극함 |
| 比<br>劫<br>비<br>겁 | 比肩<br>비견 | •형제자매(남형제)<br>•동업관계. 동창관계. 동료관계 | •형제자매(여형제)<br>•동업관계 |
| | 劫財<br>겁재 | •형제자매(여형제)<br>•동업관계. 동창관계. 동료관계 | •형제자매(남형제)<br>•동업관계 |

## 6) 六神附法 例(육신부법 예)

예) 戊寅日 寅將 巳時課(空亡:申酉)

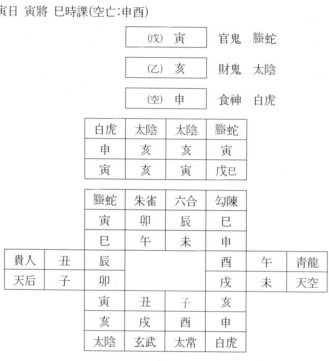

◆ 三傳四課 造式 後에는 日干을 기준하여 三傳에 六神을 附法하는데, 이는 占時에 따라 응해오는 인간제반사에 관한 사안의 길흉을 파악하는데 있어 매우 중요하게 활용되는 요소이다.

# 6. 십이포태운성十二胞胎運星

십이포태운성법은 본래 중국에서는 奇門遁甲(기문둔갑)에서 그 학설이 시작되어 風水地理(풍수지리)에서 많이 활용되고 있는 학문이다. 명리와 연관된 학술을 다루는 역술인들은 이 십이포태운성법의 이치를 또한 정확하게 공부하고 다양하게 활용할 수 있어야 한다.

風水(풍수)에서의 십이포태운성법은 來去水와 來龍의 旺衰와 吉凶을 논하여 墓(묘)의 穴(혈)자리를 잡기위해 쓰이는 방법이고, 육임학에서는 日干과 月將 기준하여 三傳의 五行과 비교하여 그 旺衰(왕쇠)와 吉凶을 논함에 매우 중요하게 거론되는 이론이다. 이는 사람의 인생이 삶과 죽음의 연속된 과정에서 수많은 윤회과정을 거치며, 잉태된 후 성장기를 거쳐 죽어 묘지에 묻힐 때까지의 인생과정을, 旺(왕)함과 衰(쇠)함 등으로 분류하여 三傳에 附法(부법)하며, 그리고 日干支와 月將, 그리고 占時와 三傳 상호간 五行의 旺衰 및 生化剋制(생화극제)를 참고하여, 인생의 길흉화복을 점단해 보기위해 많이 활용되는 이론이다. 日干을 기준하여 三傳에 附法하는데, 六神, 十二神殺과 더불어 주요하게 활용되는 요소이다.

## 1) 十二胞胎運星 早見表(십이포태운성 조견표)

### 十二胞胎運星 早見表(십이포태운성 조견표)

| 日干 | 甲 | 乙 | 丙 | 丁 | 戊 | 己 | 庚 | 辛 | 壬 | 癸 |
|---|---|---|---|---|---|---|---|---|---|---|
| 胞(絶)<br>포(절) | 申 | 酉 | 亥 | 子 | 亥 | 子 | 寅 | 卯 | 巳 | 午 |
| 胎<br>태 | 酉 | 申 | 子 | 亥 | 子 | 亥 | 卯 | 寅 | 午 | 巳 |
| 養<br>양 | 戌 | 未 | 丑 | 戌 | 丑 | 戌 | 辰 | 丑 | 未 | 辰 |
| 長生<br>장생 | 亥 | 午 | 寅 | 酉 | 寅 | 酉 | 巳 | 子 | 申 | 卯 |
| 沐浴<br>목욕 | 子 | 巳 | 卯 | 申 | 卯 | 申 | 午 | 亥 | 酉 | 寅 |
| 冠帶<br>관대 | 丑 | 辰 | 辰 | 未 | 辰 | 未 | 未 | 戌 | 戌 | 丑 |
| 建祿<br>건록 | 寅 | 卯 | 巳 | 午 | 巳 | 午 | 申 | 酉 | 亥 | 子 |

| 帝旺<br>제왕 | 卯 | 寅 | 午 | 巳 | 午 | 巳 | 酉 | 申 | 子 | 亥 |
|---|---|---|---|---|---|---|---|---|---|---|
| 衰<br>쇠 | 辰 | 丑 | 未 | 辰 | 未 | 辰 | 戌 | 未 | 丑 | 戌 |
| 病<br>병 | 巳 | 子 | 申 | 卯 | 申 | 卯 | 亥 | 午 | 寅 | 酉 |
| 死<br>사 | 午 | 亥 | 酉 | 寅 | 酉 | 寅 | 子 | 巳 | 卯 | 申 |
| 墓(葬)<br>묘(장) | 未 | 戌 | 戌 | 丑 | 戌 | 丑 | 丑 | 辰 | 辰 | 未 |

## 2) 十二胞胎運星 풀이

◉ 陽日干(양일간)은 順行附法(순행부법)하고, 陰日干(음일간)은 逆行附法(역행부법)한다.

◉ 丙과 戊, 丁과 己는 동일하게 취급한다.

◉ 應用(응용)

    ◆ 官職의 高下, 財物의 多少, 형제자매 및 자손의 數, 壽命(수명)의 長短 등을 추산함에 응용한다.

    ◆ 日干을 기준하여 三傳의 五行 및 六神, 그리고 帶同(대동)하고 있는 여러 神殺(신살)의 旺衰(왕쇠)를 판단함에 활용한다.

    ◆ 月將과 연관하여 日干의 旺衰(왕쇠) 분석과 三傳 五行의 得氣(득기)와 失氣(실기) 및 有力(유력)과 無力(무력) 등을 분석하고, 三傳 五行의 偏枯(편고) 및 均衡(균형) 여부를 판단하여 吉凶禍福을 논하는 방편으로 활용한다.

    ◆ 風水(풍수)에서 來去水(내거수=得水 및 破口) 및 來龍의 길흉을 판단함에 많이 활용한다.

◉ 해설

    ◆ 胞(포 = 絕)

이승과의 육체 및 영혼의 모든 인연이 끊어짐을 뜻하며, 일명 절(絕)이라고도 부른다.

    ◆ 胎(태)

다시 사람으로 잉태됨을 의미한다. 정자와 난자가 착상된 상태에 불과하니, 형태를 아직 이루지 못했으므로 運의 흐름에서는 정체된 상태이다. 계획하고 준비하는 단계이니 매사 어떤 일이든 圖謀(도모)하기가 힘든 단계다.


◆ 養(양)

어머니 뱃속에서 양육되어지고 있는 상태이다. 뱃속에서 어머니의 보살핌을 받으며 자라니, 온순하고 어려움을 모르고, 적극적이지 못하다. 남의 도움이 있어야 한 가지라도 성취할 수 있다.


◆ 長生(장생)

사람으로 태어남을 의미한다. 출생의 고통이 따르지만 누구나 부모님과 주위의 사람들로부터 축하를 받고 태어나니 운세가 강한 것이다.


◆ 沐浴(목욕)

태어난 후 몸을 씻는다는 의미로, 몸에 묻은 불순물을 제거하는 것이니, 번거로움과 수고로움이 따르고 고통과 실패가 따르며, 남의 도움을 받아야하고, 인내와 절제가 필요하다. 유·소년기 몸과 마음을 정제하여 수련 쌓는 기간을 말한다.


◆ 冠帶(관대)

성인이 되어 의관을 갖추고 사회에 진출하는 단계이다. 역량을 갖추기 위해 학업을 게을리 하지 않았고, 수신하는 기다림의 시간이 있었고, 이제는 사회의 한사람으로 인정을 받기 위해 한걸음 내딛는 단계이다.


◆ 建祿(건록 = 任官)

인생의 전성기요, 관직에 진출하여 국가에 보답하고, 왕성히 활동하여 명성과 복록을 쌓아가는 단계이다.


◆ 帝旺(제왕)

인생의 정점기요, 관직과 복록과 명성이 최고의 위치에 올랐으며 목적을 달성하였으니, 산을 내려가야 하는 것도 생각해야 하는 시점이다.

◆ 衰(쇠)

시들어 가는 시기이다. 전성기가 지나고 운세가 기우니, 후배들을 양성하고 자리를 물려주어야 하는 시점이다.


◆ 病(병)

병든 시기이다. 매사를 정리해야 하는 시기이다. 걸어온 길을 반성도해야 하는 시점이다. 회한과 감성과 비판적인 마음이 생길 수 있으니, 마음을 정제하고 평상심을 가져야 한다.


◆ 死(사)

죽는 시기이다. 일체만물과의 연이 끊어지는 것이다. 아무것도 할 수 없다.


◆ 墓(묘 = 葬)

죽어 땅에 묻힘을 의미한다. 무덤에 갇혀있으니 만사불성이고, 圖謀之事(도모지사)도 허사이다. 墓는 땅속이나 가옥, 창고, 감옥, 병원, 건물 등에 갇히는 것이다. 문이 열려야 밖으로 나올 수 있다.

辰未戌丑의 四庫地(사고지)는 日辰, 月將, 太歲, 三傳과의 관계에서 刑沖될시 개고(開庫)되어 창고안의 물건을 활용할 수 있지만, 기타의 墓는 刑沖되면 문이 열려 밖으로 튀어나온 것은 잃어버리게 된다. 따라서 得失이 있고, 吉凶이 병존하는 것이다.


# 7. 십이신살 十二神殺

六壬學에서 사람의 앞으로 닥쳐올 운세추이를 점단함에 있어, 무엇보다도 음양오행으로 구성된 三傳四課 상호간의 생화극제(生化剋制) 및 合·沖의 관계가 절대적인 영향을 미치는 것에는 재론의 여지가 없다. 그러나 天干보다는 지지(地支)의 상호작용으로 인한 영향력이 운명에 미치는 영향력이 더 크고 강하기 때문에, 日支를 중심으로 보는 十二神殺의 중요성은 아무리 강조해도 부족함이 없다.

요즈음 일부 역술인들은 六壬을 점단함에 있어, 陰陽五行(음양오행)의 生化剋制

(생화극제)를 강조한 나머지, 十二神殺(십이신살) 등 각종 神殺(신살)들이 미래운명에 미치는 영향력을 看過하고 폄하하는 경우가 많으나, 필자가 그동안 六壬을 실전에서 활용해본 경험과 적중도를 분석해본 결과, 앞으로 기술하는 십이신살의 비중이 상당히 높고, 또한 작용력이 크다는 것을 알 수 있었다.

十二神殺은 日支를 기준하여 三傳에 附法하고, 또한 六神과, 十二運星, 기타 諸神殺 들과 상호 연계하여 旺衰(왕쇠) 및 吉凶禍福(길흉화복)을 논하는데 활용 한다.

## 1) 十二神殺 早見表(십이신살 조견표)

### 十二神殺 早見表(십이신살 조견표)

| 日支<br>十二神殺 | 子 | 丑 | 寅 | 卯 | 辰 | 巳 | 午 | 未 | 申 | 酉 | 戌 | 亥 | 비고 |
|---|---|---|---|---|---|---|---|---|---|---|---|---|---|
| 劫殺<br>겁살 | 巳 | 寅 | 亥 | 申 | 巳 | 寅 | 亥 | 申 | 巳 | 寅 | 亥 | 申 | |
| 災殺<br>재살 | 午 | 卯 | 子 | 酉 | 午 | 卯 | 子 | 酉 | 午 | 卯 | 子 | 酉 | 수옥살 |
| 天殺<br>천살 | 未 | 辰 | 丑 | 戌 | 未 | 辰 | 丑 | 戌 | 未 | 辰 | 丑 | 戌 | |
| 地殺<br>지살 | 申 | 巳 | 寅 | 亥 | 申 | 巳 | 寅 | 亥 | 申 | 巳 | 寅 | 亥 | |
| 年殺<br>년살 | 酉 | 午 | 卯 | 子 | 酉 | 午 | 卯 | 子 | 酉 | 午 | 卯 | 子 | 桃花殺<br>咸池殺<br>敗殺 |
| 月殺<br>월살 | 戌 | 未 | 辰 | 丑 | 戌 | 未 | 辰 | 丑 | 戌 | 未 | 辰 | 丑 | |
| 亡身殺<br>망신살 | 亥 | 申 | 巳 | 寅 | 亥 | 申 | 巳 | 寅 | 亥 | 申 | 巳 | 寅 | |
| 將星殺<br>장성살 | 子 | 酉 | 午 | 卯 | 子 | 酉 | 午 | 卯 | 子 | 酉 | 午 | 卯 | |
| 攀鞍殺<br>반안살 | 丑 | 戌 | 未 | 辰 | 丑 | 戌 | 未 | 辰 | 丑 | 戌 | 未 | 辰 | |
| 驛馬殺<br>역마살 | 寅 | 亥 | 申 | 巳 | 寅 | 亥 | 申 | 巳 | 寅 | 亥 | 申 | 巳 | |
| 六害殺<br>육해살 | 卯 | 子 | 酉 | 午 | 卯 | 子 | 酉 | 午 | 卯 | 子 | 酉 | 午 | |
| 華蓋殺<br>화개살 | 辰 | 丑 | 戌 | 未 | 辰 | 丑 | 戌 | 未 | 辰 | 丑 | 戌 | 未 | |

⊙ 劫殺, 災殺, 天殺은 三殺이라 한다.

## 2) 十二神殺 附法(십이신살 부법)

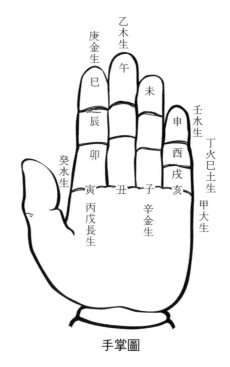

手掌圖

⊙ 十二神殺은 日支 기준하여 三傳에 附法한다. 十二神殺의 附法은 地支의 三合 된
五行에 따라 겁살(劫殺) 부터 시작하여 해당 三傳에 附法(부법)한다.

◆申子辰 – 三合 水局

申·子·辰年生은 手掌圖(수장도) 巳에서 劫殺(겁살)이 시작되어 해당 三傳에 부법
한다.

◆亥卯未 – 三合 木局

亥·卯·未年生은 手掌圖(수장도) 申에서 劫殺(겁살)이 시작되어 해당 三傳에 부
법한다.

◆寅午戌 – 三合 火局

寅·午·戌年生은 手掌圖(수장도) 亥에서 劫殺(겁살)이 시작되어 해당 三傳에 부법
한다.

◆巳酉丑 - 三合 金局

巳·酉·丑年生은 手掌圖(수장도) 寅에서 劫殺(겁살)이 시작되어 해당 三傳에 부법한다.

◉ 十二神殺이 占斷(점단)에 미치는 영향을 정확하게 분석하려면 대동하고 있는 五行과 六神 및 十二天將의 旺衰(왕쇠)와 길흉, 三傳 상호간의 合과 沖 등을 겸하여 종합적으로 판단해야 정확한 점단이 된다.

## 3) 十二神殺(십이신살) 풀이

### (1) 劫殺(겁살)

◉ 劫殺은 빼앗는다는 의미로 凶神과 凶將을 대동하면 자신이 정신적, 신체적, 물질적으로 피해를 보는 것이고, 吉神과 吉將을 대동하면 남으로부터 도움을 받는다.

◉ 太歲와 月將에서 三傳의 劫殺이 있는 地支와 刑沖되면 災禍(재화)가 따르는 경우가 많다.

◉ 三傳의 劫殺이 天乙貴人(천을귀인)이나 祿星(녹성)과 대동하면 모사(謀事)에 능하고, 두뇌회전이 빠르며, 재주와 지혜가 뛰어나다.

◉ 三傳에 劫殺이 있으면 占事는 대체로 조실부모. 부부이별. 불의의 재난. 손재수(損財數). 형제자매 중 일찍 죽는 사람 등과 연관이 있는 경우가 많은데, 官星에 있으면 주변사람들로 부터 陰害, 모함을 당하거나, 예기치 않은 명예훼손 등과 연관된 경우가 많다.

◉ 太歲가 劫殺에 해당되며 四凶神(官鬼, 財鬼, 偏印, 傷官)중 하나이며, 다시 凶將(螣蛇, 勾陳, 天空, 白虎, 玄武, 朱雀)을 대동하면 占事는 주로 경쟁관계의 일과 연관되고, 시비 및 관재구설, 사고, 실물, 도난, 부부이별, 손재수, 투자 실패 등과 연관되는 경우가 많다.

◉ 太歲가 劫殺이며 三傳 중 하나와 합이 되면 불안정한 상황에서도 나에게 도움이 되는 일이 생긴다. 우연히 橫財(횡재)하거나, 영전(榮轉)하거나, 명예가 높아지는 경우가 생기기도 한다.

◉ 太歲가 劫殺이며 三傳 중 凶神, 凶將을 대동한 오행과 합이 되면 흉변길(凶變吉)이 되니, 외형은 시끄럽고 혼란스럽지만, 내적으로는 재물이 들어오고 명예나 영전 등의 기쁜 일이 있다.

◉ 初傳에 劫殺이 있고 四吉神(正印,正財,正官,食神)중 하나이며 다시 吉將이 승했는데, 初傳 六神이 正印이면 占事는 智謀(지모)와 才略(재략) 으로 큰 富를 이룸과 연관되는 경우가 많고, 正財이면 妻(처)의 내조로 得財(득재)함과 연관되고, 正官이면 명예를 얻음과 연관되고, 食神이면 才藝(재예)가 뛰어나 대중의 인기와 영합함과 연관된 경우가 많다.

◉ 末傳이 劫殺인데 太歲와 刑沖되면 占事는 一身上의 변동수와 연관되는 경우가 많다.

◉ 三傳 중 食傷에 劫殺이 乘하고 다시 凶將을 대동하고 三傳이 刑殺이 되는 경우, 胎産占이라면 그 자식이 온전치 못하고, 정상적으로 사회생활을 하지 못하는 경우가 많다.

◉ 三傳의 劫殺이 印星에 있고 吉將을 대동할 경우에는 의사. 약사. 법조인, 기자 등의 직업을 갖고, 凶將을 대동할 경우에는 偏業(편업)된 직업인 정비직, 재단사, 이발사, 운전직, 청소업 등의 직업을 많이 갖게 된다.

◉ 三傳의 劫殺이 官星에 있고 吉將을 대동할 경우에는 官運 및 昇進運(승진운)이 좋고, 귀격(貴格)이면 높은 벼슬에 까지 오를 수 있다.

◉ 三傳의 劫殺이 長生地에 있고 天乙貴人(천을귀인)을 대동(帶同)하면 가업을 일으키고, 正官을 대동하면 벼슬이 높고, 財星을 대동하면 부자(富者)가 되고, 편관(偏官)을 대동하면 平民과 연관된 사안이다.

◉ 太歲의 劫殺이 三傳 중 하나와 合하여 日干을 剋(극)하면, 일신상의 변동과 家宅이 시끄럽고, 三傳 중 桃花殺(도화살)이 日支와 合하여 日干을 극하더라도 역시 그러하며, 부부외의 남녀간의 문제로 官災口舌數(관재구설수)가 따르는 占事인 경우가 많다.

◉ 三傳에 劫殺과 孤神殺(고신살), 寡宿殺(과숙살)이 있으면 身數占의 경우, 고독하고 속세를 등지거나 유랑생활을 하며, 설혹 貴(귀)하게 되고 官祿(관록)을 얻었더라도 후세의 좋은 평을 얻지 못하는 경우이다.

◉ 太歲의 劫殺이 三傳과 三刑殺을 형성하면 관재구설과, 사고, 질병 등과 연관된 占事이고, 三刑殺의 地支에 吉將이 乘하면 흉함이 다소 감소하고, 凶將이 乘하면 흉함이 더욱 심화된다.

(三刑殺 = 寅-巳-申.  丑-戌-未)

- 三傳의 劫殺이 四吉神(正官, 正財, 正印, 食神)과 吉將이 乘하면 상대편이 나를 도와 주는 것이니, 占事에서는 타인의 財를 이용하여 발달하고, 총명, 민첩, 빠른 두뇌회전 등으로 크게 발달한다.

- 三傳의 劫殺이 四凶神(官鬼, 財鬼, 偏印, 傷官)과 凶將이 乘하면, 占事는 각종 우환(憂患)과 재액(災厄), 관재구설, 사고, 질병 등과 연관된다.

- 三傳의 三合된 劫殺이 太歲의 地支와 刑破되어 깨질 때에는 대체로 흉함이 집안 전체에 미치는 경우가 많다.

- 三傳의 劫殺과 魁罡殺(괴강살)과의 刑沖은 횡액, 급사, 돌연사, 교통사고 등과 연관된다.

- 初傳의 劫殺이 乘한 六神에 따라 다음과 같은 占事 등이 예지(豫知)된다.
  - 財星을 띠고 吉將이 乘하면 처덕과 재복이 있다.
  - 正印을 띠고 吉將이 乘하면 문장, 학문, 학계에 이름을 날린다.
  - 偏印을 띠고 吉將이 乘하면 기술, 편업, 역술업 등으로 이름을 날린다.
  - 食神을 띠고 吉將이 乘하면 외교활동 및 話術(화술), 문장 및 예술로서 得財하고, 장인, 장모의 덕이 크다.
  - 傷官을 띠고 吉將이 乘하면, 예체능, 연예인, 기술연구직, 사회활동가 등으로 이름을 날린다.
  - 正官을 띠고 吉將이 乘하면 명예와 관록이 있고 그 복록이 크다.
  - 官鬼를 띠고 吉將이 乘하면 무관직, 운동직, 투기사업, 흥행사업 등에 이름을 날리는 경우가 있다.

- 三傳의 劫殺이 驛馬殺(역마살)을 대동하고 또한 凶將이 乘하면 교통사고, 예기치 않은 損財數(손재수) 등과 연관된다.

- 三傳의 食神이 劫殺을 대동하고 凶將이 乘하면 남자는 言行으로 인해 災厄(재액)이 있고, 또한 妻家(처가)로 인해 禍(화)를 입는다.

- 三傳의 官鬼가 劫殺이고 凶將이 乘하면 身數占에서, 자식으로 인해 家業을 破하고, 官災, 損財數(손재수)가 따르고, 沐浴殺(목욕살)을 대동한 官鬼에 凶將이 乘하면 酒色(주색)등으로 가정이 깨진다.

- 身數占에서 行年이나 太歲가 三傳의 劫殺을 尅하면 凶變吉이 되어 부유하고 번창한다. 劫殺에 吉將이 乘하고 長生地에 있으며 다시 財와 官이 三傳에 있으며

貴格이면 大富貴(대부귀)한다.

◉ 劫殺이 四吉神(正官,正財,正印,食神)에 있으며 吉將이 乘하면 재주가 있고 복록이
  있으며, 祿星(녹성)地에 있으면 酒色(주색)을 즐기고, 劫殺이 旺相하면 病苦(병고)
  가 많다.

◉ 身數占에서 三傳의 官鬼에 劫殺이 있고 다시 凶將이 乘하면 예기치 않은 災禍(재
  화)를 당하고, 다시 劫殺과 亡身殺(망신살), 기타 凶殺이 겹치면 단명(短命)하거나
  貧賤(빈천)하다.

◉ 身數占에서 三傳의 劫殺이 日支와 合되고 凶將이 乘하면 酒色(주색)을 탐하고 수
  치를 모르는 경우도 많다.

## (2) 災殺(재살)

◉ 일명 囚獄殺(수옥살)이라고도 한다.

◉ 災殺은 본시 불의의 災厄(재액)이나 刑厄(형액)을 당하는 凶殺인데, 四凶神 (官鬼,
  財鬼,傷官,偏印)과 凶將을 대동하면 그 흉함이 매우 크다.

◉ 行年과 太歲가 공히 三傳의 災殺에 臨하면 흉함이 있다.

◉ 行年이나 太歲의 災殺이 三傳을 刑沖하면 사안은 밖에서 손재수가 생기는 것과
  연관되고, 三傳에서 行年이나 太歲의 災殺을 刑沖하면 사안은 집안에서 손재수
  가 생기고 부부간의 갈등도 생기는데 그 여파는 일가친척에 까지 미치게 된다.

◉ 三傳의 官鬼가 災殺을 대동하고 凶將이 乘하며 凶格이면 사안은 직장이나 자식
  으로 인해 損財數(손재수)와 亡身數(망신수)가 따르게 되고, 女命은 남편 또는 외
  간 남자와의 사이에 官災口舌數(관재구설수)가 따른다.

◉ 三傳의 偏印이 災殺을 대동하고 凶將이 乘하며 凶格이면 계약, 문서, 주식, 유가
  증권 등으로 인해 災禍(재화)가 발생하는 경우가 많다.

◉ 行年이나 太歲가 災殺에 臨하여 凶將을 대동하고 旺하며, 다시 三傳의 生함이나
  合이 있으면 예기치 않은 질병이나 사고, 관재구설, 시기, 陰害(음해) 건이 발생할
  수 있다. 특히 財鬼나 官鬼와의 合이 凶格을 형성하는 경우는 흉함이 막중하다.

◉ 身數占에서 三傳의 災殺이 凶將이 乘하고 旺한데, 다시 三傳에서 財鬼나 官鬼와
  刑沖되면 官訟(관송)과 연관된 사안이 발생하기도 한다.

◉ 初傳의 印星이 災殺을 대동하면 부모문제, 혹은 문서, 계약 등과 연관된 사안인

경우가 많다.

◉ 初傳의 財星이 災殺을 대동하면 처첩의 문제, 혹은 재물과 연관된 失物數, 損財數 등과 연관된 사안인 경우가 많다.

◉ 初傳의 正官이 災殺을 대동하면 직업, 직장, 직책, 자식과 연관된 사안이거나, 명예훼손 등과 연관된 사안인 경우가 많다.

◉ 初傳의 官鬼가 災殺을 대동하면 사고, 질병, 시비다툼, 관재구설 등과 연관된 사안인 경우가 많다. 다시 凶將을 대동하면 災禍(재화)가 심하다.

◉ 初傳의 食傷이 災殺을 대동하면 자식문제, 手下人과 연관된 문제, 기술이나 재능과 연관된 문제, 취직과 연관된 문제인 경우가 많다.


## (3) 天殺(천살)

◉ 天殺은 선천적인 事案(사안)과 연관이 많은 殺이다. 따라서 六壬學에서는 발생하는 여러 사안들이 대체로 조상들의 묘소와 연관이 깊다 판단한다.

◉ 日支 기준시 三傳의 지지 辰未戌丑 土에 부법한다.

◉ 初傳에 天殺이 臨하고 他 三傳과 비교시 刑, 沖, 破, 害, 怨嗔殺(원진살)이 되거나, 行年, 太歲와 刑沖되면 사안은 여러 가지 災禍(재화)가 따르고 시끄럽고, 예기치 않은 凶禍(흉화)들이 발생한다.

◉ 身數占에서 三傳의 比劫이 天殺에 해당되며, 凶將이 乘한 경우에는 그 형제 자매들은 육친간의 덕이 없다. 또한 타인과의 동업관계도 좋지 않다.

◉ 行年이나 太歲의 天殺이 三傳에 臨하고 凶將을 대동한 경우에는, 예기치 않은 질병, 사고, 官災(관재) 件 등이 발생한다.

◉ 身數占에서 三傳의 天殺이 旺하며 凶神(官鬼, 財鬼, 傷官, 偏印)을 대동하고 다시 凶將이 乘한 경우에는 조상의 陰德(음덕)과 庇護(비호)가 적은 운명이므로 투기업종이나 모험을 해야 하는 업종에는 맞지 않는다.

◉ 三傳에 天殺이 있고 다시 行年이나 太歲가 天殺地의 五行을 生하며 다시 凶將을 대동하면 사안은 官災口舌數(관재구설수)가 생기거나 喪事(상사)를 당하거나, 불의의 사고가 있다. 그리고 남녀 공히 고독하고, 몸이 건강치 못함과 연관된다.

◉ 통변상의 질병으로는 선천적질병과 연관된다.

## (4) 地殺(지살)

◉ 地殺은 움직이는 殺이니 吉凶이 공히 작용하고, 軍馬나 운송차량, 이동, 遠行, 해외유학, 무역거래 등과 연관된다.

◉ 身數占에서 三傳의 地殺이 天乙貴人이 順行하고 吉將이 乘하면 매사 안정과 길함이 있고, 貴人이 逆行하고 凶將이 乘하면 타향살이를 하거나 예기치 않은 凶事가 발생한다.

◉ 地殺은 본시 이동수가 있는 殺인데 沖破를 당하면 걷잡을 수 없는 변동이 따른다.

◉ 身數占에서 三傳에 地殺이 있고 또한 怨嗔殺(원진살)이 있으며, 凶將을 대동하면 우물안 개구리식으로 無爲徒食(무위도식)과 방탕을 일삼는다.

◉ 身數占에서 印星에 地殺이 있는 경우에는 부모와의 연이 대체로 적다.

◉ 身數占에서 三傳에 天殺과 地殺이 臨하여 旺하면, 局에 印星이 重重한 것으로 간주하니 어머니, 혹은 할머니가 둘인 경우가 많다.

◉ 三傳의 地殺이 財星에 臨하고 旺하면, 국제결혼 하거나, 이동 중 혹은 여행 중에 사람을 잘 사귀고 또한 결혼도 하며, 외국 유학운이 있거나, 무역업 등에 종사하게 된다.

◉ 身數占에서 太歲가 地殺에 임하며 다시 印星이 되고 吉將을 대동하면, 계약 및 문서 등의 건으로 윗사람의 협조를 받는 사안이다.

◉ 身數占에서 太歲가 地殺에 臨하며 다시 官星이 되고 吉將을 대동하면 직업이나 직책의 변동, 승진, 영전, 창업 등에 복록이 나타난다.

◉ 行年이나 太歲가 地殺에 臨하며, 三傳에서 三刑殺(삼형살)이 되거나, 驛馬殺(역마살)과 沖되면, 교통사고 등의 橫厄(횡액)이 발생할 수 있다.
  또한 三傳의 桃花殺(도화살), 亡身殺(망신살), 沐浴殺(목욕살) 등과 三刑殺이 되거나 沖殺이 되면 色情(색정)으로 인한 女難(여난)이 발생하기도 한다.

◉ 三傳의 地殺이 正官에 있으면 분주하고 이동수가 많으며, 해외출입 역시 많다. 해외유학의 경우도 발생한다.

◉ 地殺과 연관된 질병으로는 위장병, 급살병 등이 있다.

## (5) 年殺(년살)

◉ 일명 桃花殺(도화살), 敗殺(패살), 咸池殺(함지살)이라고도 한다.

◉ 酒色風流(주색풍류), 歌舞(가무), 色情(색정)의 흉살이다.

◉ 年殺에 吉將이 乘하고 吉格이면 연예계로 이름을 날린다.

◉ 三傳에서 男命에 財星, 女命에 官星에 桃花殺이 臨하면 風流를 즐기고 酒色(주색)을 밝히는 경향이 있다.

### 桃花殺

| 日支 | 寅午戌 | 亥卯未 | 申子辰 | 巳酉丑 |
|------|--------|--------|--------|--------|
| 桃花殺 | 卯 | 子 | 酉 | 午 |

◉ 女命 身數占에서 三傳의 食傷에 年殺이 있으면 자식이 酒色(주색)으로 방탕한 인생을 보내는 경우가 많다.

◉ 日支 기준하여 年殺은 子, 午, 卯, 酉, 네 地支에 해당된다.

　◆ 子에 있으면 요염함과 음란함이 있고, 陰事(음사) 件으로 인해 부부간의 갈등 소지가 있다.

　◆ 卯에 있으면 요염함과 미색을 갖추고, 대인관계가 원활하여, 요식업이나, 유흥주점 계통의 직업에서 성공하여 富를 쌓는 경우가 있다.

　◆ 午에 있으면 활동적이고 話術(화술)이 능란하다. 흉신이면 떠돌이 장사꾼에 불과하다.

　◆ 酉에 있으면 경제적 수완은 있으나 정직청렴하다.

◉ 身數占에서 三傳의 年殺이 空亡(공망)되고 天乙貴人(천을귀인)이 있으면 女命은 神病(신병)을 앓는 경우가 많고, 무속인 및 점술가가 많다. 男命의 경우는 공예, 조각가 등의 직업에 많이 종사하기도 한다.

◉ 年殺이 印星에 있고 空亡(공망)되며 凶將이 乘하고 凶格이면 무당, 박수 등의 무속에 종사하는 경우가 많다.

◉ 身數占에서 三傳에 年殺과 將星殺(장성살)이 있는데, 將星殺에 吉將이 乘하면 年殺의 凶兆(흉조)는 반감된다 판단한다.

◉ 身數占에서 太歲가 年殺을 대동하고 日支와 刑沖되면 부부간 떨어져 살거나, 한

쪽이 희생되거나, 死別(사별) 혹은 이혼수와 연관된 사안인 경우가 많다.

◉ 三傳의 年殺이 旺相하고 吉將이 乘하면 풍류를 좋아하고, 고상하고, 재주와 기술이 있고 연예인 기질이 다분히 있다.

休囚死(휴수사)되고 凶將이 乘하면 교활하고 거짓이 많고 방탕하며, 家計(가계)를 蕩盡(탕진)하고, 은혜를 모르고 유부녀와 私通(사통)한다.

◉ 身數占에서 三傳의 年殺이 旺相하며 正財에 臨하고 凶將이 乘하면, 그 妻가 惡妻(악처)인 경우가 많고, 吉將을 대동하면 기름, 소금, 술 등으로 蓄財(축재)하며, 사채나 고리대금업 등의 부정한 수단으로 가계(家計)를 일으킨다.

◉ 身數占에서 天德貴人(천덕귀인)에 年殺이 臨하면 風流佳人(풍류가인)이고, 驛馬殺(역마살)에 臨하면 표류방탕하고, 正官宮에 年殺이 동궁하면 妻로 인해 致富(치부)하는 경우가 있다.

◉ 年殺은 三傳에서 刑.沖을 기피하나 空亡은 오히려 吉하다 논한다.

◉ 身數占에서 官鬼에 年殺이 臨하면 薄福(박복)하고 예기치 않은 흉사가 빈발하지만, 正官에 年殺이 임하면 대체로 吉하다.

◉ 年殺은 初傳에 있으면 영향력이 크고, 中傳이나 末傳에 있으면 다소 가볍다.

◉ 身數占에서 三傳의 羊刃殺(양인살)이나 五鬼殺(오귀살)이 年殺을 대동하면 色情(색정)으로 인해 身厄(신액)이 생기는 경우가 많다.

◉ 身數占에서 三傳과 行年이나 太歲를 포함하여 子, 午, 卯, 酉가 전부 있게되면, 이것도 年殺로 보는데 이를 四桃花(사도화) 혹은 遍夜桃花(편야도화)라 하고, 남자는 성질이 급하고 교묘한 재능과 예술, 문학적인 소질이 있어 성공하기도 하지만 女難(여난)을 면키 어렵다. 만약 吉將과 吉格을 이루면 불세출의 영웅적 기질이 있다 판단하고, 凶將과 凶格을 이루면 災禍(재화)가 다발할 것이라 판단한다.

◉ 三傳에 子, 午, 卯, 酉 中 2개 이상이 있으면 年殺의 작용이 더 강화됐다고 판단한다.

◉ 身數占에서 三傳의 正官이 年殺을 대동하거나, 年殺이 日支와 合되면 이를 자평명리의 "祿方桃花(녹방도화)"라 간주하며, 여자는 애교가 있고, 絕世佳人(절세가인)이며, 특히 水에 해당되면 음란한 경우가 많다.

◉ 三傳의 年殺이 凶將, 凶格을 대동한 경우 臨한 六神에 따라 여러 凶禍가 발생할 수 있다.

- 劫財에 있으면 형제간, 직장동료간, 동업자간 애정으로 인한 訟事(송사)나 口舌 (구설)이 생길 수 있다.
- 食神에 있으면 나이차가 많은 여자나 애가 딸린 여자 혹은 아랫사람의 소개로 인한 애정문제가 생길 수 있다.
- 傷官에 있으면 재혼문제나 애정과 연관된 官災口舌이 생길 수 있다.
- 財星에 있으면 作妾致富(작첩치부)하는 경우가 생길 수 있다.
- 官鬼에 있으면 관재구설과 사고, 질병이 생길 수 있다.
- 正官에 있으면 직업, 직장, 직책, 명예 등과 연관된 官災口舌이 생기는 경우가 많다.
- 正印에 있으면 妻妾(처첩)의 모친을 봉양하거나 나이차가 많이 나는 이성과 교제하는 것과 연관된다.
- 偏印에 있으면 사고, 질병 등의 흉사와 연관된 일이 발생하거나, 문서, 계약과 연관하여 損財數가 발생하기도 한다.
- ⊙ 身數占에서 三傳의 年殺이 있는 地支가 支合하여 日辰을 剋하는 官星으로 바뀌거나, 日辰의 勢(세)를 洩氣(설기)함이 심하면 이질, 중풍, 생식기질병 등과 연관되고, 凶將이 乘하고 凶格이 되면 음란함과 연관된 경우가 많다.
- ⊙ 身數占에서 三傳의 年殺에 凶將이 乘하고 太歲나 月將과 刑沖되면 갖가지 醜聞 (추문)이 발생하는 경우가 많고 妻와의 緣(연)이 薄(박)하다.
- ⊙ 身數占과 연관된 질병으로는 酒色之病(주색지병)과 심장질환 등이 있다.

### (6) 月殺(월살)

- ⊙ 身數占에서 月殺은 辰未戌丑 등 土氣에만 있으며, 障碍(장애)를 대동하고 침체, 좌절, 답보상태, 중단 등을 의미하는 흉살이다.
- ⊙ 婚事占에서 문점시의 日辰이 太歲 기준하여 月殺日이고 다시 入傳하여 凶將과 凶神을 대동하는 날이면, 婚姻式(혼인식), 播種(파종), 增改築(증개축), 合房(합방) 등을 하지 않는다.
- ⊙ 身數占에서의 月殺은 답답하고 고독하고, 이별수, 질병 등을 대동하는 殺로써 入傳하고, 다시 三傳의 華蓋殺(화개살)이 있는 支와 刑沖되면 신체상 장애와 연관된 사안인 경우가 많다.

⊙ 三傳의 月殺은 대체로 凶하지만 行年이나 太歲에서 들어오는 月殺은 凶將과 凶
殺이 乘하지 않는 한 凶함이 비교적 덜하다 판단한다..

⊙ 身數占에서 三傳의 四凶神(官鬼. 財鬼. 傷官. 偏印)을 行年이나 太歲의 月殺이 刑沖
하면 도리어 吉하게 되고 의외의 소득이 생기는 경우가 있다.

⊙ 太歲가 月殺에 해당하며 凶將과 凶殺을 대동하면 계약, 서류, 보증 등의 문제
등으로 인해 손재수가 있거나 凶事가 있게 된다.

⊙ 身數占에서 三傳의 月殺이 凶將을 대동하고, 다시 喪門殺(상문살), 弔客殺(조객
살), 幻神殺(환신살), 絞神殺(교신살), 鬼門關殺(귀문관살), 病符殺(병부살) 등을 대동
하면 고독박명하고 부모형제자매간에 연이 박하며, 신경쇠약에 걸리거나, 神氣
(신기)가 있거나, 보살, 승려 등과 연관되기도 한다.

⊙ 身數占에서 月殺이 旺相地이며 다시 凶將과 鬼門關殺(귀문관살)이나 喪門殺(상문
살), 弔客殺(조객살) 등을 대동하고, 다시 凶格을 이루면 僧徒(승도)나 巫俗人(무속
인)이 될 소지가 크다.

⊙ 身數占에서 日支와 年命上神에 月殺이 있으며 凶將을 대동하고 다시 凶格을 이
루면 자식이 不具(불구)거나 자식이 없거나, 혹은 조상 중에 스님이 있거나, 풍수
지관 일에 관여했거나, 무속인이 있거나, 토속신앙에 극진히 공을 드렸던 조상이
있다.

⊙ 身數占과 연관된 질병으로는 간장질환, 咳嗽病(해수병) 등이 있다.


## (7) 亡身殺(망신살)

⊙ 亡身殺은 日支 기준하여 三傳에 附法하고 年命上神도 참조한다.

⊙ 身數占에서 亡身殺이 日支나 行年이나 太歲에 臨하며 凶將을 대동하고 凶格이
면 관재구설, 부부이별, 사고, 질병, 정신질환 등의 문제가 발생할 수 있다.

⊙ 六壬에서 亡身殺은 다음의 사안과 연관되는 殺이다.

 ◆ 술에 취해 정신을 잃는 것.

 ◆ 시비다툼이나 訟事, 관재구설 등으로 감옥에 가는 것.

 ◆ 사고나 질병으로 병원신세를 지는 것.

 ◆ 종교 등에 심취하여 동 떨어진 장소에 칩거하는 것.

 ◆ 神氣(신기)가 들려 鬼神(귀신)의 지배를 받는 것 등은 모두 망신살과 연관된다.

◉ 身數占에서 점단하고자 하는 日辰의 吉凶 중 여행, 도박, 투기 등의 일과 연관된 경우, 亡身殺의 陰神의 방향을 등지고 앉으면 길한 일이 많다.

◆ 예로, 亡身殺이 天盤 午에 있는 경우라면 地盤 午의 上神이 亡身殺의 陰神이다.

◉ 身數占에서 三傳의 亡身殺을 太歲에서 沖剋하면 관재구설이 따르거나 건강상 이상이 나타나는 경우가 있다.

◆ 亥에 亡身殺이 있으면 주로 음주로 인한 시비구설이 생기고,

◆ 寅에 亡身殺이 있으면 치고 싸우는 다툼이 생기고,

◆ 巳에 亡身殺이 있으면 중상모략, 시기질투가 생기고,

◆ 申에 亡身殺이 있으면 시비, 교통사고, 총칼싸움 등이 발생할 수 있다.

◉ 身數占에 亡身殺이 흉장, 흉살을 대동하고 흉격을 이루면 거짓말과 시비를 잘 걸고, 酒色風流(주색풍류)로 인해 관재구설에 자주 연루된다.

◉ 婚事占에서 三傳의 亡身殺이 凶將과 凶殺을 대동하며, 다시 行年이나 太歲에 怨嗔殺(원진살)이 臨하면 동성연애나 근친결혼을 하는 경우가 많다.

◉ 三傳의 亡身殺이 있는 五行이 日支의 五行과 合되면 밖으로는 다투나, 안으로는 和解(화해)의 象이다.

◉ 吉格이면 行年이나, 太歲가 망신살에 떨어져도 큰 탈은 없다.

◉ 三傳의 亡身殺이 吉神과 吉將이 乘하면 호언장담을 잘하고, 언변이 능하고, 교묘한 술수 및 재략에 능하며, 투쟁을 좋아하며 준엄한 면이 있고, 凶神과 凶將이 승하면 관재구설, 시비, 다툼, 중상모략에 능하고 경박하고, 망상을 즐기며, 바람기 등을 초래한다.

◉ 身數占에서 三傳의 亡身殺이 官鬼를 帶하면 心身이 불안정하다. 또한 부모 형제를 剋하고 관재구설이 많이 발생하는 경향이 있다.

◉ 身數占에서 三傳의 亡身殺이 十二運星의 建祿(건록)을 대동하면 문장, 언변 등에 능한 경향이 있다.

◉ 身數占에서 三傳의 亡身殺이 食神을 대동하면 언어가 달변이며, 문장이 능하며, 농담과 화술이 좋고, 남과의 시비구설을 초래하는 경향이 있다.

◉ 身數占에서 三傳의 亡身殺이 長生을 대동하면 소년에 발달하는 경향이 있다

◉ 身數占에서 亡身殺이 空亡되면 허례허식이 많다.

◉ 身數占에서 亡身殺이 冠帶(관대)를 대동하면 吉神과 吉將이 乘하면 吉하고 凶神

과 凶將이 乘하면 흉하다.

◉ 身數占에서 亡身殺이 驛馬殺(역마살)을 대동하고 吉將이 乘하며 吉格이면 외교에 능하고, 凶格이면 災厄(재액), 官災口舌(관재구설), 損財數(손재수) 등이 발생하는 경향이 있다.

◉ 三傳의 亡身殺이 財星을 대동하고, 吉神과 吉將이 乘하고 다시 吉格이면 妻로 인해 致富(치부)하고, 凶神과 凶將이 乘하고 다시 凶格이면 妻로 인하여 禍(화)가 발생한다.

◉ 身數占에서 太歲가 三傳의 亡身殺을 극하면 凶變吉이 되어 他人으로 인해 성공하고 蓄財(축재)한다.

◉ 대체로 三傳의 亡身殺이 吉神과 吉將이 乘하고 다시 吉格을 형성하면 기밀한 성격이며 결단력이 있으나, 반대의 경우라면 병원신세나 망명, 감금, 사형을 당하는 경우도 있다.

◉ 身數占에서 行年과 太歲의 亡身殺과 劫殺이 凶將과 凶格을 대동하면 短命數(단명수)가 있는 경우가 많고, 또다시 三傳과 三刑殺(삼형살)을 띄면 가정 불화를 초래하고 승려가 되는 경우가 많고, 財星과 食傷에 있으면 妻子를 극하게 된다.

◉ 三傳의 亡身殺과 劫殺이 絞神殺(교신살)을 동반하면 교활하고 사기성이 있으며, 凶格에 해당되면 자살하는 경우도 생긴다.

◉ 身數占에서 印星이 旺하고 年命上神에 亡身殺이 臨하면 嫡孫(적손)이 아닌 경우가 많고 凶事가 많으나, 吉神, 吉將이 乘하면 凶厄은 소멸되고, 長生을 대동하면 貴人인 경우가 많다. 凶神, 凶將을 대동하며 凶格이면 祖業을 破하고, 客死하기 쉽다.

◉ 六壬에서 亡身殺과 연관된 질병으로는 피부병과 酒毒(주독), 痔疾(치질)등이 있다.

## (8) 將星殺(장성살)

◉ 六壬에서 將星殺은 吉將이 乘하고 吉格을 이룬 경우에는 남의 리더가 되고, 명성을 얻으며 주도적인 역할을 하는 吉星이다.

◉ 女命의 婚事占에서 將星殺이 凶神과 凶將을 대동하면 남편을 刑剋(형극)하고, 이론적이며, 남과 잘 타협하지 못하여 禍(화)를 자초한다.

◉ 女命의 婚事占에서 三傳의 將星殺과 攀鞍殺(반안살)이 旺相하면 고집이 세어 부

부간 화합의 情이 적다.

◉ 身數占에서 三傳에 將星殺이 있고 行年이나 太歲의 生助가 있으며 吉格이면 대체로 복록이 많다.

◉ 身數占에서 將星殺이 印星을 대동하면 외곬수인 성격이 많고, 학문에만 전념하는 경향이 있다.

◉ 胎産占에서 三傳의 將星殺이 凶神, 凶將을 대동한 부모에게서, 역시 將星殺이 凶神, 凶將을 대동한 子女가 태어나면, 그 자녀로 인해 부모가 이혼하거나 별거하기 쉽다.

◉ 身數占에서 女命의 경우 正官宮, 男命의 경우 正財宮에 각각 將星殺과 驛馬殺(역마살)이 어느 한쪽에 있으며 凶格이면, 매사 沮滯(저체)되고 잘 풀리지 않는 경향이 있다.

◉ 身數占에서 將星殺이 劫財를 대동하면 형제자매간에는 화목하나 부부간은 떨어져 지내게 된다.

◉ 財物占에서 將星殺이 食傷을 대동하면 食祿(식록)이 많고 주변의 신임을 얻는다.

◉ 財物占에서 將星殺이 財星을 대동하면 부유하고 妻福(처복)이 있다.

◉ 身數占에서 將星殺이 官星을 대동하고 吉格이면 무관직 혹은 문관직에서 높은 벼슬에 오른다.

◉ 身數占에서 將星殺이 印星을 대동하면 학문과 명예가 높다.

◉ 身數占에서 女命의 將星殺이 行年이나 太歲에 臨할 때에는 취업을 하게 되는 경우가 많고, 吉將이 乘하고 吉格이면 여성으로 큰 재물을 모으는 경우도 있다.

◉ 太歲에 將星殺이 臨하고 凶格이면, 매사 沮滯(저체)되고 災禍(재화)가 많이 따른다.

◉ 身數占에서 太歲에 將星殺이 있고 吉格이면 조상에게 榮華(영화)가 있었을 것이라 판단한다.

◉ 六壬과 연관된 질병으로는 폐병이나 뇌질환 등이다.


### (9) 攀鞍殺(반안살)

◉ 攀鞍殺은 길흉이 공존하는 殺로 길한 의미로는 말안장에 높이 앉아 남들 위에 군림한다는 의미도 있고, 흉한 의미로는 나태하고, 매사 의욕이 없이 만사 태평

하게 무위도식하며 지내게 된다는 의미의 殺이기도 한다.

⊙ 身數占에서 삼전의 攀鞍殺이 旺相하고 吉神, 吉將을 대동하고 길격이면, 항상 입이 무겁고 속이 깊어, 흉금을 털어놓고 대화를 나눌 수 있는 상대이다. 또한 사귐에 부담이 가지 않고, 어떤 일에 意氣投合(의기투합)하면 적극적이며 협조와 이해심이 많은 사람이다.

⊙ 財物占에서 사업의 동반자, 자금을 대주는 사람을 구하는 것은 역시 三傳의 攀鞍殺이 旺相하고 吉神, 吉將을 得한 사람이 좋다. 특히 상대편의 三傳의 攀鞍殺이 본인의 攀鞍殺과 支合이 되는 경우 더욱 그러하다.

⊙ 官祿占에서 고시합격이나, 승진 등의 문제는, 攀鞍殺에 吉神, 吉將이 乘하고 吉格이면, 行年이나 太歲에 攀鞍殺이 臨하는 시기에 성취될 확률이 높다.

⊙ 身數占에서 太歲의 攀鞍殺에 凶神과 凶將이 乘하고 凶格이면 매사 沮滯(저체)되고, 有始無終(유시무종)이고, 病苦(병고)에 시달릴 수 있다.

⊙ 身數占에서 三傳의 攀鞍殺이 旺相하며 吉將이 乘하고 吉格이면 대체로 위인이 총명하고, 글재주가 있으며, 욕심이 적은 반면, 현실과 동떨어지고, 적응력이 약하여 남과의 경쟁에서 뒤처지는 경우가 많다.

⊙ 考試占에서 三傳의 攀鞍殺에 吉神과 吉將이 乘하고, 또한 天乙貴人(천을귀인)이 있으며 吉格이면, 국가고시에 합격하는 등의 家門(가문)을 빛낼 수 있다.

⊙ 六壬과 연관된 질병으로는 咳嗽病(해수병)이 있을 수 있다.


### (10) 驛馬殺(역마살)

⊙ 驛馬殺은 日支를 기준하여 찾는다.

⊙ 驛馬殺은 변동의 殺인데 吉凶 공히 작용한다.

⊙ 日支가 巳酉丑 三合은 맨 앞의 地支 巳를 沖하는 地支는 亥가 驛馬殺이다. 고로 三傳 중 亥가 있는 곳에 驛馬殺을 붙인다.

⊙ 身數占에 驛馬가 行年이나 太歲, 三傳에 臨하면 분주하고 활동적인 사람이다. 吉格이면 더욱 좋고 凶格이면 더욱 흉하다.

| 日支 | 申子辰(水) | 寅午戌(火) | 巳酉丑(金) | 亥卯未(木) |
|------|-----------|-----------|-----------|-----------|
| 驛馬殺 | 寅 | 申 | 亥 | 巳 |

⊙ 行年이나 太歲의 驛馬殺이 月將을 沖하면 가정환경, 몸담고 있는 터전의 변동수가 발생한다. 月將의 六神에 따른 변동은 다음과 같다.

- ◆ 月將이 官星이면 직업의 변동수가 생기고,
- ◆ 月將이 印星이면 문서, 계약, 이사 등의 변동이 발생하고,
- ◆ 月將이 財星이면 妻宮 또는 금전의 변동이 생기고,
- ◆ 月長이 食傷이면 자녀문제, 손아랫사람과 연관된 문제, 본인의 활동범위 내에서의 변동 등이 발생한다.

⊙ 身數占에서 行年이나 太歲의 驛馬殺이 다시 三傳의 亡身殺을 대동한 官鬼를 만나면 官災 件이 생길 수 있고, 家宅과 人身이 불안하다.

⊙ 驛馬殺이 財星에 있으면 사업관계로 여행을 자주하고, 무역, 투기성 사업, 그리고 항시 여자문제가 따른다.

⊙ 驛馬殺은 길흉이 공히 작용하므로 吉神, 吉將을 대동하고 吉格이면 비약적 발전을 하고, 凶神, 凶將을 대동하고 凶格이면 官災口舌, 損財數, 사고 등이 발생하고, 학생들은 학업장애 등이 발생한다.

⊙ 家宅占에서 食傷에 驛馬殺이 있은데 吉神, 吉將을 득하고 吉格에 해당하면 그 자손이 家門을 흥성케 한다.

⊙ 身數占에서 驛馬殺이 凶格으로 구성되고 타 三傳과 刑, 沖, 破, 害, 怨嗔(원진)되면 吉兆(길조)는 사라지고 떠돌이 행상인, 잡상인, 용역관계, 영업사원 등의 직업에 종사하는 경우가 많고, 일신상의 변동이 많다.

⊙ 身數占에서 驛馬殺이 孤神殺(고신살), 寡宿殺(과숙살), 喪門殺(상문살), 弔客殺(조객살), 鬼門關殺(귀문관살), 病符殺(병부살) 등을 대동하고 凶格이면 고향을 등지고 僧道(승도)나, 입산수도, 역술가나 무속인, 행상인 등의 직업을 갖는다.

⊙ 身數占에서 自刑殺(자형살=午午, 辰辰, 酉酉. 亥亥)에 驛馬殺을 대동하면 다리 부분의 사고, 折足(절족) 등을 조심해야 한다.

⊙ 財物占에서 三傳의 驛馬殺이 行年이나 太歲와 合되면 이동, 변동수가 생기고, 吉格이면 무역거래 등 외국의 왕래가 많고 비약적으로 발전하며, 凶格이면 여러

災厄(재액)이 따른다.

◉ 女命에 驛馬殺이 桃花殺을 대동하며 凶神, 凶將이 乘하면 漂流之命(표류지명)이고, 다시 凶格이면 화류계나 유흥업계통에 종사하는 경우가 많다.

◉ 六壬과 연관된 질병으로는 비뇨기질환이 대체로 많다.


### (11) 六害殺(육해살)

◉ 身數占에서 六害殺이 入傳하여 旺相하고, 凶神, 凶將을 대동하며 凶格이면, 부모형제자매간 緣(연)이 薄(박)하고, 神氣(신기)가 많고, 病名을 모르는 병을 앓고, 변덕스럽고, 손재수, 이별수, 관재구설, 사고 등으로 인해 고통을 겪는 경우가 많다.

◉ 胎産占에서 女命에 六害殺이 있으며 凶格이면 難産(난산)이기 쉽고 産母의 생명이 위험할 수도 있다.

◉ 六害殺이 神氣와 연관된 凶殺(喪門, 弔客, 幻神, 絞神, 鬼門, 病符)을 대동하고 凶格이면, 만성질병에 시달리거나, 귀신병에 걸리기 쉽다. 승려가 되면 다소 災厄을 면할 수 있다.

◉ 六害殺을 대동한 六神과의 관련은 다음과 같다.
  ◆ 官星에 있으면 직업이나 직책의 변동과 만성질병, 관재구설 등이 생길 수 있다.
  ◆ 印星에 있으면 모친이 질병에 시달리고, 문서로 인해 災禍(재화)가 발생한다.
  ◆ 食傷에 있으면 자손이 禍(화)를 당한다.
  ◆ 財星에 있으면 부친이나 妻가 병에 시달리게 되는 경우가 많다.
  ◆ 比劫에 있으면 형제자매문제, 친인척, 동료나 동업자와 연관된 사안으로 인해 흉화를 당할 수 있다.

◉ 六壬과 연관된 질병으로는 위장병, 빈혈증. 폐질환을 앓는 경우가 많다.


### (12) 華蓋殺(화개살)

◉ 華蓋殺은 日支 기준하여 附法한다.

◉ 身數占에서 印星이 華蓋에 해당하면 총명하나 空亡地이면 승려나, 신부, 목사의 命인 경우가 많다.

⊙ 三傳에 印星이 있고 旺한데, 다시 華蓋殺이 있어 刑沖되면 문화, 사회사업으로 바쁜 경향이 있다.

⊙ 身數占에 三傳에 印星과 華蓋殺이 있고, 吉神과 吉將이 乘하면, 학문을 좋아하고 대학자이다. 혹은 불교, 철학, 易術로 공명을 얻는다.

### 華蓋殺(화개살)

| 日支 | 寅午戌 | 亥卯未 | 申子辰 | 巳酉丑 |
|---|---|---|---|---|
| 華蓋殺 | 戌 | 未 | 辰 | 丑 |

⊙ 身數占에서 華蓋殺이 있으면 지혜 있고, 총명하며 신앙심이 있는 반면에, 고독 박명한 경우도 많다.

⊙ 丑.戌의 華蓋殺은 남에게 드러내는 직업을 싫어한다.

辰.未의 華蓋殺은 표면에는 협조하면서도 뒤로는 딴 생각인 경우가 많다.

⊙ 占時에 華蓋殺이 있으며 凶格이면 지혜는 있지만, 잔꾀를 잘 부리고 큰일을 성사 시키지 못한다.

⊙ 華蓋殺이 空亡地이면 승도나 종교가의 길이다. 기타 凶殺이 많으며 凶格이면 일 생이 곤고하고, 예기치 않은 사고나 질병이 따른다.

⊙ 華蓋殺이 있으면 대체로 고독하고, 부모와의 연이 적은 편이고, 종교에 심취하고, 허영, 낭비 등이 심하고, 凶格이면 신경성 질병, 정신질환 등의 질병에 잘 걸리며, 예술 등에 심취하 된다.

⊙ 身數占에서 三傳의 華蓋殺이 刑沖되면 문화사업으로 동분서주하고, 印星이나 比劫의 華蓋殺이 흉신과 흉장을 대동하면 養子(양자)나 庶子(서자)의 命인 경우도 있다.

⊙ 六壬과 연관된 질병으로는 습진, 신경통 등을 앓을 수 있다.

## 4) 十二神殺 早見表(십이신살 조견표)

| 十二神殺 \ 日支 | 申子辰 | 亥卯未 | 寅午戌 | 巳酉丑 |
|---|---|---|---|---|
| 劫殺(겁살) | 巳 | 申 | 亥 | 寅 |
| 災殺(재살) | 午 | 酉 | 子 | 卯 |
| 天殺(천살) | 未 | 戌 | 丑 | 辰 |
| 地殺(지살) | 申 | 亥 | 寅 | 巳 |
| 年殺(년살) | 酉 | 子 | 卯 | 午 |
| 月殺(월살) | 戌 | 丑 | 辰 | 未 |
| 亡身殺(망신살) | 亥 | 寅 | 巳 | 申 |
| 將星殺(장성살) | 子 | 卯 | 午 | 酉 |
| 攀鞍殺(반안살) | 丑 | 辰 | 未 | 戌 |
| 驛馬殺(역마살) | 寅 | 巳 | 申 | 亥 |
| 六害殺(육해살) | 卯 | 午 | 酉 | 子 |
| 華蓋殺(화개살) | 辰 | 未 | 戌 | 丑 |

# 제2장
# 발용구법 發用九法

## 1. 적극법 賊剋法

⊙ 四個課 中 下에서 上을 剋하는 것을 "賊"이라 하고, 반대로 上에서 下를 剋하는 것을 "剋"이라 하는데, 取하는 것은 "賊"이 먼저이고 "剋"이 다음이다.

⊙ 四課中 下에서 上을 剋하는 것을 먼저 찾는다.

⊙ 없을시 上에서 下를 剋하는 것을 찾는다.

⊙ 下에서 賊당하는 것은 "重審課(중심과)"라 하고, 上에서 下를 剋하는 것을 "元首課(원수과)"라 한다.

### 1) 重審課(중심과)

⊙ 下賊上의 發用은 重審課라 하는데, 이는 땅이 하늘을 극하는 象이고, 신하가 군왕을 치는 역모와 반란의 象인 것이다. 따라서 일은 아래와 내부로 시작하여 밖으로 진행되고, 처음에는 어렵고 장애가 많지만 나중은 즐거움이 따르는 象이다.

예1) 庚辰日 申將 卯時課

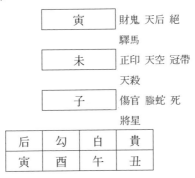

| 寅 | 財鬼 天后 絕 |
|---|---|
|  | 驛馬 |
| 未 | 正印 天空 冠帶 |
|  | 天殺 |
| 子 | 傷官 螣蛇 死 |
|  | 將星 |

| 后 | 勾 | 白 | 貴 |
|---|---|---|---|
| 寅 | 酉 | 午 | 丑 |

| 酉 | 辰 | 丑 | 庚申 |
|---|---|---|---|

| 合 | 朱 | 蛇 | 貴 | | |
|---|---|---|---|---|---|
| 戌 | 亥 | 子 | 丑 | | |
| 巳 | 午 | 未 | 申 | | |
| 勾 酉 | 辰 | | | 酉 | 寅 后 |
| 青 申 | 卯 | | | 戌 | 卯 陰 |
| 寅 | 丑 | 子 | 亥 | | |
| 未 | 午 | 巳 | 辰 | | |
| 空 | 白 | 常 | 玄 | | |

◆ 제4과 天盤 寅이 地盤 酉에게 賊당하니 이를 初傳으로 삼고, 中傳은 천·지반
정위도상의 地盤 寅의 上神 未를 中傳으로 삼고, 末傳은 천·지반정위도 상의
地盤 未의 上神 子를 末傳으로 삼는다.

예2) 丙戌日 申將 巳時課

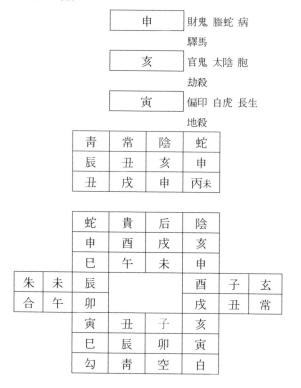

| 申 | 財鬼 螣蛇 病 驛馬 |
|---|---|
| 亥 | 官鬼 太陰 胞 劫殺 |
| 寅 | 偏印 白虎 長生 地殺 |

| 青 | 常 | 陰 | 蛇 |
|---|---|---|---|
| 辰 | 丑 | 亥 | 申 |
| 丑 | 戌 | 申 | 丙未 |

| 蛇 | 貴 | 后 | 陰 | | |
|---|---|---|---|---|---|
| 申 | 酉 | 戌 | 亥 | | |
| 巳 | 午 | 未 | 申 | | |
| 朱 未 | 辰 | | | 酉 | 子 玄 |
| 合 午 | 卯 | | | 戌 | 丑 常 |
| 寅 | 丑 | 子 | 亥 | | |
| 巳 | 辰 | 卯 | 寅 | | |
| 勾 | 青 | 空 | 白 | | |

- 상기 4個課 中 제1과 천반 申이 지반 丙으로 부터 賊을 당하니 이를 初傳으로 삼는다.
- 中傳은 천·지반정위도상의 申의 上神이 亥이므로 亥가 中傳이 된다.
- 末傳은 천·지반정위도상의 亥의 上神이 寅이므로 寅이 末傳이 된다.

## 2) 元首課(원수과)

◉ 上剋下의 發用은 元首課라 하는데, 이는 元은 으뜸이고, 首는 머리에 해당되어 720課의 시작이며 으뜸이 되기 때문에 붙여진 이름이다.

◉ 元首課는 군왕이 신하를 극하고, 남자가 여자를 극하고, 윗사람이 아랫사람을 극하는 것과 같으므로, 일은 밖에서 진행되어 안으로 닥쳐오고, 처음은 기쁘지만 나중은 근심이 있는 象이다.

예1) 己亥日 巳將 申時課

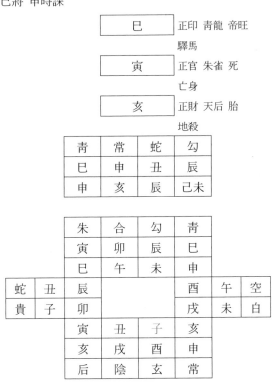

| | | | |
|---|---|---|---|
| 巳 | | 正印 靑龍 帝旺 | 驛馬 |
| 寅 | | 正官 朱雀 死 | 亡身 |
| 亥 | | 正財 天后 胎 | 地殺 |

| 靑 | 常 | 蛇 | 勾 |
|---|---|---|---|
| 巳 | 申 | 丑 | 辰 |
| 申 | 亥 | 辰 | 己未 |

| | 朱 | 合 | 勾 | 靑 | | |
|---|---|---|---|---|---|---|
| | 寅 | 卯 | 辰 | 巳 | | |
| | 巳 | 午 | 未 | 申 | | |
| 蛇 | 丑 | 辰 | | 酉 | 午 | 空 |
| 貴 | 子 | 卯 | | 戌 | 未 | 白 |
| | 寅 | 丑 | 子 | 亥 | | |
| | 亥 | 戌 | 酉 | 申 | | |
| | 后 | 陰 | 玄 | 常 | | |

◆ 4個課 中에서 下賊上이 없고, 一課만 上神 巳가 下神 申을 剋하여 發用이니
元首課다.

예2) 巳月 丁丑日 申將 子時課

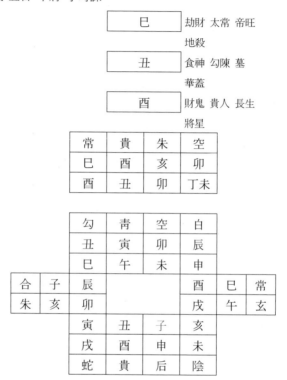

| | 巳 | | 劫財 太常 帝旺 |
| | | | 地殺 |
| | 丑 | | 食神 勾陳 墓 |
| | | | 華蓋 |
| | 酉 | | 財鬼 貴人 長生 |
| | | | 將星 |

| 常 | 貴 | 朱 | 空 |
|---|---|---|---|
| 巳 | 酉 | 亥 | 卯 |
| 酉 | 丑 | 卯 | 丁未 |

| | 勾 | 青 | 空 | 白 | | |
|---|---|---|---|---|---|---|
| | 丑 | 寅 | 卯 | 辰 | | |
| | 巳 | 午 | 未 | 申 | | |
| 合 | 子 | 辰 | | | 酉 | 巳 | 常 |
| 朱 | 亥 | 卯 | | | 戌 | 午 | 玄 |
| | 寅 | 丑 | 子 | 亥 | | |
| | 戌 | 酉 | 申 | 未 | | |
| | 蛇 | 貴 | 后 | 陰 | | |

◆ 第4課 上神 巳火가 下神 酉金을 剋하여 上剋下의 發用이니 元首課다.

◉ 元首課와 重審課의 해석은 中傳과 末傳에 乘한 十二天將의 길흉 및 상극관계,
天乙貴人의 順逆의 관계, 旺, 相, 休, 囚, 死 등을 종합적으로 살펴서 판단해야
한다. 일괄적으로 元首課는 事案이 初吉後凶, 重審課는 初凶後吉 등으로 해석해
서는 되지 않는 것이다.

## 2. 비용법比用法

◉ 賊이든 剋이든 2곳 以上일 경우에는, 陽日에는 陽支를 쓰고, 陰日에는 陰支를 적용한다.

◉ 下賊上의 發用은 "比用課"라 하고, 上剋下의 發用은 "知一課"라 한다.

◉ 比用法은 사안이 선택에 관한 문제이고, 또한 일이 혼잡된 상황인데, 나와 멀리 있는 것을 버리고, 가까이 있는 것은 取하는 것이다.

예1) 庚寅日 未將 子時課

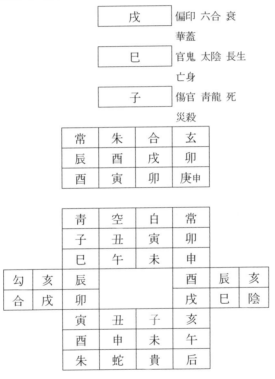

◆ 제1과 제2과가 下賊上인데 庚金이 陽日干이므로 陽支를 사용하여 제2과 上神 戌土가 初傳이 된다. 比用課이다.

◆ 子時는 밤이라 夜天乙貴人을 적용하여, 庚日干의 夜貴人은 未土에 해당되는데, 陽地盤에 해당하니 十二天將을 順行 附法한다.

예2) 辛未日 卯將 未時課

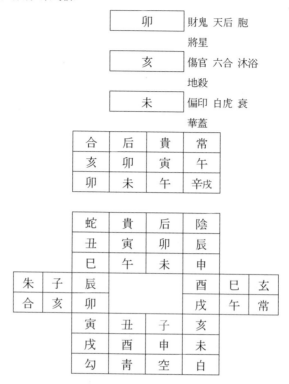

| 卯 | 財鬼 天后 胞 |
|---|---|
| | 將星 |
| 亥 | 傷官 六合 沐浴 |
| | 地殺 |
| 未 | 偏印 白虎 衰 |
| | 華蓋 |

| 合 | 后 | 貴 | 常 |
|---|---|---|---|
| 亥 | 卯 | 寅 | 午 |
| 卯 | 未 | 午 | 辛戌 |

| | | | 蛇 | 貴 | 后 | 陰 | | |
|---|---|---|---|---|---|---|---|---|
| | | | 丑 | 寅 | 卯 | 辰 | | |
| | | | 巳 | 午 | 未 | 申 | | |
| 朱 | 子 | 辰 | | | | 酉 | 巳 | 玄 |
| 合 | 亥 | 卯 | | | | 戌 | 午 | 常 |
| | | | 寅 | 丑 | 子 | 亥 | | |
| | | | 戌 | 酉 | 申 | 未 | | |
| | | | 勾 | 青 | 空 | 白 | | |

- 上剋下는 제1과 午火와 제3과 卯木인데, 辛未日이 陰日干이므로 陰支에 해당하는 제3과 卯木이 發用이니 "知一課"이다.
- 未時는 낮이므로 晝天乙貴人을 적용하는데, 辛日干의 晝天乙貴人이 寅木으로 陰地盤에 있으니 상기와 같이 十二天將을 逆行 附法한다.

예3) 壬辰日 辰將 巳時課

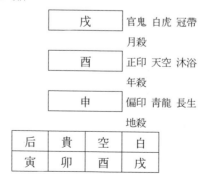

| 戌 | 官鬼 白虎 冠帶 |
|---|---|
| | 月殺 |
| 酉 | 正印 天空 沐浴 |
| | 年殺 |
| 申 | 偏印 青龍 長生 |
| | 地殺 |

| 后 | 貴 | 空 | 白 |
|---|---|---|---|
| 寅 | 卯 | 酉 | 戌 |

| 卯 | 辰 | 戌 | 壬亥 |
|---|---|---|---|

| | | | | | | |
|---|---|---|---|---|---|---|
| | 蛇 | 朱 | 合 | 勾 | | |
| | 辰 | 巳 | 午 | 未 | | |
| | 巳 | 午 | 未 | 申 | | |
| 貴 | 卯 | 辰 | | 酉 | 申 | 青 |
| 后 | 寅 | 卯 | | 戌 | 酉 | 空 |
| | 寅 | 丑 | 子 | 亥 | | |
| | 丑 | 子 | 亥 | 戌 | | |
| | 陰 | 玄 | 常 | 白 | | |

- ◆ 4個課 중 上에서 下를 剋하는 것은 제1과와 제3과이다.

  壬辰日은 陽日이므로 3과 上神인 卯를 쓰지 못하고, 1과의 上神인 戌을 初傳으로 삼는다. 地盤定位圖의 戌의 上神 酉가 中傳이 된다. 다시 地盤定位圖의 酉의 上神 申이 末傳이 된다. 상기 도표와 같다.

- ◆ 巳時는 낮이므로 晝天乙貴人을 적용한다. 壬은 晝天乙貴人이 卯에 해당되므로 天盤의 卯는 地盤 辰 上에 있다. 貴人이 地盤 亥.子.丑.寅.卯.辰 上에 있으면 順行布局하므로 天盤 卯에 天乙貴人을 부법하고 기타 천장들은 순행포국한다. 十二天將 布局은 상기와 같다.

## 3. 섭해법涉害法

- ◉ 위의 賊剋法이나 比用法으로 初傳을 취하기 어려울 경우, 즉 上剋下가 여럿이고, 陰陽이 같은 것이 여럿일 경우, 天盤에서 地盤 本家까지 오는 동안 많이 剋을 받는 地支로서 初傳을 삼는다.

- ◉ 天盤에서 地盤 本家까지 오는 과정을 건넌다는 "涉(섭)"이라 표현한 것이고, 그 과정에서 剋을 많이 받는 것은 그만큼 害를 당함과 같다하여 "害(해)"로 표현하여 涉害法이라 칭하는 것이다.

- ◉ 위에서도 같은 것이 나올 경우, 아래의 순서대로 초전을 취한다.
  - ◆ 孟神(寅 申 巳 亥)의 上神에서 取하는 경우 見機格(견기격)이라 한다.

◆ 仲神(子 午 卯 酉)의 上神에서 取하는 경우 察微格(찰미격)이라 한다.

◆ 季神(辰 戌 丑 未)의 上神에서 取하는 경우 綴瑕格(철하격)이라 한다.

◉ 위에서도 같은 것이 나올 경우 復等(복등)이라 하여,
陽日에는 제1課나 2課 上神에서 초전으로 삼고,
陰日에는 제3課나 4課 上神에서 초전으로 삼는다.

◉ 涉害法은 尅을 많이 받는 것을 發龍하기 때문에, 사안이 곤란함이 많고, 풍파와 시비구설이 많은 것이다.

예1) 甲申日 未將 亥時課

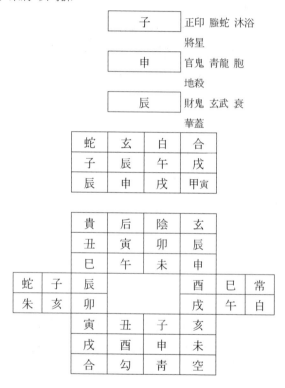

◆ 제1과 上神 戌土와 제4과 上神 子水가 모두 下神의 賊을 받으며 陽支에 해당하니 比用法을 적용하지 못한다. 따라서 涉害法을 적용하여 天盤에서 地盤 本家까지 오는 동안 가장 많이 賊을 당하는 것을 初傳으로 삼는다.

## 〈戊土〉

天盤 戊土의 下神은 寅木인데, 寅木에 1번째 剋을 받고, 寅宮의 甲木에 2번째 剋을 받고, 다음 卯木에 3번째 剋을 받고, 卯宮의 乙木에 4번째 剋을 받는다. 이후는 중복되거나 없으니 총 4번의 剋을 받는 것이다.

## 〈子水〉

天盤 子水의 下神은 辰土인데, 辰土에 1번째 剋을 받고, 辰宮의 戊土에 2번째 剋을 받고, 다음 午宮의 己土에 3번째 剋을 받고, 다음 未土에 4번째 剋을 받고, 다음 戌土에 5번째 剋을 받는다. 이후는 중복되거나 없으니 총 5번의 剋을 받는 것이다.

- 戊土는 天盤 戊土에서 地盤 戊土 本家까지 오는 동안 총 4번 剋을 받고, 子水는 天盤 子水에 地盤 子水 本家까지 오는 동안 총 5번의 剋을 받으니 子水를 初傳으로 삼는다. 中傳은 地盤 子水의 上神 申金이고, 末傳은 地盤 申金의 上神 辰土이다.

예2) 丁卯日 亥將 丑時課

| 亥 | 正官 朱雀 胎 |
|---|---|
|  | 地殺 |
| 酉 | 財鬼 貴人 長生 |
|  | 災殺 |
| 未 | 食神 太陰 冠帶 |
|  | 華蓋 |

| 朱 | 勾 | 空 | 常 |
|---|---|---|---|
| 亥 | 丑 | 卯 | 巳 |
| 丑 | 卯 | 巳 | 丁未 |

| 空 | 白 | 常 | 玄 |
|---|---|---|---|
| 卯 | 辰 | 巳 | 午 |
| 巳 | 午 | 未 | 申 |

| 青 | 寅 | 辰 | | 酉 | 未 | 陰 |
|---|---|---|---|---|---|---|
| 勾 | 丑 | 卯 | | 戌 | 申 | 后 |

| 寅 | 丑 | 子 | 亥 |
|---|---|---|---|
| 子 | 亥 | 戌 | 酉 |
| 合 | 朱 | 蛇 | 貴 |

◆ 3과와 4과의 天盤 丑과 亥는 각각 地盤 卯와 丑에게 賊을 당한다. 丁卯日은 陰日인데, 賊을 당하는 **丑.亥** 모두 陰支에 해당하므로 涉害法을 적용해야 한다.

## 〈丑土〉

天盤 丑土는 地支 卯木의 卯에 1번, 卯 중의 甲木에 2번, 乙木에 3번 剋을 당하고, 다음 辰土에는 辰 중 乙木이 있으나 먼저 卯 중 乙木과 중복되니 셈하지 않고, 다음 巳火는 없고, 다음 午火도 없고, 다음 未 중의 乙木도 중복되니 셈하지 않고, 다음 申金에는 없고, 다음 酉金에도 없고, 다음 戌土에도 없고, 다음 亥 중의 甲木은 중복되니 셈하지 않고, 다음 子水에도 없다. 따라서 천반 丑土에서 지반 丑土 本家까지 오는 동안 卯,甲,乙에게 3번 剋을 받는다.

## 〈亥水〉

天盤 亥水는 地盤 丑土의 丑에 1번, 丑 중의 己土에 2번째 剋을 받는다. 다음 寅 중의 戊土에 3번째, 다음 卯木에는 없고, 다음 辰土는 辰에서 4번째 剋을 받고, 다음 巳 中의 戊土는 중복되고, 다음 午 중의 己土도 중복되고, 다음 未土에 5번째 剋을 받고, 다음 申 중의 己土, 戊土는 중복되고, 다음 酉金에는 없고, 다음 戌土에는 戌에서 6번째 剋을 받는다. 따라서 천반 亥水에서 지반 本家 亥水까지 오는 동안 丑, 己, 戊, 辰, 未, 戌 총 6번 剋을 받으니 이를 初傳으로 삼는다. 따라서 初傳은 亥이다. 亥의 上神 酉가 中傳이고, 酉의 上神 未가 末傳이다. 상기 도표와 같다.

예3) 戊辰日 丑將 午時課

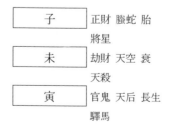

| 子 | 正財 螣蛇 胎 |
|---|---|
| | 將星 |
| 未 | 劫財 天空 衰 |
| | 天殺 |
| 寅 | 官鬼 天后 長生 |
| | 驛馬 |

| 白 | 朱 | 空 | 蛇 |
|---|---|---|---|
| 午 | 亥 | 未 | 子 |
| 亥 | 辰 | 子 | 戊巳 |

| | | | 蛇 | 貴 | 后 | 陰 | | |
|---|---|---|---|---|---|---|---|---|
| | | | 子 | 丑 | 寅 | 卯 | | |
| | | | 巳 | 午 | 未 | 申 | | |
| 朱 | 亥 | 辰 | | | | | 酉 | 辰 | 玄 |
| 合 | 戊 | 卯 | | | | | 戊 | 巳 | 常 |
| | | | 寅 | 丑 | 子 | 亥 | | |
| | | | 酉 | 申 | 未 | 午 | | |
| | | | 勾 | 青 | 空 | 白 | | |

◆ 4個課 중 地盤에서 賊을 당하는 것은 1과 子水, 3과 亥水, 4과 午火인데, 戊辰日은 陽日이므로 亥水는 제외한다. 子水와 午火 두 개 중 天盤에서 地盤 本家까지 오는 중 가장 많이 剋을 받는 것을 初傳으로 삼는다.

〈子水〉

地盤 巳 中 戊土에 1번 剋을 받고, 다음 午 中 己土에 2번째 극을 받고, 다음 未土에 3번째 극을 받고, 未 中 己土는 중복되니 제외하고, 다음 申金은 없고, 다음 酉金에도 없고, 다음 戌土에 4번째 극을 받고, 戌 中 戊土는 중복되니 제외하고, 다음 亥 中 戊土도 제외하고, 다음 子水는 없다. 따라서 총 4번극을 받는다.

〈午火〉

지반 亥水에 1번 剋을 받고, 亥 중의 壬水에 2번째 극을 받고, 다음 子水에 3번째 극을 받고, 子 中 癸水에 4번째 극을 받고, 다음 丑 中 癸水는 제외 하고, 다음 寅木에는 없고, 다음 卯木에도 없고, 다음 辰 中 癸水는 중복되니 제외하고, 다음 巳火에는 없다. 따라서 총 4번 극을 받는다.

◆ 子水, 午火 공히 4번 극을 받으니 孟神, 中神, 季神의 上神에서 찾는다.
　 子水는 巳火의 上神이고, 午火 역시 亥水의 上神이니 다 같이 孟神의 上神이라, 초전을 잡지 못하니 復等이 되는 것이고 그 다음의 항목을 적용한다.

◆ 위와 같이 復等이 되는 경우는 陽日은 제1과나 제2과의 上神에서 發用하라 했으니 戊辰日은 陽日이다. 따라서 1과의 上神인 子水가 初傳이 된다. 지반 子水의 上神 未土가 中傳이 되고, 지반 未土의 上神인 寅木이 末傳이 된다. 상기 도표와 같이 포국된다.


# 4. 요극법遙剋法

◉ 4個課 중에서 上剋이나 下賊이 없는 경우 遙剋法으로 初傳을 삼는다.

◉ 먼저 2,3,4과 上神에서 日干을 剋하는 것을 찾고 없을시,
日干이 2,3,4과 中 剋하는 것을 初傳으로 삼는다.

◉ 역시 같은 것이 2개 있을 경우,
陽日에는 陽의 上神,
陰日에는 陰의 上神이 初傳이다.

◉ 遙剋法은 멀리서 剋의 관계를 찾으므로, 사안에 미치는 영향력이 미약하고, 길흉이 모두 가볍다. 그러나 뜻밖의 일로 경황스런 일이 발생하기도 한다.


예1) 壬辰日 巳將 寅時課

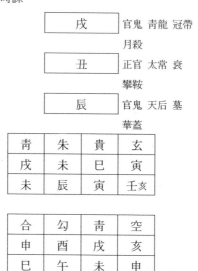

| | 戌 | 官鬼 青龍 冠帶 |
|---|---|---|
| | | 月殺 |
| | 丑 | 正官 太常 衰 |
| | | 攀鞍 |
| | 辰 | 官鬼 天后 墓 |
| | | 華蓋 |

| 青 | 朱 | 貴 | 玄 |
|---|---|---|---|
| 戌 | 未 | 巳 | 寅 |
| 未 | 辰 | 寅 | 壬亥 |

| 合 | 勾 | 青 | 空 |
|---|---|---|---|
| 申 | 酉 | 戌 | 亥 |
| 巳 | 午 | 未 | 申 |

| 寅 | 丑 | 子 | 亥 |
|---|---|---|---|
| 巳 | 辰 | 卯 | 寅 |
| 貴 | 后 | 陰 | 玄 |

- 4個課 중 上下剋이 없으니, 2,3,4과 上神에서 日干을 剋하는 것을 初傳으로 삼는다.

  3課 上神 未土와, 4課 上神 戌土 두개인데, 壬辰日은 陽日이므로 戌土를 初傳으로 삼는 것이다. 지반 戌土의 上神 丑土가 中傳이고, 地盤 丑土의 上神 辰土가 末傳이 되는 것이다.

- 寅時는 夜時다. 夜天乙貴人을 適用하므로 天盤 巳火에 貴人이 乘하는데, 巳火는 지반 寅木 陽地盤의 上神이라 天乙貴人을 順行 附法한다. 상기 도표와 같다.

- 상기는 4과의 上神에서 日干을 剋함을 取함이니 "蒿矢格(호시격)"이라 한다.

예2) 壬申日 亥將 申時課

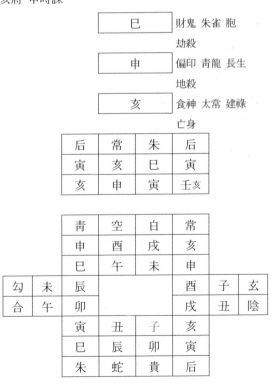

| 巳 | 財鬼 朱雀 胞 |
|---|---|
|  | 劫殺 |

| 申 | 偏印 青龍 長生 |
|---|---|
|  | 地殺 |

| 亥 | 食神 太常 建祿 |
|---|---|
|  | 亡身 |

| 后 | 常 | 朱 | 后 |
|---|---|---|---|
| 寅 | 亥 | 巳 | 寅 |
| 亥 | 申 | 寅 | 壬亥 |

| 青 | 空 | 白 | 常 |
|---|---|---|---|
| 申 | 酉 | 戌 | 亥 |
| 巳 | 午 | 未 | 申 |

| 勾 | 未 | 辰 | | | 酉 | 子 | 玄 |
|---|---|---|---|---|---|---|---|
| 合 | 午 | 卯 | | | 戌 | 丑 | 陰 |

| 寅 | 丑 | 子 | 亥 |
|---|---|---|---|
| 巳 | 辰 | 卯 | 寅 |
| 朱 | 蛇 | 貴 | 后 |

- 4個課 중 上下剋이 없으니 遙剋法을 적용한다.
- 2,3,4과 上神 중에서 日干을 극하는 것을 우선 찾아야 하는데 해당되는 것이 없다. 따라서 이번에는 日干이 2,3,4과 上神을 剋하는 것을 찾아야 하는데, 壬水 日干이 2과 上神 巳火를 剋하니 巳火가 初傳이다. 地盤 巳火의 上神인 申金이 中傳이고, 地盤 申金 上神인 亥水가 末傳이다.
- 상기는 日干이 4課의 上神을 剋함을 取함이니 "彈射課(탄사과)"라 한다.


## 5. 묘성법昴星法

◉ 剋도 없고 遙剋도 없을 경우에는 酉字를 中心으로.
　陽日에는 地盤 酉의 上神으로 初傳을 삼고,
　日支　　　　　　上神으로 中傳을 삼고,
　日干　　　　　　上神으로 末傳을 삼는다.
◉ 陰日에는 天盤 酉의 下神으로 初傳을 삼고,
　日干　　　　　　上神으로 中傳을 삼고,
　日支　　　　　　上神으로 末傳을 삼는다.
◉ 酉宮은 肅殺(숙살)의 기운이며, 낮과 밤의 분기점이고, 生死의 출입문에 해당된다. 사안은 占事의 목적이 불분명하고, 주변에 도와주는 貴人이 없고, 진퇴가 불분명한 사안이다. 대체로 動한 즉 凶하고 靜한 즉 吉하다.

예1) 戊申日 戊將 酉時課

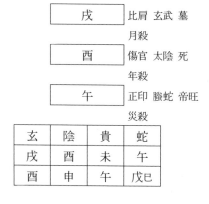

| | 戊 | | 比肩 玄武 墓 |
|---|---|---|---|
| | | | 月殺 |
| | 酉 | | 傷官 太陰 死 |
| | | | 年殺 |
| | 午 | | 正印 螣蛇 帝旺 |
| | | | 災殺 |

| 玄 | 陰 | 貴 | 蛇 |
|---|---|---|---|
| 戌 | 酉 | 未 | 午 |
| 酉 | 申 | 午 | 戊巳 |

| | | | |
|---|---|---|---|
| 蛇 | 貴 | 后 | 陰 |
| 午 | 未 | 申 | 酉 |
| 巳 | 午 | 未 | 申 |

| | | | | | | | |
|---|---|---|---|---|---|---|---|
| 朱 | 巳 | 辰 | | | 酉 | 戌 | 玄 |
| 合 | 辰 | 卯 | | | 戌 | 亥 | 常 |

| | | | |
|---|---|---|---|
| 寅 | 丑 | 子 | 亥 |
| 卯 | 寅 | 丑 | 子 |
| 勾 | 青 | 空 | 白 |

◆ 4個課 모두 上下 相生이 되고, 日干 戊土와도 모두 相生, 比和되니 賊剋法이나, 遙剋法이 적용되지 않는다. 戊土가 陽日이니 지반 酉金의 上神 戌土로 初傳을 삼는다. 다음 日支 上神이 中傳이니 日支 申金의 上神 酉金이 中傳이다. 다음 日干 上神이 末傳이니 1課 지반 戌土의 上神 午火가 末傳이 된다.

◆ 占時 酉時는 夜時라 夜天乙貴人을 적용하는데, 陰地盤 未土에 夜貴人이 乘 했으므로 十二天將을 逆行 附法한다.

◆ 陽日干이라 地盤 酉의 上神인 戌土를 初傳으로 삼으니 "虎視格(호시격)"이라 한다.

예2) 戊寅日 辰將 子時課

| 丑 | 劫財 天空 養 |
|---|---|
| | 天殺 |
| 午 | 正印 天后 帝旺 |
| | 將星 |
| 酉 | 傷官 朱雀 死 |
| | 六害 |

| 合 | 后 | 空 | 朱 |
|---|---|---|---|
| 戌 | 午 | 丑 | 酉 |
| 午 | 寅 | 酉 | 戌巳 |

| | | | | | | |
|---|---|---|---|---|---|---|
| 朱 | 合 | 勾 | 青 | | | |
| 酉 | 戌 | 亥 | 子 | | | |
| 巳 | 午 | 未 | 申 | | | |
| 蛇 申 辰 | | | | 酉 | 丑 | 空 |
| 貴 未 卯 | | | | 戌 | 寅 | 白 |

| 寅 | 丑 | 子 | 亥 |
|---|---|---|---|
| 午 | 巳 | 辰 | 卯 |
| 后 | 陰 | 玄 | 常 |

- 4個課 모두 上下 相生이 되고, 日干 戊土와도 모두 相生, 比和되니 賊剋法이나, 遙剋法이 적용되지 않는다. 戊土가 陽日이니 지반 酉金의 上神 丑土로 初傳을 삼는다. 다음 日支 上神이 中傳이니 日支 寅木의 上神 午火가 中傳이다. 다음 日干 上神이 末傳이니 1課 지반 壬水의 上神 亥水가 末傳이 된다.

- 子時는 夜時다. 夜天乙貴人을 적용하여 未土에 貴人이 乘한다. 未土는 지반 卯木의 上神이고, 卯木의 지반정위도는 陽에 속하므로, 十二天將은 天乙貴人을 기준하여 順行 附法한다.

- 陽日干이라 地盤 酉의 上神인 丑土를 初傳으로 삼으니 "虎視格(호시격)"이라 한다.

예3) 丁亥日 巳將 寅時課

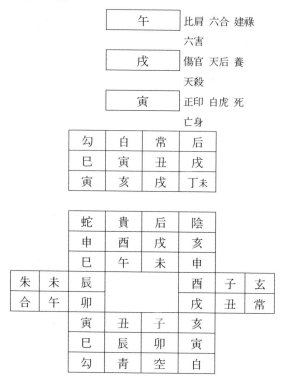

108 [이론편] 실전 六壬神課

◆ 4과 모두 上下 相生이 되고, 日干 丁火와도 모두 相生, 比和되니 賊剋法이나, 遙剋法이 적용되지 않는다. 丁火가 陰日이니 天盤 酉金의 下神 午火로 初傳을 삼는다. 다음 日干 上神이 中傳이니 日干 戊土의 上神 戊土가 中傳이다. 다음 日支 上神이 末傳이니 3과 地盤 亥水의 上神 寅木이 末傳이 된다.

◆ 寅時는 夜時다. 夜天乙貴人을 적용하여 天盤 酉金에 貴人이 乘한다. 酉金은 地盤 午火의 上神이고, 午火의 지반정위도는 陰에 속하므로, 十二天將은 天乙貴人을 기준하여 逆行 附法한다.

◆ 日干 丁火가 陰干이므로 天盤 酉의 下神인 午火를 初傳으로 삼으니 "冬蛇掩目格(동사엄목격)"이라 한다.


## 6. 별책법 別責法

◉ 전부 四個課가 되지 못하고 三課밖에 못되는데, 上下 剋도 없고 遙剋도 없는 경우.

  ◆ 陽日은 日干과 干合하는 神의 寄宮의 天盤으로 初傳을 삼고,
    日干 上神으로 中傳과 末傳을 삼는다.

  ◆ 陰日은 日支의 三合 前 支로 初傳을 삼고,
    (예 巳日이면 酉, 酉日이면 丑, 丑日이면 巳)
    日干 上神으로 中傳과 末傳을 삼는다.

◉ 三課 밖에 없는데, 上下 剋과 遙剋이 없을 경우, 日干 上神을 별도로 데려와 책임을 부과한다 하여 別責課라 한다.

◉ 別責課는 合의 기운으로 발용하므로, 매사 저체되고, 사안이 명쾌하게 해결되지 않고, 합돼서 묶인 관계로 일의 진퇴가 곤란한 상태이다.

  예1) 戊辰日 亥將 戌時課

|    |              |
|----|--------------|
| 寅 | 官鬼 靑龍 長生 |
|    | 驛馬          |
| 午 | 正印 螣蛇 帝旺 |
|    | 災殺          |
| 午 | 正印 螣蛇 帝旺 |
|    | 災殺          |

| 蛇 | 朱 | 貴 | 蛇 |
|---|---|---|---|
| 午 | 巳 | 未 | 午 |
| 巳 | 辰 | 午 | 戊巳 |

| | | | 蛇 | 貴 | 后 | 陰 | | |
|---|---|---|---|---|---|---|---|---|
| | | | 午 | 未 | 申 | 酉 | | |
| | | | 巳 | 午 | 未 | 申 | | |
| 朱 | 巳 | 辰 | | | | 酉 | 戊 | 玄 |
| 合 | 辰 | 卯 | | | | 戌 | 亥 | 常 |
| | | | 寅 | 丑 | 子 | 亥 | | |
| | | | 卯 | 寅 | 丑 | 子 | | |
| | | | 勾 | 青 | 空 | 白 | | |

◆ 上下剋도 없고 遙剋도 없는데 第1과와 第4과가 上下가 동일하니 4課가 되지
못하고 3課만 있게 되니 別責法을 적용한다. 戊辰日은 戊土가 陽日干이니 日
干 戊土와 干合되는 癸水의 寄宮은 丑이다. 地盤 丑의 上神을 初傳으로 삼으
라 했으니 寅木이 初傳이다. 中.末傳은 日干 上神을 取하니 午火이다.

◆ 戊時는 밤이니 夜天乙貴人을 적용하면 天盤 未土에 夜貴人이 떨어지며, 未土
가 陰地盤에 있으니 十二天將을 逆行 附法한다.

예2) 丙辰日 辰將 卯時課

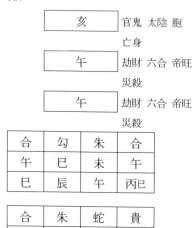

| 亥 | 官鬼 太陰 胞 |
|---|---|
| | 亡身 |
| 午 | 劫財 六合 帝旺 |
| | 災殺 |
| 午 | 劫財 六合 帝旺 |
| | 災殺 |

| 合 | 勾 | 朱 | 合 |
|---|---|---|---|
| 午 | 巳 | 未 | 午 |
| 巳 | 辰 | 午 | 丙巳 |

| 合 | 朱 | 蛇 | 貴 |
|---|---|---|---|
| 午 | 未 | 申 | 酉 |
| 巳 | 午 | 未 | 申 |

| 勾 | 巳 | 辰 |  | 酉 | 戌 | 后 |
|---|---|---|---|---|---|---|
| 靑 | 辰 | 卯 |  | 戌 | 亥 | 陰 |

| 寅 | 丑 | 子 | 亥 |
|---|---|---|---|
| 卯 | 寅 | 丑 | 子 |
| 空 | 白 | 常 | 玄 |

◆ 4個課 모두 上下剋이 없고, 遙剋도 없고, 또한 1과와 4과가 天盤과 地盤이 동일하여 모두 4과가 못되고 3과 밖에 되지 못하니 別責課이다. 丙辰日은 陽日이고, 丙과 干合되는 五行은 辛金인데, 辛金의 寄宮의 天盤으로 初傳을 삼으라 했으니, 辛金의 寄宮은 戌土이다. 戌土의 上神은 亥水이므로 亥水가 初傳이 된다. 다음 日干의 上神으로 中傳과 末傳을 삼으라 했으니, 日干 丙火의 上神인 午火가 中傳과 末傳이 된다.

◆ 卯時는 낮이므로 晝天乙貴人을 適用하니, 日干 丙火의 晝天乙貴人은 酉金이다. 따라서 天盤 酉金에 貴人이 乘하고, 또한 貴人이 乘한 酉金은 地盤 申金 上에 있어 陰地盤에 해당하니 12天將은 逆行 附法한다.

예3) 辛酉日 子將 丑時課

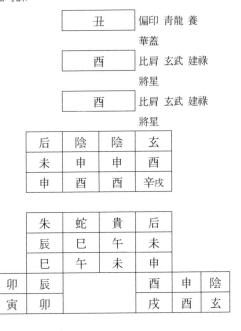

| 丑 | 偏印 青龍 養 華蓋 |
|---|---|
| 酉 | 比肩 玄武 建祿 將星 |
| 酉 | 比肩 玄武 建祿 將星 |

| 后 | 陰 | 陰 | 玄 |
|---|---|---|---|
| 未 | 申 | 申 | 酉 |
| 申 | 酉 | 酉 | 辛戌 |

| 朱 | 蛇 | 貴 | 后 |
|---|---|---|---|
| 辰 | 巳 | 午 | 未 |
| 巳 | 午 | 未 | 申 |

| 合 | 卯 | 辰 |  | 酉 | 申 | 陰 |
|---|---|---|---|---|---|---|
| 勾 | 寅 | 卯 |  | 戌 | 酉 | 玄 |

| 寅 | 丑 | 子 | 亥 |
|---|---|---|---|
| 丑 | 子 | 亥 | 戌 |
| 靑 | 空 | 白 | 常 |

- ◆ 4個課 중 上下剋이 없고, 遙剋도 없다. 또한 2과와 3과가 上下가 같으니 모두 3과 밖에 되지 않는다. 따라서 別責法을 적용한다.

  辛酉日은 陰日이므로 日支와 三合局의 前 支로 初傳을 삼으라 했으니 日支 三合局은 巳 - 酉 - 丑 三合金局이다. 酉金에서 시작하여 巳火에서 삼합이 끝나는데 前 支라 했으니 巳火의 前인 丑土가 초전이다. 다음 日干 上神으로 中·末傳을 삼으라 했으니 酉金이 中傳과 末傳이다.

- ◆ 十二天將은 丑時가 夜時이니 夜天乙貴人을 적용하여 天盤 午 上에 貴人이 乘하고 逆行 附法한다.


## 7. 팔전법八傳法

- ◉ 四課나, 三課가 못되어 二課밖에 없는데 上.下 剋이 없는 경우.
  - ◆ 陽日에는 日干의 陽神에서 順行 3番하여 初傳을 삼고
    日干 上神으로 中傳, 末傳을 삼는다.
  - ◆ 陰日에는 日支의 陰神에서 逆行 3番하여 初傳을 삼는다.
    日支 上神으로 中傳, 末傳을 삼는다.
- ◉ 八專課는 上下剋이 없으니 남녀간의 부정과 풍기문란 등의 문제가 있으나, 하늘에 태양이 떠오르듯, 안으로는 밝고 협력의 기운이 있으니, 함께 단합하여 전진하는 象이다. 六壬에서는 기본적으로는 凶象으로 본다.
- ◉ 陽日의 八專課는 매사 신속하게 진행되고 남자에게 기쁘지만, 陰日의 八專課는 매사 저체되며 여자에게 풍기문란과 곤란이 따른다.
- ◉ 八專法은 遙剋을 적용하지 않는다.

예1) 甲寅日 丑將 辰時課

| 丑 | 正財 天空 冠帶 |
| --- | --- |
| | 天殺 |

| 亥 | 偏印 太常 長生 |
| --- | --- |
| | 劫殺 |

| 亥 | 偏印 太常 長生 |
| --- | --- |
| | 劫殺 |

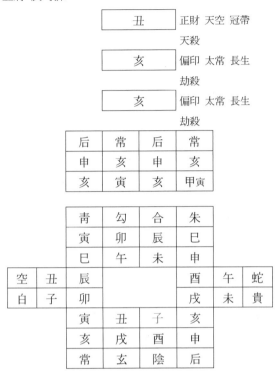

| 后 | 常 | 后 | 常 |
| --- | --- | --- | --- |
| 申 | 亥 | 申 | 亥 |
| 亥 | 寅 | 亥 | 甲寅 |

| | | | | | | | |
| --- | --- | --- | --- | --- | --- | --- | --- |
| | 青 | 勾 | 合 | 朱 | | | |
| | 寅 | 卯 | 辰 | 巳 | | | |
| | 巳 | 午 | 未 | 申 | | | |
| 空 | 丑 | 辰 | | | 酉 | 午 | 蛇 |
| 白 | 子 | 卯 | | | 戌 | 未 | 貴 |
| | 寅 | 丑 | 子 | 亥 | | | |
| | 亥 | 戌 | 酉 | 申 | | | |
| | 常 | 玄 | 陰 | 后 | | | |

- 4個課 중 1과와 3과, 2과와 4과가 上下가 동일하다. 4과나 3과가 되지 못하고 총 2과 밖에 되지 못하는데, 上下剋도 없으니 八專法이다.

  甲寅日은 陽日인데, 陽日은 日干 上神에서 순행 3번하여 初傳을 삼으로 했으니, 日干의 陽神 亥水에서 1번 – 子水에 2번 – 丑土에 3번이니 丑土에 떨어진다. 따라서 丑土가 初傳이다. 中·末傳은 日干의 上神으로 정하니 亥水가 中·末傳이다.

- 十二天將은 辰時가 낮이니 晝天乙貴人을 적용하고, 지반의 陰地에 貴人이 乘했으니 逆行 附法한다.

예2) 丁未日 辰將 丑時課

| 亥 | 正官 太陰 胎 |
| --- | --- |
| | 地殺 |

| 戌 | 傷官 天后 養 |
| --- | --- |
| | 天殺 |

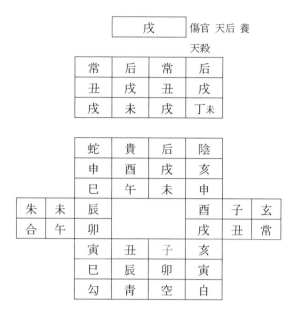

|   |   |   |   |
|---|---|---|---|
| 戌 | | 傷官 天后 養 | |
| | | 天殺 | |

| 常 | 后 | 常 | 后 |
|---|---|---|---|
| 丑 | 戌 | 丑 | 戌 |
| 戌 | 未 | 戌 | 丁未 |

| | | 蛇 | 貴 | 后 | 陰 | | |
|---|---|---|---|---|---|---|---|
| | | 申 | 酉 | 戌 | 亥 | | |
| | | 巳 | 午 | 未 | 申 | | |
| 朱 | 未 | 辰 | | | 酉 | 子 | 玄 |
| 合 | 午 | 卯 | | | 戌 | 丑 | 常 |
| | | 寅 | 丑 | 子 | 亥 | | |
| | | 巳 | 辰 | 卯 | 寅 | | |
| | | 勾 | 青 | 空 | 白 | | |

◆ 4個課 중 1.3과, 2.4과가 동일하니 2과 밖에 되지 못하여 八傳法이다.

丁未日은 陰日이고, 陰日은 日支 陰神의 上神에서 逆行 3번하니, 丑土에서 1번, 逆行하여 子水에서 2번, 逆行하여 亥水에서 3번이 된다. 따라서 亥水가 初傳이다. 中·末傳은 陰日에는 日支의 上神으로 삼는다 했으니 戌土가 中·末傳이다.


## 8. 복음법伏吟法

◉ 月將과 占時가 同一하여 地盤과 天盤이 同一한 경우.

1) 上下剋이 있는 것으로 初傳을 삼고, 中傳과 末傳은 順次的으로 三刑이 되는 것을 取한다.

2) 上下剋이 없으면

◆ 陽日에는 日干 上神으로 初傳을 삼고,

◆ 陰日에는 日支上神으로 初傳을 삼고,

◆ 中·末傳은 順次的으로 三刑이 되는 것을 取한다.

3) 만약 初傳이 自刑이 됐을 시에는

♦陽日은 日支 上神으로 中傳

♦陰日은 日干 上神으로 中傳

♦末傳은 中傳을 沖하는 것으로 삼는다.

4) 또다시 中傳이 自刑이 될 때에는 中傳을 沖하는 것으로 末傳을 삼는다.

◉ 伏吟法은 月將과 占時가 동일하니, 만물이 변화의 象이 없고, 天地가 적막고요하고, 日月이 밝은 빛을 잃는 象이고, 때를 기다리는 課이다. 따라서 대체로 흉하게 보는데, 事體에 따라 길흉을 면밀히 판단해야 한다.

◉ 伏吟法은 遙剋을 적용하지 않는다.

예1) 癸丑日 午將 午時課

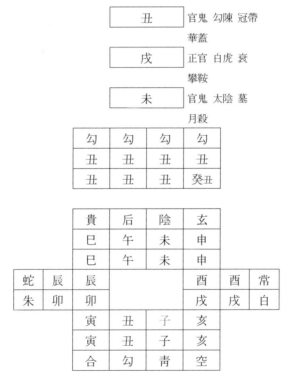

♦月將과 占時가 동일하니 자연히 天盤과 地盤도 동일하다. 따라서 上下剋이 없으니 伏吟法이다.

- 癸丑日은 陰日이고, 陰日에는 日支 上神을 初傳으로 삼으라 했으니, 3과 上神 丑土가 初傳이다. 中·末傳은 初傳 丑土와 순차적으로 三刑이 되는 것을 취하라 했으니 丑 - 戌 - 未가 三刑이다. 따라서 中·末傳은 戌土와 未土가 된다.
- 十二天將附法은 午時가 낮이므로 晝天乙貴人을 적용하고, 地盤 巳 上에 있으니 逆行 附法한다.

예2) 丙辰日 申將 申時課

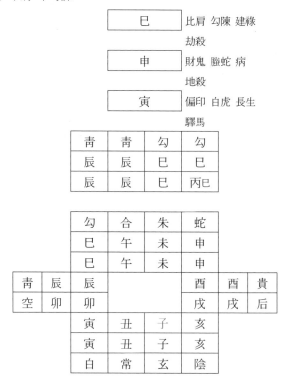

- 月將과 占時가 동일하니 伏吟法이다. 丙辰日이 陽日이니 日干 上神 巳火를 初傳으로 삼는다. 中·末傳은 순차적으로 三刑을 취하라 했으니 申金과 寅木이 中傳과 末傳이다.

예3) 丁丑日 未將 未時課

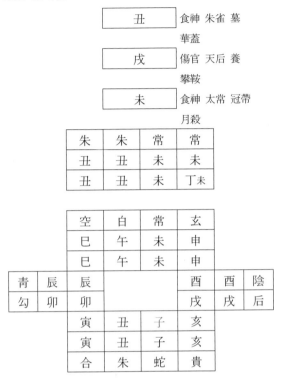

| | |
|---|---|
| 丑 | 食神 朱雀 墓 / 華蓋 |
| 戌 | 傷官 天后 養 / 攀鞍 |
| 未 | 食神 太常 冠帶 / 月殺 |

| 朱 | 朱 | 常 | 常 |
|---|---|---|---|
| 丑 | 丑 | 未 | 未 |
| 丑 | 丑 | 未 | 丁未 |

| | | 空 | 白 | 常 | 玄 | | |
|---|---|---|---|---|---|---|---|
| | | 巳 | 午 | 未 | 申 | | |
| | | 巳 | 午 | 未 | 申 | | |
| 青 | 辰 | 辰 | | | 酉 | 酉 | 陰 |
| 勾 | 卯 | 卯 | | | 戌 | 戌 | 后 |
| | | 寅 | 丑 | 子 | 亥 | | |
| | | 寅 | 丑 | 子 | 亥 | | |
| | | 合 | 朱 | 蛇 | 貴 | | |

◆ 月將과 占時가 동일하니 伏吟法이다. 陰日이니 日支 上神 丑土로 初傳을 삼고, 中·末傳은 순차적으로 三刑을 취하는 것이니, 丑-戌-未하여 戌土와 未土가 中·末傳이다.

◆ 十二天將은 占時가 未時이니 晝天乙貴人을 적용하고, 天盤 亥水에 貴人이 乘하였다. 天盤 亥水는 역시 地盤 亥水가 陽의 자리이므로 十二天將을 順行 附法한다.

예4) 壬辰日 申將 申時課

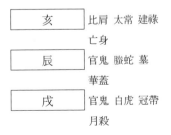

| | |
|---|---|
| 亥 | 比肩 太常 建祿 / 亡身 |
| 辰 | 官鬼 螣蛇 墓 / 華蓋 |
| 戌 | 官鬼 白虎 冠帶 / 月殺 |

| 蛇 | 蛇 | 常 | 常 |
|---|---|---|---|
| 辰 | 辰 | 亥 | 亥 |
| 辰 | 辰 | 亥 | 壬亥 |

|  |  | 朱 | 合 | 勾 | 青 |  |  |
|---|---|---|---|---|---|---|---|
|  |  | 巳 | 午 | 未 | 申 |  |  |
|  |  | 巳 | 午 | 未 | 申 |  |  |
| 蛇 | 辰 | 辰 |  |  |  | 酉 | 酉 | 空 |
| 貴 | 卯 | 卯 |  |  |  | 戌 | 戌 | 白 |
|  |  | 寅 | 丑 | 子 | 亥 |  |  |
|  |  | 寅 | 丑 | 子 | 亥 |  |  |
|  |  | 后 | 陰 | 玄 | 常 |  |  |

◆ 月將과 占時가 같으니 伏吟法을 적용한다.


## 9. 반음법返吟法

◉ 月將과 占時가 相冲되어 자연 天盤과 地盤도 相冲되는 경우.

  1) 이때에도 上下剋을 따지는데,

  2) 剋이 없을 時에는 따로 井欄射格(정란사격)이라 하여,

  ◆ 丑日에는 驛馬에 해당하는 亥로 初傳을 삼고

  ◆ 未日에는 驛馬에 해당하는 巳로 初傳을 삼고

  ◆ 日支 上神이 中傳이고, 日干 上神이 末傳이다.

◉ 返吟課는 두 갈래 길에서 방황하고 고민하는 象이다. 따라서 사안을 쉽게 결정하지 못하는 課이다.

◉ 返吟法은 遙剋을 적용하지 않는다.

예1) 庚戌日 亥將 巳時課

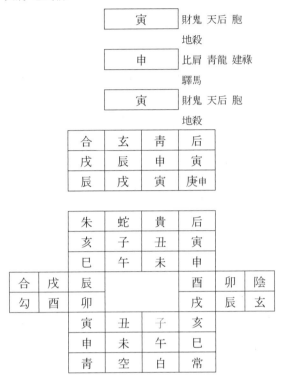

| | | | |
|---|---|---|---|
| | | 寅 | 財鬼 天后 胞 |
| | | | 地殺 |
| | | 申 | 比肩 靑龍 建祿 |
| | | | 驛馬 |
| | | 寅 | 財鬼 天后 胞 |
| | | | 地殺 |

| 合 | 玄 | 靑 | 后 |
|---|---|---|---|
| 戌 | 辰 | 申 | 寅 |
| 辰 | 戌 | 寅 | 庚申 |

|  |  | 朱 | 蛇 | 貴 | 后 |  |  |
|---|---|---|---|---|---|---|---|
|  |  | 亥 | 子 | 丑 | 寅 |  |  |
|  |  | 巳 | 午 | 未 | 申 |  |  |
| 合 | 戌 | 辰 |  |  | 酉 | 卯 | 陰 |
| 勾 | 酉 | 卯 |  |  | 戌 | 辰 | 玄 |
|  |  | 寅 | 丑 | 子 | 亥 |  |  |
|  |  | 申 | 未 | 午 | 巳 |  |  |
|  |  | 靑 | 空 | 白 | 常 |  |  |

❖ 4과 중 上下剋이 있는 것은 1.2과인데 下賊을 당하는 것은 1과이다. 따라서 寅木이 初傳이다. 地盤 寅木의 上神 申金이 中傳이고, 地盤 申金의 上神 寅木이 末傳이다.

예2) 癸巳日 子將 午時課

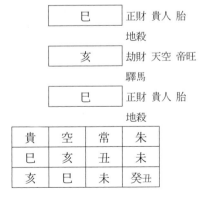

| | | | |
|---|---|---|---|
| | | 巳 | 正財 貴人 胎 |
| | | | 地殺 |
| | | 亥 | 劫財 天空 帝旺 |
| | | | 驛馬 |
| | | 巳 | 正財 貴人 胎 |
| | | | 地殺 |

| 貴 | 空 | 常 | 朱 |
|---|---|---|---|
| 巳 | 亥 | 丑 | 未 |
| 亥 | 巳 | 未 | 癸丑 |

| 空 | 白 | 常 | 玄 |
|---|---|---|---|
| 亥 | 子 | 丑 | 寅 |
| 巳 | 午 | 未 | 申 |

| 青 | 戌 | 辰 | | | 酉 | 卯 | 陰 |
|---|---|---|---|---|---|---|---|
| 勾 | 酉 | 卯 | | | 戌 | 辰 | 后 |

| 寅 | 丑 | 子 | 亥 |
|---|---|---|---|
| 申 | 未 | 午 | 巳 |
| 合 | 朱 | 蛇 | 貴 |

◆ 4과의 上神 巳火가 下賊을 당하므로 이를 초전으로 삼는다. 地盤 巳의 上神 亥水가 중전이고, 地盤 亥水의 上神 巳火가 말전이 된다.

예3) 辛丑日 寅將 申時課

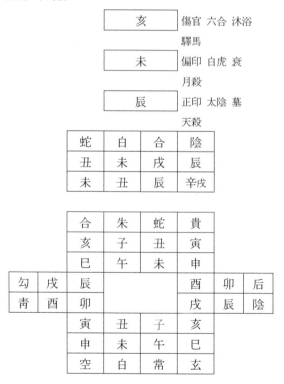

| 亥 | 傷官 六合 沐浴 |
|---|---|
| | 驛馬 |
| 未 | 偏印 白虎 衰 |
| | 月殺 |
| 辰 | 正印 太陰 墓 |
| | 天殺 |

| 蛇 | 白 | 合 | 陰 |
|---|---|---|---|
| 丑 | 未 | 戌 | 辰 |
| 未 | 丑 | 辰 | 辛戌 |

| 合 | 朱 | 蛇 | 貴 |
|---|---|---|---|
| 亥 | 子 | 丑 | 寅 |
| 巳 | 午 | 未 | 申 |

| 勾 | 戌 | 辰 | | | 酉 | 卯 | 后 |
|---|---|---|---|---|---|---|---|
| 青 | 酉 | 卯 | | | 戌 | 辰 | 陰 |

| 寅 | 丑 | 子 | 亥 |
|---|---|---|---|
| 申 | 未 | 午 | 巳 |
| 空 | 白 | 常 | 玄 |

◆ 4個課 중 上下剋이 없으니 井欄射格(정란사격)이라 한다.

　丑日에는 驛馬에 해당하는 것으로 初傳을 삼으라 했으니, 亥水로 初傳을 삼고, 日支 上神이 中傳이니 未土가 되고, 日干 上神이 末傳이니 辰土가 末傳이다.

# 제3장
# 입문요결入門要訣

## 1. 점단팔문占斷八門

占斷八門은 六壬學에서 課傳의 길흉과 미래운명을 예지하는데 있어서 가장 중요한 요소들 중의 하나이다. 상호간의 유기적인 관계를 분석하고, 占事에 대해 결과를 도출하는데 있어 선결적으로 파악해야 하는 핵심적인 요소들이다.

### 1) 占斷八門法(점단팔문법)

1) 占時 - 先鋒門(선봉문)
2) 月將 - 直事門(직사문)
3) 日干 - 外事門(외사문)
4) 日支 - 內事門(내사문)
5) 初傳 - 發端門(발단문)
6) 中傳 - 移易門(이역문)
7) 末傳 - 歸計門(귀계문)
8) 年命 - 變體門(변체문)

### 2)占斷八門 解義(점단팔문 해의)

### (1) 占時 - 先鋒門

⊙ 占時는 占斷하고자 하는 사안의 기틀이 되는 根機(근기)로, 禍福發端(화복 발단)의 근원이 되며, 일체의 神機的 요소가 占時에 暗在되어 있어, 禍福의 우선 징조가 나타나게 되므로 선봉문이라 하는 것이다.

占時를 作하면 징조가 이미 출현한 것으로, 占時로 인하여 그 來意를 알 수 있는 주요 점단요소의 하나인 것이다.

◎ 四課나 三傳을 세우기 전에 日干과 日支와의 刑, 沖, 破, 害, 怨嗔, 空亡 등을 미리 살펴 吉凶을 先定하기 때문에 先鋒門이라 한 것이다.

◎ 占時가 空亡되면 사안은 遺失事인 경우가 많고, 占事는 성사되기 어렵다.

◎ 占時가 日干의 官鬼이면 平人은 災禍나 질병에 관한 사안이고, 在官者는 昇遷(승천)과 연관된 사안인 경우가 많다.

◎ 占時가 日支의 墓神(묘신)이 되면, 어리석고 우매하고 불명확한 사안이거나 墳墓(분묘)에 관한 건이거나, 질병, 喪死에 관한 사안인 경우가 많다.

◎ 占時가 日干의 病神이 되면, 이는 死神으로 主事는 운세의 衰敗와 연관된 것이다.

◎ 占時가 日支의 劫殺이 되거나 日干과 比劫이 되어 玄武가 乘하면 사안은 盜難事件이다.

◎ 占時가 日支의 刑, 害가 되면 主事는 官訟이거나, 損失이나 是非之事와 연관된 것이다.

◎ 占時가 日干의 食傷에 해당되면 자손과 연관된 尊卑之事나 脫耗之事다.

◎ 占時가 日干의 財星이면 求財나 女人之事이다.

◎ 占時가 日干의 長生地면 主事는 부모, 은혜, 창업과 연관된 生計之事이다.

◎ 占時가 日干의 祿星地면 主事는 명예, 직무, 事業之事이다.

◎ 占時가 日支와 沖되면 이동, 분쟁, 不安之事이다.

◎ 占時가 日의 德神이면 貴人이나, 工作관련사이다.

◎ 占時가 日支의 桃花殺이 되고 太陰이나 六合이 乘하거나 日干과 합이 되면 主事는 色情과 和合之事이다.

◎ 占時가 日干의 財가 되고 旺相하고 吉神과 吉將이 乘하면 財帛之事다.

◎ 占時가 日支의 驛馬가 되고 天空이나 空亡이 안될 때는 여행이나 도로사로 장기간 길하다.

◎ 占時가 日貴, 日德, 日祿이 되고 財星을 帶하면, 官貴의 財나 官人에 의탁하는 일로 福을 얻을 수 있다.

◎ 占時가 日干과 刑傷하고 劫殺, 災殺, 天殺 등 三殺을 보고, 또 三傳에 凶將을 보면 爭財가 발생하거나 官災口舌이나 詞訟이 있다.

◎ 三傳에 靑龍, 六合, 太常 등의 吉將이 乘하고, 日과 삼합, 육합이 되고 刑剋되지 않으면, 官吏는 昇進하고 平人은 관직자 등 윗사람의 도움을 받거나, 윗사람의 提携를 얻게 된다.

◎ 占時가 日干과 三合이나 六合이 되면 주로 外事의 和合에 관한 일이고, 合 中에 財를 帶하여 吉神, 吉將이 乘하면 의외의 재물을 얻고, 妻子와 和合한다.

◎ 占時와 日支가 三合이나 六合이 되면 주로 內事의 和合에 관한 일이고, 만약 課式 中에 子孫爻가 있어 旺相하고 吉神을 帶하면, 得子하거나 子孫과 和合하는 일이 있다.

그러나 合中에 鬼를 帶하고, 朱雀, 勾陳 등의 凶將을 보면 집안간의 恩仇 관계이거나, 內事에 爭鬪가 있고 동료지간에 서로 不睦하고 不信한다.

◎ 占時가 日干, 日支와 다같이 合이 되면 兩動之事라 하여, 內外의 화합됨이 많다.

◎ 占時가 日干과 六害가 되면 外憂이고, 日支와 六害가 되면 內憂이다.

◎ 占時가 日辰의 空亡이 되면 虛事 또는 詐欺를 조심해야 하고, 비록 三合, 六合이 되고 육합, 천후, 청룡, 태상 등의 吉將이 乘하더라도 종국엔 성공하기 어렵다.

◎ 疾病과 訴訟에는 時가 空亡됨이 좋은데, 新病은 空亡되면 바로 쾌유되고, 舊病은 空亡되면 사망한다.

◎ 占時가 日干을 沖하면 外動이고, 支를 沖하면 內動이거나 가택의 노비나 타인과의 相爭이 있다.

◎ 占時가 日支의 刑이 되거나 日干의 殺이 되면 出入事는 速히 된다.

◎ 占時가 日支와 破되면 破財, 失物, 逃亡 등이 있다.

◎ 占時가 日支와 破가 되는데, 吉神을 대하고, 과식 중에 玄武가 있는데, 時가 日干과 相合되면, 失財했다 하더라도 반드시 찾는다.

◎ 占時와 日이 破가 되어 흉신을 대하고, 玄武의 소승지신이 財爻를 剋할 때는 분실물은 찾지 못한다.

◎ 만약 玄武에 乘한 神이 日干의 鬼가 되어 旺相한데 다시 刑害가 되면 반드시 盜賊이 사람을 傷害한다. 그러나 勾陳이 玄武를 剋制하면 그 도적을 포획할 수 있다.

◎ 晝占에 夜貴(時)를 얻으면 每事暗昧하여 病은 重하고, 訟事는 흉하게 되나, 夜占에 晝貴(시)를 얻으면 光明을 얻을 수 있다.

## (2) 月將(直事門)

◎ 月將은 太陽이라고도 논하는데, 事案의 動靜(동정)과 禍福(화복)을 관장하는 권위가 있다. 占時에 月將을 加한 후에야 天·地盤의 才能이 형성되고, 이로써 四課인 陰陽四象이 出하게 되고, 또한 三傳에 해당하는 天地人 三才가 성립되는 것이다. 이렇게 됨으로써 吉凶禍福(길흉화복)의 변화와 발전과정이 온전하게 月將에 축적되어진 것이라 판단하는 것이다. 이런 연유로 月將이 없으면 式盤(식반)이 성립되지 않고, 또한 吉凶을 결정할 수도 없으므로 이름하여 "直事門"이라 칭하는 것이다.

◎ 月將은 太陽으로 光輝之上(광휘지상)이며, 臨하는 곳엔 百惡이 疏散(소산)되고, 干에 臨하면 福德이 己身에 강림하고, 支에 임하면 家宅에 光輝가 있어 평안하게 되고, 三傳에 들면 일체 凶惡이 흩어지며, 吉神이 乘하면 吉함이 증가하고, 凶神이 乘하면 凶함이 감쇄하여 吉하게 바뀌는 것이다.

◎ 月將이 入傳하면 福祿이 크고, 入四課면 그 다음이다.

◎ 月將이 空亡되더라도 空亡이라 논하지 않는데, 이는 月將이 태양과 같아 諸 星曜를 主管하니 공망을 적용할 수 없는 것이다.


## (3) 日干(外事門)

◎ 外事는 日干을 의미한다. 占事에서 日干은 人이고, 我이며, 主體인 것이다. 따라서 일체의 占事와 연관된 사안은 日干과 관련되어지는 것이라 "外事門"이라 하는 것이다.

◎ 日上 兩課에서 發用한 것이면 主事는 밖에서 발생한 것이다.


## (4) 日支(內事門)

◎ 內事는 支辰을 의미한다. 占事에서 支辰은 家宅이고, 他人이며 客體인 것이다. 따라서 宅, 他人, 客體와 연관된 일체의 사안은 日支와 연관되므로 "內事門"이라 하는 것이다.

◎ 支辰의 旺衰와 生剋관계를 잘 살펴야 그 길흉판단에 정확을 기할 수 있는 것이다.

◎ 辰上 兩課에서 發用한 것이라면 主事는 안에서 일어난 것이다.

**日干(外事門)/日支(內事門) 占斷 要約**

◆ 天時占(천시점) : 일간 – 天. 白天. 문점시의 천시
　　　　　　　　　　일지 – 支. 黑夜. 문점시의 지방

◆ 地理占(지리점) : 일간 – 外面. 左方. 前面. 陸地. 天空. 高崗
　　　　　　　　　　일지 – 內部. 右方. 後面. 水路. 大地. 平原

◆ 人物占(인물점) : 일간 – 尊長. 長官. 父. 夫. 男. 客人
　　　　　　　　　　일지 – 卑. 手下人. 母. 妻. 女. 主人

◆ 求財占(구재점) : 일간 – 求財人
　　　　　　　　　　일지 – 求財對象

◆ 訪謁占(방알점) : 일간 – 客人. 求謁人
　　　　　　　　　　일지 – 主人. 求謁對象

◆ 行人占(행인점) : 일간 – 行人. 求占人
　　　　　　　　　　일지 – 行人所在地. 行人

◆ 考試占(고시점) : 일간 – 고시생. 면접인
　　　　　　　　　　일지 – 시험지. 고시장. 학교. 시험관. 公司單位

◆ 企業占(기업점) : 일간 – 企業主. 求占人
　　　　　　　　　　일지 – 시장환경. 경영항목. 公司同事

◆ 賭博占(도박점) : 일간 – 客席. 求占人
　　　　　　　　　　일지 – 主人席. 競爭相對

◆ 失物占(실물점) : 일간 – 失主
　　　　　　　　　　일지 – 失物. 盜賊

◆ 盜賊占(도적점) : 일간 – 捕盜人. 刑事. 警察.
　　　　　　　　　　일지 – 盜賊. 逃亡犯. 凶惡人

◆ 農畜占(농축점) : 일간 – 農夫. 飼主
　　　　　　　　　　일지 – 농작물. 飼養之禽獸

◆ 國事占(국사점) : 일간 – 統治者
　　　　　　　　　　일지 – 國家. 管轄區域

◆ 家宅占(가택점) : 일간 – 人
　　　　　　　　　　일지 – 家宅

◆ 婚姻占(혼인점) : 일간 － 男子

　　　　　　　　　　일지 － 女子

◆ 訟事占(송사점) : 일간 － 告訴人

　　　　　　　　　　일지 － 被告訴人

◆ 疾病占(질병점) : 일간 － 病者

　　　　　　　　　　일지 － 病症

◆ 胎産占(태산점) : 일간 － 子息

　　　　　　　　　　일지 － 産母

◆ 交易占(교역점) : 일간 － 商人

　　　　　　　　　　일지 － 物品

◆ 墳墓占(분묘점) : 일간 － 生人

　　　　　　　　　　일지 － 亡者의 墓所

◆ 奴婢占(노비점) : 일간 － 主人

　　　　　　　　　　일지 － 奴婢

◆ 出行占(출행점) : 일간 － 住居

　　　　　　　　　　일지 － 行處

◆ 謀望占(모망점) : 일간 － 我

　　　　　　　　　　일지 － 求人

◆ 戰爭占(전쟁점) : 日干 － 我軍

　　　　　　　　　　日支 － 敵軍

◆ 動靜占(동정점) : 日干 － 動

　　　　　　　　　　日支 － 靜

◉ 日干上神이 日干을 生하면 吉하고, 타인의 도움이나 神의 가호가 있다.

◉ 日干上神이 日干을 剋하면 凶하고, 小人의 侵奪(침탈)이 있거나 매사 막히고 沮礙(저애)됨이 많다.

◉ 日干이 日干上神을 生하면 損耗가 많고, 日干이 日干上神을 剋하면 노력과 비용이 많이 든 후에 성취된다.

◉ 日干이 日干上神을 극하면 抑鬱(억울)함이 있다.

◉ 日干上神이 日支를 生하고, 日支上神은 日干을 生하면 主客이 相得하여 양방이

다 순조롭다.

⊙ 日干上神이 日支를 脫하고, 日支上神이 日干을 脫하면 피차에 損耗를 예방해야한다.

⊙ 日干上神이 日支를 극하거나, 日支上神이 日干을 극하면, 主客이 모두 화합되지 못하고 불리하다.

⊙ 日干上神이 日支의 帝旺이 되거나, 日支上神이 日干의 帝旺이 되거나 日干上 日支上 각자 帝旺이 되면 쓸데없는 일을 도모함이 많은데 靜하면 길하고 動하면 흉하다.

⊙ 日干이 支上에 加하여 剋을 받거나, 日支가 日干에 加하여 日干을 극하면 골육 상쟁이 있다.

⊙ 日支가 日干에 加하여 剋을 받고, 日干이 日支에 加하여 日支를 剋하면 운세가 대단히 困頓하다(贅壻課).

⊙ 日干이 支上에 加하여 生을 받으면 반드시 포용인발 해주는 사람이 있고, 日支가 干上에 加하여 日干을 生하면 사람을 얻어 두루 보살핌을 받는다.

⊙ 日干이 支上에 加하여 日辰을 生하면 사람은 衰해지나 家宅은 旺하고, 日支가 日干上에 加하여 脫日하면 身弱하고 재산은 점점 이지러진다.

⊙ 日干上神이 驛馬가 되면 관직이 승천되고, 日支上神이 驛馬가 되면 가택의 이동이 있다.

⊙ 日干上神에 祿이 있으면 후일에 이름을 날리고, 日支上神에 있으면 남에게 굴복할 일이 있거나 굴복을 당한다.

⊙ 日干과 日支 上神에 각각 日德을 보고 다시 吉將이 乘하면 의외의 기쁜 일이 있다.

⊙ 日干과 日支 上神이 六合이 되면 合作 成就되나, 訟事나 疾病은 흉하다.

⊙ 日干과 日支에 각각 墓가 乘하거나 墓에 坐하면 매사가 閉塞不通(폐색불통)한다.

⊙ 日干上神과 日支上神이 각각 敗氣(沐浴)이면 사람은 氣衰血敗(기쇠혈패)하고 가택은 崩頹(붕퇴)해 있다.

⊙ 日干上神과 日支上神에 각각 絶神을 보면 舊事(구사)의 결말에는 大吉하다.

⊙ 日干上神과 日支上神에 각각 死氣를 보면 수양하며 때를 기다림이 좋다.

⊙ 日干上神과 日支上神이 다 空亡이 되면 공허하며 부실하다.

⊙ 日干의 氣가 衰하면 心意가 불안하고, 日支의 氣가 衰하면 가택이 不寧하다.

⊙ 日干上과 日支上에 卯酉를 보면 阻隔不通(조격불통)하고, 日干上과 日支上에 魁罡(辰.戌)을 보면 折傷(절상)을 당할 염려가 있다.

### (5) 初傳(發端門)

⊙ 發端門은 初傳을 말하며 일명 發用이라고도 한다. 初傳은 心의 主가 되고 事案 판단의 기초골격이 되는 것이라, 일체 占事의 動機나 事案 등은 發用에 함축되어진 것이다. 따라서 發用이 吉하면 事案도 吉하고, 發用이 凶하면 事案도 凶한 것이다. 이에 연유하여 發用은 모든 吉凶禍福 發端의 시초가 되므로 發端門이라 하는 것이다.

⊙ 初傳은 旺相有氣하고 得地하면 吉하고, 休囚나 空亡, 刑, 沖, 破, 害되면 事案은 성취되기 힘든 것이다. 또한 日干의 鬼, 脫, 墓神이 發用되면 역시 凶하다 판단한다.

⊙ 日上兩課에서 發用이면 매사 外起하고, 支上兩課에서 發用이 되면 매사 內起한다.

⊙ 日上兩課(1.2課)에서 發用이 되고, 貴人이 順布하고, 初傳이 貴人의 前이면, 吉凶은 速至한다.

⊙ 支上兩課(3.4課)에서 發用이 되고 貴人이 逆布되고 初傳이 貴人의 後가 될 때는 길흉은 늦게 나타난다.

⊙ 제4과 發用이면 매사 不測發生된 것이고 怪異한 사건일 경우가 많다.

⊙ 上剋下로 發用이면 主事는 外來하고, 남자에 이롭고 여자에 불리하고, 先이 이롭고 後가 불리하며, 尊長(존장)이 이롭고 卑幼(비유)가 불리하다.

⊙ 下賊上 發用이면 主事는 內起하고, 여자에 이롭고 남자에 불리하며, 後에 이롭고 先에 불리하며, 卑幼(비유)에 이롭고 尊長(존장)에 불리하다.

⊙ 下賊上 發用에 內戰(神剋將)이 되면 매사 중도에 변하고, 外戰(將剋神)이 되면 一身이 부자유하고 타인에게 咎責(구책)을 당한다.

⊙ 上剋下 發用에 內戰이 되면 막힘이 많고 목적을 달성하지 못하며, 外戰이 되면 밖에서 발생한 일이 안에까지 연루되게 된다.

⊙ 初傳이 日干의 長生이 되면 謨望(모망)은 순리대로 풀려나가고, 만약 墓(묘)에 臨하면 舊事(구사)가 재발한다.

⊙ 初傳이 日干의 敗氣나 死氣가 되면 훼손되고 손상되어 성사되기 어렵다.

⊙ 初傳이 日干의 死에 해당되는 地盤에 乘하면 만사 꺾이게 된다.

⊙ 初傳이 日干의 絕이 되면 매사 즉시 해결되고, 行人과 소식은 도래한다.

⊙ 初傳이 日干의 墓가 되면 매사 지지부진하고, 질병은 長臥不起하고, 失物은 遺失되고, 行人은 즉시 돌아오고, 舊事는 절대 재발하지 않는다.

⊙ 初傳이 驛馬이면 龍馬라고도 하는데 主事는 움직임이나 여행의 건이다. 만약 龍馬에 해당되는 오행이 日支上神을 극하면 여행 중 다칠 수 있으므로 피해야 한다.

⊙ 初傳이 喪門殺(상문살), 弔客殺(조객살)을 대동하면 자신의 가정이나 가까운 친인척에게 哭泣(곡읍)할 일이 생긴다.

⊙ 初傳과 日干上神이나 日支上神이 刑. 沖. 破. 害. 怨嗔되면 매사에 阻隔不通(조격불통)한다.

⊙ 初傳이 空亡이 되면 憂喜(우희)가 다 허사다.

⊙ 初傳이 日干을 剋하면 心身이 불안하다.

⊙ 初傳이 日支를 剋하면 家宅이 불안하다.

⊙ 初傳이 占時를 剋하면 의외의 일이 발생하기 쉽다.

⊙ 初傳이 末傳을 剋하면 有始無終이다.

⊙ 初傳이 本命上神을 剋하면 일이 순조롭지 못하다.

⊙ 初傳에 吉將이 乘하고 또 同類이면(예로, 天乙은 본래 己丑土에 속하는데 丑에 乘하고, 靑龍이 寅에 乘할 경우) 금상첨화다. 凶將일 때는 이와 반대다.

⊙ 初傳이 太歲가 되고 中·末傳에 月建이나 日辰이 되면 移遠取近之象이라 하여 만사에 급속히 진행함이 좋다.

⊙ 初傳이 空亡인 경우 해당 六神에 따른 사안의 발생은 다음과 같다.

　◆ 比劫空亡 : 初傳이 比劫으로 空亡이거나, 三傳 三合이 比劫이 되어 空亡에 해당되면, 失群(실군)이라 하는데, 比劫이 旺해서 財星을 극하므로, 失財가 있거나 형제나 동업자간에 災厄이 따른다.

　◆ 食傷空亡 : 初傳이 食傷으로 空亡이거나, 三傳 三合이 食傷이 되어 空亡에 해당되면, 瞑鈴(명령)이라 하며, 자녀에게 災厄이 있다.

　◆ 財星空亡 : 初傳이 財星으로 空亡이거나, 三傳 三合이 財星이 되어 空亡에 해당되면 鰥居(환거)라 하여 재물이나 처첩의 손상이 있다.

　◆ 官星空亡 : 初傳이 官星으로 空亡이거나, 三傳 三合이 財星이 되어 空亡에 해

당되면, 孀居(상거)라 하여 명예가 실추되거나, 남편에게 문제가 있다.

◆ 印星空亡 : 初傳이 印星으로 空亡이거나, 三傳 三合이 印星이 되어 공망에 해
당되면 孤哀(고애)라 하며, 부모에게 災厄이 있다.

◉ 初傳과 旺.相.休.囚.死

初傳이 旺한 경우 – 매사 吉하며, 흉한 일도 吉로 변한다.

初傳이 相한 경우 – 일이 뜻대로 진행되어 功을 달성한다.

初傳이 休한 경우 – 洩氣되므로 일의 진행이 더디고, 질병에 걸리기 쉽다.

初傳이 囚인 경우 – 初傳이 갇히는 경우이므로, 官災口舌이 발생하거나,
圖謀之事(도모지사)는 不成이다.

初傳이 死인 경우 – 初傳이 剋을 당하는 경우이므로 몸이 손상되고, 일은 중도에
서 중단된다.


## (6) 中傳(移易門)

◉ 事體가 移易 전달되는 應事의 중간으로써 중요한 역할을 하는 곳이다.

◉ 初傳이 吉하나 中傳이 凶하면 吉이 凶으로 바뀌고, 초전이 흉하나 中傳이 吉하면
凶이 吉로 바뀐다.

◉ 初傳이 中傳을 生하면 順이고, 中傳이 初傳을 生하면 逆이다.

◉ 中傳이 日干의 鬼가 되면 매사가 어그러진다.

◉ 中傳이 日干의 墓가 되면 매사가 단절되기 쉽다.

◉ 中傳이 日干과 傷害가 되면 매사에 막힘이 많다.

◉ 中傳이 日干과 破가 되면 매사가 중간에서 斷切된다.

◉ 中傳이 空亡이 되면 매사불성한다.


## (7) 末傳(歸計門)

◉ 歸計(귀계)는 末傳을 의미하며 매사의 吉凶이 歸結(귀결)되는 집계처로 대단히 중
요한 위치이다. 初·中傳이 吉하더라도 末傳이 凶하면 다 凶하고, 初·中傳이 凶
해도 末傳이 吉하면 종국엔 吉하다.

◉ 初傳이 鬼가 되고 末傳이 食傷이면 능히 制鬼할 수 있어, 사안은 비록 처음은
凶하나 종국엔 凶함이 吉로 바뀌게 되는 것이다.

⊙ 初傳이 食傷이고, 中傳이 財星이고, 末傳이 鬼殺이면, 종국엔 凶하게 되어 不吉한 것이다.

⊙ 下賊上으로 發用이 되더라도 末傳에서 剋하는 곳을 제압하면 만사에 凶變爲吉이다.

⊙ 末傳이 初傳을 剋하면 終來剋始가 되니 매우 吉한데, 불통난제들도 해결되고, 遠行에 이롭고, 질병은 쾌유하고 재앙은 소산된다.

⊙ 初傳이 末傳을 剋하면 始來剋終이 되어 사안은 難成이다.

⊙ 末傳이 破.害가 되면 길흉이 다 이루어지지 않고, 空亡이 되면 매사에 결과가 없다.

⊙ 初傳이 日干의 長生이 되고, 末傳이 日干의 墓가 되면 有始無終하고, 初傳이 日干의 墓가 되고 末傳이 長生이 되면 先難後易하게 된다.

⊙ 初傳이 凶하나 中.末傳이 吉하면 능히 흉함이 없어지고, 初, 中傳이 흉하고 末傳이 吉하면 역시 흉이 해소된다.

⊙ 三傳이 凶하더라도 行年이 길하면 능히 흉이 해소되나, 三傳과 行年이다 같이 흉하면 해소되지 않는다.

⊙ 將剋神을 外戰이라 하고, 神剋將을 內戰이라 한다.
外戰은 憂輕하나 비록 흉하다 하더라고 해소됨이 있지만, 內戰이면 憂重하고 길하다하더라도 흉함이 남아있는 것이다.

⊙ 三傳이 전부 凶하면 萬事가 不成이다.

⊙ 三傳이 전부 空亡이면 전부 허사이고, 二傳이 空亡이고 一傳이 天空이 乘하면 똑같이 본다.

⊙ 初傳과 中傳이 空亡이면 末傳 위주로 판단하고, 中·末傳이 空亡이면 初傳 위주로 판단한다.

⊙ 初傳은 日干上神이 되고, 末傳은 日支上神이 되면, "我去求人幹事(아거구 인간사)"라 하여 萬事에 내가 아쉬워 求人謀事하나 자유롭지 못하다.

⊙ 初傳이 日支上神이 되고 末傳이 日干上神이 되면 "人來託我辦事(인래탁아판사)"라 하여 타인이 나에게 부탁하게 되고 萬事는 쉽게 이루어진다.

⊙ 神吉하고 三傳이 吉하면 大吉하고, 神凶하고 三傳이 凶하면 大凶하다.

⊙ 三傳이 四課上에 다 있으면 回還格이라 하여

- ◆ 구하는 물건은 얻을 수 있고,
- ◆ 소망은 이루어지며,
- ◆ 행인은 돌아오고,
- ◆ 도적은 근처에 있고,
- ◆ 도망은 탈출하지 못한다.
- ◆ 吉事는 더욱 吉하고 凶事는 더욱 凶하여 出産, 訟事, 疾病 등은 大忌한다. (단, 孕胎는 吉하다)

◎ 三傳이 日干을 剋하면 凡事가 難成하나 避難(피난)과 訟事에는 길하다.

◎ 三傳이 日干을 生하면 百事가 길하고, 三傳이 日干을 剋하면 百事가 흉하다.

◎ 日干이 初傳을 剋하고, 初傳이 中傳을 剋하고, 中傳이 末傳을 剋하면 求財大獲格이 되어 大財를 入手할 수 있다.

◎ 三傳과 日辰이 모두 下賊上이 되면 조금도 和氣가 없어 訟事는 반드시 刑을 당하고, 病者는 必死하며, 家法이 부정하고, 스스로 凌辱(능욕)을 당하게 된다.

◎ 三傳 전체가 日干을 生하거나 日干의 貴가 되거나, 日干의 財가 되거나, 日干의 兄弟爻(比劫)가 되면, 所乘한 天將의 길흉여부와 또한 五行의 制化 여부를 살펴보아야 한다.
  - ◆ 全鬼의 경우라면 흉조가 있지만, 만약 年, 命, 日干, 日支 四處에서 子孫爻(식상)를 보면 制鬼할 수 있는 것이다.
  - ◆ 全脫(食傷)의 경우라면 日干의 氣를 洩함이 크지만 年, 命, 日干, 日支 四處에서 父母爻(印星)를 보면 길하다.

◎ 三傳과 日干支 上下가 合局을 이루면 매사 妄動함은 불리하고, 日과 月을 沖破하는 방향에서 求할 수 있다. 또한 삼전의 길흉여부를 살펴보아야 하는데, 만약 吉하다면 합이 이롭고 沖破는 불리한 것이며, 만약 凶하다면 沖破되면 흉함이 解散되는 것이다.


### (8) 年命(變體門)

◎ 年 - 行年. 命 -本命

◎ 年命은 變體를 의미하며 百事의 吉凶을 변화시키는 곳이므로 變體라고 하는 것이다.

⊙ 本命은 一身에 應해오는 주된 요소이고, 行年은 用事함의 보조 요소이다.

⊙ 年命이 生, 旺地에 있으면 길하고, 死, 絕, 墓, 空地에 있으면 凶하다.

⊙ 年命上에 月將을 봄이 最吉한데, 일체 災禍는 消散되고 天福이 自來한다.

⊙ 三傳이 全財이면 본시 凶하나 年命에 官鬼가 있으면 더욱 凶하게 되며, 三傳이 全鬼이면 본래 흉하나 年命에서 자손효(食傷)를 보면 鬼를 제극하므로 凶이 吉로 바뀐다. 그러므로 變體라고 한 것이다.

⊙ 課傳에 凶神이 있다 하더라도 年命上에 이를 制化하는 救神이 있으면 사안은 凶함이 있더라도 종국엔 吉하게 된다.

⊙ 課傳에 神과 將이 吉하더라도 年命上에서 이를 剋하면 사안은 종국에는 吉變凶이 된다.

⊙ 年命이 日干上神이나 初傳과 生, 合, 比, 化가 되면 吉하고, 刑, 沖, 破, 害가 되면 흉하다.

⊙ 初傳이 吉해도 年命上神에서 剋하면 凶하고, 初傳이 凶해도 年命에서 剋하면 吉해진다.

⊙ 年命上神이 歲, 月, 日 上神이 상호 傷害되더라도, 日이나 類神과 相生되거나 德合되면 이롭다.

⊙ 年命上神이 日干을 剋하면 用事는 不成한다.

⊙ 年命上神이 太歲와 相刑되면 평인이건 관직인이건 우려함이 있는데, 만약 太歲에 天乙이 乘하면, 君子는 조정의 문서나 皇恩이 있고, 관직의 발탁을 받을 수 있다.

⊙ 年命上神이 下神의 剋을 받아도 十二天將이 生하면 剋의 역할을 못한다. 이와 반대의 경우도 마찬가지이다.

⊙ 三傳에 官鬼가 있어 凶한데, 年命上에 食傷이나 印星이 있으면 官鬼를 剋하거나 官鬼의 氣를 洩氣시키므로 凶變吉이 된다.

⊙ 三傳의 白虎에 生氣가 乘하여 年命을 剋하면 癆病之疾(노병지질)이 있다.

⊙ 官鬼가 發用이면 疾病에는 凶한데, 年命上神에 子孫爻(食傷)가 있으면 災禍가 발생하지 못한다.

## 〈年命上에 乘한 神으로 길흉 판단〉

- 年命上에 財를 보면 求財에 吉하고, 年命上에 官鬼를 보면 질병과 소송 건으로 흉하다.

- 年命上에 辰.戌이 승하여 흉장을 帶하면 凡事가 不利하다.

- 年命上에 天馬나 驛馬등 二馬를 보면 승진되고, 遠行에 이롭다. 만약 破되거나, 勾陳이 發用이면 疑惑不定이다.

- 年命上에 天喜나 貴人을 보면 凡事에 吉慶이 있다. 만약 貴人이 年命을 극하면 官事가 있다.

- 年命上에 月壓이 승하거나 死氣가 乘하면 집안에 冤鬼(원귀)가 있거나 作祟(작수)가 있다.

- 年命上에 血忌가 乘하면 車馬로 인해 驚惶(경황)됨이 있다.

- 年命上에 申(傳送)을 보아 凶將이 乘하면 질병으로 服藥함이 있고,

- 年命上에 亥(登明)을 보아 凶將이 乘하면 水厄이 있고,

- 年命上에 螣蛇를 보면 의혹지사가 있거나 저체됨이 있다.

- 年命上에 白虎를 보면 傷害가 있고, 만약 白虎가 年命을 剋하면 재액이 있고, 白虎에 死氣가 乘하여 年命과 상극되면 질병으로 1달 내 거동을 못하게 되고, 49일이 지나지 않아 必死한다.

- 年命上에 喪門, 弔客, 病符가 乘하면 凶厄이 있다.

- 年命上의 白虎가 死氣를 띠고 日干을 극하면 救濟가 없고 必死한다.

⊙ 課傳에 類神이 없는 경우 年命上神이 類神의 역할을 한다. 年命上神으로 길흉을 판단한다.

⊙ 圖謀之事(도모지사)에 祿馬貴人(녹마귀인)을 이용하는 방법이 있는데, 年命 上神이 祿馬貴人에 해당되지 않으면 祿馬貴人이 들어오는 年,月,日을 택해 일을 도모하는 것이다. 祿馬貴人은 三吉이라 하며, 祿은 日干의 建祿, 馬는 日干의 驛馬, 貴人은 日干의 天乙貴人을 말하는 것이다.


## 〈初傳의 所乘天將이 年命上神을 剋하는 경우〉

- 初傳에 貴人이 乘하여 年命上神을 극하면 윗사람이나, 상관의 도움을 받을 수 없다.

- 初傳에 螣蛇가 乘하여 年命上神을 剋하면 怪異하거나 驚惶된 일이 발생한다.
- 初傳에 朱雀이 寅에 乘하여 年命上神을 剋하면 문서로 인한 口舌과 災厄이 있고, 火에 乘한 경우엔 火로 인한 災厄이 발생한다.
- 初傳에 六合이 乘하여 年命上神을 剋하면 계약 건, 동업 건, 형제자매나 자식과의 연관사에 災厄이 있다.
- 初傳에 勾陳이 乘하여 年命上神을 剋하면, 家宅, 墳墓, 土地의 일로 災禍가 발생한다.
- 初傳에 靑龍이 乘하여 年命上神을 剋하면, 喜慶事로 인한 재물의 손실이 있고, 丑未 沖에 喜神이나 成神에 해당되면 재물로 인한 다툼이 있다.
- 初傳에 天空이 乘하여 年命上神을 剋하면 남에게 사기를 당한다. 만약 丁馬를 띤 경우라면 手下人의 원망이나 도주가 있다.
- 初傳에 白虎가 乘하여 年命上神을 剋하면, 교통사고, 질병 등의 災厄이 따른다. 初傳이 官符殺을 대동하면 소송사건이 있다.
- 初傳에 太常이 乘하여 年命上神을 剋하면 재물로 인한 다툼이 있다.
- 初傳에 玄武가 乘하여 年命上神을 剋하면 失物이나 도적의 災難이 있다.
- 初傳에 太陰이 乘하여 年命上神을 剋하면, 妻妾이나 暗昧之事로 인한 災厄이 있다.
- 初傳에 天后가 乘하여 年命上神을 剋하면, 부녀자의 일이나 色情으로 인한 災厄이 있다.


## 2. 행년行年

### 1) 算出根據(산출근거)

行年은 매해 자신의 나이 數에 대응해 오는 流年을 말하는 것으로, 六壬學에서 1년의 운세를 논하는 身數占에서는 매우 중요하게 거론되는 요소의 하나이다.

男命은 1년 중 陽氣가 태동하는 시점이 寅月이라 이를 택하여 寅이 支가 되고, 寅이 長生이 되는 天干字를 택하면 丙火이다. 따라서 干支 丙寅은 陽氣가 가장 왕성하게 태동하는 시점이라, 男命 1세는 丙寅에서 시작하여, 2세 丁卯, 3세 戊辰…

順으로 順行시키는 것이다.

女命은 1년 중 陰氣가 태동하는 시점이 申月이라 이를 택하여 申이 支가 되고, 申이 長生이 되는 天干字를 택하면 壬水이다. 따라서 干支 壬申은 陰氣가 가장 왕성하게 태동하는 시점이라, 女命 1세는 壬申에서 시작하여, 2세 辛未, 3세 庚午… 順으로 逆行시키는 것이다.

또한 일설은 男命은 甲寅에서 順行 三辰하여 天干字인 丙을 택하고 支는 丙의 長生인 寅을 택하여 丙寅 1세, 丁卯 2세로 順行하고, 女命은 甲子에서 逆行 五辰하여 申을 支로 택하고 申이 長生이 되는 天干字를 택하면 壬이 된다. 따라서 1세 壬申, 2세 癸未… 順으로 逆行한다는 것이다.

## 2) 男·女 行年表(남·녀 행년표)

### 男子 行年表

| 甲子 59 | 乙丑 60 | 丙寅 1 | 丁卯 2 | 戊辰 3 | 己巳 4 | 庚午 5 | 辛未 6 | 壬申 7 | 癸酉 8 |
|---|---|---|---|---|---|---|---|---|---|
| 甲戌 9 | 乙亥 10 | 丙子 11 | 丁丑 12 | 戊寅 ·13 | 己卯 14 | 庚辰 15 | 辛巳 16 | 壬午 17 | 癸未 18 |
| 甲申 19 | 乙酉 20 | 丙戌 21 | 丁亥 22 | 戊子 23 | 己丑 24 | 庚寅 25 | 辛卯 26 | 壬辰 27 | 癸巳 28 |
| 甲午 29 | 乙未 30 | 丙申 31 | 丁酉 32 | 戊戌 33 | 己亥 34 | 庚子 35 | 辛丑 36 | 壬寅 37 | 癸卯 38 |
| 甲辰 39 | 乙巳 40 | 丙午 41 | 丁未 42 | 戊申 43 | 己酉 44 | 庚戌 45 | 辛亥 46 | 壬子 47 | 癸丑 48 |
| 甲寅 49 | 乙卯 50 | 丙辰 51 | 丁巳 52 | 戊午 53 | 己未 54 | 庚申 55 | 辛酉 56 | 壬戌 57 | 癸亥 58 |

### 女子 行年表

| 甲子 9세 | 乙丑 8 | 丙寅 7 | 丁卯 6 | 戊辰 5 | 己巳 4 | 庚午 3 | 辛未 2 | 壬申 1 | 癸酉 60 |
|---|---|---|---|---|---|---|---|---|---|
| 甲戌 59 | 乙亥 58 | 丙子 57 | 丁丑 56 | 戊寅 55 | 己卯 54 | 庚辰 53 | 辛巳 52 | 壬午 51 | 癸未 50 |
| 甲申 49 | 乙酉 48 | 丙戌 47 | 丁亥 46 | 戊子 45 | 己丑 44 | 庚寅 43 | 辛卯 42 | 壬辰 41 | 癸巳 40 |
| 甲午 39 | 乙未 38 | 丙申 37 | 丁酉 36 | 戊戌 35 | 己亥 34 | 庚子 33 | 辛丑 32 | 壬寅 31 | 癸卯 30 |

| 甲辰<br>29 | 乙巳<br>28 | 丙午<br>27 | 丁未<br>26 | 戊申<br>25 | 己酉<br>24 | 庚戌<br>23 | 辛亥<br>22 | 壬子<br>21 | 癸丑<br>20 |
|---|---|---|---|---|---|---|---|---|---|
| 甲寅<br>19 | 乙卯<br>18 | 丙辰<br>17 | 丁巳<br>16 | 戊午<br>15 | 己未<br>14 | 庚申<br>13 | 辛酉<br>12 | 壬戌<br>11 | 癸亥<br>10 |

## 3. 사과삼전四課三傳과 일진日辰

### 1) 四課(사과)

⊙ 제1課는 日의 陽神

제2課는 日의 陰神

제3課는 辰의 陽神

제4課는 辰의 陰神

⊙ 陽神으로는 出現을 보고, 陰神으로는 伏藏(복장)을 본다.

⊙ 四課가 俱全되어 있으면 매사는 貞純하며 용이하고, 四課가 不全하면 매사는 不貞하고 반역하며 至難하다.

### 2) 日辰(일진)

⊙ 日上神이 日干을 生하면 百事가 吉하다. 晝將이면 人助가 있고 夜將이면 神助가 있다.

단. 空亡이나 三傳의 脫空을 기피한다. 그리되면 萬事休矣다.

⊙ 日上神이 日干을 剋하면 제반사가 불리하다. 晝將이면 사람의 害가 있고, 夜將이면 神의 殃禍가 있다. 日干이 旺相하면 경미하나 休囚되면 심하다.

⊙ 日干이 日上神을 生하면 虛費가 百出한다.

⊙ 日干이 日上神을 剋하면 범사에 막힘이 많다.

⊙ 日干上神이 日支를 生하고, 日支上神이 日干를 生하여 日辰이 각각 上神의 生함을 받을 때는 兩家가 다 순리하고 각자 다 生意가 있다.

⊙ 日干上神이 日支를 剋하고, 日支上神이 日干을 剋하거나, 日辰이 다 上神에 剋을 받을 때는 兩家가 다 傷함이 있어 다 같이 불리하다.

⊙ 日支를 日上神이 脫하고, 日干을 支上神이 脫하면 나도 타인을 脫하고 남도 나

를 脫한다.

◎ 日辰이 각자 上神에서 脫함이 있으면 피차에 脫함을 방지해야 하는데, 玄武가
乘하면 더욱 심하다.

◎ 日上에 支의 旺神이 臨하고, 支上에 日의 旺神이 臨하거나, 日辰上에 각각 旺神
이 臨하면 動謀함은 불리하고, 坐謀 坐用함이 利하다.

◎ 日上에 祿.馬를 보면 昇遷官躍(승천관약)하게 되고, 日上에 日馬를 보고 支上에
日祿을 보면 君子는 遷官하고 常人은 身動宅遷하게 된다.

◎ 日辰上에 德神을 보면 이롭게 진전하고 吉將이 乘하면 大吉하다.

◎ 日辰上神이 六合이나 三合이 되면 交易은 성취된다. 그러나 解散之事엔 오히려
불리하다.

◎ 日辰上에 다 같이 墓神이 乘하면 雲霧 중에 처해있는 것 같아서 昏暗한 가운데
人宅이 다 같이 형통하지 못한다.

◎ 日鬼之墓가 日干上에 加하게 되면 凶禍가 발생하는데 凶將이 乘하면 더욱 凶하다.


## 4. 둔간遁干

◎ 遁干이란 三傳 支神에 각각 天干을 附法하는 것이다. 이 방법은 점단할 당일의
干支가, 六十甲子의 어느 旬 중에 해당하는가를 알고, 그 旬 중의 地支上에 天干
을 옮겨 붙이는 것이다.

◎ 六壬神課에 五神三層이라는 말이 있는데, 五神은 占斷時 중요한 다섯 곳을 말한
다. 用神, 事神, 類神, 陽神, 陰神이다. 다음 三層은 六壬神課의 구조상 중요한
세 곳을 말하는데, 天盤, 地盤, 遁干을 말하는 것으로 遁干을 매우 중요시 한다.

◎ 遁干은 類神 代用이다. 즉, 課傳에 類神이 없는 경우에는 遁干하여 類神이 나타
나는 경우에 이를 취하여 길흉을 정하는 것이다.
예로 治病의 시기는 遁干 食傷의 날짜로 보는 경우이다. 또한 직업의 경우에도
遁干에서 旺한 오행에 해당하는 六神으로 직업을 논하는 것 등이다. 예로 遁干
중 食神의 오행이 왕하면 예체능, 문학, 기술계통, 이공계, 요리사 등이 적합하
다 판단하는 것이다.

◎ 六壬神課에서 遁干을 쓰는 것은 天干은 항시 天盤地支와 같이 움직이기 때문이다. 따라서 三傳 및 天盤에 대해서도 遁干을 적용하여 해당 사안에 대해 점단하는 것이다.

예를들어 三傳에서 財神이 없는데, 遁干에서 財神이 있으면, 이것을 類神으로 잡고 길흉성패를 점단하는 것이다.

◎ 遁干과 연관하여 三奇라는 중요 요소가 있다. 遁干 중 甲·戊·庚이 있으면 天上三奇라 하고, 乙·丙·丁이 있으면 人中三奇라 하고, 壬·癸·辛이 있으면 地下三奇라 하는데, 壬學에서는 天上三奇와 地下三奇를 주로 논한다.

三奇를 찾는 방법은 問占時의 占日이 속한 旬中을 적용하여 찾는 法과, 問占時의 占日과 연관하여 占時가 속한 旬中을 적용하여 찾는 방법이다. 전자는 "六壬指南"과 "六壬粹言"에서 논한 방법이고 가장 많이 활용한다. 후자는 "五子元建法'이라 하여 "五變中黃經"에서 거론되고 있다.

예) 辛未日 巳將 亥時課의 경우

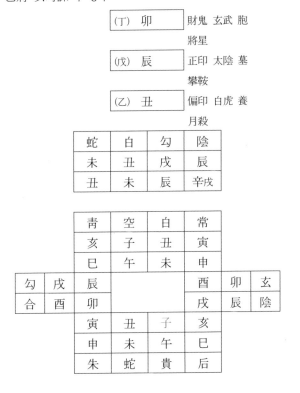

◆ 辛未日은 甲子旬中이다. 甲子旬에는 甲子, 乙丑, 丙寅, 丁卯, 戊辰, 己巳, 庚
午, 辛未 壬申, 癸酉의 10일간이고, 戌.亥가 空亡이다. 따라서 초전부터 丁.戊.
乙이 遁干에 해당되는 것이다.


## 5. 순정旬丁

旬丁이란 遁干法에 의거 三傳에 天干을 부법할 경우, 丁字가 붙는 三傳支神이
있는 경우 이것이 곧 旬丁이다. 旬丁이란 자평명리의 驛馬殺과 같은 작용을 한다
고 보면 된다.


〈旬丁表〉
◆ 甲子旬中 − (丁)卯
◆ 甲戌旬中 − (丁)丑
◆ 甲申旬中 − (丁)亥
◆ 甲午旬中 − (丁)酉
◆ 甲辰旬中 − (丁)未
◆ 甲寅旬中 − (丁)巳


## 6. 주사主事

⊙ 主事는 六壬에서 주목하여 사안을 판단하라는 뜻이다.
⊙ 三傳이 一陽二陰이면 陽에 해당하는 것이 主事가 되고, 결말은 中傳으로 판단한다.
⊙ 三傳이 一陰二陽이 되면 陰에 해당하는 것이 主事가 되고, 결말은 末傳으로 판단
한다.
⊙ 三傳이 전부 陽이면 日上神이 主事가 되고, 中傳으로 결말을 판단한다.
⊙ 三傳이 전부 陰이면 辰上神이 主事가 되고, 末傳으로 결말을 판단한다.
⊙ 主事論은 점단의 한 방편으로 참고할 사항으로, 課體의 길흉을 논할 때에는 여러
사안을 종합적으로 판단해야 한다.

## 7. 태세太歲

◉ 太歲는 年中天子요 年中之事의 근본이다. 太歲가 入傳하면 貴人이 入傳하지 않더라도 詞訟은 구조가 되고, 貴人의 힘을 얻을 수 있다. 그러나 疾病 건은 구조받기 어렵고, 만약 入傳하여 官鬼가 되면 凶이 가중되고, 月將이 入傳하여 官鬼가 되면 그 다음이다.

◉ 太歲가 三傳 중에 있으면 1년 동안의 길흉지사에 관계된다. 만약 中傳에 있다면 작년의 사건이고, 末傳에 있으면 2,3년 전의 사건이고, 月建이 入傳하면 2, 3개월 전의 사건이다.

◉ 年命上神에 太歲를 보면 금년 1년간의 길흉을 알 수 있다.

◉ 初年이 太歲고 中·末傳이 月建이나 日辰이면 완만하던 것이 급속하게 진행된다.

◉ 太歲가 日干을 生하면 最吉하고, 合이 되면 次吉이고, 日干이 太歲를 生해도 吉하다.

◉ 太歲가 日干을 剋하면 凶하나 救神이 있으면 구조받을 수 있으나, 日干이 太歲를 剋하면 凶이 가중되고 小事는 大事로 변한다. 따라서 日干이나 年命上神에서 太歲를 剋하면 흉함이 가중된다.

◉ 太歲에 貴人이 乘하여 相生되면 吉慶이 비상하나 君子에게 吉하고 小人에게는 흉하다. 그러나 日干을 剋하면 君子나 小人이 다 같이 凶禍를 입거나 친인척 중에 喪服 입을 일이 있다.

◉ 太歲가 辰上에 臨하여 日干을 剋하면 家長이 불안하고, 歲破(太歲沖支)나 月破(月建沖支)가 臨하여 吉將이 되면 다소 괜찮으나 凶將이 乘하면 반드시 흉하다.

◉ 歲破나 日破가 日辰上에 加하면 破財나 손실이 있고, 病符(작년태세)가 支上神이 되어 日支를 剋하면, 病符剋宅全家患(병부극택전가환)이라 하여 전 가족에게 병환이 침범한다.

## 8. 월장月將

◉ 月將은 太陽이며, 幽冥(유명)을 관장하며, 動靜과 禍福의 근본이다.

⊙ 入傳하면 복록이 많다.

⊙ 月建은 天道를 左旋하고, 月將은 天道를 右旋한다. 따라서 左는 天關이 되고, 右는 地軸이 된다.

⊙ 病占에 月將을 보면 救神이 되고, 기타 占은 天心이 日에 臨하니 이동이나 往來 之事이다. 또한 貴人이 乘하면 龍德課가 되니 天恩之喜가 있다.

⊙ 月將은 福佑之神이고 光明之神이므로 月將에 玄武가 壬하면, 玄武는 盜賊地神이 니 도적을 포획하기 쉽고, 年命에 있으면 누명과 연관된 일인데 자연히 소산된다.

⊙ 月將이 初傳이 되고 日干을 생하면 반드시 윗사람의 큰 힘을 얻는다.


# 9. 년年.명命

⊙ 年은 行年이고  命은 本命을 의미한다.

⊙ 年命은 一身에 관한 사안에 대한 것으로, 日干과 동일한 역할과 위치를 지닌다.

⊙ 太歲, 月將, 日干上神이 상호 刑沖되어 무력해지면, 日干이나 類神과 德合이 되 어야 한다.

⊙ 行年이 用神에 조력해야 하는데, 日과 用神이 서로 刑, 沖, 破, 害, 怨嗔되거나 日干을 剋하게 되면 매사불성한다.

⊙ 年命上에 財星을 보면 財와 연관된 문제로 필시 吉하고, 官鬼를 보면 詞訟이나 질병, 사고와 연관이 있다. 기타 六神도 이와 같이 판단한다.

⊙ 年命上神과 太歲가 상극되면 平人은 官災口舌이 있다. 만약 太歲에 貴人이 乘하 면 君子는 朝廷의 문서나 奉恩이 있거나, 橫發得官한다.

⊙ 年命에 白虎가 臨하면 災禍가 있고, 다시 死氣가 乘하면 1개월 내로 발생하고, 만약 病者라면 49일 내에 사망한다. 또한 金殺이 乘하면 더욱 凶하고, 生氣가 乘하며 年命을 剋하면 死體로 인한 怪疾이 있고, 喪門殺, 病符殺, 弔客殺 등이 乘하면 모두 凶하다.

# 10. 유신類神

⊙ 六壬神課에는 점단시 중요하게 살펴보아야 할 사항이 있는데, 이는 三要와 六處이다.

　　**三要**　① 日干上神
　　　　　　② 初傳
　　　　　　③ 類神


　　**六處**　① 日干上神
　　　　　　② 初傳
　　　　　　③ 末傳
　　　　　　④ 類神
　　　　　　⑤ 行年上神
　　　　　　⑥ 本命上神


⊙ 類神은 事神과 事類를 합친 말인데, 글자 그대로 어떤 사안에 대해 점단 시 더불어 참작하고 분석하고 판단해야 하는 神을 총칭하는 것이다.

⊙ 類神이 六處에 나타나지 않으면 길흉에 대해 應期를 점단할 수 없다. 類神이 六處에 없지만 天盤에 있는 경우는 "晦(회)"라 하고, 六處에 있는 경우를 "顯(현)"이라 한다. 당연히 점단시에는 "顯(현)"함을 기뻐하는 것이다. 또한 점단의 목적과 관련이 없는 사안은 논하지 않는다. 이를 필법부에서 말하는 非占現類勿言之(비점현류물언지)라 한다.

⊙ 類神이 여럿인 경우는 十二天將과 三傳이 우선이다.

⊙ 類神에 해당하는 天將이 없는 경우에는 첫 번째는 課傳의 전체적인 상황에 의거하고, 두 번째는 十二天將대신 天神으로 三傳을 만들어 살펴볼 수 있다. 예로 貴人이 없는 경우에는 丑(大吉)을, 螣蛇가 없는 경우에는 巳(太乙)을, 天后가 없는 경우에는 子(神后)를 사용하여 三傳을 만들어 판단한다. 이는 天乙貴人의 경우라면 己丑土에 속하는 吉將이므로 丑의 天神에 해당하는 丑(大吉)을 사용하는 것이다.

## 〈類神〉

◆ 父母之事 : 父母爻. 生氣. 長生

  父 - 貴人을 겸하여 살핀다.

  母 - 天后를 겸하여 살핀다.

◆ 男便之事 : 官鬼爻. 靑龍

◆ 妻子之事 : 財爻. 天后. 申後

◆ 子孫之事 : 子孫爻. 六合. 卯(太衝). 亥(登明)

◆ 兄弟姉妹之事 : 兄弟爻. 太陰

◆ 朋友之事 : 六合

◆ 男命의 手下人 : 戌(河魁). 天空

◆ 女命의 手下人 : 酉(從魁). 太陰

◆ 求官. 昇進 : 官鬼爻, 靑龍(文官), 太常(武官), 貴人

◆ 求財 : 財爻. 靑龍 食神

  田土나 不動産은 勾陳. 戊己土를 겸하여 살펴본다.

◆ 文書. 消息. 講演. 契約 : 父母爻. 寅(功曹). 朱雀. 六合. 靑龍

◆ 疾病. 訴訟 : 官鬼. 白虎, 勾陳

◆ 移動 : 驛馬. 丁神

◆ 事故 : 官鬼爻. 白虎

◆ 婚事 : 男(靑龍). 女(天后). 六合

◆ 訪問. 謁見 : 官鬼爻. 太常. 貴人

◆ 胎産 : 日의 胎爻. 丑腹

◆ 出行 : 白虎(道路). 靑龍(飛機). 朱雀(電話. 手機)

◆ 雨天 : 亥子水. 玄武, 靑龍

◆ 晴天 : 巳午火. 天空

◆ 衣食住. 宴會 : 食傷. 太常

◆ 失物, 失脫 : 財鬼. 玄武. 同類地支類神(失馬-午. 失羊-未 등)

◆ 꿈과 怪異之事 : 螣蛇

◆ 圖謀之事. 暗昧之事 : 太陰

◆ 蓄妾. 女人之事 : 財爻. 天后. 神后(子). 太陰

◎ 점단하고자 하는 主事가 課傳에 있고, 旺相하고, 空亡되지 말아야 하고, 日辰과 德合되고 상생되면 萬事如意하다.

◎ 만약 主事가 課傳에 있더라도 日辰, 年命과 상극되면 설혹 旺相氣가 있더라도 매사 불성한다. 또한 主事가 無氣하고 官鬼가 되면 흉하고 課傳에 없으면 類在閑地라 하고, 空亡이 되면 無類生成이라 하여 百事不成한다.

◎ 類神이 課傳에 있고 有氣하면 매사 빨리 진척되고, 無氣하면 매사 저체된다. 점단하고자 하는 類神이 課傳에 없더라도 문점사안에 해당하는 類神으로 매사 결정해야 한다.

◎ 예로, 失物과 失奪 件이면 玄武가 類神인데, 課傳에 없더라도 玄武가 臨한 地支를 보고, 生, 剋, 刑, 合과 喜, 忌 등을 보고 판단한다. 類神이 陽이면 범위가 크고, 類神이 陰이면 범위가 작고 隱微(은미)한 곳이다.
陽은 類神의 所乘之神이고, 陰은 類神의 傳出之神이다. 예로 申이 類神이고 玄武가 乘하고 午上에 臨하면 天·地盤은 아래표와 같다.

玄武

| | 未 | 申 | 酉 | 戌 | |
|---|---|---|---|---|---|
| | 巳 | 午 | 未 | 申 | |
| 午 | 辰 | | | 酉 | 亥 |
| 巳 | 卯 | | | 戌 | 子 |
| | 寅 | 丑 | 子 | 亥 | |
| | 辰 | 卯 | 寅 | 丑 | |

◆ 상기와 같이 지반 午 上에 申이고 玄武가 乘했다면, 玄武의 陽神은 천반의 申金이고, 陰神은 지반 申金의 上神인 戌土이다. 따라서 捕盜의 건이라면 玄武로 類神을 삼는바, 마땅히 玄武의 陰神方인 戌土方에서 포획할 수 있는 것이다.

◎ 訪人에 관한 건은 日德(君子는 德方. 小人은 刑方)의 陰神으로써 방문하고자 하는 상대방의 인품과 장단점을 알 수 있다.

◎ 婚姻 건은 天后가 乘한 神의 陰神으로 성품을 알 수 있다.

◎ 求財 건은 靑龍이 乘한 神의 陰神으로 得失과 多少를 알 수 있다.

# 11. 구처九處. 삼층三層. 오신五神.

## 1) 九處(구처)

- 日干上 – 제1課 天盤
- 日陰– 제2課
- 辰上– 日支上神(제3과 天盤)
- 辰陰– 제4課
- 初傳
- 中傳
- 末傳
- 年命上 – 生年인 本命 地支의 天盤
- 行年上 – 行年 地支의 天盤

## 2) 三層(삼층)

- 天盤
- 地盤
- 地支藏干(十干寄宮)

## 3) 五神(오신)

- 用神 : 초전
- 事神 : 점단할 사안에 대해 길흉성패를 정하는 神(사주명리의 육신)
- 類神 : 점단할 사안에 대해 중요하게 영향을 미치는 神殺로써 천·지반 및 삼 전사과에서 찾는 것
- 陽神 : 제1과 및 제3과 천반과 지반
- 陰神 : 제2과 및 제4과를 말한다.

# 12. 팔살八殺. 구보九寶.

## 1) 八殺(파살)

### (1) 刑(형)

⊙ 善의 최고는 德이고 惡의 최고는 刑이다. 따라서 刑이라는 것은 傷殘의 象인 것이다.

⊙ 三刑殺(삼형살). 子卯刑殺(자묘형살). 自刑殺(자형살)이 있다.

◆ 三刑殺(삼형살)

朋刑이라고도 하며 매사에 和氣가 없고 위세를 빌려 逼迫과 欺凌(기릉)을 일삼는다.

寅 ↔ 巳 ↔ 申 : 持勢之刑(지세지형)

丑 ↔ 戌 ↔ 未 : 無恩之刑(무은지형)

◆ 子卯刑殺(자묘형살) : 無禮之刑(무례지형)

互刑이라고도 하며, 피차간에 무례하며 尊卑가 불목하고, 門戶가 바르지 못하다.

子 ↔ 卯

◆ 自刑殺(자형살)

스스로 짓는 殺로 실패를 초래하고, 만사가 순조롭지 못하다.

辰 ↔ 辰  午 ↔ 午  酉 ↔ 酉  亥 ↔ 亥

⊙ 持勢之刑(지세지형)은 자신의 세력이나 권세를 이용하여 타인과 마찰과 갈등을 일으킴을 의미한다.

⊙ 無恩之刑(무은지형)은 자신의 은인이나 上官에게 받은 은혜와 복을 반대로 원수로 갚는 것을 의미한다.

⊙ 無禮之刑(무례지형)은 건방지고 예의 없는 행동과 교만한 성격으로 인해, 타인과의 사이에 爭訟(쟁송)과 불이익이 발생함을 의미한다.

⊙ 自刑殺은 스스로 짓는 刑殺로 무능력과 나태로 인해 매사 沮滯(저체)와 損傷됨이 발생함을 의미한다.

⊙ 刑殺은 대체로 刑厄, 橫厄(횡액), 시비다툼, 官災口舌 등의 흉살이다.

⊙ 刑殺이 發用되면 반드시 刑傷이 있게 되고, 干을 刑하면 남자에게 불리하고, 支

를 刑하면 여자에게 불리하다.

◎ 占時를 刑하면 諸事에 憂慮(우려)함이 발생한다.

◎ 占時가 日을 刑하거나 日이 占時를 刑하면, 尊卑間, 內外間의 우려함이 있다.

◎ 旺이 衰를 刑하면 福이 지나치고, 衰가 旺을 刑하면 災禍가 일어난다.

◎ 發用이 月建을 刑하면 訟事에서 비껴갈 수 없고, 日의 陰神을 刑하면 遠行에 불리하다.

◎ 干支를 다 刑하면 만사가 불안하고, 干을 刑하면 應함은 밖에 있고 빠르며, 支를 刑하면 應함은 안에 있고 더디다.

◎ 上下 相刑이 發用되어 日의 鬼가 되면 乖戾(괴려)함이 반복되고, 公私間에 우려함이 있다.

예) 庚午日 子將 寅時課(空亡:戌亥)

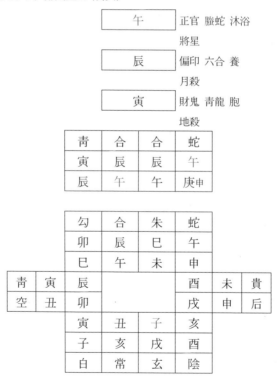

| | 午 | | 正官 螣蛇 沐浴 |
| | | | 將星 |
| | 辰 | | 偏印 六合 養 |
| | | | 月殺 |
| | 寅 | | 財鬼 靑龍 胞 |
| | | | 地殺 |

| 靑 | 合 | 合 | 蛇 |
|---|---|---|---|
| 寅 | 辰 | 辰 | 午 |
| 辰 | 午 | 午 | 庚申 |

| | 勾 | 合 | 朱 | 蛇 |
|---|---|---|---|---|
| | 卯 | 辰 | 巳 | 午 |
| | 巳 | 午 | 未 | 申 |

| 靑 | 寅 | 辰 | | | 酉 | 未 | 貴 |
|---|---|---|---|---|---|---|---|
| 空 | 丑 | 卯 | | | 戌 | 申 | 后 |
| | | 寅 | 丑 | 子 | 亥 | | |
| | | 子 | 亥 | 戌 | 酉 | | |
| | | 白 | 常 | 玄 | 陰 | | |

◆ 초전 午가 日干과 相剋되고, 支 午火와 相刑되고 있다.

◆ 反覆乖離(반복괴리)의 象이며, 支를 刑하니 사안은 內에서 발생하고, 應期는 늦

어진다.

◆ 干과 支上神의 刑은 圖謀之事(도모지사)나 交涉事(교섭사)는 각각 異心이 있다.


## (2) 沖(충)

◎ 沖殺에는 天干의 沖인 干沖과 地支의 沖인 支沖이 있다.

◎ 沖이라는 것은 動하는 것이며 반복되고 또한 不寧하며 이별, 파괴, 충동의 象이다.

◎ 吉神은 沖을 기피하고, 또한 沖된 것은 吉하지 못하다.

凶神은 沖을 기뻐하고, 또한 沖된 것은 凶하지 않다.

◎ 日을 沖하면 己身의 변동이 있고, 支를 沖하면 家宅의 변동이 있다.

◎ 太歲나 月建은 모두 沖을 기피한다. 太歲를 沖하면 年 中 부족함이 있고, 月建을
沖하면 月 中 부족함이 있다.

◎ 干沖은 沖된 五行의 왕쇠(旺衰)에 따라 六壬占斷에 미치는 영향이 다르며, 天干
의 沖은 地支의 沖보다는 占斷에 미치는 영향은 약하다고 본다.

◎ 干沖

甲 ↔ 庚. 乙 ↔ 辛. 丙 ↔ 壬. 丁 ↔ 癸

◎ 支沖

子 ↔ 午　卯 ↔ 酉

寅 ↔ 申　巳 ↔ 亥

辰 ↔ 戌　丑 ↔ 未

◎ 子午 沖은 圖謀(도모)함에 변화와 옮김이 있고, 擧動(거동)에 어긋남과 차질이 있
는 것이다.

◎ 卯酉 沖은 分離(분리)와 失脫(실탈)이 있고, 門戶를 다시 고침이 있다.

◎ 寅申 沖은 邪惡(사악)하며 作祟(작수)가 있고, 부부간 異心이 있다.

◎ 巳亥 沖은 順理가 가고 逆이 오는 것이며, 많은 것을 구하려하나 적은 것을 얻는
것이다.

◎ 丑未 沖은 형제간에 不睦(불목)하고, 圖謀之事(도모지사)는 불성한다.

◎ 辰戌 沖은 喜悲가 不明하고, 자신이 속한 곳에서 떠나려는 마음이 있다.

## (3) 破(파)

◎ 破殺은 흩어지며 損財(손재), 不睦(불목), 契約破棄(계약파기), 離別(이별) 등의 흉살이다.

　　子 ↔ 酉　午 ↔ 卯　申 ↔ 巳

　　寅 ↔ 亥　辰 ↔ 丑　戌 ↔ 未

◎ 破殺이 日에 臨하거나 入傳하면 凶事는 흩어지고, 吉事는 성취하기 어렵다.

◎ 日과 支가 破殺이 되어 發用되면 진행되던 일이 중단되고 다시 고침이 있으며, 일체 완벽함을 기대하기 어렵다.

◎ 年命上이 破殺이면 主事는 손상됨이 있다.

◎ 대체로 破와 沖은 人情이 있으나 暗中 不順함이 있고, 婚事占은 강행하려 하나 어려움이 지속되고, 胎産占은 잉태는 되나 낳기 어렵다.

◎ 만약 吉神을 만나면 어려움을 겪은 후에 성취함이 있고, 空亡을 만나거나 空亡地에 떨어지면 소리는 있으나 형태는 없는 것이다.

◎ 子酉 破는 陰人(부녀자)의 작은 禍를 숨김이 있다.

◎ 午卯 破는 門戶의 破敗가 있다.

◎ 申巳 破는 破 中에 合됨이 있다.

◎ 寅亥 破는 破 中에 合됨이 있다.

◎ 辰丑 破는 담장이나 墓所의 기울어짐과 붕괴가 있다.

◎ 戌未 破는 破 中에 刑됨이 있다.

　　예) 庚子日 午將 卯時課(空亡:辰巳)

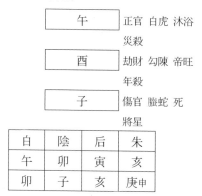

| | | 青 | 勾 | 合 | 朱 | |
|---|---|---|---|---|---|---|
| | | 申 | 酉 | 戌 | 亥 | |
| | | 巳 | 午 | 未 | 申 | |
| 空 | 未 | 辰 | | 酉 | 子 | 蛇 |
| 白 | 午 | 卯 | | 戌 | 丑 | 貴 |
| | | 寅 | 丑 | 子 | 亥 | |
| | | 巳 | 辰 | 卯 | 寅 | |
| | | 常 | 玄 | 陰 | 后 | |

- ◆ 초전 午와 支인 子는 沖이다. 午가 卯에 加하여 발용했고, 午卯는 破殺인 것이다.
- ◆ 人丁이 反覆(반복)되고, 門戶가 不寧(불령)하며, 孕胎(잉태)는 難成이고, 일체 謀望事(모망사)는 성사되더라도 다시 기울어진다.
- ◆ 질병이나 소송점은 吉하나 여타는 凶하다.


## (4) 害(해)

- ⊙ 害殺은 阻隔(조격), 다툼, 소란, 파괴의 象이다.

  子 ↔ 未　丑 ↔ 午　酉 ↔ 戌

  寅 ↔ 巳　申 ↔ 亥　卯 ↔ 辰

- ⊙ 害殺이 日에 臨하여 入傳하면 사안의 阻隔(조격)됨이 많다.
- ⊙ 子加未는 無始無終이고 是非口舌이 있다.
- ⊙ 未加子는 圖謀(도모)함에 沮滯(저체)됨이 있고, 暗中 災禍의 조짐이 있다.
- ⊙ 丑加午는 訴訟은 불리하고 부부간 不和가 있다.
- ⊙ 午加丑은 主事가 불문명하고 끝내 성취됨이 없다.
- ⊙ 寅加巳는 出行에 행동의 변화가 있고 물러남이 좋고 진행하면 阻隔된다.
- ⊙ 巳加寅은 謀事는 沮滯(저체)되고 難成하며 口舌, 우려, 의심이 있다.
- ⊙ 卯加辰은 主事가 空虛하고 다툼이 있고, 人情이 반복된다.
- ⊙ 辰加卯는 圖謀함에 장애가 많고, 일처리에 끝이 없다.
- ⊙ 酉加戌은 門戶가 損傷되고, 陰人의 작은 질병과 災禍가 있다.
- ⊙ 戌加酉는 暗中 不美함이 있고, 자신이 속한 곳에 邪됨과 陰謀(음모)가 있다.
- ⊙ 申加亥는 먼저는 막히나 나중은 얻게 되고, 사안은 반드시 끝이 있게 된다.

◎ 亥加申은 圖謀함은 未遂(미수)에 그치고, 사안은 반드시 시작이 없다.

◎ 害殺은 凡事에 화합됨이 없는 것이며, 守舊(수구)함이 이롭고 動함은 실패가 있다.

예) 癸丑日 申將 卯時課(空亡:寅卯)

◆ 初傳 午火와 日의 寄宮 丑과는 丑午 害殺이다. 寄宮 丑이 支上神 午와도 역시 害殺이다.

◆ 육친간 不睦하고, 골육간 相爭하고, 婚事는 破되고, 兵事는 敗하고, 孕胎는 낙태를 예방해야 하고, 상급자를 알현함은 불리하다.

◆ 만약 初傳 午火에 吉將이 乘하면, 사안이 沮滯(저체)되나 종국에는 성사된다.

### (5) 墓(묘)

◎ 墓는 十二胞胎運星의 墓宮을 말하며, 伏藏(복장)되고, 昏昧(혼매)하고, 閉塞不通 (폐색불통)의 象이다. 干墓와 支墓가 있다.

◎ 墓가 入傳하고 日에 臨하면 主事는 일체 閉塞昏昧(폐색혼매)하고 不通하고 不成

한다.

⊙ 辰戌의 墓는 사안이 굳세고 빠르나, 丑未의 墓는 느리고 완만하다.

⊙ 墓가 發用이면 日干이 旺相하면 이롭고, 그렇지 않은 즉 病占엔 사망의 염려가 있고, 訴訟占엔 敗訴의 염려가 있다.

⊙ 墓는 沖을 만나면 吉하고 合을 만나면 凶하다. 만약 年命上神에서 沖剋 됨을 제압할 수 있다면 능히 救濟될 수 있다.

⊙ 初傳이 生旺하고 末傳이 墓면 先成後敗고, 初傳이 墓고 末傳이 生旺하면 先敗後成이다.

⊙ 長生이 墓에 坐하면 子生入墓라 하는데(예, 甲乙日에 亥加未인 경우), 우물에 빠져 위를 보고 구조를 외치나 응답이 없는 것과 같다. 만약 發用이 되거나 日에 臨하면 매우 흉한데, 病占엔 必死하고, 盜賊占엔 포획하기 어렵고, 行人占엔 오지 않는다.

⊙ 長生이 墓에 乘하면 新事는 성취하기 어렵고, 舊事(구사)가 재발한다.

⊙ 日上神이 墓가 되면 "墓神覆日(묘신복일)"이라 하여 主事는 昏昧(혼매)하고 不明하다.

⊙ 干支가 墓에 乘하면 人宅이 모두 亨通하고, 干支가 墓에 坐하면 人宅이 모두 禍患을 초래한다.

예) 乙丑日 巳將 子時課(空亡:戌亥)

| | 寅 | 劫財 太陰 帝旺 |
| | | 劫殺 |
| | 未 | 財鬼 玄武 養 |
| | | 月殺 |
| | 子 | 偏印 貴人 病 |
| | | 六害 |

| 蛇 | 空 | 陰 | 合 |
|---|---|---|---|
| 亥 | 午 | 寅 | 酉 |
| 午 | 丑 | 酉 | 乙辰 |

| 朱 | 蛇 | 貴 | 后 |
|---|---|---|---|
| 戌 | 亥 | 子 | 丑 |
| 巳 | 午 | 未 | 申 |

| 合 | 酉 | 辰 | | | 酉 | 寅 | 陰 |
| 勾 | 申 | 卯 | | | 戌 | 卯 | 玄 |

| 寅 | 丑 | 子 | 亥 |
|---|---|---|---|
| 未 | 午 | 巳 | 辰 |
| 青 | 空 | 白 | 常 |

- ◆ 木日干(甲.乙)의 墓는 未土이다.
- ◆ 功曹(寅)가 酉에 加하여 발용이며, 寅木은 申月(7月)에 死氣이다. 天罡(辰)이 亥
  上에 臨하여 斗繫日本(두계일본= 斗는 辰을 의미하고 日의 本은 日干의 長生地를 말한
  다. 木 日干은 亥가 長生이다.)이고, 未土 墓神이 寅上에 臨하니 仰坵(앙구)의 象이
  다. 寅木의 下神에 酉金이 있으니 俯視(부시)하면 相剋의 象이다. 또한 丑日의
  寅은 劫殺이다.
- ◆ 刑獄之象이며, 災厄이 따르고, 疾病은 낫지 않고, 出行은 흉하고, 謀事는 불성
  이다. 兵事는 패하게 된다.
- ◆ 만약 초전이 干을 刑하며 災殺이나 劫殺을 대동하면 심히 흉하다. 설혹 靑龍
  등의 吉將이 乘해도 禍를 모면하지 못한다.

## (6) 鬼(귀)

- ◉ 鬼는 자평명리의 官鬼를 의미하며 干鬼와 支鬼가 있다.
- ◉ 鬼는 盜賊과 危害之神(위해지신)이며 壓制(압제), 疾病, 身苦의 象이다.
- ◉ 三傳에 鬼가 많으면 매사 不美스럽다.
  晝鬼는 官訟(관송)을 초래하고, 시비, 沮滯(저체), 憂恐(우공), 질병, 도적, 陰人의
  陰害 등이 있다. 夜鬼는 神과 妖邪함의 떠받듦이 있다.
- ◉ 鬼가 入傳하더라도 日干이 旺相하거나 三傳이나 年命上에 子孫爻인 食傷이 있
  으면 역시 흉하지 않다.
- ◉ 病占이나 訴訟占에는 鬼가 入傳하여 日에 臨함을 기피하는데, 子孫爻인 食傷이
  있으면 救神이 되어 凶이 감쇠되고, 年命上에 食傷이 있어도 역시 그러하다.
- ◉ 盜賊占에 鬼가 入傳하여 沖이 되거나 盜神(玄武의 陰神)이 相沖되면 그 盜賊은 自
  敗한다.

⊙ 干上의 鬼가 發用하면 不美함이 많다. 만약 德合을 보면 求官에 吉함이 있다.

⊙ 三傳의 鬼가 合을 帶하고 日上神을 剋하면 사안은 進退가 반복된 후에 성취하게 된다.

⊙ 鬼는 衰退함이 吉하고 生旺함은 不吉하다.

예1) 癸未年 庚申月 戊戌日 巳將 酉時課

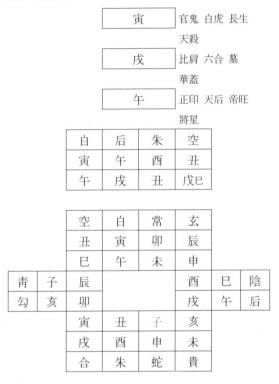

◆ 초전 寅이 官鬼와 白虎를 대동하니 課體에 이미 흉조의 기미가 있는 것이다.

◆ 초전 寅에 白虎가 乘하여 干을 극하고, 支上神 午와 말전이 自刑되고, 歲支未의 病符殺이 午인데, 行年과 中傳 戌의 上神에 臨하니 採薪之憂(채신지우:병이 들어 땔나무를 할 수 없음)가 대두되는 것이다.

◆ 遠行 중 질병으로 되돌아 와야 했던 것이다.

예2) 戊寅日 午將 子時課(空亡:申酉)

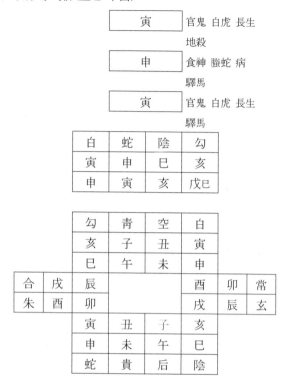

| | 寅 | | 官鬼 白虎 長生 |
| | | | 地殺 |
| | 申 | | 食神 螣蛇 病 |
| | | | 驛馬 |
| | 寅 | | 官鬼 白虎 長生 |
| | | | 驛馬 |

| 白 | 蛇 | 陰 | 勾 |
|---|---|---|---|
| 寅 | 申 | 巳 | 亥 |
| 申 | 寅 | 亥 | 戊巳 |

|   | 勾 | 青 | 空 | 白 |   |   |
|---|---|---|---|---|---|---|
|   | 亥 | 子 | 丑 | 寅 |   |   |
|   | 巳 | 午 | 未 | 申 |   |   |
| 合 戊 辰 |   |   |   | 酉 | 卯 | 常 |
| 朱 酉 卯 |   |   |   | 戊 | 辰 | 玄 |
|   | 寅 | 丑 | 子 | 亥 |   |   |
|   | 申 | 未 | 午 | 巳 |   |   |
|   | 蛇 | 貴 | 后 | 陰 |   |   |

◆ 四課三傳이 모두 四孟神(寅申巳亥)으로 구성되었고, 초전 寅木 역시 孟神에 해
당하니 玄胎課이다.

◆ 초, 말전 寅木에 白虎가 乘하여 日干을 극하니 官鬼이다. 三傳에 乘한 천장이
坐下 神을 극하니 將剋神이며 主事는 밖에서 시작되어 안으로 들어오며 이른
바 外戰인 것이다.


## (7) 敗(패)

◉ 敗殺은 十二胞胎運星의 沐浴을 의미한다.

◉ 敗殺은 衰함이며 頹廢(퇴폐)의 象이다.

◉ 木의 敗 - 子(甲木의 沐浴은 子)

　火.土의 敗 - 卯(丙戌의 沐浴은 卯)

　金의 敗 - 午(庚金의 沐浴은 午)

　水의 敗 - 酉(壬水의 沐浴은 酉)

⊙ 敗加干支의 경우는 事案은 敗壞(패괴)가 多發한다.

⊙ 干支가 모두 敗氣에 乘하면 身數占은 氣血이 衰敗한 것이고, 家宅占은 家宅의 崩頹(붕퇴)가 있는 것이다. 만약 告(고)하거나 訐(알=들추어냄)과 연관된 사안은 彼此(피차)가 모두 敗한다.

⊙ 敗殺을 忌함은 破碎殺(파쇄살)이 家宅에 臨함과 同類인데, 支上에 干이 乘하여 敗殺이거나, 兼하여 支辰이 破碎殺이 되면, 敗殺과 破碎殺이 家宅에 臨한 이치이니 그 家宅은 破耗가 多發한다.

  ◆ 破碎殺 : 寅申巳亥日(四孟日) － 酉
　　　　　　子午卯酉日(四仲日) － 巳
　　　　　　辰未戌丑日(四季日) － 丑

예1) 戊子日 酉將 午時課(空亡:午未)

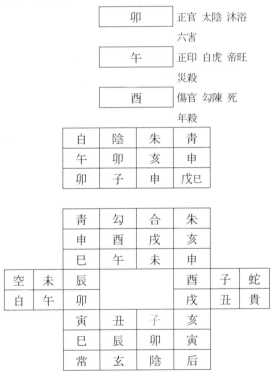

| | | |
|---|---|---|
| | 卯 | 正官 太陰 沐浴 |
| | | 六害 |
| | 午 | 正印 白虎 帝旺 |
| | | 災殺 |
| | 酉 | 傷官 勾陳 死 |
| | | 年殺 |

| 白 | 陰 | 朱 | 青 |
|---|---|---|---|
| 午 | 卯 | 亥 | 申 |
| 卯 | 子 | 申 | 戌巳 |

◆ 초전 卯는 十二運星이 沐浴에 해당하니 敗殺이다. 敗殺은 子, 午, 卯, 酉가 이에 해당한다.

◆ 子日은 仲神에 해당되고 仲日이다. 支上인 卯 역시 仲神이며, 三傳인 午卯酉 역시 仲神이다. 초전 卯에 太陰이 乘했는데 太陰은 酉에 속하니 역시 仲神인 것이다.

◆ 仲日의 仲神이 支의 陽陰 兩課에 臨하니 一交이고, 仲神이 발용하고 중·말 전 역시 仲神이니 二交이고, 초전 卯가 仲神인데 다시 仲神인 太陰(酉)이 乘하 니 三交인 것이다. 三交課이다.

◆ 連累(연루)되어 交加하니 暗昧不明(암매불명)이고, 進退兩難(진퇴양난)이며, 謀事 不成(모사불성)이고, 家內에 私人이 隱匿(은닉)하고, 자신은 도피중이며, 求財는 불성이다. 訴訟은 刑을 받고, 兵事는 敗하게 된다.

## (8) 空(공)

◉ 空은 空亡을 의미하는 것으로, 空虛한 것이며 虛하여 不實의 象인 것이다.

◉ 空亡은 旬空을 의미하며, 病占이나 訴訟占 등 소극적 사안에서는 空됨이 이롭 고, 求財나 求官, 文書 등의 적극적 사안에서는 이롭지 못하다.

◉ 日上神이 空亡이고 다시 天空이 乘하면 占事는 실속이 없고 허사이다.

◉ 求財占은 財星이 空亡됨을 기피하고, 求官占은 官鬼를 기피하며 또한 文書가 空 亡됨을 기피하고, 子孫爻(食傷)가 空亡됨을 기피한다. 여타의 경우 도 이와 같은 이치로 추리한다.

◉ 日干은 我身에 해당하니, 만약 寄宮이 空亡이면 我身의 空亡과 같이 논하니 己身 이 無力한 것이다.

◉ 類神이 空亡이면 占事는 空虛하고 不實한 것이다.

◉ 日과 支上神이 空亡되거나 四課가 모두 空亡이면 解散(해산)엔 이롭고, 圖謀之事 (도모지사)나 病占은 이롭지 못하며, 久病者(구병자)는 사망하고 新病者(신병자)는 쾌유한다.

◉ 凶神은 空亡됨을 기뻐하고, 吉神은 空亡됨을 기피한다.

◉ 鬼殺을 만나면 子孫爻(食傷)나 救神이 空亡되면 不利하다.

◉ 初傳이 空亡이고 末傳이 有力하면 먼저는 無力하나 나중엔 성취의 조짐이 있다.

◉ 中傳이 空亡이면 斷腰(단요)라 하는데, 事案은 중도에서 그치게 되고, 末傳이 空 亡이면 凡事가 終局에는 결과가 없는 것이다.

## 2) 九寶(구보)

### (1) 德(덕)

◉ 德은 얻음이며 福佑之神(복우지신)을 의미한다.

◉ 德에는 天德, 月德, 日德, 支德의 4種이 있는데, 日德이 가장 중요하다.

◉ 德神이 日에 臨하여 入傳하면 능히 轉禍爲福(전화위복)이 된다.

◉ 德은 旺相함을 要하고 休囚됨을 기피하며, 空亡을 만나거나 落空亡하거나, 神과 將이 外戰함을 기피한다.

◉ 德神이 干에 加하여 發用되어 鬼가 되더라도, 德이나 鬼라고 단정 짓지 못한다. 왜냐하면 德神은 능히 鬼殺을 吉하게 바뀌게 하는 힘이 있기 때문이다.

◉ 德神이 下神의 賊을 당해 發用하더라도 貴人의 生扶를 받으면 사안이 모두 吉하다 판단한다.

◉ 德이 日에 臨하여 貴人이 되며, 의외의 喜慶之事(희경지사)가 있으나, 病占과 訴訟占에는 吉하지 못하다.

◉ 德이 死絶地에 臨하고 凶神이 되면, 그 능력이 70% 정도 減衰(감쇠)된다 판단한다.

◉ 日德이 發用되고, 日德의 上下神이 공히 日干을 剋하면 "鬼德格(귀덕격)"이라 하여 사안은 邪와 正이 같이 공존하는 것이다.

◉ 日德이 發用하여 日의 官鬼가 되고 다시 朱雀이 乘하면 "文德格(문덕격)"이라 하여, 得官에 應함이 있는 것이고, 在官者는 薦擧(천거)의 應함이 있는 것이다.

◉ 日德이 亥에 加하여 發用하면, 亥는 "天門"이니 "德入天門格(덕입천문격)"이라 한다. 在官者는 升遷(승천)의 기쁨이 있고, 試驗占에서는 應함이 있다.

◉ 日德이 上下로 夾剋을 받으면 "滅德格(멸덕격)"이라 하여, 사안은 원하는 바가 틀어지고 뜻대로 되지 않는다.

예) 乙未日 戌將 申時課(空亡:辰巳)

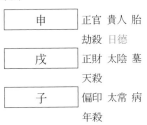

| 申 | 正官 貴人 胎 |
|---|---|
| | 劫殺 日德 |
| 戌 | 正財 太陰 墓 |
| | 天殺 |
| 子 | 偏印 太常 病 |
| | 年殺 |

| 玄 | 后 | 貴 | 朱 |
|---|---|---|---|
| 亥 | 酉 | 申 | 午 |
| 酉 | 未 | 午 | 乙辰 |

| | | 蛇 | 貴 | 后 | 陰 | | |
|---|---|---|---|---|---|---|---|
| | | 未 | 申 | 酉 | 戌 | | |
| | | 巳 | 午 | 未 | 申 | | |
| 朱 | 午 | 辰 | | | 酉 | 亥 | 玄 |
| 合 | 巳 | 卯 | | | 戌 | 子 | 常 |
| | | 寅 | 丑 | 子 | 亥 | | |
| | | 辰 | 卯 | 寅 | 丑 | | |
| | | 勾 | 青 | 空 | 白 | | |

◆ 초전 申은 제2과 上神으로 貴人이 乘했고 日德에 해당된다. 下神 午의 剋을 받으나, 所乘한 貴人이 己丑土에 속한 吉將이니 申金을 생하고 있다. 日德이 貴人을 얻어 초전을 生하는 象이다.

◆ 日德이 日上神 午에 臨하여 貴人을 대동하니, 의외의 기쁨이 있으나, 질병이나 소송점에는 불리하다.

◆ 日德이 死絕地에 臨하면 역량이 7할 정도 감소한다.

◆ 日德이 發用이고 上・下神이 공히 干을 剋하면 "鬼德格(귀덕격)"이라 하여 正과 邪가 같이 있게 된다.


## (2) 合(합)

◎ 合은 和順, 合作, 和睦(화목)의 象이다.

◎ 合에는 干合, 三合, 六合의 3種이 있다.

◎ 遁干과 日干의 干合은 크게 중요하다 논하지 않는다.

◎ 三合이 入傳하면 사안은 牽連(견연)되고, 반드시 해당 月을 지난 후에야 결말이 나며, 衆人과 연관된 사안이다.

◎ 三合局에 一神이 缺하여 入傳하면 "折腰格(절요격)"이라 하는데, 일명 "虛一代用格(허일대용격)"이라고도 한다. 이런 경우 사안은 반드시 缺된 神이 入하는 시점에서 성사된다. 만약 缺된 神이 日辰에 있으면 이를 湊合格(주합격)이라 하며, 의외

의 和合之事가 있는데, 湊合(주합)된 將으로 결말을 본다.

⊙ 日辰 上下가 三合이 되는데, 日上神이 支를 剋하고, 支上神이 日을 剋하면, 外的으로 합 중 이탈이 있으며, 각자 시기심이 있고, 혹 이를 밖으로 드러내어 不和를 조성하기도 한다.

⊙ 六合이 德을 대동하여 入傳하면 百事皆吉한데, 만약 凶을 만나더라도 凶中 吉함이 있게 된다.

⊙ 六合이 入傳인데 進退를 결정할 경우에는 連珠格(연주격)이 前進하면 進함이 이롭고, 連珠格(연주격)이 後退하면 역시 退함이 이롭다

⊙ 寅亥는 破合이고, 巳申은 刑合이라 하는데, 謀事는 不合不成이다. 만약 貴, 龍, 德, 祿이 乘하면 진행함이 順理이고 이롭다.

⊙ 六合이 入傳하면 謀事는 대개 성사되는데, 단 時가 六合이 되면 그러하지 못하고, 病占, 訴訟占, 胎産占은 이롭지 못하다.

⊙ 六合이 空亡을 만나거나 落空亡地이고 다시 刑害가 되면, 合中 禍가 숨어 있는 것이고, 德이 있으나 역시 解消됨도 있는 것이다.

⊙ 六合이 日을 剋하고 혹 螣蛇, 朱雀, 白虎 등이 乘하면 合中에 害가 있는 것이고, 사람에게 의탁하거나 謀事(모사)를 맡음은 不可하다.

⊙ 天后와 神后가 합이 되면 婚事占은 성사된다.

⊙ 日辰이 합되고 日辰上神 역시 합되면 "同心格"이라 하는데 일체의 謨望事는 合心하여 성사된다. 만약 刑害를 보면 同心 中에 暗中 猜忌(시기)가 있는 것이다.

⊙ 日干과 支上神이 합되거나, 支와 干上神이 합되면 이를 "交叉格"이라 하며, 交易이나 交換(교환) 등과 연관되어 합하여 謀事(모사)를 圖謀(도모)함에 이롭고, 解散(해산)함에 불리하다.


예) 甲子日 亥將 卯時課(空亡:戌亥)

| 戌 | 財鬼 六合 養 |
| --- | --- |
|   | 月殺 |
| 午 | 傷官 天后 死 |
|   | 災殺 |
| 寅 | 比肩 白虎 建祿 |
|   | 驛馬 日德 |

| 玄 | 蛇 | 后 | 合 |
|---|---|---|---|
| 辰 | 申 | 午 | 戌 |
| 申 | 子 | 戌 | 甲寅 |

| | | 空 | 白 | 常 | 玄 | | |
|---|---|---|---|---|---|---|---|
| | | 丑 | 寅 | 卯 | 辰 | | |
| | | 巳 | 午 | 未 | 申 | | |
| 青 | 子 | 辰 | | | 酉 | 巳 | 陰 |
| 勾 | 亥 | 卯 | | | 戌 | 午 | 后 |
| | | 寅 | 丑 | 子 | 亥 | | |
| | | 戌 | 酉 | 申 | 未 | | |
| | | 合 | 朱 | 蛇 | 貴 | | |

◆ 제1과 上·下神은 甲의 寄宮이 寅이니 寅戌의 三合局을 형성하고, 제3과 上·下神 申子는 역시 三合局을 형성하고 있다. 제1과 제3과 上·下神이 三合局이나, 日上神 戌土가 支인 子水를 剋하고, 支上神 申金이 日인 甲木을 剋하니 交互相剋(교호상극)된 것이다.

◆ 초전이 六合을 대동하고 말전이 日德을 대동하니 凡事가 皆吉이다. 흉함을 만나도 흉중 길함이 있는 것이다.

◆ 六合이 入傳한 경우는 사안의 결정이 進連珠(진연주)면 진행함이 이롭고, 退連珠(퇴연주)면 후퇴함이 유리한 것이다.

◆ 질병과 소송점은 불리하다.


## (3) 奇(기)

◎ 奇는 奇異(기이)한 만남을 뜻하며, 특별한 交際(교제)를 의미한다.

◎ 奇에는 "旬奇(순기)"와 "干奇(간기)"의 두 종류가 있다.

旬奇 : 甲子旬, 甲戌旬 − 丑

　　　甲申旬, 甲午旬 − 子

　　　甲辰旬, 甲寅旬 − 亥

干奇 : 旬 中의 遁干(둔간)을 기준하여 논한다.

　　　乙丙丁 − 天上三奇

甲戊庚 - 地下三奇

⊙ 三奇가 入傳하면 官職占에 크게 이롭다.

⊙ 官職者는 기이한 만남이 있고, 災禍가 소멸되고 비켜간다.

⊙ 奇가 空亡을 만나면 그 힘이 반감된다.


예) 己酉日 申將 未時課(空亡:午未)

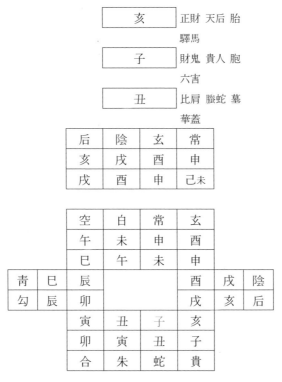

◆ 己酉日은 甲辰旬中이고, 甲辰旬中의 旬奇는 亥이다. 亥가 發用이니 三奇格이
　 다. 또한 三傳이 亥子丑의 連珠를 이루었으니 "連珠三奇格"인 것이다.

◆ 萬事가 화합되고 災殃이 소산된다. 관직자는 昇遷(승천)하고, 선비는 기이한
　 연을 만나고, 혼인은 장차 貴子를 낳고, 질병과 소송도 해소된다.

◆ 三奇가 空亡을 만나면 그 역량이 반감된다.


## (4) 儀(의)

⊙ 儀란 尊長者에 대한 예의를 의미한다.

⊙ 六甲旬中의 旬首를 支儀라 한다.

⊙ 旬首가 發用하면 "六儀課(지의과)"라 하는데, 旬首는 旬中의 尊長이라 凡事皆吉(범사개길) 하고, 刑殺 역시 기피하지 아니한다. 만약 魁罡殺(괴강살)을 만나면 흉변길이 된다.

⊙ 儀가 行年上神을 극하면 凶하다.

⊙ 旬首가 貴人이 되면 "富貴六儀(부귀육의)"라 하여 역시 吉하고, 在官者는 昇遷(승천)하고, 시험은 합격한다.

예) 丙辰日 未將 寅時課(空亡:子丑)

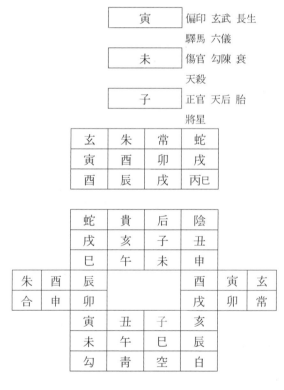

◆ 丙辰日은 甲寅旬中인데, 寅이 旬首이며 초전이다.

◆ 旬首는 六陽之神이며 星의 자리는 "辰"이다. 또한 直符의 "使"라, 위엄과 권위가 있어 "六儀"라 한 것이다.

◆ 吉慶의 조짐이 많고, 求財에 이롭고, 罪는 사면 받고, 질병은 良醫를 만나고, 獻策(헌책)은 貴人에게 당도한다.

◆ 만약 天乙이 乘하면 "富貴六儀"라 하며, 奇와 儀가 같이 있게 되면 만사형통이다.

## (5) 祿(녹)

⊙祿은 建祿이며 食祿地神(식록지신)을 의미한다.

⊙祿이 日에 臨하여 入傳하면 皆吉한데, 旺相함을 요하고 休囚됨을 기피한다.

⊙祿은 主事가 食祿인데, 祿이 臨한 곳이 食祿方이 되는 것이다.

⊙祿이 干 혹은 干上神에 臨하여 日의 旺相地가 되면 守成함이 이롭고 圖謀(도모)나 前進은 불리하다.

⊙祿이 支에 臨하면 "權攝(권섭:임시로 남을 대리하여 사무를 봄)不正"이라 하는데, 관직 점에는 남을 대신하여 잠시 사무를 보는 象이다.

⊙祿이 空亡되거나 落空亡地면, 祿의 入傳의 有無를 떠나, 病占에서는 久病은 必死한다.

⊙祿이 旺한데 空亡이면 가만히 있어서는 이롭지 못하고, 祿을 버리고 별도의 謀策(모책)을 세우거나 고침이 중요하다.

예) 庚戌月 甲子日 辰將 辰時課(戌亥空亡)

| | | 寅 | 比肩 勾陳 建祿 |
| | | | 驛馬 |
| | | 巳 | 食神 朱雀 病 |
| | | | 劫殺 |
| | | 申 | 官鬼 天后 胞 |
| | | | 地殺 |

| 空 | 空 | 勾 | 勾 |
|---|---|---|---|
| 子 | 子 | 寅 | 寅 |
| 子 | 子 | 寅 | 甲寅 |

| 蛇 | 貴 | 后 | 陰 |
|---|---|---|---|
| 午 | 未 | 申 | 申 |
| 巳 | 午 | 未 | 申 |

| 朱 | 巳 | 辰 | | | 酉 | 酉 | 玄 |
|---|---|---|---|---|---|---|---|
| 合 | 辰 | 卯 | | | 戌 | 戌 | 常 |

| 寅 | 丑 | 子 | 亥 |
|---|---|---|---|
| 寅 | 丑 | 子 | 亥 |
| 勾 | 靑 | 空 | 白 |

◆ 占時와 月將이 같으니 伏吟課인데 陽日伏吟이니 "自任格"이다. 자신을 믿고 자만함이 크므로 허물이 많은 것이다.

◆ 초전 寅은 日干인 甲木의 寄宮이며 上神이고 建祿이다. 支와 支上神이 生하여 旺하나, 말전 申金이 戌月에 得令하여 剋하니 손상된 것이다.

◆ 질병에 대한 占으로, 三傳이 寅巳申 三刑殺을 이루고, 초전 寅은 日干 甲의 祿이고, 중전 巳는 病이고, 말전 申은 絶에 해당하나, 月에 得令하여 日干을 剋하여 鬼가 되므로, 병세는 필히 쾌유되기 어렵다.


### (6) 馬(마)

⊙ 馬는 動과 遞의 역할이며, 옮기고 이동하는 뜻이 있다.
⊙ 馬는 驛馬를 의미하며, 年, 月, 日, 時의 4종류가 있고, 日馬를 위주하여 지칭한다.
⊙ 在官者가 占事에서 馬를 보면 升躍(승약)이 있고, 平民은 奔波(분파)가 있다.
⊙ 驛馬가 長生地에 臨하거나 落空亡되면 行人은 필히 오지 않는다.
⊙ 馬가 入墓(입묘)되거나 落空亡되면 在官者나 病占時는 不吉하다.

예) 未年 卯月 丁亥日 戌將 巳時課(本命:癸亥. 行年:亥. 空亡:午未)

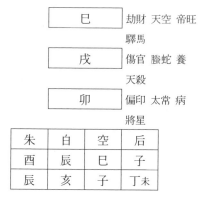

| | 巳 | 劫財 天空 帝旺 |
|---|---|---|
| | | 驛馬 |
| | 戌 | 傷官 螣蛇 養 |
| | | 天殺 |
| | 卯 | 偏印 太常 病 |
| | | 將星 |

| 朱 | 白 | 空 | 后 |
|---|---|---|---|
| 酉 | 辰 | 巳 | 子 |
| 辰 | 亥 | 子 | 丁未 |

| 蛇 | 貴 | 后 | 陰 |
|---|---|---|---|
| 戌 | 亥 | 子 | 丑 |
| 巳 | 午 | 未 | 申 |

| 朱 | 酉 | 辰 | | | 酉 | 寅 | 玄 |
|---|---|---|---|---|---|---|---|
| 合 | 申 | 卯 | | | 戌 | 卯 | 常 |

| 寅 | 丑 | 子 | 亥 |
|---|---|---|---|
| 未 | 午 | 巳 | 辰 |
| 勾 | 青 | 空 | 白 |

◆ 亥, 卯, 未日은 亥에 驛馬가 떨어진다. 未年, 卯月, 亥日, 年命 亥는 四路馬이다.

◆ 중전 戌은 天魁이고, 말전 卯는 太冲이고, 驛馬는 使命之神이다. 다시 魁는 印이고 戌은 綬로 논하니, 印綬가 되어 관직의 昇遷(승천) 조짐이 있는 것이라 官爵課(관작과)라 한다.

◆ 선비는 得官하고, 관직자는 昇遷(승천)한다. 三傳에 卯戌의 합이 있어 초전 巳 火에 힘을 실어주니 重遷의 象이다.

◆ 病訟의 경우는 多凶小吉이다.

◆ 만약 驛馬가 沖破되면 관직은 淹留(엄류)되고, 印綬가 空亡을 만나면 脫 官職 하게 된다.


## (7) 生(생)

◎ 生은 生機의 뜻이 있다.

◎ 生은 生扶와 연관되고, 生計와도 연관되며, 長生과 創新의 의미가 있다.

◎ 三傳이 遞生日干(체생일간)하면 衆人의 옹호가 있고, 여러 사람의 추천이 있으며, 三傳이 합되어 日干을 生하여도 같은 이치이다.

◎ 日上神이 日을 生하거나, 支上神이 日을 生하면 萬事에 도움을 얻기가 용이하다.

◎ 日上神이 支를 生하거나, 支上神이 日을 生하면, 피차 상부상조의 뜻이 있다.

◎ 三傳이 합되어 印星局이 되어 日干을 生하면 자손에겐 불리하다.

예) 丙戌日 亥將 申時課(空亡:午未)

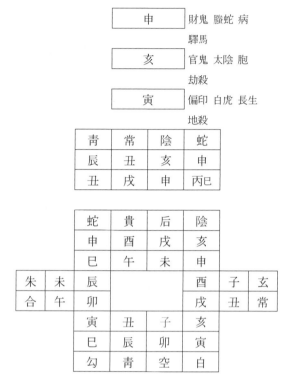

| | | | |
|---|---|---|---|
| 申 | | 財鬼 螣蛇 病 | |
| | | 驛馬 | |
| 亥 | | 官鬼 太陰 胞 | |
| | | 劫殺 | |
| 寅 | | 偏印 白虎 長生 | |
| | | 地殺 | |

| 青 | 常 | 陰 | 蛇 |
|---|---|---|---|
| 辰 | 丑 | 亥 | 申 |
| 丑 | 戌 | 申 | 丙巳 |

| 蛇 | 貴 | 后 | 陰 |
|---|---|---|---|
| 申 | 酉 | 戌 | 亥 |
| 巳 | 午 | 未 | 申 |

| 朱 | 未 | 辰 | | | 酉 | 子 | 玄 |
|---|---|---|---|---|---|---|---|
| 合 | 午 | 卯 | | | 戌 | 丑 | 常 |

| 寅 | 丑 | 子 | 亥 |
|---|---|---|---|
| 巳 | 辰 | 卯 | 寅 |
| 勾 | 青 | 空 | 白 |

◆ 초전 申金이 중전 亥水를 生하고, 중전 亥水가 말전 寅木을 生하고, 말전이
寅木이 日干 丙火를 生하니 遞生日干(체생일간)인 것이다. 有生無剋하니 亨通
之象(형통지상)이라 亨通課(형통과)인 것이다.


## (8) 旺(왕)

◎ 旺은 氣勢(기세)가 바르며 왕성함을 의미한다.

◎ 旺은 得氣함을 의미하며, 木이 봄에 旺함과, 火가 여름에 旺함과, 土가 四季에
旺함과, 金이 가을에 旺함과, 水가 겨울에 旺함과 같은 이치다.

◎ 干支가 發用되거나, 三傳이 合되어 旺氣를 득하면 "得旺"이라 하여, 당시의 기세
가 일어남을 의미하며 亨通(형통)하고 安泰(안태)함이 있다.

◎ 日上神이 日의 旺氣가 되고, 支上神이 支의 旺氣이면 "俱旺"이라 하여 謀事는
살펴 노력함이 필요하나, 밖에서 求함은 불리하고 손해를 초래하기도 한다.

⊙ 日上神이 支의 旺氣가 되고, 支上神이 日의 旺氣가 되면 "互旺"이라 하여 경영에 이로움이 있다.

⊙ 三傳의 財가 太旺하여 오히려 財를 감당함이 무력해지면, 旺이 剋에 달하여 오히려 衰해짐과 같으니 求財는 불리한 것이다.

⊙ 鬼가 占時에 當旺하면 오히려 흉함과 위태로움이 없는 것인데, 이는 鬼가 旺해지면 제풀에 스스로 울림을 내어 오히려 흉함을 예방하는 이치다.

예) 乙丑日 戌將 酉時課(空亡:戌亥)

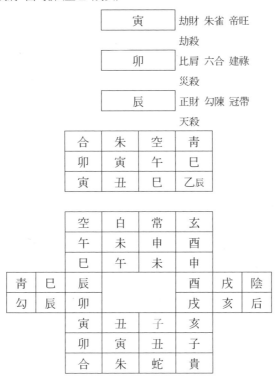

◆ 貴人 子가 天門 亥에 臨했고. 順布하며 支인 丑이 貴人 前이고, 戌將은 二月將 이라 春節에 속하니 초전 寅은 旺氣를 득함이다. 貴人이 순행하니 陽氣가 順和 하고, 日과 支가 모두 貴人 前에 居하니 陽氣가 伸張한 것이며 용신이 旺相한 것이다. 陽氣가 화합되니 三陽이 開泰之意(개태지의)가 있는 것이다. 그러므로 三陽課라 한다.

◆ 課體가 三陽을 得하니 運路가 榮昌(영창)하며, 爭訟은 해산되며, 질병은 무방하고, 財喜가 도래하고, 行人은 귀환하고, 도적은 오나 不戰하고, 잉태는 貴子를 낳는다. 만약 天乙貴人이 辰戌에 坐하면 "貴人坐獄(귀인좌옥)"이라 한다.

◆ 초전이 日鬼이고 중·말전에서 救神이 없으면 이를 "三陽不泰(삼양불태)"라 하니, 占事는 暗昧難成(암매난성)이고 先泰後難(선태후난)이다.

## (9) 貴(귀)

◎ 貴는 尊貴함이며  百神의 主가 되는 것이다.

◎ 貴人이 旺相하고 得地하면 福이 있고, 休囚되고 失地하면 災殃이 있다.

◎ 貴人이 順行하고 日과 相生되면 비록 凶將을 만나더라도 大禍는 없는 것이고, 貴人이 逆行하고 日을 剋하면 비록 吉將을 만나더라도 크게 吉함은 적은 것이다. 在官者인 경우에도 不吉하다.

◎ 貴人이 辰戌에 臨하면 "貴履羅網(귀리나망)"이라 하여 貴人에게 煩惱(번뇌)가 있고, 일처리에 능력이 부족하고, 貴人의 謁見(알현)에 불리하다.

◎ 貴人이 空亡되거나 落空亡 됨을 기피하는데 憂喜(우희)가 모두 발생하지 못한다.

◎ 貴人이 자신이 臨한 자리를 剋하면 貴人이 스스로 한가함을 원하지 않는 것이니 貴人의 助力을 구하기 힘들다.

◎ 貴人이 亥에 臨하면 "貴登天門(귀등천문)"이라 하여 諸殺은 制服당하니 進就함에 이롭다.

◎ 貴人이 寅에 臨하면 "貴寒鬼戶(귀한귀호)"라 하여 貴人이 鬼戶를 오싹하게 하니 여러 鬼殺들이 危害를 가하지 못하게 된다.

◎ 貴人이 卯酉에 臨하면 "貴立私門(귀립사문)"이라 하여 貴人이 私門을 세움이니, 貴人에게 사사로움이 있어 貴人에게 의지함이 불리하고, 陰謀(음모)나 私禱(사도)를 헤아림이 이롭다.

◎ 貴人이 太歲에 臨하고 日을 生하면 三傳에 있건 없건 공히 貴人의 助力을 얻을 수 있다.

◎ 貴人이 入墓되면 貴人이 스스로 어둠속에 처해있는 것이니, 일의 처리에 장애가 있는 것이며, 貴人謁見(귀인알현)에 불리하고, 필히 일에 沮滯(저체)됨이 있는 것이다.

예) 丙申日 戌將 午時課(空亡:辰巳)

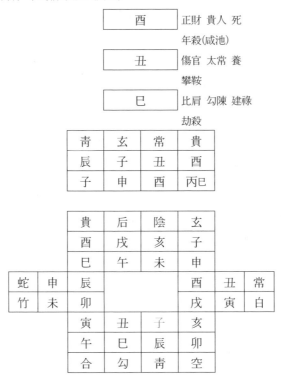

| | | 酉 | | 正財 貴人 死 |
| | | | | 年殺(咸池) |
| | | 丑 | | 傷官 太常 養 |
| | | | | 攀鞍 |
| | | 巳 | | 比肩 勾陳 建祿 |
| | | | | 劫殺 |

| 青 | 玄 | 常 | 貴 |
|---|---|---|---|
| 辰 | 子 | 丑 | 酉 |
| 子 | 申 | 酉 | 丙巳 |

| 貴 | 后 | 陰 | 玄 |
|---|---|---|---|
| 酉 | 戌 | 亥 | 子 |
| 巳 | 午 | 未 | 申 |

| 蛇 | 申 | 辰 | | 酉 | 丑 | 常 |
| 竹 | 未 | 卯 | | 戌 | 寅 | 白 |

| 寅 | 丑 | 子 | 亥 |
|---|---|---|---|
| 午 | 巳 | 辰 | 卯 |
| 合 | 勾 | 青 | 空 |

◆ 초전 酉金은 日의 上神인데 正財에 貴人이 乘하고, 다시 日의 上.下神이 酉巳 반합금국을 이루고, 支인 申金과 比和되니 財가 旺動하고 있다.

◆ 得財가 可하다. 이는 日干上神 酉가 財星인데 貴人을 대동하여 發用하고, 다시 三傳이 巳酉丑 삼합금국의 財星局을 이루어 財가 지나치게 旺하나, 초전 酉가 咸池殺(함지살)이고, 말전 巳가 空亡이라, 脫 空亡되는 시점에 得財가 가능하니 得財의 시점은 다소 늦어질 것이라 판단한다.

## 13. 용신用神과 왕쇠旺衰

### (1) 天時의 旺氣 得

天時의 旺氣를 得함이란 月令을 得한다는 것이다. 예로 春月은 木旺之節이니 天干, 神將, 九處 등에서 木氣를 띄면 旺하다 하고, 水氣가 있으면 相이라 하여,

天時의 令을 얻음이라 한다.


## (2) 地理의 得

地盤에 乘한 六層(초전. 중전. 말전. 제1과상신. 제3과상신. 年命)의 神이 旺相함을 말한다. 예로 比和나 旺相의 경우는 어느 것이나 乘하는 神의 역량은 강해진다 한다.


# 14. 과식課式 팔법칙八法則

천·지반포국과 四課三傳이 조식된 후 점단하기에 앞서, 정확한 예측을 위해 조식의 완전을 기하는 것이다. 이에는 假, 眞, 去, 飛, 伏, 留, 消, 長의 8가지가 있다.


## (1) 假

四課三傳 격식이 갖추어진 것을 假라고 한다. 이를 근거로 用神과 事神의 旺, 相, 休, 囚, 死 및 刑, 沖, 破, 害, 怨嗔 등을 파악하는 것이다.


## (2) 眞

四課三傳 조식을 완료한 상태를 말하고, 타 神에 의해 어떠한 영향력도 없는 상태를 말한다.


## (3) 去

四課三傳, 年命 모두 刑, 沖, 破, 害, 怨嗔 등이 없을 때는 眞을 얻고 있으므로, 吉課가 예상되고, 매 사안에 대해 吉課를 얻을 수 있다. 그렇지 못하고 凶殺 등이 乘했을 경우에는 이를 제거하는 去하는 神이 있어야 사주가 흉변 길이 되는 것이다.


## (4) 飛

사안을 점단함에 있어 중요한 神이 凶神이 되었을 경우, 他 神의 작용에 의해 去하게 된 상태를 飛라 한다. 凶神은 飛, 去를 원하지만 吉한 경우는 飛去를 원치 않는다.

## (5) 伏

四課三傳, 九處 등의 중요한 神이 吉祥이 되어 타 神의 작용으로도 去치 않는 경우, 같은 이치로 凶相이 去치 않는 경우도 동일하게 伏이라 한다.

## (6) 留

四課三傳, 年命에 중요한 神이 眞을 득한 경우는 他 神에 의해 刑, 沖, 破, 害, 怨嗔, 空亡 등이 되지 않는 것을 말한다.

## (7) 長

日干과 四課三傳, 年命 등의 중요한 神을 비교시, 12運星 기준하여 旺地를 得하면 長이라 한다.

## (8) 消

日干과 四課三傳, 年命 등의 중요한 神을 비교시, 12運星 기준하여 休, 囚, 死地를 得하면 消라 한다.

# 15. 오사관법五事觀法

오사관법이란 점단할 사안에 대해 成과 否를 알아보는 법칙이다. 成에도 5가지가 있고, 否에도 5가지가 있다.

〈成〉

課傳과 年命에서 점단할 사안의 事神이 승함이 제일 긴요한 사항이고, 이의 길흉을 판단하는 것이다.

1) 事神이 旺氣가 있는 地에 乘하면 반드시 목적을 이룬다. 旺氣라 함은 遁干이 事神이 乘하는 지지와 旺相한 것을 말한다.
2) 事神이 日과 相生比和 되면 목적을 달성한다.
3) 事神이 空亡되지 않으면 목적을 이룬다.

4) 用神이 眞을 득하면 필성한다.

5) 事神이 비록 흉하다 해도, 制化되어 吉祥이 되면 늦게라도 목적이 달성된다.

상기의 5개항목이 旺相하면 速成하고, 休囚되면 旺하는 月, 日에 성취된다.

<否>

1) 用神과 事神이 기세가 없는 衰地에 居하면 불성한다.

2) 日과 上剋되면 불성한다.

3) 用神을 剋하면 불성한다.

4) 陰神이 相剋될 때도 불성한다.

5) 중요한 神이 空亡이 되고, 去치 않고, 伏할 때도 불성한다.

중요한 神이 眞하여도 空亡되면 空亡 出의 시점에서 성사될 수 있다.

제4장

# 십이천장十二天將

## 1. 개요概要

　十二天將은 六壬學에서 가장 중요하게 거론되며 또한 課體와 연계하여 자세히 살펴보아야 하는 주요 요소이다. 十二天將은 천반에 포국하는데 일명 "十二天官" 이라고도 한다. 十二天將을 중심하여 前 五位에는 1.螣蛇 2.朱雀 3.六合. 4.勾陳. 5.靑龍이 포진되고, 後 五位에는 1.天后 2.太陰 3.玄武. 4.太常 5.白虎가 포진되며 對沖方에는 天空이 居하고 있는 것이다.

　吉將으로는 貴人, 靑龍, 太常, 六合, 太陰, 天后이고 凶將으로는 白虎, 勾陳, 螣蛇, 朱雀, 玄武, 天空이다. 六壬占斷에서는 四課三傳에 乘한 十二天將의 정확한 분석과 자유자재한 통변법을 숙지함이 壬學 통달의 지름길임을 알아야 한다.

### 1) 天乙貴人

⊙ 十二天將의 主로서 吉祥을 내리고, 福祿을 주며, 災厄을 소멸시키는 역할을 하고, 順布 되면 吉하고, 逆布 되면 凶하다. 所乘한 神과 相生 比和하면 吉하고, 相剋하면 凶하다.

⊙ 貴人이 順布하고 다시 日干과 相生하면 비록 課傳에서 螣蛇나, 勾陳과 같은 흉 장을 보더라도 크게 흉하지 않다.

⊙ 貴人이 逆治되고 日干을 剋하면, 비록 課傳에서 靑龍과 六合과 같은 吉將이 있 더라도 크게 吉하지 못하다.

⊙ 貴人은 得地하면 吉하고 失地하면 凶하다.

⊙ 貴人이 逢空이나 落空亡이면 매사 虛事이다.

⊙ 太歲가 貴人이 되면 三傳에 없더라도 역시 救助를 받으며, 매사에 貴人이 도와주

나 病占에는 救助를 못한다.

⊙ 簾幕貴人(염막귀인: 낮에 夜貴. 밤에 晝貴)이 年命이나 干上에 臨하여 日干과 相生하면 어떤 考試에도 합격한다.

⊙ 謀事에 兩貴人이 入傳하거나, 一貴人은 干上에 또 一貴人은 支上에 臨하면 貴人이 둘이 있어 분에 넘치는 힘을 얻는다.

| 地支 | 主事 |
|------|------|
| 子 | 解紛(해분)이라 하고 紛擾(분우)한 일이 모두 疎散(소산)된다. |
| 丑 | 升堂(승당)이라고 하고, 投書나 發展이 있고 貴人을 謁見(알현)할 수 있다. (단, 甲.戊.庚日은 半凶) |
| 寅 | 憑几(빙궤)라고 하고 私的인 請謁(청알)에 마땅하다. |
| 卯 | 登車(등차)라 하고, 모두 煩躁不寧(번조불령)하고 關隔(관격)되어 不通하고, 家宅의 遷移之象(천이지상)이 있고 식구 중에 질병의 근심이 있다. |
| 辰 | 懷怒(회노)라고 하여 煩惱(번뇌)가 끊이질 않고, 貴人을 방문하면 貴人이 투옥됐거나, 상면하더라도 이득이 없다. |
| 巳 | 受貢(수공)이라고 하여 薦拔(천발), 遷擢(천약)의 기쁨이 있다. |
| 午 | 受貢(수공)이라고 하여 薦拔(천발), 薦託(천탁)의 기쁨이 있다. |
| 未 | 列席(열석)이라 하고 宴會之事(연회지사)가 있다. |
| 申 | 移途(이도)라고 하고 貴人을 途中에서 만난다. |
| 酉 | 入室(입실)이라 하고 모두 煩噪不寧(번조불령)하고 關隔(관격)되어 不通하고, 家宅의 遷移之象(천이지상)이 있고 식구 중에 질병의 근심이 있다. |
| 戌 | 懷怒(회노)라고 하여 번뇌가 끊이질 않고, 貴人을 방문하면 貴人이 투옥됐거나, 상면하더라도 이득이 없다. |
| 亥 | 還絳宮(환강궁) 또는 神藏殺沒(신장살몰)이라 하여 諸殺이 制伏당하는 이로움이 있다. |

## 2) 螣蛇

⊙ 螣蛇는 丁巳火에 속하는 凶將이다.

火光, 驚疑(경의), 憂恐(우공), 怪異(괴이) 등의 일을 主管하나, 所乘神과 相生하거나, 比和하면 吉하고, 그렇지 않으면 凶한데, 空亡이 되면 吉凶이 半減하고 刑殺이 될 때에는 災厄이 발생한다.

- 螣蛇가 乘한 神이 旺相하고 다시 相生이 될 때에는 胎産이나 혼인의 기쁨이 있는데, 그것은 淫事(음사)나 血光을 맡은 神將이기 때문이다.
- 怪異占(괴이점)에 螣蛇가 乘하여 旺相하면 반드시 生物이고, 死囚하면 邪物(사물)이거나 有聲無形하게 된다.
- 夢占(몽점)이나 怪異占에는 螣蛇나 其 陰神을 보고, 日辰과 三傳은 다음으로 본다.
- 螣蛇가 火神에 乘하여 火鄕에 臨하고 또 占時가 巳午時면 火災나 口舌, 官災이다.
- 螣蛇의 所乘한 神이 日干과 財가 되고, 또 神將이 旺相하고 相生이 될 때에는 求財에 大吉한데, 반대일 때에는 놀라는 일이 있다.
- 財物占에 螣蛇가 日辰에 臨하면 반드시 그 물건이 하천한 것이다.

| 地支 | 主事 |
|------|------|
| 子 | 掩目(엄목)이라고 절대로 사람을 상하지 못한다. |
| 丑 | 盤龜(반귀)라고 하고 災禍는 消滅(소멸)되고 福이 다다른다. |
| 寅 | 生角(생각)이라고 하고 왕하고 得時한즉 咬龍(교룡)이 되니 매사 진취해도 이롭고, 衰하여 失時한즉 蜥蜴(석척)이 되어 퇴장함이 이롭다. |
| 卯 | 當門(당문)이라고 하고 不測之災(불측지재)가 있다. |
| 辰 | 象龍(상룡)이라 하여 다 같이 재난이 全消(전소)한다. |
| 巳 | 乘霧(승무)라고 하여 小兒의 夜啼(야제)가 있고, 胎産占(태산점)에서 干支上神을 극하면 難産(난산)하기도 한다. |
| 午 | 飛空(비공)이라고 하여 怪夢(괴몽)이 있고, 訟事占(송사점)에는 大忌(대기)한다. |
| 未 | 入林(입림)이라고 하여 주로 停柩未葬之象(정구미장지상)이며 家鬼(가귀)의 作祟(작수)가 있다. |
| 申 | 銜劍(함검)이라고 하여 不測之災(불측지재)가 있다. |
| 酉 | 老齒(노치)라고 하여 주로 陰人(음인=부녀자)의 災疾(재질)이 있고 口舌과 怪異(괴이)가 있다. |
| 戌 | 入塚(입총)이라 하고 災難(재난)이 全消한다. |
| 亥 | 墮水(타수)라고 하여 逢凶回吉(봉흉회길)된다. |

## 3) 朱雀

- 朱雀은 丙午火에 속하는 凶將이다. 得地하면 吉하고, 文章, 印, 信 등을 主事로 하고 失地하면 凶하여 火災, 訟事, 재물손실, 六畜災傷(육축재상)등의 일이 있다.

만약 所乘神이 旺相하고 또 刑殺이 되면 害는 더욱 심하고, 그렇지 않으면 災害는 크게 일어나지 않는다.

◎ 公事占에 朱雀이 逆布하고 日干을 剋하면 반드시 上司에게 질책당하고, 順布면 무탈하다.

◎ 考試占(고시점)엔 반드시 朱雀을 보아야 한다. 所乘神이 太歲, 月建, 月將이 되어 歲, 月, 日이 相合하고 또 祿.馬나 日德이 生旺之鄕에 臨하면 반드시 급제한다.

◎ 朱雀이 火神과 火鄕에 있으면 火災가 있다. 伏吟課라면 神殺이 伏而不動하므로 免할 수 있다.

| 地支 | 主事 |
|---|---|
| 子 | 損羽(손우)라고 하여 考試는 낙제하고 詞訟은 무방하다. |
| 丑 | 掩目(엄목)이라 하고 동정에 다 吉하며, 口舌의 염려는 없는데 고시에는 불리하다. |
| 寅 | 安巢(안소)라고 하여 문서는 지체되나 口舌占에는 平息된다. |
| 卯 | 安巢(안소)라고 하여 문서는 지체되나 구설점에는 평식된다. |
| 辰 | 投網(투망)이라고 하고 문서의 유실이 있다. |
| 巳 | 晝翔(주상)이라고 하여 口舌, 訟事에는 흉하나 문서, 音信에는 길하다. |
| 午 | 銜符(함부)라고 하고 怪異, 官災, 詞訟(사송) 등이 있으나, 考試(고시)에는 길하다. |
| 未 | 臨墳(임분)이라고 하고 투사 헌책에 불의하고 실재가 있다. |
| 申 | 勸嘴(권취)라고 하여 怪異, 官災, 詞訟 등이 있으나, 考試(고시)에는 길하다. |
| 酉 | 夜噪(야조)라고 하고 官災, 疾病 등이 있다. |
| 戌 | 投網(투망)이라고 하고 문서의 유실이 있다. |
| 亥 | 入水(입수)라고 하여 投書, 獻策(헌책)에 이롭지 못하고 失財가 있다. |

◎ 1月 - 酉, 2月 - 巳, 3月 - 丑, 4月 - 子, 5月 - 申, 6月 - 辰, 7月 -卯, 8月 - 亥, 9月 - 未, 10月 - 午, 11月 - 寅, 12月 - 戌 등에 朱雀이 乘하면 朱雀含物(주작함물)이라고 하여 혼인, 재물 등과 연관된 일이 있다.

◎ 1月 - 巳, 2月 - 辰, 3月 - 午, 4月 - 未, 5月 - 卯, 6月 - 寅, 7月 - 申, 8月 - 酉, 9月 - 丑, 10月 - 子, 11月 - 戌, 12月 - 亥 등에 朱雀이 乘하면 朱雀開口(주작폐구)라 하여 爭鬪, 口舌이 있다.

## 4) 六合

⊙ 乙卯木에 속하는 吉將이다. 得地하면 相合之神이 되어, 婚姻, 信息, 交易 등이 있고, 失地하면 虛事之神이 되어 淫事(음사), 暗昧(암매)등이 있다.

⊙ 六合이 順布되고 旺相하여 發用하거나 入傳하면 婚姻, 胎産등의 기쁨이 있으나, 만약 死囚가 되고 日干을 刑剋할 때는 財物上의 口舌, 陰人의 專愚(전우)가 있다.

⊙ 六合이 酉戌에 乘하면 奴僕(노복)이 도망가고, 만약 도적점이라면 潛藏(잠장)하여 잡기 힘들다.

⊙ 六合과 天后가 入傳하면 狡童(교동), 洪女卦(일녀괘)라 하여 奸邪不正(간사부정)하고 일체 萬事에 愼重(신중)을 요한다.

⊙ 六合이 申酉에 乘하면 內戰이라고 하여, 주로 淫事, 婦人事등이고 형제간의 口舌도 있다.

⊙ 六合이 辰戌丑未에 乘하면 外戰이고 事案이 밖에서 일어나고 暗求, 私禱(사도)에 마땅하다.

⊙ 六合이 子午卯酉에 乘하면 不合이라고 하여 陰陽이 相雜하고 陰事不明하여 凶하다.

| 地支 | 主事 |
|------|------|
| 子 | 反目이라 칭하고 夫婦간 不和한다. |
| 丑 | 嚴粧(엄장)이라 하고 主事는 장래 성취된다. |
| 寅 | 乘軒(승헌)이라고 하며 혼인은 미만하다. |
| 卯 | 入室이라 하고 主事는 이미 성취된 것이다. |
| 辰 | 違例(위례)라 하며 冒瀆(모독)을 당하거나 得罪할 수 있다. |
| 巳 | 驚悸(경계)라고 하여 主事는 凶하다. |
| 午 | 升堂(승당)이라 하고 主事는 이미 성취된 것이다. |
| 未 | 納采(납채)라 하고 主事는 장래 성취된다. |
| 申 | 結髮(결발)이라고 하며 혼인은 未滿(미나)하다. |
| 酉 | 私竄(사찬)이라고 하여 남녀 淫奔(음분)한다. |
| 戌 | 亡着(망착)이라 하며 冒瀆(모독)을 당하거나 得罪할 수 있다. |
| 亥 | 待命(대명)이라고 하여 主事는 모두 吉하다. |

## 5) 勾陳

◎ 戊辰土에 속하는 凶將이다. 爭訟, 이중마음, 戰鬪(전투), 爭訟事, 拘留(구류)를 主
관한다.

◎ 在官者는 勾陳으로 印綬를 하고 捕盜人(포도인)으로도 논하니 旺하면 吉하고 衰
하면 凶하다.

◎ 訟事는 勾陳을 위주하는데, 日辰을 剋하면 원한이 풀리질 않고, 日辰이 勾陳을
剋하면 결국은 풀린다.

◎ 勾陳의 陰神에 螣蛇, 朱雀이 乘하고 殺을 帶하여 日干을 剋하면 더욱 凶하다.
만약 勾陳이 日辰을 剋하나 勾陳의 陰神에 貴人이 乘하여 生日干하면 凶變吉한
데 반드시 行年에서 空亡이 없어야 한다.

◎ 捕盜占(포도점)엔 勾陳이 剋日하면 포획하고, 勾陳의 所乘之神이 玄武를 剋하여
도 포획한다.

◎ 勾陳의 所臨之地가 玄武의 所臨之地를 剋하면 도적이 自敗하거나 自首한다. 이
와 반대면 잡지 못하고 오히려 禍를 當할 수 있으니 조심해야한다.

◎ 宅墓占(택묘점)에 勾陳이 旺相하여 宅墓(日干:墓. 日支:宅)에 臨하면 平安한데 만약
休囚가 되고 또 宅墓가 刑剋이 되면 불안하다. 勾陳이 辰戌丑未에 乘하면 더욱
흉하다.

◎ 勾陳이 刑殺을 대하면 禍患(화환)은 즉시 닥친다.

| 地支 | 主事 |
|---|---|
| 子 | 投機(투기)이라 하고 暗으로 凌辱(능욕), 陷害(함해)를 당한다. |
| 丑 | 受鉞(수월)이라 하고 暗으로 凌辱(능욕), 陷害(함해)를 당한다. |
| 寅 | 遭囚(조수)라고 하며 上書, 獻策(헌책) 등에 마땅하다. |
| 卯 | 臨門(임문), 혹은 入獄(입옥)이라 하여 家室不和 한다. |
| 辰 | 升堂(승당)이라 하여 獄吏(옥리)와 求通한다. |
| 巳 | 捧印(봉인)이라 하여 在官者는 昇遷(승천)하나 常人은 반대로 흉하다. |
| 午 | 反目이라 하여 타인 때문에 堅壘(견루)를 당한다. |
| 未 | 入驛(입역)이라 하고 주로 詞訟(사송)이 繫留(계류)된다. |
| 申 | 趨戶(추호)라 하고 舊緣反復(구연반복)된다. |

| 酉 | 披刃(피인)金錢上의 爭事(쟁사)가 있다. |
|---|---|
| 戌 | 下獄(하옥)이라 하여 주로 詞訟(사송)이 繫留(계류)된다. |
| 亥 | 褰裳(건상)이라 하여 舊緣反復(구련반복)한다. |

## 6) 靑龍

◉ 甲寅木에 속하는 제일의 吉將이다. 得地하면 富貴榮尊(부귀영존)하고 失地하면
  재물이 損耗(손모)되며 財帛(제백), 菜穀(채곡), 喜慶之事를 주로 한다.

◉ 訟事占에 靑龍이 喜神인데 만약 所乘之神이 刑殺을 帶하고 入傳하며, 또 剋日하
  면 반대로 凶하다.

◉ 婚姻에는 靑龍으로 신랑을 보고 天后로 신부를 본다.

◉ 新婦 入門時에 天后가 靑龍所乘之神을 剋하면 반드시 남편을 극한다.

◉ 求財에도 靑龍을 위주하는데, 旺相氣가 乘하고 旺相鄕에 臨하여 日辰과 相生하
  거나 日辰과 三合, 六合이 되면 길하다. 단, 반드시 入傳하거나 日辰上에 臨해야
  지 그렇지 않으면 龍去한 것이라 하여 힘을 받지 못한다.

◉ 婚姻, 胎産도 위와 같이 보는데 所乘之神이 本命을 生하면 재산이 늘어나나 本命
  을 剋하면 재산이 준다.

◉ 捕盜(포도)에는 靑龍이 入傳함을 제일 꺼린다. 왜냐 龍은 머리는 보여도 꼬리는
  보이지 않기 때문이다.

◉ 行人占에 靑龍이 入傳하면 역시 他方으로 돌아간다.

◉ 病占에 靑龍이 入傳하면, 사안은 대체로 酒食(주식)으로 인한 病이거나, 房事(방
  사)로 인해서 얻은 病이다.

◉ 官職占(관직점)에 文官은 靑龍으로 보고 武官은 太常으로 본다. 日干과 生合하면
  吉하고 반대면 凶하다.

◉ 靑龍이 太歲에 乘하여 入傳하면 반드시 遷轉(천전)하게 된다.

◉ 靑龍과 凶殺이 日辰에 같이 臨하면 喜慶 中에 殺鬪(살투)가 있다.

◉ 靑龍이 孟月에 寅에 乘하고, 仲月에 酉에 乘하고, 季月에 戌에 乘하면 靑龍開眼
  (청룡개안)이라 하여 疏災降福(소재강복)한다.

◉ 靑龍이 春月에 丑에 乘하고, 夏月에 寅에 乘하고, 秋月에 辰에 乘하고, 冬月에
  巳에 乘하면 靑龍安臥(청룡안와)라 하여 災禍(재화)가 따라 일어난다.

| 地支 | 主事 |
|---|---|
| 子 | 入海(입해)라 하고 비상한 慶事가 있다. |
| 丑 | 蟠泥(반니)라 하여 謀事(모사)가 未遂(미수)한다. |
| 寅 | 乘龍(승룡)이라 하고 經營에 이롭다. |
| 卯 | 驅雷(구뢰)라고 하여 經營에 이롭다. |
| 辰 | 飛天(비천)이라 하여 진취함에 이로움이 있다. |
| 巳 | 掩目(엄목)이라 하여 不測之憂(불측지우)가 있다. |
| 午 | 燒身(분신)이라 하여 不測之禍(불측지화)가 있다. |
| 未 | 在陸(재륙)이라 하여 圖謀之事(도모지사)는 법도가 없고 순리대로 따름이 좋다. |
| 申 | 傷鱗(상린)이라 하여 爭訟(쟁송) 件이 있으며, 安分함이 좋다. |
| 酉 | 摧角(최각)이라 하여 退守함이 좋고, 進就함은 불리하다. |
| 戌 | 登魁(등괴)라고 하여 주로 小人과의 재물로 인한 다툼이 있다. |
| 亥 | 游江(유강)이라 하여 비상한 慶事가 있다. |

## 7) 天空

◎ 戊戌土에 속하는 凶將이다.

◎ 天地의 모든 雜氣를 얻어 인간의 邪神을 만들어 動하여도 離濟(이제)의 마음이 없고, 靜하여도 夭毒(요독)한 마음만 있다.

◎ 天乙貴人의 對方에 居하여 유명무실한 象으로 空亡과 같은 역할로 虛僞(허위), 詐巧(사교)등의 事를 主한다.

◎ 詞訟(사송)에는 發用이나 혹 말전에 天空이 乘하면 반드시 解訟되나, 求財에는 大忌한다.

◎ 婚姻占(혼인점)에 天空이 發用하거나 日辰에 臨하면 其 家에 반드시 孤寡之人(고과지인)이 있거나 祖業을 破한 집안이다.

◎ 奴婢占(노비점)에는 天空爲主인데, 만약 所乘之神과 相生, 相合하면 吉하고, 그렇지 않으면 도망가기 쉽다. 혹 所乘之神이 魁罡이 될 때는 그 奴婢는 선량치 못하다.

◎ 考試占(고시점)에는 天空이 發用되면 오히려 좋다. 天空이 秦書之神(진서지신)이기 때문이다.

- 請託(청탁)이나 謀事(모사)에 天空이 發用하거나 入傳하면 虛事이다.
- 天空이 辰戌丑未에 乘하면 天空廢(천공폐)라고 하여 小事는 成事하나 大事는 不成한다.
- 만약 貴人이 順布하고 所乘神이 旺相하고 相生이 되면 奴婢가 同心한다.
- 所乘神이 日干의 財가 되고, 다시 天喜를 만나면 求財事가 小人이나 僧道(승도)에 의해 얻은 물건이다.
- 天干이 遁干壬癸에 해당하면 天空下淚(천공하루)라 하여 死亡之事가 있다.

| 地支 | 主事 |
|------|------|
| 子 | 伏室(복실)이라 하여 百事에 근심이 있다. |
| 丑 | 侍側(시측)이라 하여 在官者는 遷躍되나, 평민은 조롱당한다. |
| 寅 | 被制(피제)라 하여 公私 간에 口舌이 있다. |
| 卯 | 乘侮(승모)라 하고 暴客(폭객), 欺凌(기릉)의 뜻이 있다. |
| 辰 | 肆惡(사악)이라 하여 暴客(폭객) 欺凌(기릉)의 뜻이 있다. |
| 巳 | 受辱(수욕)이라 하여 腹痛(복통), 痢疾(이질)의 뜻이 있으나 謨望(모망)엔 吉하다. |
| 午 | 識字(식자)라 하고 正僞(정위)함이 難測(난측)하다. |
| 未 | 趨進(추진)이라 하여 詐欺(사기)로 得財한다. |
| 申 | 鼓舌(고설)이라 하여 正僞(정위)함이 難測(난측)하다. |
| 酉 | 巧舌(교설), 奸人詭計(간인궤계)가 있다. |
| 戌 | 居家(거가)라 하여 百事가 다 허사이다. |
| 亥 | 誣詞(무사)라 하여 奸人詭計(간인궤계)가 있다. |

## 8) 白虎

- 庚申金에 속하는 凶將이다. 得地하면 威猛(위맹)이 있으나 失地하면 낭패다. 刀劍, 血光, 疾病, 死亡 등을 主事하나 刑殺을 帶하면 災禍가 入至한다.
- 白虎는 權威之將(권위지장)이라 大功, 大事에는 白虎를 제일 좋아한다. 發用하거나 入傳하면 其 功은 성립하고 其 事는 성취한다.
- 官爵占(관작점)에는 역시 白虎를 좋아하며 刑殺을 帶하면 더욱 좋고, 오히려 刑殺이 없으면 불발이다.

⊙ 疾病占(질병점)에는 白虎를 제일 꺼린다. 所乘之神이 日干을 剋하고 刑殺을 帶하거나 혹 魁罡에 백호가 승하여 日干을 剋하고 行年을 剋하거나, 혹 白虎의 陰神이 日辰, 年命을 剋할 때는 必死한다.

⊙ 白虎가 空亡이 되거나 혹 月德을 겸하면 凶變爲吉되는데 凶殺이 太重하면 역시 救할 수가 없다.

⊙ 訟事占(송사점)엔 白虎나 螣蛇가 剋日 함을 제일 꺼린다. 왜냐하면 血光之神이기 때문이다.

⊙ 墓宅占(묘택점)에는 白虎가 어느 方位에 臨했는가를 보아 其 方位에 암석이나 神廟(신묘)가 있음을 알 수 있다.

⊙ 行人占(행인점)도 白虎로 보는데 초전이면 바로 오고, 중전이면 오는 중이고, 말전이면 失約하고 오지 않는다.

⊙ 白虎가 喪門, 弔客을 帶하고 支에 臨하면 家中에 喪服입을 일이 있거나, 外服이 入宅한다.

⊙ 天時占에 白虎가 發用하면 大風이 있다.

| 地支 | 主事 |
|---|---|
| 子 | 溺水(익수)라 하여 陰書가 阻隔(조격)된다. |
| 丑 | 在野(재야)라 하여 牛羊이 손상된다. |
| 寅 | 登山(등산)이라 하여 在官者는 대길하고 平人은 대흉하다. |
| 卯 | 臨門(임문)이라 하여 人口가 손상된다. |
| 辰 | 咥人(질인)이라 하여 官災, 刑戮(형륙)등 흉화가 있다. |
| 巳 | 焚身(분신)이라 하여 殃禍(앙화)가 消散된다. |
| 午 | 焚身(분신)이라 하여 殃禍(앙화)가 消散된다. |
| 未 | 在野(재야)라 하여 牛羊이 손상된다. |
| 申 | 銜牒(함첩)이라 하여 驛馬殺, 劫殺, 羊刃殺을 띠면 군사상의 건이거나, 외출시 傷害의 건이 있다. |
| 酉 | 臨門(임문)이라 하여 人口가 손상된다. |
| 戌 | 落穽(낙정)이라 하여 禍가 변해 福이 된다. |
| 亥 | 溺水(익수)라 하여 陰書가 阻隔(조격)된다. |

## 9) 太常

⊙ 己未土에 속하는 吉將이다. 四時의 喜神으로 宴會(연회), 酒色(주색), 衣冠(의관), 文章(문장)을 主事한다.

⊙ 官職占에는 太常을 제일 기뻐한다. 초·말전에 태상을 보고 天馬, 驛馬를 대하면 求事는 필성한다.

⊙ 三傳에 河魁(戌)와 太常을 보면 兩重印綬(양중인수)하게 된다. 왜냐하면 河魁는 印이요 太常은 綬이기 때문이다. 또한 印綬星이 動한다 하여 반드시 喜慶이 있고, 만약에 旺相하고 相生이 될 때에는 관리는 昇遷(승천)하고, 평민은 婚姻之事가 있다.

⊙ 太常의 所乘之神이 休囚되고 서로 相剋되면 재산상 불안하거나 재물이 만족치 못하다.

⊙ 만약 太常이 春辰. 夏酉. 秋卯. 冬巳에 乘하면 太常被剝(태상피박)이라 하여 만사 불성한다.

| 地支 | 主事 |
|------|------|
| 子 | 荷項(하항)이라 하여 酒食으로 인해 벌을 받는다. |
| 丑 | 受爵(수작)이라 하여 진급, 승진한다. |
| 寅 | 側目(측목)이라 하여 아첨하며 이간한다. |
| 卯 | 遺冠(유관)이라 하여 재물상의 손실이 있다. |
| 辰 | 佩印(패인)이라 하여 在官者는 유리하고 평인은 불리하다. |
| 巳 | 鑄印(주인)이라 하고 喜慶이 있다. |
| 午 | 乘軒(승헌)이라 하여 문서, 소식에 길하다. |
| 未 | 捧觴(봉상)이라 하여 희경이 있다 |
| 申 | 受爵(수작)이라 하여 진급 승진한다. |
| 酉 | 券書(권서)이라 하여 매사 후에 쟁탈이 있다. |
| 戌 | 逆命(역명)이라 하여 尊卑(존비)가 不和한다. |
| 亥 | 微召(미소)라 하여 尊長에겐 좋고 卑小에겐 좋지 않다. |

## 10) 玄武

⊙ 癸亥水에 속하는 흉장이다. 北方의 陰地邪氣로 盜賊, 陰書, 逃亡, 流失 등을 主事한다.

⊙ 盜賊占은 玄武로 위주하는데 玄武의 陰神을 盜神(도신)이라 한다. 陰神과 上下比和가 되면 其 方位에 도적이 隱匿(은익)해 있다고 단정하고, 上下가 相剋하면 다시 盜神의 陰神을 보아 其 方位가 隱匿之處(은익지처)라는 것을 알 수 있고, 盜神이 生하는 神의 地支處에 臟物(장물)이 있다.

⊙ 玄武의 陰·陽神과 盜神의 陰神이 相互 相生하고 혹 盜神에 吉將이 乘하면 포획하기 어렵다. 만약 이상의 三神이 相剋하고 흉장이 乘할 때는 포획할 수 있다.

⊙ 玄武가 日辰에 臨하면 반드시 도적의 失奪을 조심해야 하고, 또 訟吏의 暗産이 있다.

⊙ 玄武가 日德을 帶하고 日辰에 臨하면 도망하거나 遺失(유실)한 사람의 물건을 찾거나 돌아온다.

⊙ 昂星課에 玄武가 寅卯에 臨하면 반드시 失物이 있고, 교도소라면 죄수의 탈옥이 있다.

⊙ 玄武가 辰戌丑未에 乘하면 橫截(횡절)이라고 하여 盜賊의 侵陵(침릉)이 있다.

| 地支 | 主事 |
|------|------|
| 子 | 撤髮(살발)이라 하며 재물상 손실이 있다. |
| 丑 | 升堂(승당)이라 하며 재물을 사기 당한다. |
| 寅 | 入林(입림)이라 하여 安倨樂業(안거낙업)할 수 있다. |
| 卯 | 戒護(계호)라 하며 諸事에 불리하다. |
| 辰 | 失路라 하여 투옥되는 刑을 당한다. |
| 巳 | 反顧(반고)라 하여 百事가 다 허사이다. |
| 午 | 折足(절족)라 하고 도적에게 악의가 있으니 반드시 조심해야 한다. |
| 未 | 不成(불성)이라 하여 偸盜가 불성이고 도적을 쉽게 포획한다. |
| 申 | 截路(절로)라하고 도적은 세력을 상실하여 반드시 포획한다. |
| 酉 | 拔劍(발검)이라 하여 도적에게 악의가 있으니 반드시 조심해야한다. |
| 戌 | 遭囚(조수)라하여 도적은 반드시 잡는다. |

| | |
|---|---|
| 亥 | 伏藏(복장)이라 하여 도적은 잡기 어렵고, 生氣가 있을시 大建築事業(대건축사업)이다. |

## 11) 太陰

◉ 辛酉金에 속하는 吉將이다. 得地하면 正直無邪(정직무사)하고 失地하면 陰亂無恥(음란무치)하며 淫事(음사), 廢匿(폐익), 奸詐(간사), 暗昧(암매) 등을 주사한다.

◉ 盜賊占(도적점)에 太陰이 入傳하거나 日辰에 臨하면 잡기 힘든데, 왜냐하면 太陰은 天地의 邪門이기 때문이다.

◉ 墓宅占(묘택점)에 太陰이 入傳하면 其 所臨之方에 佛舍(불사), 奇特(기특), 敬美(경미)한 물건이 있다.

◉ 婚姻占(혼인점)에 太陰이 日辰에 臨하고 酉亥未에 乘하여 發用하면 其 女는 반드시 不貞하다.

◉ 太陰이 日本(日干의 長生)에 臨하여 日干을 剋하면 淫亂하다.

◉ 刑事占(형사점)에 太陰이 入傳하고 日干과 相生할 때에는 自首한다.

◉ 太陰이 申酉에 臨하면 拔劍(발검)이라 하여 暗中에 陷害(함해)할 뜻이 있다.

| 地支 | 主事 |
|---|---|
| 子 | 垂簾(수렴)이라 하여 처첩이 相謀(상모)한다. |
| 丑 | 守局이라 하여 尊卑가 相蒙(상몽)한다. |
| 寅 | 跌足(질족), 재물, 문서가 暗動한다. |
| 卯 | 微行(미행) 寄居(기거)에 佳適(가젓)하다. |
| 辰 | 造庭(조정)이라 하여 拘束, 爭訟이 있다. |
| 巳 | 休枕(휴침)이라 하며 도적, 구설 등이 있다. |
| 午 | 脫巾(탈건)이라 하며 재물 문서가 暗動한다. |
| 未 | 觀書(관서)라 하고 가택은 안녕하다. |
| 申 | 執政(집정)이라 하며 기거에 佳適(가적)하다. |
| 酉 | 閉戶(폐호)라 하며 가택은 안녕하다. |
| 戌 | 被察(피찰)이라 하며 괴이한 근심이 있고 소인의 凌侵(능침)이 있다. |
| 亥 | 裸形(나형)이라 하여 도적, 구설을 조심해야 한다. |

## 12) 天后

⊙ 壬子水에 해당하는 吉將이다. 得地하면 고귀존영하고 失地한 즉 奸詐淫亂(간사음란)하며 陰事, 暗昧(암매), 廢匿(폐익)등을 主事한다.

⊙ 天后가 太歲에 乘하여 日干에 臨하면 大赦免(대사면)이 되는데, 課體가 三陽, 三光이 되면 더욱 좋아 死刑囚는 特赦(특사)를 받고, 死者라도 부활한다.

⊙ 天后가 乘한 神에 下賊이 되면 小人의 凌辱事(능욕사)가 있다.

⊙ 婚姻占(혼인점)엔 天后를 위주로 하는데 天后와 日干이 相生되거나 三合 혹 六合이 되면 성사된다.

⊙ 天后가 日干을 剋하면 여자측은 뜻이 있으나 남자측이 不願(불원)이고, 日干이 天后를 극하면 남자측은 뜻이 있으나 여자측이 不願한다. 그러나 課體가 吉하면 지연되다 결국 성사된다.

⊙ 天后가 驛馬를 만나고, 本命上에 解神을 보면 이혼한다.

⊙ 天后의 陰神에 玄武가 乘하면 애매불명한 일이고

⊙ 天后의 陰神이 白虎가 되면 처첩이 위태하다.

⊙ 天后가 天罡에 乘하여 行年에 臨하면 낙태된다.

⊙ 天后가 陽日에 申에 승하고 陰日에 酉에 乘하면 음란하다.

| 地支 | 主事 |
|------|------|
| 子 | 守閨(수규)라 하고 動靜이 感宜(감의)하다. |
| 丑 | 偸窺(투규)라 하고 悚懼(송구)나 驚惶(경황)한 일이 있다. |
| 寅 | 理髮(이발)이라 하며 유유한가하다 |
| 卯 | 臨門(임문)이라 하며 姦淫無道(간음무도)하다. |
| 辰 | 毁粧(훼장)이라 하며 悲哭(비곡)이 있다. |
| 巳 | 裸體(나례)라 하며 悲哭(비곡)이 있다. |
| 午 | 伏枕(복침)이라 하며 신음, 탄식이 있다. |
| 未 | 沐浴(목욕)이라 하며 悚懼(송구)나 驚惶(경황)한 일이 있다. |
| 申 | 修容(수용)이라 하며 유유한가하다. |
| 酉 | 倚戸(의호)라 하며 姦淫無道(간음무도)하다. |
| 戌 | 褰幃(건위)라 하며 신음, 탄식이 있다. |

| 亥 | 治事(치사)라 하여 動靜이 感宜(감의)하다. |
|---|---|

## 2. 십이천장十二天將 **요약**要約

<table>
<tr><td rowspan="11">1</td><td rowspan="11">天乙貴人</td><td>干支</td><td>己丑</td></tr>
<tr><td>五行</td><td>土</td></tr>
<tr><td>吉凶</td><td>吉</td></tr>
<tr><td>色</td><td>黃色</td></tr>
<tr><td>數</td><td>8</td></tr>
<tr><td>主事</td><td>官運. 昇進. 富貴榮尊(부귀존영). 學業成就(학업성취). 試驗合格(시험합격)</td></tr>
<tr><td>類神</td><td>貴官. 尊長. 俸祿(봉록). 文章. 首飾(수식). 珍寶(진보)</td></tr>
<tr><td>植物</td><td>穀(곡). 麻(마)</td></tr>
<tr><td>動物</td><td>牛. 鱉(별)</td></tr>
<tr><td>疾病</td><td>寒熱(한열). 頭暈(두훈)</td></tr>
<tr><td rowspan="10">2</td><td rowspan="10">螣蛇</td><td>干支</td><td>丁巳</td></tr>
<tr><td>五行</td><td>火</td></tr>
<tr><td>吉凶</td><td>凶將</td></tr>
<tr><td>色</td><td>紫色</td></tr>
<tr><td>數</td><td>4</td></tr>
<tr><td>主事</td><td>火光. 驚疑(경의). 憂惶(우황). 怪異(괴이). 夢占(몽점)</td></tr>
<tr><td>類神</td><td>文字. 火光. 血光. 孕婦(잉부). 熒惑(형혹). 小人</td></tr>
<tr><td>植物</td><td>豆. 麥(맥)</td></tr>
<tr><td>動物</td><td>蛇. 蛟</td></tr>
<tr><td>疾病</td><td>手足, 頭, 目의 癰腫(옹종) 見血</td></tr>
<tr><td rowspan="5">3</td><td rowspan="5">朱雀</td><td>干支</td><td>丙午</td></tr>
<tr><td>五行</td><td>火</td></tr>
<tr><td>吉凶</td><td>凶將</td></tr>
<tr><td>色</td><td>赤色</td></tr>
<tr><td>數</td><td>9</td></tr>
</table>

| | | | |
|---|---|---|---|
| | | 主事 | 文章. 印. 信. 考試占 |
| | | 類神 | 豊富(풍부). 螢惑小人. 羽毛(우모). 文章 |
| | | 植物 | 果. 穀(곡) |
| | | 動物 | 獐(장). 馬 |
| | | 疾病 | 胸(흉). 腹陰腫(복음종). 嘔血(구혈) |
| | | \*考試占엔 반드시 朱雀을 보아야 한다. | |
| 4 | 六合 | 干支 | 乙卯 |
| | | 五行 | 木 |
| | | 吉凶 | 吉 |
| | | 色 | 靑色 |
| | | 數 | 6 |
| | | 主事 | 婚姻. 書信. 消息. 交易. 胎産 |
| | | 類神 | 子孫. 朋友. 媒約(매약). 牙僧(아승). 巧工(교공). 術士 |
| | | 植物 | 竹. 木. 鹽(염). 栗(율) |
| | | 動物 | 兎 |
| | | 疾病 | 陰陽不調和. 心腹虛損(심복허손) |
| 5 | 勾陳 | 干支 | 戊辰 |
| | | 五行 | 土 |
| | | 吉凶 | 凶 |
| | | 色 | 黃色 |
| | | 數 | 5 |
| | | 主事 | 爭訟(쟁송). 戰鬪(전투). 詞訟(사송). 拘留(구류) |
| | | 類神 | 將軍. 兵卒. 醜婦(추부). 獄吏(옥리). 貧薄小人(빈박소인) |
| | | 植物 | 田穀(전곡) |
| | | 動物 | 龍. 水蟲(수충) |
| | | 疾病 | 脾虛(비허) |
| 6 | 靑龍 | 干支 | 甲寅 |
| | | 五行 | 木 |
| | | 吉凶 | 吉 |

| | | 色 | 碧色 |
|---|---|---|---|
| | | 數 | 7 |
| | | 主事 | 富貴榮尊. 財帛(재백). 菜穀(채곡). 喜慶之事 |
| | | 類神 | 官貴. 富者. 田主. 天. 雨 |
| | | 植物 | |
| | | 動物 | 龍. 虎. 豹(표). 貍猫(이묘) |
| | | 疾病 | 肝氣(간기). 痢疾(이질) |
| | | \*捕盜占(포도점)에는 靑龍이 入傳함을 大忌한다. | |
| 7 | 天空 | 干支 | 戊戌 |
| | | 五行 | 土 |
| | | 吉凶 | 凶將 |
| | | 色 | 黃色 |
| | | 數 | 5 |
| | | 主事 | 虛僞(허위). 邪交之事(간교지사) |
| | | 類神 | 奴婢(노비). 醜婦(추부). 金錢(금전). 虛空之物(허공지물). 晴(청) |
| | | 植物 | 五穀(오곡) |
| | | 動物 | 狼(랑). 犬 |
| | | 疾病 | 설사 |
| | | \*考試占에는 天空이 吉하다. | |
| 8 | 白虎 | 干支 | 庚申 |
| | | 五行 | 金 |
| | | 吉凶 | 凶將 |
| | | 色 | 白 |
| | | 數 | 7 |
| | | 主事 | 刀劍. 血光. 事故. 疾病. 死亡 |
| | | 類神 | 病人. 道路. 金銅. 銃器(총기) |
| | | 植物 | 麥(맥) |
| | | 動物 | 虎. 猿(원) |
| | | 疾病 | 嘔血(구혈). 情蟲(정충) |
| | | \*戰爭의 大功. 大事의 圖謀(도모). 官爵占에 좋다. | |

| 9 | 太常 | 干支 | 己未 |
|---|---|---|---|
| | | 五行 | 土 |
| | | 吉凶 | 吉將 |
| | | 色 | 黃色 |
| | | 數 | 8 |
| | | 主事 | 宴會(연회). 酒色. 衣冠. 文章 |
| | | 類神 | 武官. 酒食. 衣冠 |
| | | 植物 | 麻(마) |
| | | 動物 | 雁(안). 羊 |
| | | 疾病 | 四肢. 頭腹 |
| | | \* 官爵占는 太常이 入傳하면 길하다. 특히 무관직이다. | |
| 10 | 玄武 | 干支 | 癸亥 |
| | | 五行 | 水 |
| | | 吉凶 | 凶將 |
| | | 色 | 褐色(갈색) |
| | | 數 | 4 |
| | | 主事 | 盜賊(도적). 淫事(음사). 逃亡(도망). 遺失(유실) |
| | | 類神 | 盜賊. 奸邪小人 |
| | | 植物 | 豆 |
| | | 動物 | 猪 |
| | | 疾病 | 腎虛(신허). 血崩(혈붕) |
| | | \* 捕盜占(포도점)에는 玄武를 위주로 본다. | |
| 11 | 太陰 | 干支 | 辛酉 |
| | | 五行 | 金 |
| | | 吉凶 | 吉將 |
| | | 色 | 白 |
| | | 數 | 6 |
| | | 主事 | 淫事(음사). 蔽惡(폐악). 奸巧(간교). 暗埋(암매) |
| | | 類神 | 兄弟姉妹(형제자매) |
| | | 植物 | 小麥(소맥) |

| | | 動物 | 雞(계). 雉(치) |
|---|---|---|---|
| | | 疾病 | 肺病(폐병). 疲勞(피로) |
| | | \*捕盜占(포도점)에는 太陰이 入傳하거나, 日辰에 臨하면 잡기 어렵다. | |
| 12 | 神后 | 干支 | 壬子 |
| | | 五行 | 水 |
| | | 吉凶 | 吉將 |
| | | 色 | 黑色 |
| | | 數 | 9 |
| | | 主事 | 淫事. 暗埋. 蔽惡 |
| | | 類神 | 貴婦. 妻 |
| | | 植物 | 稻. 豆 |
| | | 動物 | 鼠. 蝙蝠(편복) |
| | | 疾病 | 痢疾. 腹痛 |

# 제5장
# 십이신장 상해十二神將 詳解

| 亥 | |
|---|---|
| 別稱 | 燈明(등명) |
| 五行 | 水 |
| 節氣 | 立冬 ~ 小雪 |
| 月將 | 1月將 |
| 寄託 | 壬寄宮(上). 水生木(下) |
| 音 | 角(각) |
| 數 | 4 |
| 色 | 褐(갈) |
| 味 | 鹹(함) |
| 星 | 室(규). 壁(벽) |
| 宮 | 雙魚 |
| 分野 | 陝西(협서). 綏遠(수원). 蒙古(몽고) |
| 方位 | 西北 |
| 主事 | ◆ 禎祥(정상). 徵召(징소), 陰私(음사). 汚穢(오예)<br>◆ 乘 凶將 : 爭訟(쟁송), 毆擊(구격), 沉溺(침익).<br>◆ 巳酉丑日 占은 失物事. |
| 類神 | 雨師. 孫. 舟子. 私識物(사식물)<br>亥加四仲(寅申巳亥) 六合 乘 : 幼子(유자)<br>亥加子酉 : 醉人(취인)<br>乘 玄武 : 盜賊(도적)<br>乘 螣蛇 : 哀哭(애곡)<br>乘 貴人 : 徵召(징소) |
| 身體 | 髮(발). 腎(신). 膀胱(방광). |

| | |
|---|---|
| | 亥加日干 : 頭(두) |
| | 陽日 亥加申. 陰日 亥加未 : 足(족) |
| 疾病 | 頭風(두풍). 癲狂(전광). 瘧痢(학리) |
| | 亥加巳 : 頭面壞(두면괴) |
| | 亥加年命 : 泄瀉(설사) |
| | 亥加子 : 痰火(담화) |
| | 乘 玄武 : 眼目流淚(안목유루) |
| | 乘 天后 : 溺斃(익폐) |
| 事物 | 庭園(정원). 園牆基(위장기). 廐(구). 倉庫. 圖書. 幞(복). 帳(장). 帥(솔). |
| | 笠(립). 圓環(원환). |
| | 亥加巳 : 管籥(관약) |
| | 乘 靑龍 : 樓(루) |
| | 乘 六合 : 閣(각) |
| | 乘 勾陳 : 獄(옥) |
| | 乘 太常 : 廛(전) |
| | 亥加卯 : 台(태) |
| | 亥加戌 : 廁(측) |
| | 酢醬(초장) |
| | 乘 朱雀 : 鹽(염) |
| 動物 | 猪(저). 熊(웅). 魚. 鼈(별). |
| 植物 | 稻(도). 梅花(매화). 葫蘆(호려). |
| | 乘 太常 : 穀(곡) |
| | 亥加子 : 麥(맥) |
| 姓氏 | 楊(양). 朱(주). 魯(노). 魏(위). 于(우). 房(방). 任(임). 季(계). 鄧(등). 范(범). |
| | 馮(풍). 點水之類(점수지류=삼수변 등의 姓 ) |

| 戌 | |
|---|---|
| 別稱 | 河魁(하괴) |
| 五行 | 土 |
| 節氣 | 寒露~霜降 |
| 月將 | 2月將 |
| 寄託 | 辛寄宮(上) 火墓(下) |
| 音 | 商 |
| 數 | 5 |
| 色 | 黃 |

| | |
|---|---|
| 味 | 甘 |
| 星 | 奎(규). 婁(루) |
| 宮 | 白羊 |
| 分野 | 甘肅(감숙). 新疆(신강) |
| 方位 | 西北 |
| 主事 | 詐欺(사기). 奴婢逃亡(노비도망). 印綬(인수). 破財(파재). 聚衆(취중)<br>發用시는 舊事가 재현된 사안. |
| 類神 | 陰. 雲. 奴(노). 軍人. 皂隷(조래). 獄人(옥인). 僧徒(승도). 小童(소동)<br>戌加子午 : 舅翁(구옹)<br>戌加申 : 兵卒(병졸)<br>乘 朱雀 : 官吏(관리)<br>乘 天后 : 長者(장자)<br>乘 白虎 剋日 : 盜賊(도적)<br>乘 玄武 : 乞人(걸인)<br>乘 勾陳 : 聚衆(취중) |
| 身體 | 脾(비). 命門(명문). 膝(슬). 足(족). 胸脇(흉협). |
| 疾病 | 腹痛(복통). 脾泄(비설). 夢魂顚倒(몽혼전도)<br>戌加年命 : 足疾(족질)<br>乘 天空 : 行步障碍(행보장애) |
| 事物 | 城郭(성곽). 土岡(토강). 營寨(영채). 廊廡(낭무). 處堂(처당). 浴室(욕실). 牢獄(뇌옥). 禮服(예복). 印(인). 鞋(혜). 軍器(군기). 鋤(서). 鎭鑰(쇄륜). 碓磨(대마)<br>戌加四季(진미술축) : 牆垣(장원)<br>乘 螣蛇 加巳午 : 窯冶(요치)<br>乘 白虎 : 墳墓(분묘)<br>乘 太常 : 印綬(인수)<br>乘 玄武 : 枷(가)<br>乘 玄武 加寅 : 坑厠(갱측)<br>乘 勾陳 加申酉 : 石<br>甲日 戌加寅 : 牆倒(장도) |
| 動物 | 山狗(산구). 狼(랑). 豹(표). |
| 植物 | 五穀. 麻. 豆. 蠶絲. |
| 姓氏 | 魏. 石. 魯. 徐. 倪. 婁. 土旁(오른쪽의 토 부수 姓).<br>足旁之類(아래쪽의 土 부수 姓) |

| 酉 | |
|---|---|
| 別稱 | 從魁(종괴) |
| 五行 | 金 |
| 節氣 | 白露~秋分 |
| 月將 | 3月將 |
| 寄託 | |
| 音 | 羽 |
| 數 | 6 |
| 色 | 白 |
| 味 | 辛 |
| 星 | 胃. 昴. 畢 |
| 宮 | 金牛 |
| 分野 | 四川. 川邊(수변). 靑海 |
| 方位 | 西方 |
| 主事 | 陰私. 解散. 賞賜. 金錢. 奴婢. 信息 |
| 類神 | 婢. 姐(저). 少女. 外妾. 酒人. 賭徒(도도). 金銀匠人. 膠漆工人(교칠공인).<br>酉加子丑 : 老婢(노비)<br>乘 貴人 : 賞賜(상사)<br>乘 朱雀 : 暗眛(훤갈)<br>乘 六合 加寅申 : 尼(니)<br>乘 勾陳 : 解散<br>乘 靑龍 : 姜<br>乘 天空 : 小婢<br>乘 白虎 加四孟(寅申巳亥) : 邊兵(변병)<br>乘 太常 加卯 : 樂伎(악기)<br>乘 玄武 : 水邊(수변)<br>乘 天后 : 私通(사통)<br>酉加子 : 霖雨(임우)<br>酉加戌 : 霜(상)<br>酉加巳午未 : 雪<br>酉加巳 : 海<br>酉加子 : 江<br>夫婦不和 |
| 身體 | 肺. 肝膽(간담). 小腸. 耳目口鼻(이목구비). 皮毛. 精血. 音聲. |

| | |
|---|---|
| 疾病 | 咳嗽勞傷(해수노상).<br>乘 螣蛇 : 目疾<br>丙丁日 酉加 : 赤眼<br>亥加 行年 刑本命 : 刀傷<br>乘 太陰 : 脾肺傷損(비폐상손) |
| 事物 | 塔(탑). 山岡(산강). 街巷(가항). 倉廛(창전). 門戶. 酒坊(주방). 石穴. 碑碣(비<br>갈). 碓磨(대마)<br>金銀首飾(금은수식). 珍珠(진주). 銅鏡(동경).<br>乘 靑龍 旺相 : 金玉<br>乘 靑龍 休囚 : 小刀<br>丙丁日 乘 太陰 : 錢<br>甲乙日 乘 白虎 : 孝服(효복) |
| 動物 | 鳥. 鴨(압). 鵝(아). 雉(치) |
| 植物 | 小麥(소맥). 酒漿(주장). 菜蔬(채소). 薑蒜(강산) |
| 姓氏 | 趙. 金. 樂. 石. 劉. 閔. 程. 鄭. 呂. 金旁(금방). 立人之類 |

| 申 | |
|---|---|
| 別稱 | 傳送(전송) |
| 五行 | 金 |
| 節氣 | 立秋~處暑 |
| 月將 | 4月將 |
| 寄託 | 庚寄宮(上) 生水(下) |
| 音 | 徵 |
| 數 | 7 |
| 色 | 栗 |
| 味 | 辛 |
| 星 | 觜(자). 參(참) |
| 宮 | 陰陽 |
| 分野 | 雲南. 西藏(서장) |
| 方位 | 西南 |
| 主事 | 道路. 疾病. 音. 耗 |
| 類神 | 行人. 公人. 郵使(우사). 兵卒. 金石匠. 商買. 屠戶(도호). 醫. 巫. 獵人(엽인).<br>疾病 |

| | |
|---|---|
| | 饋送(궤송). 昇遷(승천). 驛遞(역체). 死屍. 靈柩(영구)<br>乘 六合 : 醫生<br>乘 白虎 : 獵人(엽인)<br>乘 太常 : 僧<br>乘 勾陳 : 攻劫(공겁)<br>乘 螣蛇 : 喪孝(상효)<br>乘 玄武 加亥 : 失脫<br>申加亥 剋日 : 水厄 |
| 身體 | 肺(폐). 肝膽(간담). 大腸. 筋骨(근골). 心胸(심흉). 脈絡(맥락). 音聲. |
| 疾病 | 缺脣(결순). 墮胎(타태)<br>乘 白虎 : 瘡腫骨痛(창종골통) |
| 事物 | 城. 神祠(신사). 郵亭(우정). 馬舍. 道路. 陵寢(능침). 廓(곽). 羽毛. 藥物. 金銀.<br>刀. 劍.<br>乘 天后 : 湖池<br>乘 白虎 : 兵器<br>乘 天空 : 碓磨(대마) |
| 動物 | 猿猴(원후) |
| 植物 | 大麥. 絹帛(견백). 絮(서) |
| 姓氏 | 袁. 郭. 申. 晉. 侯. 寒. 鄧(등). 金旁. 走之(之類) |

| 未 | |
|---|---|
| 別稱 | 小吉 |
| 五行 | 土 |
| 節氣 | 小暑~大暑 |
| 月將 | 5月將 |
| 寄託 | 丁寄宮(上) 木墓(下) |
| 音 | 徵 |
| 數 | 8 |
| 色 | 黃 |
| 味 | 甘 |
| 星 | 井. 鬼 |
| 宮 | 巨蟹(거해) |
| 分野 | 廣西. 鬼州 |

| 方位 | 西南 |
|---|---|
| 主事 | 酒食. 婚姻. 祭祀(제사) |
| 類神 | 風伯. 父母. 妹. 寡婦(과부). 島司(도사). 酒師. 帽匠(모장). 熟識人(숙식인). 賓客(빈객).<br>印信. 慶賀(경하). 宴會(연회)<br>未加亥 : 繼父(계부)<br>乘 太陰 : 姨(이)<br>未加酉 : 繼母(게모)<br>乘 天后 : 舅姑(구고)<br>未加未 : 醉人(취인)<br>未加寅 : 婿(서)<br>未加酉丑 : 老人<br>壬癸日 乘 朱雀, 勾陳 : 爭訟<br>乘 靑龍 : 徵召(징소)<br>乘 朱雀 加亥子 : 蝗蟲(황충)<br>辛巳日 乘 白虎 : 大風 |
| 身體 | 脾. 胃. 肩背. 脊樑. 腹. 口. 脣. 齒 |
| 疾病 | 傷風. 飜胃嘔吐. 癆瘵(로채)<br>乘 太常 : 氣噎(기일) |
| 事物 | 土塚(토총). 牆垣(장원). 井. 茶肆(다사). 酒肆(주사). 冠裳(관상). 笙歌(생가). 醫藥(의약). 酒食(주식). 簾(렴)<br>乘 天空 未加辰 : 田園(전원)<br>未加卯 : 林木<br>乙日 乘 白虎 : 墳墓(분묘)<br>未加子 : 醬(장) |
| 動物 | 羊 |
| 植物 | 桑葉(상엽). 木棉(목면). 小麻(소마). |
| 姓氏 | 朱. 秦. 高. 張. 章. 羊. 杜. 井. 魏. 楊. 羊旁. 土旁之類 |

| 午 | |
|---|---|
| 別稱 | 勝光(승광) |
| 五行 | 火 |
| 節氣 | 芒種~夏至 |
| 月將 | 6月將 |
| 寄託 | |

| | |
|---|---|
| 音 | 宮 |
| 數 | 9 |
| 色 | 赤 |
| 味 | 苦 |
| 星 | 柳. 星. 張 |
| 宮 | 獅子 |
| 分野 | 湖南. 廣東 |
| 方位 | 正南 |
| 主事 | 文書. 官事 |
| 類神 | 霞. 晴. 婦女. 蠶姑(잠고). 旅客(여객). 軍官. 騎兵(기병). 巫女(무녀). 鐵匠(철장). 伴侶(반려). 神氣(신기)<br>火怪. 詞訟(사송)<br>乘 天后 : 宮女<br>乘 靑龍 : 使兵<br>乘 貴人 : 善人<br>乘 勾陳 : 亭長<br>乘 太陰 : 姜<br>乘 朱雀 : 誠信<br>乘 六合 : 通語<br>午加申 : 咒咀(주저) |
| 身體 | 心. 口. 舌.<br>乘 玄武 : 目 |
| 疾病 | 午加亥 : 心痛(심통)<br>午加子 : 疝氣(산기)<br>乘 螣蛇 : 驚惶(경황)<br>午加 卯酉 : 目疾<br>乘 朱雀 : 傷風. 下痢(하리) |
| 事物 | 營衛(영위). 宮室. 城門. 堂. 窯治(요치). 山林. 田宅. 火燭(화촉). 旌旗(정기). 絲繡(사수). 書畵(서화)<br>蒸籠(증롱). 衣架(의가). 爐(노). 櫃(궤). 文書. 信息. 光彩(광채).<br>乘 白虎 : 道路<br>乘 太常 加申酉 : 廚房(주방)<br>乘 太常, 六合 : 衣物. 帳被(장피)<br>乘 白虎 : 道路. 刀兵 |
| 動物 | 獐. 鹿 |

| | |
|---|---|
| 植物 | 絲(사). 綿(면). 麥稷(맥직). 紅豆(홍두)<br>午加卯 : 小豆. 禾麥(화맥) |
| 姓氏 | 蕭(소) 張 李 許 周 馬 朱 柳 狄 馮(풍) 馬旁之類 火旁之類 |

| 巳 | |
|---|---|
| 別稱 | 太乙 |
| 五行 | 火 |
| 節氣 | 立夏~小滿 |
| 月將 | 7月將 |
| 寄託 | 戊寄宮(上) 金生(下) |
| 音 | 角 |
| 數 | 4 |
| 色 | 紫(자) |
| 味 | 苦 |
| 星 | 翼(익). 軫(진) |
| 宮 | 雙女 |
| 分野 | 江西. 福建 |
| 方位 | 東南 |
| 主事 | 爭鬪. 口舌. 驚惶(경황). 怪異(괴이) |
| 類神 | 紅霞(홍하. 冬至後 雪). 長女. 朋友. 主婦. 畫師(화사). 術士. 廚夫(주부)<br>窯工(요공). 騎卒(기졸). 手藝人(수예인). 文學. 取索(취색). 孕(잉)<br>乘 太陰 : 娼婦(창부)<br>乘 螣蛇 巳加辰 : 雙胎(쌍태)<br>乘 螣蛇 巳加辰 剋日辰 : 罵詈(매리)<br>乘 白虎 剋日辰 : 外服(외복)<br>辛日 乘 螣蛇 : 弔客(조객)<br>巳加辰戌 : 凶徒(흉도)<br>巳加酉之類 : 徒配(도배) |
| 身體 | 心. 三焦(삼초). 人後. 頭面. 牙齒(아치). 股(고). 小腸. 胃. 雀斑(직반) |
| 疾病 | 齒痛(치통). 吐血.<br>乘 太陰 : 口瘡(구창)<br>乘 螣蛇 : 頭面疼痛 |
| 事物 | 竈. 竈 爐 筺筐(비광). 磁氣. 磚瓦(전와). 弓弩(궁노). 樂器. |

| | |
|---|---|
| | 巳加申 : 釜(부)<br>巳加酉 : 罌(앵)<br>戊日 乘 勾陳 : 管籥(관약)<br>巳加未 : 竈畔有井(조반유정)<br>未加巳之類 : 井旁有竈(정방유조) |
| 動物 | 飛鳥(비조). 蜥蜴(석척). 蚯蚓(기인). 蟮(선). 飛蟲(비충)<br>乘 六合 : 鳴蟬(명선) |
| 植物 | 布帛(포백). 花果. 麥稷(맥직). 長緣樹(장연수) |
| 姓氏 | 陳. 石. 趙. 田. 張. 荊(형). 余(여). 朱. 郝(학). 楚. 杞(기). 耿(경).<br>火旁之類 |

| 辰 ||
|---|---|
| 別稱 | 天罡(천강) |
| 五行 | 土 |
| 節氣 | 淸明~穀雨 |
| 月將 | 8月將 |
| 寄託 | 乙寄宮(上) 水土墓(下) |
| 音 | 商 |
| 數 | 5 |
| 色 | 黃 |
| 味 | 甘 |
| 星 | 角. 亢 |
| 宮 | 天秤 |
| 分野 | 浙江(절강). 安徽(안휘) |
| 方位 | 東南 |
| 主事 | 爭鬪(쟁투). 詞訟(사송), 死喪. 田宅 |
| 類神 | 霧(무). 獄神(옥신). 軍人. 凶徒. 皁隷(조례). 漁夫. 頑惡(완악). 堅硬(견경)<br>辰加陽支 : 晴<br>辰加陰支 : 雨<br>乘 玄武 加子 : 强盜(강도)<br>乘 白虎 : 屠人(도인)<br>乘 天空 : 詐欺(사기)<br>乘 勾陳 : 戰鬪(전투) |

| | |
|---|---|
| | 乘 玄武 : 妖邪(요사)<br>乘 六合 : 宰殺(재살)<br>乘 天后 : 姙娠(임신)<br>乘 螣蛇, 白虎 尅日 : 自縊(자액)<br>辰加日辰 : 驚悸(경계)<br>辰加巳午 : 老人 |
| 身體 | 脾(비). 肝. 肩(견). 項(항). 皮膚(피부). 肛門(항문) |
| 疾病 | 風癰(풍옹). 偏首(편수)<br>乘 勾陳 : 咽喉腫塞(인후종색) |
| 事物 | 岡嶺(강령). 荒冢(황총). 池沼(지소). 寺觀(사관). 廊廡(곽무). 祠堂(사당). 溝澮<br>(구회). 石欄(석란)<br>田園(전원). 牆垣(장원). 甲冑(갑주). 缸甕(항옹). 磚瓦(전와). 破衣(파의). 蠶箔<br>(잠박). 簿書(부서). 死屍(사시)<br>乘 天后 加亥 : 海水<br>乘 玄武 加巳 : 井<br>乘 天空 : 山城<br>乘 螣蛇 : 網罟(망고)<br>乘 靑龍 加亥 : 蛟龍(교룡) |
| 動物 | 魚 |
| 植物 | 五穀(오곡). 麻(마) |
| 姓氏 | 馬 郭(곽) 喬(교) 鄭 邱(구) 岳(악) 龍 陳 田 龐(방) 周 土旁之類 |

| 卯 | |
|---|---|
| 別稱 | 太衝(태충) |
| 五行 | 木 |
| 節氣 | 驚蟄~春分 |
| 月將 | 9月將 |
| 寄託 | |
| 音 | 羽 |
| 數 | 6 |
| 色 | 靑 |
| 味 | 酸(산) |
| 星 | 氐. 房. 心 |
| 宮 | 天蝎(천갈) |

| 分野 | 江蘇(강소). 山東 |
|---|---|
| 方位 | 正東 |
| 主事 | 驛郵(역우). 舟. 車. 林木 |
| 類神 | 雷震(뇌진). 長子. 經紀人(경기인). 盜賊.<br>巳日 乘 靑龍 : 雨<br>乘 貴人 : 術士<br>乘 勾陳, 天空 : 沙門<br>卯加未 : 兄弟<br>卯加巳午 : 匠人(장인) |
| 身體 | 肝. 大腸. 手. 背. 筋. 目眥(목자) |
| 疾病 | 膏盲病(고맹병).<br>乘 六合 : 骨肉酸痛(골육산통)<br>卯加卯(卯之類) : 木疾<br>春日 乘 天后 卯加子 : 疫病(역병) |
| 事物 | 池. 澤. 大林. 竹叢(죽총). 舟車. 窓牖(창편). 前門. 梯(제). 箱(상)<br>牌坊(패방). 輪(륜)<br>卯加辰 : 橋梁(교량)<br>乘 螣蛇 : 水<br>乘 白虎 : 陸(육)<br>卯加申酉 : 木器(목기)<br>卯加丑未 : 竹器(죽기)<br>乘 天后 加子 : 水車<br>乘 靑龍 : 竹棒(죽봉) |
| 動物 | 狐(호). 狢(학). 羝羊(저양). 驢(려). 兎(토)<br>乘 螣蛇 加巳午 : 騾(라) |
| 植物 | 晩禾(만화). 瓜果(과과) |
| 姓氏 | 朱. 房. 魯(노). 楊. 張. 盧(노). 高. 柳. 雷. 宋. 柳. 茆(묘). 季. 李 鍾(종).<br>蘭(난)<br>木旁. 艸頭之類 |

| 寅 | |
|---|---|
| 別稱 | 功曹(공조) |
| 五行 | 木 |
| 節氣 | 立春~雨水 |
| 月將 | 10月將 |

| 寄託 | 甲寄宮(上) 火生(下) |
|------|------------------|
| 音 | 徵(미) |
| 數 | 7 |
| 色 | 碧 |
| 味 | 酸(산) |
| 星 | 尾. 箕(기) |
| 宮 | 天馬 |
| 分野 | 奉天. 吉林. 黑龍江 |
| 方位 | 東北 |
| 主事 | 木器. 文書. 婚姻. 財帛. 官吏 |
| 類神 | 風伯. 督郵(독우). 賓客(빈객). 家長. 夫婿(부서). 謁見(알현). 昇遷(승천)<br>乘 白虎 加申 : 大風<br>乘 靑龍, 六合 : 秀才<br>乘 朱雀 : 誠信<br>乘 朱雀 加申戌 : 胥吏(서리)<br>乘 貴人 : 徵召(미소)<br>乘 太常 : 書籍(서적)<br>乘 天后 加未 : 醫(의)<br>乘 螣蛇 加午 : 五色<br>乘 螣蛇 加巳 : 迷路<br>寅加申 : 道士<br>寅加卯 : 文章 |
| 身體 | 肝. 膽(담). 手. 筋. 脈. 髮(발). 口 眼. 三焦(삼초) |
| 疾病 | 目痛. 肝胃痛 |
| 事物 | 道路. 公衙(공아). 寺廟(사묘). 叢林(총림). 曲提(곡제). 書室(서실)<br>屛風. 機杼(기저). 棺槨(관곽). 木器. 文書. 前廊(전랑). 賣酒家(매주가)<br>乘 天空 ; 棒杖(봉장)<br>乘 朱雀 : 火炬(화거)<br>乘 玄武 : 雜色斑文(잡색반문)<br>壬癸日 乘 六合 : 叢林(총림)<br>丙丁日 乘 六合 : 柴薪(시신)<br>寅加午(午加寅) : 棟柱(동주)<br>寅加辰戌 : 彎(만) |
| 動物 | 豹(표). 虎. 猫(묘) |
| 植物 | 花草. 旱禾(한화). 瓜果(과과) |

| 姓氏 | 韓 蘇(소) 曾(증) 喬(교) 林 霍(곽) 杜 程 朱 木旁, 山頭之類 |
|---|---|

| 丑 | |
|---|---|
| 別稱 | 大吉 |
| 五行 | 土 |
| 節氣 | 小寒~大寒 |
| 月將 | 11月將 |
| 寄託 | 癸寄宮(上) 金墓(下) |
| 音 | 徵(미) |
| 數 | 8 |
| 色 | 黃 |
| 味 | 甘 |
| 星 | 斗. 牛 |
| 宮 | 磨蝎(마갈) |
| 分野 | 直隷(직예). 熱河(열하) |
| 方位 | 東北 |
| 主事 | 田宅. 園圃(원포). 爭鬪. 爭事. 財帛. 燕(연). 喜 |
| 類神 | 雨師. 神佛. 僧. 尼. 賢者. 旅客. 軍官. 巫. 農夫. 墓. 田. 社壇(사단) 倉庫. 廚牆(주장). 桑園(상원). 廚房(주방)<br>乘 白虎 : 風伯<br>丑加卯 : 先雨後雷<br>丑加太歲 : 宰執(재집)<br>乘 勾陳 : 將軍. 兵卒<br>乘 貴人 : 長者<br>乘 天空 : 侏儒(주유)<br>乘 六合 : 道院(도원)<br>乘 貴人 加寅: 宮殿<br>乘 朱雀 加寅 : 文書<br>丙日 乘 朱雀 : 擧薦(거천)<br>乘 太常 : 田宅<br>巳日 丑加戌 : 土地<br>辛酉日 乘 靑龍 : 橋梁(교량)<br>丑加申 : 僧舍(승사)<br>卯加丑(之類) : 先雷後雨 |

| | |
|---|---|
| | 丑加巳. 巳加丑(之類) : 土坑(토갱) |
| 身體 | 脾(비). 腎(신). 小腸. 腹(복). 足. 肩背(견배). 耳. 禿髮(독발) |
| 疾病 | 目病. 腹痛(복통). 脾病(비병). 氣喘(기천).<br>乘 貴人 : 腰腿痿痹(요퇴위비)<br>丑加亥. 亥加丑 : 腸泄(장설) |
| 事物 | 秤(칭). 斗斛(두곡). 植物. (주저)<br>乘 貴人 旺相 : 珍珠(진주)<br>乘 天空 : 罐(관)<br>乘 太常 : 餂物(첨물)<br>丑加未 : 불완전 물건<br>丑加卯.酉 : 缸(항)<br>卯日 丑 : 車橋(차교) |
| 動物 | 龜(귀). 蜈蚣(오공).<br>丑加子 : 鼈(별) |
| 植物 | 大麻(대마). 黃豆(황두). 野菜(야채) |
| 姓氏 | 孫 邱 牛 吳 趙 楊 杜 董(동) 岳 王 黃 汪(왕) 土旁之類 |

| 子 | |
|---|---|
| 別稱 | 神后(신후) |
| 五行 | 水 |
| 節氣 | 大雪~冬至 |
| 月將 | 12月將 |
| 寄託 | |
| 音 | 宮 |
| 數 | 9 |
| 色 | 黑 |
| 味 | 鹹(함) |
| 星 | 女. 危. 虛 |
| 宮 | 寶瓶(보병) |
| 分野 | 山西. 察哈爾 |
| 方位 | 正北 |
| 主事 | 陰私. 暗昧. 婦女事 |

| | |
|---|---|
| 類神 | 雲. 雨水. 天河. 妾. 媳(식). 女. 漁夫. 淫女. 乳媼(유온)<br>舟子. 屠夫(도부). 胎産(태산). 淫亂(음란)<br>乘 天后 ： 幼女(유녀)<br>乘 太常 ： 婢妾. 妯娌(축리)<br>乘 勾陳 ： 橐駝(탁타)<br>乘 玄武 ： 盜賊(도적)<br>乘 太常 ： 娼婦(창부)<br>乘 六合 ： 奸邪(간사)<br>乘 青龍 ： 亡遺(망유)<br>乘 天空 ： 哀聲(애성)<br>子加亥 ： 小孩(소해)<br>子加酉 ： 孀婦(상부)<br>子加未.丑 ： 夫婦<br>子加日辰 ： 舅姑(구고)<br>子日 乘 青龍.玄武 ： 大雨<br>子加酉 ： 天陰<br>乘 白虎 子加辰 ： 軍婦(군부)<br>冬至 後 子加巳.午 ： 雪 |
| 身體 | 腎(신). 膀胱(방광). 月經(월경). 腰(요). |
| 疾病 | 傷風. 腎竭(신갈). 痢(리)<br>乘 天后 ： 血崩(혈붕)<br>乘 白虎 剋日 ： 血疾(혈질) |
| 事物 | 江湖. 溝渠(구거). 水泊(수박). 臥室(와실). 氷物(빙물). 石灰(석회)<br>籠(롱). 匣(갑)<br>乘 玄武 子加亥 ： 糖(당)<br>乘 天后 加寅.卯 ： 布帛(포백)<br>乘 螣蛇 ： 浴盆(욕분)<br>子加辰.戌 ： 瓦(와)<br>子加日辰 ： 瓶蓋(병개) |
| 動物 | 蝙蝠(편복). 燕窩(연와). 魚鮮(어선) |
| 植物 | 黑豆(흑두). 菱茨(릉검) |
| 姓氏 | 孫 齊 謝(사) 耿(경) 聶(섭) 沐 漆(칠) 汪(왕) 任 姜 孔 陳 傅 馮(풍) 水旁 走曲(之類) |

# 제6장
# 신살상해 神殺詳解

六壬學은 占學으로 六神과 五行의 生化剋制와 더불어 각종 神殺의 동향이 차지하는 비중이 매우 크다. 따라서 課體에 함유된 각 종 神殺에 대한 작용의 정확한 통찰이야 말로 六壬學의 점단이 應驗如神(응험여신)이라 하는 通神의 경지에 오를 수 있는 첩경이라 사료된다. 현대사회는 고도의 과학문명의 발달과 더불어 수많은 직업군, 다양한 대인관계, 각계각층의 첨예화된 인간사의 대립관계로 인해, 과거의 士農工商과 같은 단순한 농경사회와는 비교할 수 없을 정도로 복잡다단하다. 따라서 현대의 六壬學은 좀 더 세밀화 되고, 또한 상호 이해관계가 얽히고설킨 연고로 좀 더 고차원적인 점단이 요구되어지는 것이다.

단순한 課體만의 설명으로는 정확한 미래사에 대한 占斷을 내릴 수가 없는 것이다. 이에 대한 해법은, 필자가 오랜 기간 현장에서 적용, 분석한 바로는 바로 六壬學과 연관한 각종 神殺에 대한 다양하고 정확한 이해와 분석인 것이다. 神殺이란 글자에서 神은 통상 길신을 의미하고, 殺은 흉신을 의미하는데, 이 둘의 관계는 六壬學에서는 상호 적대적인 관계가 아닌 보완적인 관계임을 알고 이에 접근하는 것이야말로 자유자재한 육임통변의 빠른 길임을 주지해야 한다.

## 1. 개요 概要

### (1) 管轄區分 (관할구분)

- 歲干神殺 : 1년
- 歲支神殺 : 1년
- 四季神殺 : 3개월

◆ 月支神殺 : 1개월

◆ 日干神殺 : 1일

## (2) 管轄期間(관할기간)

◆ 歲干, 歲支神殺 : 當年 立春 ~ 翌年 立春 前

◆ 四季神殺 : 每 四立節 3개월

　立春節 : 立春 ~ 立夏 전까지 3개월

　立夏節 : 立夏 ~ 立秋 전까지 3개월

　立秋節 : 立秋 ~ 立冬 전까지 3개월

　立冬節 : 立冬 ~ 立春 전까지 3개월

　(일설엔 다음 사계절의 전 15일까지라는 주장도 있음)

◆ 月支神殺 : 每月 節入日 ~ 翌月 節入日 傳

◆ 日干, 日支神殺 : 每日 占時 ~ 子時

## (3) 管轄 延長 期間(관할 연장 기간)

◆ 歲干, 歲支神殺 : 최대 1개월

◆ 四季神殺 : 當 季月에 한(연장기간 없음)

◆ 月支神殺 : 當 月에 한(연장기간 없음)

◆ 日干, 日支神殺 : 翌日 丑時 前

## (4) 管轄權(관할권)

◆ 歲干, 歲支神殺 : 점단사안 전과정

◆ 四季神殺 : 季內에 한하여 사안 전과정

◆ 月支神殺 : 月內에 한하여 사안 전과정

◆ 日干, 日支神殺 : 점단사안의 1단계

## (5) 影響力(영향력)

◆ 歲干, 歲支神殺 → 관할 四季神殺

- ◆ 四季神殺 → 관할 月內
- ◆ 月支神殺 → 관할 日干, 日支神殺

### (6) 相互關係(상호관계)

- ◆ 점사는 1사안 1점단이다. 사안의 점단에 있어서는 각 신살 들이 상호 유기적으로 영향을 미치지만, 결과는 1개 특정 시공하의 관할적 신살만이 결정권이 있는 것이다.

## 2. 의의意義

(1) 神殺 해당 범위 내에 주도적 영향력을 미친다.
(2) 合, 沖 관계로 연관된 사안의 길흉간 경중을 결정한다.
(3) 사안의 발전적 판단의 보조적 역할을 한다.
(4) 사안의 강약과 能量의 다소를 판별한다.
(5) 사안의 轉機와 조화적 방향의 지도에 영향을 미친다.
(6) 사안의 결정에 다양성을 부여한다.
(7) 사안의 진행과정상의 변화와 상태에 영향력을 미친다.

## 3. 작용作用

(1) 사안의 起轉折催에 연관되어 작용한다.
(2) 사안의 결정 및 시간의 장단에 작용한다.
(3) 사안의 발전적 추세에 작용한다.
(4) 사안의 起時點의 설명과 발생원인에 작용한다.
(5) 旺相休囚에 따른 사안의 진행과 연관하여 순리 여부에 작용한다.
(6) 사안의 旺相 및 吉凶과 연계하여 貴人의 상응정도에 작용한다.
(7) 사안의 처리에 있어 길흉의 出路 및 위치 게시에 작용한다.

(8) 凶殺이 鬼에 닥쳐오면 制나 鬼化되면 吉하고, 吉神이 鬼를 만남은 半吉半 凶이다.

(9) 신살 세력의 범주 내에서 사안에 영향력을 미친다.

(10) 사안의 외부환경에 대해 神殺間 생극관계의 결정에 작용한다.

## 4. 운용運用

(1) 국가적 대사건의 향배 : 歲干, 歲支神殺을 위주한다.

(2) 단체건(공사. 기업)의 향배 : 四季神殺이 위주한다.

(3) 개인 및 도모사의 향배 : 月支神殺이 위주하고, 日干, 日支 神殺이 보조한다.

## 5. 과체 신살課體 神殺

### (1) 歲干 神殺(세간 신살)

**歲干 神殺(세간 신살)**

| | 甲 | 乙 | 丙 | 丁 | 戊 | 己 | 庚 | 辛 | 壬 | 癸 |
|---|---|---|---|---|---|---|---|---|---|---|
| 歲德<br>세덕 | 甲 | 庚 | 丙 | 丁 | 戊 | 甲 | 庚 | 丙 | 壬 | 戊 |
| 歲德合<br>세덕합 | 己 | 乙 | 辛 | 壬 | 癸 | 己 | 乙 | 辛 | 丁 | 癸 |
| 天廷<br>천정 | 寅 | 辰 | 巳 | 辰 | 巳 | 辰 | 未 | 申 | 戌 | 亥 |

◆ 歲德(세덕) : 복을 부르고 재앙을 소멸시킨다.

◆ 歲德合(세덕합) : 복을 부르고 재앙을 소멸시킨다.

◆ 天廷(천정) : 사안관련 정부조직.

## (2) 歲支 神殺(세지 신살)

### 歲支 神殺(세지 신살)

| 歲支<br>神殺 | 子 | 丑 | 寅 | 卯 | 辰 | 巳 | 午 | 未 | 申 | 酉 | 戌 | 亥 |
|---|---|---|---|---|---|---|---|---|---|---|---|---|
| 太歲<br>태세 | 子 | 丑 | 寅 | 卯 | 辰 | 巳 | 午 | 未 | 申 | 酉 | 戌 | 亥 |
| 歲合<br>세합 | 丑 | 子 | 亥 | 戌 | 酉 | 申 | 未 | 午 | 巳 | 辰 | 卯 | 寅 |
| 歲破<br>세파 | 午 | 未 | 申 | 酉 | 戌 | 亥 | 子 | 丑 | 寅 | 卯 | 辰 | 巳 |
| 歲刑<br>세형 | 卯 | 戌 | 巳 | 子 | 辰 | 申 | 午 | 丑 | 寅 | 酉 | 未 | 亥 |
| 大耗<br>대모 | 午 | 未 | 申 | 酉 | 戌 | 亥 | 子 | 丑 | 寅 | 卯 | 辰 | 巳 |
| 歲墓<br>세묘 | 巳 | 寅 | 亥 | 申 | 巳 | 寅 | 亥 | 申 | 巳 | 寅 | 亥 | 申 |
| 劫殺<br>겁살 | 巳 | 寅 | 亥 | 申 | 巳 | 寅 | 亥 | 申 | 巳 | 寅 | 亥 | 申 |
| 災殺<br>재살 | 午 | 卯 | 子 | 酉 | 午 | 卯 | 子 | 酉 | 午 | 卯 | 子 | 酉 |
| 歲殺<br>세살 | 未 | 辰 | 丑 | 戌 | 未 | 辰 | 午 | 戌 | 未 | 辰 | 丑 | 戌 |
| 大殺<br>대살 | 子 | 酉 | 午 | 卯 | 子 | 酉 | 午 | 卯 | 子 | 酉 | 午 | 卯 |
| 大將軍<br>대장군 | 酉 | 有 | 子 | 子 | 子 | 卯 | 卯 | 卯 | 午 | 午 | 午 | 酉 |
| 破碎<br>파쇄 | 巳 | 丑 | 酉 | 巳 | 丑 | 酉 | 巳 | 丑 | 酉 | 巳 | 丑 | 酉 |
| 病符<br>병부 | 亥 | 子 | 丑 | 寅 | 卯 | 辰 | 巳 | 午 | 未 | 申 | 酉 | 戌 |
| 喪門<br>상문 | 寅 | 卯 | 辰 | 巳 | 午 | 未 | 申 | 酉 | 戌 | 亥 | 子 | 丑 |
| 弔客<br>조객 | 戌 | 亥 | 子 | 丑 | 寅 | 卯 | 辰 | 巳 | 午 | 未 | 申 | 酉 |
| 白虎<br>백호 | 申 | 酉 | 戌 | 亥 | 子 | 丑 | 寅 | 卯 | 辰 | 巳 | 午 | 未 |
| 天狗<br>천구 | 戌 | 亥 | 子 | 丑 | 寅 | 卯 | 辰 | 巳 | 午 | 未 | 申 | 酉 |

- ◆ 太歲(태세) : 최고위급 관료. 일년간 길흉 관할

- ◆ 歲合(세합) : 萬事皆吉

- ◆ 歲破(세파) : 萬事皆凶

- ◆ 歲刑(세형) : 疾病, 訴訟, 刑傷 등의 사안에 最凶

- ◆ 大耗(대모) : 破耗. 損耗

- ◆ 歲墓(세묘) : 墳墓. 病訟. 家宅災厄

- ◆ 災殺(재살) : 是非口舌. 官災訴訟. 損財. 이별. 解約(해약)

- ◆ 劫殺(겁살) : 盜失. 殺傷. 凡事皆凶

- ◆ 歲殺(세살) : 凡事皆凶

- ◆ 大殺(대살) : 歲干을 生하면 吉하고 歲干을 剋하면 凶하다.

- ◆ 大將軍(대장군) : 出征, 討伐에 吉

- ◆ 破碎(파쇄) : 破壞, 萬事不成

- ◆ 病符(병부) : 病占에서 歲干을 剋하거나 年命을 剋할 경우 사망한다.

- ◆ 喪門(상문) : 病占은 흉하다. 歲干, 歲支를 극하는 경우 死傷을 유발한다.

- ◆ 弔客(조객) : 吉神이면 婚姻事이고, 凶神이면 陰謀口舌과 연관된다.

- ◆ 白虎(백호) : 血光之神. 哭泣. 喪服

- ◆ 天狗(천구) : 血光之神. 哭泣. 喪服

## (3) 四季 神殺(사계 신살)

### 四季 神殺(사계 신살)

| 歲支<br>神殺 | 春(봄) | | | 夏(여름) | | | 秋(가을) | | | 動(겨울) | | |
|---|---|---|---|---|---|---|---|---|---|---|---|---|
| | 寅 | 卯 | 辰 | 巳 | 午 | 未 | 申 | 酉 | 戌 | 亥 | 子 | 丑 |
| 天城<br>천성 | | 申 | | | 申 | | | 申 | | | 申 | |
| 天吏<br>천리 | | 寅 | | | 巳 | | | 申 | | | 亥 | |
| 皇詔<br>황조 | | 寅 | | | 巳 | | | 申 | | | 亥 | |
| 天喜<br>천희 | | 戌 | | | 丑 | | | 辰 | | | 未 | |

| 天赦<br>천사 | 戊寅 | 甲午 | 戊申 | 甲子 |
|---|---|---|---|---|
| 鑰神<br>약신 | 辰 | 未 | 戌 | 丑 |
| 轉殺<br>전살 | 卯 | 午 | 酉 | 子 |
| 四廢<br>사폐 | 酉 | 子 | 卯 | 午 |
| 三丘<br>삼구 | 丑 | 辰 | 未 | 戌 |
| 五墓<br>오묘 | 未 | 戌 | 丑 | 辰 |
| 喪車<br>상차 | 酉 | 子 | 卯 | 午 |
| 浴盆<br>욕분 | 辰 | 未 | 戌 | 丑 |
| 天目<br>천목 | 辰 | 未 | 戌 | 丑 |
| 天耳<br>천이 | 戌 | 丑 | 辰 | 未 |
| 飛禍<br>비화 | 申 | 寅 | 巳 | 亥 |
| 火鬼<br>화귀 | 午 | 酉 | 子 | 卯 |
| 關神<br>관신<br>官神<br>관신 | 丑 | 辰 | 未 | 戌 |
| 孤神<br>고신 | 巳 | 申 | 亥 | 寅 |
| 寡宿<br>과숙 | 丑 | 辰 | 未 | 戌 |
| 遊神<br>유신 | 丑 | 子 | 亥 | 戌 |
| 戲神<br>희신 | 巳 | 子 | 酉 | 辰 |
| 滅沒<br>멸몰 | 戌 | 未 | 辰 | 丑 |
| 天車<br>천차 | 丑 | 辰 | 未 | 戌 |

◆ 天城(천성) : 求官이나 上任者와의 和親에 이롭다.

◆ 天吏(천리) : 求官에 길하고, 詞訟占에는 길장이 승하면 이롭다.

◆ 黃詔(황조) : 召命(소명)이나 徵召(징소)가 있다.

◆ 天喜(천희) : 喜慶이 있다. 在官者는 恩澤이 있고, 평상인은 財喜가 있다.

◆ 天赦(천사) : 罪의 사면과 험난함에 도움이 있다.

◆ 鑰神(약신) : 囚犯者들의 석방이 있다.

◆ 轉殺(전살) : 대체로 잠시 동안의 변화가 있다.

◆ 四廢(사폐) : 성사됨이 적으나, 課象이 길하면 廢神이 當令할 때를 기다리면
謀望에 이득이 있다.

◆ 三丘(삼구) : 病占에 흉함이 많고 길함이 적다.

◆ 五墓(오묘) : 病占에 흉하다.

◆ 浴盆(욕분) : 水因性疾患은 흉하다. 地盤의 亥子는 忌하고, 胎産은 吉하고, 天
盤에 辰이 乘함은 忌한다.

◆ 天目(천목) : 家宅에 鬼氣와 妖氣가 있다.

◆ 天耳(천이) : 信息之神이다. 臨한 방위를 세밀히 살피고 포획함에 이롭다.

◆ 飛禍(비화) : 橫禍(횡화)가 있다.

◆ 火鬼(화귀) : 朱雀이나 螣蛇가 乘하여 日支를 剋하면 家宅에 火災가 있다.

◆ 關神(관신) : 詞訟占에는 구류나 연금되고, 動處이면 身災가 稽留(계류)된다.

◆ 孤神(고신) : 信息은 虛事고, 喜憂는 성사됨이 없다. 失物은 멀리 있고, 婚事는
이롭지 못하다.

◆ 寡宿(과숙) : 信息은 虛事고, 喜憂는 성사됨이 없다. 失物은 멀리 있고, 婚事는
이롭지 못하다.

◆ 遊神(유신) : 行人 外遊時 도박이나 오락에 빠진다.

◆ 戲神(희신) : 行人 外遊時 도박이나 오락에 빠진다.

◆ 滅沒(멸몰) : 死別. 출행시 흉액을 만난다.

◆ 天車(천차) : 車禍. 출행시 재액이 있다.

## (4) 月支 神殺(월지신살)

### 月支 神殺(월지 신살)

| 月支<br>神殺 | 1월<br>寅 | 2월<br>卯 | 3월<br>辰 | 4월<br>巳 | 5월<br>午 | 6월<br>未 | 7월<br>申 | 8월<br>酉 | 9월<br>戌 | 10월<br>亥 | 11월<br>子 | 12월<br>丑 |
|---|---|---|---|---|---|---|---|---|---|---|---|---|
| 天德<br>천덕 | 丁 | 申 | 壬 | 癸 | 亥 | 甲 | 癸 | 寅 | 丙 | 乙 | 巳 | 庚 |
| 月德<br>월덕 | 巳<br>(丙) | 寅<br>(甲) | 亥<br>(壬) | 申<br>(庚) | 巳<br>(丙) | 寅<br>(甲) | 亥<br>(壬) | 申<br>(庚) | 巳<br>(丙) | 寅<br>(甲) | 亥<br>(壬) | 申<br>(庚) |
| 月合<br>월합 | 亥 | 戌 | 酉 | 申 | 未 | 午 | 巳 | 辰 | 卯 | 寅 | 丑 | 子 |
| 月德合<br>월덕합 | 辛 | 己 | 丁 | 乙 | 辛 | 己 | 丁 | 乙 | 辛 | 己 | 丁 | 乙 |
| 生氣<br>생기 | 子 | 丑 | 寅 | 卯 | 辰 | 巳 | 午 | 未 | 申 | 酉 | 戌 | 亥 |
| 成神<br>성신 | 巳 | 申 | 亥 | 寅 | 巳 | 申 | 亥 | 寅 | 巳 | 申 | 亥 | 寅 |
| 會神<br>회신 | 未 | 戌 | 인 | 亥 | 酉 | 子 | 丑 | 午 | 巳 | 卯 | 申 | 辰 |
| 天財<br>천재 | 辰 | 午 | 申 | 戌 | 子 | 寅 | 辰 | 午 | 辰 | 戌 | 子 | 寅 |
| 天恩<br>천은 | 未 | 酉 | 亥 | 丑 | 卯 | 巳 | 未 | 酉 | 亥 | 丑 | 卯 | 巳 |
| 聖心<br>성신 | 亥 | 巳 | 子 | 午 | 丑 | 未 | 寅 | 申 | 卯 | 有 | 辰 | 戌 |
| 天赦<br>천사 | 戊寅 | 甲午 | 甲午 | 甲午 | 戊申 | 戊申 | 戊申 | 甲子 | 甲子 | 甲子 | 戊寅 | 戊寅 |
| 天馬<br>천마 | 午 | 申 | 戌 | 子 | 寅 | 辰 | 午 | 申 | 戌 | 子 | 寅 | 辰 |
| 天醫<br>천의 | 子 | 卯 | 午 | 巳 | 子 | 卯 | 午 | 巳 | 子 | 卯 | 午 | 巳 |
| 地醫<br>지의 | 子 | 丑 | 寅 | 卯 | 辰 | 巳 | 午 | 未 | 申 | 酉 | 戌 | 亥 |
| 解神<br>해신 | 申 | 申 | 戌 | 戌 | 子 | 子 | 寅 | 寅 | 辰 | 辰 | 午 | 午 |
| 活天赦<br>활천사 | 未 | 戌 | 丑 | 辰 | 未 | 戌 | 丑 | 辰 | 未 | 戌 | 丑 | 辰 |
| 月破<br>월파 | 申 | 酉 | 戌 | 亥 | 子 | 丑 | 寅 | 卯 | 辰 | 巳 | 午 | 未 |

| 月支<br>神殺 | 1월<br>寅 | 2월<br>卯 | 3월<br>辰 | 4월<br>巳 | 5월<br>午 | 6월<br>未 | 7월<br>申 | 8월<br>酉 | 9월<br>戌 | 10월<br>亥 | 11월<br>子 | 12월<br>丑 |
|---|---|---|---|---|---|---|---|---|---|---|---|---|
| 月刑<br>월형 | 巳 | 子 | 辰 | 申 | 午 | 丑 | 寅 | 酉 | 未 | 亥 | 午 | 戌 |
| 死氣<br>사기 | 午 | 未 | 申 | 有 | 戌 | 亥 | 子 | 丑 | 寅 | 卯 | 辰 | 巳 |
| 死神<br>사신 | 巳 | 午 | 未 | 申 | 酉 | 戌 | 亥 | 子 | 丑 | 寅 | 卯 | 辰 |
| 血支<br>혈지 | 丑 | 寅 | 卯 | 辰 | 巳 | 午 | 未 | 申 | 酉 | 戌 | 亥 | 丑 |
| 血忌<br>혈기 | 丑 | 未 | 寅 | 申 | 卯 | 酉 | 辰 | 戌 | 巳 | 亥 | 午 | 子 |
| 産殺<br>산살 | 寅 | 巳 | 申 | 亥 | 寅 | 巳 | 申 | 亥 | 寅 | 巳 | 申 | 亥 |
| 咸池<br>함지 | 卯 | 子 | 酉 | 午 | 卯 | 子 | 酉 | 午 | 卯 | 子 | 酉 | 午 |
| 火燭<br>화촉 | 巳 | 午 | 未 | 申 | 酉 | 戌 | 亥 | 子 | 丑 | 寅 | 卯 | 辰 |
| 月壓<br>월압 | 戌 | 酉 | 申 | 未 | 午 | 巳 | 辰 | 卯 | 寅 | 丑 | 子 | 亥 |
| 火光<br>화광 | 戌 | 酉 | 申 | 未 | 午 | 巳 | 辰 | 卯 | 寅 | 丑 | 子 | 亥 |
| 飛廉<br>비렴 | 戌 | 巳 | 午 | 未 | 寅 | 卯 | 辰 | 亥 | 子 | 丑 | 申 | 酉 |
| 天鬼<br>천귀 | 酉 | 午 | 卯 | 子 | 酉 | 午 | 卯 | 子 | 酉 | 午 | 卯 | 子 |
| 天怪<br>천괴 | 丑 | 子 | 亥 | 戌 | 酉 | 申 | 未 | 午 | 巳 | 辰 | 卯 | 寅 |
| 飛魂<br>비혼 | 亥 | 子 | 丑 | 寅 | 卯 | 辰 | 巳 | 午 | 未 | 申 | 酉 | 戌 |
| 雷公<br>뇌공 | 寅 | 亥 | 申 | 巳 | 寅 | 亥 | 申 | 巳 | 寅 | 亥 | 申 | 巳 |
| 雷殺<br>뇌살 | 亥 | 申 | 巳 | 寅 | 亥 | 申 | 巳 | 寅 | 亥 | 申 | 巳 | 寅 |
| 風伯<br>풍백 | 申 | 未 | 午 | 巳 | 辰 | 卯 | 寅 | 丑 | 子 | 亥 | 戌 | 酉 |
| 風殺<br>풍살 | 寅 | 丑 | 子 | 亥 | 戌 | 酉 | 申 | 未 | 午 | 巳 | 辰 | 卯 |
| 雨師<br>우사 | 子 | 卯 | 午 | 酉 | 子 | 卯 | 午 | 酉 | 子 | 卯 | 午 | 酉 |

| 月支<br>神殺 | 1월<br>寅 | 2월<br>卯 | 3월<br>辰 | 4월<br>巳 | 5월<br>午 | 6월<br>未 | 7월<br>申 | 8월<br>酉 | 9월<br>戌 | 10월<br>亥 | 11월<br>子 | 12월<br>丑 |
|---|---|---|---|---|---|---|---|---|---|---|---|---|
| 喪魂<br>상혼 | 未 | 辰 | 丑 | 戌 | 未 | 辰 | 丑 | 戌 | 未 | 辰 | 丑 | 戌 |
| 雨殺<br>우살 | 子 | 丑 | 寅 | 卯 | 辰 | 巳 | 午 | 未 | 申 | 酉 | 戌 | 亥 |
| 地解<br>지해 | 子 | 卯 | 午 | 酉 | 子 | 卯 | 午 | 酉 | 子 | 卯 | 午 | 酉 |
| 信神<br>신신 | 申 | 戌 | 寅 | 丑 | 亥 | 申 | 巳 | 未 | 巳 | 未 | 申 | 戌 |
| 大德<br>대덕 | 午 | 午 | 午 | 辰 | 辰 | 辰 | 子 | 子 | 子 | 寅 | 寅 | 寅 |
| 遊神<br>유신 | 丑 | 丑 | 丑 | 子 | 子 | 子 | 亥 | 亥 | 亥 | 戌 | 戌 | 戌 |
| 獻神<br>헌신 | 巳 | 巳 | 巳 | 子 | 子 | 子 | 酉 | 酉 | 酉 | 辰 | 辰 | 辰 |
| 泰神<br>태신 | 丑 | 丑 | 丑 | 子 | 子 | 子 | 戌 | 戌 | 戌 | 亥 | 亥 | 亥 |
| 憂神<br>우신 | 丑 | 丑 | 丑 | 子 | 子 | 子 | 戌 | 戌 | 戌 | 亥 | 亥 | 亥 |
| 天車<br>천차 | 巳 | 巳 | 巳 | 辰 | 辰 | 辰 | 未 | 未 | 未 | 酉 | 酉 | 酉 |
| 破碎<br>파쇄 | 酉 | 巳 | 丑 | 酉 | 巳 | 丑 | 酉 | 巳 | 丑 | 酉 | 巳 | 丑 |
| 白衣<br>백의 | 未 | 辰 | 丑 | 未 | 辰 | 丑 | 未 | 辰 | 丑 | 未 | 辰 | 丑 |
| 歸忌<br>귀기 | 丑 | 寅 | 子 | 丑 | 寅 | 子 | 丑 | 寅 | 子 | 丑 | 寅 | 子 |
| 死別<br>사별 | 戌 | 戌 | 戌 | 未 | 未 | 未 | 寅 | 寅 | 寅 | 丑 | 丑 | 丑 |
| 奸神<br>간신 | 寅 | 寅 | 寅 | 亥 | 亥 | 亥 | 申 | 申 | 申 | 巳 | 巳 | 巳 |
| 飛禍<br>비화 | 申 | 申 | 申 | 寅 | 寅 | 寅 | 巳 | 巳 | 巳 | 亥 | 亥 | 亥 |
| 時盜<br>시도 | 巳 | 巳 | 巳 | 卯 | 卯 | 卯 | 酉 | 酉 | 酉 | 子 | 子 | 子 |
| 天賊<br>천적 | 辰 | 酉 | 寅 | 未 | 子 | 巳 | 戌 | 卯 | 申 | 丑 | 午 | 亥 |
| 五鬼<br>오귀 | 午 | 辰 | 寅 | 酉 | 卯 | 申 | 丑 | 巳 | 子 | 亥 | 未 | 戌 |

| 月支<br>神殺 | 1월<br>寅 | 2월<br>卯 | 3월<br>辰 | 4월<br>巳 | 5월<br>午 | 6월<br>未 | 7월<br>申 | 8월<br>酉 | 9월<br>戌 | 10월<br>亥 | 11월<br>子 | 12월<br>丑 |
|---|---|---|---|---|---|---|---|---|---|---|---|---|
| 相負<br>상부 | 亥 | 亥 | 丑 | 丑 | 卯 | 卯 | 巳 | 巳 | 未 | 未 | 酉 | 酉 |
| 枉屈<br>왕굴 | 巳 | 巳 | 未 | 未 | 酉 | 酉 | 亥 | 亥 | 丑 | 丑 | 卯 | 卯 |
| 瓦殺<br>와살 | 巳 | 子 | 丑 | 寅 | 卯 | 辰 | 亥 | 午 | 未 | 申 | 酉 | 戌 |
| 門殺<br>문살 | 戌 | 酉 | 辰 | 卯 | 戌 | 酉 | 辰 | 卯 | 戌 | 酉 | 辰 | 卯 |
| 小耗<br>소모 | 未 | 申 | 酉 | 戌 | 亥 | 子 | 丑 | 寅 | 卯 | 辰 | 巳 | 午 |
| 大耗<br>대모 | 申 | 酉 | 戌 | 亥 | 子 | 丑 | 寅 | 卯 | 辰 | 巳 | 午 | 未 |
| 書信<br>서신 | 酉 | 戌 | 亥 | 子 | 丑 | 寅 | 卯 | 辰 | 巳 | 午 | 未 | 申 |
| 天書<br>천서 | 戌 | 亥 | 子 | 丑 | 寅 | 卯 | 辰 | 巳 | 午 | 未 | 申 | 酉 |
| 天詔<br>천조 | 戌 | 亥 | 子 | 丑 | 寅 | 卯 | 辰 | 巳 | 午 | 未 | 申 | 酉 |
| 陰奸<br>음간 | 未 | 午 | 巳 | 辰 | 卯 | 寅 | 丑 | 子 | 亥 | 戌 | 酉 | 申 |
| 天解<br>천해 | 申 | 未 | 午 | 巳 | 辰 | 卯 | 寅 | 丑 | 子 | 亥 | 戌 | 酉 |
| 天雞<br>천계 | 酉 | 申 | 未 | 午 | 巳 | 辰 | 卯 | 寅 | 丑 | 子 | 亥 | 戌 |
| 劫殺<br>겁살 | 亥 | 申 | 巳 | 寅 | 亥 | 申 | 巳 | 寅 | 亥 | 申 | 巳 | 寅 |
| 大殺<br>대살 | 午 | 卯 | 子 | 酉 | 午 | 卯 | 子 | 酉 | 午 | 卯 | 子 | 酉 |
| 奸門<br>간문 | 申 | 亥 | 寅 | 巳 | 申 | 亥 | 寅 | 巳 | 申 | 亥 | 寅 | 巳 |
| 驛馬<br>역마 | 巳 | 申 | 寅 | 亥 | 巳 | 申 | 寅 | 亥 | 巳 | 申 | 寅 | 亥 |

◆ 天德(천덕) : 凶變爲吉

◆ 月德(월덕) : 凶變爲吉

◆ 月合(월합) : 歲干이나 日干을 生하면 喜하고, 剋하게 되면 災殃이 있다.

◆ 月德合(월덕합) : 凶變爲吉

◆ 生氣(생기) : 凶함이 해소되고 吉함이 증가하며, 새로 시작하는 일에 성취됨이 있다.

◆ 成神(성신) : 旺相과 生合됨이 있으며, 일을 시작함에 성취됨이 있다.

◆ 會神(회신) : 婚姻은 성사되고, 行人은 즉시 도착한다.

◆ 天財(천재) : 課傳에 財가 없더라도, 歲干이나 日干에 臨하거나 초전에 있으면 求財가 可하다.

◆ 天恩(천은) : 在官者는 은택을 받고 昇遷(승천)함이 있다.

◆ 聖心(성심) : 文章을 稟申함에 喜하고 生合됨이 있으나, 日干을 破剋害하면 이롭지 못하다.

◆ 天馬(천마) : 官吏는 昇遷하며, 行人은 도착하고, 凡事가 속히 진행되고, 捕獲(포획)과 逃亡(도망) 件은 해결이 難하다.

◆ 天醫(천의) : 日干과 生合되면 吉하고, 약을 복용함도 可함이 있다. 만약 鬼가 歲干이羅 日干을 剋하면 의약에 오류가 발생한다.

◆ 地醫(지의) : 天醫와 같은 맥락이다.

◆ 解神(해신) : 解散 등 일체의 사안을 관장하고 길흉간 성사됨이 없다.

◆ 活天赦(활천사) : 日干과 生合되면 罪의 赦함을 받는다.

◆ 月破(월파) : 吉事는 不成하나, 凶事는 疏散(소산)된다.

◆ 月刑(월형) : 病占과 訴訟占은 忌한다.

◆ 死氣(사기) : 病占은 흉하다.

◆ 死神(사신) : 病占은 흉한데, 白虎가 乘하면 흉함이 가중된다.

◆ 血支(혈지) : 男命은 血光이 있고, 女命은 落胎가 있고, 鍼灸(침구)는 忌한다.

◆ 血忌(혈기) : 血支와 같은 맥락이다.

◆ 産殺(산살) : 天后와 太陰이 乘하면 胎産은 순조롭고, 勾陳과 白虎가 乘하면 難産이다.

◆ 咸池(함지) : 桃花와 같고, 음란하며 간사하다.

◆ 火燭(화촉) : 螣蛇나 朱雀이 乘하여 干을 剋하면 身災가 있고, 支를 剋하면 家宅의 火厄이 있다.

◆ 月壓(월압) : 일체 凶하고, 사안은 불성하고, 家宅에 괴이함이 있다.

◆ 火光(화광) : 火燭과 같은 맥락이다.

◆ 飛廉(비렴) : 干을 剋하면 非常의 驚惶(경황)됨이 있으며, 따라서 일체 속히 진행해야 하고, 行人은 즉시 도착하고, 家宅엔 괴이함이 있다.

◆ 天鬼(천귀) : 病疫을 나타내며, 家宅에 괴이함이 있다.

◆ 天怪(천괴) : 家宅에 괴이함이 있고, 天變이 있다.

◆ 飛魂(비혼) : 鬼神의 作祟(작수)로 인한 침범이 있고, 꿈자리가 뒤숭숭하다.

◆ 雷公(뇌공) : 螣蛇와 朱雀이 乘하면 천둥, 번개가 있고, 天后와 玄武가 乘하면 비가 오고, 貴人과 天空이 乘하면 晴하다.

◆ 雷殺(뇌살) : 雷公과 같은 맥락이다.

◆ 風伯(풍백) : 風이 있다.

◆ 風殺(풍살) : 風이 있다.

◆ 雨師(우사) : 雨가 있다.

◆ 喪魂(상혼) : 혼이 빠질 정도의 놀람이 있다.

◆ 雨殺(우살) : 비가 온다.

◆ 地解(지해) : 憂喜가 불성하고, 惡殺을 만나도 소멸된다.

◆ 信神(신신) : 恩信이 있다.

◆ 大德(대덕) : 官吏는 승천과 영전이 있다.

◆ 遊神(유신) : 四孟에 있으면 行人은 아직 오지 않았고, 四仲에 있으면 오는 중이고, 四季에 있으면 즉시 도착한다.

◆ 獻神(헌신) : 遊神과 같다.

◆ 泰神(태신) : 四季에 있으면 진실된 소식이고, 四孟에 있으면 거짓 소식이다. 旺相하면 진실된 소식이고, 空亡되면 거짓 소식이다.

◆ 憂神(우신) : 泰神과 같다.

◆ 天車(천차) : 出行에 불리하다.

◆ 破碎(파쇄) : 損財, 病占에 불리하며 더디고, 墳墓는 공허하고 자손은 敗絕이다.

◆ 白衣(백의) : 자손에 있으면 불리하다.

◆ 歸忌(귀기) : 家宅에 作祟가 있고, 出行은 불리하여 집으로 돌아온다.

◆ 死別(사별) : 四季에 불리하다.

◆ 奸神(간신) : 淫慾을 나타낸다.

◆ 飛禍(비화) : 만사 이롭지 못하다.

- ◆ 天賊(천적) : 官事는 흉하다.
- ◆ 五鬼(오귀) : 出行에 이롭지 못하고 흉함이 있다.
- ◆ 時盜(시도) : 도적이 있다.
- ◆ 相負(상부) : 欺瞞(기만)과 부담이 있다.
- ◆ 枉屈(왕굴) : 원통함이 있다.
- ◆ 瓦殺(와살) : 陰日은 沖位를 취함이고, 陽日은 瓦殺이라 한다.
- ◆ 門殺(문살) : 門戶之事이다.
- ◆ 小耗(소모) : 창고를 열어 재물을 구함은 吉한다.
- ◆ 大耗(대모) : 小耗와 같다.
- ◆ 書信(서신) : 朱雀에 加하면 소식이 도래한다.
- ◆ 天書(천서) : 官吏는 昇遷하고 財喜가 있다.
- ◆ 天詔(천조) : 天馬와 같이 있으면 皇恩을 받는다.
- ◆ 陰奸(음간) : 사통이 있다.
- ◆ 天解(천해) : 흉변위길이다.
- ◆ 天雞(천계) : 소식을 나타내고 행인이 도착한다.
- ◆ 劫殺(겁살) : 흉함이 빨리 도착하고 이롭지 못하다.
- ◆ 大殺(대살) : 災禍가 빨리 도착하고, 家長은 흉하다. 君子는 昇官하고, 小人은 흉사가 있다.
- ◆ 奸門(간문) : 奸淫을 나타낸다.
- ◆ 驛馬(역마) : 驛馬가 초전에 臨하여 생왕하면 사람이 도착하고, 중전과 말전에 있으면 지체된다. 길흉간은 乘한 天將으로 결정한다.

## (5) 日干 神殺(일간 신살)

### 日干 神殺(일간 신살)

| 日干<br>神殺 | 甲 | 乙 | 丙 | 丁 | 戊 | 己 | 庚 | 辛 | 壬 | 癸 |
|---|---|---|---|---|---|---|---|---|---|---|
| 日德<br>일덕 | 寅 | 申 | 巳 | 亥 | 巳 | 寅 | 申 | 巳 | 亥 | 巳 |
| 五合<br>오합 | 未 | 申 | 戌 | 亥 | 丑 | 寅 | 辰 | 巳 | 未 | 巳 |

| 日干<br>神殺 | 甲 | 乙 | 丙 | 丁 | 戊 | 己 | 庚 | 辛 | 壬 | 癸 |
|---|---|---|---|---|---|---|---|---|---|---|
| 日祿<br>일록 | 寅 | 卯 | 巳 | 午 | 巳 | 午 | 申 | 酉 | 亥 | 子 |
| 賢貴<br>현귀 | 丑 | 申 | 寅 | 寅 | 午 | 丑 | 申 | 寅 | 寅 | 午 |
| 兼務<br>겸무 | 戌 | 酉 | 申 | 未 | 午 | 巳 | 辰 | 卯 | 寅 | 亥 |
| 進神<br>진신 | 子午 | 子午 | 子午 | 子午 | 子午 | 酉卯 | 酉卯 | 酉卯 | 酉卯 | 酉卯 |
| 退神<br>퇴신 | 未丑 | 未丑 | 未丑 | 未丑 | 未丑 | 戌辰 | 戌辰 | 戌辰 | 戌辰 | 戌辰 |
| 日解<br>일해 | 亥 | 申 | 未 | 丑 | 酉 | 亥 | 申 | 未 | 丑 | 酉 |
| 日醫<br>일의 | 卯 | 亥 | 丑 | 未 | 巳 | 卯 | 亥 | 丑 | 未 | 巳 |
| 直符<br>직부 | 巳 | 辰 | 卯 | 寅 | 丑 | 午 | 未 | 申 | 酉 | 戌 |
| 遊都<br>유도 | 丑 | 子 | 寅 | 巳 | 申 | 丑 | 子 | 寅 | 巳 | 申 |
| 魯都<br>노도 | 未 | 午 | 申 | 亥 | 寅 | 未 | 午 | 申 | 亥 | 寅 |
| 日官<br>일관 | 酉 | 申 | 子 | 亥 | 卯 | 寅 | 午 | 巳 | 未丑 | 辰戌 |
| 長生<br>장생 | 亥 | 午 | 寅 | 酉 | 寅 | 酉 | 巳 | 子 | 申 | 卯 |
| 恩赦<br>은사 | 寅 | 辰 | 巳 | 未 | 巳 | 未 | 申 | 戌 | 亥 | 丑 |
| 干奇<br>간기 | 午 | 巳 | 辰 | 卯 | 寅 | 丑 | 未 | 申 | 酉 | 戌 |
| 福星<br>복성 | 子 | 丑 | 子 | 子 | 未 | 未 | 丑 | 丑 | 巳 | 巳 |
| 文星<br>문성 | 亥 | 亥 | 寅 | 寅 | 午 | 午 | 巳 | 巳 | 申 | 申 |
| 日鬼<br>일귀 | 申 | 酉 | 亥 | 子 | 寅 | 卯 | 巳 | 午 | 辰戌 | 丑未 |
| 日墓<br>일묘 | 未 | 戌 | 戌 | 丑 | 戌 | 丑 | 丑 | 辰 | 辰 | 未 |
| 日刑<br>일형 | 巳 | 辰 | 申 | 丑 | 申 | 丑 | 寅 | 未 | 亥 | 戌 |

| 日干<br>神殺 | 甲 | 乙 | 丙 | 丁 | 戊 | 己 | 庚 | 辛 | 壬 | 癸 |
|---|---|---|---|---|---|---|---|---|---|---|
| 日沖<br>(일충) | 申 | 戌 | 亥 | 丑 | 亥 | 丑 | 寅 | 辰 | 巳 | 未 |
| 羊刃<br>(양인) | 卯 | 辰 | 午 | 未 | 午 | 未 | 酉 | 戌 | 子 | 丑 |
| 飛刃<br>(비인) | 酉 | 戌 | 子 | 丑 | 子 | 丑 | 卯 | 辰 | 午 | 未 |
| 日大殺<br>(일대살) | 亥 | 亥 | 未 | 未 | 戌 | 戌 | 寅 | 寅 | 巳 | 巳 |
| 日賊<br>(일적) | 辰 | 午 | 申 | 亥 | 寅 | 辰 | 午 | 申 | 亥 | 寅 |
| 日盜<br>(일도) | 子 | 亥 | 卯 | 申 | 巳 | 子 | 亥 | 卯 | 申 | 巳 |
| 日奸<br>(일간) | 亥 | 酉 | 辰 | 申 | 巳 | 亥 | 酉 | 辰 | 申 | 巳 |
| 日淫<br>(일음) | 午 | 午 | 未 | 未 | 戌 | 戌 | 寅 | 寅 | 巳 | 巳 |
| 日沖<br>(일충) | 申 | 戌 | 亥 | 丑 | 亥 | 丑 | 寅 | 辰 | 巳 | 未 |

◆ 日德(일덕) : 得財大吉하다.

◆ 五合(오합) : 日德과 같은 맥락이다.

◆ 日祿(일록) : 課體가 吉하면 食祿이 있고, 課體가 凶하고 天將도 凶하면 比劫과 같은 역할이다.

◆ 顯貴(현귀) : 日干의 貴人과 竝立되며 吉하다.

◆ 兼務(겸무) : 官吏는 兩任한다.

◆ 進神(진신) : 凡事 前進함에 이롭고 喜慶이 있으며, 후퇴한 즉 기회를 놓치게 된다.

◆ 退神(퇴신) : 일체 後退함이 이로우며, 또한 後退하면 憂가 없으나, 前進하면 沮滯(저체)됨이 많다.

◆ 日解(일해) : 凶險이 解散된다.

◆ 日醫(일의) : 日干과 生合되면 약을 복용함이 이롭고, 아닌즉 불리하고, 急病은 天醫를 살피고, 緩病은 地醫를 살핀다.

◆ 直符(직부) : 飛符와 같으며, 病占은 흉하고 出行은 不歸한다.

◆ 遊都(유도) : 도적이 오는 방향을 알 수 있다.

◆ 魯都(노도) : 도적이 달아나는 방향이다. 그 방향을 추적하면 가히 은장처를 알
　수 있다.

◆ 日官(일관) : 功名喜事를 나타낸다.

◆ 長生(장생) : 凡事에 길하다.

◆ 恩赦(은사) : 사안이 길하다.

◆ 干奇(간기) : 禍厄은 소멸되고 길함은 증가된다.

◆ 福星(복성) : 謀望事는 吉利하다.

◆ 文星(문성) : 文星이 청룡에 加되면 大貴한다.

◆ 日鬼(일귀) : 晝貴는 公訟是非가 있고, 夜貴는 鬼神의 作祟(작수)와 妖邪(요사)함
　이 있다.

◆ 日墓(일묘) : 暗昧不通인데 沖을 만나면 吉하고, 合을 만나면 흉하다.

◆ 日刑(일형) : 人情이 不美하다.

◆ 羊刃(양인) : 靜 즉 길하고 動 즉 흉하다.

◆ 飛刃(비인) : 血光과 凶事를 나타낸다.

◆ 日大殺(일대살) : 凡事에 大忌한다.

◆ 日賊(일적) : 불길하다.

◆ 日盜(일도) : 불길하다.

◆ 日奸(일간) : 불길하다.

◆ 日陰(일음) : 불길하다.

◆ 日沖(일충) : 反覆不寧(반복불령)하다.

　子午 沖 : 道路貧弱(도로빈약)

　卯酉 沖 : 門戶改易(문호개이)

　寅申 沖 : 人鬼相殘(인구상잔)

　巳亥 沖 : 反覆無實(반복무실)

　丑未 沖 : 兄弟相持(형제상지)

　辰戌 沖 : 奴婢離異(노비이이)

日을 沖하면 一身上의 변동이 있고, 辰을 沖하면 家宅의 변동이 있고, 生旺하면 沖을 忌하고, 凶旺하면 沖을 기뻐한다.

## (6) 日支 神殺(일지 신살)

### 日支 神殺

| 日支<br>神殺 | 子 | 丑 | 寅 | 卯 | 辰 | 巳 | 午 | 未 | 申 | 酉 | 戌 | 亥 |
|---|---|---|---|---|---|---|---|---|---|---|---|---|
| 支德<br>지덕 | 巳 | 午 | 未 | 申 | 酉 | 戌 | 亥 | 子 | 丑 | 寅 | 卯 | 辰 |
| 六合<br>육합 | 丑 | 子 | 亥 | 戌 | 酉 | 申 | 未 | 午 | 巳 | 辰 | 卯 | 寅 |
| 三合<br>삼합 | 申辰 | 巳酉 | 午戌 | 亥未 | 申子 | 酉丑 | 寅戌 | 亥卯 | 子辰 | 巳丑 | 寅午 | 亥未 |
| 六沖<br>육충 | 午 | 未 | 申 | 酉 | 戌 | 亥 | 子 | 丑 | 寅 | 卯 | 辰 | 巳 |
| 六破<br>육파 | 酉 | 辰 | 亥 | 午 | 丑 | 申 | 卯 | 戌 | 巳 | 子 | 未 | 寅 |
| 六害<br>육해 | 未 | 午 | 巳 | 辰 | 卯 | 寅 | 丑 | 子 | 亥 | 戌 | 酉 | 申 |
| 三刑<br>삼형 | 卯 | 戌 | 巳 | 子 | 辰 | 申 | 午 | 竺 | 寅 | 酉 | 未 | 亥 |
| 日馬<br>일마 | 寅 | 亥 | 申 | 巳 | 寅 | 亥 | 申 | 巳 | 寅 | 亥 | 申 | 巳 |
| 華蓋<br>화개 | 辰 | 丑 | 戌 | 未 | 辰 | 丑 | 戌 | 未 | 辰 | 丑 | 戌 | 未 |
| 破碎<br>파쇄 | 巳 | 丑 | 酉 | 巳 | 丑 | 酉 | 巳 | 丑 | 酉 | 巳 | 丑 | 酉 |
| 桃花<br>도화 | 酉 | 午 | 卯 | 子 | 酉 | 午 | 卯 | 子 | 酉 | 午 | 卯 | 子 |
| 雷電<br>뇌전 | 辰 | 辰 | 未 | 未 | 戌 | 戌 | 丑 | 丑 | 寅 | 寅 | 卯 | 卯 |
| 雨師<br>우사 | 申 | 酉 | 戌 | 亥 | 子 | 丑 | 寅 | 卯 | 辰 | 巳 | 午 | 未 |
| 晴朗<br>청랑 | 午 | 未 | 申 | 酉 | 戌 | 亥 | 子 | 丑 | 寅 | 卯 | 辰 | 巳 |
| 將軍<br>장군 | 子 | 酉 | 午 | 卯 | 子 | 酉 | 午 | 卯 | 子 | 酉 | 午 | 卯 |

| 日支<br>神殺 | 子 | 丑 | 寅 | 卯 | 辰 | 巳 | 午 | 未 | 申 | 酉 | 戌 | 亥 |
|---|---|---|---|---|---|---|---|---|---|---|---|---|
| 支儀<br>지의 | 午 | 巳 | 辰 | 卯 | 寅 | 丑 | 未 | 申 | 酉 | 戌 | 亥 | 子 |
| 支鬼<br>지귀 | 辰戌 | 卯 | 申 | 酉 | 寅 | 亥 | 子 | 卯 | 午 | 巳 | 寅 | 丑未 |
| 支墓<br>지묘 | 辰 | 辰 | 未 | 未 | 辰 | 戌 | 戌 | 辰 | 丑 | 丑 | 辰 | 辰 |
| 死神<br>사신 | 卯 | 辰 | 巳 | 午 | 未 | 申 | 酉 | 戌 | 亥 | 子 | 丑 | 寅 |
| 病符<br>병부 | 亥 | 子 | 丑 | 寅 | 卯 | 辰 | 巳 | 午 | 未 | 申 | 酉 | 戌 |
| 幻神<br>환신 | 卯 | 戌 | 巳 | 子 | 未 | 寅 | 酉 | 辰 | 亥 | 午 | 丑 | 申 |
| 絞神<br>교신 | 酉 | 辰 | 亥 | 午 | 丑 | 申 | 卯 | 戌 | 巳 | 子 | 未 | 寅 |
| 劫殺<br>겁살 | 巳 | 寅 | 亥 | 申 | 巳 | 寅 | 亥 | 申 | 巳 | 寅 | 亥 | 申 |
| 災殺<br>재살 | 午 | 卯 | 子 | 酉 | 午 | 卯 | 子 | 酉 | 午 | 卯 | 子 | 酉 |
| 四殺<br>사살 | 未 | 辰 | 丑 | 戌 | 未 | 辰 | 丑 | 戌 | 未 | 辰 | 丑 | 戌 |
| 支亡<br>지망 | 亥 | 申 | 巳 | 寅 | 亥 | 申 | 巳 | 寅 | 亥 | 申 | 巳 | 寅 |
| 白衣<br>백의<br>翰林<br>한림 | 酉 | 未 | 巳 | 卯 | 丑 | 亥 | 酉 | 未 | 巳 | 卯 | 丑 | 亥 |

◆ 支德(지덕) : 吉하고 이롭다. 단, 悖戾(패려)됨이 없어야 한다.

◆ 六合(육합) : 成合된 사안은 吉하다. 病占은 不利하고 不吉하며, 숨김을 忌한다.

◆ 三合(삼합) : 六合과 같다.

◆ 六沖(육충) : 일체 이롭지 못다.

◆ 六破(육파) : 일체 이롭지 못다.

◆ 六害(육해) : 일체 이롭지 못다.

◆ 三刑(삼형) : 일체 이롭지 못다.

◆ 日馬(일마) : 動하고 速함이 있다.

♦ 破碎(파쇄) : 파괴를 나타낸다.

♦ 桃花(도화) : 淫亂을 나타낸다.

♦ 雷戰(뇌전) : 우레와 번개이다.

♦ 雨師(우사) : 雨를 관장한다.

♦ 晴朗(청랑) : 맑고 화창하다.

♦ 將軍(장군) : 用兵占에서 旺하면 吉하다.

♦ 支儀(지의) : 凶을 해소하고 吉을 증진시킨다.

♦ 支鬼(지귀) : 상호 傷剋을 나타낸다.

♦ 支墓(지묘) : 暗昧不通(암매불통)을 나타낸다.

♦ 死神(사신) : 病占은 흉하다.

♦ 病符(병부) : 질병을 나타낸다.

♦ 幻神(환신) : 絞縊을 나타낸다

♦ 絞神(교신) : 幻神과 같다.

♦ 劫殺(겁살) : 凶事가 속히 도래한다.

♦ 災殺(재살) : 不順, 不美하다.

♦ 四殺(사살) : 不順, 不美하다.

♦ 支亡(지망) : 十干 空亡과 같다. 失脫이 있고, 憂喜가 不成한다. 凶神將은 空亡을 喜하고 吉神將은 空亡을 忌한다.

♦ 白衣. 翰林(백의. 한림) : 吉祥이다.

♦ 剋, 刑, 沖, 破, 害, 休, 囚의 강약은 다음과 같다.
　1 剋, 2 刑, 3 破, 4 沖, 5 害, 6 休, 7 囚


# 6. 공망空亡

| 旬首 | 旬 中 | | | | | | | | | 空亡 |
|---|---|---|---|---|---|---|---|---|---|---|
| 甲子 | 乙丑 | 丙寅 | 丁卯 | 戊辰 | 己巳 | 庚午 | 辛未 | 壬申 | 癸酉 | 戌.亥 |
| 甲戌 | 乙亥 | 丙子 | 丁丑 | 戊寅 | 己卯 | 庚辰 | 辛巳 | 壬午 | 癸未 | 申.酉 |
| 甲申 | 乙酉 | 丙戌 | 丁亥 | 戊子 | 己丑 | 庚寅 | 辛卯 | 壬辰 | 癸巳 | 午.未 |

| 甲午 | 乙未 | 丙申 | 丁酉 | 戊戌 | 己亥 | 庚子 | 辛丑 | 壬寅 | 癸卯 | 辰.巳 |
| 甲辰 | 乙巳 | 丙午 | 丁未 | 戊申 | 己酉 | 庚戌 | 辛亥 | 壬子 | 癸丑 | 寅.卯 |
| 甲寅 | 乙卯 | 丙辰 | 丁巳 | 戊午 | 己未 | 庚申 | 辛酉 | 壬戌 | 癸亥 | 子.丑 |

旬空(순공) : 旬中 空亡을 말한다. 일명 天中殺이라 한다.

漏底空(누저공) : 지반 공망

路途空(노도공) : 천반 공망

皆空(개공) : 천·지반 공망

截空(절공) : 삼전 공망 – 초전 공망(斷首), 중전 공망(折腰), 말전 공망(折足)

無依空(무의공) : 第一課 천반 공망

無室空(무실공) : 第三課 천반 공망

孤鴻空(고홍공) : 月干 寄宮 空亡

虛聲空(허성공) : 占時 空亡


# 7. 기타

## (1) 驛馬(역마)

申子辰 – 在 寅

巳酉丑 – 在 亥

寅午戌 – 在 申

亥卯未 – 在 巳


## (2) 旬丁(순정=丁神) : 역마와 같고 매우 중요하다.

| 旬 | 旬 中 | | | | | | | | | 空亡 |
|---|---|---|---|---|---|---|---|---|---|---|
| 甲子 | 乙丑 | 丙寅 | 丁卯 | 戊辰 | 己巳 | 庚午 | 辛未 | 壬申 | 癸酉 | 戌.亥 |
| 甲戌 | 乙亥 | 丙子 | 丁丑 | 戊寅 | 己卯 | 庚辰 | 辛巳 | 壬午 | 癸未 | 申.酉 |
| 甲申 | 乙酉 | 丙戌 | 丁亥 | 戊子 | 己丑 | 庚寅 | 辛卯 | 壬辰 | 癸巳 | 午.未 |
| 甲午 | 乙未 | 丙申 | 丁酉 | 戊戌 | 己亥 | 庚子 | 辛丑 | 壬寅 | 癸卯 | 辰.巳 |

| 甲辰 | 乙巳 | 丙午 | 丁未 | 戊申 | 己酉 | 庚戌 | 辛亥 | 壬子 | 癸丑 | 寅.卯 |
| 甲寅 | 乙卯 | 丙辰 | 丁巳 | 戊午 | 己未 | 庚申 | 辛酉 | 壬戌 | 癸亥 | 子.丑 |

## (3) 天德(천덕). 月德(월덕). 日德(일덕). 支德(지덕)

| 月支<br>월지 | 寅 | 卯 | 辰 | 巳 | 午 | 未 | 申 | 酉 | 戌 | 亥 | 子 | 丑 |
|---|---|---|---|---|---|---|---|---|---|---|---|---|
| 天德<br>천덕 | 丁 | 申 | 壬 | 辛 | 亥 | 甲 | 癸 | 寅 | 丙 | 乙 | 巳 | 庚 |
| 月德<br>월덕 | 丙 | 甲 | 壬 | 庚 | 丙 | 甲 | 壬 | 庚 | 丙 | 甲 | 壬 | 庚 |

| 日干<br>일간 | 甲 | 乙 | 丙 | 丁 | 戊 | 己 | 庚 | 辛 | 壬 | 癸 | | |
|---|---|---|---|---|---|---|---|---|---|---|---|---|
| 日德<br>일덕 | 寅 | 申 | 巳 | 亥 | 巳 | 寅 | 申 | 巳 | 亥 | 巳 | | |

| 日支<br>일지 | 子 | 丑 | 寅 | 卯 | 辰 | 巳 | 午 | 未 | 申 | 酉 | 戌 | 亥 |
|---|---|---|---|---|---|---|---|---|---|---|---|---|
| 支德<br>지덕 | 巳 | 午 | 未 | 申 | 酉 | 戌 | 亥 | 子 | 丑 | 寅 | 卯 | 辰 |

月德 ◆寅.午.戌月 – 丙

　　◆亥.卯.未月 – 甲

　　◆申.子.辰月 – 壬

　　◆巳.酉.丑月 – 庚

日德 ◆甲.己日 – 寅

　　◆乙.庚日 – 申

　　◆丙.辛日 – 巳

　　◆丁.壬日 – 亥

　　◆戊.癸日 – 巳

## (4) 祿星(녹성)

| 日干 | 甲 | 乙 | 丙 | 丁 | 戊 | 己 | 庚 | 辛 | 壬 | 癸 |
|---|---|---|---|---|---|---|---|---|---|---|
| 日祿 | 寅 | 卯 | 巳 | 午 | 巳 | 午 | 申 | 酉 | 亥 | 子 |

◆ 陽干은 地藏干中 正氣, 陰干은 地藏干中 餘氣에 해당된다.


## (5) 天乙貴人(천을귀인)

| 日干 | 甲 | 乙 | 丙 | 丁 | 戊 | 己 | 庚 | 辛 | 壬 | 癸 |
|---|---|---|---|---|---|---|---|---|---|---|
| 陽貴 | 未 | 申 | 酉 | 亥 | 丑 | 子 | 丑 | 寅 | 卯 | 巳 |
| 陰鬼 | 丑 | 子 | 亥 | 酉 | 未 | 申 | 未 | 午 | 巳 | 卯 |

◆ 陽貴 : 晝天乙貴人. 陰鬼 : 夜天乙貴人


## (6) 官鬼(관귀=鬼殺)

⊙ 日干을 극하는 것이 官鬼인데, 陰陽이 다르면 正官이라 하고, 陰陽이 같으면 偏官이라 하는데, 奇門遁甲과 六壬學에서는 官鬼라 칭한다.

⊙ 三傳에 官鬼가 많으면 매사 저체되고, 불성하고, 관재구설, 시비다툼, 사고질병, 損財 등의 흉화가 있다.

⊙ 三傳 중에 官鬼가 있더라도, 日干이 旺相하고, 四課 중 혹은 年命上神에 食傷(자손)이 있어 殺을 극제하면 凶禍는 일어나지 않는다.

⊙ 詞訟이나 病占의 경우 官鬼가 三傳에 들고, 日에 臨해도 食傷의 制剋이 있으면 큰 凶禍는 발생하지 않는다.

⊙ 捕盜店에 三傳에 官殺이 들더라도, 官殺을 沖하면 도적이 自敗하고, 空亡을 帶하면 잡기 어렵다.

⊙ 日干上神이 官殺이고 초전이면 대체로 凶하나, 초전에 德合을 보면 求官에는 길하다.

⊙ 三傳에 官鬼가 있고, 合을 帶하고, 그리고 日干上神을 剋하면 求事는 반복된 연후에 이루어진다.

⊙ 官鬼는 休囚死地면 좋고 生旺되면 흉하다.

⊙ 초전이 日干上神의 支이고 다시 日干을 剋하고 官鬼가 되면 집안에 暗中凶禍가

있다.

⊙ 官殺이 三傳에 入해도 制殺이 되면 크게 凶禍는 없으나, 다소의 놀람이 있고 후에는 무난하다. 만약 타인의 暗害가 있을시 관대하게 대하면 큰 흉화는 없게 된다.

⊙ 日支上神이 官鬼를 띄고 三傳에 들며, 中·末傳도 모두 鬼殺을 띄면, 救神이 있으면 禍가 없고, 救神이 없으면 凶禍가 일어난다.

⊙ 초전이 官鬼이고 말전에 生氣가 있고, 日干에서 말전이 長生이 되면 先凶 後吉하다.

⊙ 三傳이 合局되어 官鬼를 띄고, 日干 혹은 日干上神과 오행이 같으면 凶變爲吉하다.

⊙ 天將의 오행이 日干을 剋하면 暗鬼라 하는데, 明鬼(초전 관귀), 暗鬼 어느 것이건 日干의 脫氣 즉 食傷(자손)이 있으면 殺을 制하니 후에 吉해진다.

⊙ 官鬼에 靑龍이 乘하면 損財가 있고, 白虎를 보면 사고, 질병이 있고, 朱雀을 보면 火災가 있다.

⊙ 官鬼는 본인과 가족 모두에 해당된다.

⊙ 救神은 木이 土를 剋할 경우, 金이 있으면 木을 억제하니 이를 "救神"이라 한다.


### 〈官鬼의 통변〉

⊙ 四課三傳을 조직하면 먼저 官鬼의 有無를 살핀다. 官鬼가 있고, 흉장을 띄고 生旺하고 制殺하는 救神이 없으면 흉함은 중하다. 制殺의 神이 있거나, 印星이 있어 化殺하면 오히려 貴格이 된다. 官鬼가 休囚死 되면 官鬼의 망동은 적다. 乘한 十二天將을 보고 겸하여 길흉을 논한다.
官鬼에 貴人이 乘하면 貴人의 질책을 만나고, 玄武를 만나면 도적, 실물, 실탈건을 만난다.

⊙ 太歲上神이 官鬼에 해당하면 太歲는 年中天子에 해당하니 범함은 좋지 않으며 年中 凶禍의 조짐이 있으며, 凶神, 凶殺을 두려워하나, 日干이 生旺하고 四課三傳에 救神이 있으면 尊長에게 다소 불리한 일이 발생할 수 있으나 큰 탈은 없다.

⊙ 三傳이 모두 官鬼라도 日干上神이 制殺하는 救神이 되면 큰 해는 없다.
또한 制殺 救神에 貴人이 乘하면 貴人의 도움으로 凶禍가 적고, 官鬼가 空亡되면 凶禍의 역할을 하지 못한다.

⊙ 家鬼는 가족간에 속임의 수가 있다. 家鬼란 日支上神이나 제3과 陰神이 官鬼가

되고, 초전이 되어 日干을 剋함을 말한다. 이런 경우 가족 중에 가장을 속이는 일이 발생한다. 官職者는 해가 없으나 詞訟이나 病占의 경우는 모두 凶하다. 그러나 日干上神에서 官鬼를 制殺하면 凶은 경미하다.

⊙ 三傳이나 二傳이 官鬼가 되고, 日干을 剋하면 凶禍가 발생한다. 그러나 日支上神에 制殺하는 救神이 있으면 가택인 중 災難을 구하는 사람이 있다.

⊙ 초전이 官鬼가 되어 말전을 生化하고, 말전이 日干의 長生이 되고, 日支上神이 官鬼를 制殺하면 先凶後吉하다.

⊙ 三傳이 財星이 되고 日干上神이 官鬼가 되면, 財生官하여 官鬼를 생하니 救神이 없으면 凶함이 심하다. 年命上神에 救神이 있으면 흉함이 심하지는 않다.

⊙ 三傳의 財星이 日干上神을 剋하고, 遁干이 官鬼가 되면, 財生官되어 흉하다. 失物로 인해 禍를 초래하고, 妻妾의 분쟁이 발생하고, 혼인점은 惡妻를 얻게된다.

⊙ 初傳의 官鬼는 明鬼라 하고, 遁干의 官鬼는 遁鬼라 한다.
四課三傳 중 明鬼나 遁鬼가 있으면 官鬼가 黨(당)을 이룬 것이니 사안은 급하고 大凶하나, 食傷이 있어 制殺하면 凶이 輕하나, 食傷이 絶地에 있음을 기피한다.

⊙ 日支 또는 日支上神이 發用이 되어 官鬼가 되고, 劫殺, 刑害, 凶神, 凶將을 띄면 사람의 침해를 받으니 예방을 철저히 해야 한다.

⊙ 日支上神이 發用이 되고 日支를 극하면 地上鬼라 한다. 家宅에 災厄이 발생한다.

⊙ 日干上神이 日干을 剋하고, 日支上에 臨하면 旅行占은 不發이고 歸家하게 된다.

⊙ 年命上神이 官鬼가 되고, 日干上神을 剋하면 본인과 가택에 흉액이 발생하고, 病符殺(병부살), 喪門殺(상문살), 弔客殺(조객살) 등을 帶하면 喪服(상복) 입을 일이 발생하거나 不祥事가 있다. 官符殺을 帶하면 官災口舌이 있다.

⊙ 疾病 점단시 官鬼를 剋하는 天盤神의 下神이 良醫가 있는 방위이다.
官鬼가 木이면 散藥이 좋지 않고,
官鬼가 火이면 뜸이 좋지 않고,
官鬼가 土이면 환약이 좋지 않고
官鬼가 金이면 침이 좋지 않고,
官鬼가 水이면 탕약이 좋지 않다.

⊙ 초전이 중전을 剋하고, 중전이 말전을 剋하고, 말전이 日干을 剋하거나, 말전이 중전을 剋하고, 중전이 초전을 剋하고, 초전이 日干을 剋하면 이를 遞剋(체극)이

라 하는데, 衆人에게 속임을 당할 수 있으니 매사 신중하게 판단하고 예방해야
한다.

## (7) 墓神(묘신)

◎ 墓神이 三傳에 들고, 日干上神에 臨하면 매사 閉塞不通(폐색불통)하고 暗昧(암매)
하고 不明하다.

◎ 辰未는 日墓라 하고, 丑戌은 夜墓이다. 日墓는 길흉이 속하고, 夜墓는 매사 저체
된다. 晝占에 夜墓가 되면 暗이 明에 든다 하여 만사가 解求되고, 夜占에 日墓가
되면 明이 暗에 든다하여 매사 지연되고 불명하고 暗昧하다.

◎ 초전이 墓神일 경우 旺相하면 좋고, 病占의 경우 쇠약하면 죽는다.
중전이 墓神이면 매사 순조롭지 못하고 허물이 생기고, 말전이 墓神이면 매사
불성한다.

◎ 墓神이 沖되면 吉하고 合은 흉하다. 年命上神에서 墓神을 剋하면 解求가 된다.

◎ 초전이 旺相하고 말전이 墓神이면 初成後敗한다.

◎ 초전이 墓神이고 말전이 旺相하면 先敗後成한다.

◎ 長生이 墓에 坐하면 生에서 墓에 入한다고 한다. 救助의 情이 없는 것이다. 초전
이 이러하면 最凶하고, 病占은 必死하고, 도적은 難捕하고, 待人은 不來한다.

◎ 墓神이 長生에 가하면 舊事(구사)가 재발한 것이다.

◎ 일간상신이 墓神이면 墓神이 日을 덮는다 하여 매사 혼미불명하고 성공하기 어
렵다.

◎ 干支上神 어느 쪽이든 墓神이 臨하면 人宅이 모두 불리하다.

◎ 干支 모두 墓에 坐하면 人宅에 모두 災禍가 있다.

## (8) 德神(덕신)

◎ 德은 天德, 月德, 日德, 支德으로 4가지이다.

◎ 德神이 日에 臨하고 三傳에 들면 흉변길이 된다. 단 십이천장의 外戰(天將이 所乘
之神을 剋하는 경우)을 기피한다.

◎ 德神이 日干上에 臨하여 發用하면 비록 官鬼가 되어도 鬼의 역할을 하지 못하니
흉변위길하다.

⊙ 德神이 초전이고 下賊을 당해도 生扶받으면 吉하다. 生扶됨이 없고 剋洩되면 喜中憂가 있다.

⊙ 德神이 日에 臨하고 會合하여 貴를 띄면 의외의 기쁨이 있으나 病占과 詞訟은 불리하다.

⊙ 德神이 發用하고, 下神에서 日을 剋하면 正邪를 동반한다.

⊙ 德神이 正官이 되고, 朱雀이 臨하면 官의 薦擧(천거)를 받거나 考試에 합격한다. 文德格이다.

## 8. 제諸 신살神殺 조견표早見表

### 日干 神殺表(일간 신살표)

| 日干 | 甲 | 乙 | 丙 | 丁 | 戊 | 己 | 庚 | 辛 | 壬 | 癸 | | |
|---|---|---|---|---|---|---|---|---|---|---|---|---|
| 日德 | 寅 | 申 | 巳 | 亥 | 巳 | 寅 | 申 | 巳 | 亥 | 巳 | | |
| 日祿 | 寅 | 卯 | 巳 | 午 | 巳 | 午 | 申 | 酉 | 亥 | 子 | | |
| 生氣 | 亥 | 午 | 寅 | 酉 | 寅 | 酉 | 巳 | 子 | 申 | 卯 | | |
| 恩赦(寄宮) | 寅 | 辰 | 巳 | 未 | 巳 | 未 | 申 | 戌 | 亥 | 丑 | | |
| 羊刃 | 卯 | 辰 | 午 | 未 | 午 | 未 | 酉 | 戌 | 子 | 丑 | | |
| 遊都殺 | 未 | 午 | 申 | 亥 | 寅 | 未 | 午 | 申 | 亥 | 寅 | | |
| 魯都殺 | 未 | 午 | 申 | 未 | 寅 | 未 | 午 | 申 | 亥 | 寅 | | |
| 日醫 | 亥 | 卯 | 丑 | 未 | 巳 | 卯 | 亥 | 丑 | 未 | 巳 | | |
| 直符 | 巳 | 辰 | 卯 | 寅 | 丑 | 午 | 未 | 申 | 酉 | 戌 | | |
| 儀神 | 午 | 巳 | 辰 | 卯 | 寅 | 丑 | 未 | 申 | 酉 | 戌 | | |
| 天盜殺 | 子 | 亥 | 卯 | 申 | 巳 | 子 | 亥 | 卯 | 申 | 巳 | | |
| 天賊殺 | 辰 | 午 | 申 | 亥 | 寅 | 辰 | 午 | 申 | 亥 | 寅 | | |
| 稼穡 | 丑 | 丑 | 辰 | 辰 | 未 | 未 | 戌 | 戌 | 戌 | 戌 | | |
| 天羅 | 卯 | 巳 | 午 | 申 | 午 | 申 | 酉 | 亥 | 子 | 寅 | | |
| 天解 | 亥 | 申 | 未 | 丑 | 酉 | 亥 | 申 | 未 | 丑 | 酉 | | |
| 日支 神殺表 | | | | | | | | | | | | |
| 日支 | 子 | 丑 | 寅 | 卯 | 辰 | 巳 | 午 | 未 | 申 | 酉 | 戌 | 亥 |

| | | | | | | | | | | | |
|---|---|---|---|---|---|---|---|---|---|---|---|---|
| 支德 | 巳 | 午 | 未 | 申 | 酉 | 戌 | 亥 | 子 | 丑 | 寅 | 卯 | 辰 |
| 支馬 | 寅 | 亥 | 申 | 巳 | 寅 | 亥 | 申 | 巳 | 寅 | 亥 | 申 | 巳 |
| 支刑 | 卯 | 戌 | 巳 | 子 | 辰 | 申 | 午 | 丑 | 寅 | 酉 | 未 | 亥 |
| 支破 | 酉 | 辰 | 亥 | 午 | 丑 | 申 | 卯 | 戌 | 巳 | 子 | 未 | 寅 |
| 支沖 | 午 | 未 | 申 | 酉 | 戌 | 亥 | 子 | 丑 | 寅 | 卯 | 辰 | 巳 |
| 支害 | 未 | 午 | 巳 | 辰 | 卯 | 寅 | 丑 | 子 | 亥 | 戌 | 酉 | 申 |
| 時殺 | 巳 | 寅 | 亥 | 申 | 巳 | 寅 | 亥 | 申 | 巳 | 寅 | 亥 | 申 |
| 支儀 | 午 | 巳 | 辰 | 卯 | 寅 | 丑 | 未 | 申 | 酉 | 戌 | 亥 | 子 |
| 金神 | 巳 | 丑 | 酉 | 巳 | 丑 | 酉 | 巳 | 丑 | 酉 | 巳 | 丑 | 酉 |
| 月壓 | 子 | 亥 | 戌 | 酉 | 申 | 未 | 午 | 巳 | 辰 | 卯 | 寅 | 丑 |

### 太歲 神殺表

| 太歲 | 子年 | 丑年 | 寅年 | 卯年 | 辰年 | 巳年 | 午年 | 未年 | 申年 | 酉年 | 戌年 | 亥年 |
|---|---|---|---|---|---|---|---|---|---|---|---|---|
| 歲君 | 子 | 丑 | 寅 | 卯 | 辰 | 巳 | 午 | 未 | 申 | 酉 | 戌 | 亥 |
| 太陽 | 丑 | 寅 | 卯 | 辰 | 巳 | 午 | 未 | 申 | 酉 | 戌 | 亥 | 子 |
| 六合 | 卯 | 辰 | 巳 | 午 | 未 | 申 | 酉 | 戌 | 亥 | 子 | 丑 | 寅 |
| 官符 | 辰 | 巳 | 午 | 未 | 申 | 酉 | 戌 | 亥 | 子 | 丑 | 寅 | 卯 |
| 死符 | 巳 | 午 | 未 | 申 | 酉 | 戌 | 亥 | 子 | 丑 | 寅 | 卯 | 辰 |
| 小貌 | 巳 | 午 | 未 | 申 | 酉 | 戌 | 亥 | 子 | 丑 | 寅 | 卯 | 辰 |
| 大貌 | 午 | 未 | 申 | 酉 | 戌 | 亥 | 子 | 丑 | 寅 | 卯 | 辰 | 巳 |
| 歲破 | 午 | 未 | 申 | 酉 | 戌 | 亥 | 子 | 丑 | 寅 | 卯 | 辰 | 巳 |
| 白虎 | 申 | 酉 | 戌 | 亥 | 子 | 丑 | 寅 | 卯 | 辰 | 巳 | 午 | 未 |
| 福德 | 酉 | 戌 | 亥 | 子 | 丑 | 寅 | 卯 | 辰 | 巳 | 午 | 未 | 申 |
| 太陰 | 戌 | 亥 | 子 | 丑 | 寅 | 卯 | 辰 | 巳 | 午 | 未 | 申 | 酉 |
| 病符 | 亥 | 子 | 丑 | 寅 | 卯 | 辰 | 巳 | 午 | 未 | 申 | 酉 | 戌 |
| 將軍 | 酉 | 酉 | 子 | 子 | 子 | 卯 | 卯 | | 午 | 午 | 午 | 酉 |
| 歲刑 | 卯 | 戌 | 巳 | 子 | 辰 | 申 | 午 | 丑 | 寅 | 酉 | 未 | 亥 |
| 歲殺 | 未 | 辰 | 丑 | 戌 | 未 | 辰 | 丑 | 戌 | 未 | 辰 | 丑 | 戌 |
| 喪門 | 寅 | 卯 | 辰 | 巳 | 午 | 未 | 申 | 酉 | 戌 | 亥 | 子 | 丑 |
| 弔客 | 戌 | 亥 | 子 | 丑 | 寅 | 卯 | 辰 | 巳 | 午 | 未 | 申 | 酉 |
| 歲墓 | 未 | 申 | 酉 | 戌 | 亥 | 子 | 丑 | 寅 | 卯 | 辰 | 巳 | 午 |
| 三殺 | 未 | 辰 | 丑 | 戌 | 未 | 辰 | 丑 | 戌 | 未 | 辰 | 丑 | 戌 |
| 金神 | 酉 | 巳 | 丑 | 酉 | 巳 | 丑 | 酉 | 巳 | 丑 | 酉 | 巳 | 丑 |

| 歲宅 | 巳 | 午 | 未 | 申 | 酉 | 戌 | 亥 | 子 | 丑 | 寅 | 卯 | 辰 |
|---|---|---|---|---|---|---|---|---|---|---|---|---|
| **月建 神殺表** | | | | | | | | | | | | |
| 月建 | 1月 寅月 | 2月 卯月 | 3月 辰月 | 4月 巳月 | 5月 午月 | 6月 未月 | 7月 申月 | 8月 酉月 | 9月 戌月 | 10月 亥月 | 11月 子月 | 12月 丑月 |
| 天德 | 丁 | 申 | 壬 | 辛 | 亥 | 甲 | 癸 | 寅 | 丙 | 乙 | 巳 | 庚 |
| 月德 | 丙 | 甲 | 壬 | 庚 | 丙 | 甲 | 壬 | 庚 | 丙 | 甲 | 壬 | 庚 |
| 天馬 | 午 | 申 | 戌 | 子 | 寅 | 辰 | 午 | 申 | 戌 | 子 | 寅 | 辰 |
| 月德合 | 辛 | 己 | 丁 | 乙 | 辛 | 己 | 丁 | 乙 | 辛 | 己 | 丁 | 乙 |
| 將星 | 亥 | 戌 | 酉 | 申 | 未 | 午 | 巳 | 辰 | 卯 | 寅 | 丑 | 子 |
| 生氣 | 子 | 丑 | 寅 | 卯 | 辰 | 巳 | 午 | 未 | 申 | 酉 | 戌 | 亥 |
| 死氣 | 午 | 未 | 申 | 酉 | 戌 | 亥 | 子 | 丑 | 寅 | 卯 | 辰 | 巳 |
| 月壓 | 戌 | 酉 | 申 | 未 | 午 | 巳 | 辰 | 卯 | 寅 | 丑 | 子 | 亥 |
| 飛魂 | 亥 | 子 | 丑 | 寅 | 卯 | 辰 | 巳 | 午 | 未 | 申 | 酉 | 戌 |
| 喪魂 | 未 | 戌 | 丑 | 辰 | 未 | 戌 | 丑 | 辰 | 未 | 戌 | 丑 | 辰 |
| 天鬼 | 酉 | 午 | 卯 | 子 | 酉 | 午 | 卯 | 子 | 酉 | 午 | 卯 | 子 |
| 天賊殺 | 丑 | 戌 | 未 | 辰 | 丑 | 戌 | 未 | 辰 | 丑 | 戌 | 未 | 辰 |
| 解神 | 申 | 申 | 酉 | 酉 | 戌 | 戌 | 亥 | 亥 | 午 | 午 | 未 | 未 |
| 迷惑殺 | 丑 | 戌 | 未 | 辰 | 丑 | 戌 | 未 | 辰 | 丑 | 戌 | 未 | 辰 |
| 刑亡殺 | 戌 | 亥 | 子 | 丑 | 申 | 酉 | 辰 | 巳 | 午 | 未 | 寅 | 卯 |
| 喪車(魄) | 未 | 辰 | 丑 | 戌 | 未 | 辰 | 丑 | 戌 | 未 | 辰 | 丑 | 戌 |
| 游魂 | 亥 | 子 | 丑 | 寅 | 卯 | 辰 | 巳 | 午 | 未 | 申 | 酉 | 戌 |
| 伏殃 | 酉 | 午 | 卯 | 子 | 酉 | 午 | 卯 | 子 | 酉 | 午 | 卯 | 子 |
| **方合局 神殺表** | | | | | | | | | | | | |
| 月建 | 寅 | 卯 | 辰 | 巳 | 午 | 未 | 申 | 酉 | 戌 | 亥 | 子 | 丑 |
| | 方合木局.春月 | | | 方合火局.夏月 | | | 方合金局.秋月 | | | 方合水局.冬月 | | |
| 天喜 天耳 | 戌 | 戌 | 戌 | 丑 | 丑 | 丑 | 辰 | 辰 | 辰 | 未 | 未 | 未 |
| 關神 | 丑 | 丑 | 丑 | 辰 | 辰 | 辰 | 未 | 未 | 未 | 戌 | 戌 | 戌 |
| 飛禍 | 申 | 申 | 申 | 寅 | 寅 | 寅 | 巳 | 巳 | 巳 | 亥 | 亥 | 亥 |
| 天盜殺 (賊神) | 卯 | 卯 | 卯 | 午 | 午 | 午 | 酉 | 酉 | 酉 | 子 | 子 | 子 |
| 浴盆殺 天日殺 | 辰 | 辰 | 辰 | 未 | 未 | 未 | 戌 | 戌 | 戌 | 丑 | 丑 | 丑 |

| 孤神殺 | 巳 | 巳 | 巳 | 申 | 申 | 申 | 亥 | 亥 | 亥 | 寅 | 寅 | 寅 |
|---|---|---|---|---|---|---|---|---|---|---|---|---|
| 寡宿殺 | 丑 | 丑 | 丑 | 辰 | 辰 | 辰 | 未 | 未 | 未 | 戌 | 戌 | 戌 |
| 喪車殺 | 酉 | 酉 | 酉 | 子 | 子 | 子 | 卯 | 卯 | 卯 | 午 | 午 | 午 |
| 遊神 | 丑 | 丑 | 丑 | 子 | 子 | 子 | 亥 | 亥 | 亥 | 戌 | 戌 | 戌 |
| 天車殺 | 巳 | 巳 | 巳 | 辰 | 辰 | 辰 | 未 | 未 | 未 | 酉 | 酉 | 酉 |
| 奸神 | 寅 | 寅 | 寅 | 亥 | 亥 | 亥 | 申 | 申 | 申 | 巳 | 巳 | 巳 |
| 天赦 | 戊寅日 | 戊寅日 | 戊寅日 | 甲午日 | 甲午日 | 甲午日 | 戊申日 | 戊申日 | 戊申日 | 甲子日 | 甲子日 | 甲子日 |

### 三合局 神殺表(月支.日支)

| 月支<br>日支 | 巳 | 酉 | 丑 | 申 | 子 | 辰 | 亥 | 卯 | 未 | 寅 | 午 | 戌 |
|---|---|---|---|---|---|---|---|---|---|---|---|---|
| | 三合金局 | | | 三合水局 | | | 三合木局 | | | 三合火局 | | |
| 華蓋殺 | 丑 | 丑 | 丑 | 辰 | 辰 | 辰 | 未 | 未 | 未 | 戌 | 戌 | 戌 |
| 劫殺 | 寅 | 寅 | 寅 | 巳 | 巳 | 巳 | 申 | 申 | 申 | 亥 | 亥 | 亥 |
| 亡身殺 | 申 | 申 | 申 | 亥 | 亥 | 亥 | 寅 | 寅 | 寅 | 巳 | 巳 | 巳 |
| 桃花殺 | 午 | 午 | 午 | 酉 | 酉 | 酉 | 子 | 子 | 子 | 卯 | 卯 | 卯 |
| 驛馬殺 | 亥 | 亥 | 亥 | 寅 | 寅 | 寅 | 巳 | 巳 | 巳 | 申 | 申 | 申 |
| 成神 | 寅 | 寅 | 寅 | 亥 | 亥 | 亥 | 申 | 申 | 申 | 巳 | 巳 | 巳 |
| 四殺 | 辰 | 辰 | 辰 | 未 | 未 | 未 | 戌 | 戌 | 戌 | 丑 | 丑 | 丑 |
| 天亡殺 | 寅 | 寅 | 寅 | 巳 | 巳 | 巳 | 申 | 申 | 申 | 亥 | 亥 | 亥 |

제3편

# 응용應用

# 제1장
## 응용론應用論

## 1. 유신類神 고찰考察

1) 六壬神課는 占斷에 있어 3요소가 있다.
 ◆ 첫번째는 用神이고,
 ◆ 두번째는 類神이고,
 ◆ 세번째는 日干上神이다.
 3대 중요 요소이므로 세밀하게 궁구 관찰해야 한다.

2) 존장자나 권세가에 알현 및 청탁의 건은 貴人을 중점한다.
 기타 의복, 주식사 등은 太常을 중점하고
 전답, 가택사 등은 句陳을 중점하고
 道路사 등은 白虎를 중점하여 판단한다.

3) 類神이 四課三傳에 출현하고, 旺相하며, 空亡이 없고, 日辰이 德合相生하면 求하고자 하는 사안은 반드시 성취된다.

4) 類神이 三傳 중에 없고, 閑地(天地盤中)에 있고, 기세도 없고, 혹 空亡이 되면 사안은 성취되기 힘들므로 물러서는 것이 좋다.

5) 類神이 기세가 있으면 主事는 速하고, 기세가 없으면 느리다.

6) 占斷의 모든 사안은 類神으로 결정한다. 예로 도난, 실탈 건은 玄武가 類神인데, 課傳에 없으면 天·地盤 中을 보고, 玄武가 乘하는 天盤의 所乘神에 의거 人相, 姓氏, 그리고 지반의 오행으로 방위를 점단한다.

7) 類神이 陽神에 있으면 象이 크고, 陰神을 쓸 때에는 隱伏(은복)된 것을 보는 것이다.

8) 事案에 따른 類神 考察

◆ 求婚에 대한 사안에는 天后의 陰神을 보고서 여인의 性情을 판단하는 것이다.

◆ 財를 求함에는 財星과 靑龍의 陰神을 보고 財의 得과 失을 판단한다.

◆ 求官, 疾病, 訴訟 등은 官鬼와 靑龍, 太常, 白虎 등을 살펴야 한다.

◆ 求名에는 印星과 靑龍, 朱雀의 동태를 살핀다.

◆ 祈雨에는 靑龍, 祈晴에는 天空을 살피고,

◆ 시험이나 文書는 朱雀을 살피고,

◆ 의복, 음식은 太常을 살피고,

◆ 전답, 토지는 勾陳을 살피고,

◆ 道路는 白虎의 동태를 살펴야 한다.

◆ 방문이나 謁見은 貴人과 日德의 陰神으로 논하는데 상생과 상극으로 장단을 논한다.

◆ 중요한 것은 類神이 課傳에 있고, 旺相하며, 天空이나 空亡되지 말아야 하고, 日辰과 德合이나 相生되면 어떤 사안이던지 모두 성사된다.

◆ 만약 日辰과 年命과 刑沖되면 旺相氣라 하더라도 매사 불성한다. 또한 無氣하며 日鬼가 되면 凶하고, 課傳에 없으면 類神이 閑地에 있다하고, 다시 空亡이 되면 無類生成이라 하여 만사 불성성한다.

9) 占斷의 매 사안은 類神의 有無가 위주가 된다. 類神이 三傳 중에 있으면 속히 발응한다.

10) 類神이 三傳 중에 없어도, 日干上神 또는 年命上神에 있으면 길흉사를 막론하고 머지않아 발응한다.

11) 日干上神이나 年命上神에 臨하지 않으면 사안의 발응이 늦다.

12) 日干上神과 年命上神이 상극이나 刑, 沖, 破, 害, 怨嗔되면 吉事占은 불성한다. 日干上神과 年命上神에서 鬼殺을 제압하면 흉변길이 된다.
課傳 중에 類神이 2, 3개 있으면 초전, 중전, 말전 순이다. 다수의 경우는 十二天將이 먼저다.

13) 課傳에 類神이 없고, 閑地에 있으면 해당 十二天將을 취하여 점단한다.

14) 災害나 事故, 疾病 건은 日鬼와 白虎를 類神으로 판단한다.

15) 類神이 三傳 中에 重疊되면 吉凶事는 거듭되어 重하게 발생한다.

## 2. 점단占斷 유형類型

### 1) 天氣(천기)

#### (1) 天時(천시)

- ◆ 子 – 華蓋星으로 雲이 된다.
- ◆ 丑 – 牽牛星으로 雨師가 된다.
- ◆ 寅 – 三台星으로 龍神이 된다.
- ◆ 卯 – 天車星으로 雷神이 된다.
- ◆ 辰 – 哭星으로 水庫가 된다.
- ◆ 巳 – 風門으로 雷神이 되는데 冬至後는 雪이다.
- ◆ 午 – 天馬星으로 안개나 雷神으로 본다.
- ◆ 未 – 酒星으로 風伯이 된다.
- ◆ 申 – 錢星으로 水母가 된다.
- ◆ 酉 – 文星으로 무지개나 연못이 된다.
- ◆ 戌 – 斗魁星으로 天河가 된다.
- ◆ 亥 – 天柱星으로 雨. 霹靂. 水神이 된다.


- ⊙ 天時占에 占雨는 水神(亥子)으로서 위주하고 靑龍, 玄武, 太陰, 天后를 같이 본다.
- ⊙ 天時占에 占晴은 火神(巳午)으로 위주하고 螣蛇, 朱雀, 勾陳을 같이 본다.
- ⊙ 魁罡이 加 孟神(寅申巳亥)은 雨, 加 仲神(子午卯酉)은 陰, 加 季神(辰未戌丑)은 晴.
- ⊙ 初傳에 乘 朱雀이고, 末傳에 乘 靑龍은 晴이다.
  初傳에 乘 靑龍이고. 末傳에 乘 朱雀은 雨이다.
- ⊙ 玄武가 乘 亥면 雨, 朱雀이 乘 午면 晴이다.


### 〈日과 日上神〉

- ⊙ 日上神이 巳午이고 所乘之將이 螣蛇, 朱雀이면 晴이다. 만약 日上神이 下神의 剋을 받으면 반대로 雨이다.
- ⊙ 日上神이 子亥이고 所乘之將이 玄武, 天后면 雨이다. 만약 日上神이 下神의 剋을 받으면 반대로 晴이다.

⊙ 日干이 三傳을 剋하면 晴하고, 三傳이 日干을 剋하면 雨이다.


〈發用〉

⊙ 發用이 乘 白虎면 晴, 乘 靑龍이면 雨.

⊙ 發用이 巳午이고 乘 螣蛇, 朱雀은 晴.

⊙ 發用이 亥子이고 乘 玄武, 天后는 雨.

⊙ 發用이 財星이면 晴하고, 發用이 官鬼이면 雨.


〈課傳〉

⊙ 炎上格은 晴하나 空亡되면 반대로 雨다.

　炎上格은 晴하나 空亡되면 반대로 雨다.

　曲直格은 風이나 空亡되면 無風이며 晴하다.

　潤下格은 雨이나 空亡되면 반대로 晴하다.

　從革格은 雨이나 空亡되면 不雨이고 바람이 분다.

　稼穡格은 陰이나 空亡되면 不陰이고 바람이 분다.

⊙ 초전이 火이고 말전이 水면 "火水未濟(화수미제)"卦로 晴.

　초전이 水고 말전이 火면 "水火旣濟(수화기제)"卦로 雨.

⊙ 炎上格에 火土의 天將이 乘하면 大晴하고 熱氣(열기)가 있다.

　潤下格에 金水의 天將이 乘하면 大雨이고 흙비가 온다.

⊙ 三傳의 亥子가 空亡이나 落空亡地면 晴.

　三傳의 巳午가 空亡이나 落空亡地면 雨.

⊙ 課傳이 純陽이면 晴하고, 純陰이면 雨.

⊙ 伏吟格에 丁馬가 없으면 晴雨가 오래 지속되고, 返吟格에 空亡되지 않으면 晴과 雨의 변화가 많다.


〈類神〉

⊙ 卯多에 亥丑이 적으면 雷震이 있으나 不雨이다. (卯之類 : 雷震. 亥丑之類 : 雨)

⊙ 子多에 亥丑이 적으면 雲盛하나 不雨이다.

⊙ 占晴에 巳螣蛇, 午朱雀이 入 課傳이면 필히 晴하다.

⊙ 占雨에 亥玄武, 子神后, 靑龍이 入 課傳이면 필히 雨다.

⊙ 久雨에 晴해지는 시점의 점단은, 陽日은 午의 下神을 보고, 陰日은 巳의 下神을 본다. 즉, 陽日은 午加子이면 子日에 晴해지고, 陰日은 巳加寅이면 寅日에 晴해진다.

⊙ 久晴에 雨가 시작되는 시점의 점단은, 陽日은 子의 下神을 보고, 陰日은 亥의 下神을 본다. 즉, 陽日은 子加卯이면 卯日에 雨이고, 陰日은 亥加酉이면 酉日에 雨이다.

⊙ 晴함이 오래 지속되거나 혹은 잠시이거나, 혹은 비가 많거나 적거나 하는 등은 火水二神(火神 : 巳午. 水神 : 亥子)의 旺相休囚死로 판단한다.

⊙ 朝晴暮雨(조청모우)인 경우는 火土神이 發用하여 말전에 靑龍 水神이 乘한 경우이다.

⊙ 朝雨晩晴(조우만청)인 경우는 金水神이 發用하여 말전에 天空 土神이 乘한 경우이다.

⊙ 日出에 不晴한 것은 午에 朱雀이 乘하여 發用인데, 下神 혹은 중·말전의 剋을 받는 경우이다.

⊙ 雲簇(운족)인데 不雨인 것은, 子에 天后가 乘하여 發用인데, 下神 혹은 중·말 전의 剋을 받는 경우이다.

⊙ 風雲雨(풍운우)가 크게 일어나는 것은 寅申에 靑龍과 白虎가 相互 乘한 때문이다.

⊙ 雷雹雨(뇌박우)가 크게 일어나는 것은 丑午에 六合과 朱雀이 竝하여 출현했기 때문이다.

⊙ 申酉에 白虎가 乘하여 發用이면 雪占이고,
申酉에 太陰이 乘하여 發用이면 霜占이고,
寅申이 日辰에 臨하여 發用이면 風占이고,
水少火土勝의 경우에 申에 白虎가 乘하여 發用이면 雹占이고,
土神에 六合이 乘하여 火神에 臨하면 霧占이다.

⊙ 月將을 구름이 일어나는 시간에 加하여
水神을 보면 大風雨가 있고
火神이 되면 多陰霧하며
土神이 되면 역시 大雨다.

⊙ 白虎가 亥子에 臨하면 大風雨다.

⊙ 暴風이 별안간 일어나면 月將加時하여 干上神으로 판단한다.

　◆ 貴人이 뜨면, 長吏에 罪가 있거나 혹은 貴人이 外出한다.

　◆ 螣蛇가 뜨면 憂驚이 있고,

　◆ 朱雀이 뜨면 口舌이나 火災가 있다.

　◆ 六合이 뜨면 婚姻, 壽宴 등 慶事로 인한 宴會가 있고,

　◆ 勾陳이 뜨면 兵起하고,

　◆ 靑龍이 뜨면 昇進, 榮轉, 財帛 등과 연관한 酒宴이 있고,

　◆ 天空이 뜨면 百姓에 疾病이 있고,

　◆ 白虎가 뜨면 道路, 疾病 관련 死傷이 있고,

　◆ 太常이 뜨면 衣帛, 酒食이 있고,

　◆ 玄武가 뜨면 盜賊이 興起하고,

　◆ 太陰이 뜨면 奸私가 있고,

　◆ 天后가 뜨면 婦女의 疾病이 있고,

바람이 불어오는 方位가 역시 그러하며 바람이 끝나는 시간이 應期이다.

## (2) 地理(지리)

子 – 江湖. 家宅房

丑 – 山田. 墳墓. 宮殿. 橋梁. 庭園. 壁

寅 – 山林. 過路. 寺觀

卯 – 林野. 門. 울타리

辰 – 岡嶺. 衙. 庭園. 井泉. 墳墓. 牆垣. 積壞

巳 – 窯冶所. 부엌

午 – 市大路. 堂. 茶房. 酒店

未 – 平田. 井. 園

申 – 運動場. 道路. 神祠. 鬼屋

酉 – 城. 戶

戌 – 營寨. 沐浴湯. 州城. 牢獄

亥 – 水邊. 水溝. 厠

## (3) 人事(인사)

子 - 婦女. 陰邪小人. 媒人. 盜賊. 漁夫. 屠殺者

丑 - 將軍. 賢人. 僧尼.

寅 - 公吏. 道士　壻　小男　鬚髮人

卯 - 術士　沙門　長子

辰 - 惡人　獄人　二千石

巳 - 朋友　長女　弔客　孕婦　O冶匠

午 - 善人　亭長　下人　婦人　織工婦

未 - 媒婆　師　巫　寡婦　酒人　野人

申 - 商人　醫　僧　砲兵　行路人　獵戸　巫　鐵工匠

酉 - 婢妾　酒人　子婦　少女

戌 - 奴僕　軍人　賤人　獄人　長者　統轄人

亥 - 乞丐　盜賊　醉人　夫人　幻人

예) (1) 占時 : 丙戌年 辛卯月 癸卯日 亥將 卯時課(辰巳空亡)
　　(2) 問占 : 비가 오래 지속되고 있는데 가까운 시일에 맑을 것인가?
　　(3) 課體 : 涉害法. 察微. 曲直. 勸德. 驀越. 天獄

| | | 未 | | 官鬼 太陰 墓 |
| | | | | 華蓋 |
| | | 卯 | | 食神 朱雀 長生 |
| | | | | 將星 |
| | | 亥 | | 劫財 天空 帝旺 |
| | | | | 地殺 |

| 陰 | 空 | 貴 | 常 |
|---|---|---|---|
| 未 | 亥 | 巳 | 酉 |
| 亥 | 卯 | 酉 | 癸丑 |

| | 勾 | 合 | 朱 | 蛇 |
|---|---|---|---|---|
| | 丑 | 寅 | 卯 | 辰 |
| | 巳 | 午 | 未 | 申 |

| 青 | 子 | 辰 | | | 酉 | 巳 | 貴 |
|---|---|---|---|---|---|---|---|
| 空 | 亥 | 卯 | | | 戌 | 午 | 后 |

| 寅 | 丑 | 子 | 亥 |
|---|---|---|---|
| 戌 | 酉 | 申 | 未 |
| 白 | 常 | 玄 | 陰 |

## (4) 占斷(점단)

◆ 日은 天이고 支는 地이다. 日上神을 살펴보고 三傳의 변화를 관찰해야 한다.

◆ 日上神 酉金은 "畢宿(필숙)"이라 하여 雨를 主事한다. 酉가 丑上에 臨하였고 丑은 風殺이므로 "畢宿(필숙)"이 風殺과 會한 것이다. 干의 陰神 巳火는 貴人이 乘하여 空亡이니 天時가 연일 陰雨가 지속됐던 것이다.

◆ 支上神 亥水에 天空이 乘하여 太陽이 되니 이를 "太陽當空"이라 한다. 그러므로 大晴의 象인데, 아쉬운 것은 亥水는 月將이라 太陽이며 水神이 되고 또한 支의 陰神인 未土의 剋을 받음이다. 따라서 太陽은 출현했으나 끝내 구름이 遮陽幕(차양막)을 하고 있는 것이다.

◆ 未土 風伯에 太陰이 乘하고 발용하여 末傳 水神을 剋制하니, 비가 그치고 陰으로 바뀌는 象인 것이다. 또한 天罡(辰)의 下神이 申金으로 陽이고 다시 火神인 螣蛇가 乘하니 晴할 조짐이 있는 것이다.

◆ 三傳이 亥卯未의 삼합목국이니 "曲直格"을 이루었고 主事가 風이며, 課傳이 전부 純陰으로 이루어져 필히 陰濕(음습)의 天候이나 陰變陽의 微兆(미조)가 있는 것이다. 따라서 근일에 비가 그치고 陰氣로 바꾸며 다시 晴한 날씨가 당도하리라 판단한다.

◆ 초전이 土神이고 말전이 水神이니 陰晴함이 지속되지는 않고 陰雨가 도래할 것이다.

◆ 明日인 甲辰日은, 辰土가 墓神이고 辰上의 子水에 靑龍이 乘하니 본시 비가 올 象이나, 下神인 辰土가 墓庫이니 오히려 비가 오지 않고 맑을 것이라 판단한다.

◆ 乙巳日은 巳火가 본시 火神이나 空亡되고, 巳火 上의 丑土가 雨師로 초전 未土 風伯과 沖되니 비가 오는 것이다. 다행인 것은 勾陳이 乘하였는데 勾陳은 戊辰 土에 속하는 흉장이라 大雨는 아닌 것이며 음습한 날씨인 것이다.

◆ 丙午日은 午火가 火神으로 맑음을 주사하나, 水神인 天后가 乘하였고, 坐下戊

土 墓神에 居하고 있다. 또한 午의 上神 寅木은 "箕宿(기숙)"이라 風을 主事하므로 陰晴한 中 風이 있는 것이다.

◆ 丁未日은 未가 土神이고, 未上神의 卯木에 火神인 朱雀이 乘하였고, 朱雀의 陰神인 亥水가 月將이라 太陽이 되니, 이 날은 필히 太陽이 출현할 것이라 점단한다.

## (5) 결과

◆ 甲辰日은 비가 그치고 陰이 晴으로 바뀌었다. 乙巳日은 음습했는데 午時에 약간의 이슬비가 있었다. 丙午日은 陰晴하며 바람이 있었고, 丁未日은 오전엔 陰晴했으나 오후엔 무지개가 나타났고, 戊申日 이후엔 날씨가 변하여 연일 陰濕하고 비가 왔다.

## 2) 歲中吉凶(세중길흉:一年身數)

◎ 太歲를 本命에 加하여  行年이 닿는 곳이
　寅申이면 - 得官, 益祿하고, 財物을 얻고
　辰戌이면 - 官災口舌이나 疾病이 있다.

◎ 寅을 行年上에 加하여 本命上에
　◆ 子이면 - 婚姻이나, 疾病이 있고,
　◆ 丑이면 - 安然하고 福祿이 있고,
　◆ 寅이면 - 徵召(징소)가 있고,
　◆ 卯이면 - 官訟, 破傷이 있고,
　◆ 辰이면 - 作事함에 변동과, 爭鬪함이 있고,
　◆ 巳이면 - 疾病, 官災 등이 있고,
　◆ 午이면 - 求財 등 凡事에 길하고, 遠行이 있고,
　◆ 未이면 - 失脫의 우려가 있고, 凡事에 시비구설이 있고,
　◆ 申이면 - 往來之事가 있고, 官私 공히 불통됨이 있고,
　◆ 酉이면 - 刀兵, 血傷이 있고,
　◆ 戌이면 - 死傷이나 疾病이 있고,
　◆ 亥이면 - 口舌數, 牢獄, 災禍 등이 있다.

## 3) 運勢(운세)

日干 : 當事者. 夫位
日干上神 : 性情. 天賦. 機遇
日支 : 家宅. 妻位
日支上神 : 家宅形象. 妻緣

⊙ 운세점은 개개인의 평생운과 매해년의 流年運을 살펴보는 것이다.

⊙ 六親爻로는 가정의 구성원의 길흉을 판단할 수 있고, 六親의 本命으로는 六親 本身의 근원적 象을 살펴볼 수 있다.

⊙ 평생운은 三傳을 위주하는데, 초전으로는 小運(1세~23세), 중전으로는 中運(24세 ~47세), 말전으로는 末運(48세~종명시)을 살펴본다.

⊙ 流年運의 길흉은 歲支上에 乘한 天盤의 十二天將과 日干支와의 생극관계로 판단한다.

⊙ 流年運 중 每月 운세의 길흉은 當月支上에 乘한 天盤의 十二天將과 日干支와의 생극관계로 판단한다.

⊙ 年命이 日干을 극하면 매사가 불리하다.

⊙ 年命과 日干이 相生되면 매사 이롭다.

⊙ 日干上神에 朱雀이 乘하면 音信이 있다.

⊙ 日干上神에 白虎가 乘하여 日干을 剋하면 災厄이 있다.

⊙ 日干上神에 驛馬나 天馬가 乘하면 출행에 이롭다.

⊙ 日干上神에 勾陳이 乘하면 매사 저체된다.

⊙ 日干上神에 五墓가 乘하면 病災가 있다.

⊙ 日干上神에 螣蛇가 乘하면 怪異(괴이)함과 驚惶(경황)됨이 있다.

⊙ 三傳의 太歲에 貴人이 乘하면 凡事에 귀인의 도움을 받을 수 있고, 또한 貴人의 도움으로 난제들을 풀어나갈 수 있다. 단 救病은 도움이 되지 못한다.

⊙ 三傳에 月將이 入하면 月將은 光明之象으로 救病에 이롭다. 그러나 月將이 官鬼 가 되어 入傳하면 질병은 다시 악화되어 흉하다.

⊙ 太歲와 日干이 相生되거나 德合되면 1年동안 길하다.

⊙ 太歲와 日干이 刑害되면 1年동안 재액이 있다.

⊚ 太歲가 發用이면 국가의 수뇌부들을 친견하는 吉事가 있다.

⊚ 太歲가 日支에 臨하면 家長이 불안하다.

⊚ 月建에 天后가 乘하면 잉태의 기쁨이 있다.

⊚ 歲破나 月破가 日干上에 臨하면 破敗가 있다.

⊚ 太歲가 發用이면 1年동안의 운세에 영향력이 있다.

⊚ 月建이 發用이면 1개월동안의 운세에 영향력이 있다.

⊚ 正時(問占時)가 흉살을 대동하면 凡事에 불리하다.

⊚ 正時(問占時)가 日의 本(長生)이 되며 空亡되면 詐欺, 侵奪, 危害 등의 사안이다.

⊚ 正時(問占時)가 日의 驛馬가 되면 변동과 遷移(천이) 등의 사안이다.

⊚ 正時(問占時)와 日干支가 沖되면 안녕함을 얻을 수 없다.

⊚ 正時(問占時)와 日干支가 같으면 凡事가 지체된다.

⊚ 正時(問占時)가 日干을 生하면 사람들의 은혜와 도움을 얻을 수 있다.

⊚ 正時(問占時)에 貴人이 乘하면 問占事는 貴人과 연관된 사안이다.

⊚ 正時(問占時)에 朱雀이 乘하면 문점사는 문서와 연관되어 있다.

⊚ 正時(問占時)에 六合이 乘하면 문점사는 혼인과 연관되어 있다.

⊚ 正時(問占時)에 白虎가 乘하면 문점사는 遠鄕, 도모지사, 발전상황 등과 연관된 사안이다.

⊚ 正時(問占時)에 天空이 승하면 문점사는 不實과 연관된 것이다.

⊚ 正時(問占時)와 日干이 합되면 외합지사이다.

⊚ 正時(問占時)와 日干이 刑, 沖, 破, 害, 怨嗔되면 外憂가 있다.

⊚ 正時(問占時)와 日干이 같으면 外事의 遲滯가 있고 禍는 밖에서부터 찾아온다. 또한 때에 따라 외부와의 화합지사인 경우도 있다.

⊚ 正時(問占時)와 日支와의 관계도 상기와 같은 이치로 판단한다.

⊚ 正時(問占時)가 日의 本(長生)이 되며 空亡되면 凡事가 불성한다. 그러나 官司에는 흉하지 않다.

⊚ 正時(問占時)가 日의 劫財가 되면 사안은 投機事나 盜賊事이다.

⊚ 正時(問占時)기 日의 鬼가 되면 盜賊事나 官司와 연관된다.

⊚ 正時(問占時)가 日의 墓가 되면 田土事와 연관된다.

⊚ 正時(問占時)가 日의 破가 되면 破財事와 연관된다.

⊙ 초전은 발단문인데 寅月占에 丑發用이면 과거지사이고, 寅發用이면 현재지사이고, 卯發用이면 미래지사이다.

⊙ 중전은 移易門인데,초전이 흉하고 중전이 길하면 사안은 전화위복이 된다.

⊙ 말전은 歸計門인데, 四月占에 초전이 申, 중전이 酉이고 말전이 午이면 사안은 필히 五月이 되어야 結節된다.

⊙ 年命은 變體門이라 하는데, 所乘한 神將에 따라 길흉간의 사안을 능히 改變할 수 있다.

⊙ 太歲나 月建이 落空亡되더라도 空亡이라 논하지 않는다.

⊙ 초전이 干上兩課(1과, 2과 上神)에 있으면 外事이며 또한 己往之事이다.

⊙ 초전이 支上兩課(3과, 4과 上神)에 있으면 內事이면 또한 目前의 일이다.

⊙ 초전이 干上兩課(1과, 2과 上神)에 있으며 貴人이 순행하면 사안은 길흉간에 속히 진행된다.

⊙ 초전이 支上兩課(3과, 4과 상신)에 있으며 貴人이 역행하거나, 초전이 貴人의 後이면 사안은 길흉간에 더디게 진행된다.

⊙ 초전이 4課上神이면 "驀越(맥월)"이라 하여 사안은 돌발적으로 발생한 것이다.

⊙ 凡事가 10일과 연관되는데, 초전의 應은 前段 三日(1,2,3)이고, 중전의 應은 中段 三日(4,5,6)이고, 말전의 應은 末段 三日(7,8,9)이다. 年과 月도 같은 이치로 적용한다.

⊙ 三傳이 一陽 二陰이면 사안은 陽이 주도한다.

⊙ 三傳이 一陰 二陽이면 사안은 陰이 주도한다.

⊙ 三傳이 전부 陽이면 사안은 日干이 주도한다.

⊙ 三傳이 전부 陰이면 사안은 日支가 주도한다.

⊙ 길흉간 輕重의 판단은 神將의 旺.相.休.囚.死를 詳察하여 판단한다.

⊙ 평생운을 점단하려면 月將을 正時(問占時)에 加하여 천·지반을 포국한후, 당사자의 출생일의 干支로 四課三傳의 課體를 작성한다. 日干은 당사자이고 日支는 가정인데, 所乘之神將을 위주하여 길흉을 점단한다.

◆課傳이 상하 상생되고 干支간 혹은 干支上神간 相互相生되거나 交互相生되면, 일생동안 행복과 안강함을 얻을 수 있다.

◆課傳이 上下 相剋되고 干支間 혹은 干支上神間 相互 相剋되거나 交互相剋되

면 평생 多災多禍하다.

◉ 상기 평생운에서 流年運의 판단은, 歲支上 天盤의 神將과 日干支와의 생극 관계로 길흉을 점단한다.

◉ 상기 평생운에서 流月運의 판단은 月支上 天盤의 神將과 日干支와의 생극 관계로 점단한다.

◉ 四課는 "命盤"이라 하며, 평생운에서 三傳은 일생의 "運途"라 논한다.
干支上神에 祿, 馬, 貴人이 乘하면 揚名과 현달할 수 있고, 干支上神에 天羅, 地網이 乘하면 운이 폐색되고 진척됨이 없는 것이다. 干支가 交互相生되면 福祿이 장구하고, 干支가 交互相剋되면 災厄과 閉塞(폐색)됨이 다발한다.

◉ 日干上神에 朱雀과 螣蛇가 乘하면 動한 즉 災禍를 초래한다.
日干上神에 靑龍과 六合이 乘하면 往來에 불리함이 없다.

◉ 초전이 不空亡이고 중, 말전이 空亡이면 動함에 불리하지 아니하다.
초전, 중전이 空亡이고 말전이 不空亡이면 종내 身苦가 따른다.

◉ 초전이 亥水이고 德, 祿을 대동하면 국가의 棟梁之材(동량지재)가 되는 命이다.

◉ 초전이 日의 帝旺이 되고 勾陳이 乘하면 변방을 지키는 大將이 된다.

◉ 초전에 靑龍이 乘하면 국가고시에 합격한다.

◉ 초전이 天馬이고 天空이 乘하면 江湖의 術士이다.

◉ 四課가 吉하고 三傳이 空亡이면 뜻은 크나 매사 공염불에 불과하다.

◉ 日의 馬가 落空亡이거나, 日의 祿이 絕地에 臨하거나, 課傳에서 日馬가 空亡되거나 祿이 絕되면, 재주는 있으나 인생에 있어서 때를 얻지 못한다.

◉ 課體가 孤寡課가 되면 부부간 刑傷이 있다.

◉ 課體가 龍戰課가 되면 행함이 反復되고 不定하다.

◉ 課體가 三奇課, 六儀課가 되면 국가고시에 합격한다.

◉ 課體가 引從課가 되면 사람들과의 협력으로 謀望을 성취한다.

◉ 課體가 九醜課가 되면 僧徒나 叛徒(반도)의 무리가 되거나 친인척과 緣이 없게 된다.

◉ 課體가 八專課의 獨足課가 되면 인친간에 음란함이 있다.

◉ 課體가 無祿課가 되면 夭折을 방지해야 한다.

◉ 課體가 絕嗣課가 되면 후사를 잇기 힘들다.

⊙ 초전부터 遞生日干하거나, 말전부터 遞生日干하면 여러 사람의 추천을 받고 의
식이 풍족하다.

⊙ 三傳에 三合이나 六合이 있으면 인생의 운로가 순리이고 완수됨이 있으며, 내외
로 홍복이 있다.

⊙ 三傳이 刑, 沖, 破, 害, 怨嗔됨이 있으면 인생의 운로가 험란하고 乖離(괴리) 됨이
있다.

⊙ 초전이 敗絶되고 休囚死되면 인생의 運路에 차질이 생기고, 枯木이 비를 기다리
는 형국이다.

⊙ 초전이 墓庫이면 인생의 運路가 폐색되고 저체됨이 있고, 빗물에 쓸려가듯 유실
됨이 있다.

⊙ 父母爻가 旺相氣에 승하면 祖父年輩에게 아름다움이 있다.

⊙ 子孫爻가 長生地에 乘하면 자손이 현달하고 천거됨이 있다.

⊙ 妻財爻가 咸池에 승하면 처가 예의를 차리지 못한다.

⊙ 子孫爻에 劫殺이 乘하면 자손이 悖逆한다.

⊙ 父母爻와 子孫爻가 相加되어 刑害가 되고 초전이 되면 부자간에 배척과 손상됨
이 있으며 필히 상호 적대적이다.

⊙ 財와 官이 入傳하여 상생되거나 合되면, 처가 윗사람을 더욱 공경함이 있게 되거
나, 아니면 태어날 때부터 정해진 혼사가 도래한다.

⊙ 子孫爻에 白虎가 乘하면 자손에게 刑剋됨이 다발한다.

⊙ 父母爻가 落空亡되면 부모와 이별하지 않으면 사별하게 된다.

⊙ 妻財爻가 夾剋(처재효가 坐의 剋을 받는 동시에 乘한 天將의 剋을 받는 경우) 당하면 부부
가 해로하지 못한다.

⊙ 官鬼가 長生地에 乘하면 官貴하고 현달한다.

⊙ 六親의 爻가 生旺되고 吉將이 乘하면 해당 육친에 현귀함이 있다.

⊙ 六親의 爻가 休囚되고 凶將이 乘하면 해당 육친에 우환이 있다.

〈예1〉

(1) 占時 : 癸酉年 己未月 庚寅日 未將 亥時課(男本命:壬辰. 行年:未. 甲申旬中. 午未空亡)

(2) 問占 : 최근 운세가 어떠한가?

(3) 課體 : 涉害法

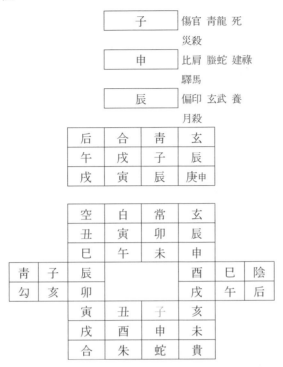

| 子 | 傷官 靑龍 死 |
|---|---|
| | 災殺 |
| 申 | 比肩 螣蛇 建祿 |
| | 驛馬 |
| 辰 | 偏印 玄武 養 |
| | 月殺 |

| 后 | 合 | 靑 | 玄 |
|---|---|---|---|
| 午 | 戌 | 子 | 辰 |
| 戌 | 寅 | 辰 | 庚申 |

| | | 空 | 白 | 常 | 玄 | | |
|---|---|---|---|---|---|---|---|
| | | 丑 | 寅 | 卯 | 辰 | | |
| | | 巳 | 午 | 未 | 申 | | |
| 靑 | 子 | 辰 | | | 酉 | 巳 | 陰 |
| 勾 | 亥 | 卯 | | | 戌 | 午 | 后 |
| | | 寅 | 丑 | 子 | 亥 | | |
| | | 戌 | 酉 | 申 | 未 | | |
| | | 合 | 朱 | 蛇 | 貴 | | |

(4) 占斷

◆ 최근 운세를 보면 財의 入·出이 빈번하다. 시비다툼이 많고, 破財가 있으며, 비뇨기계통의 질병이 있어 수술을 하였는데, 본인은 腎臟이 좋지 않은 것이나 현시점에서는 증세가 없는 것이다.

◆ 家宅은 남녀가 各房이고, 비록 재물은 있으나 모아지지 않고 財庫가 파된 것이다.

◆ 초전 子水에 靑龍이 乘하여 旬奇가 되고, 또한 子水는 年命上神이고 비록 財는 들어오나 말전 辰土가 日干上神에 臨하여 제3과 上神 戌土와 相冲하니 財는 모아지지 않는다.

◆ 말전과 干上神인 辰土에 乘한 玄武는 宴饌(연찬)이니 桃花 등 사람들의 모임과 연관되고, 다시 三傳이 三合되니 茶藝館(다예관) 등과 관련되나, 오락업은 破財, 損失이 따르게 된다.

◆ 行年上神이 卯木으로 財인데 太歲 酉와 相冲되니 損財를 면할 수 없는 것이다.

◆ 三傳이 貴登天門格으로 吉하니 하반기는 凶變爲吉이 될 것이다.

♦ 제3과 4과는 家宅인데 上神 戌土에 六合이 乘하고, 午火에는 天后가 乘하니, 남녀가 각방을 쓰는 것으로 판단하고, 부인에게 病이 있으며, 또한 남자는 腎臟(신장), 여자는 子宮의 질병이 있다 판단하는데 이는 六合과 天后는 桃花로 보아 비뇨기계통이라 판단하기 때문이다.

〈예2〉

(1) 占時 : 癸酉年 丁巳月 壬子日 申將 酉時課(甲辰旬中. 寅卯空亡)
(2) 問占 : 최근의 운세의 길흉이 어떠한가?
(3) 課體 : 賊剋法. 元首. 斬關. 不備. 連珠. 驀越

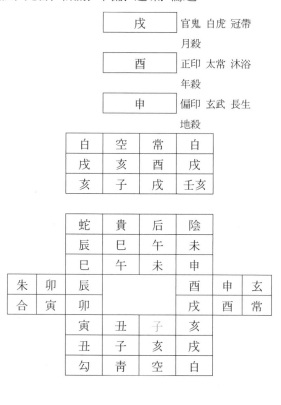

| | | | |
|---|---|---|---|
| | 戌 | | 官鬼 白虎 冠帶 |
| | | | 月殺 |
| | 酉 | | 正印 太常 沐浴 |
| | | | 年殺 |
| | 申 | | 偏印 玄武 長生 |
| | | | 地殺 |

| 白 | 空 | 常 | 白 |
|---|---|---|---|
| 戌 | 亥 | 酉 | 戌 |
| 亥 | 子 | 戌 | 壬亥 |

| | | | | | | |
|---|---|---|---|---|---|---|
| 蛇 | 貴 | 后 | 陰 | | | |
| 辰 | 巳 | 午 | 未 | | | |
| 巳 | 午 | 未 | 申 | | | |
| 朱 卯 | 辰 | | | 酉 | 申 玄 | |
| 合 寅 | 卯 | | | 戌 | 酉 常 | |
| 寅 | 丑 | 子 | 亥 | | | |
| 丑 | 子 | 亥 | 戌 | | | |
| 勾 | 青 | 空 | 白 | | | |

(4) 점단

♦ 초전 戌土 官鬼에 白虎가 乘했으니 出國之象이다. 현재 공직자라면 升官도 기대해볼만 하다.

♦ 日干上神의 戌土가 官鬼로 초전이 되며 白虎가 乘하였으며, 삼전이 父母爻인 印星局을 형성하니 풍수관련 術士이다. 전에 商人이 청하여 양택의 길흉을 看

察한 바가 있다.

◆ 戊土가 亥水에 臨하니 乾卦方이라 서북방이니 서북방으로의 왕래가 있었을 것이라 점단한 것이다.

◆ 제2과 上神 酉金에 太常이 乘했으니 첫째는 太常이 宴會를 주관하니 머무르며 즐거운 만찬과 得財가 있었을 것이라 논하는 것이고, 둘째는 商人이니 商人의 所請으로 陽宅地를 看察했을 것이라 판단하는 것이다.

◆ 초전 戊土 官鬼에 白虎가 乘한바, 官鬼는 승용물의 운전자로 보기도 하고, 白虎는 바람같이 이동하는 神이니 종합하여 遠行處로 출국했을 것이라 판단한다.

◆ 遠行의 점단은 日支 驛馬가 入傳하거나 白虎 혹은 丁馬와 배합을 이룰 경우인데, 日干上神이 초전이 되어 白虎가 乘하고 官鬼를 대동한 경우에는 官鬼를 탈 것의 조종사로 논하니 타국으로의 遠行이라 판단한 것이다.


〈예3〉

(1) 占時 : 癸酉年 戊午月 庚申日 申將 戌時課(本命:丙申 行年:卯 甲寅旬中 子丑空亡)

(2) 問占 : 최근 운세의 길흉이 어떠한가?

(3) 課體 : 賊剋法. 元首. 間傳. 顧祖. 勸德. 六儀. 關格

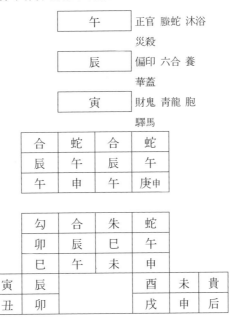

| | | |
|---|---|---|
| 午 | 正官 螣蛇 沐浴 災殺 | |
| 辰 | 偏印 六合 養 華蓋 | |
| 寅 | 財鬼 青龍 胞 驛馬 | |

| 合 | 蛇 | 合 | 蛇 |
|---|---|---|---|
| 辰 | 午 | 辰 | 午 |
| 午 | 申 | 午 | 庚申 |

| 勾 | 合 | 朱 | 蛇 |
|---|---|---|---|
| 卯 | 辰 | 巳 | 午 |
| 巳 | 午 | 未 | 申 |

| 青 | 寅 | 辰 | | 酉 | 未 | 貴 |
|---|---|---|---|---|---|---|
| 空 | 丑 | 卯 | | 戌 | 申 | 后 |

| 寅 | 丑 | 子 | 亥 |
|---|---|---|---|
| 子 | 亥 | 戌 | 酉 |
| 白 | 常 | 玄 | 陰 |

(4) 占斷

- ◆陰氣와 邪된 기운의 犯함이 있고, 符籍(부적)과 연관된 저주가 있으며, 驚惶(경황) 되고 悚懼(송구)하며, 怒氣가 動하고 불안지사가 있다. 法師나 高僧을 초빙하여 解冤(해원)해야 한다.

- ◆庚申日은 干支가 모두 金神으로 백호에 해당되어 陰邪 등의 不美함과 연관되는 것이다.

- ◆干支上神이 發用이고, 本命上神이 午火로 官星이며 螣蛇가 乘하여 旺相하니, 陰邪를 犯함이고, 부적과 연관한 저주가 있고, 驚惶(경황)된 일이 있는 것이다.

- ◆午火는 怒함으로 보고 火勢가 강하고, 庚金은 腦, 頭, 骨骼, 肺, 大腸 등인데, 螣蛇가 乘하면 緊張(긴장)과 恐惶(공황), 腦神經(뇌신경)의 衰弱 등으로 논한다.

- ◆庚申日辰의 八專課는 桃花로 보고 여인관련 사안과 연관된다.

- ◆午火 官星에 螣蛇가 乘하면 이미 결혼한 여인의 문제이고, 古貨로도 판단한다.

- ◆말전 寅木은 妻財爻로 休囚되고 驛馬이니 이미 부인과 이혼했고 또한 부인은 이미 달아난 것으로 판단한다.

- ◆螣蛇가 官星에 乘하면 法師와 高僧으로 논하니, 이런 사람들을 초빙하여 해원하여야 한다고 점단한 것이다.


## 4) 官祿(관록)

```
文官 : 靑龍
武官 : 太常
文書 : 朱雀
白虎加官星 : 催官使者
```

◉ 吉神

日祿. 印綬(戌:印. 未:綬). 軒車(헌차=卯). 天德. 月德. 德合. 天馬. 驛馬. 皇

恩. 皇書. 天詔(천조). 天印. 喜神. 天喜. 成神. 玉宇. 金堂. 聖心. 天願. 福德

◎ 凶神

死神. 四殺. 三殺. 天使. 大時. 往亡. 歸忌. 病符. 喪門. 弔客. 天牢(천뇌). 天獄. 地獄. 致死

◎ 主神 － 本命. 行年


### 〈在官者 吉凶〉

◎ 日干上神이 發用하거나, 日의 祿, 日의 德, 日의 官이 發用하는 경우이며 또한 所乘之神이 吉將이고 중·말전이 空亡이나 空陷되지 않으면 吉하고 이롭다.

◎ 日干上神이 發用되더라도 神과 將이 凶하거나 혹, 神과 將이 비록 吉하더라도 沖, 墓, 空亡되면 凶하다.


### 〈官祿之吉〉

◎ 太歲, 月將이 干에 壬하여 발용하거나, 官이 뚜렷이 나타나거나, 祿馬가 扶身하거나, 貴人이 天門(亥)에 壬하거나, 神藏殺沒格이거나, 甲子, 庚寅日의 伏吟課 등은 官祿이 尊厚(존후)하고 悠久(유구)하다.

◎ 郡邑의 분별은 靑龍과 祿神의 下로서 정한다.

◎ 太歲는 至尊之神이고 月將은 福德之神이고 寅은 天吏가 되며 申은 天賊이 된다.

◎ 貴人이 順行하고, 三傳에 官과 吉將이 乘하고, 三傳에 刑, 沖, 破, 害, 怨嗔 등의 凶殺이 없으면 昇進한다.

◎ 三傳에 貴人, 靑龍, 太常 등 吉將이 乘하고, 祿이나, 德, 丁神, 驛馬 등이 吉將을 대동하면 승진한다.

◎ 三傳에 官과 吉將이 乘하고, 月將과 太歲가 三傳에 있고, 十二天將이 순행하면 승진한다.

◎ 三傳에 六合이나 三合이 있어 日干과 비교하여 官에 해당되고, 吉將이 乘하고 十二天將이 순행이면 승진한다.


### 〈官祿之凶〉

◎ 日墓가 日干上神에 臨하여 發用되거나, 혹은 所乘之神이 白虎이거나 神將이 불

길한 경우, 三傳이 折腰(절요)되거나, 空陷(공함)된 경우 등은 질병 혹은 不測之凶이 발생한다.(輕하면 질병이고 重하면 불측지재)

⊙ 삼전이 下剋上이거나, 日干을 遞剋하거나, 혹은 上剋下가 되거나, 遞剋日干인데 日德도 없고 解神도 없는 경우는 彈劾之凶(탄핵지흉)이다.

⊙ 德, 祿, 官 三者가 落空亡地이거나, 年命上神에 凶將이나 天空이 乘한 경우 解職之凶(해직지흉)이 있다.

⊙ 日干의 祿 혹은 寄宮의 上神 혹은 寄宮이 墓宮에 떨어지거나, 日干이 祿에 加하여 墓宮에 떨어지면 官, 德, 解, 救神이 없으면 決折(결절)되고 도피해야 하는 흉함이 있다.

〈昇遷遲速(승천지속)〉

⊙ 文官은 靑龍의 所臨之神, 武官은 太常의 所臨之神을 본다.

⊙ 靑龍과 太常이 日辰에 臨하여 아름다우면 빠른 소식을 기대할만하다. 그렇지 않으면 靑龍의 所臨之神과 日과의 간격으로 年을 정하고, 辰과의 간격으로 月을 정한다. 天盤 靑龍의 長生地로 日을 정하고, 天盤 靑龍의 下神으로 時를 정한다.

⊙ 靑龍이나 太常의 所乘神이 日干을 생하면 내부이고, 日干이 靑龍이나 太常의 소승신을 생하면 외부이다.

〈消息虛實(소식허실)〉

⊙ 課傳이 아름답고 太歲가 日支 前이고, 日上神에 天喜, 주작, 晝貴가 乘하면 實이다.

⊙ 課傳이 아름답지 못하고 太歲가 日支 後이고, 日上神에 현무가 乘하거나 空亡되면 虛다.

〈예1〉

(1) 占時 : 甲戌日 亥將 酉時課(甲戌旬中. 空亡:申酉)

(2) 問占 : 文官職인데 언제 승진하겠는가?

(3) 課體 : 涉害法. 斬關. 間傳. 登三天

| 辰 | 財鬼 六合 衰 |
| --- | --- |
| | 月殺 |

| | | | |
|---|---|---|---|
| | 午 | | 傷官 青龍 死 |

將星

| | | | |
|---|---|---|---|
| | 申 | | 官鬼 白虎 胞 |

驛馬 空亡

| 蛇 | 后 | 青 | 合 |
|---|---|---|---|
| 寅 | 子 | 午 | 辰 |
| 子 | 戌 | 辰 | 甲寅 |

| | | 空 | 白 | 常 | 玄 | | |
|---|---|---|---|---|---|---|---|
| | | 未 | 申 | 酉 | 戌 | | |
| | | 巳 | 午 | 未 | 申 | | |
| 青 | 午 | 辰 | | | 酉 | 亥 | 陰 |
| 勾 | 巳 | 卯 | | | 戌 | 子 | 后 |
| | | 寅 | 丑 | 子 | 亥 | | |
| | | 辰 | 卯 | 寅 | 丑 | | |
| | | 合 | 朱 | 蛇 | 貴 | | |

(4) 占斷

◆ 貴人이 순행하고, 日干이 旺하고 日干上神이 발용하여 吉將이 乘했고, 중전 역시 吉將이 乘하니 승진의 조짐이 있다.

◆ 말전의 官鬼와 所乘神인 白虎는 空亡되니 흉함이 태동하지 못한다.

◆ 日干에 해당하는 제1과와 2과 上神 辰午가 모두 入傳하고, 吉將인 六合과 靑龍이 승했으며, 다시 삼전이 辰巳午의 順間傳으로 "登三天格"이니 승진은 틀림없이 기대되는 것이다.

(5) 結果

◆ 3年 後 7月 戊寅日 辰時가 된다.

◆ 年 : 文官占이므로 靑龍을 보는데 靑龍이 天盤 午에 乘해 있다.
　　　日干 甲의 寄宮은 寅인데 地盤 寅과 天盤 靑龍 午와의 사이는 三位가 隔해 있으므로 三年 後로 본다.

　　月 : 日支는 戌인데 地盤戌과 天盤 靑龍 午와는 七位가 격해 있으므로, 七月이 된다.

日 : 天盤 靑龍 午의 長生은 寅이라 寅日이 되고, 地盤 寅의 上神에 辰이 승해
　　있는데, 辰土는 干으로 비교시 戊土에 해당된다. 고로 戊寅日이다.

時 : 天盤 靑龍 午의 下神이 辰이므로 辰時가 된다.

◆ 武官이면 太常으로 위와 같이 점단한다.


## 〈예2〉

(1) 占時 : 乙酉年 辛巳月 丁巳日 酉將 巳時課(本命:酉. 行年:寅. 空亡:子丑)

(2) 問占 : 太守職 發令이 가능한가?

(3) 課體 : 賊剋法. 重審. 從革. 獻刃

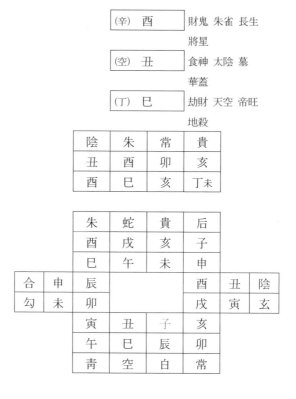

(4) 占斷

◆ 月將 酉가 入傳하니 亨通의 象이다. 榮華의 조짐이 있고, 그 소식은 빨리 닥쳐
　올 것이다.

◆ 日上神 亥水에 貴人이 乘했고, 日德이 되며, 驛馬를 대동하고 있으며, 다시 三
　傳이 삼합금국을 형성하여 생해주니 기 소식은 빠를 것이다.

◆ 太歲 酉에 朱雀이 乘하여 支의 上神이 되고, 다시 발용이 되었고, 또한 月將이
되니 그 역량이 크다. 酉에 乘한 朱雀은 문서를 主事하며, 日의 財가 되어 日上
神 亥水 正官을 생하니 太守職 발령은 틀림없는 것이다.

◆ 午火 청룡은 日의 祿이 되며 行年 寅에 臨하였고, 다시 本命 丑은 巳月에 天喜
가 되는데 下神 酉 本命에 臨했으니 영화의 조짐이 있다 한 것이다.

◆ 歲(酉), 月(巳), 日(巳), 時(巳)의 驛馬가 亥이고 다시 末傳 巳火가 丁馬를 대동하
니 五馬인 것이라 應함이 속할 것이라 점단한 것이다.

◆ 文官은 청룡을 위주하는데 午에 乘하니 午火節에 태수직 발령을 받을 것이라
점단한다.

(5) 結果
◆ 소점한 바와 같이 한달 뒤인 午火節에 태수직 發令을 받았다.


## 5) 求財(구재)

### 〈有無〉

⊙ 日干이 剋함이 財인데 課傳에 財가 나타나는 경우에 求財가 可하다.
　◆ 예로, 甲乙日에 辰未戌丑이 있는 경우.

⊙ 日上神 혹은 支上神 혹은 本命上神이 공히 下神의 극을 받는 경우에도 求財가
可하다.
　◆ 예로, 日이 甲인데 日上神이 土인 경우. 日支가 子인데 支上神에 火가 있는
　　 경우. 本命이 酉인데 本命上神이 木인 경우.

⊙ 초전이 暗財를 보고 이에 靑龍이 乘한 경우에도 求財가 可하다.
　◆ 예로, 辛日의 財는 寅木인데 寅木을 生하는 子孫爻인 子亥 食傷과, 寅木의 墓
　　 宮이 未土이므로, 亥子未가 모두 辛의 暗財라 한다.

⊙ 三傳이 無財라도 食傷이 있거나, 日의 財가 靑龍의 陰神이거나, 혹은 旺財가 行
年上에 臨하거나, 靑龍이 日上에 있거나, 日支上神이 日干의 長生에 해당되는
것도 求財가 可하다.

⊙ 日干이 초전부터 遞剋三傳해도 역시 求財가 可하다.

⊙ 三傳이 方合이나 三合局의 財星局을 이루어 財鬼가 되거나, 초전이 財인데 天空

이 乘했거나, 課傳에 財가 全無이나 靑龍이 있는데, 靑龍이 入墓된 경우는 求財가 不可하다.

◎ 靑龍이 空亡되거나 日干과 日干上神이 比和(比劫)되면 財를 얻기 어렵다.

## 〈難易(난이)〉

◎ 日支가 日干을 生하면 수월하고, 日支가 日干을 剋하면 어렵다.

◎ 財가 초전이면 수월하고, 財가 말전이면 어렵다.

◎ 日干上神이 財면 수월하고, 財의 上神이 日干이면 어렵다.

◎ 日德과 日祿이 초전이면 수월하고, 課體가 返吟課나 伏吟課는 어렵다.

◎ 日支가 초전이 되고 日干이 말전이 되면 수월하고, 日干이 초전이 되고 日支가 말전이 되면 어렵다.

◎ 日上神과 支上神이 和合되면 수월하고, 背馳(배치)되면 어렵다.

◎ 先難後易는 초전이 日을 剋하고 중·말전이 日의 剋을 받는 경우인데 求財는 더디게 取함이 좋다.

◎ 先易後難은 초전이 日의 剋을 받고 중·말전이 日을 剋하는 경우인데 求財는 속히 取함이 좋다.

## 〈多寡(다과)〉

◎ 財가 旺相氣를 띠면 많고, 休囚되면 적다.

◎ 초전이 財면 많고 중·말전이 財면 적다.

◎ 三傳에 類神이 있으면 많고, 類神이 잠복되어 있으면 적다.

　◆ 예로, 金銀을 구함에는 酉金類가 있어야 하고, 의복 등을 구함에는 未土類가 있어야 한다.

◎ 太歲가 財神이 되고 靑龍이 乘하면 많다. 액수는 財神의 해당 先天數와 乘한 十二天將의 數 그리고 財神의 旺, 相, 休, 囚, 死로 판단한다.

　◆ 先天數(大定數)

　　子(9). 丑(8). 寅(7). 卯(6). 辰(5). 巳(4)

　　午(9). 未(8). 申(7). 酉(6). 戌(5). 亥(4)

　◆ 十二天將 數

貴人(8). 螣蛇(4). 朱雀(9). 六合(6). 勾陳(5). 靑龍(7)

天空(5). 白虎(7). 太常(8). 玄武(4). 太陰(6). 天后(9)


## 〈何人之財(하인지재)〉

⊙ 누구 소유의 財인가를 알려면 財神에 乘한 天將을 보고 판단한다.

⊙ 乘 貴人 – 貴人. 尊長

　乘 螣蛇 　– 主婦. 醫匠人(의장인)

　乘 朱雀 – 使君. 亭長. 宮妃. 善士

　乘 六合 – 士大夫. 術士. 沙門. 商旅人(상려인)

　乘 勾陳 – 惡人

　乘 靑龍 – 公門貴客. 道流之人

　乘 天空 – 官吏. 從僕(종복)

　乘 白虎 – 兵卒. 僧醫(승의). 孝服人

　乘 太常 – 貴人. 老人. 女親

　乘 玄武 – 小兒. 盜賊(도적)

　乘 太陰 – 婦人. 姻親. 奴婢(노비)

　乘 天后 – 婦人. 婢妾(비첩)


## 〈求財 出處(구재출처)〉

⊙ 求財의 출처를 알고자 하면 財神에 乘한 天將을 보고 판단한다.

⊙ 乘 貴人 : 田宅. 舊宅의 家畜. 橋梁(교량) 관련

　乘 螣蛇 : 弓弩(궁노). 爐竈(노조)

　乘 朱雀 : 文字. 書籍(서적)

　乘 六合 : 車, 船, 竹, 木의 賣買 관련

　乘 勾陳 : 水産物. 田土. 文書. 印信. 寶貨(보화). 魚鼈(어별) 관련

　乘 靑龍 : 書籍. 柴薪(시신). 錢帛 관련

　乘 天空 : 墳墓(분묘). 宅舍. 印信. 獄具 관련

　乘 白虎 : 銅鐵(동철). 刀劍. 田園. 大麥. 湖池. 道路. 喪具 관련

　乘 太常 : 衣服. 緞疋(단필). 婚姻飮食(혼인음식) 관련

乘 玄武 : 魚貨(어화). 麟介(인개). 海鮮類(해선류). 樓臺(누대). 倉廩(창름). 家畜관련

乘 太陰 : 金銀珠玉. 首飾(수식). 釵鏡(채경). 小麥(소맥), 五穀(오곡) 관련

乘 天后 : 水. 酒醋(주작) 관련

### 〈求財 方位(구재 방위)〉

◎ 靑龍의 所乘地支로 판단한다. (예로, 靑龍이 午에 승하면 南方이다.)

### 〈求財時期(구재시기)〉

◎ 財神이 臨한 地支로 판단한다.(예로, 財가 太歲에 臨하면 年內. 月建에 臨하면 月內. 日에 臨하면 當日. 時에 臨하면 當時)

◎ 求財는 課傳에서 祿을 보면 大利하고, 年命의 干支에 暗財(甲乙이 戊己를 볼 때)를 보면 最吉이다.

◎ 靑龍과 六合도 財神이다.

◎ 三傳이 전부 財면 오히려 좋지 않고, 食傷(子孫)이 成局하면 子孫은 財를 生하니 좋다.

### 〈其他〉

◎ 類神이 財爻가 旺相함을 보면 求하지 못하는 것이 없다. (예로, 卯月의 靑龍이 甲木 財를 보는 경우이다.)

◎ 日上神의 財는 外財이고 支上神의 財는 內財이다.

◎ 財에 丁馬가 있으면 속히 求할 수 있다.

◎ 초전의 財는 速하고 多이나, 말전의 財는 遲하고 少이다.

### 〈債務 關聯〉

◎ 金錢 借用 件은 日辰과 時를 상세히 고찰해야 한다.

　支辰 - 債權者

　時 - 債務人

◎ 支上神이 日을 生하거나, 日上神이 支를 生하거나, 혹은 日辰이 比和되거나, 혹은 日辰에 吉將이 乘하거나, 支上神이 時上神을 剋하거나, 類神이 발용하거나

등은 금전 차용시 쉽게 채권자를 구할 수 있다.

◉ 빈손으로 財를 구하려면 財가 旺相氣를 띠고 旬空이어야 한다.

◉ 物慾없이 財를 획득하려면 日의 財에 太陰이 乘해야 한다.


### 〈債權 關聯〉

◉ 채권자를 구하려면 陽日과 陰日을 분별한다. 陽日은 日上에 臨한 神을 보고, 陰日은 日支에 臨한 神을 본다.

  ◆ 丑, 寅이고 吉將이 乘하면 기대하고 求할 수 있다.

  ◆ 巳, 午이고 吉將이 乘하면 늦지만 종국엔 求할 수 있다.

  ◆ 酉, 戌이고 吉將이 乘하면 즉시 求할 수 있다.

  ◆ 亥, 子이면 부인의 화냄이 있다.

  ◆ 申, 未이면 빈손이고 求할 수 없다.


### 〈賭博 關聯〉

◉ 도박관련 하여서는 日支가 主고 日干이 客이다.

  日支上神이 日干上神을 剋하면 主가 勝하고,

  日干上神이 日支上神을 剋하면 客이 勝한다.


### 〈不當取得〉

◉ 부당취득은 三傳을 살피는데, 초전의 鬼가 말전에 財가 되거나, 三傳의 鬼가 財로 化되던가, 玄武가 財에 乘한 경우이다.


### 〈예1〉

(1) 占時 : 庚午年 戊子月 丙辰日 寅將 申時課(本命:申. 甲寅旬中 子丑空亡)

(2) 問占 : 재물운이 어떠한가?

(3) 課體 : 返吟法. 無依. 玄胎. 勸德. 回還

| 巳 | 比肩 太常 建祿 |
|---|---|
| | 劫殺 |
| 亥 | 官鬼 朱雀 胞 |
| | 亡身 |

|  | 巳 |  | 比肩 太常 建祿 |
|---|---|---|---|

劫殺

| 白 | 蛇 | 常 | 朱 |
|---|---|---|---|
| 辰 | 戌 | 巳 | 亥 |
| 戌 | 辰 | 亥 | 丙巳 |

| | | 朱 | 合 | 勾 | 青 | | |
|---|---|---|---|---|---|---|---|
| | | 亥 | 子 | 丑 | 寅 | | |
| | | 巳 | 午 | 未 | 申 | | |
| 蛇 | 戌 | 辰 | | | 酉 | 卯 | 空 |
| 貴 | 酉 | 卯 | | | 戌 | 辰 | 白 |
| | | 寅 | 丑 | 子 | 亥 | | |
| | | 申 | 未 | 午 | 巳 | | |
| | | 后 | 陰 | 玄 | 常 | | |

## (4) 占斷

- 문점인의 財運은 驛馬財를 말한다. 太常은 飮食, 食祿에 비유되며 초전 巳火에 乘했으니 외지객인이 몹시 많을 것이라 판단한다.

- 초전 巳는 日德이며 길장이 乘했고, 貴人이 순행하며, 干上神이 官鬼이며 朱雀을 대동하니 財利는 어긋나지 않는다.

- 本命上神이 寅木으로 靑龍이 乘했고, 寅木은 驛馬인데 陰神인 申金은 日干의 財爻가 되니 외출하면 財를 얻을 기회가 많다 판단하는 것이다.

- 지반 亥의 上神인 巳火는 德과 祿이 되고 太常이 乘했고, 또한 子月과 비교하면 財源이 되니, 외지인들이 방문하여 가르침을 구하는 것이 적지 않다.

- 月建이 子月인데 지반 子의 上神 午에 玄武가 乘하니, 투기방면을 멀리함을 요하는 것이고, 財源은 뜻대로 풀려나갈 것이다.

- 日支上神 戌土는 螣蛇이고, 日干과 비교하면 子孫爻가 되므로, 아이들을 보호하며 지킴이 좋고, 망동하지 말고, 투기를 기피해야 한다.

- 그 외에 항상 祠堂에 들려 향을 피우고 기도하면 가택이 평안해질 것이며, 가택에 사람으로 인해 질병의 발생이 쉬우니, 감기 등을 조심해야 한다.

〈예2〉

(1) 占時 : 己巳年 丙子月 壬寅日 寅將 午時課(本命:己未生. 行年:戌. 甲午旬中. 辰巳空亡)

(2) 問占 : 최근의 재물운은 어떠한가?

(3) 課體 : 賊剋法. 重審. 炎上. 斬關. 勸德. 六儀

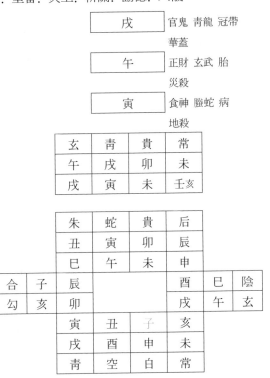

| | 戌 | | 官鬼 青龍 冠帶 |
|---|---|---|---|
| | | | 華蓋 |
| | 午 | | 正財 玄武 胎 |
| | | | 災殺 |
| | 寅 | | 食神 螣蛇 病 |
| | | | 地殺 |

| 玄 | 青 | 貴 | 常 |
|---|---|---|---|
| 午 | 戌 | 卯 | 未 |
| 戌 | 寅 | 未 | 壬亥 |

| 朱 | 蛇 | 貴 | 后 |
|---|---|---|---|
| 丑 | 寅 | 卯 | 辰 |
| 巳 | 午 | 未 | 申 |

| 合 | 子 | 辰 | | | 酉 | 巳 | 陰 |
|---|---|---|---|---|---|---|---|
| 勾 | 亥 | 卯 | | | 戌 | 午 | 玄 |

| 寅 | 丑 | 子 | 亥 |
|---|---|---|---|
| 戌 | 酉 | 申 | 未 |
| 青 | 空 | 白 | 常 |

(4) 점단

◆ 초전 戌土에 青龍이 乘하고 三傳이 삼합화국의 財星局이 되니 9월의 財는 이롭다 판단한다.

◆ 日干上神 未土에 太常이 乘하고 그 陰神인 卯木에 貴人이 乘하고, 또한 本命上神인 卯木에 역시 貴人이 乘했으며, 行年上神인 午火가 財炙에 해당되고 玄武가 乘하니 目前의 財는 틀림없이 이로운 것이다.

◆ 혐의가 되는 것은 초전 青龍에서 시작하여 말전이 螣蛇가 되니 이후는 9월의 財만큼 왕성하지 못한 것이다.

◆ 四課의 戌未 官星이 旺하나 貴人이 乘한 卯木의 剋制를 받으니 불리하지 않아, 비록 시비구설이 있더라도 妬忌(투기)함이 없다면 凶變爲吉이 될 것이다.

(5) 결과

◆ 9月에 많은 재물의 이득이 있었고 이후는 小財에 불과했다.

〈예3〉

(1) 占時 : 癸酉年 戊午月 癸酉日 申將 午時課(本命:癸未生. 行年:辰. 甲子旬中. 戊亥空亡)

(2) 問占 : 최근의 재물운이 어떠할 것인가?

(3) 課體 : 賊剋法. 元首. 間傳. 出戶. 勸德. 三奇. 回還

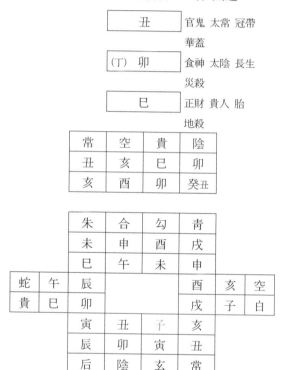

| | 丑 | | 官鬼 太常 冠帶 |
| | | | 華蓋 |
| | (丁) 卯 | | 食神 太陰 長生 |
| | | | 災殺 |
| | 巳 | | 正財 貴人 胎 |
| | | | 地殺 |

| 常 | 空 | 貴 | 陰 |
|---|---|---|---|
| 丑 | 亥 | 巳 | 卯 |
| 亥 | 酉 | 卯 | 癸丑 |

| | | 朱 | 合 | 勾 | 青 | | |
|---|---|---|---|---|---|---|---|
| | | 未 | 申 | 酉 | 戌 | | |
| | | 巳 | 午 | 未 | 申 | | |
| 蛇 | 午 | 辰 | | | 酉 | 亥 | 空 |
| 貴 | 巳 | 卯 | | | 戌 | 子 | 白 |
| | | 寅 | 丑 | 子 | 亥 | | |
| | | 辰 | 卯 | 寅 | 丑 | | |
| | | 后 | 陰 | 玄 | 常 | | |

(4) 占斷

◆ 근일에 小財가 있었을 것이고, 안으로는 우려와 多事奔忙함이 있었겠고, 외국의 학생들이 찾아오기도 하고 또한 기공수련 관련하여 출국도 했을 것이다. 수명의 학생들이 방문했는데 그중엔 유명인사도 있었을 것이다.

◆ 제4과 上神인 丑土 官鬼가 발용하니 내적인 일이며 내적으로 憂慮가 있었을 것이나, 丑土가 旬奇에 해당하니 대흉은 아닐 것이다.

◆ 日干上神 卯木이 丁馬이고, 그 陰神은 巳火로 貴人이 乘하고 妻材爻가 되며,

日干 癸水의 氣를 洩하니 多事奔忙(다사분망)했을 것이라 판단하는 것이다.

◆ 日支 酉金이 日干 癸水를 생하고, 本命 未土 上神 酉金이 역시 日干을 생하고, 中.末傳이 食財가 되며. 三傳에 모두 吉將이 승했으니, 近日에 財가 들어오고 또한 외국의 학생들이 수학하러 왔을 것이라 판단하는 것이다.

◆ 丁馬는 국외로 보고, 출국하는 것이며, 食神은 학생들로 보는 것이니, 1월 내에 기공관련 일로 출국했을 것이라 점단한다.

◆ 三傳이 丑卯巳로 一字가 缺되어 삼합금국이 成局되지 못하고 있다. 日支酉金을 얻으면 巳酉丑의 湊合局(주합국)이 成局되니 큰 기관에서 기공수련을 가르치게 될 것이며, 초전이 太常이니 유명인사도 있을 것이라 점단하는 것이다.


〈예4〉

(1) 占斷 : 壬申年 己酉月 己丑日 巳將 卯時課(甲申旬中. 午未空亡)

(2) 問占 : 재물운이 어떠할 것인가?

(3) 課體 : 賊剋法. 元首. 間傳. 盈陽. 天獄

| | 卯 | | 官鬼 玄武 病 |
| --- | --- | --- | --- |
| | | | 災殺 |
| | 巳 | | 正印 白虎 帝旺 |
| | | | 地殺 |
| | 未 | | 比肩 青龍 冠帶 |
| | | | 月殺 |

| 白 | 玄 | 蛇 | 合 |
| --- | --- | --- | --- |
| 巳 | 卯 | 亥 | 酉 |
| 卯 | 丑 | 酉 | 己未 |

| | 青 | 勾 | 合 | 朱 | | |
| --- | --- | --- | --- | --- | --- | --- |
| | 未 | 申 | 酉 | 戌 | | |
| | 巳 | 午 | 未 | 申 | | |
| 空 | 午 | 辰 | | | 酉 | 亥 | 蛇 |
| 白 | 巳 | 卯 | | | 戌 | 子 | 貴 |
| | 寅 | 丑 | 子 | 亥 | | |
| | 辰 | 卯 | 寅 | 丑 | | |
| | 常 | 玄 | 陰 | 后 | | |

(4) 占斷

◆ 요즈음 몇 달 동안은 재물운이 양호하다. 단지 한 가지 건수가 신경을 쓰게
하고 자금이 회수되지 않고 있는데, 약 10일 후면 돈이 회수될 것 같고, 혹
앞으로 小財가 들어올 가능성이 있다.

◆ 최근 小人의 채무건이 반환되지 않아 돈이 들어오지 않고 있으며, 집안 사람들
중에서 動土난 사람이 있으니 식솔들을 잘 건사해야 할 것이다.

◆ 日干上神 己土에 六合이 乘하고 旺相하며, 그 陰神인 亥水는 財爻로 螣蛇가
乘했는데, 月建 酉月의 上神이기도 하다. 따라서 가까운 시점에 財運이 양호
하다 판단한 것이다.

◆ 日干上神 酉金이 日干 己土의 氣를 洩하니, 고생 끝에 財를 얻는 것인데, 日支上神
卯木이 官鬼로써 玄武가 乘하고, 干支와 干支上神이 상호 相冲하니, 小人이
債務를 지고 반환하지 않고 있다 판단하는 것이다. 이러한 건으로 인해 걱정이
생기고 돈은 입금되지 않고 있다 판단한 것이며 시빗거리가 발생한 것이다.

◆ 三傳의 天將이 玄武부터 靑龍까지인데 未土 靑龍이 空亡이다. 따라서 未土가
出 空亡되고 三傳 중 亥水 一字가 缺되어 亥卯未 삼합국이 成局되지 못하니,
亥日이 지나야 財가 들어올 것이라 판단한 것이고, 亥水는 日干 己土의 財爻
인데 螣蛇가 乘했으니 螣蛇는 煩惱(번뇌), 憂愁(우수)를 주관하여 걱정거리가
있을 것이라 점단한 것이다.

◆ 日支上神 卯木이 官鬼로 玄武가 乘하여 흉한데 日干 己土를 剋하니, 玄武는
小人으로 논하므로 小人이 債務를 지고 반환하지 않고 있는 것이다.

◆ 중전 巳火는 父母爻인 印星으로 白虎가 乘했는데, 印星은 식솔들의 토지로 논
하며, 白虎는 動土와 연관되니 이의 整修(정수)가 필요하다 판단한 것이다.

(5) 結果

◆ 상기 점단한 결과가 응험했다.


## 6) 考試 · 升學(고시 · 승학)

---
日 : 應試生(응시생)
支辰 : 應試場所(응시장소)
---

太歲 : 試驗官(시험관=국가고시급. 대학진학)
月將 : 試驗官(시험관=지역 상급학교 진학)
月建 : 試驗官(시험관=소규모 국영 및 민간기업 시험)

## 〈合格〉

⊙ 日과 支 上下가 相生하거나, 支上에 祿馬貴人(녹마귀인)이 있는 경우.

⊙ 三傳이 旺相하며 吉將이 乘한 경우이거나, 三傳이 遞生日干하는 경우.

⊙ 日上神에 靑龍, 太常이 乘하여 發用되고, 다시 日德, 日官이 되며 空亡이나 空陷
되지 않는 경우.

⊙ 日上神이 儀奇가 되어 발용하여 螣蛇가 乘하고 말전에 靑龍이 있는 경우.

⊙ 年命上神에 天喜가 乘하고 課傳에 簾幕貴人(염막귀인)이 있는 경우.

⊙ 試驗官이 日干을 生하거나 日干 및 年命上神에 吉將이 乘하여 발용한 경우.

⊙ 辰, 戌이 日干과 年命에 臨한 경우. 辰은 天罡이며 領袖之神(영수지신)이고, 戌은
河魁이며 文明之宿(문명지숙)이기 때문이다.

⊙ 酉(從魁)가 日上에 臨하여 生合되고 吉將이 乘한 경우.

⊙ 丑, 未가 日干이나 年命上에 加하여 生合되는 경우.

⊙ 月將이 日干이나 年命上에 臨한 경우.

⊙ 劫殺이 日支에 臨한 경우. 試驗占에는 劫殺을 봄이 이롭다.

⊙ 貴人이나 太歲가 日을 生하거나, 貴人이 年命上神을 生하는 경우.

⊙ 三傳이 亨通課, 和美課, 前引後從課, 天心課, 龍德課, 富貴課 등이 되는 경우.

⊙ 歲, 月, 日, 時 및 年命上에 驛馬를 보는 경우. 이를 六路驛馬라 한다.

⊙ 朱雀이 官星이 되면 "文德格"이라 하여 試驗에 이롭고, 太歲에 天后가 乘하여
月建에 臨하거나, 干支에 臨하여 發用이면 역시 試驗에 이롭다.

⊙ 四課上神 전체가 下神을 生하면 "雨露潤澤(우로윤택)"이라 하여 試驗에 이롭다.

⊙ 昂星課나 陰陽課에서 三傳에 魁罡(戌.辰)을 보는 경우 試驗에 이롭다. 이는 酉(從
魁)의 上·下神이 發用하기 때문이다.

⊙ 六癸日 伏吟格이 皇恩, 天喜, 天馬를 得한 경우.

⊙ 貴人이 亥에 加하면 "貴人登絳(귀인등강)" "貴登天門(귀등천문)"이라 하여 試驗에
이롭다.

## 〈不合格〉

◎ 日辰 上下가 相剋되며 凶將이 乘했거나, 三傳이 刑害나 無氣하고 凶將이 乘했거나, 三傳이 遞剋日干하는 경우는 불합격이다.

◎ 日上神에 勾陳, 玄武, 太陰二 乘했거나, 초전이 日의 刑, 害, 墓가 되고 凶將이 乘한 경우.

◎ 墓神이 日이나 辰을 覆하거나, 三傳에 日의 墓가 있거나, 空亡이 日이나 日上에 加하여 發用된 경우.

◎ 死氣, 病符, 月壓이 三傳에 있고 吉將이 없거나, 年命上神에 凶將이나 惡殺이 있거나, 課傳에 空亡이나 空陷됨이 있는 경우.

◎ 朱雀이 落空亡되거나, 靑龍이 墓神에 乘하거나, 天空이 發用했거나, 玄武가 乘한 神이 日을 剋하거나, 白虎가 乘한 神이 日을 傷하는 경우는 모두 불합격한다.

◎ 試驗官에 해당하는 神이 日을 剋하거나, 또는 凶神이 乘하여 年命上에 臨한 경우.

◎ 朱雀이 午에 乘하면 眞朱雀이라 하여 試驗에 이로운데, 만약 太歲를 剋하거나, 簾幕貴人을 剋하거나, 類神을 剋去하거나, 丁馬가 乘하거나 하면 오히려 試驗에 불리하다. 課格에서 배제됨이 길한데, 三光課, 三陽課, 時泰課, 龍德課, 富貴課, 亨通課 등은 이에 구애받지 아니한다.

◎ 天羅地網格이 되면 낮의 밝음이 晦되고, 실력을 나타내기 어려우니, 불합격의 悔恨(회한)이 남게 된다.

◎ 초전이 靑龍이고 말전이 螣蛇거나, 반대로 초전이 螣蛇이고 말전이 靑龍인 경우는 일생을 在野에서 유유자적하게 된다.

◎ 四閉格이 되면 運路가 궁색한데, 이는 用神이 貴人을 遙剋하기 때문이다.

◎ 四課 모두가 下神에서 上神을 生하면 "根斷源消(근단원소)"라 하여 불합격한다.

## 〈예1〉

(1) 占時 : 壬申年 丁未月 壬子日 午將 卯時課(本命:丁未. 行年:卯. 甲辰旬中 寅卯空亡)

(2) 問占 : 대학에 합격하겠는가?

(3) 課體 : 遙剋法. 彈射. 三交. 驀越. 源根斷

| 午 | 正財 六合 胎 |
|---|---|
| | 災殺 |

| | 酉 | | 正印 天空 沐浴 |
|---|---|---|---|
| | | | 年殺 |
| | 子 | | 劫財 玄武 帝旺 |
| | | | 將星 |

| 合 | 貴 | 朱 | 后 |
|---|---|---|---|
| 午 | 卯 | 巳 | 寅 |
| 卯 | 子 | 寅 | 壬亥 |

| | | 青 | 空 | 白 | 常 | | |
|---|---|---|---|---|---|---|---|
| | | 申 | 酉 | 戌 | 亥 | | |
| | | 巳 | 午 | 未 | 申 | | |
| 勾 | 未 | 辰 | | | 酉 | 子 | 玄 |
| 合 | 午 | 卯 | | | 戌 | 丑 | 陰 |
| | | 寅 | 丑 | 子 | 亥 | | |
| | | 巳 | 辰 | 卯 | 寅 | | |
| | | 朱 | 蛇 | 貴 | 后 | | |

(4) 占斷

◆ 대학 진학은 성사되지 못할 것이다.

◆ 초전 午火가 落空亡地이며 妻財爻에 해당되고, 月建 丁과 日干 壬이 비록 干合되어 吉할 것 같으나, 午火가 印星인 중전 酉金을 剋하니 시험성적이 불리하고 功名을 얻기도 어려운 것이다.

◆ 日干上神 寅木이 日干 壬水의 氣를 洩(설)하고, 日支上神 卯木이 日干 壬水 및 日支 子水의 氣를 洩하여, 干支 공히 氣가 洩되니 考試에 불리한 것이다.

◆ 考試나 升學의 類神인 朱雀은 巳火에 乘했는데, 氣가 休囚되고, 坐下 寅木이 落空亡地이니 空陷(공함)된 것이라 역시 考試에 불리한 것이다.

◆ 四課 공히 下神이 上神을 생하니 역시 考試에 불리한 것이다.

◆ 중전 酉金에 天空이 乘하여 日干 壬水를 생하여 실력과 문장능력이 있다 판단하나, 애석하게도 말전 子水가 貴人이 乘한 卯木과 子卯의 無禮之刑이 되니 天時의 도움이 없는 것이다.

(5) 結果

◆ 상기 점단의 여러 정황상 升學에 불리하다 판단하는 것이다.

- 本命과 行年을 참작하지 않더라도 이미 사안이 구제가 불능한 것이다.
- 점단대로 대학에 진학하지 못했다.

〈예2〉

(1) 占時 : 庚午年 戊子月 戊午日 寅將 午時課 (本命:壬子生. 行年:申. 甲寅旬中. 子丑空亡)

(2) 問占 : 아들이 아버지가 원하는 대학에 진학하겠는가?

(3) 課體 : 賊剋法. 重審. 炎上. 六儀. 驀越

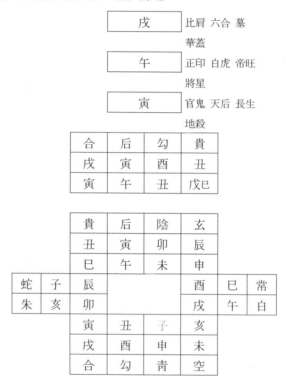

| | | |
|---|---|---|
| 戊 | 比肩 六合 墓 | 華蓋 |
| 午 | 正印 白虎 帝旺 | 將星 |
| 寅 | 官鬼 天后 長生 | 地殺 |

| 合 | 后 | 勾 | 貴 |
|---|---|---|---|
| 戊 | 寅 | 酉 | 丑 |
| 寅 | 午 | 丑 | 戊巳 |

| | 貴 | 后 | 陰 | 玄 | | |
|---|---|---|---|---|---|---|
| | 丑 | 寅 | 卯 | 辰 | | |
| | 巳 | 午 | 未 | 申 | | |
| 蛇 子 辰 | | | | | 酉 巳 常 | |
| 朱 亥 卯 | | | | | 戌 午 白 | |
| | 寅 | 丑 | 子 | 亥 | | |
| | 戌 | 酉 | 申 | 未 | | |
| | 合 | 勾 | 青 | 空 | | |

(4) 占斷
- 三傳이 退茹格이고 삼합국의 印星局을 형성하고 있으며, 日干 戊土는 太歲가 庚午라 得氣한 것이니 공부하는 정도는 보통의 상황인 것이다.
- 本命 上神이 申金이며 靑龍이 乘하니 본시 자질은 총명하고 우수하나, 行年 上神이 辰土로 玄武가 乘하니 오락과 컴퓨터를 즐기는 것이다.
- 三傳이 三合되고, 다시 六合과 天后가 乘했으니, 사교적이며 대인관계가 좋아 여자친구도 많은 것이다. 따라서 근근히 공부의 명맥만을 유지하고 있는 실정

이다.

◆ 비록 부모의 공부 독촉이 있지만, 진학하고자하는 대학은 방위가 북쪽의 水方이고, 또한 本命이 子生으로 공히 空亡에 해당하니 난망한 것이다.

◆ 부모의 입장은 원하는 전공을 떠나 붙기만을 바라지만, 明年 夏季 때에 편입함이 좋고 그렇지 못하면 원하는 대학을 진학하기가 어려울 것이다.

(5) 結果

◆ 원하는 대학에 진학하지 못했다.


## 7) 賣買·交易(매매·교역)

賣物 (파는 물건)
日 : 他人
辰 : 我
初傳 : 物
----------------------
買物 (사는 물건)
日 : 我
辰 : 他人
初傳 : 物

⊙ 賣買占(매매점)은 대체로 日이 我고, 辰이 物이고 子孫(食傷)이 財源이다.

⊙ 賣買를 구분하면, 賣物은 日이 他人이고 辰이 我이며 初傳이 物이고 子孫이 財源이다. 買物은 日이 我이고 辰이 他人이며 初傳이 物이고 子孫이 財源이다.

⊙ 日辰上神이 相生되면 매매 건은 성취된다.

⊙ 支上神에 吉將이 乘하면 物이 貴한 것이므로 파는 것이 좋다.

⊙ 支上神에 凶將이 乘하면 物이 賤한 것이므로 사는 것이 이롭다.

⊙ 日의 財가 旺相하면 物이 비록 많더라도 반드시 팔아야 한다.

⊙ 日의 財에 靑龍이 乘하면 物이 비록 貴하더라도 반드시 買入해야 한다.

⊙ 日上神이 日을 生하고, 支上神이 支를 剋하면 속히 팔아도 이득은 적다.

⊙ 日上神이 日을 剋하고, 支上神이 支를 생하면 더디 팔아도 이득은 厚하다.

⊙ 類神에 螣蛇가 乘하고, 다시 囚死氣를 띠면 가격을 싸게 내놓는다 해도 팔리기

어렵다.

◎ 類神이 入傳하고, 日辰이 相生되고 다시 吉將이 乘하고, 三傳이 균등하게 旺相하면, 居奇(좋은 기회를 이용)하면 厚한 가격을 기대할 수 있다.

◎ 만약 類神이 入傳하지 아니하고, 혹, 入傳했더라도 空亡되거나 入墓되거나, 休囚되어 無氣하거나, 日辰이 相互 刑害되면 賣買가 불성이다.

◎ 財爻(財星)는 太多하거나 太旺함을 忌하고, 空亡이나 絕됨 역시 크게 기피한다.

◎ 兄弟爻(比劫)도 많으면 기피한다.

◎ 매매의 장소는 靑龍이나, 驛馬, 長生이 臨한 방향으로 가면 좋은데 시세의 3배이득을 낼 수 있다.

◎ 日辰이 다 吉하면 物件은 貴한 것이므로 사는 것이 좋고, 日辰이 다 傷하면 賤한 물건이며 팔아버리는 것이 좋다.

◎ 日辰이 旺하고 三傳이 死墓가 되면 빨리 사는 것이 좋다.

◎ 發用이 無氣하나 中·末傳이 相生하면 돈으로 그냥 두는 것이 좋다.

◎ 求財에는 반드시 財星과 靑龍, 六合이 入傳함을 要하는데 혹 日辰에 臨하고 旺生해도 반드시 얻어지나 이와 반대일 때에는 不如意하다.

◎ 財物의 多少는 旺相 落空이 안되면 多하고, 囚死, 空亡, 兄弟가 되면 少하다.

◎ 財星이 二馬를 帶하면 遠方之財이다.

◎ 財星이 太歲나 月建이 되면 몇 年이나 몇 月이 걸린 것이다.

◎ 三傳과 日干이 相比하면 衆人의 財物이다.

◎ 刑殺沖波를 帶하면 爭鬪之財이다.

◎ 初傳이 日支 前이면 쉽게 求하고, 發用이 日支 後면 內財外鬼라고 破財되고 外人이 求得한다.

◎ 遠動求財는 辰上神이 日上神을 剋하면 반드시 利得이 있고 干上이 剋支上이면 반드시 損財 傷神한다.

◎ 出外賣買는 行人의 行年을 보아 所在地方과 日干과 다같이 相生 比合하고 吉將이 乘하면 大利하고 이와 반대는 不利하다.


〈예1〉

(1) 占時 : 戊辰年 丙辰月 庚申日 酉將 午時課(本命:庚子. 甲寅旬中. 子丑空亡)

(2) 問占 : 농림관련 주식의 매입 길흉 여부?

(3) 課體 : 八專法. 帷簿. 孤寡. 三奇

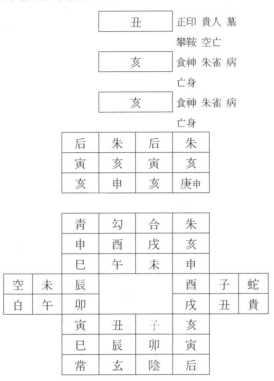

| | | | |
|---|---|---|---|
| 丑 | | 正印 貴人 墓 | |
| | | 攀鞍 空亡 | |
| 亥 | | 食神 朱雀 病 | |
| | | 亡身 | |
| 亥 | | 食神 朱雀 病 | |
| | | 亡身 | |

| 后 | 朱 | 后 | 朱 |
|---|---|---|---|
| 寅 | 亥 | 寅 | 亥 |
| 亥 | 申 | 亥 | 庚申 |

(4) 占斷

◆ 농림관련 주식은 투기관련 주식이다. 사두면 得利를 볼 수 있다.

◆ 구매한 후엔 가격의 등락이 계속될 것이므로 2~3일 지나 판매함이 이롭다.
   이유는 초전 丑土가 空亡이고, 年命上神 卯木 財가 落空亡地이고, 중·말전
   亥水가 日干 庚金의 氣를 洩하니 작심하여 팔지 못하고 머뭇거릴 염려가 있는
   것이다.

◆ 週中에는 고가로 팔리던 주식이, 2~3주후 폭리가 진정되며 가격이 크게 폭락
   하였던 것이다.

(5) 결과

◆ 중·말전 亥水가 日干 庚金의 氣를 洩하니 망설임으로 인해 매도시기를 놓쳐
   큰 이득을 못 보았던 것이다.

(1) 占時 : 庚午年 癸未月 己亥日 午將 午時課(甲午旬中. 辰巳空亡)

(2) 問占 : 최근 1주간의 주식시장이 어떠했을 것인가?

(3) 課體 : 伏吟法. 自信. 驀越

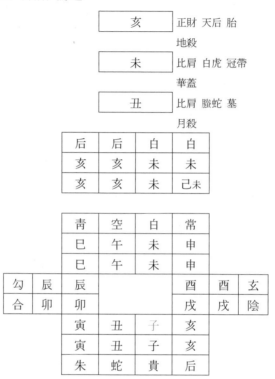

| | | | |
|---|---|---|---|
| | | 亥 | 正財 天后 胎 |
| | | | 地殺 |
| | | 未 | 比肩 白虎 冠帶 |
| | | | 華蓋 |
| | | 丑 | 比肩 螣蛇 墓 |
| | | | 月殺 |

| 后 | 后 | 白 | 白 |
|---|---|---|---|
| 亥 | 亥 | 未 | 未 |
| 亥 | 亥 | 未 | 己未 |

| | | 青 | 空 | 白 | 常 | | |
|---|---|---|---|---|---|---|---|
| | | 巳 | 午 | 未 | 申 | | |
| | | 巳 | 午 | 未 | 申 | | |
| 勾 | 辰 | 辰 | | | 酉 | 酉 | 玄 |
| 合 | 卯 | 卯 | | | 戌 | 戌 | 陰 |
| | | 寅 | 丑 | 子 | 亥 | | |
| | | 寅 | 丑 | 子 | 亥 | | |
| | | 朱 | 蛇 | 貴 | 后 | | |

(4) 占斷

◆ 모 知人이 현재 침체된 주식시장의 정황을 점단하여 상기와 같은 과체를 얻었는데, 논하기를 제3과와 4과상신이 財爻이니 週 하반엔 필히 주식시장이 호황으로 들어설 것이라고 판단하였다.

◆ 의견이 다른바, 此課는 日干 己土가 태왕한 반면, 財는 약하고 또한 財를 생하는 申酉金이 없으니, 주 하반엔 필히 주식시장이 흉함이 많고 길함이 적을 것이다. 이렇게 판단하는 이유는 占時와 月將이 같으니 伏吟課로 呻吟 痛苦之象이기 때문이다.

◆ 日干은 주식의 投資人인데, 日干의 陰陽2課 上神 未土에 白虎가 乘하였고 比肩에 해당하며 다시 月建에 臨하니 太旺한 것이며, 三傳이 亥未丑으로 土가

많고 또한 흉장이 乘하니 어찌 吉하다 할 수 있을 것인가?

◆ 이전의 亥日은 遁干이 己土이며 月建 己土의 死에 해당되며 발용하여 길하지 못하고, 子日 역시 氣가 死되니 역시 吉하지 못하고, 丑日은 日干上神 未土와 丑未 沖하여 흉하니 기회되면 양도하고 이탈함이 좋은 것이고, 寅日은 初傳 亥水와 반합목국되어 旺한 土氣를 극하니 平常인 것이고, 卯日은 三傳이 亥卯未 삼합목국의 官星局을 형성하여 제1課와 제2課 上神 未土를 극하니 吉하지 못하다. 辰日은 土가 太旺해져 초전 亥水 正財를 심히 剋하니 吉하지 못하고, 이후 巳午未 3日의 火運도 日干을 太旺하게 하니 역시 吉하지 못하고, 申日은 子孫爻로 傷官에 해당되어 초전 亥水 正財를 生하 다소의 이득이 있었을 것이다.

◆ 주식시장의 길흉판단에 있어서 상기 課體처럼 日干이 旺하고 財가 태약한 경우에는 食傷이 財를 생해주어야 하고, 三전이 吉하게 배합되어야 하는 것이다.

(5) 結果

◆ 주 하반까지 주식시장은 호황으로 돌아서지 못했다.


## 8) 婚姻 · 戀愛感情(혼인 · 연애감정)

```
日 : 男
支辰 : 女
靑龍 : 男
天后 : 女
```

〈男.女〉

⊙ 日干을 男으로 보고 日支를 女로 본다. 干支上神이 生合한즉 이루어지고, 刑剋하면 不成된다.

⊙ 靑龍이 男이고 天后를 女로 보는데, 靑龍의 陰神이 貴人이 되면 男은 貴客이고, 天后의 陰神이 貴人이 되면 女는 貴婦이다.

⊙ 靑龍의 所乘之神이 天后를 生하거나 比和되면 남측에서 여자를 좋아하는 것이고, 天后의 所乘之神이 靑龍을 生하거나 比和되면 여측에서 남자를 좋아하는 것이다. 靑龍과 天后로 남녀간의 好不好를 알 수 있는 것이다.

⊙ 日上神이 旺相하면 남자측에 길하고, 支上神이 旺相하면 여자측에 길하다.

⊙ 日上神과 支上神이 比和되면 남녀 상호간에 이득됨이 있다.

⊙ 支上神이 日上神을 生하거나 比和되면 남녀 상호간에 이로움이 있다.

⊙ 日의 陰神이 旺相하면 男家가 富者이고, 支의 陰神이 旺相하면 女家가 富者이다.

⊙ 靑龍과 天后의 所乘之神이 刑, 沖, 破, 害, 怨嗔되면 兩家에 상합됨이 없고, 혹 落空亡되면 孤寡와 관련된다.

⊙ 日辰上神이 刑, 沖, 破, 害, 怨嗔되어 不相合하거나, 落空亡하여 凶神이 乘한 경우이거나, 靑龍의 所乘神이 天后를 剋하며 또한 日上神이 日支를 剋하면 婦를 剋하는 夫이다.

⊙ 天后의 所乘神이 靑龍을 剋하거나 支上神이 日을 剋하면 夫를 剋하게 되는 婦이다.


〈成否〉

⊙ 日上神과 支上神이 相互 三合, 六合, 德合되면 성사된다.

⊙ 靑龍과 天后, 六合의 所乘之神이 日上神 및 支上神과 刑, 沖, 破, 害, 怨嗔됨이 없으면 成事된다.

⊙ 六合의 所乘之神이 靑龍, 天后의 所乘之神과 刑, 沖, 破, 害, 怨嗔됨이 없으면 成事된다.

⊙ 초전이 靑龍과 六合인데 卯, 寅에 乘한 경우는 成事된다.

⊙ 초전이 子加丑에서 太常이 乘한 경우는 成事된다.

⊙ 삼전이 比和되거나 相生되는데 吉將이 乘한 경우에 空亡이나 刑, 害됨이 없으면 成事된다.

⊙ 三傳에 成神이 보이고 靑龍, 六合, 太常, 天后가 乘하면 婚事는 成事된다.

⊙ 日上神과 支上神이 刑, 沖, 破, 害, 怨嗔되면 不成한다.

⊙ 靑龍과 天后, 六合의 所乘之神과 日上神 및 支上神과 刑, 沖, 破, 害, 怨嗔되면 不成한다.

⊙ 日과 日上神, 支와 支上神이 상하 相剋되거나, 日上神이 支上神을 剋하거나, 支上神이 日上神을 剋하면 不成한다.

⊙ 三傳이 相刑되고 초전에 白虎가 乘하면 不成이다.

⊙ 초전이 天空이나 空亡되어도 不成이다.

⊙ 日干이 天后의 所乘神을 剋하면 여자측이 응하지 않는 것이고, 天后의 所乘神이

日干을 剋하면 남자측이 응하지 않는 것이다.

◎ 日이 三傳을 生하는데 天后와 六合이 보이지 않는 경우 不成한다.

◎ 男女의 行年上神이 刑, 沖, 破, 害, 怨嗔되거나 相剋되면 不成한다.

◎ 課傳이 심히 吉하지 못하고, 斗罡(辰)이 四孟(寅.申.巳.亥)에 加한 경우면 不成이다.

◎ 男家의 점에서 日의 財가 空亡되거나, 女家의 점에서 日의 官이 空亡되면 不成한다.


## 〈成事時期〉

◎ 결혼시점이 먼 경우는, 남자는 靑龍의 陰神으로 年을 보고, 여자는 天后의 陰神으로 年을 본다.

◎ 결혼시점이 가까운 경우는, 靑龍과 天后의 陰神으로 月과 日을 정한다. 결혼 날짜는 大吉(丑)이 臨한 支辰으로 결정한다.


## 〈擇婦(택부)〉

1) 正邪(정사)

◎ 四課가 모두 있고, 支上神이 旺相하고, 三傳에 吉將이 乘하면 其 婦는 바르다.

◎ 四課가 陰不備이고, 三傳의 六合이 亥, 卯, 未, 酉에 乘하고, 天罡(辰)에 太陰이 乘한 경우는 其 婦는 바르지 못하다.

◎ 女命의 本命上神이 日의 官이 되고, 또한 本命上神에 貴人이나 太常이 乘하고, 日의 德이나, 支德이 되면 其 婦는 바르다.

◎ 女命 本命上神이 神后(子)이고, 또한 本命上神에 玄武가 乘하거나, 桃花殺이 되면 其 婦는 바르지 못하다.


2) 性情(성정)

◎ 女命의 本命上神이 水에 속하면 지혜가 있으나, 만약 凶神이 乘하거나 下神의 剋을 받으면 其 婦는 음험하고 간사하다.

◎ 女命의 本命上神이 火에 속하면 굳세고 정직하나, 만약 凶神이 乘하고 下神의 剋을 받으면 우둔하다.

◎ 만약 女命의 本命을 모르는 경우에는, 天后가 臨한 地盤神으로 유추한다.

3) 淫醜(음추)

◉ 제4과 上神에 乘한 天將으로 판단한다.

- ◆貴人이 乘하면 其 婦는 貴하고 아름답다.
- ◆螣蛇가 乘하면 病이 있다.
- ◆朱雀이 乘하면 目疾이 있다.
- ◆六合이 乘하면 姣好하다.
- ◆勾陳이 乘하면 粗短하다.
- ◆靑龍이 乘하면 아름답고 淸秀하다.
- ◆天空이 乘하면 뚱뚱하고 추하다.
- ◆白虎가 乘하면 추하고 악하다.
- ◆太常이 乘하면 술 마시는 것을 좋아한다.
- ◆玄武가 乘하면 얼굴이 검고 만사태평이다.
- ◆太陰이 乘하면 아름답고 호감이가는 象이다.
- ◆天后가 乘하면 아름답고 호감이가는 象이다.

◉ 천후와 神后(子)가 四課에 들고 旺相하면 아름답다.

◉ 初傳이 子加巳이거나 子加四季(辰.未.戌.丑)이고, 女命의 本命上神에 天罡(辰)이 있으면 추하다.


4) 疾病(질병)

◉ 支上神과 支가 六害되면 殘疾(잔질)이 있는데 病症(병증)은 아래와 같다.

- ◆子가 六害면 腎(신=콩팥). 膀胱(방광). 月經(월경). 腰(요=허리). 傷風(상풍). 腎渴(신갈=당뇨병). 痢(이=설사). 耳(이). 脛(경=정갱이). 血液(혈액)
- ◆丑이 六害면 脾(비). 小腸(소장). 腹(복). 足(족). 肩背(견배). 耳(이). 禿髮(독발=대머리). 目病(목병=눈병). 氣喘(기천)
- ◆寅이 六害면 肝(간). 膽(담). 筋(근). 脈(맥). 眼(안). 三焦(삼초). 目痛(목통). 肝胃痛(간위통). 髮(발=머리카락). 兩手(양수). 咽喉痛(인후통). 肩背 通(견배통). 煩惱(번뇌). 口乾(구건=입 건조). 咳嗽(해수). 喘息(천식)
- ◆卯가 六害면 肝(간). 大腸(대장). 十指(십지=손가락). 背(배=등). 筋(근=힘줄). 目(목). 膏盲症(고맹증=소경). 胸脇多風(흉협다풍)

◆ 辰이 六害면 脾(비=지라). 肩(견=어깨). 皮膚(피부). 肛門(항문). 中風(중풍). 癰腫 (옹종=악성종기)

◆ 巳가 六害면 心臟(심장). 咽喉(인후=목젖). 面(얼굴). 齒股(치고). 小腸(소장). 胃 (위). 雀斑(작반=붉은점). 齒痛(치통). 吐血(토혈). 肛(항=항문). 尻(고=꽁무니)

◆ 午가 六害면 心臟(심장). 目疾(목질). 傷風(상풍). 下痢(하리=설사). 精神系統(정신 계통)

◆ 未가 六害면 脾(비). 胃(위). 肩背(견배). 腹(복). 脣(진=놀람). 齒(치=이빨). 傷食(상 식). 飜胃嘔逆 (번위구역). 疲勞(피로). 腕(완=팔). 脊(척=등뼈). 膈(격=횡격막)

◆ 申이 六害면 肺(폐). 大腸經絡(대장경락). 筋骨(근골). 心胸(심흉). 脈絡(맥락). 音聲 (음성). 缺脣(결진). 隨胎(수태). 瘡腫(창종). 骨痛(골통)

◆ 酉가 酉亥면 小腸(소장). 耳目口鼻(이목구비). 皮毛(피모). 精血(정혈). 音聲(음성). 咳嗽(해수). 勞傷(노상)

◆ 戌이 六害면 脾(비=지라). 命門(명문). 膝(슬=무릎). 足(족). 胸脇(흉협). 腹痛(복 통). 脾洩(비설). 가위눌림. 腿足(퇴족=넓적다리.복숭아뼈)

◆ 亥가 六害면 腎(신=콩팥). 膀胱(방광). 頭風(두풍). 癎疾(간질). 瘧疾(학질). 囊(낭)


5) 得子與否(득자여부)
⊙ 六合과 本命이 相生되면 자식이 있다.
⊙ 六合과 本命이 相剋되면 자식이 없다.
⊙ 三傳에 子孫爻인 食傷이 있으면 자식이 있다.
⊙ 三傳에 父母爻인 印星이 있으면 자식이 없다.
⊙ 子가 本命上에 臨하면 먼저는 여아이고 나중은 남아이다.
⊙ 午가 本命上에 臨하면 먼저는 남아이고 나중은 여아이다.


〈其他〉
⊙ 日上神에 天后가 乘하고, 支上神에 六合이 乘하면 婚事를 치루기 전에 情을 통한다.
⊙ 課傳이 循環(순환)되어 三合, 六合되면 남녀간 친밀함이 더욱 친밀해진다.
⊙ 日이 支上에 臨하면 남측이 여측에 장가가는 것이다.

⊙ 支가 日上에 臨하면 여측이 남측에 시집오는 것이다.

⊙ 子加申이나 酉加寅은 一男二婦이다.

⊙ 申加子나 寅加戌은 一女二夫이다.

⊙ 巳亥가 相加하여 발용되면 양심부족이다.

⊙ 六合이 乘한 神이 天后를 剋하면 성격과 주장이 강폭하여 妻를 극한다.

⊙ 新婦에 대한 소문을 들었을 때, 六合이 四孟(寅.申.巳.亥)上에 臨하면 소문은 實이
고, 四仲(子.午.卯.酉)上에 臨하면 半實半虛이고, 四季(辰.未.戌.丑)上에 臨하면 전
부 虛이다.


〈예1〉

(1) 占時 : 戊辰年 丁巳月 癸未日 申將 丑時課(本命:男命 甲午生. 甲戌旬中. 申酉空亡)

(2) 問占 : 남녀 사이의 혼인을 전제한 감정은 어떠한가?

(3) 課體 : 賊剋法. 重審. 斲輪. 六儀

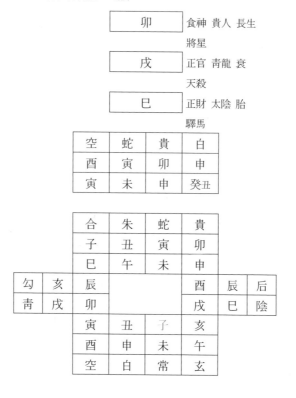

(4) 占斷

◆婚事占은 男은 靑龍, 女는 天后로 논한다. 靑龍과 天后가 각각 卯辰에 乘하여 相剋되니 吉緣은 아니다.

◆女는 天后로 논하는데 天罡인 辰에 乘하고 落空亡地이니 개성이 강하고 집안도 썩 좋지 못하다 판단하고, 男은 靑龍이 甲寅木에 속하는 吉將인데 戌에 乘하여, 寅戌 半合되니 고학력자이며 인품도 훌륭하다. 정황상 두 사람은 장차 갈라서게 되고 혼인의 성사는 요원하다.

◆이 課는 鑄印課가 破模된 것이다. 혼인은 불길하고, 비록 吉將이 乘했으나, 貴人이 역행하고 落空亡하여 도움을 주지 못하고, 日과 支의 上神이 각각 相沖하고, 陰神 역시 相沖하니 길하지 못하다.

◆本命 午의 上神 丑이 官鬼로써 朱雀인 凶將이 乘했고, 초전 卯木이 落空亡 地이고, 日干이 日支上神을 生하고 日支가 日干上神을 生하며, 다시 日干上神이 日干을 生하니, 비록 일시적인 애정은 있으나 종국에는 갈라서게 된다.

◆서로 헤어지고 다른 좋은 짝을 찾음이 좋겠다.

(5) 結果

◆수개월 후 각각 헤어졌다.


〈예2〉

(1) 占時 : 戊午日 辰將 申時課(女命:丙午生. 行年:申. 甲寅旬中. 子丑空亡)

(2) 問占 : 남친의 나에 대한 연애감정은 어떠한가?

(3) 課體 : 賊剋法. 重審. 炎上. 六儀. 驀越

| 戊 | 比肩 六合 墓 |
| --- | --- |
| | 華蓋 |
| 午 | 正印 白虎 帝旺 |
| | 將星 |
| 寅 | 官鬼 天后 長生 |
| | 地殺 |

| 合 | 后 | 勾 | 貴 |
| --- | --- | --- | --- |
| 戌 | 寅 | 酉 | 丑 |
| 寅 | 午 | 丑 | 戊巳 |

| 貴 | 后 | 陰 | 玄 | | |
|---|---|---|---|---|---|
| 丑 | 寅 | 卯 | 辰 | | |
| 巳 | 午 | 未 | 申 | | |
| 蛇 子 辰 | | | 酉 | 巳 | 常 |
| 朱 亥 卯 | | | 戌 | 午 | 白 |
| 寅 | 丑 | 子 | 亥 | | |
| 戌 | 酉 | 申 | 未 | | |
| 合 | 勾 | 靑 | 空 | | |

(4) 占斷

◆ 여자의 남자친구는 이미 妻가 있고 또한 아이까지 있는 상태다.

◆ 문점자와 남자친구와의 사이는 이미 부부사이라 할 정도로 보통 사이가 아니다. 여자는 고집이 있으나 심성이 약하고, 남자친구는 금년에 배우자와 이혼을 생각하고 있다.

◆ 이 課는 남자친구의 본처가 남편이 다시 마음을 고쳐잡고 돌아오기를 바라고 있어 이혼은 쉽지 않은 상태며, 남자는 妻와 기타 권속 등을 잘 거느리는 齊人之福(제인지복)이 있는 것이다.

◆ 靑龍이 申에 乘했는데 그 陰神은 辰土 형제효로 玄武에 해당하니 賭博(도박)과 연관되며 누차에 걸쳐 도박을 즐기고 있는 것이다.

◆ 問占者의 行年上神이 역시 辰土로 玄武가 乘했으니 장차 마작 등의 도박에 빠질 수 있는 것이며, 지출이 많은 것이다.

(5) 結果

◆ 점단의 결과대로 사안이 진행됐다.


## 9) 疾病(질병)

| 日 : 人 |
|---|
| 支 : 病 |

## 〈生死〉

질병에는 4대 요소가 있다.

- ◆ 첫째. 生死
- ◆ 둘째. 病症(병증)
- ◆ 셋째. 醫藥(의약)
- ◆ 넷째. 鬼祟(귀수)

◎ 疾病에는 日을 人으로 보고, 支를 病으로 본다.

◎ 日干神이 日支를 剋하면 吉하고, 支上神이 日干을 剋하면 凶하다.

◎ 死期는 日干의 絶神으로 정한다.

　(예)甲乙日은 申이 絶神이므로 申이 何處에 臨했나를 보아 太歲上에 臨했으면 不
　出 一年하고 月建에 臨했으면 不出 一月하고 日辰에 臨했으면 不出 一日 한다.

◎ 일설로는 男子는 功曹, 女子는 傳送을 行年에 加하여 天罡 下神이 死期라 논하
　기도 한다.


## 〈病症〉

◎ 日이 人이고 支가 受病之症(수병지증)이다.


## 〈支上神의 所乘天將에 따른 病症〉

- ◆ 貴人은 腰腿疼痛(요퇴동통), 痿痺(위비)
- ◆ 螣蛇는 頭面疼痛(두면동통),
- ◆ 朱雀은 傷風, 下痢(하리).
- ◆ 六合은 骨肉疼痛(골육동통).
- ◆ 勾陳은 咽喉腫塞(인후종색).
- ◆ 靑龍은 肝, 膽(담), 痿疾(위질).
- ◆ 天空은 行步困難, 喘息(천식), 咳嗽(해수), 勞傷등이다.
- ◆ 白虎는 瘡腫(창종), 骨痛.
- ◆ 太常은 氣噎(기일), 勞瘦(노수).
- ◆ 玄武는 眼目流淚(안목유루)이다.
- ◆ 太陰은 發肺, 傷脾(상비)가 된다.

◆天后가 乘하면 男子는 精絕이고, 女子는 血絕된다.

## 〈支上神에 따른 病症〉

◆神后면 傷風(상풍). 腎竭(신갈)

◆大吉은 氣促傷殘(기촉상잔)

◆功曹는 目疼(목동). 腹痛(복통)

◆太衝은 胸脇多風(흉협다풍)

◆天罡은 腹痛泄瀉(복통설사). 脾泄(비설)

◆太乙은 齒痛(치통). 嘔穴(구혈)

◆勝光은 心痛(심통). 目昏(목혼)

◆小吉은 傷食(상식). 翻胃(번위). 嘔吐(구토)

◆傳送은 脣破(진파). 여자는 孕危(잉위)

◆從魁는 喘咳(천해). 肺癆(폐로)

◆河魁는 腹痛(복통). 脾泄(비설)

◆登明은 顚邪(전사). 頭風(두풍)


◉ 十二地支의 五臟所屬(오장소속)

亥.子 : 腎(신)

巳.午 : 心

寅.卯 : 肝(간)

申.酉 : 肺(폐)

辰.戌.丑.未 : 脾(비)


◉ 得病原因(득병원인)


## 〈日上의 所乘天將〉

◆貴人이 乘하면 思想, 勞苦로 인한 병

◆日上에 螣蛇가 乘하면 驚惶(경황), 愚意

◆朱雀이 乘하면 苦心. 訟呪(송주)

- ◆ 六合이 乘하면 喜慶姻親(희경인친)
- ◆ 勾陳이 乘하면 情緖牽壓(정서견압)
- ◆ 靑龍이 乘하면 經營이나 재물
- ◆ 天空이 乘하면 欺妄隱忍(기망은인)
- ◆ 白虎가 乘하면 喪弔問病(상조문병)
- ◆ 太常이 乘하면 醉酒飽風(취주포풍)
- ◆ 玄武가 乘하면 祭祀盜賊(제사도적)
- ◆ 太陰이 乘하면 奸詐暗昧(간사암매)
- ◆ 天后가 乘하면 閨閣酒色(규각주색)

⊙ 白虎가 巳에서 戌 사이에 있으면 病在表 한다.
　白虎가 亥에서부터 辰까지 있으면 病在裏 한다.


## 〈醫藥(의약)〉

⊙ 男子는 天罡을 行年에 加하며 功曹(寅)의 下神이 醫神(의신)이고, 女子는 傳送(申)
　의 下神이 醫神이다.

⊙ 醫神이 日支나 白虎를 剋하면 좋고 그렇지 않으면 今日의 課前二位 下를(甲日 -
　辰, 乙日 - 午. 甲日의 경우는 寄宮이 寅이므로 前 二位는 辰이다.) 취하여 白虎의 所乘神
　을 剋하면 吉하다.
　그렇지 않을 때는 貴人의 對沖神의 地盤으로 醫神을 삼는다.
　醫神이 日支와 白虎를 剋하는 것을 爲先으로 한다.

⊙ 醫神이 木이 되면 丸이 좋다.
　醫神이 水가 되면 湯藥이 좋다.
　醫神이 火가 되면 뜸이 좋다.
　醫神이 土가 되면 散이 좋다.
　醫神이 金이 되면 鍼이 좋다.


## 〈鬼祟(귀수)〉

⊙ 鬼祟는 日鬼에 乘하는 天將으로 알 수 있다.
- ◆ 貴人이 乘하면 山神이나 土地의 動土로 본다.

◆ 螣蛇가 乘한즉 동남방의 淫邪鬼魅(음사귀매)이다.

◆ 朱雀이 乘한즉 부뚜막의 火神이나 咀呪怨心(저주원심)이 있다.

◆ 六合이 乘한즉 家宅神, 祖上神, 神祀(신사)이다.

◆ 勾陳이 乘한즉 道路의 孤魂과 野鬼. 古墓神祀(고묘신사)이다.
  所乘支가 陽이면 男鬼, 陰이면 女鬼이다. 또한 所乘支方으로 鬼祟의 방위를
  알 수 있다.

◆ 靑龍이 乘한즉 發願未還(발원미환)이다.

◆ 天空이 乘한즉 古廟之神(고묘지신)이다.

◆ 白虎가 乘한즉 橫死凶神(횡사흉신)이다.

◆ 太常이 乘한즉 剛死亡靈(강사망령)이다.

◆ 玄武가 乘한즉 北方陰靈(북방음령)이다.

◆ 太陰가 승한즉 女姑陰降(여고음강)이고 부엌을 고쳐야 한다.

◆ 天后가 승한즉 老婦의 溺水亡靈(익수지령)이고, 旺相氣면 觀音口願이다,

⊙ 白虎가 太沖(卯)에 乘하면 街坊遊魂이다.
  白虎나 六合이 四季에 乘하면 喪殺이다.
  螣蛇가 寅卯에 乘하면 自縊亡靈이다.
  勾陳이 四季에 乘하면 犯土神이다.


## 〈死氣의 所乘之神〉

◆ 六合이 乘하면 家停靈柩(가정영구)다.

◆ 螣蛇가 乘하면 沈廢久病(침폐구병)으로 사망한 자가 있다.

◆ 勾陳이 乘하면 勾惡攝神(구악섭신)이다.

◆ 天乙이 乘하면 香火(향화)가 있다.

◆ 白虎가 乘하면 질병사망의 冤鬼(원귀)가 있거나 伏屍(복시)가 있다.

◆ 太陰이 乘하면 婦人의 陰靈之類(음령지류)이다.


## 〈예1〉

(1) 占時 : 壬申年 癸丑月 庚戌日 子將 卯時課(甲辰旬中. 寅卯空亡)

(2) 問占 : 戊寅生 부친의 질병의 완쾌여부(本命:寅　行年:申)

(3) 課體 : 賊剋法. 元首. 玄胎. 三奇

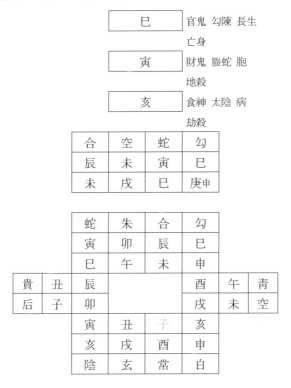

| | | | |
|---|---|---|---|
| 巳 | | 官鬼 勾陳 長生 | |
| | | 亡身 | |
| 寅 | | 財鬼 螣蛇 胞 | |
| | | 地殺 | |
| 亥 | | 食神 太陰 病 | |
| | | 劫殺 | |

| 合 | 空 | 蛇 | 勾 |
|---|---|---|---|
| 辰 | 未 | 寅 | 巳 |
| 未 | 戌 | 巳 | 庚申 |

| | 蛇 | 朱 | 合 | 勾 | | |
|---|---|---|---|---|---|---|
| | 寅 | 卯 | 辰 | 巳 | | |
| | 巳 | 午 | 未 | 申 | | |
| 貴 | 丑 | 辰 | | 酉 | 午 | 青 |
| 后 | 子 | 卯 | | 戌 | 未 | 空 |
| | 寅 | 丑 | 子 | 亥 | | |
| | 亥 | 戌 | 酉 | 申 | | |
| | 陰 | 玄 | 常 | 白 | | |

(4) 占斷

◆ 부친의 질병은 만성병인데 債務문제가 원인이다. 최근 병세가 중해졌는데, 明年 立夏後엔 병세가 더욱 중하게 발전될 것 같다.

◆ 폐부질병으로 의약이 큰 효과가 없고, 기공수련이나 운동, 神明에게 기도함이 좋다. 밤샘하거나, 담배 등은 불필요하고, 갈증이 많으나 물을 멀리함이 좋은데, 尿療法(뇨요법)은 기공수련과 연관하여 시행함이 좋다.

◆ 日干上神인 巳火가 日干 庚金을 剋하며 발용됐고, 行年上神 巳火에 흉장인 勾陳이 乘하여 官鬼가 되고, 중전 寅이 空亡인데 말전 亥는 空亡 寅에 坐하여 空陷되니 신체의 질병이라 판단하는 것이다.

◆ 三課 上神이 未土로 부모효가 되어 月干 丑土와 沖破되니 부모와 단절되는 상이라 좋지 못한데, 또한 名醫를 만나기가 어려운 것이다.

◆ 日干上神 巳火가 日干 庚金을 剋하니 신체에서 肺에 해당되는 것이고, 제 二課

는 日干의 陰神인데, 상신 寅木이 空亡이며 巳火를 생하니 無形之鬼라 채무라 판단한 것이다. 부친의 질병은 肺氣腫인 것이다.

◆ 다행인 것은 日干 庚金이 丑月에 旺하고, 月과 日의 上神인 戌未土가 庚金을 생하니 병세가 중해지진 않았지만, 明年 夏節에 火勢가 太强해져 剋金하니 병세가 엄중해질 것으로 판단한다.

◆ 亥水가 말전인데 本命 寅의 上神으로 子孫爻이나 休囚되므로 藥效가 썩 좋다 할 수 없는 것이다.

(5) 結果

◆ 후에 들은 바로는 점단한 대로 병세가 위중해졌던 것이다.


〈예2〉

(1) 占時 : 壬申年 丁未月 癸卯日 午將 子時課(甲午旬中. 辰巳空亡)

(2) 問占 : 肝疾患의 쾌유 유무

(3) 課體 : 返吟法. 勸德. 龍戰. 無依. 回還. 驀越. 三交

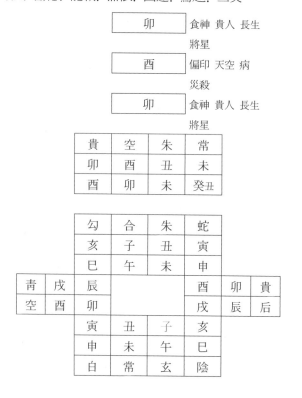

| 卯 | | | | 食神 貴人 長生 |
| --- | --- | --- | --- | --- |
| | | | | 將星 |
| 酉 | | | | 偏印 天空 病 |
| | | | | 災殺 |
| 卯 | | | | 食神 貴人 長生 |
| | | | | 將星 |

| 貴 | 空 | 朱 | 常 |
| --- | --- | --- | --- |
| 卯 | 酉 | 丑 | 未 |
| 酉 | 卯 | 未 | 癸丑 |

| | 勾 | 合 | 朱 | 蛇 | | |
| --- | --- | --- | --- | --- | --- | --- |
| | 亥 | 子 | 丑 | 寅 | | |
| | 巳 | 午 | 未 | 申 | | |
| 青 戌 辰 | | | | 酉 | 卯 | 貴 |
| 空 酉 卯 | | | | 戌 | 辰 | 后 |
| | 寅 | 丑 | 子 | 亥 | | |
| | 申 | 未 | 午 | 巳 | | |
| | 白 | 常 | 玄 | 陰 | | |

296 [이론편] 실전 六壬神課

(4) 占斷

◆ 肝病이 목전에 호전되고 회복되고 있지만, 좋은 약을 써서 완치시킴이 좋겠다. 中醫에게 치료함이 좋겠고, 갈증이 심하니 밤샘하거나 피로가 누적되지 않도록 하면 치료가 가능하다.

◆ 日干上神 未土에 太常이 乘했고 日干 癸水를 剋하니 官鬼인데, 未土月이니 旺相하다. 다행인 것은 寄宮 丑土와 相沖되니 간병이 완치되지는 않았지만 회복될 조짐이 있는 것이다.

◆ 日支上神 酉金이 日干 癸水를 생하고, 酉金이 旺相하며 아울러 三傳이 卯酉卯로서 卯木에 貴人이 乘했으며, 癸水는 酉金의 子孫爻이므로 良藥이라 논하는 것이고, 良醫를 만나 치료가 가능하다 판단하는 것이다. 또한 卯木이 未土 官鬼를 剋하나 未土月에 卯木이 休囚되었고, 日干 癸水가 貴人이 乘한 卯木의 遁干이 되니 표면으론 치료가 가하나 근본적인 치료는 난망이다.

◆ 乙木은 中醫이고 未土 太常은 약을 먹음과 연관되는 것이다.
卯木 中醫에 貴人이 乘했는데, 旺相한 酉金이 日干 癸水를 생하고 癸水가 木을 생하니, 갈증에 물이 필요한바 채소나 수분이 많이 함유돼있는 과일이 필요한 것이다.

(5) 結果

◆ 후에 지인을 통해 들은 결과로는 병세가 많이 호전되었다 한다.


〈예3〉

(1) 占時 : 辛巳年 甲午月 丁卯日 未將 辰時課(本命:丑 戌亥空亡)

(2) 問占 : 幼兒의 질병이 언제 쾌유되겠는가?

(3) 課體 : 賊剋法. 重審. 二煩. 龍戰. 亨通. 驀越

| 酉 | 午 | 丑 | 戌 |
|---|---|---|---|
| 午 | 卯 | 戌 | 丁未 |

| | | | | | | |
|---|---|---|---|---|---|---|
| 合 | 朱 | 蛇 | 貴 | | | |
| 申 | 酉 | 戌 | 亥 | | | |
| 巳 | 午 | 未 | 申 | | | |
| 勾 | 未 | 辰 | | 酉 | 子 | 后 |
| 青 | 午 | 卯 | | 戌 | 丑 | 陰 |
| 寅 | 丑 | 子 | 亥 | | | |
| 巳 | 辰 | 卯 | 寅 | | | |
| 空 | 白 | 常 | 玄 | | | |

(4) 占斷

◆ 酉가 발용하여 門戶가 閉口되었다. 초전 酉는 坐下 午의 극을 받고, 다시 丁巳 火에 속하는 凶將인 朱雀이 午에 乘하여 극을 하니 神과 將이 夾剋하고 있는 것이다. 따라서 火氣가 원인이 되어 幼兒가 호흡기 질병을 앓고 있는 것이다.

◆ 日上의 戌은 墓神이며 凶將인 螣蛇가 乘하고 있다. 다행인 것은 戌이 空亡된 것이고, 또한 本命上神 辰과 辰戌 相沖하니 開庫된 것이라 큰 재액은 면한 것이다.

◆ 戌이 醫院인데, 日辰과 日辰上神이 卯戌과 午未로 交叉相合하니 필히 병원 신세는 져야 하나, 空亡되고 墓神이 乘한 日上神 戌이, 塡實(전실)되고 脫空되는 시점이 쾌유되는 시점인 것이다. 戌日이 되어야 하는 것이다.

(5) 結果

◆ 1주일 후 甲戌日에 퇴원한 것이다.


## 10) 家宅(가택)

```
日 : 人
辰 : 宅
```

〈吉凶禍福〉

⊙ 日上神이 支를 生하고 支上神이 日을 生하면 길하다.

⊙ 日辰이 각각 上神의 生을 받아도 길하다.

⊙ 日上에 辰의 旺神이 臨하거나, 辰上에 日의 旺神이 臨하면 吉하다.

| 4과 | 3課 | 2課 | 1課 |
|---|---|---|---|
|  | 卯 |  | 酉 |
|  | 申 |  | 甲寅 |

⊙ 支上에 德合이 있어도 길하다.

⊙ 日辰上에 貴人이 乘해도 길하다.

⊙ 日辰上에 三合, 六合, 交叉合이 되거나 吉神이 乘해도 길하다.

⊙ 辰이 日에 加하여 日을 生해도 길하다.

| 4과 | 3課 | 2課 | 1課 |
|---|---|---|---|
|  | 巳 |  | 子 |
|  | 子 |  | 甲寅 |

⊙ 日辰上에 貴人, 六合, 太常, 靑龍이 乘하고, 다시 초전이 되면 人宅이 모두 길하다.

⊙ 支上神이 日의 氣를 洩氣(설기)시키거나, 日辰上神이 각각 日辰의 氣를 洩氣시키면 사람은 병들고 가택은 도적의 침탈이 있다.

⊙ 日上神이 支를 剋하거나 支上神이 日을 剋하거나, 日辰上神이 각각 日辰의 剋을 받으면, 사람에게는 災厄이 있고 家宅은 붕괴된다.

⊙ 日上神이 支의 墓가 되고, 支上神은 日의 墓가 되거나, 日辰上神에 각각 墓가 臨하면 人宅이 모두 昏晦하다.

| 4과 | 3課 | 2課 | 1課 |
|---|---|---|---|
|  | 丑 |  | 丑 |
|  | 申 |  | 庚申 |

⊙ 日上神이 支의 敗氣(子.午.卯.酉)가 되거나 支上神이 日의 敗氣가 되거나(아래표 상), 혹은 日辰上神이 각각 敗氣가 되면(아래표 하), 사람에게는 손상이 있고, 家宅은 敗頹(패퇴)된다.

| 4과 | 3課 | 2課 | 1課 |
|---|---|---|---|
| | 午 | | 子 |
| | 申 | | 甲寅 |

| 4과 | 3課 | 2課 | 1課 |
|---|---|---|---|
| | 子 | | 午 |
| | 申 | | 甲寅 |

⊙ 日辰上神이 刑, 沖, 破, 害, 怨嗔되고 다시 凶將이 乘하면 人宅 모두 흉함이 심하다.

⊙ 日辰上神이 空亡되어도 흉하다.

⊙ 日이 辰에 壬하여 剋을 받거나, 辰이 日에 壬하여 日을 剋하면, 下에서 上을 侵辱(침욕)하는 象으로, 外에서 內를 모욕하는 것이고, 宅은 큰데 人은 적은 형국이라 흉하다.

⊙ 三傳이 休囚되고, 초전이 空亡되고, 日辰上에 白虎, 玄武, 勾陳, 螣蛇가 乘하여 발용이면 人宅에 모두 禍凶이 있다.

⊙ 日을 사람으로 보고 辰을 住宅으로 본다. 宅上에 吉神이 乘한즉 興旺하고 凶神이 乘한즉 衰殘(쇠잔)하다.

⊙ 日上神이 辰을 剋하면 人剋宅이되어 상관없으나 辰上神이 日을 剋하면 宅剋人이 되어 安居할 수가 없다.

⊙ 人剋宅이 되면 卑幼(비유)에 대한 걱정, 六畜, 田蠶의 손실, 가택 식솔들의 病訟, 虛耗(허모)가 있다.

⊙ 天罡(辰)이 日干에 加하면 他客이 寄居하고 勝光이 支上에 加하면 자신이 他家에 기거하는 것이다.

⊙ 魁罡(戌.辰)이 日辰에 加해지면 급히 이주해야지 거처하면 크게 불리하다.

⊙ 神將이 吉하고 旺相하면 그 이웃은 富하고 滿足하고 凶將 凶神이 乘하면 그 이웃은 暴惡(폭악)하다.

⊙ 靑龍, 太常, 貴人을 보면 貴하고, 白虎가 乘하면 屠殺者, 玄武가 乘하면 盜賊類로 본다.

⊙ 家宅의 善惡은 辰의 衰旺으로서 알 수가 있다.

⊙ 辰上神이 死囚, 空亡이 되면 아주 불리한데, 比肩이면 兄弟가, 財星이면 妻妾이,

印綬면 父母가 불리한데, 부모가 없는 사람은 타인에게 도움을 받지 못한다.

◉ 類神(子는 房. 丑은 부엌, 화단)과 家長의 本命上神과 배합해서 生하는 것과 相剋하는 것을 보아 길흉을 알 수 있다.

◉ 日, 辰, 年, 命 등의 四處가 生氣, 旺相氣가 되면 자연히 昌盛(창성)하고, 비록 凶神이 있더라도 무방하며 다시 吉神이 相助하면 아주 좋다.

◉ 火鬼(春 午, 夏 酉, 秋 子, 冬 卯)나 火怪(正月 起戌하여 順行 四季)가 만약 日支에 臨하여 朱雀이 乘해서 日을 剋하면 반드시 火災를 예방해야 한다.

◉ 日上神에 丁馬가 臨하면 人口가 불안하고, 辰上에 丁馬가 臨하면 家宅이 불안하다.

◉ 宅 中의 우물 여부는 課傳에 水神이 있거나 子, 未, 靑龍, 太常등이 干支에 加하면 반드시 우물이 있고 그렇지 않으면 없다.

◉ 水神이 落空亡이 되면 井泉이 없고 있더라도 먹을 수 없다. 水神이 旺相하면 물이 풍족하고 休囚되면 부족하다.

◉ 家宅에 鬼祟(귀수)나 怪異事(괴이사)가 있어 뒤숭숭한 것을 알려면 課傳에 官鬼가 있으면 鬼祟가 있고, 官鬼가 없거나 空亡이 되면 없다.

◉ 鬼祟가 어디에 있는가를 알려면 神將으로써 결정한다.
  官鬼가 木上에 臨하면 自縊鬼나 修造上 잘못된 소치이고,
  官鬼가 金에 臨했으면 喪亡鬼이고,
  官鬼가 火에 臨했으면 竈王神(조왕신)이고,
  官鬼가 水에 臨했으면 溺死鬼(익사귀)나 河消水鬼(하소수귀)이고,
  官鬼가 土에 臨했으면 宅神 土神으로 보는데 현대에서는 주택구조상의 문제이다.

◉ 空亡으로 사안의 길흉을 판단할 수 있다. 예로, 父母爻가 空亡이면 부모에게 不測之事가 발생한다.

◉ 類神의 길흉으로 사안의 길흉을 판단할 수 있다. 예로, 六合은 형제자매로 논하는데 六合이 剋을 받으면 형제자매가 불길한 것이다.


〈人의 吉凶〉

◉ 日上神에 吉神이 乘하고, 日德, 日貴, 日祿이 되고, 다시 日上神이 日을 生하면 吉하다.

◉ 支上神이 日을 生하거나, 三傳이나 年命上神이 日을 生하거나, 日上神이 生氣를

띠고 靑龍이 乘하면 吉하다.

⊙ 日이 支에 臨하여 支를 剋하면 吉하다.

⊙ 支가 日上神을 生해도 吉하다.

⊙ 日上神이 月將이 되거나, 吉將이 乘하면 길하다.

⊙ 三傳이 日을 生하는데 天將이 日을 剋하거나, 三傳이 日을 剋하는데 官印이 뚜렷하면 부귀영달한다.

⊙ 三傳이 遞生日干하면 길하다.

⊙ 三傳이 旺相하고, 발용이 日德이 되고 吉將이 乘하면 吉하다.

⊙ 초전이 日의 前 支가 되고 말전이 日의 後 支가 되면 "前引後從格"으로 범사 복록이 있다.

⊙ 日上神에 凶神이 乘하여 日을 破하거나, 刑害가 되면 흉하다.

⊙ 日上神이 日을 剋해도 흉하다.

⊙ 支가 日에 加하여 日의 墓가 되거나 日을 剋하면 흉하다.

⊙ 日上神이 死氣를 띠고 白虎가 승하면 흉하다.

⊙ 支上神이 日을 극해도 흉하다.

⊙ 日이 支에 臨하여 剋을 받아도 흉하다.

⊙ 支가 日上神을 剋해도 흉하다.

⊙ 日上神이 空亡되거나, 日의 氣를 洩氣시키거나, 日의 敗氣가 되어 凶將이 乘하면 흉하다.

⊙ 課體가 凶하며 三傳이 日을 剋하는데, 官職이 不忌除外거나 日의 氣를 洩氣시키면 흉하다.

⊙ 三傳이 遞剋되며 다시 日을 剋하면 흉하다.

⊙ 초전이 空亡되고 日의 墓가 되면 흉하다.

⊙ 초전이 日을 剋하고 다시 흉장이 乘하면 흉하다.


### 〈十二天將〉

⊙ 日上神에 乘한 天將으로 사안의 원인과 길흉을 알 수 있다.

⊙ 貴人

 ◆ 귀인이 日을 生하면 귀인의 도움이 있고, 본인에겐 가까운 시일에 영화가

있다.

- ◆ 귀인이 日을 剋하면 방알은 무효이며 禍厄이 따른다.
- ◆ 日이 귀인을 剋하면 노력과 소비가 많이 따른다.

◉ 螣蛇

- ◆ 등사가 日을 생하면 憂疑는 解散된다.
- ◆ 등사가 日을 剋하면 사람에게 질병과 火災가 따른다.
- ◆ 日이 등사를 剋하면 힘의 소진이 있고 헛된 놀람이 있다.

◉ 朱雀

- ◆ 주작이 日을 생하면 문서로 인한 기쁨이 있다.
- ◆ 주작이 日을 剋하면 시비구설이 있다.
- ◆ 日이 주작을 剋하면 재물이 문에 당도한다.

◉ 六合

- ◆ 육합이 日을 생하면 혼사는 성사된다.
- ◆ 육합이 日을 剋하면 곡읍을 예방해야 한다.
- ◆ 日이 육합을 剋하면 인구가 는다.

◉ 勾陳

- ◆ 구진이 日을 생하면 전답과 관련 이득이 있다.
- ◆ 구진이 日을 剋하면 전답관련 송사가 따른다.
- ◆ 日이 구진을 剋하면 修造, 動土와 연관사가 발생한다.

◉ 靑龍

- ◆ 청룡이 日을 생하면 財喜, 恩榮이 있다.
- ◆ 청룡이 日을 剋하면 가택이 불안하다.
- ◆ 日이 청룡을 剋하면 財喜가 있다.

◉ 天空

- ◆ 천공이 일을 생하면 奴隸 등의 도움이 있다.
- ◆ 천공이 일을 剋하면 下人의 기만이 있다.
- ◆ 日이 천공을 剋하면 工事, 修築이 있다.

◉ 白虎

- ◆ 백호가 日을 생하면 生氣潑剌(생기발랄)함이 있다.

◆ 백호가 日을 극하면 효복살상이 있다.

◆ 日이 백호를 극하면 횡재수가 있다.

◎ 太常

◆ 태상이 日을 생하면 인신과 재백의 기쁨이 있다.

◆ 태상이 日을 극하면 식구에 복통과 질환이 있다.

◆ 日이 태상을 극하면 酒食宴會가 있다.

◎ 玄武

◆ 현무가 日을 생하면 시비가 있다.

◆ 현무가 日을 극하면 실탈과 도적을 예방해야 한다.

◆ 日이 현무를 극하면 喜事가 있다.

◎ 太陰

◆ 태음이 日을 생하면 陰人의 助財가 있다.

◆ 태음이 日을 극하면 승도의 暗算이 있다.

◆ 日이 태음을 극하면 금은재물이 절로 도래한다.

◎ 天后

◆ 천후가 日을 생하면 혼사와 잉태에 기쁨이 있다.

◆ 천후가 日을 극하면 음인의 쟁투가 있다.

◆ 日이 천후를 극하면 喜事가 문에 당도한다.


〈三傳〉

◎ 三傳 전체의 생극관계로 사안의 길흉을 판단할 수 있다.

◎ 三傳이 全財면 尊長에게 우려가 있다.

◎ 三傳이 全印이면 卑幼에게 우려가 있다.

◎ 三傳이 전부 比劫이면 처첩에게 우려가 있다.

◎ 三傳이 전부 食傷이면 官祿에 우려가 있다.

◎ 三傳이 전부 官鬼면 본인과 형제자매에 우려가 있다.


〈宅地吉凶〉

◎ 支上神이 太歲나 月將이 되고 길장이 승하면 길하다.

◎ 太歲에 귀인이 승하여 支上에 臨하고, 다시 支上神이 支를 생하면 길하다.

◎ 支上神이 生氣가 되고 청룡이 乘하면 길하다.

◎ 支上神이 支德이 되고 아울러 天喜가 되면 길하다.

◎ 支上神과 日上神이 比和되거나 三合, 六合, 德合이 되고 길장이 승하면 길하다.

◎ 支上神이 旺하거나 支가 得令하면 길하다.

◎ 三傳이 旺相하고, 초전에 길장이 승하고 支德이 되며 日을 극하지 않으면 길하다.

◎ 초전이 日의 長生이 되고, 길장이 乘하여 日을 剋하지 않으면 길하다.

◎ 초전이 休囚墓絶되고 흉장이 乘하면 흉하다.

◎ 支上神이 비록 生氣를 득했더라도 日을 극하면 흉하다.

◎ 支上神이 支의 盜神이 되거나, 敗神이 되거나, 墓神이 되면 흉하다.

◎ 支上神이 空亡되거나 支가 空亡되면 흉하다.

◎ 支上神과 支가 刑, 沖, 破, 害, 怨嗔되면 흉하다.

◎ 三傳이 休囚되고 흉장이 승하고, 초전이 支德이나 空亡되면 흉하다.

◎ 太歲에 白虎가 乘하고 支上에 臨하면 흉하다. 官職者는 不起한다.

◎ 支上神이 支를 剋하면 흉하다.

◎ 三傳에 支의 貴가 없거나, 支의 貴가 발용하더라도 日을 생하지 않는 경우.


〈支(宅)上神〉

◎ 支上에 乘한 天將을 보고 善惡과 興衰도 알 수 있다.

◎ 貴人이 宅에 加하면 가택이 흥왕하고 貴子를 낳는다.

◎ 吉神이 乘하면 貴人의 부조가 있고, 凶神이 乘하면 시비구설이 있고 헛된 놀람이 있다.

◎ 螣蛇가 宅에 乘하면 憂驚과 괴이함이 있고, 꿈이 어지럽고, 화재의 위험이 있고, 鬼祟(귀수)가 있으며, 陰人과 小人의 손해가 있다.

◎ 朱雀이 宅에 加하면 친인척을 찾거나 문서를 작성함이 있고, 家人에게 안질환이 있고, 내외에서 시끄럽게 떠듦이 있다. 午酉日의 점사는 부인과의 불화가 있고, 구설저주가 있다.

◎ 六合이 宅에 加하면 식구가 는다. 권속이 집에 들어오고, 修造(수조) 등의 일이 있다. 戊己日의 점사라면 물품의 송달이 있고, 人丁이 느는 기쁨이 있다.

⊙ 勾陳에 宅에 加하면 其 宅의 붕퇴가 있고, 인구가 줄며 宿疾이 있으며 傷風이 있다. 만약 三傳에 朱雀을 보면 田과 河의 爭訟이 있다. 만약 三傳에 白虎를 보면 부인의 久患과 血病이 있다.

⊙ 靑龍이 宅에 加하면 橫財하고 골육간 오락이 있고, 자손에게 영화가 있고, 가택에 光榮이 있다. 만약 三傳에 六合을 보면 인구가 늘고, 三傳이 三合되면 재물이 는다.

⊙ 天空이 宅에 加하면 사람에게 우려가 많고, 재물의 손상이 많고, 下人이 부족하고, 陰人과 小人에게 재화가 많고, 宅神이 공허해지고, 점차 쇠잔해진다.

⊙ 白虎가 宅에 加하면 병자의 사망과 傷禍가 있고, 만약 三傳에서 朱雀과 勾陳을 보면 官訟이 있다. 三傳에서 貴人을 보면 病疼(병동)이 있고, 三傳에서 勾陳이나 玄武를 보면 소아병의 치료가 어렵다.

⊙ 太常이 宅에 加하면 가택의 꾸밈이 있고, 즐거움이 있으며, 여자가 外家의 재물을 얻어 창고가 풍족해진다. 만약 三傳에 螣蛇나 白虎, 丁神을 보면 孝服의 예방이 있어야 한다.

⊙ 玄武가 宅에 加하면 가택에 失脫이 많다. 도적의 도망이 있고, 젊은 부인의 낙태가 있고, 家長의 손상이 있으며, 陰人과 小人의 災厄이 있고 水鬼가 있다.

⊙ 太陰이 宅에 加하면 貴女를 낳는다. 남녀간의 陰事가 있고, 財帛이 암암리에 쌓인다. 어린아이를 생하고 복록이 많다. 만약 死囚氣가 乘하면 財帛의 손상이 있고, 어린아이가 약해지고, 老婦는 병으로 사망한다.

⊙ 天后가 宅에 加하면 貴女를 낳는다. 太常이 초전이면 과부가 있고, 螣蛇가 초전이면 災禍와 질병이 많다. 만약 三傳에 靑龍, 太常을 보면 혼사가 있다. 三傳에서 玄武를 보면 陰人과 小人의 손상이 있고, 三傳에서 六合을 보면 淫泆(음일)이 있다.

### 〈丁神〉

⊙ 日辰과 三傳四課 그리고 旬丁을 보아 미래를 알 수 있다.
⊙ 丁神에 貴人이 乘하면 귀인의 방문이 있다.
⊙ 丁神에 螣蛇가 乘하면 사람의 도망이 있다.
⊙ 丁神에 朱雀이 乘하면 遠信이 도착한다.

⊙ 丁神에 六合이 乘하면 자손의 외합이 있다.

⊙ 丁神에 勾陳이 乘하면 병졸의 얽어맴이 있다.

⊙ 丁神에 靑龍이 乘하면 遠行이 있다.

⊙ 丁神에 太陰이 乘하면 婢妾의 陰事가 있다.

⊙ 丁神에 天空이 乘하면 奴婢의 도망이 있다.

⊙ 丁神에 白虎가 乘하면 孝服의 動함이 있다.

⊙ 丁神에 太常이 乘하면 부모에게 우려가 있다.

⊙ 丁神에 玄武가 乘하면 失財가 있고 찾지 못한다.

⊙ 丁神에 天后가 乘하면 부인의 隱遁이 있다.

⊙ 日干上에 丁神이 있으면 人宅이 불안하다.


## 〈類神〉

⊙ 類神으로 사물을 알 수 있다.

  子 – 逕. 房

  丑 – 花楹(화영). 廚(주)

  寅 – 前過道. 書院. 梁棟(양동)

  卯 – 前門. 店鋪(점포)

  辰 – 績壤(적양). 庭闈(정위). 墻垣(장원)

  巳 – 竈(조)

  午 – 堂

  未 – 井. 園

  申 – 後過道

  酉 – 後門. 戶門

  戌 – 浴室

  亥 – 廁. 樓臺. 廐

⊙ 日上神은 舊宅이고 支上神은 新宅이다.

⊙ 日上神이 旺相하면 舊宅이 길한데, 만약 日을 剋하면 스스로 거주하지 않으려
  한다.

⊙ 支上神이 旺相하면 新宅이 길한데, 만약 支를 剋하면 비록 이사해도 오래 거주하지 못한다.

⊙ 日支의 左神이 왼쪽 방향의 이웃이고, 日支의 右神이 오른쪽 방향의 이웃이다. 예로, 日支가 子라면 丑이 왼쪽 이웃, 亥가 오른쪽 이웃이다. 對沖은 앞집이다. 아울러 乘한 神將으로 선악을 판단한다.

⊙ 青龍이 子에 乘하여 辰巳에 臨하면 가택에 井과 水가 있다.

⊙ 三傳의 巳에 天空이 乘하면 부엌을 수리해야 한다.

⊙ 日支가 日에 加하여 青龍이 乘하면 가택에 寄居하는 사람이 있다.

⊙ 天后나 太陰이 支에 臨하여 陽不備가 되면 家宅에 陰人이 이롭다.

⊙ 子午나 丑未가 相加하여 朱雀이 乘하면, 형제간 불화하고 分居하게 된다.

⊙ 墓가 日에 加하여 官鬼가 되고 또한 休囚되면 가택과 墳墓가 불안하다.

⊙ 青龍이 日支에 臨하여 日을 생하면 가택의 흥성함이 장구하다.

⊙ 青龍이 日에 臨하여 日支를 생하면 가택의 발전은 있으나 길지 못하다.


## 〈예1〉

(1) 占時 : 庚午年 庚辰月 己酉日 戌將 酉時課(本命:子. 甲辰旬中. 寅卯空亡)

(2) 問占 : 가택의 길흉이 어떠한가?

(3) 課體 : 賊剋法. 重審. 連三奇. 連珠. 龍潛. 蕪越

| | | |
|---|---|---|
| 亥 | 正財 玄武 胎 |
| | 驛馬 |
| 子 | 財鬼 太常 胞 |
| | 六害 |
| 丑 | 比肩 白虎 墓 |
| | 華蓋 |

| 玄 | 陰 | 后 | 貴 |
|---|---|---|---|
| 亥 | 戌 | 酉 | 申 |
| 戌 | 酉 | 申 | 己未 |

| 朱 | 蛇 | 貴 | 后 |
|---|---|---|---|
| 午 | 未 | 申 | 酉 |
| 巳 | 午 | 未 | 申 |

| 合 | 巳 | 辰 | | | 酉 | 戌 | 陰 |
|---|---|---|---|---|---|---|---|
| 勾 | 辰 | 卯 | | | 戌 | 亥 | 玄 |
| | | 寅 | 丑 | 子 | 亥 | | |
| | | 卯 | 寅 | 丑 | 子 | | |
| | | 靑 | 空 | 白 | 常 | | |

(4) 占斷

  ◆ 日干上神 申金에 貴人이 乘하여 日干 己土의 氣를 洩하고 있고, 또한 陰神인 酉金에 天后가 乘했다. 本命上神 丑土에 白虎가 乘하니 가택엔 금년에 勞苦가 있을 것이나 또한 기쁜 일도 있을 것이다.

  ◆ 가택 식솔들에 위장병 등이 발생할 것이나 다행인 것은 丑土의 陰神인 寅木이 土氣를 제압하니, 비록 寅木이 공망이라 하더라도 급하게 진행되는 사안을 늦출 수는 있는 것이다.

  ◆ 日干上神 申金이 子孫爻로 日干의 氣를 洩하나, 길장인 貴人이 승했으니 勞苦는 많을 것이나 먼 곳에서 재물도 들어올 것이라 점단한다.

  ◆ 三傳에 財가 旺하고 三奇格이니 秋冬節이 지나며 財運이 증강될 것이나, 위장과 비장의 질병은 치료를 늦추어서는 안된다.

  ◆ 日支上神은 戌土로 太陰이 승하였고 가택으로 논하니, 이 집은 陰이 重하고 陽은 輕한 것이다. 햇볕이 양호하지 못하고, 부인들이 속박당하니 위장병이나 부인병에 걸리기 쉽고, 賭博, 桃花殺 등의 흉함이 있게 된다.

(5) 結果

  ◆ 인척들도 이 집과의 왕래를 끊으니 위와 같이 점단함이 틀림없다.

〈예2〉

(1) 占時 : 壬申年 壬子月 丙寅日 寅將 戌時課(甲子旬中. 戌亥空亡)

(2) 問占 : 가택 식솔들의 길흉이 어떠한가?

(3) 課體 : 賊剋法. 重審. 從革. 三奇. 龍德. 獻刃

| (癸) | 酉 | 正財 朱雀 死 |
| | | 六害 |
| | 丑 | 傷官 太陰 養 |
| | | 天殺 |

| | 巳 | | 比肩 天空 建祿 |
|---|---|---|---|
| | | | 亡身 |

| 蛇 | 青 | 陰 | 朱 |
|---|---|---|---|
| 戌 | 午 | 丑 | 酉 |
| 午 | 寅 | 酉 | 丙巳 |

| 朱 | 蛇 | 貴 | 后 |
|---|---|---|---|
| 酉 | 戌 | 亥 | 子 |
| 巳 | 午 | 未 | 申 |

| 合 | 申 | 辰 | | 酉 | 丑 | 陰 |
|---|---|---|---|---|---|---|
| 勾 | 未 | 卯 | | 戌 | 寅 | 玄 |

| 寅 | 丑 | 子 | 亥 |
|---|---|---|---|
| 午 | 巳 | 辰 | 卯 |
| 青 | 空 | 白 | 常 |

(4) 占斷

♦ 식솔들의 數는 적고, 식솔 증가도 적은 편이다. 재물은 출납이 빈번하고, 항상 집안에는 불순함이 있다. 말로 인한 언쟁이 있으니 근신함이 좋은데. 이런 연유로 여인들의 떠드는 소리가 들리고, 부부간의 감정에도 영향을 미치게 되고, 또한 舊屋의 食率들인 것이다. 明年 가을에는 재물이 점점 늘게될 것이다.

♦ 日支上神 午火가 日支 寅木의 氣를 洩하여 休囚되니 식솔은 적을 것이라 점단한다.

♦ 日支上神 午火가 月建 子水와 相沖되니 舊宅이라 판단한 것이다.

♦ 제3과 上神의 靑龍은 財官의 類神인바, 休囚되고 월건과 상충하니, 財는 출납이 빈번하여 많지 않을 것이라 판단하는 것이다.

♦ 제4과 上神인 戌土 螣蛇는 흉장으로 가택의 운에 좋지 않은 것이다.

♦ 초전 酉金은 妻財爻인데 三傳이 財星局이니 본시 旺하다. 애석한 것은 酉金에 朱雀이 乘했는데 朱雀은 丙午火의 흉장이니 將剋神하여 財의 변동이 많고 損財數도 있는 것이다.

♦ 초전 酉金의 遁干은 癸水로 日干 丙火를 극하니 閉口課가 된 것이며, 또한 是非口舌을 주관하는 朱雀이 乘하니 언쟁을 조심해야 하는 것이다.

◆財는 여자로도 논하는데, 삼합국이 되어 結局되므로 桃花의 氣가 묶인 것이며, 중전 丑土에 太陰이 乘하여 초년 酉金과 반합국되니, 여자들의 떠드는 소리로 인해 부부감정에도 영향을 미치게 될 것이라 점단한 것이다.


〈예3〉
(1) 占時 : 壬申年 辛亥月 丁巳日 寅將 酉時課(甲寅旬中. 子丑空亡)
(2) 問占 : 가택 식솔들의 길흉은 어떠한가?
(3) 課體 : 賊剋法. 重審. 鑄印. 斬關. 回還

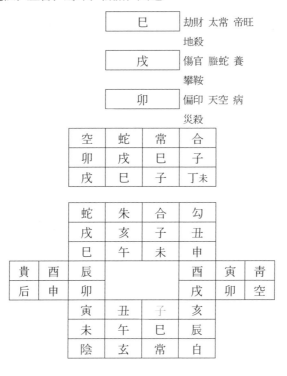

| | |
|---|---|
| 巳 | 劫財 太常 帝旺 |
| | 地殺 |
| 戌 | 傷官 螣蛇 養 |
| | 攀鞍 |
| 卯 | 偏印 天空 病 |
| | 災殺 |

| 空 | 蛇 | 常 | 合 |
|---|---|---|---|
| 卯 | 戌 | 巳 | 子 |
| 戌 | 巳 | 子 | 丁未 |

| 蛇 | 朱 | 合 | 勾 | | |
|---|---|---|---|---|---|
| 戌 | 亥 | 子 | 丑 | | |
| 巳 | 午 | 未 | 申 | | |
| 貴 酉 | 辰 | | | 酉 | 寅 靑 |
| 后 申 | 卯 | | | 戌 | 卯 空 |
| 寅 | 丑 | 子 | 亥 | | |
| 未 | 午 | 巳 | 辰 | | |
| 陰 | 玄 | 常 | 白 | | |

(4) 占斷
◆ 식솔들은 이름은 있으나 재물이 없다. 가택운은 아름답지 못하다.
어린아이가 독서를 즐기나, 장래 여러번 再修와 升學의 도전 끝에 재능을 필히 완성하거나 좋은 상급학교에 진학 할 것이다. 다만 성적은 뛰어나지는 못할 것이다.
◆ 가택에 연회 등의 모임이 많으니 식솔들은 상시 음식을 먹는 기회가 많은 것이

고, 小心의 己身이나 혹은 어린식솔들에게 血光之災가 있을 것이다.

◆ 鑄印課로 명성과 관직을 얻음에는 길하나 得財엔 길하지 못하다. 다만 애석한 것은 초전 巳火가 낙공망지이니 주인과가 破模된 것이다. 그러므로 관운은 아름답지 못하고, 求名이나 文筆은 우수하나 升官은 순리대로 성사되지는 못할 것이라 판단한다.

◆ 三傳四課에 財가 없고, 戌土 墓神이 日支 巳火를 覆하고, 제3과 제4과에 흉장이 乘하니 가택운은 아름답지 못하다 판단한 것이다.

◆ 제3과 上神은 戌土로 螣蛇가 乘하였고 제4과 上神은 卯木으로 天空이 승하여 육합되니 旺相하다. 따라서 어린아이 중 독서를 즐기는 아이가 있어 유일하게 대학을 진학하게 될 것이다. 이는 巳戌卯 鑄印課가 破模(파모)되어 여러번 재수 혹은 升學의 도전이 있을 것으로 보는 것이고, 天空이 旺하니 문필력은 뛰어날 것이라 점단한 것이다.

◆ 초전 巳火가 중전 戌土와 巳戌 怨嗔되어 손상되었으나, 太常은 연회, 주식을 주관하니 친구관계 등으로 인한 모임의 연회, 연찬 등이 있을 것이라 논한 것이다.

◆ 중전 戌土에 乘한 螣蛇는 血光을 의미하며, 또한 戌土는 墓神으로 일지 巳火를 覆하니, 戌年엔 자신 혹은 식솔들의 血光之災를 조심해야 한다. 그러나 日干 丁火는 己身인데 정작 己身은 卯木과 상생되니 큰 탈은 없을 것이라 판단하는 것이다.

◆ 말전 卯木에 乘한 天空은 神位이고, 卯木은 年長者이고, 중전에 乘한 螣蛇 역시 鬼神이니, 식솔들에게 鬼祟와 연관된 문제가 있다 점단한 것이다.


## 〈예4〉

(1) 占時 : 庚午年 己卯月 己卯日 亥將 酉時課(甲戌旬中. 申酉空亡)
(2) 問占 : 최근의 가택운이 어떠한가?
(3) 課體 : 賊剋法. 彈射. 間傳. 遠根斷. 三奇. 天獄

| 亥 | 正財 玄武 胎 |
| --- | --- |
| | 地殺 |
| 丑 | 比肩 白虎 墓 |
| | 月殺 |

|  | 卯 |  |  | 官鬼 靑龍 病 |
|---|---|---|---|---|
|  |  |  |  | 將星 |

| 蛇 | 合 | 玄 | 后 |
|---|---|---|---|
| 未 | 巳 | 亥 | 酉 |
| 巳 | 卯 | 酉 | 己未 |

| | | 蛇 | 貴 | 后 | 陰 | | |
|---|---|---|---|---|---|---|---|
| | | 未 | 申 | 酉 | 戌 | | |
| | | 巳 | 午 | 未 | 申 | | |
| 朱 | 午 | 辰 | | | 酉 | 亥 | 玄 |
| 合 | 巳 | 卯 | | | 戌 | 子 | 常 |
| | | 寅 | 丑 | 子 | 亥 | | |
| | | 辰 | 卯 | 寅 | 丑 | | |
| | | 勾 | 靑 | 空 | 白 | | |

(4) 占斷

- 친우가 최근의 家運에 대해 문의했는데, 설명하기를 연장자에게 소심증이 있고, 위험요소는 없으나 경황됨이 있을 것이다.

- 타인의 桃花殺의 침범이 있으나 친우는 흔들리지 않으니 부인과 화기애애함이 있기 때문이다.

- 이웃 집에서 물고기를 키우는데, 어항에서 키우는 물고기들이 전부 죽으니 桃花殺이나 血光殺 등을 주의해야 한다.

- 금년에 부부사이의 감정이 시험대에 오르는 일에 직면하는데, 이는 日干이 我고 日干上神이 酉金 子孫으로 日과 月을 공히 相冲하기 때문이다. 단 子孫類인 六合이 乘한 巳火가 旺相하니, 長子가 卯日에 出하여 작은 차사고와 破財가 있을 것이나 본인은 무탈하다.

- 제1과 上神에 天后가 乘하고, 2과 上神은 妻財爻로 玄武가 乘하니 모두 桃花殺의 침범으로 논하나, 日支上神 巳火가 旺하여 日干을 생하니 어긋남은 없을 것이나 장가들기에 어려움이 있을 것이라 판단한다. 이는 남자인 靑龍과 여자인 天后가 卯酉 相冲되고, 일개 산에 두 마리의 호랑이를 용납하지 않은 연고이며, 감정면에서 소심한 측면도 있기 때문이다.

(5) 結果

 ◆ 후에 부인의 떠드는 소리가 있었고, 또한 차사고가 있었으나 경미하고 헛된 놀람이었던 것이다.

〈예5〉

(1) 占時 : 戊子日 申將 酉時課(甲申旬中. 午未空亡)

(2) 問占 : 가택의 풍수상 길흉이 어떠하겠는가?

(3) 課體 : 知一法. 連珠. 返駕. 驀越. 六儀

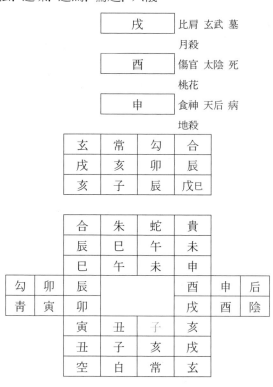

(4) 占斷

 ◆ 三傳이 申酉戌의 방합금국을 형성하니 日의 氣를 脫하고 辰(日支)을 생하고 있다. 따라서 家宅은 넓은데 家率은 적으리라 판단한다.

 ◆ 酉戌은 奴婢의 類神인데 초전 戌이 日支 子를 剋하니, 주인을 노비가 기만함이 있고, 재물의 損耗가 크다. 또한 헛간과 방이 廢棄(폐기)되어 방치된채 있다. 첫째는 집이 너무 큰 상태이고, 둘째는 노인이 거주지가 그러하다.

◆ 家率들이 대체로 고혈압이 있고, 日支 上下가 水氣이니 집에는 물이 흐르고, 課傳에 火가 전무하니 상시 집이 陽明하지 못하며, 우천시는 방중에 물이 들어 오고, 中傳 酉金 傷官이 太陰과 桃花를 대동하니 兒女가 불효하며, 이웃들과 의 사이에 상호 欺瞞(기만)함이 있다.

(5) 結果
◆ 退茹格이며 말전이 應期니 3년을 넘기지 못하고 破家했다.

## 11) 謀望(모망)

### 〈成敗〉

◎ 謀望의 類神으로 판단하는데, 課傳에 없으면 불성한다. 예로, 求財의 경우라면 三傳의 財나, 靑龍, 太常, 六合, 食傷 등을 類神으로 보는 것이다.

◎ 日上神이나 支上神이 상호 合이나 상생되지 못하고 刑, 沖, 破, 害, 怨嗔되면 불성한다.

◎ 干支가 墓에 坐하거나, 干支가 상호 交叉하여 墓에 坐하거나, 墓神覆日(墓가 日上神에 臨함)하는 경우는 모두 불성한다.

◎ 日辰과 本命上에 乘한 天將이 흉장인데, 초전에 乘한 天將도 흉한 경우는 불성한다.

◎ 해당 謀望(모망)의 類神이 課傳에 있으면 성사된다.

◎ 日辰上神이 상호 比和되고 다시 길장이 乘하면 성사된다.

◎ 초전에 吉將이 乘하여 日과 相合되며 落空亡되지 않으면 성사된다.

◎ 三傳이 退茹格을 이루나 落空亡된 경우는 반대로 사안이 성사된다. 예로, 三傳 이 丑子亥의 退茹格인데 日辰이 甲寅旬中에 해당되어 子丑이 空亡된 경우이다.

◎ 年命上神과 謀望의 類神이 相合되고 刑沖이 없으며, 落空亡되지 않고, 貴登天門 格을 이루거나, 神藏殺沒格(신장살몰격)을 이룬 경우는 성사된다.

◆ 神藏殺沒이라 함은, 亥는 乾卦宮으로 天門이라 하는데, 예를 들어 문점시가 亥月의 甲日에 未時(주천을귀인)인 경우를 말하는 것이다. 이에 초전이 亥이면 더욱 貴格이다. 貴人이 上帝를 뵙기 위해 天門에 오르니 온갖 邪된 기운이 制 伏당하는 형국이다.

◎ 貴人覆日(貴人이 日上神에 臨함)의 경우도 성사된다.

◎ 三傳에 모두 길장이 乘한 경우에도 성사된다.

- 초전이 關格이고 흉장이 乘한 경우는 불성이다. 예로, 子加卯, 午加酉, 戌加亥, 辰加巳이며 흉장이 乘한 경우이다.
- 日辰이 길하나 三傳이 흉한 경우는 불성이다.
- 三傳에 비록 謀望의 類神이 있으나 落空亡된 경우는 불성한다.
- 勾陳, 天空, 玄武, 白虎가 類神이 아니며, 日上神과 초전에 倂하여 乘한 경우도 불성이다.
- 太陰, 螣蛇, 朱雀이 類神이 아니며 초전에 乘하여 日을 극하는 경우도 불성한다.
- 三傳의 所乘之神이 먼저는 玄武인데 다시 勾陳을 보는 경우도 불성한다.
- 本命上神이 日上神을 剋하는 경우도 불성한다.
- 三傳 중 초전이 말전을 剋하는 경우도 불성한다.
- 三傳에 類神이 있으나 休囚된 경우도 역시 불성한다.
- 丑加巳나 子加丑에 길신이 乘한 경우도 성사된다. 예로, 丑加巳는 상하 지장간에 戊癸合이 있어 極陽이라 하고, 子加丑은 상하가 子丑의 六合이라 牛女 相配되어 吉言이라 한다.
- 三傳에서 말전이 초전을 극해도 성사된다.
- 三傳에 類神이 있고 旺相하면 성사된다.
- 日上神이 발용되었는데, 三傳의 靑龍과 太常이 日을 剋함이 없으면 성사된다. 예로, 靑龍은 甲寅木의 길장인데 戊日이면 木剋土하게 되는 경우를 말한다.
- 초전이 日의 德과 合이 되고 길장이 乘한 경우는 성사된다.
- 日辰이 비록 흉하지만 三傳이 길하게 구성되었으면 성사된다.
- 三傳에 類神이 보이고 落空亡되지 않고, 또한 刑, 沖, 破, 害, 怨嗔 됨이 없으면 성사된다.
- 類神이 발용이고 無刑害면 성사된다.
- 太歲와 月將이 貴人이 되고 다시 초전이 되면 성사된다.
- 本命上神이 貴人이나 月將인데 초전과 상호 比和되면 성사된다.
- 日上神과 本命上神이 相合되거나, 日上神이 本命上神을 剋하면 성사된다.
- 該當 類神이 入傳하고 旺相有氣하고 空亡이 안되고, 上下 相生이 되고, 다시 干支가 合이 되면 圖謀는 必成한다.
- 만약 入傳한 것이 日鬼가 되거나 沖剋, 空亡이 되면 萬事不成이다.

◎ 成神이 入傳하고 吉格이면 반드시 이루어진다.
◎ 成神

   寅午戌 月에 - 巳

   亥卯未 月에 - 申

   申子辰 月에 - 亥

   巳酉丑 月에 - 寅
◎ 만약 解散코져 하면 退神, 空亡, 日, 月, 歲에 破등이 있어야 한다.


〈速遲(속지)〉
◎ 類神이 旺相하면 빠르고, 類神이 休囚되면 더디다.
◎ 驛馬가 발용이면 빠르다.
◎ 日德이 類神이 되고 발용이면 빠르다.
◎ 巳亥가 類神이 되고 발용이 되면 더디다.
◎ 類神이 卯酉에 臨하면 빠르다.
◎ 類神이 辰戌에 臨하면 더디다.
◎ 四課가 三傳에 모두 있으나 말전이 日上에 있으면 빠르다.
◎ 四課가 三傳에 없더라도 말전이 空陷되면 더디다.
◎ 아울러 歲, 月, 日, 時가 발용되는지도 참조한다. 예로, 太歲가 발용이면 年內에 사안이 발생하고, 太歲가 불출이면 年을 지나야 한다.


〈기타〉
◎ 公人에게 이롭고 私人에게 불리한 것은 과전이 六陽인 경우다.
◎ 私人에게 이롭고 公人에게 불리한 것은 과전이 六陰인 경우이다.
◎ 謀望이 진실됨은 類神이 삼합이나 육합된 경우이다.
◎ 謀望이 허황됨은 類神이 천공이나 공망되거나 낙공망지인 경우이다.
◎ 動함이 이롭고 靜함이 불리한 것은 삼전에 丁馬가 있는 경우이다.
◎ 靜함이 이롭고 動함이 불리한 것은 日辰에 旺氣가 승함이다.
◎ 초전이 日이고 말전이 支이면 내가 가서 사람을 구함이다.
◎ 초전이 支이고 말전이 日이면 타인이 와서 나를 구함이다.

⊙ 先刑後合은 처음은 어렵고 나중은 쉽다.

⊙ 先合後刑은 처음은 쉽고 나중은 어렵다.

⊙ 三傳에서 日을 剋함이 거듭됐는데, 또다시 日을 剋하게 되면, 사안은 비록 작으
   나 종국엔 어그러진다.

⊙ 太歲, 月將이 발용이면 大事에 이롭다.

⊙ 三傳이 무애무덕인데 길장이 乘하면 小事는 성사된다.

⊙ 謀望에서 어떤 사람에게 일을 맡기고 의탁할 것인가는 類神으로 판단한다. 예로,
   天乙은 貴人이고 太陰, 勾陳, 天空 등은 吏卒이나 制服人인데, 日支上에 臨한
   類神으로 판단하는 것이다. 類神이 旺하면 현재이고, 類神이 相이면 장래이고,
   類神이 休囚면 지난 것이다.

⊙ 三傳의 貴가 四孟에 있으면 尊長之事는 謀望이 불성이다.

⊙ 三傳의 貴가 四仲에 있으면 同輩之事는 謀望은 불성이다.

⊙ 三傳의 貴가 四季에 있으면 陰小之事는 謀望은 불성이다.

⊙ 만약 三傳의 貴가 상하의 관계에서 상극하의 경우이면 남자로 인한 발단이고 외
   적인 일이며, 하극상의 경우이면 여자로 인한 발단이며 내적인 일이다.

⊙ 知一課는 謀望이 이웃과의 연관되어 발단된 것이다.

⊙ 辰이 日을 剋하면 언행에 진실됨이 있고, 日이 支를 剋하면 언행은 거짓이다.

⊙ 三傳과 貴人이 順治면 사안도 順이고, 三傳과 貴人이 逆治면 사안도 逆이다.


〈예〉

(1) 占時 : 癸酉年 己未月 辛卯日 未將 申時課(本命:丙申生. 行年:卯. 甲申旬中. 午未空亡)

(2) 問占 : 電信總公會(전신총공회)의 대표로 선출될 수 있을 것인가?

(3) 課體 : 賊剋法. 重審. 天獄. 連珠. 龍潛. 連三奇. 蟇越

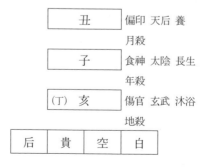

| 丑 | 偏印 天后 養 |
| --- | --- |
| | 月殺 |
| 子 | 食神 太陰 長生 |
| | 年殺 |
| (丁) 亥 | 傷官 玄武 沐浴 |
| | 地殺 |

| 后 | 貴 | 空 | 白 |
| --- | --- | --- | --- |

| 丑 | 寅 | 申 | 酉 |
|---|---|---|---|
| 寅 | 卯 | 酉 | 辛戌 |

| | 朱 | 合 | 勾 | 青 | | |
|---|---|---|---|---|---|---|
| | 辰 | 巳 | 午 | 未 | | |
| | 巳 | 午 | 未 | 申 | | |
| 蛇 卯 辰 | | | | 酉 | 申 | 空 |
| 貴 寅 卯 | | | | 戌 | 酉 | 白 |
| | 寅 | 丑 | 子 | 亥 | | |
| | 丑 | 子 | 亥 | 戌 | | |
| | 后 | 陰 | 玄 | 常 | | |

(4) 占斷

- 三傳이 丑子亥로 三奇課이다. 초전 丑은 月建 未와 刑破되나 旺相하고, 또한 丑은 墓神이며 발용되어 沖破되니 破墓된 것이라 凶變爲吉이 된 것이다.

- 本命 申의 上神 未는 月建이 未土月이니 得令하여 旺相하고, 未土는 印星으로 父母爻니 표는 많이 얻을 것이라 판단한다.

- 行年 卯의 上神 寅에 貴人이 乘하고, 干支上神 酉와 寅이 日干 辛의 祿과 貴人이 된다.

- 日干上神 酉는 日干의 祿이 되고, 日支上神 寅은 日支 卯의 祿이 되며 貴人이 乘하니 干支 공히 사안의 成事를 위해 뛰고 있는 형국이다.

- 말전 亥의 遁干은 丁馬이며, 亥水는 서북방이므로 이 지역에서 總會가 개회됨을 알 수 있는 것이고, 丁이 日干 辛의 官鬼이니 제압하는 것이라 선출됨은 의심할 바 없다.

- 득표수는 초전 丑이 下神 寅木에 臨하여, 大定數가 丑은 八, 寅은 七이니 합 15인데, 丑土가 旺相하니 150표라 판단하는 것이다. 한편으론 本命 申에 未土 가 臨하여 大定數가 申은 七이고 未는 八이라 역시 15가 되는데 未土 역시 旺相하니 150표로 추산하는데 實 득표수는 150표 내외로 판단한다.

(5) 결과

- 총 146표를 얻어 총 6명 출마자 중에서 대표로 선출된 것이다.

## 12) 訟詞(송사)

```
家內 : 日 - 尊長
       辰 - 卑幼
他人 : 日 - 原告
       辰 - 被告
官廳 : 日 - 官
       辰 - 自身
```

◎ 日辰의 길흉과 制剋 여부를 관찰하면 승부는 자명하다. 여기서 日辰의 길흉은
   日辰上神에 乘해 있는 天將의 길흉을 의미한다.
◎ 日干上神이 日支上神을 剋하면 尊長과 原告, 官이 勝한다.
◎ 日이 凶하고 支가 吉하거나, 支上神이 日上神을 剋하면 卑幼와 被告가 勝한다.
   官詞訟 건은 자신에게 유리하다.
◎ 日辰上神이 상호 比和되고 흉장이 승하지 않으면 和解의 象이다.
◎ 訴狀 초기에는 朱雀을 보는데, 朱雀의 所乘之神과 貴人의 所乘之神이 상생, 상
   합, 비화되거나 초전이 日을 생하면, 訴狀(소장)의 내용을 바로잡는 고로 訟事가
   불성된다.
◎ 訴狀의 내용이 제대로 정리된 후엔 勾陳을 보는데, 日이 勾陳의 所乘之神을 剋
   하면 訟事를 하여 얻을 것이 있고, 勾陳의 所乘之神이 日을 剋하면 訟事에서 얻
   을 것이 없다.
◎ 三傳의 曲直格이 日을 剋하면 투옥된다.
◎ 寅卯에 乘한 勾陳이 日을 剋하거나, 亥水에 臨한 白虎를 剋하면 벌금을 내고 풀
   려난다.
◎ 勾陳의 陰神에 白虎가 乘하면 중죄이다.
◎ 勾陳의 陰神에 六合이 乘하여 日을 생하면 석방이다.
◎ 勾陳의 所乘之神이 日과 辰을 다 극하면 양쪽이 모두 패한다.
◎ 勾陳의 所乘之神이 日辰과 比和되면 판단을 내릴 수 없다.
◎ 朱雀이 開口이면 사안이 굽어지고 왜곡되어 바로 잡히지 못한다.
◎ 白虎가 仰視(앙시)면 혐의가 있어 죄를 묻게 된다.

◎ 斗罡(辰)이 日에 臨했는데, 子孫爻가 入傳하거나, 貴人이 入獄되면 囚禁되고 풀려날 수 없다.

◎ 太歲가 貴人이며 日을 생하면 비록 죄가 重하나 풀려날 수 있다.

◎ 貴人이 日에 臨하고 순행하면, 바른 자가 이기고 삿된 자는 패한다.

◎ 貴人이 발용하여 日을 극하면, 訴狀(소장)의 관할관청을 이전해 줄 것을 신청하면 이롭다.

◎ 貴人이 空亡되면 訴狀(소장)의 사안은 稽留(계류)되고 결정이 나지 못한다.

◎ 日辰이 발용인데, 三傳에서 三刑殺과 六害殺, 凶神, 凶殺 등을 중첩되게 보면, 訟事는 필히 패하게 된다.

◎ 玄武의 所乘之神이 죄를 敎唆하는 鬼인데, 其 類神을 보아 어떤 부류의 사람인가를 알 수 있다.

◎ 神后(子)의 下神으로 죄를 피하는 방향을 알 수 있다.

◎ 크게 의심되는 중죄 건에 대해 판결을 내릴 즈음에 그 진정성을 살펴보고자할 때에는, 日이 我이고 辰이 囚이다. 日上神이 支上神을 극할 때에는 囚人이 실토하는데, 만약 天空이 支上神에 臨하면 囚人은 종내 함구하고 실토하지 않는다.

◎ 요약하면 訟事占에서는 喜한 것은 靑龍, 太常, 天后이고 忌하는 것은 勾陳, 螣蛇, 白虎, 朱雀이다. 課傳의 勾陳, 朱雀, 白虎, 螣蛇가 日을 剋하면 흉하다. 또한 丁神이 入傳하여 羊刃을 만나도 역시 흉하다.

◎ 초전이 白虎이고 말전이 螣蛇면 虎頭蛇尾가 되어 비록 흉하나 禍됨이 없다.

◎ 干上이 空亡이 되면 내가 告訴를 하지 않고, 支上이 空亡이 되면 相對가 告訴를 하지 않는다.

◎ 干支가 다같이 空亡이 되면 和解한다.

◎ 日支가 日干 上神을 剋하면 主가 勝하고 被告나 卑와 幼에 利得이 있다.

◎ 發用이나 三傳이 日干을 剋하면 主에 이롭고, 日支를 剋하면 客에 이롭고, 比和되면 和解한다.

◎ 干上에 鬼가 있으면 내가 受責당하고, 支上에 鬼가 있으면 相對가 受責당한다.

◎ 그 외에 干支로서 나누어 알아보는데 官을 보면 問責하고, 子孫을 보면 强證하고, 財를 보면 돈을 쓰는데, 官鬼가 旺해지는 날에 審判하고, 休衰되는 날이 休期며, 絶日이 了期이다.

◉ 貴人이 夜地에 있으면 開眼暗行이라 하여 꺼리고, 曲直格이 되면 分別이 안되고, 貴人과 天后가 같이 入傳하면 受囑(수촉)당한다.

◉ 發用과 貴人이 서로 傷害하면 大凶하다.

### 〈예1〉

(1) 占時 : 丁丑年 辛卯月 辛酉日 戌將 子時課(甲寅旬中. 子丑空亡)

(2) 問占 : 정치혐의로 투옥된 친구의 석방여부?

(3) 課體 : 賊剋法. 元首. 間傳. 顧祖. 六儀. 關格

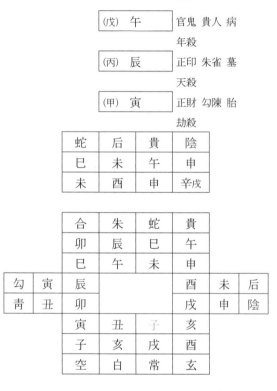

| (戊) 午 | 官鬼 貴人 病 |
|---|---|
| | 年殺 |
| (丙) 辰 | 正印 朱雀 墓 |
| | 天殺 |
| (甲) 寅 | 正財 勾陳 胎 |
| | 劫殺 |

| 蛇 | 后 | 貴 | 陰 |
|---|---|---|---|
| 巳 | 未 | 午 | 申 |
| 未 | 酉 | 申 | 辛戌 |

| | | | 合 | 朱 | 蛇 | 貴 | | |
|---|---|---|---|---|---|---|---|---|
| | | | 卯 | 辰 | 巳 | 午 | | |
| | | | 巳 | 午 | 未 | 申 | | |
| 勾 | 寅 | 辰 | | | | 酉 | 未 | 后 |
| 青 | 丑 | 卯 | | | | 戌 | 申 | 陰 |
| | | 寅 | 丑 | 子 | 亥 | | | |
| | | 子 | 亥 | 戌 | 酉 | | | |
| | | 空 | 白 | 常 | 玄 | | | |

(4) 占斷

♦ 억울하게 투옥된 것이다. 末傳 寅木이 初傳 午火를 생하여 日干 辛金을 극하니 필히 敎唆(교사)한 사람이 있는 것이다.

♦ 다행인 것은 中傳 辰土가 주작이 승하여 日干 辛金을 생하는데, 遁干이 丙火 官星이라 日干 辛金과 간합되니 유력자의 이끌어줌이 있다 판단하는 것이다.

♦ 유력자의 문서를 제시하여 석방의 도움을 받았던 것이다. 이는 中傳 辰土가

印星으로 生氣를 띠고 日干을 생하니, 유력자는 부모와 안면이 있는 분이라 판단하는 것이며, 中傳 辰에 乘한 朱雀은 文書之神이니 문서와 관련된 것이다.

(5) 結果

◆ 부친이 상경하여 모 名公人士에게 청탁하여 一紙文書를 받아 이를 제시하여 아들이 三月 十三日에 출옥한 것이다.


〈예2〉

(1) 占時 : 未月 庚午日 午將 未時課(甲子旬中. 戌亥空亡)

(2) 問占 : 소송 건의 길흉이 어떠한가?

(3) 課體 : 賊剋法. 蒿矢. 連珠. 登庸. 天獄. 引從

| 午 | 正官 青龍 沐浴 |
|---|---|
|  | 將星 |
| 巳 | 官鬼 勾陳 長生 |
|  | 亡身 |
| 辰 | 偏印 六合 養 |
|  | 月殺 |

| 合 | 勾 | 青 | 空 |
|---|---|---|---|
| 辰 | 巳 | 午 | 未 |
| 巳 | 午 | 未 | 庚申 |

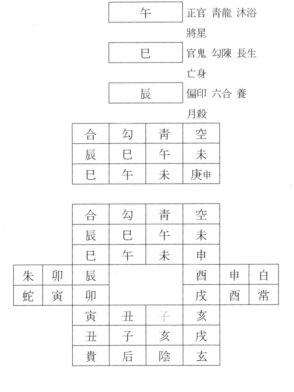

(4) 占斷

◆ 詞訟占의 승패 여부는 먼저 刑과 德을 살펴보는 것이다. 庚午日에 午에 青龍이 승하여, 午火 刑殺이 庚金의 德인 申을 이기는 象이다. 또한 중전 巳火가 午火를 扶助하여 역시 德을 공격하고, 末傳 辰 天罡이 日의 本(長生)인 巳火에

加하니 역시 凶課이다. 사안이 한번으로 그치지 않고 연속하여 발생할 象이다.

◆ 課體는 彈射課 中 比用法을 적용한 것으로, 日支 午火가 발용하여 日을 극하고, 또한 日德인 申을 극하니 흉액이 예고되는 것이다.

◆ 午火의 陰神인 巳火가 勾陳으로 역시 日을 剋하니 점사는 刑責을 당하는 象이다.

◆ 초전 午火에 靑龍이 乘하여 日을 극하며, 靑龍은 甲寅木에 속하는 天將으로 枷棒(가봉)으로도 논하니 사안은 죄인에게 칼을 씌워 入獄함과 연관된다.

◆ 午火가 발용인데, 午火의 陰神인 巳火가 午火를 부조하여 日의 寄宮인 申을 극하니, 발용 午火가 囚死된 것이라 "天獄課"가 되어 매우 흉한 것이다.

◆ 三傳이 辰巳午로 連茹課가 되어 訟事의 연속 발발이 염려되나, 다행인 것은 말전 辰土에 六合이 乘하여 日을 生하니 중죄에 이르지는 않을 것이라 점단한다.

(5) 結果

◆ 重罪에 이르지는 않았으나 投獄을 면하지는 못했다.


〈예3〉

(1) 占時 : 壬午年 丙午月 戊申日 申將 戌時課(本命:乙巳. 行年:卯. 寅卯空亡)

(2) 問占 : 소송 건이 어떻게 진행될 것인가?

(3) 課體 : 賊剋法. 重審. 間傳. 極陰. 勸德. 三奇

| | | 丑 | 劫財 天空 養 |
|---|---|---|---|
| | | | 攀鞍 |
| | | 亥 | 財鬼 太常 胞 |
| | | | 亡身 |
| | | 酉 | 傷官 太陰 死 |
| | | | 桃花 |

| 合 | 蛇 | 空 | 勾 |
|---|---|---|---|
| 辰 | 午 | 丑 | 卯 |
| 午 | 申 | 卯 | 戊巳 |

| 勾 | 合 | 朱 | 蛇 |
|---|---|---|---|
| 卯 | 辰 | 巳 | 午 |
| 巳 | 午 | 未 | 申 |

<table>
<tr><td>靑</td><td>寅</td><td>辰</td><td></td><td>酉</td><td>未</td><td>貴</td></tr>
<tr><td>空</td><td>丑</td><td>卯</td><td></td><td>戌</td><td>申</td><td>后</td></tr>
<tr><td></td><td>寅</td><td>丑</td><td>子</td><td>亥</td><td></td><td></td></tr>
<tr><td></td><td>子</td><td>亥</td><td>戌</td><td>酉</td><td></td><td></td></tr>
<tr><td></td><td>白</td><td>常</td><td>玄</td><td>陰</td><td></td><td></td></tr>
</table>

(4) 占斷

- 日上神 卯木 官에 勾陳이 승하고, 다시 行年에 해당되며, 또한 本命 巳에 臨하니 대흉하다. 다행인 것은 勾陳 卯의 陰神인 丑이 天空이 되고, 末傳에서 太陰이 乘하니 암암리에 구제해줄 사람이 있어 大禍는 免하나 投獄됨을 벗어날 수 없다.
- 대체로 訴訟占에서는 日上神이 官星이며 勾陳이 乘하여 日을 剋하는 경우는 被刑됨을 면할 수 없는 것이다.

(5) 結果

- 3년의 流配刑을 받았는데, 중죄를 면할 수 있었던 것은 其 妻의 情夫가 힘을 썼던 까닭이다.

〈예4〉

(1) 占時 : 癸未年 甲子月 丙寅日 寅將 戌時課(本命:庚子. 行年:酉. 戌亥空亡)

(2) 問占 : 소송건의 결과가 어떻게 될 것인가?

(3) 課體 : 賊剋法. 重審. 從革. 三奇. 龍德. 獻刃

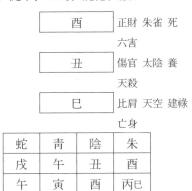

<table>
<tr><td>酉</td><td>正財 朱雀 死<br>六害</td></tr>
<tr><td>丑</td><td>傷官 太陰 養<br>天殺</td></tr>
<tr><td>巳</td><td>比肩 天空 建祿<br>亡身</td></tr>
</table>

<table>
<tr><td>蛇</td><td>靑</td><td>陰</td><td>朱</td></tr>
<tr><td>戌</td><td>午</td><td>丑</td><td>酉</td></tr>
<tr><td>午</td><td>寅</td><td>酉</td><td>丙巳</td></tr>
</table>

| | | | 朱 | 蛇 | 貴 | 后 | | |
|---|---|---|---|---|---|---|---|---|
| | | | 酉 | 戌 | 亥 | 子 | | |
| | | | 巳 | 午 | 未 | 申 | | |
| 合 | 申 | 辰 | | | 酉 | 丑 | 陰 |
| 勾 | 未 | 卯 | | | 戌 | 寅 | 玄 |
| | | | 寅 | 丑 | 子 | 亥 | | |
| | | | 午 | 巳 | 辰 | 卯 | | |
| | | | 青 | 空 | 白 | 常 | | |

(4) 占斷

- 대형사건의 官詞訟 件이다.
- 日上神 酉는 死氣가 乘하고, 日支上神 午는 日支의 氣를 脫하고 있어, 日辰의 氣는 쇠한 상태다.
- 本命 子는 弔客이고 本命上神 辰은 喪門으로, 喪服입고 哭泣하는 象인 바 대흉하다.
- 年命上神이 辰과 丑으로 모두 墓神에 해당되고, 三傳이 사유축 삼합금국의 종혁격을 이루니 刑殺의 象으로 판단한다.
- 酉는 白服이고 巳는 喪車로 역시 哭泣의 象인 바 必死함을 의심할 바 없다. 비록 三傳이 遞生하나 貴人이 역행하며 空亡되고, 年命上神 辰丑이 貴人이 坐한 亥水를 尅하고 三傳의 金局을 생하니 더욱 흉하게 되어 구제의 길이 없는 것이다.
- 日上神 酉가 발용되니 사안은 급속히 진행되는 것이다.

(5) 結果

- 己巳日 巳時에 사형판결을 받고, 바로 刑場으로 끌려가 독극물 주사를 맞고 사형당한 것이다.

### 13) 失物(실물:失錢)

日 - 自身
辰 - 他人
失物 - 類神

## 〈尋物與否(심물여부)〉

◎ 類神이 課傳에 있고, 玄武가 乘하지 않으며, 落空亡地가 아니면 찾을 수 있다. 예로, 金銀의 失物은 類神이 酉이다. 만약 酉加子上이라면 房안에서 찾을 수 있는 것이다. 子는 대개 房으로 논하기 때문이다.

◎ 三傳에 類神이 없거나 있더라도 玄武가 乘했으면 도둑은 이미 도망간 것이다.

◎ 三傳에 類神이 있으나 落空亡地라면 실물은 찾을 수 없다.

◎ 日干上神에 太陰이 乘하면 사람이 숨겨놓은 것으로, 깊이 숨기지 않았으니 찾을 수 있다.

◎ 天將 중 太陰과 六合이 類神과 三合 또는 六合되면 역시 찾을 수 있다.

◎ 類神이 日의 長生이 되거나 入墓되면 失物했으나 필히 찾을 수 있다.


## 〈失物時期(실물시기)〉

◎ 현무가 卯辰巳午未申에 乘했으면 낮에 도둑맞은 것이다.

◎ 현무가 酉戌亥子丑寅에 乘했으면 밤에 도둑맞은 것이다.


## 〈歸責與否(귀책여부)〉

◎ 類神이 日辰이나 本命에 臨하여 발용하거나 墓神이 되어 발용하면 失物 건은 잃어버린 물건이 아니다.

◎ 貴人이 順行하고 玄武가 三傳에 없으면 失物은 자신이 잃어버린 것이다.

◎ 日支上神에 天空이 乘하고 玄武가 없으면 失物은 家主가 隱藏(은장)한 것이다.

◎ 만약 집안사람 중에 의심되는 인물이 있으나 확신할 수 없으면, 玄武의 所臨之神이 그 사람의 行年이 되는 것이므로 이로써 판단할 수 있다.


## 〈男女與否(남녀여부)〉

◎ 失物 건에서 도적의 남녀노소를 구별하는 방법은, 玄武의 所乘之神으로 판단한다. 陽이면 남자이고, 陰이면 여자이다. 旺相하면 少壯이고 休囚되면 老人이다.


## 〈捕獲 및 速遲與否(포획 및 속지여부)〉

◎ 玄武의 所乘之神을 日干上神이 剋하면 필히 잡을 수 있다.

⊙玄武의 所乘之神을 本命上神이 剋해도 역시 잡을 수 있다.

⊙玄武의 所乘之神을 太歲가 剋하면 年內에 잡을 수 있다.

⊙玄武의 所乘之神을 月建이 剋하면 月內에 잡을 수 있다.

⊙課體가 知一課면 인근 사람이 소지하고 있다.

　課體가 見機課면 집안 내에서 찾을 수 있다.

　課體가 伏吟課면 도적은 아직 집안을 벗어나지 못했다.

〈예1〉

(1) 占時 : 壬申年 丁未月 丙申日 未將 未時課(甲午旬中. 辰巳空亡)

(2) 問占 : 失錢했는데 찾을 수 있을 것인가?

(3) 課體 : 伏吟法. 玄胎. 勸德. 孤寡. 自任

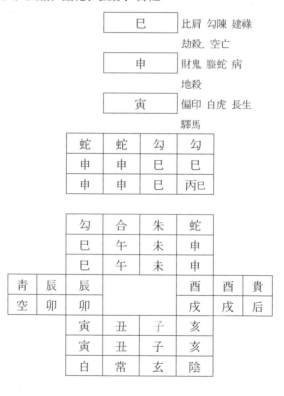

| | | | 巳 | 比肩 勾陳 建祿 |
| | | | | 劫殺. 空亡 |
| | | | 申 | 財鬼 螣蛇 病 |
| | | | | 地殺 |
| | | | 寅 | 偏印 白虎 長生 |
| | | | | 驛馬 |

| 蛇 | 蛇 | 勾 | 勾 |
|---|---|---|---|
| 申 | 申 | 巳 | 巳 |
| 申 | 申 | 巳 | 丙巳 |

| | | 勾 | 合 | 朱 | 蛇 | | |
|---|---|---|---|---|---|---|---|
| | | 巳 | 午 | 未 | 申 | | |
| | | 巳 | 午 | 未 | 申 | | |
| 青 | 辰 | 辰 | | | 酉 | 酉 | 貴 |
| 空 | 卯 | 卯 | | | 戌 | 戌 | 后 |
| | | 寅 | 丑 | 子 | 亥 | | |
| | | 寅 | 丑 | 子 | 亥 | | |
| | | 白 | 常 | 玄 | 陰 | | |

(4) 占斷

◆月將과 占時가 같으니 伏吟課이다.

◆듣기로는 좀도둑의 소행이거나 家宅之人 중 한사람이 훔쳐간 것으로 추축한다

들었으나, 유실물은 가택을 벗어나지 않았으니 자세히 살피면 찾을 수 있다.

◆ 日干 寄宮 巳火와 日支 申金이 刑合되고, 日干上神과 日支上神이 巳申으로 역시 刑合되니 이른바 交叉相合인 것이다.

◆ 申金은 日干의 財爻이고, 先刑後合이라 先은 刑이니 일시적으로 잃어버린 돈인 것이고 後는 合이니 찾을 수 있다 판단한다.

◆ 초전 巳火가 空亡이므로 물품의 遺失과 연관되는데, 일시적 건망증이나 방심으로 인한 것이며, 勾陳은 가택의 하인과 연관되므로 가택 안에서 분실된 것이라 판단한다.

◆ 중전 申金 財가 초전 巳火 공망과 刑合되니 또한 空陷으로 논하나, 太歲가 壬申이라 중전 申金이 得氣하여 이른바 塡實(전실)된 것이니 脫 空陷되어 旺해진 것이라 失錢은 필히 찾을 수 있다 판단하는 것이다.

(5) 결과

◆ 가택을 세밀하게 수색하여 집안의 모래 속에서 발견할 수 있었던 것이다.


〈예2〉

(1) 占時 : 壬申年 丁未月 丁巳日 午將 戌時課(甲寅旬中. 子丑空亡)

(2) 問占 : 公司에다 가죽가방을 놓고 와서 분실했는데 언제쯤 회수가 가능하겠는가?

(3) 課體 : 遙尅法. 蒿矢. 曲直. 勸德. 三奇. 轉輪

| | 亥 | 正官 朱雀 胎 |
| | | 驛馬 |
| | 未 | 食神 太陰 冠帶 |
| | | 月殺 |
| | 卯 | 偏印 天空 病 |
| | | 災殺 |

| 貴 | 勾 | 朱 | 空 |
|---|---|---|---|
| 酉 | 丑 | 亥 | 卯 |
| 丑 | 巳 | 卯 | 丁未 |

| 勾 | 青 | 空 | 白 |
|---|---|---|---|
| 丑 | 寅 | 卯 | 辰 |
| 巳 | 午 | 未 | 申 |

| 合 | 子 | 辰 | | 酉 | 巳 | 常 |
|---|---|---|---|---|---|---|
| 朱 | 亥 | 卯 | | 戌 | 午 | 玄 |

| 寅 | 丑 | 子 | 亥 |
|---|---|---|---|
| 戌 | 酉 | 申 | 未 |
| 蛇 | 貴 | 后 | 陰 |

(4) 占斷

◆ 가죽가방을 공사기관의 上班에 있을시 지참하고 나오는 것을 망각하여 분실한 것인데, 근일내로 이를 주은 사람이 돌려줄 것인가를 점단한 것이다.

◆ 제2과 상신 亥水가 발용했으니 가택 외로 논하는 것이며, 日辰 丁巳는 갑오순 중이므로 丁火가 丁馬에 해당되니 역시 가택 외로 논하는 것이다. 또한 亥水는 日支 巳火의 驛馬에 해당되며 역시 가택 외에 있는 것이다.

◆ 초전 亥水 正官은 직업, 직장, 직책으로 논하는바, 太歲가 壬申으로 水가 旺하니 미용업과 연관되는 것이다. 또한 朱雀이 乘했는데, 朱雀은 시비구설, 문서, 소식 등의 類神으로, 새의 한 종류니 입과 연관지어 미용가위의 상인 것이다.

◆ 三傳이 亥卯未 삼합목국의 印星局이니 여러 분야와 많은 식솔들과 연관된 대 공사기관의 미용사로 재직하고 있는 것이며, 분실한 가죽가방은 공사기관의 上班에서 잃어버린 것이다.

◆ 日干上神 卯木에 天空이 乘하여 日干을 생하니 일시적 건망증으로 보아 가죽 가방을 지참하고 가는 것을 잊은 것이다. 근일내로 회수가 가능하다는 것은, 三傳이 삼합목국이 되어 日干 丁火를 생하는 연고이다.

◆ 亥水가 正官과 驛馬를 대동하니 驛馬는 우편국이 연관되고, 正官은 公司機關이 연상된다. 따라서 상대방이 우편물로 보내올 것이라 판단하는 것이다.

◆ 3일 후 부쳐온다는 것은 申酉는 日干 丁火의 財인데, 第四課 上神 酉에 貴人이 乘했고, 酉는 郵와 音 등의 類神으로 보며, 酉金이 삼전의 卯와 沖하여 삼합국을 깨니 사안이 빨리 진척될 것이라 판단하는 것이다.

(5) 結果

◆ 3일 후에 가죽가방을 습득한 사람이 우편을 통해 보내왔다.

◆ 분실인은 미용사인데 公司를 방문하여 上班에 있을 시 가방을 놓았던 것을, 下班에서 일을 하던 중 귀가할 때에 장차 上班에 있는 가죽가방을 회수하여

지참하고 돌아가야 하는 것을 잊었던 것이다. 다시 방문해 보니 이미 가죽가방
은 없어진 후였다.

## 14) 訪謁(방알)

```
日 : 我
辰 : 彼
```

⊙ 日辰上神이 相生되면 吉하고 相剋되면 凶하다.

⊙ 日辰上神이 三合이나 六合되고 空亡되지 않으면 訪謁시 길함이 있다.

⊙ 日의 貴나 日의 祿이 초전이면 필히 訪謁이 성사된다.

⊙ 초전과 방문하고자하는 방향이 合되면 필히 訪謁이 성사된다.

⊙ 日上神이 巳亥이고 支上神이 未(小吉)이면 역시 訪謁의 가능성이 높다.

⊙ 斗罡(辰)이 四孟에 加하면 訪謁이 성사되고, 四仲에 加하면 조금 기다린 후 訪謁
이 가능하고, 四季에 加하면 나타나지 않아 訪謁이 성사되지 않는다.

⊙ 三傳에 類神이 보이면 역시 訪謁이 가능하다. 예로 類神은 文官은 靑龍, 武官은
太常이다.

⊙ 類神이나 日의 寄宮이 발용이면 필히 訪謁이 성사된다.

⊙ 類神이 落空亡地이거나 三傳에 없으면 訪謁은 성사되지 못한다.

⊙ 과체가 伏吟格이나 陰日 昴星格, 杜傳格이면 訪謁은 불성하고, 返吟格이나 遊子
格이 되면 상대방은 외출한 것이다.

⊙ 干上神이 日支를 剋하면 나가지 않아 만날 수 있고, 支上神이 초전을 剋해도 만
날 수 있으나 初傳이 干上神을 剋하거나 空亡이 되면 못 만난다.

### 〈利否〉

⊙ 日德의 陰神에 貴人이 乘하면 저쪽에 기쁜 일이 있는 고로 필히 訪謁이 성사된
다. 예로, 日의 德이 寅이면 地盤 寅의 上神을 陰神이라 한다.

⊙ 日德의 陰神에 螣蛇가 乘하면 저쪽에 口舌이 있으니 잠시 유보함이 좋다. 기타
의 경우도 類神을 추론하여 판단한다.

⊙ 상대방에서 보내온 餽物의 受否與否를 알고자 할 때에는 日과 支 上神으로 판단

하는데, 支上神이 日上神을 剋하면 받아도 좋고, 日上神이 支上神을 剋할때에는 받으면 좋지 않다.

◎ 투서의 송달 여부를 알지 못할 때에는 朱雀을 살펴보아야 한다. 朱雀의 所乘之神과 朱雀의 神이 相合되면 투서는 송달된 것이다. 그렇지 않으면 송달되지 않았다.

◎ 干求(간구)함은 類神으로 판단한다. 求財는 靑龍, 求文書는 朱雀, 求飮食은 太常 등인데, 이들 類神의 所乘之神이 日과 상생이나 상합되거나, 日辰에 臨하여 발용되면 필히 성사되고, 그렇지 않은즉 불성한다.

◎ 干我支彼가 되므로 支上神이 상하 相生하고 日干을 生하거나, 日干과 三合 六合이 되면 상대방이 나가고 없다고 하더라도 나에게 利得이 있으나, 支上神 이 日과 刑沖破害가 되면 만난다 하더라도 이득이 없다.


〈예〉

(1) 占時 : 辛巳年 庚寅月 乙卯日 子將 卯時課(子丑空亡)

(2) 問占 : 친우를 방문하려는데 만날 수 있겠는가?

(3) 課體 : 重審. 稼穡. 遊子. 勸德

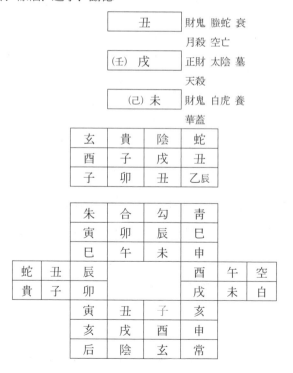

(4) 占斷
- ◆ 친우는 出行之象이며, 출행 중 중간에서 만나서 돌아오는 것으로 점단한다.
- ◆ 日德의 陰神이 丁神과 驛馬를 보니 친우는 출행할 것이라 판단하는 것이다.
- ◆ 초전과 말전이 相沖되고 다시 所乘한 天將도 相剋되고 있다. 초전 丑은 空亡이고, 上神이 戌土이니 戌土는 空陷된 것이다.
- ◆ 乙은 道路事나 音信 등이 절반 진행된 것으로 논하니, 중간에서 돌아올 것이라 판단하는 것이다.
- ◆ 干支上神 丑子는 丑土가 空亡으로 六合되고 있고, 子午는 天地의 道路로 논하니, 도중에서 만나 돌아오는 것으로 점단하는 것이다.

(5) 結果
- ◆ 후에 점단한 결과가 응험했다.


## 15) 胎産(태산)

```
日干 : 子息
日支 : 産母
```

- ⊙ 生之日이나 五行養處나 白虎所臨之日이 生期이다.
- ⊙ 諸 占에 白虎는 凶神이나 오직 産占에서는 白虎가 血神이되므로 出現되거나 發用되면 産期는 速이다.
- ⊙ 支上이 日上을 生하면 順易하나 日上이 辰上을 生하면 逆而難産한다.
- ⊙ 傳順하고 貴順하면 쉽게 解産하고 傳逆 貴逆하면 難産이다.
- ⊙ 伏吟에 丁馬가 없고 神將이 多 凶惡하면 産厄이 있다.
- ⊙ 産婦의 行年上神이 受孕之月이다.
- ⊙ 日上神이 陽이면 男兒이고 陰이면 女兒이다.
- ⊙ 子孫爻가 陽이면 男兒이고 陰이면 女兒이다.
- ⊙ 三傳이 陰包陽이면 男兒이고 陽包陰이면 女兒이다.
- ⊙ 陰陽의 不備課나 昻星虎視가 되면 반드시 日月이 不足하다.
- ⊙ 孕胎占에는 生氣를 要하고, 出産占에는 空亡이나 脫氣를 요하며, 三合 六合이나

四生之類가 있으면 소위 子變母腹이 되어 患이 있다.

◉ 만약 三傳이 旺相하고 脫氣를 만나면 순산하고 母子가 다 같이 안전하다.

◉ 天后는 産母가 되고 六合이 子孫이 되므로 위의 二神은 凶處에 臨함이 不可하다.

◉ 正時가 本命을 傷할 때는 子母가 다 凶하다.

◉ 胎神이 絕地에 臨하고 剋을 받으면 當日에 生한다.

◉ 純陰課는 占算에 不吉하다.

◉ 産期는 命上神이 産月이 되는데 空亡이나 脫氣 傳退등을 요한다.

◉ 靑龍 六合 天喜가 入傳하고 蛇虎가 日支를 生하고 血支 血氣 血神이 三刑이나
六沖이 되고 用神이 絕地에 臨하면 産氣는 가깝다.

◉ 三合 六合이나 生玄胎 등이 되면 子變母腹이 되어 難産한다.

◉ 天后가 魁罡에 乘하며 母行年에 臨하면 아주 凶하며 空亡이 되도 역시 凶하다.

◉ 壬癸丙丁寅卯 四日에 課格이 柔日 昂星이나 玄胎, 伏吟등이 되면 過月하여 출생
된다.

◉ 그러나 血支, 血氣 등의 血神을 보면 卽生한다.

◉ 不備課나 伏吟에 玄武가 干上에 加하면 形體가 不全하다.

◉ 天罡加處가 生氣인데 또는 天上의 子午의 所臨之下를 生氣로도 본다.

◉ 日上神이 空亡이 될 때에는 낳지 못한다.

◉ 難易를 알려면 支上神이 日上神을 生하면 順生하고, 干上神이 支上神을 生하면
不順하며 難生한다.

◉ 上神과 用神이 日干을 剋하면 傷子하고 日支를 剋하면 傷母한다.

◉ 日辰을 다 剋하면 大凶(대흉)하다.

◉ 戌加亥가 되면 쌍둥이가 되기 쉽고 退茹格이 되면 倒生한다.

◉ 三傳이 內定되면 母子가 俱凶하다. 단, 母年命이 透出이고 干支가 以外되면 母
는 凶을 免한다.

◉ 開口課에 首尾 六合이 되면 氣塞于中(기색우중)하며 母子가 다 같이 凶하다.

◉ 正時가 鬼가 되어 發用하면 子死하고, 螣蛇가 支에 加하면 母子가 다 죽는다.

◉ 男女는 剛日에 比用이 되면 男子이고 不備가 되면 女子이다.

◉ 柔日에 比用이 되면 女子이고 不備가 되면 男子이다.

◉ 一法으로 天罡이 臨한 支가 日干과 同類일 때에는 生男하고 日支와 同類일 때에

는 生女이다. 만약 不同할 때에는 난산한다.

　예) 甲子日에 天罡이 寅卯에 加하면 日干과 同一하므로 陽比가 되니 生男하고 亥子에 臨하면 生女한다.

◎ 申酉上에 있으면 難産하고 損子한다.

◎ 四季上에 있으면 難産하고 損母한다. 金剋木 土剋水가 되기 때문이다.

◎ 巳午上에 있으면 비록 難産이라 하더라도 무방하다.

◎ 發用이 제1과나 제3과에서 되고 天乙 前이 되고 相剋下가 될 때는 生男하고, 제2과나 제4과에서 發用이 되고 天乙의 後가 되며 下賊上되면 生女한다.

◎ 伏吟課에 玄武가 干支에 加하면 生子는 聾啞이거나 形體가 不全하다.

◎ 贅婿課(췌서과)는 六指가 되기 쉽다.

◎ 庚子日에 虎乘遁鬼가 되거나 丙子日에 卯加卯 되어 天空이 乘하면 언챙이가 되기 쉽다.

◎ 干支에 月建과 月將이 重出되면 雙生이다.

◎ 産母의 行年上에 天后를 보고 本命上에 神后를 보면 역시 雙生이다.

◎ 巳午가 靑龍이 되어 四仲에 臨하면 쌍생이다.

◎ 巳亥가 發用해도 雙生이다.

◎ 甲乙日에 螣蛇臨巳, 戊己日 白虎臨申, 庚申日 玄武臨亥, 壬癸日 靑龍臨寅, 己巳日 昴星 등은 대개 雙生이다.

◎ 戊申日 巳加申, 辛卯日 戌加卯가 되고, 貴人이 四孟上에 臨하면 쌍생이다.


## 〈예1〉

(1) 占時 : 甲戌年 壬申月 戊寅日 午將 丑時課(女命. 本命:申. 行年:午. 申酉空亡)

(2) 問占 : 출산이 언제쯤 될 것인가?

(3) 課體 : 知一法. 鑄印. 斬關. 驀越. 六儀. 周遍

| 子 | 正財 靑龍 胎 |
| --- | --- |
| | 災殺 |
| 巳 | 偏印 太陰 建祿 |
| | 亡身 |
| 戌 | 比肩 六合 墓 |
| | 華蓋 |

| 青 | 貴 | 常 | 合 |
|---|---|---|---|
| 子 | 未 | 卯 | 戌 |
| 未 | 寅 | 戌 | 戌巳 |

| | | | 合 | 勾 | 青 | 空 | | | |
|---|---|---|---|---|---|---|---|---|---|
| | | | 戌 | 亥 | 子 | 丑 | | | |
| | | | 巳 | 午 | 未 | 申 | | | |
| 朱 | 酉 | 辰 | | | | | 酉 | 寅 | 白 |
| 蛇 | 申 | 卯 | | | | | 戌 | 卯 | 常 |
| | | | 寅 | 丑 | 子 | 亥 | | | |
| | | | 未 | 午 | 巳 | 辰 | | | |
| | | | 貴 | 后 | 陰 | 玄 | | | |

(4) 占斷

◆ 戊日의 長生은 寅인데 白虎가 乘하여 下神 酉에 臨하고 있다. 초전 子가 十二運星의 胎이고, 말전 戌土에 六合이 乘하니 자손의 類神인 것이다. 말전 戌은 금년의 太歲에 해당하니 금년 내에 胎産의 기쁨이 있을 것이라 판단한다.

◆ 日上神 戌에 六合이 乘하니 식구가 느는 것이라 아이가 생기는 것인데, 다만 申酉가 日干의 자손으로 空亡인 것이다. 下神 戌이 太常이 乘한 上神 卯와 합되고, 중전 巳가 胎神인 초전 子에 加하니 산부인과로 가서 아이를 낳는 象이다.

◆ 酉金 上神 寅木에 白虎가 乘하여 官鬼가 되니 수술과 연관되는데, 白虎는 血光之神이고 胎産에는 길하므로, 酉月에 제왕절개로 아이를 낳을 象이다.

◆ 출산이 酉月인 것은 酉金이 空亡인데 塡實(전실)되는 시점이 酉가 들어오는 시점이므로 酉月로 판단한 까닭이고, 三傳에 胎神 子와 六合이 있으니 반드시 胎産의 기쁨이 있을 것이라 판단한 것이다.


(5) 結果

◆ 酉月 初에 제왕절개로 출산했다.

## 16) 墳墓(분묘)

```
日 : 生人
辰 : 亡人. 墓地
```

### 〈葬埋 前 吉凶〉

⊙ 日이 生人이고 辰(日支)이 亡人과 陰地이다.

⊙ 辰(日支)이 日을 生하고 辰上神이 日을 生하면 大吉하다.

⊙ 辰(日支)이 日을 剋하고 辰上神이 日을 剋하면 大凶하다.

⊙ 日辰과 日辰上神이 서로 比和되면 陰德은 없더라도 生人에 災殃은 없다.

⊙ 초전이 日을 生하면 길하나 日이 초전을 生하면 흉하다.

⊙ 葬埋 後면 安穩(안온)함이 길하고 刑害됨은 흉하다.

⊙ 葬埋 前이면 生旺됨이 길하고 破敗됨은 흉하다.

⊙ 砂格과 水

　◆ 亥 - 天柱

　◆ 寅 - 靑龍

　◆ 申 - 白虎

　◆ 子 - 來去水

　◆ 玄武의 所乘之神 - 主山

　◆ 玄武의 所乘之神의 對沖 方 - 案山

　◆ 상기의 神들이 課傳에서 보이면 墳墓가 완전한 것이고, 課傳에서 缺이 있으면 墳墓는 불완전한 것이다.

　◆ 길흉 판단은 其 所乘之神으로 판단한다. 예로, 寅은 靑龍으로 논하는데, 亥加寅이라면 상하 상생되니 길하다 판단하고, 酉加寅이라면 상하 상극되니 흉하다 판단하는 것이다. 다음으론 靑龍이 主이고, 日貴의 墓가 墓所인데, 靑龍과 墓所가 生合되고 刑剋됨이 없으면 길하고, 반대인즉 흉하다.

⊙ 日辰과 課傳으로 陰德(음덕)을 논한다.

　◆ 貴人이 順行하고 三傳에 四孟이 있으면 陰德이 많다.

　◆ 貴人이 逆行하고 三傳에 四仲을 보면 陰德이 다소 있는 것이다.

◆ 日辰上에 四季를 보면 蔭德이 없다.
◉ 支上의 所乘之神으로 應함을 본다.
  ◆ 支上에 丁馬가 있으면 遷移가 不定하다.
  ◆ 支上에 螣蛇, 朱雀, 空亡이 있으면 怪異하고 蕩覆이 있다.
  ◆ 支上에 六合, 玄武가 있으면 支鬼가 있고 門戶가 不潔하다.
  ◆ 支上에 吉將이 乘하고 旺相하며 상하 剋害됨이 없으면 人과 鬼가 안녕하고 부귀쌍전하며 大吉하다.

## 〈葬埋 後 吉凶〉

◉ 초전의 오행으로 葬埋 後의 길흉을 판단한다.
  ◆ 木神 발용이고 旺相하며 길장이 乘하면 자손이 관대하고 인덕이 있으며 市.道의 관리가 될 수 있다. 休囚되고 흉장이 乘하면 자손이 성격이 강개하며 고집이 있으며 竹木의 匠人에 불과하다.
  ◆ 火神 발용이고 旺相하며 길장이 乘하면 자손이 기상이 높고 信實하며 문학의 소질이 있다. 休囚되고 흉장이 乘하면 간사하고 허위가 많으며 爐治(노치)와 연관된 장인이다.
  ◆ 土神 발용이고 旺相하고 길장이 乘하면 자손이 온후후덕함과 충성심이 있고, 부자가 될 수 있다. 休囚되고 흉장이 乘하면 우매우둔하고 전답의 관리인에 불과하다.
  ◆ 金神 발용이고 旺相하고 길장이 乘하면 자손은 성격이 굳고 剛强하여 병사를 이끄는 대장군의 될 수 있다. 休囚되고 흉장이 乘하면 자손은 간악황폭 하고 도살업에 종사하는 命이다.
  ◆ 水神 발용이고 旺相하며 길장이 乘하면 자손 총명하고 지혜가 있고, 발명가의 재능이 있다. 休囚되고 흉장이 乘하면 자손은 流浪放蕩하고 破落之戶이다.
◉ 葬埋 後 몇 代에서 응함이 올 것인가는, 초전이 1대, 중전이 2대, 말전이 3대이다. 그리고 其 所乘之神殺로 길흉을 논한다. 예로, 所乘之神이 空亡이 되고 生氣가 없고, 救神이 없다면 해당 代에서 敗絕할 것임을 알 수 있는 것이다. 다른 곳을 택하여 이장하면 救濟됨을 얻을 수 있다.

## 〈墓下之物〉

◉ 課傳의 五行에 乘한 神으로 판단할 수 있다.

◆ 金이 乘한 경우는 墓下에 骸骨, 瓦石, 銅鐵 등의 物이 있다.

◆ 木이 乘한 경우는 墓下에 棺槨(관곽)이 있다.

◆ 首가 乘한 경우는 墓下에 湧泉(용천)이 있다.

◆ 火가 乘한 경우는 墓下에 破石과 孔穴이 있다.

◆ 土가 乘한 경우는 墓下에 雜物이 없고 平坦安穩하며 길지이다.

◉ 三傳이 日을 生하면 좋고, 日이 三傳을 生하는 것은 凶하다.

◉ 墓神이 辰에 加하면 墳墓는 安定하다.

◉ 日辰이 다같이 旺相하면 자손에 큰 발달이 있으나 休囚死絕이 되고 支破,
螣蛇, 白虎가 臨하면 子孫에 消耗가 甚하고 後孫이 없다.

◉ 靑龍이 臨한 地盤에서 靑龍을 生하면 靑龍이 좋다고 보고 剋이 되면 靑龍이 좋지
않다고 본다. 他神도 이와 같다.

◉ 吉神 生氣가 되면 主體의 勢가 專長秀麗(전장수려)하고, 凶神 惡殺을 帶하면 主體
의 勢가 嚴巖(엄암)하고 形局이 凶猛하며 空亡이 되면 間斷空缺(간단공결)되고 刑
破가 되면 破碎崎形(파쇄기형)이다.

◉ 丁馬가 所値되는 곳은 動搖가 있고 불안하다.

◉ 初傳은 來龍으로 보고 中傳은 穴로 보고 末傳은 案으로 본다.

◉ 가령 三傳이 巳-申-亥가 된다면 巳龍 全局으로 丁庚之氣는 在丑하니 出水丑癸
할 것이고 中傳이 申이니 陽日이면 庚申發脈이고 陰日이면 坤申 落脈이 될 것이다.

◉ 末傳이 亥이므로 旺한즉 亥巳가 回龍顧祖(회룡고조)가 될 것이고 衰한즉 陽日은
壬丙, 陰日은 乾巽相對로 보면 된다.

◉ 空亡이 되면 結穴이 되지 않았고, 墳墓의 길흉은 干이 人이고 支가 墓가 되므로
支 陰神이 墓神이 되어 墓上神이 旺相하고 吉將이 生하면 地의 蔭德이 있어 生人
에 大吉하고 이와 반대일 때에는 흉으로 본다.

◉ 神將, 神殺의 동태를 각별하여 凶을 세분하기 바란다.

◉ 所得한 天將이 空亡이 되면 僧道(승도)가 많다.

<예1>

(1) 占時 : 甲申年 戊辰月 乙丑日 酉將 申時課(本命:乙未. 行年:乙卯. 空亡:戊亥)

(2) 問占 : 부친 墳墓(분묘)의 길흉이 어떠한가?

(3) 課體 : 賊剋法. 元首. 連珠. 正和. 關格

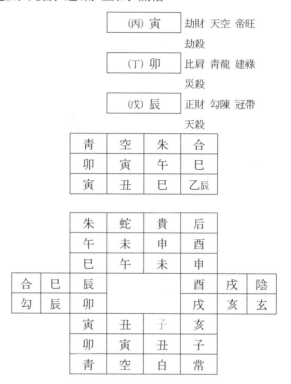

| | 劫財 天空 帝旺 |
|---|---|
| (丙) 寅 | 劫殺 |
| (丁) 卯 | 比肩 靑龍 建祿 |
| | 災殺 |
| (戊) 辰 | 正財 勾陳 冠帶 |
| | 天殺 |

| 靑 | 空 | 朱 | 合 |
|---|---|---|---|
| 卯 | 寅 | 午 | 巳 |
| 寅 | 丑 | 巳 | 乙辰 |

| | | | | 朱 | 蛇 | 貴 | 后 | | | |
|---|---|---|---|---|---|---|---|---|---|---|
| | | | | 午 | 未 | 申 | 酉 | | | |
| | | | | 巳 | 午 | 未 | 申 | | | |
| 合 | 巳 | 辰 | | | | | | 酉 | 戌 | 陰 |
| 勾 | 辰 | 卯 | | | | | | 戌 | 亥 | 玄 |
| | | | | 寅 | 丑 | 子 | 亥 | | | |
| | | | | 卯 | 寅 | 丑 | 子 | | | |
| | | | | 靑 | 空 | 白 | 常 | | | |

(4) 占斷

 ◆ 陰宅占에는 干이 生人이고, 支가 亡者이고, 支陰神이 墓穴이다.

 ◆ 支의 陰.陽神이 日干을 剋하지 않고 比和되니 부친의 墳墓는 매장 후에 흉하지 않다.

 ◆ 干支上神이 巳寅으로 相刑되고, 巳는 蛇類인데, 刑殺을 대동한 寅木이 支인 丑土를 剋하고 있다. 寅上에 天空이 乘하니 이는 枯木의 구멍과 같이 판단하는 것이다. 따라서 추측컨대 고목의 뿌리가 분묘를 뚫고 들어갔던지 아니면 蛇穴이 있다 판단하는 것이다.

 ◆ 초전 寅木이 支上에 臨하고 日干과는 比和되며, 支의 陰神 卯木은 棺木이며 血에 해당된다. 卯木에 靑龍이 乘하여 入傳하니 穴 자리는 틀림없는 것이다.

- 卯(棺)가 丁馬를 대동하고 靑龍이 乘하니, 丁馬와 龍神이 활동하고 있는 것이다. 따라서 임시 매장한 후 시일이 지나 분묘를 옮길 것이라 판단하는 것이다.

- 三傳이 寅卯辰의 방합목국을 형성하고 干上神의 子孫爻인 巳火를 생하니 가택에 人丁은 흥왕할 것이나 財는 보통일 것이라 판단한다.

- 貴人이 역행하니 墓所는 逆水之局이라 보고, 玄武가 後山인데 亥에 乘하여 空亡이니 後山은 低陷(저함)됐다 판단하며 橫龍結穴(횡룡결혈)됨이 크고 많다 판단한다.

- 朱雀은 祖, 案山인데 巳火에 坐하여 旺하나 占時와 비교시는 不旺한 것이다. 朱雀이 午에 乘하였고 朱雀은 文을 主事하는데, 案山은 높지 않고 왜소하지도 않다 판단한다. 따라서 案山은 아름답게 형성되었고 또한 文筆峰이 있다 판단한다.

- 靑龍은 左砂이고 白虎는 右砂인데, 靑龍 卯木은 寅에 坐하여 旺하나 占時와 비교시는 不旺하고, 白虎 丑土는 占時와 비교시 旺하다. 木剋土하니 左砂 靑龍은 秀麗(수려)하고 길며, 右砂 白虎는 다소 높을 것이라 판단한다. 또한 奴婢가 주인을 기만하지는 않는 형국이다.

- 勾陳은 內明堂으로 보고 勾陳의 陰神은 外明堂으로 논한다. 勾陳이 辰에 乘하고 또한 月建에 해당하니 旺하고, 勾陳의 陰神인 巳火는 占時와 비교시 休囚되었으니 내명당은 외명당보다 밝고 秀麗하다 판단한다.

- 三傳에 水가 없고 다시 亥子가 空亡과 空陷되며, 勾陳의 陰神 巳火가 水庫인 辰土에 臨하니, 內, 外明堂엔 水가 없다 판단하나 약간의 숨겨진 水는 있을 것이라 점단한다.

- 支兩課의 三木이 圍宅(위택)이고, 三傳이 連茹格이며 合木되니 묘소 주변엔 나무가 무성하다 판단한다.

- 三傳에서 초전은 1代로 논한다, 초전 寅木이 劫財이며 天空이 乘하고 大耗殺을 剋하고 있다. 寅木은 孟神으로 長子로 논하므로 1代에서는 財가 흥왕치 못할 것이며, 長子에게 損財數와 虛名이 따를 것이다.

- 中傳 卯는 仲神으로 次男으로 보고, 末傳 辰은 季神으로 三男으로 본다. 仲神 卯에 靑龍이 乘하여 日의 祿이 되고, 末傳 辰은 天罡이며 勾陳이 乘하여 坐下 卯의 剋害를 받고 있다. 따라서 次男은 財祿이 있을 것이라 보고, 三男은

求財에 어려움이 많을 것이라 판단한다.

- ◆中傳은 2代로 논하는데, 中傳 卯에 靑龍이 乘하고 日의 祿이 되니 富貴를 겸할 것이라 판단한다.
- ◆末傳은 3代인데 辰에 勾陳이 乘하여 財神이 되니 富를 이룰 것이라 판단한다. 辰은 山地이고 勾陳은 田土를 主事하는데, 辰이 卯上에 임하니 山林을 가꾸어 財를 얻을 것이라 보는 것이다.
- ◆天罡 辰은 是非를 일으키고, 勾陳은 爭訟을 일으키며, 干支上神에 羅網이 있으니, 시비를 일으키는 사람으로 인해 訟事가 계속 이어질 것이라 판단한다.
- ◆初傳과 中傳이 木이니 관대하고 인자한 사람이 出할 것이고, 또한 木은 文이니 文官이 나올 것이다, 末傳 辰은 天罡으로 시비쟁투를 좋아하니 3代에는 고집이 세고 쟁투를 일삼는 사람이 나올 것이다.

(5) 結果
- ◆山勢는 소점한 바와 같이 일치했고, 문점자는 차남으로 현재 학교 교장인 것이다.


〈예2〉

(1) 占時 : 辛未年 甲午月 丁巳日 申將 戌時課(甲寅旬中. 子丑空亡)
(2) 問占 : 陰宅地의 풍수상 길흉이 어떠한가?
(3) 課體 : 賊剋法. 重審. 間傳. 極陰. 不備. 三奇. 驀越

| | 丑 | | 食神 勾陳 墓 |
| | | | 華蓋 空亡 |
| | 亥 | | 正官 朱雀 胎 |
| | | | 驛馬 |
| | 酉 | | 財鬼 貴人 長生 |
| | | | 將星 |

| 勾 | 空 | 空 | 常 |
|---|---|---|---|
| 丑 | 卯 | 卯 | 巳 |
| 卯 | 巳 | 巳 | 丁未 |

| 空 | 白 | 常 | 玄 |
|---|---|---|---|
| 卯 | 辰 | 巳 | 午 |
| 巳 | 午 | 未 | 申 |

| 青 | 寅 | 辰 |  |  | 酉 | 未 | 陰 |
|---|---|---|---|---|---|---|---|
| 勾 | 丑 | 卯 |  |  | 戌 | 申 | 后 |

|  | 寅 | 丑 | 子 | 亥 |
|---|---|---|---|---|
|  | 子 | 亥 | 戌 | 酉 |
|  | 合 | 朱 | 蛇 | 貴 |

(4) 占斷

◆ 초전 丑土 食神에 勾陳이 乘하고 空亡이다. 따라서 묘자리는 失穴됐다 판단하고, 食神은 밥그릇인데 拘留, 爭訟의 類神인 勾陳이 있으니 식솔간의 재산상의 다툼이 있을 것이라 판단한다.

◆ 음택풍수상으로는 日干上神인 巳火는 比劫이고 그 陰神은 卯木으로 天空이 乘하였고 偏印이 되어 日干을 生하니 형제간의 문서문제로 인해 시비다툼이 있는데, 노인 두 명이 이에 해당되며 운세는 교차됨이 있다.

◆ 삼전 丑亥酉는 逆間傳課이고 亥丑이 北方 水氣에 해당되는데 子水가 대표한다. 大定數에서 子水는 數가 9라 나이 많은 사람이 되는 것이고, 초전 丑이 말전 酉와 반합금국되어 空陷되니 두 명으로 보며, 勾陳이 乘하여 空陷된 것이니 시비다툼이 있다 논하는 것이고, 丑과 亥 중 亥에 財와 貴人이 있으니 한 명은 재물운이 있을 것이라 판단하는 것이다.

◆ 나이 많은 노인은 財運이 있는데, 지난해는 부도를 맞아 재물의 손실이 있었고, 유가증권과 연관한 시비가 항상 있는 것이다.

◆ 별책과로 모두 四課가 되지 못하여, 가정의 불화가 생기고, 풍수상 흠결이 있는 것이다.

◆ 財는 시기가 지나야 오고 또 그리됨이 좋은데, 2년 후인 癸酉年이 길하고 이롭다고 판단한다. 이는 말전으로 應期를 논하는데 말전이 酉金이라 癸酉年으로 점단한 것이다.

(5) 結果

◆ 현재의 정황이 위에 점단한 사항과 부합된다.

## 17) 行人(행인)

### 〈잠시 出門하여 歸家하지 않은 경우〉

◎ 出門의 時를 문점시의 日支에 加하여, 천반 天罡(辰)의 下神이 돌아오는 시기이다. 예를 들어 어제 巳時에 출문하여 금일 丑日까지 귀가하지 않는 경우라면 아래와 같다.

　◆ 지반 丑에 巳를 加하여 순행포국하면 아래 도표와 같다.

| 酉 | 戌 | 亥 | 子 |
|---|---|---|---|
| 巳 | 午 | 未 | 申 |

| 申 | 辰 | | | 酉 | 丑 |
|---|---|---|---|---|---|
| 未 | 卯 | | | 戌 | 寅 |

| 寅 | 丑 | 子 | 亥 |
|---|---|---|---|
| 午 | 巳 | 辰 | 卯 |

　◆ 천반 天罡(辰)의 下神이 應期이니, 子日 혹은 당일 子時에 歸家한다.

### 〈오랫동안 出門하여 隣近에 있지만 귀가하지 않는 경우〉

◎ 月將을 문점시에 加하여 天罡(辰)의 下神으로 판단한다. 만약 四孟神(인신사해)이면 아직 起動하지 않은 것이고, 四仲神(자오묘유)이면 오는 중이고, 四季神(진미술축)이면 즉시 도착한다.

### 〈遠行인데 出門한지 오래되었지만 귀가하지 않는 경우〉

◎ 四課를 논하는 경우
　◆ 日과 支 上神에 墓가 臨한 경우.
　◆ 天馬나 驛馬가 干上神에 臨한 경우.
　◆ 類神이 干上에 臨한 경우.
　◆ 日과 支 上神에 天罡이 乘한 경우.

◎ 三傳을 논하는 경우
　◆ 行人의 本命이 초전에 臨하며 日의 絶神이 되는 경우.
　◆ 초전이 官鬼가 되는 경우.
　◆ 초전이 日이 되고 말전이 支이 되는 경우.

◆ 말전이 日의 墓가 되거나, 말전이 驛馬로 日의 墓가 되는 경우.

◆ 말전이 戌인데 加卯나 加酉되는 경우.

◆ 삼전에 類神을 보거나, 貴人 혹은 類神이 발용되는 경우.

◆ 類神이 馬(驛馬, 天馬)를 대동하고 日辰의 墓에 임한 경우.

◆ 白虎가 驛馬나 天馬에 乘한 경우 등은 모두 歸家한다.


## 〈出門한지 오래되었고 연락이 끊긴 경우〉

◉ 行人의 行年과 문점시의 日干을 세세히 살펴보아야 한다.

◉ 貴人의 順逆에 따라, 天盤의 日干 寄宮에서 지반의 日干 寄宮까지 오는 동안 卯酉의 경과여부를 살펴보는 것이다. 만약 卯酉를 경과했고 다시 卯酉의 上神이 日과 行年을 剋하지 않으면 行人은 반드시 귀가한다.

◉ 行人의 원행 거리에 따른 판단

◆ 삼천리 밖이라면 大將軍의 下神으로 경과 여부를 판단해 본다.

　　大將軍 ： 亥子丑年 － 酉

　　寅卯辰年 － 子

　　巳午未年 － 卯

　　申酉戌年 － 午

◆ 천리 밖이라면 歲支의 下神으로 경과 여부를 판단해 본다.

◆ 오백리 밖이라면 月建의 하신으로 경과 여부를 판단해 본다.

◆ 백리 밖이라면 日干의 하신으로 경과 여부를 판단해 본다.

상기와 같이 판단시 응함이 없는 경우가 한 가지도 없다.

◉ 만약 卯酉를 경과하지 못했거나, 혹은 경과 했더라도 日이나 行年이 其 上神을 剋한 경우에는 歸家하지 못할 것이라 점단한다.


## 〈출문한지 오래되었고 간 방향을 모르는 경우〉

◉ 行年의 上神으로 간 방향을 알 수 있다. (예로, 行年이 卯인데 그 上神이 酉면, 酉方이 行人이 간 방향이므로 서쪽인 것이다.)

## 〈출문한지 오래되었고 路程을 모르는 경우〉

◉ 行人의 本命과 行年의 上神으로 판단하는데 合數로 其 路程을 아는 것이다. 기上神의 數는 大定數를 적용한다.

◉ 근거리는 數가 一이면 十里로 판단하는데, 만약 本命과 行年의 上神이 旺相하면 倍加하여 판단한다. 원거리는 數가 一이면 百里로 판단한다.

◉ 만약 근거리인 경우라면 本命上神이 子이고 行年上神이 亥이면, 大定數가 子는 九, 亥는 六으로 합수는 十三이다. 따라서 一百三十里에 있는 것이고, 만약 上神이 왕상하면 倍加하여 二百六十里가 되는 것이다. 그리고 이 경우 원거리라면 二千六百里가 되는 것이다.

## 〈기타의 경우〉

◉ 만약 行人이 病者라면 말전이 日의 墓이며 白虎가 乘한 경우에 귀가한다.

◉ 만약 行人이 無財人이라면, 年命上神과 三傳이 無財이고, 財神이 落空亡地이거나 財爻에 玄武가 乘한 경우 귀가한다.

◉ 만약 行人이 귀가하고자 하나 여건상 여의치 않은 경우는, 年命上神이 敗神(子午卯酉)이거나 귀인이 落空亡地인 경우이다.

◉ 課傳을 살펴보아
  ◆ 日이 초전을 극하는 경우.
  ◆ 초전이 日의 墓인 경우.
  ◆ 초전이 空亡인 경우.
  ◆ 類神이 空亡인 경우.
  ◆ 二馬(天馬. 驛馬)가 空亡인 경우.
  ◆ 馬가 長生에 臨한 경우.
  ◆ 馬가 合이 된 경우.
  상기의 경우는 모두 不歸家 한다.

◉ 羈留(기유)로 귀가하지 못하는 경우는, 類神上의 所乘之神을 보고 어떤 인물과 연관되어 귀가하지 못하는지를 알 수 있다. 예로, 類神이 戌이고 戌이 日의 本(長生)에 가하여 貴人이 乘한 경우에는 貴人이 머무는 연고이고, 類神上의 所乘之神에 天后나 太陰이 乘하면 부녀자로 인한 것이라 판단한다.

〈예〉

(1) 占時 : 壬午年 甲辰月 乙卯日 戌將 酉時課(甲寅旬中. 子丑空亡)

(2) 問占 : 某 高敎 1학년 여학생의 가출이 10여일 됐는데 언제 歸家(귀가)하겠는가?

(3) 課體 : 重審課. 進茹. 斬關. 亂首

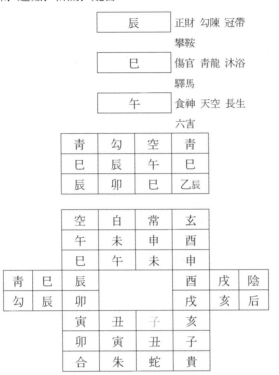

| | 辰 | | 正財 勾陳 冠帶 |
| | | | 攀鞍 |
| | 巳 | | 傷官 靑龍 沐浴 |
| | | | 驛馬 |
| | 午 | | 食神 天空 長生 |
| | | | 六害 |

| 靑 | 勾 | 空 | 靑 |
|---|---|---|---|
| 巳 | 辰 | 午 | 巳 |
| 辰 | 卯 | 巳 | 乙辰 |

| 空 | 白 | 常 | 玄 |
|---|---|---|---|
| 午 | 未 | 申 | 酉 |
| 巳 | 午 | 未 | 申 |

| 靑 | 巳 | 辰 | | | 酉 | 戌 | 陰 |
| 勾 | 辰 | 卯 | | | 戌 | 亥 | 后 |

| 寅 | 丑 | 子 | 亥 |
|---|---|---|---|
| 卯 | 寅 | 丑 | 子 |
| 合 | 朱 | 蛇 | 貴 |

(4) 占斷

◆ 행인점은 日干은 人이고 日支는 行處이다.

◆ 辰(天罡)이 日支上神에 臨하여 발용이니 斬關課이다.

◆ 日干 乙의 寄宮 辰이 日支上神에 臨하니 이는 귀가의 의도는 있는 상이다. 다만 三傳이 辰巳午의 進茹格이라 "去'의 의미가 있으니 시일은 걸릴 것이라 판단하는데, 말전 午에 天空이 乘하니 應期(응기)는 中傳 巳로 논한다.

◆ 초전 辰이 卯에 臨하니 關格되어 저애요소가 있어 귀가가 늦어지는 것인데, 進茹格이라 초전에 乘한 勾陳이 중전 巳로 진행하고, 巳에 靑龍이 乘하니 "飛天"이라 하여 喜慶과 和合의 象이라 친구와 어울리는 재미로 불귀하고 있는 것이다.

◆ 초전 辰이 月建이고 중전 巳가 應期인데, 丁馬와 驛馬 二馬가 대하고, 日干上神에 臨하니 巳月에 귀가할 것이라 판단한다.

(5) 結果

◆ 남자친구와 어울려 유랑하며 놀다 巳火節에 歸家한 것이다.

## 18) 出行(출행)

〈吉凶〉

```
日干 : 行人
日支 : 行處
```

⊙ 日上神이 旺相하며 吉將이 乘하여 支上神과 상생되고 상호 合되는 경우는 길하다.

⊙ 二馬(天馬, 驛馬)가 三傳에 있고 空亡되지 않으며, 지반에 臨하여 生旺되며 德合되면 길하고 그렇지 못하면 흉하다.

⊙ 支上神이 日을 生하거나 年命을 生하면 대길하다.

⊙ 日이나 年命이 支上神을 剋하면 차길이다.

⊙ 支上神이 日이나 年命을 剋하면 흉하다.

⊙ 日上神이 年命을 생하면 집에 대한 미련이 남아 출행은 늦어진다.

⊙ 日과 支 상하가 상극하거나, 墓神이 覆日(복일)하거나, 日上神이 空亡되면 출행하지 않는다.

⊙ 중·말전이 空亡이고 초전이 空亡이 아니면 출행은 하나 중도에서 回歸한다.

⊙ 초·말전이 空亡인데 말전이 日을 生하면 출행에서 근거리는 불리하고 원거리는 이롭다.

〈水陸(수륙)〉

```
日 : 陸
辰 : 水
```

◉ 日上神에 吉將이 乘하고 日을 생거나 日과 合되면 육지가 이롭다.

◉ 支上神에 吉將이 乘하고 支를 생거나 支와 合되면 水路가 이롭다.

◉ 日上神에 玄武가 乘하고 年命을 剋하면 도적을 예방함이 이롭다.

◉ 日上神에 白虎가 乘하여 年命乙 剋하면 여행 중 병을 얻게 된다.

◉ 日上神에 凶將이 乘하고 支上神에 吉將이 乘하면, 급히 타향으로 이동함이 좋고, 그렇지 않으면 안거함이 좋다. 계속 진행하면 불리하다.

## 〈喜忌(희기)〉

◉ 출행점은 天羅地網과 關格을 忌하는데 이를 범하면 閉塞不通(폐색불통)하게 된다. (天羅 : 干 前 一位. 地網 : 天羅의 對冲支. 關格 : 子加卯, 午加酉)

◉ 二馬(驛馬. 天馬)를 喜하는데, 二馬가 日干을 剋害하면 흉하다.

## 〈投宿(투숙)〉

```
日 : 行人
支辰 : 旅舍
```

◉ 日辰上神이 상생되고 合되며 吉將이 乘하면 길하다.

◉ 만약 支上神이 日上神을 剋하거나 支上神에 螣蛇, 白虎, 勾陳, 玄武 등이 乘하면 투숙하지 않음이 좋다.

## 〈渡江(도강)〉

◉ 登明(亥)을 위주한다.

　亥加四孟 - 大風

　亥加四仲 - 小風

　亥加四季 - 無風

## 〈迷路(미로)〉

◉ 天罡(辰)을 위주한다.

辰加四孟 - 路는 左에 있다.

辰加四仲 - 路는 앞에 있다.

辰加四季 - 路는 右에 있다.

### 〈家中安居(가중안거)〉

◎ 초전을 위주한다.

◎ 초전에 貴人, 太常, 靑龍, 六合, 太陰이 乘하면 家內가 평안하다.

◎ 초전에 朱雀이 乘하면 家內에 口舌이 있고, 螣蛇가 乘하면 驚惶(경황)이나 火災가 있고, 勾陳이 乘하면 爭訟이 있고, 白虎가 乘하면 災病이 있고, 玄武가 乘하면 도적의 失奪이 있다.

### 〈來人善惡(내인선악)〉

◎ 陸路는 神后(子)를 위주하고, 水路는 天罡(辰)을 위주한다.

◎ 陸路 來人

子加四孟 - 善良

子加四仲 - 商買

子加四季 - 奸惡

◎ 水路 來人

辰加四孟 - 吏人

辰加四仲 - 商買

辰加四季 - 奸惡

### 19) 奴婢(노비)

日 : 主人
辰(日支) : 奴婢
◆ 戌 : 奴(남자종)
◆ 酉 : 婢(여자종)

⊙ 日이 主人이고 辰은 奴婢이며 類神은 戌이 奴(남자종), 酉가 婢(여종)이다. 현대적 의미로 확대해석하면 종업원도 이에 해당된다고 볼 수 있다.

⊙ 類神이 入傳하여 흉장이 승했는데, 支上神이 剋하면 노비가 간악하다.

⊙ 類神에 玄武가 乘하면 노비의 走失이 있다.

⊙ 類神에 丁馬가 승해도 노비의 逃亡이 있다.

⊙ 노비가 도망간 방향을 알려면 도적점과 대동소이한데, 三傳에 酉戌이 없어야 하고, 天空이 있어야 한다. 天空 역시 노비의 類神으로 보기 때문이다.

⊙ 天空所乘之神이 日과 상생, 상합되면 길하고, 그렇지 않으면 불길하다. 天空所乘之神이 魁罡(戌.辰)이 되면 노비는 선량치 못하다.

⊙ 天空이 入傳하지 않았으면 地盤 酉.戌의 上神으로 선악을 판단하라.

## 20) 盜賊(도적)

| 〈제1법〉 | 〈제2법〉 |
|---|---|
| 日干 : 失物主 | 初傳 : 盜賊 |
| 玄武. 官鬼 : 盜賊 | 中傳 : 贓物 |
| 勾陳 : 捕盜人 | 末傳 : 捕盜人 |
| 玄武의 陰神 : 盜神 | |
| 盜神의 所生之方 : 贓物處 | |

### 〈捕獲可能(포획가능)〉

⊙ 勾陳은 捕盜人(포도인)이니 勾陳이 玄武나, 官鬼를 剋하면 포획할 수 있고, 剋하는 시점으로 포획의 應期를 판단한다.

⊙ 玄武의 所乘之神과 盜神이 相剋되면 도적이 스스로와 자수한다.

⊙ 盜神에 朱雀, 勾陳, 螣蛇, 白虎가 乘하면 도적이 自敗한다.

⊙ 干支, 三傳, 年命上神에서 盜神을 극하면 도적을 포획하기 수월하다.

⊙ 玄武가 辰이나 戌에 乘하면 도적은 반드시 패한다. 또한 辰,戌이 자기자리의 하신과 상생되면 포획 후 석방된다.

⊙ 玄武가 死氣를 대동하면 역시 도적이 自敗한다.

⊙ 玄武가 月將에 乘하면 "露形(형체를 드러냄)"이라 하여 도적이 自敗하고, 또한 月將

과 玄武가 相生돼도 도적이 自敗한다.

◎ 玄武가 酉, 戌, 亥, 子, 丑, 寅에 乘하면 밤늦게 도적질하는 것이므로 포획하기 어렵다.

◎ 勾陳이 乘한 神이 盜神을 극하면 포획하기 쉽다.

◎ 盜神이 勾陳이 乘한 神을 극하면 도적이 捕盜人을 방어하고 있으니 포획하기 어렵다.

◎ 勾陳이 乘한 神이 盜神을 生하면 도적은 포획 후 석방된다.

◎ 盜神이 勾陳이 乘한 神을 生하면 捕盜人이 뇌물을 받은 것이다.

◎ 초전이 말전을 剋하면 포획하기 어렵다.

◎ 말전이 초전을 剋하면 포획하기 쉽다.

◎ 玄武가 戌에 乘하면, 地盤 戌의 上神이 도적이 贓物을 옮겨놓은 곳이다.

◎ 三傳에서 一傳이라도 玄武의 所乘神을 不剋下거나, 혹은 三傳이 모두 玄武의 所乘之神을 不剋하거나, 혹은 일전이라도 玄武의 所乘之神을 생하거나 하는 경우에는, 玄武가 三傳을 생하는 방위처가 도적의 은익처이다.

## 〈捕獲不可(포획불가)〉

◎ 日辰上에 魁罡(戌.辰)을 보는 경우는 포획하기 어렵다.

◎ 日鬼가 入傳하고 吉將이 乘한 경우는 포획하기 어렵다.

◎ 丁馬에 太陰이 乘하여 발용한 경우는 포획하기 어렵다.

◎ 玄武나 盜神(玄武의 陰神)과 盜神의 陰神이 比和 상생되는 경우는 포획하기 어렵다.

◎ 盜神에 吉將(青龍, 六合, 太陰)이 乘한 경우는 포획하기 어렵다.

◎ 盜神이 旬空에 해당되고 천·지반이 比和, 相生되는 경우는 포획하기 어렵다.

◎ 玄武의 所乘之神이 羊刃이며 卯酉에 臨한 경우는 포획하기 어렵다.

◎ 玄武의 所乘之神이 日을 剋하는 경우는 포획하기 어렵다.

◎ 盜神에 太陰, 六合이 乘하면 도적이 이미 은익하였으니 포획하기 어렵다.

## 〈盜賊의 侵入處(도적의 침입처)〉

◎ 玄武가 太歲에 乘하면 도적은 首都에 잠입한 것이다.

◎ 玄武가 月建에 乘하면 도적은 都市에 잠입한 것이다.

〈逃亡處(도망처)〉

◉ 盜神의 오행으로 도적의 도피처를 알 수 있으며 또한 포획할 수 있다.

   ◆ 子 - 북방의 水澤之處이다.

   ◆ 丑 - 북방에서 약간 동쪽이다.

   ◆ 寅 - 동북방이며 叢林 안에 있다.

   ◆ 卯 - 동방이며 大林 혹은 竹叢 안에 있다.

   ◆ 辰 - 동방에서 약간 남쪽이거나, 畵工之家이다.

   ◆ 巳 - 동남방에 있다.

   ◆ 午 - 남방에 있다.

   ◆ 未 - 남방에서 약간 서쪽이다.

   ◆ 申 - 서남방에 있는데 가까이는 州나 縣의 城闕之所이고, 멀리는 野村이 맞닿은
        지역이다.

   ◆ 酉 - 서방에 있다.

   ◆ 戌 - 서북방이다.

   ◆ 亥 - 서북방의 水邊地域 근방이다.

◉ 상기와 같이 十二支神으로 위치를 파악할 수 있고, 아울러 盜神의 천·지반이
  비화, 상생되면 이 방위에 본거지를 두고 있는 것이다. 만약 상하가 상극되면
  머물지 않는 것이므로, 재차 盜神의 陰神을 살펴보아야 한다.

◉ 盜神 上에 貴人이 乘하여 旺相하고 상·하신이 상생되면, 도적은 權臣之家에 안
  온하게 은익하여 있어 포획이 어렵다.

◉ 盜神 上에 螣蛇가 乘하여 旺相하고 상·하신이 상생되면 도적은 富豪之家에 은
  익하여 있어, 경황됨이 많으나 포획할 수 없다.

◉ 盜神 上에 螣蛇가 乘하여 休囚되고 상·하신이 상극되면, 도적이 凶惡之家에 은
  익하고 있어, 捕盜人을 모아서 가면 포획할 수 있다.

◉ 貴人이 순행하면 도적은 이미 멀리 도망간 것이다.

◉ 貴人이 역행하면 도적은 근방에 숨어있는 것이다.


〈路程(노정)〉

◉ 도망간 거리는 盜神의 天·地盤 오행의 先天數로 정한다.

⊙ 盜神의 天·地盤의 旺, 相, 休, 囚, 死로 판단하는데, 休면 상호 더하고, 囚死면 합한 數를 반감하고, 相이면 상호 곱하고, 旺이면 곱한 數의 倍加이다.

예로, 盜神이 子加亥면 선천수가 子水는 9, 亥水는 4이다. 따라서 旺하면 72리이고, 相하면 36리이고, 休는 13리이고, 囚死는 6리 내지 7리이다.

⊙ 만약 失物의 기간이 오래되었다면, 상기의 各數에서 數培를 곱하던지 아니면 10배 100배로 추산하여 판단한다.


## 〈贓物(장물)〉

⊙ 盜神의 所生之神을 살펴보아야 한다. 盜神이 陰에 속하면 所生之神은 陽을 취하고, 盜神이 陽이라면 所生之神은 陰을 취하는 것이다.

예로, 盜神이 子이면 所生之神은 寅卯인데, 子가 陽이니 所生之神 中 卯를 취하라는 것이다.

⊙ 盜神이 생하는 오행에 따른 장물처를 살펴본다.

  ◆子 - 竹木之內, 車船之內

  ◆丑未 - 祠廟之內, 城闕之內

  ◆寅 - 爐灶之內, 磚瓦之下

  ◆卯 - 窯冶之內, 箱櫃之中

  ◆辰戌 - 倉廩之中, 碑碣之下

  ◆巳 - 廊廡石欄之下, 溝澮之中

  ◆午 - 園圃之中, 牆垣之下

  ◆申 - 圍牆之下, 坑厠之中

  ◆酉 - 溝渠之內, 石灰之中

  ◆亥 - 敗棺之中, 屋柱之下

⊙ 장물처의 방향은 盜神의 所生之神의 방위로 판단한다.

예로, 盜神이 寅이면 寅生巳하여 巳를 생하므로 동남방에 있는 것이다.


## 〈盜賊의 部類(도적의 부류)〉

⊙ 玄武의 所乘之神으로 판단한다.

  ◆子 - 强盜. 積載贓物

- ◆ 丑 - 農夫. 兵卒
- ◆ 寅 - 公吏. 道士
- ◆ 卯 - 術士. 沙門. 經紀人. 仲介人
- ◆ 辰 - 惡徒. 軍人
- ◆ 巳 - 廚夫. 巧藝人
- ◆ 午 - 旅客人. 巫女
- ◆ 未 - 寡婦. 道人
- ◆ 申 - 公人. 金銀匠
- ◆ 酉 - 婢女. 酒人
- ◆ 戌 - 乞人. 僧徒. 軍人
- ◆ 亥 - 强盜. 積載贓物

⊙ 玄武의 所乘之神이 旺相하면 少壯이다. 休囚되면 衰老이다.

⊙ 玄武가 陽支에 乘하면 남자이고, 陰支에 승하면 여자이다.

⊙ 도적의 숫자는 盜神과 玄武의 隔位로 판단한다.

예로, 玄武가 辰에 乘하여 酉에 臨하고, 辰의 上神이 亥라면 亥는 盜神인 것이다. 盜神이 亥니 이곳에서 부터 순행으로 玄武가 乘한 辰까지 세면 6位이므로 도적은 6명이라 판단한다.

| | | | | | | |
|---|---|---|---|---|---|---|
| | 蛇 | 貴 | 后 | 陰 | | |
| | 子 | 丑 | 寅 | 卯 | | |
| | 巳 | 午 | 未 | 申 | | |
| 朱 | 玄(盜神) | 辰 | | 酉 | 辰 | 玄 |
| 合 | 戌 | 卯 | | 戌 | 巳 | 常 |
| | 寅 | 丑 | 子 | 亥 | | |
| | 酉 | 申 | 未 | 午 | | |
| | 勾 | 青 | 空 | 白 | | |

⊙ 盜神의 旺相休囚死로 도적의 數를 增減하는 것이다.

## 〈盜賊의 形狀(도적의 형상)〉

◎ 玄武의 所乘之神으로 판단한다.

 ◆ 子 - 얼굴이 검고 키가 크다.

 ◆ 丑 - 배가 크고 입도 크며, 안면이 추하고 머리카락이 길다.

 ◆ 寅 - 체구가 작고, 아름다운 머리카락과 구레나룻이 있다.

 ◆ 卯 - 여위고 작으며 달리기를 잘한다.

 ◆ 辰 - 눈이 크고 눈썹이 조밀하며, 머리카락이 길고, 모습이 흉하다.

 ◆ 巳 - 여위고 크며, 노래를 잘한다.

 ◆ 午 - 체구가 크며 눈이 사시이다.

 ◆ 未 - 눈이 젖어있고 머리가 희며, 효복을 입고 있다.

 ◆ 申 - 키가 크고 얼굴이 희다. 머리카락은 짧고, 각기병이 있다.

 ◆ 酉 - 무예에 능숙하고 옷차림이 거칠고 키가 크다.

 ◆ 戌 - 얼굴이 추하고 검고 머리카락이 더부룩하다.

 ◆ 亥 - 신체가 비대하고 얼굴이 추하다.

◎ 도적이 여럿일 경우는 그 중 首魁를 논한 것이다.

## 〈捕盜人의 成敗(포도인의 성패)〉

◎ 三傳에 勾陳이 있으면 其 所乘之神을 살펴보아야 한다.

◎ 勾陳의 所乘之神이 日德이나, 羊刃이 되거나, 玄武의 所乘之神을 剋하면 포획에 성공한다.

◎ 만약 勾陳의 所乘之神이 玄武의 所乘之神을 생하면, 捕盜人이 뇌물을 받고 도적을 풀어주게 된다.

◎ 玄武의 所乘之神이 羊刃이 되거나, 勾陳의 所乘之神을 剋하면 도적이 捕盜人을 害함이 있다.

◎ 만약 勾陳의 所乘之神이 비록 玄武의 所乘之神을 극한다 하더라도, 玄武의 所乘之神이 旺相하고, 勾陳의 所乘之神이 休囚되면, 도적의 數가 많아 중과 부적이므로, 捕盜人을 교체하거나 捕盜人의 數를 늘리면 포획할 수 있다.

◎ 三傳에 勾陳이 없는 경우는 말전 위주로 판단한다. 이는 古書에서는 초전이 贓物(장물)이고, 중전이 盜賊이고, 말전을 捕盜人으로 논하기 때문이다.

⊙ 도적의 소식을 듣는 것은, 玄武의 所乘之神이 도적이고, 중전을 도적의 耳로 논하므로 도적의 동태를 알려주는 첩자로 논한다.

⊙ 만약 玄武가 酉金에 乘하면 酉金을 剋하는 火姓의 사람을 포도인으로 내세워야 한다.

⊙ 만약 玄武가 地盤神 中 月將이 있는 곳에 臨하면 "太陽照武(태양조무)"라 하여 포획할 수 없다. 행방이 묘연한 것이다.


〈捕獲時期(포획시기)〉

⊙ 太歲上神이 玄武의 上神을 剋하면 年內에 포획할 수 있다.

⊙ 月建上神이 玄武上神을 剋하면 月內에 포획할 수 있다.

⊙ 玄武가 木에 乘하면 庚,辛日에 포획할 수 있다.

　玄武가 火에 乘하면 壬,癸日에 포획할 수 있다.

　玄武가 土에 乘하면 甲,乙日에 포획할 수 있다.

　玄武가 金에 乘하면 丙,丁日에 포획할 수 있다.

　玄武가 水에 乘하면 戊,己日에 포획할 수 있다.


## 21) 逃避(도피)

| 〈제1법〉 | 〈제2법〉 |
|---|---|
| 日干 : 我. 逃亡人 | 日干 : 捕盜人 |
| 日支 : 避難處 | 日支.玄武 : 逃亡人 |

⊙ 日은 我나 他人으로 보고 辰은 피하고자 하는 場所이다.

⊙ 日辰上神과 日干이 相生, 比和 하고 다시 吉將이 되면 逃避함이 좋고 또한 나포하기 어렵다.

⊙ 干支上神에 吉將이 乘하고 상호 생합되면 피난처는 이롭다.

⊙ 干上神이 旺相하면 도망자는 신체가 건강하고, 干上神의 官鬼가 空亡되면 건강하나 모습에 흠결이 있고, 망명의 위태함이 있다.

⊙ 三傳이 전진하면 나아감이 이롭고, 三傳이 후퇴하면 물러남이 이롭다.

⊙ 三傳에 乘한 神이 日干을 생하면 전진함이 이롭고, 三傳에 乘한 神이 日干을 극

하면 물러남이 이롭다.

◎ 도망하여 중도에 있는 경우 초전이 日干을 극하면 되돌아옴은 흉하다.

◎ 三傳에서 日干을 생왕하면 먼 곳으로 피난해있는 것이다.

◎ 日干이 生旺하는 比劫이나 食傷의 방향은 안거함에 좋고 전진함에도 이롭다.

◎ 日干을 剋하는 官鬼方은 번뇌와 마찰이 많아 전진함에 이롭지 않다.

◎ 日干이 剋하는 財星方도 흉하지 않다.

◎ 戊.己日 占은 戊.己가 城牆 등의 차폐물이므로, 戊.己 遁干之下로 피난함이 좋
   다. 예로, 甲子旬中이라면 甲子, 乙丑, 戊辰, 己巳..하여 戊·己의 支에 辰巳가
   있으니 辰, 巳方이 도피에 좋은 것이다.

◎ 辛日 占은 辛의 寄宮이 戌인데, 辰戌이 발용하면 머무르지 말고 속히 도망함이
   좋다. 丑未가 발용이면 잠복하고 동하지 않음이 좋다.

◎ 斬關課나 遊子課는 도망에 이롭다.

◎ 伏吟課는 日干의 喜神에 해당하는 十二天將의 소속 神의 방위로 도피함이 좋다.
   예로, 甲日占이라면 靑龍은 甲寅木에 속하는 길장인데, 寅木이 甲日의 祿星地이
   므로 이 방위의 도피는 길한 것이다. 太陰의 경우는 太陰이 辛酉金에 속한 길장
   이나 酉金이 甲을 剋하므로 이 方의 도피는 불리한 것이다.

◎ 天罡 辰이 子에 加하여 발용이면 "天關"이라 하고, 午에 加하여 발용이면 "地關"
   이라 하고, 卯에 加하여 발용이면 "天隔"이라 하고, 酉에 加하여 발용이면 "地隔"
   이라 하여 모두 도망이 이롭지 못하다.

◎ 日干은 捕盜人이고 日支와 玄武는 도망자이다.

◎ 三傳과 捕盜人의 年命이 旺相하여 玄武를 剋하면 도망자를 잡을 수 있다.

◎ 三傳 중 어느 하나라도 玄武를 생하면, 도망자는 其 약속장소에 머무르고 있으니
   전진하며 포위하여 잡을 수 있다.

◎ 玄武는 도망자이고 玄武의 所臨之神이 도망처이고 勾陳이 捕盜人이다.

◎ 玄武가 空亡되고, 死絶되고, 魁罡 등의 殺을 대동하면 도망자는 밖에서 病死한
   것이니 포획하기 어렵다.

◎ 玄武가 父母爻에 乘하면 도망자는 필히 친척에게 의탁한 것이다.

◎ 玄武가 官鬼爻에 乘하면 도망자는 官員의 집에 은익하고 있거나 군대 속에 있는
   것이다.

◎ 玄武가 課傳에 入하면 도망자는 근처에 있고, 玄武가 課傳에 있지 않으면 먼곳에 있는 것이다.

◎ 三傳이 순행 전진하면 도망자는 이미 떠난 것이고, 三傳이 역행 퇴진하면 돌아오고 있는 것이다.

◎ 三傳에서 玄武를 제극함이 없으면 도망자를 포획하기 어렵다.

◎ 중·말전에 玄武가 乘하여 支에 臨하면 도망자는 자기 집으로 돌아온다.

◎ 玄武가 日干을 生하면 도망자는 당일에 돌아온다.

◎ 도망자의 부류는 십이천장으로 살펴본다.

- ◆ 尊長 － 太常
- ◆ 父親 － 日德
- ◆ 母親 － 天后
- ◆ 男便 － 靑龍
- ◆ 妻妾 － 神后
- ◆ 兄弟. 子息 － 六合
- ◆ 孫子 － 登明(亥)
- ◆ 姉妹 － 太陰
- ◆ 朋友 － 六合
- ◆ 雇傭人 － 朱雀
- ◆ 男子手下人 － 河魁
- ◆ 女子手下人 － 從魁

◎ 도망자의 年命과 三傳이 日干과 比和되면 도망자는 도망간 곳에서 安居하고 있다.

◎ 도망자의 年命과 三傳이 日干과 刑, 沖, 破, 害되면 도망자는 도망간 곳에서 분주하며 불안해하고 있다.

◎ 초전이 生旺하면 멀리 간 것이고 休囚되면 가까이 있는 것이다.

◎ 초전이 辰戌이 되면 急行하고, 丑未가 되면 緩行하는 것이 좋다.

◎ 日에 鬼를 보면 반드시 鬼方으로 피해도 좋고, 制鬼方으로 피해도 좋다.

◎ 日이나 초전에 二馬(驛馬, 丁馬)가 있으며 有氣하면 멀리 도피함이 좋다.

◎ 直符, 飛廉, 天目, 六辛 所在地方으로 行하지 말아야한다. 그렇지 않으면 나포된다.

◎ 시간적 여유가 없이 급히 숨고자 할 때에는 神后(子)를 日支에 加하여 小吉(未)이

何處에 있는가를 보아 그 방향으로 도피해야 한다.

## 〈近거리〉

◎ 사안발생이 3日 이내인 근거리 도망은, 君子는 日의 德을 보고, 小人은 支刑을 본다. 예로, 甲子日이면 日德은 寅이고 支刑은 卯로 其 方位가 도피처인 것이다.

## 〈遠거리〉

◎ 類神을 본다.

◆ 貴人 - 太常

◆ 父 - 日의 德

◆ 母 - 天后

◆ 兄弟. 朋友. 親戚 - 六合

◆ 處와 子女 - 神后(子)

◆ 孫 - 登明(亥)

◆ 姉妹 - 太陰

◆ 雇傭人 - 朱雀

◆ 奴 - 河魁(戌)

◆ 婢 - 從魁(酉)

상기와 같이 推知하며, 類神의 所臨之方位가 도피처이다.

예로, 父의 도피점에서 日德이 午에 臨했다면, 午方인 정남방이 逃亡處인 것이다.

## 〈隱匿之處(은익지처)〉

◎ 은익한 방향을 알 수 있고 또한 天將을 살펴 은익처를 알 수 있다.

◆ 예로, 甲子日에 父의 도피처를 알고 싶은데, 父는 德을 보니 甲日의 德은 寅이다. 만약 寅加子이면 子는 정북방이고, 또한 子에 六合이 乘했으면 북쪽의 친척과 붕우의 가택으로 父가 도피한 것이다.

◆ 六合이 乘하면 친척이나 朋友의 가택이다.

◆ 天后가 乘하면 婦人之家이다.

◆ 貴人이 乘하면 富貴之家이다.

◆ 螣蛇가 乘하면 凶徒之家이다.

◆ 朱雀이 乘하면 官吏之家이다.

◆ 天空이 乘하면 獄吏之家이다.

◆ 靑龍이 乘하면 富豪之家이다.

◆ 白虎가 乘하면 死傷之家이다.

◆ 太陰이 乘하며 陰私老婦之家이다.

◆ 太常이 乘하면 善良宴樂之家이다.

◆ 玄武가 乘하면 奸盜之家이다.

◆ 勾陳이 乘하면 公吏之家이다.

### 〈逃避結果(도피결과)〉

◎ 類神을 보는데 日干에 臨하면 외인이 도피자를 拿捕하여 데리고 온다.

◎ 類神이 日支에 臨하면 스스로 찾아온다.

◎ 초전이 日의 德이 되고 日辰과 三合, 六合되면 역시 스스로 찾아온다.

◎ 類神이 課傳에 있고 空亡되지 않으면 拿捕(나포)가 가능하다.

◎ 三傳이 四課에 모두 있고 또한 三傳에 類神이 있으면 역시 拿捕(나포)가 가능하다.

◎ 三傳에 類神이 있되 空亡되면 拿捕(나포)할 수 없고, 보았다 해도 오지 않는다.

◎ 課傳에 類神이 없으면 拿捕(나포)할 수 없고 노력만 허비된다.


## 22) 捕獲(포획)

◎ 逃亡者를 잡으려면 오직 玄武의 所立之地를 보아 방향을 알 수 있다.

◎ 만약 貴人이 順治하면 男女 공히 玄武方으로 가서 捕獲한다.

◎ 만약 貴人이 逆治하면 女子는 玄武方에서 잡고 男子는 玄武의 陰神방향에서 잡는다.

◎ 勾陳이 玄武를 剋하면 반드시 官吏가 잡고, 朱雀이 玄武를 剋하면 他人이 住居를 알려주어 잡는다.

◎ 만약 干支, 三傳, 行年上에서 玄武乘神을 剋하면 도망갈 길이 없다.

◎ 만약 玄武의 陰神이 玄武를 剋하면 自首한다.

◎ 玄武가 入傳하거나 干支를 生하면 戀生이 되어 반드시 스스로 돌아온다.

⊙ 三傳, 行年, 干支, 陰神에서 玄武를 生하면 잡지 못한다.

⊙ 課格이 斬關, 遊子, 二馬를 보면 隱遁해서 잡기 어렵다.

⊙ 만약 玄武가 囚, 死, 空亡하고 凶將, 死神, 死氣가 併乘했으면 盜賊은 外地에서 必死했다.

⊙ 遠近을 알려면 玄武의 立處의 干支數로 上下 相乘하여 旺相休囚로 분별하면 된다.

⊙ 玄武를 剋하는 날에 잡을 수 있다.

⊙ 一法으로 丈夫는 丑의 下를 보고, 小兒는 未의 下를 보고, 女子는 子의 下를 보아 잡는 방법이 있다.

⊙ 一法으로 六甲日에 限해서는 閉口課에서처럼 男子는 玄武의 逆四辰으로 가서 잡고, 女子는 그대로 玄武立處에서 잡는 방법이 있다.

## 23) 尋人(심인)

⊙ 君子는 德方에서 찾는다. 德은 陽인데 君子는 正陽之上이 되기 때문이다.

⊙ 예로 甲己日에는 德在寅하니 寅이 亥上에 居했으면 亥의 방향인 西北方에 있기 마련이다.

⊙ 그 외는 類神을 보아 찾는다.
   ◆ 尊長은 太常을 보고,
   ◆ 父親은 月德을 보고,
   ◆ 母親은 天后를 보고,
   ◆ 兄弟 朋友는 六合을 보고,
   ◆ 妻妾이나 女子는 神后를 보고,
   ◆ 子孫은 燈明을 보고,
   ◆ 姉妹는 太陰을 보고,
   ◆ 雇傭人은 朱雀을 보고,
   ◆ 奴는 天罡, 婢는 從魁로 보아 所立之方을 追尋하면 찾을 수 있다.

⊙ 小人은 刑方에서 찾는다. 만약 도둑질을 했으면 玄武方位로 보고 그렇지 않으면 刑方에서 찾는다. 예로, 子日 占이라면 刑이되는 卯(太沖)의 所立地方으로 가서 찾고, 卯加申이라면 서남방으로 가서 찾는다.

## 24) 委 託(남에게 부탁한 일의 성부)

◉ 日을 我로 보고 辰을 相對 또는 委託之人으로 본다. 아울러 類神을 같이 본다. 文科 系列은 靑龍을 보고 武科나 理工 系列은 太常을 보고 奴는 河魁를 보고 奴婢는 從魁, 河魁를 본다.

### 成事

◉ 辰上神이 日干을 生하거나 日干과 相和되는 경우.

◉ 發用이 日과 德, 合이 되고 또 吉神이 乘한 경우.

◉ 干支가 비록 凶해도 三傳이 吉한 경우.

◉ 日支上神과 類神이 空亡과 刑沖破害가 안되거나

◉ 太歲 月將이 貴人이 되어 發用한 경우.

◉ 年命 上神이 日에 貴나 福德이 되어 比和되는 경우.

◉ 發用이 靑龍이나 六合이 되어 日干을 剋하지 않는 경우

### 不成

◉ 三傳이 遞剋干하면 小事라도 必敗하고, 三傳이 遞生干(예. 初傳生 中傳, 中傳生 末傳, 末傳生 日干)하면 大事라도 必成한다.

◉ 太歲, 月將이 發用하면 大事에 마땅하고 類神이 旺하면 현재 圖謀함이 좋고, 傷하면 將來에 圖謀함이 좋고, 休하면 過去의 일이거나 기회를 놓친 것이다.

◉ 天罡이 孟上에 있으면 尊長之事가 難圖(난도)하고, 仲上에 있으면 等輩之事가 難圖(난도)하고, 季上에 있으면 卑幼之事가 難圖(난도)한다.

## 25) 罪의 輕重(죄의 경중)

◉ 裁判을 받는데 勾陳, 白虎, 朱雀, 太歲, 月建 등 5種이 다 日辰과 年命을 刑剋하면 死刑 당한다.

◉ 4種도 역시 死刑이고, 3種이면 刑이 重하고, 2種이면 輕하고, 1種이면 笞杖(태장)이나 罰金이다.

◉ 巳酉相加하면 流配되고, 曲直作鬼나, 六合作鬼가 되면 枷鎖(가쇄)된다.

⊙ 重刑에 勾陳과 諸 殺이 相倂하면 死亡한다.

⊙ 勾陳, 朱雀이 生日하여 吉로 바뀌면 救濟되고, 年月上에 太歲가 天后가 되어 生日干하면 반드시 恩赦가 있다.

⊙ 太歲와 天乙이 皇書(春寅, 夏巳, 秋申, 冬亥), 天喜(春戌, 夏丑, 秋辰, 冬未)를 倂하여 發用하면 求恩이 있으나, 太歲가 日干을 剋하면 大凶하고, 日干이 太歲를 剋해도 大凶하다.

⊙ 墓神, 關神, 天牢, 地獄 등이 干支 年命에 臨하면 入獄된다. (關神 : 春丑·夏辰·秋未·冬戌. 地獄 : 春辰·夏午·秋戌·冬子. 天牢 : 正月起丑으로 順行 十二支한다)

### (1) 耕種(경종)

```
干 : 農夫
支 : 耕作地
```

⊙ 日辰 上下가 상생되고 旺相하며, 日의 財가 농부의 行年上에 臨하면 풍년이고 이득이 十分이다.

⊙ 만약 日의 財가 入傳하나, 농부의 行年上에 吉將이 乘하지 못하면 반감이다.

⊙ 支가 日을 生하거나 支上神이 日上神을 生하면 이득이 십분이다.

⊙ 日이 支를 生하거나 日上神이 支上神을 生하면 이득이 반감이고 노력이 많이 든다.

⊙ 日이 支上神을 剋하면 경작하여 얻는 것이 없다.

⊙ 支가 日上神을 剋하면 경작지가 粗惡(조악)하며 돌이 많고 비용의 消耗(소모)가 많다.

⊙ 支上神이 空亡, 破碎, 死氣, 飛廉, 天.地轉殺 등을 대동함을 大忌하고, 비록 靑龍이나 六合 등의 吉將이 乘해도 수확량이 박하다.

⊙ 어떤 농사를 지어야 길한가를 알기위해서는 초전에 乘한 神을 살펴본다.

　◆ 水神 : 稻(도)

　◆ 木神 : 瓜果(와과)

　◆ 火神 : 雜穀(잡곡)

　◆ 土神 : 麻(마)

◆ 金神 : 麥(맥)

⊙ 금년에 어떤 농사를 지어야 이로운가는 課傳과 日과 支로 결정한다.

　◆ 伏吟課면 가까운 곳의 경작지를 作하고, 返吟課면 먼 곳의 경작지를 作한다.

　◆ 支上神이 卯, 辰, 巳, 午, 未, 申이 되면 높은 곳의 경작지, 酉, 戌, 亥, 子, 丑, 寅이 되면 낮은 곳의 경작지가 좋다.

　◆ 三傳에 財神이 旺相하면, 높은 곳이나 낮은 곳 모두 좋다.

⊙ 日上 兩課에서 발용이면 일찍 수확하는 작물이 좋고, 支上 兩課에서 발용이면 늦게 수확하는 작물이 좋다.

⊙ 辰巳未戌은 蟲神이다. 三傳에 보이면 病蟲의 害가 있는데, 농부의 行年上神에서 극제하면 무탈하다.

⊙ 작물의 類神과 太歲上神이 상생되면, 類神에 해당한 작물의 수확에 이롭고, 상형되면 수확에 불리함이 있다.

⊙ 작물의 類神과 支上神이 比和되거나 相生되년 역시 수확에 이로움이 있다.

⊙ 墓神이 干支의 上神이 되면 비용만 소모되고 수확함에 불리하다.

⊙ 三傳에서 墓神을 대동한 경작물의 오행이 三傳을 生하게 되면, 경작물이 먼저는 生하고 나중은 시들게 된다. 아울러 墓神을 대동한 오행이 三傳을 生하게 되면 먼저는 시드나 나중은 生하게 된다.

⊙ 朱雀이 土神에 乘하여 日을 剋하면 경작지의 경계선 문제로 하면 시비가 발생하고, 水神이 乘하여 日을 剋하면 경작지의 물 문제로 시비가 발생한다.

⊙ 勾陳이 土神에 乘하여 日을 剋하면 경작지의 경계선 문제로 爭訟이 발생하고, 水神이 乘하여 日을 剋하면 경작지의 물 문제로 인해 爭訟이 발생한다.

⊙ 亥加寅하여 천·지반을 作한 후, 농부의 年命上神을 보아 얼마만큼의 이득이 나는지를 알 수 있다.

　◆ 年命上에 寅申을 보면 대 수확이고 이득이 크다.

　◆ 年命上에 丑未를 보면 蟲災가 있다.

　◆ 年命上에 巳亥를 보면 수확 후에 공공의 爭訟이 발생할 것을 예방해야 한다.

　◆ 年命上에 卯戌을 보면 수확 후에 원행할 일이 발생한다.

　◆ 年命上에 午를 보면 수확한 후 공공의 여러 사람이 관여하게 되는데, 그렇지 않으면 상환해야 하는 문제가 발생한다.

◆ 年命上에 辰을 보면 무탈하다.


## (2) 養飼(양사)

```
干 : 主人
支 : 家畜
```

◎ 支上神이 日을 生하면 育畜에 이롭다.

◎ 日上神이 支를 生하면 育畜에 勞苦가 많다.

◎ 支上神이 日을 剋하면 주인에게 불리하다.

◎ 日上神이 支를 剋하면 育畜에 불리하다.

◎ 三傳 중 財神이 旺相하면 이롭고 休囚되면 불리하다.

◎ 支上神이 日을 刑하고 다시 破碎殺을 대동하면 주인에게 불리하고 흉장을 대동
하면 더욱 심하다.

　◆ 螣蛇를 대동하면 놀라는 일이 발생한다.

　◆ 勾陳을 대동하면 訟事가 발생한다.

　◆ 朱雀을 대동하면 시비구설이 발생한다.

　◆ 白虎를 대동하면 殺傷이 있게 된다.

　◆ 天空을 대동하면 虛耗가 많다.

　◆ 玄武를 대동하면 도적의 災禍가 있다.

◎ 家畜의 類神은 다음과 같다.

　◆ 丑 : 牛

　◆ 寅 : 貓(묘)

　◆ 卯 : 驢(려). 騾(라)

　◆ 辰 : 魚

　◆ 午 : 馬

　◆ 未 : 羊

　◆ 酉 : 鷄(계). 鵝(아). 鴨(압)

　◆ 戌 : 狗(구)

◆ 亥 : 猪(저)

◎ 畜의 類神이 生旺之地에 臨하면 길하고, 刑剋之地에 臨하면 흉하다.

◎ 畜의 類神에 乘한 天將을 겸해 판단해야 한다. 白虎와 玄武가 乘함을 매우 기피한다. 白虎는 殺傷을 나타내고 玄武는 失畜을 나타내기 때문이다.

◎ 子는 屠戶이고, 巳는 灶, 寅은 脯, 酉는 刀, 卯는 砧(침)으로 논하는데, 課傳에 여러 개가 보이며 血支, 死神, 死氣를 대동하면 屠殺者이다.

◎ 失畜에 대해서는 類神이 臨한 방위가 가축이 있는 곳이다. 上下가 상생되면 길하고, 下神의 剋이 있으면 가축이 타인에게 붙들려 있는 것이고, 類神이 日과 支에 臨하면 해당 가축은 스스로 집으로 돌아온다.

## 26) 受金의 可否(수금의 가부)

◎ 干이 財가 되고, 支가 債權者가 되고, 占時 下가 債務人이 된다.

◎ 時가 吉하면 빚을 받고 休囚나 受制되면 얻지 못한다.

◎ 時가 干支를 剋하면 債務人이 성의가 없어 받기 힘들고, 干吉, 支傷하면 얻기 힘들고, 干支가 다 吉한데 時가 剋하면 말만 그럴 듯 하고 誠意가 없어 終乃받지 못한다.

## 27) 買物得否(사는 물건의 得否 여부)

◎ 日干이 人이 되고 日支가 物이 되므로 物之類神을 보아 干上神이 類神을 制하거나 日支를 制하고, 日支가 日干을 生하거나 支上神과 類神이 다같이 日干을 生하면 반드시 買得할 수 있다.

◎ 日干을 剋하거나 干上神을 剋하면 買得하지 못한다.

◎ 類神이 入傳하면 쉬우나 入傳하여 日干을 剋하거나 空亡이 되면 뜻대로 안된다.

◎ 干支가 相生해야 하고 休囚되면 不成한다.

## 28) 賣物可否(물건을 사고 파는 것)

◎ 賣物(物件을 파는 것)은 干이 人이고 支가 物이므로, 支上神을 剋하면 쉽게 팔 수 있고 吉將이 乘하면 더 좋다.

⊙ 支上神이 干上神을 剋하면 팔기 힘들고 凶將이 乘하면 利得이 없고 類神이 入傳
하여 日干과 生合하면 難賣이고 이와 반대면 쉽게 팔 수 있다.

⊙ 개인사업에서는 販賣, 匿物, 納稅등에 虜都殺(노도살)을 꺼린다. 虜都殺이 何方
에 있는가를 보아 절대 피하도록 한다. 虜都殺은 遊都殺의 對沖位로 (甲己日 未,
乙庚日 午, 丙辛日 申, 丁壬日 亥, 戊癸日 寅) 절대로 탈세하면 불리하다.

## 29) 請人來否(청한 사람의 來不)

⊙ 天罡이 日辰의 前이면 遠近間에 반드시 오고 天罡이 日支의 後가 되면 間隔의
사이라도 오지 않는다.

⊙ 月將을 日支에 加한 후 正時上에 辰戌과 子午를 보면 應來하고, 寅申丑未는 잠
시 있으면 오고, 酉가 되면 오는 중이고, 卯가 되면 반쯤 왔다가 돌아갔고, 巳亥
가 되면 不來한다.

⊙ 一法으로 月將加時하여 天罡이 孟神에 加하면 不來하고, 仲神에 加하면 늦게 오
고, 季神에 加하면 卽至한다.

## 30) 喚人來不(부른 사람의 來不)

⊙ 日干이 我이고 日支가 相對가 된다.

⊙ 月將을 日支에 加하여 相生 相合이 되면 반드시 오고, 相刑 相剋이 되면 오지
않는다.

⊙ 干이 支를 剋하면 相對에 疑惑(의혹)이 있고, 日支가 日干을 剋하면 상대는 나를
괴롭히기 쉽다.

⊙ 干上에 天空이나 空亡이 되면 내가 가서 부르지 않는 것이고, 支上에 天空이나
空亡이 되면 상대는 말로만 온다고 하는 것이다.

⊙ 男子는 傳送(申), 女子는 太乙(巳)이 孟上에 加하면 반드시 오고, 仲神上에 있으
면 오는 중이고 季神上에 있으면 즉시 도착한다. 또 天罡이 日辰上에 있으면 기
다리면 오게 된다.

## 31) 期人過遇(기다리는 사람의 見不)

◎ 天罡이 干支에 臨한즉 만나고, 日前에 있으면 이미 와있고, 日後에 있으면 아직
오지 않았다.

◎ 天罡이 孟上에 있으면 아직 오지 않았고, 仲上에 있으면 이미 와있고, 季上에
있으면 반드시 만나게 된다.

## 32) 人來寄物(타인이 주는 물건의 납부)

◎ 日支가 日干을 剋하면 받아들이지 말아야 하고 占時가 日干을 剋해도 받아들이
지 말아야 한다.

◎ 日支의 陰神이 干支를 遙剋해도 위험하다.

◎ 支神臨處의 地盤神이 日干을 傷해도 받지 않는 것이 좋은데, 事因을 알려면 十二
天將으로 결정하면 된다.

## 33) 客來寄宿(타인이 와서 기숙할 때)

◎ 占時가 日辰을 剋하거나 혹 日支의 陰神과 所臨神이 干支를 賊하면 客은 主人을
해친다.

◎ 客이 豹尾(표미) 上에 있으면 받아들이지 말아야 한다.

(豹尾 : 寅午戌月 - 辰, 亥卯未月 - 巳, 巳酉丑月 - 未, 申子辰月 - 戌)

## 34) 人謀害己(남이 나를 모해할 때)

◎ 干上神이 我고 支上神이 他人이다.

◎ 支上神이 干上神을 制하면 他人이 와서 나를 害하고, 干上神이 支上神을 制하면
恨은 있더라도 害하지 못한다.

◎ 日上神에 螣蛇, 白虎, 魁罡을 보면 傷害를 당한다.

◎ 支上神이 空亡이나 天空이 되면 惡意를 품었어도 傷害하지 못한다.

◎ 干上神과 支上神이 比和하면 서로 怨恨이 있더라도 풀어지고 和解되며 다시 吉
將이 되면 노여움이 기쁨으로 化한다.

## 35) 來人善惡(상대방에서 오는 사람의 선악)

⊙ 神后가 孟上에 加하면 善良한 사람이고, 仲上에 加하면 장사꾼이고, 季上에 加해 있으면 惡人이다.

⊙ 칼이나 봉을 들고 오는 사람이 누군가를 알려면 亥子巳卯가 日辰에 臨하면 盜賊이고, 辰戌寅申에 臨하면 官吏고, 酉午가 臨하면 未亡人이며, 丑未면 送葬人이고, 子加卯면 寃仇人이다.

⊙ 船上에서는 天罡으로 보아 加孟하면 官吏고, 加仲하면 常人이고, 加屆하면 惡人이다.

# 제2장
# 응기론應期論

六壬占斷에서 應期(응기)는 百事에 대한 始와 終을 알아 길흉에 대해 成期와 散期를 정확히 예측하는 것이다. 따라서 壬學에서는 정확한 應期를 아는 것이 난제 중의 난제인 것이다.

應期를 정확히 예측하기 위해서는 주어진 여러 사안에 대해 다각적인 분석과 諸 事의 연관관계를 통해 정확한 판단이 필요한 것이다. 예를 들어 天乙貴人의 順 逆 여부와, 초전이 貴人의 前에 있는가? 後에 있는가? 1.2課에서 발용했나 3.4課에서 발용했나, 또한 三傳의 구성형태가 어떤 형태로 되어있는가? 年命이 어떠한가? 등을 종합적으로 참작하여 판단해야 하는 것이다.

또한 어떠한 사안이던지 성사될 것인지, 성사되지 못할 것인지를 판단하고 응기를 논해야 한다는 것이다. 불성할 것은 굳이 응기를 논할 필요가 없다는 것이다. 문점 사안에 대한 응기를 정확히 판단하는 것이야말로 六壬學의 畫龍點睛(화룡점정)이라 할 수 있는 것이다.

## 〈제1법〉

◉ 매사 발단의 길흉의 起處는 初傳으로 판단하고, 散期는 末傳으로 판단한다. 예로 春節에 初傳이 寅卯木이라면 사안은 가까운 시일의 문제이고, 春節에 초전이 巳午火라면 將來之事(장래지사)로 판단하는 것이다.

◉ 금년 太歲가 發用이라면 應期는 필히 今年 內에 應하는 것이고,
今月의 月建이 發用이면 필히 今月內에 應하는 것이고,
日干이나 日支가 發用이면 應期는 今日 內인 것이다.
旬首가 발용이면 應期는 필히 10日 內인 것이다.
月將이 발용이면 해당 月將의 月 안에 應期가 있는 것이다.

⊙ 太歲, 月建, 日辰, 旬首, 月將 등이 발용하지 않았을 경우에는 당일의 日支로 부터 차례로 세어나간다.

예로, 子日에 丑土가 발용되었다면 應期는 다음날인 것이다. 寅木이 발용되었다면 모레가 되는 것이다. 단 5日 이후는 이 방법을 적용하지 않는다.

⊙ 1년은 24節氣로 구성되었다. 매 節과 氣 사이는 15日이 되고, 또한 각 5日씩 三元 (上元, 中元, 下元)으로 구성되어 一元은 5日에 해당된다. 따라서 매 節氣가 발용되면 해당 節氣 內인 15日 內에 應期가 있는 것이다. 또한 매 1氣는 三候가 되고, 1년은 72候가 되는 것이다. 그러므로 1후는 5日이 되는 것이다. 따라서 立春을 起하여 每候之日이 발용하면 當候인 5日 內에 應期가 있는 것이다.

⊙ 발용이 立春, 立夏, 立秋, 立冬이면 應期는 每季인 3個月 內가 된다.

⊙ 문점시가 발용이면 應期는 현 時刻 內가 되는 것이다.

이상은 길흉에 관계없이 평상시에 산출하는 應期이다.


〈제2법〉

⊙ 용신의 上下神으로 月期를 삼고, 占日의 喜氣之神으로 日期를 본다. 吉課라면 日干을 생하는 것이 喜神이고, 凶課라면 日干을 剋하는 것이 忌神이다.

예를 들어 戊己日에 卯加辰으로 卯가 발용하여 吉課가 되었다면 月期는 2月이다. 卯가 2月의 月建이기 때문이다. 만약 2月에 응하지 않으면 3月에 응한다. 용신이 辰上에서 발용됐기 때문이다. 다음에 日期는 丙丁日이다. 吉課이므로 戊己日을 생하는 것은 丙丁日로 즉 喜神이기 때문이다.

⊙ 또 예를 들어 甲乙日에 巳加申하여 巳火가 발용했다면 月期는 4月이다. 巳火의 月建이 4月이기 때문이다. 만약 4月에 응하지 않으면 7月에 응한다. 巳火가 申上에서 발용했기 때문이다. 日期는 吉課라면 壬癸日이고, 凶課라면 庚辛日이 된다. 왜냐하면 甲乙木을 剋하는 忌神은 庚辛金이기 때문이다.


〈제3법〉

⊙ 末傳은 百事의 結末之期이다.

⊙ 吉課라면 말전과 合되는 神으로 成期로 본다.

⊙ 凶課라면 말전을 沖하는 神으로 散期를 본다. 혹은 末傳과 合되는 地盤으로써

吉事의 結期로 보는 것이다.

이상은 길흉을 이미 아는 경우 그 結期를 판단하는 방법이다.

### 〈제4법〉

◉ 용신이 陽神이라면 용신의 絶日이 應期고, 용신이 陰神이라면 陰神의 墓日이 應
期日이다. 이것은 墓絶로 取하는 應期이다.

◉ 三合課는 三合되는 오행의 墓神이 應期이다. 예로 三傳에 寅午만 있고, 戌이 없
는데, 天空을 보면 戌月, 戌日에 가서 성취된다고 보는 것이다. 만약 巳酉만 있
다면 丑月, 丑日에 성취된다고 보는 것이다.

◉ 間傳課는 折腰格이라고도 하는데, 예로, 三傳이 戌子寅이거나, 午申戌 등이면
中傳 一字로 인해 三合局이 형성이 되지 않으므로 중전 一字를 沖하는 神의 月,
日이 應期가 되는 것이다. 이를 虛一代用이라 한다.

◉ 應期가 遠期라면 當年太歲 上神으로 보는데, 예로 正月占에 太歲上에 巳火가 있
다면 4月이 應期가 되고, 亥가 있다면 작년 10月의 일이다.

◉ 旺氣가 발용이면 현재사이고, 相氣가 발용하면 미래사이며, 休囚가 발용하면 과
거사이다.

◉ 行人占은 課傳이 歸來之象이면, 초전의 墓神의 上神이 歸期의 年, 月, 日이 된다.

# 제3장
# 두강지법斗罡指法

斗罡之法은 북두칠성의 권위에 의거하여 북두칠성이 하늘의 중심체이며 또한 인간세에 절대적으로 영향력을 미칠 수 있다는 점에 근거하여 占學으로 창안된 학설이다. 고대 동양의 이론은 북두칠성이 우주의 창조주이신 하느님의 절대적 권위 下의 수하인으로서, 각 별들의 운행법칙과 진화과정을 주재하며, 자연질서를 확립하여 인간세에 큰 영향을 미치고 있다고 판단하였다. 이를 근거로 六壬式盤에 斗罡(辰)을 활용한 占法을 창안한 것이 斗罡之法이다. 斗罡은 天罡으로 하늘에서의 星名은 "辰"이다. 따라서 이를 활용하는 방법은 用事하고자하는 시점에 月將加時하여 천·지반을 포국한 후, 천반 "辰" 下의 神으로 용건에 대한 길흉을 점단하는 방법이며 일명 "指斗法(지두법)"이라고도 한다.

## 1. 두강소용비법斗罡所用秘法

◎ 問占 事案에 대한 사전에 미리 유익한 결과를 얻는 비법이다.
◎ 옛날에는 誓約(서약)을 하지 않으면 전하지 말라는 교훈이 있다.
◎ 점단하는 모든 사안에 대해 결과를 얻을 수 있다.
   (예로 疾病門에서 약을 구하거나 의사를 찾는 방위, 求財門에서 재물을 얻는 방위, 청탁을 위한 알현방위 등…)

## 2. 점단법占斷法

◎ <u>月將을 占時에 加하여 天·地盤을 포국한 후 천반 "辰"의 下神으로 판단.</u>

# 3. 용법用法

⊙ 계획 진행 전에 천반 "辰"의 下神으로 길흉을 미리 예측할 수 있다.

◆ 子 : 중도에서 좌절된다. 정신이 아름답지 못하다.

◆ 丑 : 목전의 사안이나 近事 등은 이득을 얻을 수 있으나, 미래의 사안을 예측하거나 遠事 등은 불리하다.

◆ 寅 : 凡事皆吉이다. 도박이나 투기 등의 사안도 이득을 취할 수 있다.

◆ 卯 : 內外가 모두 閉塞(폐색)되었다. 藏匿(은익)이나 收獲 등은 불리하고, 기타의 사안은 이롭다.

◆ 辰 : 閉塞之象(폐색지상)이다. 守舊(수구)함이 이롭고, 輕擧妄動(경거망동)은 불리하다.

◆ 巳 : 天地가 開通되었다. 범사 진행함이 좋다.

◆ 午 : 神佛에 祈禱하거나, 符籍, 歌舞, 遊興 등으로 피흉 함이 좋고, 기타는 무방하다.

◆ 未 : 萬事 진행함에 순리를 따르면 작은 이득이 있고, 기타의 행업이나 매매 등은 小利를 취할 수 있다.

◆ 申 : 경쟁이나 타인의 압박 조짐이 있다. 만약 이미 진행된 일의 개시나 여행 등은 안전하다.

◆ 酉 : 출행시 災厄이 있고, 圖謀之事는 실패하고 손실이 있으며, 매사에 허비가 많다.

◆ 戌 : 본래의 계획을 변경함이 좋고, 手下人으로 인해 損耗가 발생한다.

◆ 亥 : 凡事가 難通之象이고 경황과 손해를 초래하기 쉽다.

⊙ 訪問하여 貴人을 알현할 수 있는가 여부?

◆ 천반 辰이 四孟神(寅.申.巳.亥)에 加하였으면 貴人은 집에 있어 알현할 수 있다.

◆ 천반 辰이 四仲神(子.午.卯.酉)에 加하였으면, 貴人이 출타하였지만 돌아오는대로 곧 만날 수 있다.

◆ 천반 辰이 四季神(辰.未.戌.丑)에 加하였으면, 貴人이 출타하였거나, 혹은 출타를 핑계로 만나고 싶지 않은 것이다. 그러나 방알에 관한 類神이 초전이나 일

지상에 승했으면 만날 수 있다.

⊙ 來訪者의 동향을 알고 싶다면?
 ◆ 천반 辰이 四孟神에 가하였으면 내방자는 출발하지 않은 것이다.
 ◆ 천반 辰이 四仲神에 가하였으면 내방자는 출발하여 오는 중이다.
 ◆ 천반 辰이 四季神에 가하였으면 내방자는 출발한지 오래되어 곧 도착한다.
 ◆ 만약 복음과라면 오지 않는다.

⊙ 출행이나 여행의 길흉을 알고자 한다면?
 ◆ 천반 辰이 四孟神에 加하였으면 길하다.
 ◆ 천반 辰이 四仲神에 加하였으면 재화를 만날 염려가 있다.
 ◆ 천반 辰이 四季神에 加하였으면 평온하다.

⊙ 길을 걷거나 산중에서 迷路를 만난 경우.
 ◆ 천반 辰이 加臨한 下神을 지표로 삼는다.
 ◆ 천반 辰이 四孟神에 加했으면 좌행이면 안전하다.
 ◆ 천반 辰이 四仲神에 加했으면 직진이면 안전하다.
 ◆ 천반 辰이 四季神에 加했으면 우행이면 안전하다.
 ◆ 또는 천반 辰이 加臨한 下神의 방향으로 백보정도 가면 도로를 발견하게 된다.
  (예로, 辰加申의 경우라면 信防인 서남쪽인 것이다.)

⊙ 求財의 得否를 알고자 하는 경우.
 ◆ 천반 辰이 四孟神에 加한 경우는 구재가 성사된다.
 ◆ 천반 辰이 四仲神에 加한 경우는 절반 정도 구재가 가능하다.
 ◆ 천반 辰이 四季神에 加한 경우는 구재가 불성이다.

⊙ 賣買의 成事與否를 알고자 하는 경우.
 ◆ 천반 辰이 四孟神에 加한 경우는 불성이다.
 ◆ 천반 辰이 四仲神에 加한 경우는 가능성이 있다. 단, 심사숙고함이 필요하다.

◆ 천반 辰이 四季神에 加한 경우는 성사된다.

◎ 災厄의 발생여부를 알고자 하는 경우.
  ◆ 천반 辰이 日支의 前이면 災厄이 없다.
  ◆ 천반 辰이 日支의 後인데 3日內에 속한다면 災厄이 속지한다.
  ◆ 일상신에 辰이 臨하면 災厄이 발생치 않는다.

◎ 災厄이 누구에게 닥칠 것인가를 알고자 하는 경우.
  ◆ 천반 辰이 四孟神에 加한 경우는 친, 인척의 존장자에게 닥친다.
  ◆ 천반 辰이 四仲神에 加한 경우는 본인 혹은 형제자매에게 닥친다.
  ◆ 천반 辰이 四季神에 加한 경우는 처첩이나, 자손, 혹은 고용인에게 닥친다.

◎ 사안이 來生外發인 경우 길흉이 어느 쪽에 있는가를 알고자 하는 경우.
  ◆ 천반 辰이 四孟神에 加하면 내길외흉이다.
  ◆ 천반 辰이 四仲神에 加한 경우는 길함은 가내에 있고 흉함은 신변에 있게 된다.
  ◆ 천반 辰이 四季神에 加한 경우는 내흉외길이다.

◎ 失物의 情況을 살펴보는 경우.
  ◆ 천반 辰이 四孟神에 加한 경우는 도적 건은 아니고 기억상실이다.
  ◆ 천반 辰이 四仲神에 加한 경우는 회수되나 비교적 지체된다.
  ◆ 천반 辰이 四季神에 加한 경우는 家屬人의 소행인데 찾기 힘들다.

◎ 胎産시 남녀를 알고자 하는 경우.
  ◆ 천반 辰이 四孟神에 加한 경우는 남아이다.
  ◆ 천반 辰이 四仲神에 加한 경우는 여아이다.
  ◆ 천반 辰이 四季神에 加한 경우는 산액이 있을까 염려스럽다.

◎ 질병의 輕重을 알고자 하는 경우.
  ◆ 천반 辰이 四孟神에 加한 경우는 병이 중하다.

◆ 천반 辰이 四仲神에 加한 경우는 병이 경하다.

◆ 천반 辰이 四季神에 加한 경우는 쾌유되나 운이 흉하다면 난치이다.

◆ 질병 치료시 良醫의 방위를 알고자 한다면 천반 辰의 下神으로 판단한다.

(예로, 辰加寅의 경우는 寅方에서 良醫를 만나게 된다.)

⊙ 소문의 虛實을 알고자 하는 경우.

◆ 천반 辰이 四孟神에 加한 경우는 소문은 거짓이다.

◆ 천반 辰이 四仲神에 加한 경우는 허실이 반반이다.

◆ 천반 辰이 四季神에 加한 경우는 소문은 진실이다.

⊙ 會合의 시간을 지키지 못했을 때 상대방의 동향을 알고자 하는 경우.

〈他人〉

◆ 천반 辰이 日辰에 臨하면 만남이 가능하다.

◆ 천반 辰이 日의 前이면 이미 간 것이다.

◆ 천반 辰이 日의 後이면 오지 않은 것이다.

◆ 천반 辰이 四孟神에 臨하면 아직 오지 않은 것이다.

◆ 천반 辰이 四仲神에 臨하면 만날 수 있다.

◆ 천반 辰이 四季神에 臨하면 이미 간 것이다.

〈同伴〉

◆ 勝光(午)이 貴人 前이면 앞에 있는 것이다.

◆ 勝光(午)이 貴人 後이면 뒤에 있는 것이다.

◆ 勝光(午)이 日辰에 臨하면 만날 수 있다.

⊙ 출행 중 자신에게 다가오는 오는 사람의 善惡을 알고자 하는 경우.

◆ 천반 神后(子)가 四孟神에 加한 경우 상대방은 선량하다.

◆ 천반 神后(子)가 四仲神에 加한 경우 商賣買와 연관된 기세가 왕한 사람이다.

◆ 천반 神后(子)가 四季神에 加한 경우 흉악지인이다. 만약 위험을 느끼게 되는 경우라면 천반 辰이 壬한 곳으로 피하면 좋다. 예로, 辰加亥인 경우는 亥方인 서북방을 의미한다.

⊙ 兵法이나 賭博 등에서 승리를 거두려면 "亨亨"을 등지고 일을 作해야 한다. 亨亨은 天의 貴神을 관장하는 길신으로, 月將加時하여 천·지반을 포국한 후, 천반 神后(子)의 지반처가 亨亨이다. 만약 用兵占이라면 천·지반이 子加亥의 경우라면 지반 亥가 곧 亨亨이니 亥方을 등지고 적을 공격하면 승리하는 것이다.

# 제4장
# 유신삼재법類神三才法

六壬神課는 천·지반 포국 후 四課三傳을 도출하여 月將과 占時에 따라 응해오는 森羅萬象(삼라만상)의 길흉을 推知(추지)해 보는 학문이다. 이에 천·지반을 포국하는 것은 하늘과 땅이 상호 應하여 우주만물이 창조되고 생성되기 시작하는 것이라 이를 太極이라 한다. 다음으로 日干과 日支는 兩儀가 되고, 兩儀가 陰陽四課를 낳아 四象이 된다. 四象은 上神과 下神이 照應(조응)하여 八字가 되니 八卦가 되는 것이다. 이 八卦에 의거하여 三傳의 類象인 三才가 만들어지는 것이다. 따라서 三傳이 三才를 태동시키는 것이며, 兩儀의 化身인 것이며, 六壬課體의 구성요소가되는 것이다. 그리고 萬事와 萬物의 類神인 十二天將이 추축이 되어 三傳과 결합되어 三才의 效用性(효용성)을 生하여 占法을 이루니 이를 類神三才法이라 한다. 이 法은 簡易 점단법으로 課體에 의존하지 않고 三才의 구성과 乘한 天將으로 吉凶을 판단하는 법이다. 아래의 예제를 들어 분석해 본다.

## 〈事案別 占法〉

◆ 占時 : 八月 丁巳日 辰將 酉時課(晝占)
◆ 課體 : 涉害法. 幼度厄. 三奇. 關格

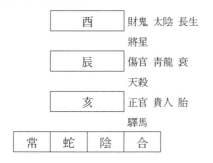

| | | | |
|---|---|---|---|
| 酉 | | 財鬼 太陰 長生 | |
| | | 將星 | |
| 辰 | | 傷官 靑龍 衰 | |
| | | 天殺 | |
| 亥 | | 正官 貴人 胎 | |
| | | 驛馬 | |

| 常 | 蛇 | 陰 | 合 |
|---|---|---|---|

| 未 | 子 | 酉 | 寅 |
|---|---|---|---|
| 子 | 巳 | 寅 | 丁未 |

| | 蛇 | 朱 | 合 | 勾 | |
|---|---|---|---|---|---|
| | 子 | 丑 | 寅 | 卯 | |
| | 巳 | 午 | 未 | 申 | |
| 貴 亥 辰 | | | | 酉 辰 青 | |
| 后 戌 卯 | | | | 戌 巳 空 | |
| | 寅 | 丑 | 子 | 亥 | |
| | 酉 | 申 | 未 | 午 | |
| | 陰 | 玄 | 常 | 白 | |

# 1. 점占 부녀사婦女事

⊙ 부녀사에 대한 占事는 類神이 天后라 三傳에 天后가 보여야 한다.

⊙ 天后가 戌에 乘하여 초전이 되고, 초전의 陰神인 巳에 天空이 乘하여 중전이 되고, 중전 巳의 陰神 子에 螣蛇가 乘하여 말전이 되면, 初傳 天后에서 시작하여 삼전이 戌巳子가 되는 것이다.

⊙ 먼저 초전을 논하면, 天后가 天魁(戌)에 乘하고 卯木에 臨하여 天后 戌土가 下神 卯木의 剋을 받고 있다. 內戰이 되어 불안하며, 평온함을 얻을 수 없으나, 下神 卯와 卯戌의 六合이 되니 和合의 뜻이 있는 것이다.

또한 八月은 酉月이라 卯와 沖이 되니, 天魁(戌)는 손상되어 卑賤해지는 고로 따라서 天后에 卑賤의 神이 乘한 것과 같으며 八月의 卯木은 死되니 無氣한 것이다. 부녀점에서 비천함과 연관됨을 알 수 있는 것이다.

上下 合이 되나 月令의 剋을 받으니, 불안한 것이며 이는 마음에 근심이 있고 도적으로 인한 失財의 象인 것이다.

⊙ 中傳을 논하면, 中傳 巳에 天空이 乘하였고, 天空은 詐欺, 不實의 象이다. 八月의 巳는 天鼠殺(천서살)이 되니, 정황은 필히 鼠와 연관되어 "陽現其象 情歸于陰(양현기상정귀우음)"이 되는 것이며, 中傳 巳火는 天后 戌土의 陰神인 것이다.

⊙ 말전을 논하면, 말전 子에 螣蛇가 乘하니, 子는 鼠이고 螣蛇는 怪異와 驚惶(경황)

을 主事하니, 이는 필히 家內에 鼠怪가 있다 점단하는 것이다.


## 2. 점占 귀인사貴人事

◉ 貴人部類의 類神은 貴人이니 三傳에 貴人이 보여야 한다.

◉ 貴人이 亥에 乘하여 초전이고, 初傳 亥의 陰神은 午火로 白虎가 乘하여 중전이 되고, 中傳 午火의 陰神은 丑土로 朱雀이 乘하여 末傳이 되니, 初傳貴人에서 시작하여 三傳은 亥午丑이다.

◉ 初傳을 논하면, 貴人이 亥에 乘하여 辰에 臨하니, "貴人履獄(귀인이옥)"이라 자리가 땅치 못하니 필히 憂患(우환)이 있고, 病占이라면 치유되기 어려운 것이다.

◉ 中傳을 논하면, 白虎가 午에 乘하여 受剋되고, 白虎는 질병과 死傷의 類神이며, 다시 內戰되어 사안이 重하니 病厄의 조짐이 있는 것이다.

◉ 末傳을 논하면, 丑에 朱雀이 乘하였고, 朱雀은 文書, 口舌의 類神으로, 八月의 天刑은 午에 있고, 死氣가 丑에 있으니, 死刑의 뜻과 통하여 罰責으로 인한 退役之憂(퇴역지우)인 것이다.


## 3. 점占 부모사父母事

◉ 부모점의 類神은 太常으로 三傳에 太常이 보여야 한다.

◉ 太常이 未에 乘하여 초전이고, 初傳의 陰神인 寅에 六合이 乘하여 中傳이 되고, 中傳의 陰神인 酉에 太陰이 乘하여 末傳이 되니, 初傳 太常에서 시작하여 三傳이 未寅酉이다.

◉ 초전을 논하면 太常이 未에 乘하여 子에 臨하니, 子未 六害가 되고, 子는 甲寅旬中의 空亡이다. 따라서 太常은 空陷된 것이라 孤寒(고한)하니 父占에는 母가 없는 것이고, 母占에는 父가 없는 것이다. 그렇지 않으면 遠行하였거나, 類神이 空亡되었으니 십중팔구 사망했을 것이라 판단한다.

◉ 중전을 논하면, 寅에 六合이 乘하였고, 六合은 甲寅木에 속하는 길장인데, 寅木

에 乘하여 초전 未土 太常의 鬼가 된다. 八月의 木은 死木이라 死木에 六合이 乘했으니 棺材의 象이라 길하지 못한 것이다.

◎ 말전을 논하면 酉에 太陰이 乘하였고, 太陰은 辛酉金에 속하는 길장인데 酉金에 乘하니 이른바 遞剋類陰(체극유음)인 것이다. 鬼가 鬼를 재촉하니 死亡의 象인 것이다.

◎ 寅은 鬼戶가 되고, 太陰은 夜神으로 酉金에 臨하니 冥府(명부)의 길인 것이다. 말전은 歸計門이라 하는데, 冥府에 드니 어찌 부모에게 이득이 있겠는가? 또한 太常이 未에 乘하여 子에 臨하였는데, 未에서 天盤 子까지는 六位이다. 고로 원거리로 논하니, 타처로의 전출이나, 고향을 떠나거나, 혹은 타향에서 사망할 징조인 것이다. 간격이 5~6位면 원거리이고, 2~3位면 근거리라 논한다.


## 4. 점占 자손사子孫事

◎ 자손점은 六合이 類神이며 六合이 三傳에서 보여야 한다.

◎ 六合이 寅에 乘하여 초전이고, 초전 寅의 陰神은 酉로 太陰이 乘하여 中傳이고, 中傳 酉의 陰神은 辰으로 靑龍이 乘하여 말전이다. 初傳 六合에서 시작하여 三傳이 寅酉辰이다.

◎ 초전을 논하면, 寅에 六合이 乘하여 未에 臨하고, 未中 丁火가 寄宮이며, 寅木은 坐에 脫氣되고 있는 것이다. 또한 寅木은 八月에 死木으로 길하지 못하다. 未土는 木의 墓庫로 寅木이 投墓되는 象인 것이다.

◎ 중전을 논하면, 酉에 太陰이 乘하여 月建이 되고, 月建은 官長인데, 下神 寅木을 극하니, 官長이 仇難之災의 象이 된 것이다. 또한 死木이 旺金을 만나니 凶이 重하다. 仰見하면 仇가 되고 俯臨하면 坵가 되니 자손에게 이로움이 없는 象이다.

◎ 말전을 논하면, 辰에 청룡이 乘하여 酉에 臨하고 있다. 辰은 자손인 寅木의 財가 되어 財가 반대로 鬼를 돕는 象이다. 이것은 酉의 遁干은 辛이고 辰의 遁干은 丙인데, 丙辛 合水되니 財鬼가 相助하는 형국이기 때문이다. 흉함이 불문가지다.

◎ 대체로 자손점에서 기피함이 있다.

   ◆ 첫 번째가 落空陷이고,

- ◆ 두 번째는 投墓됨이고,
- ◆ 세 번째는 삼전에 官鬼를 봄이고,
- ◆ 네 번째는 神殺이 死氣와 死神을 帶하는 것이고,
- ◆ 다섯 번째는 螣蛇, 白虎, 魁罡이 年命에 臨하는 것이고,
- ◆ 여섯 번째는 囚死氣에 乘하는 것이다.

만약 三傳에 전부 보이면 이는 死亡之象이다. 반대로 旺相地에 臨하고 吉神을 得하면 喜慶이 있게 된다.

⊙ 支는 가택인데 자손의 위치이다. 따라서 자손점에서는 支를 살펴보아야 하는데, 만약 支가 亥子인 경우에 支上神이 辰未戌丑이며 螣蛇, 白虎 등 흉장이 乘하여 支를 剋하면 역시 흉함이 심한 것이다.

# 제5장
# 내정법來情法

來情法은 問占者가 방문시 묻고자하는 사항을 미루어 짐작해보고 그 답을 얻을 수 있는 점단법이다. 問占時(正時)와 日辰과 初傳에 그 근간을 두고, 이것과 課體 및 年命을 상호 비교하여 刑. 沖. 破. 害. 怨嗔. 比. 合 等에 따라 도출되는 事項을 분석하여 미루어 豫測하므로써 상대방의 직업, 性情의 善惡, 제반 관련 인간사 등을 알 수 있으며, 초전과 類神의 旺, 相, 休, 囚, 死를 참작하여 현재와 미래의 일들을 판단해 볼 수 있는 점단법이다.

## 1. 논내정論來情(1) - 정시正時, 과전課傳, 년명年命 기준基準

◎ 時와 日이 上生하면 은혜를 받는 일로써

　時가 日干을 生하면 남의 은혜를 받고

　日이 時를 생하면 내가 남에게 은혜를 베푼다.

◎ 時와 日이 相比하면 諸事遲滯하고 타인으로 인한 금전손해, 女人之事이다.

◎ 時가 日을 沖하면 動搖(동요)의 사건 또는 다른 사람의 侵犯(침범)을 받는 일이다.

◎ 時가 日馬가 되어 日上에 臨하면 遠行이나 移動이 있고, 辰上에 臨하면 田宅의 移動之事이다.

◎ 時가 日干의 祿이 되면 祿位 職位를 求하거나 立身之事이다.

◎ 時가 日干의 貴人이 되면 貴人의 일에 관계하거나, 윗사람이 끌어주고,

◎ 時가 日干의 日德이 될 때에는 賞을 받거나 特賜가 있다.

◎ 時가 日辰의 空亡이 될 때에는 某事不成하고 失脫이나 失財가 있다.

◎ 時가 日辰의 劫煞이 되면 諸事가 急速하고 또는 盜難之事가 있을 수 있다.

⊙ 時가 日辰의 刑이 되면 급속한 사건이고 또는 官災가 있다.

⊙ 時가 日辰의 害가 되면 손해 또는 자기의 災害를 豫測하지 못하게 된다.

⊙ 時가 日辰의 破가 되면 破財, 失走 등의 일이다.

⊙ 時가 日鬼가 되면 적의 침범을 받고 또는 病患, 失脫의 일이다.

⊙ 時가 日干의 墓神이 되면 田土의 다툼 또는 墳墓나 佛事의 일이다. 위에서 旺相하면 田畓의 일이고, 休囚되면 墓地의 일이다.

⊙ 時와 日辰이 合되면 화합이나, 外財를 救하거나, 旅行 또는 通信의 일이다.

⊙ 午가 天馬가 되면 반드시 待人의 일이다.

⊙ 年命上神에 天罡(辰)을 보아 白虎가 乘하면 災難의 사건이다.

⊙ 年命上神에 河魁(戌)를 보면 使用人 또는 盜難의 일이다.

⊙ 知一課는 兩者擇一의 件이거나 심정의 불안이 있다.

⊙ 長生이 墓上에 加하면 舊事가 재발한 것이다.

⊙ 日干上神에 父母爻가 있고, 日支上神에 丁馬가 있으며, 年命上神에 生神이 있으면 家庭上의 일이다.

⊙ 日干上神에 日支上神이 乘해서 日干을 生하고, 發用이 年命上神을 生하고, 干上神이나 支上神이 丁馬가 되면, 家屋賣買(가옥매매), 改築(개축)의 件, 旅行이나 出場의 일이다.

⊙ 時와 日支가 沖破가 되며, 日支上神이 父母爻가 되거나 空亡이 되면, 家庭不安이나 住居의 일이다.

⊙ 日支上神에 大耗, 小耗가 乘하고, 三傳이 火神(巳午)이 되어 日干을 剋하면 火災의 件이다.

⊙ 日干上神에 卯酉가 乘하면, 轉居의 뜻이 있어 守舊하기 어렵고, 丁馬와 劫殺을 보면 반드시 移住한다.

⊙ 日辰上神에 驛馬가 乘하면 出行 件이나 家庭의 紛爭事이다.

⊙ 八傳課(팔전과), 九醜課(구추과), 三交課(삼교과), 獨足課(독족과), 度厄課(도액과), 亂首課(난수과), 天獄課(천옥과), 龍戰課(용전과) 모두 家庭之事이다.

⊙ 蒿矢課(호시과), 八傳課(팔전과), 九醜課(구추과), 三交課(삼교과), 曲直格(곡직격), 玄胎課(현태과) 등으로 財爻가 靑龍, 太陰, 天后 등이 三傳에 있어 三合이나 六合이 되면 결혼지사이다.

◎ 干上神에 卯가 乘해서 初傳이 되어 休囚의 支에 있으면 墳墓(분묘)나 陰謀之事(음모지사)이다.

◎ 占時와 初傳에 日墓가 乘하고, 또 日支上神에 死神이 乘하면 墳墓 또는 佛事의 일이다.

◎ 日支上神에 丁馬가 乘하면 開墓 또는 佛事에 관한 賣買 件이다.

◎ 占時가 墓되고 三傳에 日鬼 되고, 凶將이 乘하면 土地 또는 墳墓의 다툼이 있다.

◎ 年命에 天喜가 있고, 三傳과 合되거나, 日干과 三合되면 親善之事이다.

◎ 日干의 寄宮과 占時가 合되거나, 日干과 三傳이 干合되고 三傳에 靑龍, 太陰, 天后 중 어느 것이고 있으면 결혼문제 또는 친선의 件이다.

◎ 日干 또는 日干上神과 三傳이 三合하고, 남녀의 年命上神이 또 삼합하고, 天后 六合이 乘하면 成婚의 일이다.

◎ 財爻와 子孫爻를 보고, 財爻가 初傳이 되고, 辰戌에 六合 또는 玄武가 乘하면 姙娠(임신)의 일이다.

◎ 初傳, 正時, 年命上神에 子孫爻 또는 胎神, 生神, 天喜, 靑龍, 六合 등이 乘할 때는 出産의 일이나 家畜土地의 件이다.

◎ 胎神, 生神이 丑, 酉, 午, 亥, 戌, 未 등에 加하면 六畜(육축) 또는 農事(농사)의 件이다.

◎ 三光課(삼광과), 六儀課(육의과), 斲輪課(착륜과), 鑄印課(주인과), 軒蓋課(헌개과)로써 太歲, 月支, 傳送(申)의 어느것이든 三傳에 있으면 官職事(관작사)이다.

◎ 察微格(찰미격), 嵩矢課(호시과), 虎視轉蓬課(호시전봉과), 度厄課(도액과), 淫泆課(음일과), 綴瑕課(철하과), 天網課(천망과), 天煩課(천번과), 昴星課(묘성과), 冬蛇掩目課(동사엄목과), 亂首課(난수과), 天獄課(천옥과), 龍戰課(용전과), 刑償課(형상과), 天禍課(천화과) 등으로써 潤下(윤하) 또는 稼穡(가색)을 兼하면 官災가 있다.

◎ 見機課(견기과), 度厄課(도액과), 地煩課(지번과), 冬蛇掩目課(동사엄목과), 玄胎課(현태과) 등으로, 初傳이 沖이 되어 中·末傳에 天后, 白虎, 天喜 중 어느 것이나 乘하면 姙娠(임신)의 일이다.

◎ 彈射課(탄사과), 重審課(중심과), 稼穡課(가색과), 六儀課(육의과), 龍德課(용덕과) 등으로 財爻를 보면 求財의 건이다.

◎ 財爻가 있고 靑龍, 六合, 丁馬가 生旺의 地支에 있어도 求財의 건이다.

⊙ 占時나 초전이 日鬼가 되어 丁神, 死氣, 死神, 白虎, 螣蛇 등이 乘하여 年命上神에 있으면 災禍가 있다.

⊙ 時와 日干과 日支가 같거나, 時와 日支가 沖害하거나, 時가 日墓가 되며 日干神에 臨하면 어느 것이고 災禍나 疾病의 件이다.

⊙ 日辰上神과 年命上神이 相剋하거나 六害가 되어 勾陳, 朱雀, 白虎등이 乘하면 官事에 관한 件이다.

⊙ 辰, 戌, 巳 등의 三字가 三傳에 있고 日干上神이나 年命上神과 刑剋해도 官事다.

⊙ 元首課(원수과), 無依課(무의과), 贅壻課(췌서과), 重審課(중심과), 知一課(지일과) 등은, 어느 것이고 賣買 또는 사업상의 件이다.

⊙ 虎視轉蓬課(호시전봉과), 元首課(원수과), 三交課(삼교과), 知一課(지일과) 등의 課格으로 日干의 寄宮이 日支上에 臨하면 내가 상대방을 방문하고, 日支가 日干上神에 乘하면 타인이 나를 방문한다.

⊙ 九醜課(구추과), 三陰課(삼음과), 魄化課(백화과), 天獄課(천옥과), 冬蛇掩目課(동사엄목과), 鬼墓課(귀묘과), 天煩課(천번과), 龍戰課(용전과) 등으로 日干上神 또는 初傳에 死氣를 겸할 때는 질병의 건이다.

⊙ 見機課(견기과), 遊子課(유자과), 察微課(찰미과), 彈射課(탄사과), 虎視轉蓬課(호시전봉과), 斬關課(참관과) 등에 太常이 日干上神에 乘하면 待人(기다리는 사람)의 件인데
　◆ 日干上神과 白虎가 合이나 沖이 될 때에는 待人은 中途에 있다.
　◆ 占時와 用神에 驛馬가 乘하고 丑 또는 未가 丁神이 되어 空亡되지 않을 때도 待人의 件이다.

⊙ 日干과 占時가 沖하고, 辰, 子, 午, 申의 地盤에 驛馬가 加해져서 四季에 丁馬가 乘할 때는 어느 것이나 待人의 件이다.

⊙ 驛馬가 日支의 앞에 있고, 또 空亡이 되면 사람을 찾는 件이다.

⊙ 無依課(무의과), 自任課(자임과), 三交課(삼교과), 天網課(천망과), 彈射課(탄사과), 軒蓋課(헌개과), 遊子課(유자과), 斬關課(참관과), 龍戰課(용전과)로서 稼穡(가색)을 겸하고 辰, 戌이 日干 또는 日支上神에 加해져서 初傳이 되면 旅行, 出行의 件이다.

⊙ 斲輪課(착륜과)에 未, 辰이 日辰上神에 臨하면 外出이나 旅行의 件이다.

⊙ 知一課(지일과), 蒿矢課(호시과), 八傳課(팔전과), 虎視課(호시과), 玄胎課(현태과)로써 玄武가 三傳 中에 있으며 六合이 初傳이 되고 末傳에 天后가 있어 三傳中에

玄武 또는 天空을 볼 때는 분실 件 또는 도난 件이다.

◉ 時와 日이 破가 되면 逃避(도피)의 일이다.

◉ 三交課(삼교과), 狡童課(교동과), 龍戰課(용전과), 遊子課(유자과), 玄胎課(현태과), 斬關課(참관과), 知一課(지일과), 天網課(천망과), 魄化課(백화과) 등도 家出, 逃避의 件에 많이 나온다.

◉ 占時, 初傳, 年命上神이 父母爻가 되면 尊長의 일이며 만약 死神 또는 墓神이 乘하면 尊長의 災禍 및 疾病의 件이다.


# 2. 논내정論來情(2) – 십이지신十二地神 기준基準

◉ 子上에 寅, 卯 또는 靑龍, 六合이 乘하면 부인의 喜慶事이다.

◉ 丑上에 辰, 申이나 勾陳, 白虎가 乘하면 土地紛失의 件이다.

◉ 寅上에 寅, 卯 또는 靑龍, 六合이 乘하면 자손에 기쁜 일이 있다.

◉ 卯上에 申이나 白虎가 乘하면 疾病 또는 天災의 일이다. 또 未가 乘하면 婚姻件이다.

◉ 辰上에 辰, 申이나 勾陳, 白虎가 乘하면 爭鬪의 件이다.

◉ 巳上에 亥, 酉, 子 또는 太陰이 乘하면 色情의 일이다.

◉ 午上에 午가 乘하면 待人 또는 旅行의 件이다.

◉ 未上에 酉나 太陰이 乘하면 朋友 또는 酒食의 건이다. 子나 天后가 乘해도 부인 또는 色情之事이다.

◉ 申上에 寅 또는 靑龍이 乘하면 子孫 또는 失財, 損失의 件이다.

◉ 酉上에 戌 또는 天空이 乘하면 使用人의 逃走 또는 色情의 일이다. 또 酉, 亥나 太陰 玄武가 乘하면 色情의 일 또는 家庭上 爭鬪의 件이다.

◉ 戌上에 辰, 亥 또는 玄武가 乘하면 使用人의 逃亡 件이다.

◉ 亥上에 酉 또는 太陰이 乘해도 朋友나 酒食의 件이다.

# 3. 논내정論來情(3) - 십이천장十二天將 기준基準

예) 甲日 巳時로 巳에 朱雀이 乘했으면 巳는 子孫炎가 되고 朱雀은 文化나 學問
의 神이므로 來情은 자손의 학업에 관한 件이라 추리한다.

예) 甲日 卯時로 卯에 勾陳이 乘하면 卯는 比肩이 되고 勾陳은 爭訟의 神이므로
내정은 형제나 朋友의 다툼 件이다.

◎ 貴人의 所乘之神이 日干을 克하면 尊長이나 손위로부터 질책이나 화냄 件이거
나, 官事나 失奪의 建이다. 그러나 貴人으로부터 日干을 生하면 萬事 吉祥의 件
이다.

◎ 螣蛇의 所乘之神이 日干을 生하면 喜慶之事이다. 그러나 日干을 剋하면 幼兒의
놀람이 있고, 初傳에 있으면 마음이 안정되지 못한 일이고, 末傳에 있으면 災禍
에 관한 件이다.

◎ 朱雀의 所乘之神이 日干을 生하면 文書上의 기쁨이 있고 書信은 온다. 日干을
剋하면 구설수가 있어 안정을 缺하고, 初傳에 있으면 官事가 束至하고, 末傳에
있으면 서신이나 기타 事案들이 늦게 발생한다.

◎ 六合의 所乘之神이 日干을 生하면 和合, 相睦의 기쁨이 있으나, 剋을 받으면 부
부나 남녀는 서로 대립하고, 初傳에서 剋하면 가정 내에 奸邪之件이 있고, 末傳
에서 剋하면 遠信之事이다.

◎ 勾陳의 所乘之神이 日干을 生하면 田地나 山墓로 이득이 있고, 山蔭이 있는 징
조이다. 반대로 日干을 剋하면 救神이 없을 경우 반드시 災禍가 있다.

◎ 青龍의 所乘之神이 日干을 生하면 만사화합하고 財利가 厚待하나, 剋하면 위장
병이나 失財, 損耗의 일이다.

◎ 天空의 所乘之神 上·下가 日干을 生하면 凶이 吉로 바뀌나, 日干을 剋하면 모두
凶하고 病災를 제일 두려워한다.

◎ 白虎는 원래 凶神이나 乘한 神이 日干을 生할 때에는 大事를 성취할 수다.

◎ 病占에 白虎를 보면 가장 凶하고, 卯나 酉에 乘할 때에는 死亡之事나 도로상에
서 災厄을 만난다.

◎ 太常의 所乘之神이 日干을 生하면 酒宴이나 喜慶之事(희경지사)가 있고, 剋을 받
으면 酒宴席(주연석)에서의 다툼이나 파괴의 일이 생긴다.

⊙ 玄武는 원래 凶神이나 乘한 神이 日干을 生하면 凶이 吉로 바뀌고, 日干을 剋하면 盜傷(도상)의 일이나, 破財, 官災, 逃亡의 일이다.

⊙ 太陰의 所乘之神이 日干을 生하면 暗昧之事(암매지사)나 婦女之事이고, 日干을 剋하면 奸邪(간사)한 일이 있고, 만약 卯, 酉上에서 剋하면 凶惡한 件이다.

⊙ 天后의 所乘之神이 日干을 生하면 결혼문제나 연애사 등이고, 日干을 剋하면 暗昧(암매)한 일이 생기고, 子午卯酉와 同位에 있으면 色情의 일이다.

# 제6장
# 사복법射覆法

射覆法이란 은익되어 있는 사람이나 물건의 행방을 알거나, 타인의 의도나 생각을 미루어 알거나, 만물의 움직임에 隱藏(은장)된 사태의 추이를 알 수 있는 방법이다. 따라서 내정법과 유사한 면이 있으나 좀 더 정확하고 고차원적인 점단법이라 할 수 있다.

射覆法은 陽日과 陰日을 분별하여 판단한다. 陽日은 日上神을 보고 陰日은 支上神을 보고 初傳은 참고하는 것이다. 初傳을 萬物로 보고 중·말전은 일체 사용하지 않는다.

### 〈初傳 활용법〉
1) 物의 有用, 無用

初傳이 旺相하고 旺地에 임할 때에는 귀중하고 사용할 수 있는 物이다. 만약 초전이 휴수나 사절지에 임하면 천한 물이고, 유용하게 사용할 수 없다고 판단한다.

2) 物의 新, 舊

初傳이 旺相地에 임하면 新으로 보고 壯으로 보며, 休囚 및 死는 舊로 보고 老로 본다. 不備課는 모두 불완전한 물건이라 판단한다.

3) 物의 時期

日干上神이나 日支上神이 발용이면 당시의 물건이다.
寅月占에 初傳 地支가 子나 丑이면 때가 지난 물건이다.
寅月占에 初傳 地支가 寅이면 현재의 물건이고, 卯이면 장래의 물건이라 판단한다.

4) 物의 五格

潤下格은 물과 연관 것으로 구부러진 물건이다.

曲直格은 초목류와 연관된 것으로 사각진 물건이나 사장형의 물건이다.

炎上格은 火에 속하는 것으로 첨소하고 경한 물건이다.

稼穡格은 土에 관한 물건으로 둥굴고 두툼한 물건이다.

從革格은 금속류이거나 압축하여 단단해진 물건이다.


5) 物의 五行 분류

발용이 木이면 木類

발용이 火이면 火類

발용이 土이면 土類

발용이 金이면 金石類

발용이 水이면 水類


6) 物의 有無

初傳 또는 日辰上에 天空이 乘하거나 空亡되면 物은 없다.


7) 物의 다소

初傳이나 日辰이 旺相하면 多하고, 休囚되면 중간이며, 死되면 少다.


8) 物의 左右

발용이 陽神이면 左고, 陰神이면 右다.


9) 金錢의 左右

天罡(辰)이 孟神(寅.申.巳.亥)에 가하면 우편이고, 中神(子.午.卯.酉)이나, 季神(辰.戌.丑.未)에 가하면 좌편이다.


10) 遠近

發用과 日辰이 旺相하면 멀고, 休囚되면 가깝고, 死되면 지척이다.

伏吟局은 가까이 있는 물건이고, 返吟局은 멀리 있거나 달아나고 있는 물건이다.

## 11) 物의 色

陽日은 일간상신으로 보고, 陰日은 일지상신으로 본다. 旺하면 해당지지 오행의 본(比劫)색이고, 相이면 자손(食傷)의 색이고, 休는 母(印星)색. 囚는 鬼(官星)색, 死는 財星에 해당하는 색이다.

## 12) 物의 形狀

초전이 맹신이면 원형이고, 중신이면 방형이고, 계신이면 분쇄된 형태이거나 뾰족한 것이다. 또한 초전이 旺하면 둥글고, 가볍고, 새것이다. 초전이 相하면 방형으로 길고, 새것이다. 초전이 休하면 가볍고, 부정형이다. 초전이 囚되면 잘게 부서진 것이다. 초전이 死되면 경직된 것이나 강한 물건이다.

## 13) 物의 食飮 與否

일진과 초전이 상생하고 길장이 승하면 먹을 수 있고, 서로 상극되고 흉장이 승하면 먹을 수 없는 물건이다. 또한 不備課나 昴星課, 八專課는 먹을 수 없는 물건이다.

## 14) 物의 味

초전이 孟上에 가하면 시다.
초전이 中上에 가하면 짜다.
초전이 季上에 가하면 달다.
또한 오행으로는 목은 시고, 화는 쓰고, 토는 달고, 금은 맵고, 수는 짜다.

## 15) 物의 純雜

섭해과, 묘성과, 팔전과, 등은 서로 섞인 것이다.
連茹課가 일진이 상비하지 않고, 계상발용이거나, 일진이 상극할 때는 잡된 물건이다.

## 16) 物의 死活

初傳이 生氣를 띄거나, 상하상생되고, 月壓이 되면 활물이거나 신품이다.
생극되거나 휴수되면 사물이나 고물이다.

17) 物의 表裏

初傳으로 표리를 알 수 있고, 상하에 의해 표리의 색을 알 수 있다.

예로, 寅午戌 三傳이라면 寅이 表고, 午가 裏가 되며 색도 寅은 청색이니 外靑하고, 午는 적색이니 內赤이다.

18) 日辰上神과 天將

일진상신에 子나 午가 가해지면 갈라졌거나 구멍이 있고, 卯酉가 가해지면 가운데가 비어있는 물건이다. 辰戌이 가해지면 살기를 띈 물건이고, 丑未가 가해지면 안목이 있는 물건이고, 寅申이 가해지면 수족이 있는 물건이고, 巳亥가 가해지면 死物로서 赤黑의 형태다.

〈十二天將 活用法〉

다음은 日辰上에 승한 天將으로 판단할 수 있다.

◆ 天乙이 乘하면 진귀한 물건으로 먹을 수 있다.

◆ 螣蛇가 乘하면 기이한 물건으로 문화를 대했고, 세장 적색이다.

◆ 朱雀이 乘하면 광채가 있고, 기이한 물건으로 우모, 문서물, 화기류, 비물이다.

◆ 六合이 乘하면 물건에 광채가 있고, 맛은 잡되고, 죽목이나, 금속계의 소리가 난다.

◆ 勾陳이 乘하면 파손된 물건이고, 청흑색이며 문장이나 화목의 열매이다.

◆ 靑龍이 乘하면 걸어두거나 금전계통으로 황백의 색이나 초목류이다.

◆ 天空이 乘하면 塵穢의 물건이나 金石類, 변하는 물건류, 허상 혹은 추한 상태의 것이다.

◆ 白虎가 乘하면 途上의 물건, 광물, 혹은 옥석 등의 물건이다.

◆ 太常이 乘하면 먹을 수 있는 물건이고, 색은 황색이며, 형체는 둥글고 실하며 아름답다. 혹은 주옥이나 의료품이다.

◆ 玄武가 乘하면 문장류나 생선이나 갑각류거나 혹은 허공의 물건이나 연달은 물건이다.

◆ 太陰이 乘하면 金銀, 刀劍類, 金錢類, 野物, 혹은 특이한 물건이다.

◆ 天后가 乘하면 여인의 손을 거친 물건이거나, 백색이고 은과 같고, 水穀類(수곡류)이다.

〈예〉占 藏物

(1) 占時 : 癸未年 壬戌月 戊戌日 卯將 午時課(辰巳空亡)

(2) 問占 : 숨겨놓은 물건이 무엇일까?

(3) 課體 : 賊剋法. 元首. 玄胎

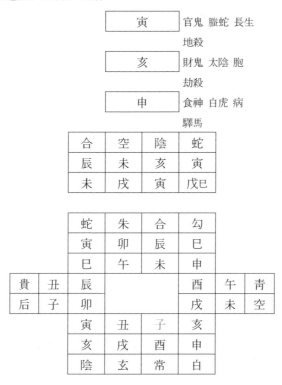

| | | | |
|---|---|---|---|
| | | | 寅 官鬼 螣蛇 長生 地殺 |
| | | | 亥 財鬼 太陰 胞 劫殺 |
| | | | 申 食神 白虎 病 驛馬 |

| 合 | 空 | 陰 | 蛇 |
|---|---|---|---|
| 辰 | 未 | 亥 | 寅 |
| 未 | 戌 | 寅 | 戊巳 |

| 蛇 | 朱 | 合 | 勾 |
|---|---|---|---|
| 寅 | 卯 | 辰 | 巳 |
| 巳 | 午 | 未 | 申 |

| 貴 丑 | 辰 | | 酉 | 午 青 |
|---|---|---|---|---|
| 后 子 | 卯 | | 戌 | 未 空 |

| 寅 | 丑 | 子 | 亥 |
|---|---|---|---|
| 亥 | 戌 | 酉 | 申 |
| 陰 | 玄 | 常 | 白 |

(4) 占斷

◆ 金錢이라 판단되며 그 數는 28개이다.

◆ 寅木이 발용하여 坐下 空亡地에 臨하여 空陷된 것이다. 따라서 가운데가 비었다 판단한다. 중전 亥水는 絲繩과 연관되고, 말전 申金은 錢과 연관된다.

◆ 삼전이 遞生하니 연결되어 끊어지지 않은 象과 연관된다. 亥水는 선천수가 4이고 申金은 선천수가 7이니 그 數는 相倍하면 28이다.

◆ 종합하면 동전을 꿰어 엮은 동전꾸러미이며 그 수는 28개이다.

(5) 結果

◆ 나가보니 과연 동전꾸러미였다.

# 제1장
# 사안론事案論


## 1. 관직官職

1) 太歲. 月建, 月將에 天乙貴人이나 靑龍이 승하여 발용하고, 合祿이 모이고, 日 辰에 官祿이 받쳐있으면 군왕이다.

2) 天后나 太陰에 皇恩, 天詔, 月德이 겸하고 왕상하며 태세와 相合하면 국모나 황후이다. 단 휴수될 때에는 귀부인이다.

3) 靑龍이나 貴人이 동방의 地에 임하고 皇恩, 天詔를 대하면 王子이다.
太歲上神에 卯가 臨하여 발용하고, 前後引從하며 日干을 부조해도 王子다.

4) 太陰이나 天后에 皇恩 天詔가 승하여 刑, 沖, 破, 害와 剋이 없고, 德喜가 왕상 하며 太歲를 부조할 때에는 王子妃이다. 단 休囚될 때에는 보통의 부인이다.

5) 靑龍, 太常이 月建에 乘하여 太歲와 合하고, 다시 驛馬가 三傳에 있으면 王族 이다. 만약 중전에 朱雀, 六合, 德祿, 支合이 되면 교육계통의 최고 수장이다.

6) 太常이 月建 또는 太歲憲 乘하고 支合되며 金神 劫殺을 대할 때에는 군의 최고 위직이다.

7) 朱雀이 正官이 되고, 月, 時로 보아 旺相하며 皇恩, 天詔를 대하면 중앙부처의 고관이다. 만약, 靑龍, 月德, 德祿과 太歲가 合하면 교육계의 고관이다.

8) 貴人이 日 또는 時에 있고, 正官이 旺相地에 있으며 雜神을 제압하면 長官이 다. 만약 휴수사지에 있으면 차관이나 국장이다.

9) 時, 日이 旺相하며 勾陳을 帶하고, 貴人, 靑龍이 초전 또는 日上神에 乘하여 三傳에 財星을 보면 稅務官이다.

10) 靑龍, 太常이 日上이나 占時上에 있어 三合되어 成神, 德神을 帶하면 종교직이다.

11) 太常이 日.時에 加하고 日祿, 正官이 발용이 되고, 劫殺, 驛馬, 丁神을 帶하면

軍府의 요직이다.

12) 正官이 旺相하고 朱雀이나 勾陳을 帶하고, 三傳에 丁馬, 劫殺, 金神을 帶하면 裁判官이다. 吉將, 吉神이 乘하면 高官이고, 三刑殺이나, 死囚되면 刑務의 官吏이다.

13) 朱雀이 官星이 되고, 驛馬, 丁神이 日辰上神을 生할 때에는 外交官이다. 만약, 太歲와 天馬가 沖을 帶하여 三傳에 臨하면 巡警이다.

14) 月建 또는 日辰上神이 三傳에 入하면 市廳官吏이다. 소속은 三傳의 오행으로 구별한다.

　　金火 : 공학과. 이공계. 무관직 부서이다.

　　　　　형살을 대동하면 형사, 민사의 관리이며

　　　　　재성을 대하면 경제 , 세무과 등의 관리이며

　　水 : 수도, 하수도, 교량, 하천에 관한 부서이다.

　　木 : 사법과이다.

　　土 : 토목, 건축과의 관리이다.

15) 寅木 또는 申金이 초전이 되어 天乙貴人과 가까이 있으면 공무원이다. 旺相하면 장래가 유망한 사람이고, 休囚死나 墓絶되면 중도에 퇴직하거나, 평생 하급 관리이다.

16) 朱雀이나 靑龍이 寅卯에 승하여 초전이 될 때에는 문인학자이다. 午火가 空亡이 되면 박학다식한 才士다. 휴수되면 구하지 못다.

17) 三傳이 財官이 되고, 靑龍, 太常, 祿馬가 왕할 때에는 공명현달할 학자이다.

18) 官星이 旺하고 靑龍, 朱雀, 太常 중의 어느 것이나 초전에 臨하면 학문을 연구하는 사람이다. 아니면 선생이나, 교육자로 때가 되면 현달할 사람이다.


## 2. 부富

　　四課가 吉하고, 三傳이나 占時가 모두 財星이 되고, 旺相하며, 靑龍, 太常, 六合 등이 三傳 중에 乘하고, 日干을 生하며, 또한 吉神이 加하게 되면 부자이다. 丁馬를 대동하면 부유한 客人이다.

만약 休囚되면 조업을 이어받은 사람이고, 만약 초전이 靑龍, 太常이 못되고, 財祿을 帶하여 吉神이 加할 때에는 중등의 부자이다.


## 3. 직업職業. 성품性品

### (1) 貿易業者

丁馬에 財星이 같이 있으면 무역업자이다. 申巳가 財가 되면 고객이고, 亥子水에 丁馬가 乘하면 무역과 연관된 외국 상인이다.


### (2) 行商人

초전에 丁馬, 遊戲의 神을 대동하거나, 申巳나 白虎가 乘하여 財星이 되면 행상인이다. 旺相하면 상인이고, 休囚되면 하급상인이다.


### (3) 農夫

丑未는 전답이고, 卯는 작물이다. 勾陳, 丁神, 申酉가 삼전에 있으면서 생기가 가해지면 풍족한 농부이다.


### (4) 醫. 卜. 巫. 術士

⊙ 初傳에 天空이 旺相하고, 丁神을 帶하거나, 酉巳午에 朱雀이 乘하면 拘留之客이다.
⊙ 朱雀이 干上 또는 초전에 있어 卯戌合이 되고, 丁神이 巳午에 있으면 易術家이다.
⊙ 未, 申, 辰은 醫神이다. 天地의 醫神이 와서 課傳에 乘하고 太常과 靑龍이 臨하면 名醫이다.


### (5) 畵家

午巳卯에 朱雀, 靑龍, 太常이 승하여 生氣나 丁神이 初傳이 되면 畵家이다.

### (6) 僧侶

⊙ 卯辰申戌에 天空, 朱雀, 白虎가 승하고, 다시 空亡이 되며, 형, 충, 파, 해, 원진
되면 승려이다.

⊙ 天空이 空亡을 대하고 德.合, 길신이 있어도 승도이다. 德.合에 길신이 없으면
風客僧이다. 만약 공망이 되지 않으면 불심이 깊은 신도이다.


### (7) 宗敎家

日辰에 寅木이 가하고 玄武나 天空을 대하거나, 勾陳이 空亡이 되어 雷殺을 봉
하면 신흥종교가이다.


### (8) 宗敎를 겸한 術士

卯木에 朱雀이 승하고, 寅이나 申上에서 空亡이 되면 사찰의 術士이다.


### (9) 花柳界

咸池殺이 酉金을 帶하고 三合이 되면 화류계이다.


### (10) 善人

⊙ 丑, 寅, 午가 초전이 되어 貴人, 靑龍, 太常을 대하며, 三合이나 支合 중 어느
것이나 되면, 성정이 선한 사람이다.
  ◆ 丑은 선량한 현자이고,
  ◆ 寅은 선량한 관리나 유명인이고,
  ◆ 午는 정신수양이 깊은 사람이다.

⊙ 또한 刑害가 없을 때에는 재물을 탐하는 사람이 아니며, 天時나 地理를 득했을
때에는 大善人이다. 천시나 지리를 득하지 못했을 때에는 노복으로 심성은 선량
하나 평생에 성취함이 없는 사람이다.


### (11) 閑良

⊙ 三傳에 丁馬가 있는데 공망이 되고, 財神을 대하지 않았으며, 休,囚,死, 絶이 되

면 방탕한 사람이다.

◉ 類殺, 類神과 힘께 丁馬가 있고, 財星이 子午나 寅申에 있을 때에는 방문인은 반드시 한량이다. 旺相하면 풍요한 사람이고, 休囚되면 빈천한 사람이다.

### (12) 寡婦

◉ 天后가 空亡이 되고, 야천을귀인이 干上 또는 初傳에 승할 때는 과부로 불교신자이다.

◉ 官星이 초전이나 日辰上神에 乘하여 空亡이 되거나 孤寡課가 되면 과부이다.

### (13) 乞人

巳亥에 螣蛇나 白虎가 乘해 있는데 休.囚.死.絶되면 걸인이다. 또는 천한 사람이다.

### (14) 친척의 길흉

◉ 年命上神은 친족으로 보는데 其 上神에서 日干을 극하면 친족간 서로 해를 초래한다.

◉ 干支와 三合 또는 支合해서 貴나 德이 있으면 도움을 주는 친척이다.

# 제2장
# 육임간명법六壬看命法

육임간명법은 人事占과 같이 四課三傳을 만들어 課格과 諸 神과 天將의 길흉여부 및 旺.相.休.囚.死로 판단한다. 다만 問占者의 生年, 月, 日, 時로 조식하여 만드는 것이 차이가 있을 뿐이다.

만약 問占者의 生年, 月, 日, 時가 불분명할 시는 問占當時를 기준하여 판단하고, 生年, 月, 日은 확실하나 生時가 불분명할 경우에는 問占時로 대체한다. 이 방법은 예로부터 가장 많이 사용해온 방법이다.

大運數는 大衍數(大定數)로 정하고 小運數는 行年을 가지고 정한다. 다음에 命宮과 身宮을 기준하여 三傳四課와의 生化剋制 관계, 旺, 相, 休, 囚, 死 관계, 合沖의 관계, 神과 將의 길흉여부를 종합적으로 분석하여 판단하는 것이다. 第1課를 我로 하고, 支인 3課를 妻로 보고, 3課의 陰神을 자식으로 보아 合沖 및 生化剋制, 旺, 相, 休, 囚, 死의 관계를 분석하여 길흉을 판단하는 것이다.

삼전으로 초년, 중년, 말년의 운세를 점단한다.

초전 : 소년시대

중전 : 장년시대

말전 : 노년시대를 본다.

후천의 운세는 大運과 小限으로 행년운과 비교하여 길흉과 성패를 판단한다.


## 1. 육임간명법六壬看命法의 조식순서

⊙ 占時에 月將을 加하여 天·地盤圖를 포국한다.
⊙ 日干에 따른 晝·夜 天乙貴人을 찾아 이를 기준하여 天盤에 十二天將을 포국한다.

⊙ 四課三傳을 작성한다.

⊙ 三傳에 六神과 十二天將, 神殺 및 遁干을 부법한다.

⊙ 天·地盤圖上의 天盤에 命宮을 정하고 기준하여 남녀 공히 十二宮을 역포한다.

　十二宮 : 命宮 - 財帛宮 - 兄弟宮 - 田宅宮 - 子女宮 - 奴僕宮 - 妻妾宮(夫婦宮)

　- 疾厄宮 - 遷移宮 - 官祿宮 - 福德宮 - 相貌宮(父母宮)

　命宮 : 천반의 지지 중 生年支가 있는 곳이 명궁이다.

　身宮 : 천반의 지지 중 日干의 寄宮이 있는 곳이 신궁이다.

　◆ 예로, 上元 庚子年 辛巳月 甲辰日 壬申時生이라면, 生年이 子年生이므로 天盤
　의 子位가 命宮이다. 다음 日干이 甲이니 甲의 寄宮은 寅이다. 그러므로 天盤
　의 寅位가 身宮이다.

⊙ 天盤布局圖의 天盤 十二宮에 命宮을 기준하여, 남녀 공히 逆行시켜 大定數를 적
용하여 大運을 정한다.

| 地支 | 子 | 丑 | 寅 | 卯 | 辰 | 巳 | 午 | 未 | 申 | 酉 | 戌 | 亥 |
|---|---|---|---|---|---|---|---|---|---|---|---|---|
| 大定數 | 9 | 8 | 7 | 6 | 5 | 4 | 9 | 8 | 7 | 6 | 5 | 4 |

　子.午 - 9 丑.未 - 8 寅.申 - 7 卯.酉 - 6 辰.戌 - 5 巳.亥 - 4

⊙ 三傳을 기준하여 초년, 중년, 말년의 三限數를 정한다.

⊙ 課傳과 二十四格과 十六局으로 길흉을 점단한다.


## 2. 대운大運, 삼한수三限數, 소운小運 부법附法

　上元 庚子年 辛巳月 甲辰日 壬申生의 경우, 六壬造式은 아래와 같다.

　月將 : 酉將(생일이 곡우~소만)

　占時 : 申時(生時)

　日干 : 甲(生日 天干)

| (甲) 辰 | 財鬼 六合 衰 華蓋 |

| (乙) 巳 | 食神 朱雀 病 劫殺 |

| (丙) | 午 | | 傷官 螣蛇 死 災殺 |

| 蛇 | 朱 | 合 | 勾 |
|---|---|---|---|
| 午 | 巳 | 辰 | 卯 |
| 巳 | 辰 | 卯 | 甲寅 |

| | | | 妻妾 | 奴僕 | 子女 | 田宅 | | | |
|---|---|---|---|---|---|---|---|---|---|
| | | | 蛇 | 貴 | 后 | 陰 | | | |
| | | | 午 | 未 | 申 | 酉 | | | |
| | | | 巳 | 午 | 未 | 申 | | | |
| 疾厄 | 朱 | 巳 | 辰 | | | 酉 | 戌 | 玄 | 兄弟 |
| 遷移 | 合 | 辰 | 卯 | | | 戌 | 亥 | 常 | 財帛 |
| | | | 寅 | 丑 | 子 | 亥 | | | |
| | | | 卯 | 寅 | 丑 | 子 | | | |
| | | | 勾 | 青 | 空 | 白 | | | |
| | | | 官祿 | 福德 | 相貌 | 命宮 | | | |

## (1) 大運附記法

庚子生이니 천반 子에 命宮이 떨어진다. 十二宮을 따라 역행시키되 대운부법은 子가 大定數(대정수)가 9이니 1세~9세까지 命宮에 머무른다. 정리하면 다음과 같다.

子(命　宮) : 1세 ～ 9세

亥(財帛宮) : 10세 ～ 13세

戌(兄弟宮) : 14세 ～ 18세

酉(田宅宮) ; 19세 ～ 24세

申(子女宮) : 25세 ～ 31세

未(奴僕宮) : 32세 ～ 39세

午(妻妾宮) : 40세 ～ 48세

巳(疾厄宮) : 49세 ～ 52세

辰(遷移宮) : 53세 ～ 57세

卯(官祿宮) : 58세 ~ 63세

寅(福德宮) : 64세 ~ 70세

丑(相貌宮) : 71세 ~ 78세

만약 命이 78세를 넘은 경우는, 다시 子宮(命宮)부터 9數를 加하여 역행으로 대운을 부기하고 길흉을 점단한다. 즉, 子宮에 79세 ~ 87세, 亥宮에 88세 ~ 91세, 戌宮에 92세 ~ 96세 등이다.

대운의 길흉을 논하는 방법은 앞서 기술한 육임점단법에 준한다.

## (2) 三限數 부기법(大定數 적용)

初限數 : 초전 辰에 辰의 지반 卯를 더하고, 다시 지반 卯를 한번 더 가산한다. 상기 명조의 경우는 초전 辰(대정수 5)이고 지반은 卯(대정수 6)이다. 다시 지반 卯(대정수 6)을 더하니 5+6+6하여 17이다. 따라서 1세 ~ 17세까지가 初限數이다.

中限數 : 초한수에 중전 巳와 巳의 지반 辰을 곱하여 2분한 값을 더한 수이다. 상기 명조의 경우는 巳(4)×辰(5)/2=10이다. 따라서 초한수 17에 10을 더하면 中限數는 18세~27세까지이다.

老限數 : 중한수에 말전 午와 午의 지반 巳를 곱하여 2분한 값을 더한 수이다. 상기 명조의 경우는 午(9)×巳(4)/2=18이다. 따라서 중한수 27에 18을 더하면 老限數는 28세~45세까지이다.

◆ 三限數의 길흉을 논하는 방법은 기술한 육임점단법에 준한다.

## (3) 十二宮 附法

庚子生인 천반 子에 命宮을 부기하고 역행하여 순차적으로 財帛, 兄弟, 田宅, 子女, 奴僕, 妻妾, 疾厄, 遷移, 官祿, 福德, 相貌 순으로 부법한다. 상기 포국도와 같다.

## (4) 小運 附法

男女의 行年上神으로 當年의 길흉을 판단할 수 있다.

# 제3장
# 육십삼과체六十三課體

## 1. 과체상해課體詳解

### 一課 : 元首課(원수과)

◎ 元首課란 四課 中에서 上剋下가 하나만 있는 것을 말한다.

◎ 元首課는 하늘을 형상하고, 임금이 신하를 다스리는 것 같아서 順正함이 있을 뿐, 亂動이나 反常의 뜻이 없고 九宗의 으뜸이며, 六十四課體의 머리가 되므로 元首課라 한다.

◎ 君子는 伊尹(이윤 : 탕 임금때 재상)과 같은 어진 신하를 얻을 수 있다.

◎ 婚事는 화합되고 길하다.

◎ 孕胎는 生男이다.

◎ 病占과 訴訟占은 客이 이롭다.

◎ 官職占은 윗사람의 발탁이 있다.

◎ 經商은 많은 이득을 취한다.

◎ 日辰과 用神, 年命이 旺相하고 吉將이 乘하면 富貴課, 龍德課, 時泰課, 三光課, 三陽課, 官爵課 등을 겸하는데, 주역의 重天乾卦의 九五에 해당되어 飛龍昇天의 象이다.

◎ 元首課는 대체로 吉한데, 凶神이나 凶將을 얻거나, 三傳이 不順하거나, 下神이 上神의 順理를 따르나 上神이 不順한 경우, 上神에 休囚死氣가 臨했는데 下神은 旺相하고 德合을 이룬 경우, 上神이 下神을 제압하는데 下神이 이를 받아들이지 않는 경우 등은 불길하다.

예1) 壬申日 卯將 寅時課(空亡:戌亥)

| 丑 | 正官 太常 衰 |
|---|---|
|   | 攀鞍 |
| 寅 | 食神 玄武 病 |
|   | 驛馬 |
| 卯 | 傷官 太陰 死 |
|   | 六害 |

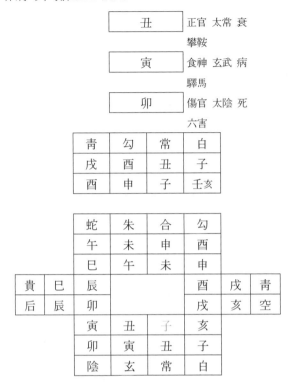

| 青 | 勾 | 常 | 白 |
|---|---|---|---|
| 戌 | 酉 | 丑 | 子 |
| 酉 | 申 | 子 | 壬亥 |

| 蛇 | 朱 | 合 | 勾 |
|---|---|---|---|
| 午 | 未 | 申 | 酉 |
| 巳 | 午 | 未 | 申 |

| 貴 | 巳 | 辰 |   |   | 酉 | 戌 | 青 |
|---|---|---|---|---|---|---|---|
| 后 | 辰 | 卯 |   |   | 戌 | 亥 | 空 |

| 寅 | 丑 | 子 | 亥 |
|---|---|---|---|
| 卯 | 寅 | 丑 | 子 |
| 陰 | 玄 | 常 | 白 |

◆ 상하극이 제2과 하나이며 상극하의 발용이니 원수과이다.


예2) 甲子日 亥將 寅時課 (本命:庚寅生　行年:己未年. 空亡:戌亥)

| 庚 | (庚) 午 | 傷官 青龍 |
|---|---|---|
| 丁 | (丁) 卯 | 劫財 朱雀 |
| 甲 | (甲) 子 | 正印 天后 |

| 青 | 常 | 白 | 陰 |
|---|---|---|---|
| 午 | 酉 | 申 | 亥 |
| 酉 | 子 | 亥 | 甲寅 |

| 蛇 | 朱 | 合 | 勾 |
|---|---|---|---|

| 寅 | 卯 | 辰 | 巳 |
|---|---|---|---|
| 巳 | 午 | 未 | 申 |

| 貴 | 丑 | 辰 | | | 酉 | 午 | 青 |
|---|---|---|---|---|---|---|---|
| 后 | 子 | 卯 | | | 戌 | 未 | 空 |

| 寅 | 丑 | 子 | 亥 |
|---|---|---|---|
| 亥 | 戌 | 酉 | 申 |
| 陰 | 玄 | 常 | 白 |

◆ 相剋下가 제4과 上神 午火 一位만 있으니 元首課이다. 食傷에 靑龍이 乘하여 발용되었으니 자신과 가족의 미래운명에 대한 점단사이다. 父子가 모두 나중에 높은 관작을 받았다.


## 二課 : 重審課(중심과)

◎ 下에서 賊을 당함이 1개 있어 이를 取用하는 것을 말한다.

◎ 重審課는 땅을 형상하고 下로써 上을 犯하니 모든 일에 逆理가 되기 때문에 再三 再四 자세히 살피라는 뜻이다.

◎ 積德者는 喜慶이 있고, 積惡者는 災殃을 받는다.

◎ 貴人이 順治하면 福祿이 있고, 貴人이 逆治하면 禍亂이 있다.

◎ 사안은 나중에 일어남이 이롭다.

◎ 用兵은 主가 승리한다.

◎ 孕胎는 女兒이다.

◎ 謨望은 먼저는 곤란하고 나중은 성취된다.

◎ 初傳이 墓絶이고 末傳이 生旺하면 吉하다. 이와 반대로 初傳이 生旺하고 末傳이 墓絶되면 凶하다.

◎ 末傳이 初傳을 剋하면 이롭고, 반대로 初傳이 末傳을 剋하면 不利하다.

◎ 末傳에 天月二德 등 吉神이 乘하면 스스로 凶變吉로 바뀌게 한다.


예1) 辛卯日 卯將 辰時課(空亡:午未)

| 丑 | 偏印 天后 養 |
|---|---|
| | 月殺 |

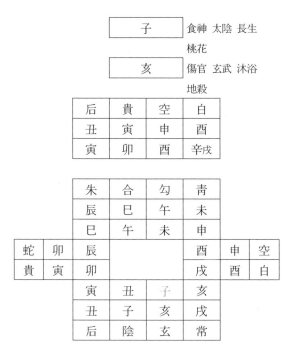

| | 子 | 食神 太陰 長生 |
| --- | --- | --- |
| | | 桃花 |
| | 亥 | 傷官 玄武 沐浴 |
| | | 地殺 |

| 后 | 貴 | 空 | 白 |
| --- | --- | --- | --- |
| 丑 | 寅 | 申 | 酉 |
| 寅 | 卯 | 酉 | 辛戌 |

| 朱 | 合 | 勾 | 青 | | | |
| --- | --- | --- | --- | --- | --- | --- |
| 辰 | 巳 | 午 | 未 | | | |
| 巳 | 午 | 未 | 申 | | | |
| 蛇 卯 | 辰 | | | 酉 | 申 | 空 |
| 貴 寅 | 卯 | | | 戌 | 酉 | 白 |
| 寅 | 丑 | 子 | 亥 | | | |
| 丑 | 子 | 亥 | 戌 | | | |
| 后 | 陰 | 玄 | 常 | | | |

◆ 제4과 하나만 下에서 上을 賊하여 發用되니 重審課이다.

◆ 三傳이 亥子丑 三合水局을 이루어 食傷이 되니 자식이나 手下人과 연관된 문제인데, 初傳의 偏印이 天后와 養을 대동하니 이복형제나 養子를 들이는 것과 연관된 건이다.

예2) 丙戌日 巳將 寅時課(本命:庚子 行年:己酉. 空亡:午未)

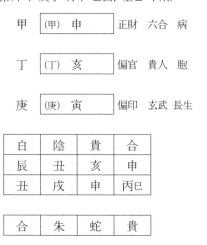

| | | | |
| --- | --- | --- | --- |
| 甲 | [甲] 申 | | 正財 六合 病 |
| 丁 | [丁] 亥 | | 偏官 貴人 胞 |
| 庚 | [庚] 寅 | | 偏印 玄武 長生 |

| 白 | 陰 | 貴 | 合 |
| --- | --- | --- | --- |
| 辰 | 丑 | 亥 | 申 |
| 丑 | 戌 | 申 | 丙巳 |

| 合 | 朱 | 蛇 | 貴 |
| --- | --- | --- | --- |

| 申 | 酉 | 戌 | 亥 |
|---|---|---|---|
| 巳 | 午 | 未 | 申 |

| 勾 | 未 | 辰 | | 酉 | 子 | 后 |
|---|---|---|---|---|---|---|
| 青 | 午 | 卯 | | 戌 | 丑 | 陰 |

| 寅 | 丑 | 子 | 亥 |
|---|---|---|---|
| 巳 | 辰 | 卯 | 寅 |
| 空 | 白 | 常 | 玄 |

◆ 第一課 上神 申金이 下神 丙火의 剋을 받으니 初傳이 되어 重審課이다. 初傳 申金에 正財와 六合이 乘했으니 求財, 利得, 求官 등의 일이다.

◆ 中傳은 官鬼이나 貴人이 乘하고 天門이니 재물을 상납하여 관직을 얻고자 하는 것이다. 初傳 申金이 中傳 亥水를 생하고, 中傳이 末傳 寅木을 생하고, 末傳이 日干 丙火를 생하니 求事는 윗사람의 도움을 받아 틀림없이 이루어진다.

### 三課 : 知一課(지일과)

◎ 四課 中에서 二位에서 上剋下나 下賊上이 될 때 今日의 日干을 보아 취용하는 것을 말한다. 二個가 다같이 動하니 매사 선택의 기로에 서게 되고, 善과 惡이 같이 있으니 한 곳의 좋은 곳을 찾아 취용하라는 의미이다.

◎ 사안은 대체로 먼 것을 버리고 가까운 것을 택하라는 것이고, 소원한 관계는 버리고 친한 관계를 택하라는 것이다.

◎ 事案은 同類에서 일어나는 것이다.

◎ 찾는 사람이나 물건은 근방에 있다.

◎ 災禍는 밖에서 일어나는데 下賊上이면 嫉妬(질투)가 있다.

◎ 病占이나 訴訟占은 和解가 있다.

◎ 恩惠가 있는 중 危害도 있는 象이다.

◎ 日辰이 貴人의 後가 되면 遲疑(지의), 不安이 있다.

예1) 癸亥日 巳將 申時課(空亡:子丑)

| 巳 | 正財 貴人 胎 |
|---|---|
| | 驛馬 |

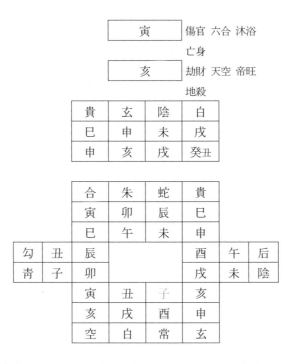

| 寅 | 傷官 六合 沐浴 |
|---|---|
| | 亡身 |
| 亥 | 劫財 天空 帝旺 |
| | 地殺 |

| 貴 | 玄 | 陰 | 白 |
|---|---|---|---|
| 巳 | 申 | 未 | 戌 |
| 申 | 亥 | 戌 | 癸丑 |

| | 合 | 朱 | 蛇 | 貴 | | |
|---|---|---|---|---|---|---|
| | 寅 | 卯 | 辰 | 巳 | | |
| | 巳 | 午 | 未 | 申 | | |
| 勾 | 丑 | 辰 | | 酉 | 午 | 后 |
| 青 | 子 | 卯 | | 戌 | 未 | 陰 |
| | 寅 | 丑 | 子 | 亥 | | |
| | 亥 | 戌 | 酉 | 申 | | |
| | 空 | 白 | 常 | 玄 | | |

◆ 제1과와 제4과가 공히 상극하가 되나 癸亥日은 陰日이라 陰神을 취해야 하니
巳火가 초전이다.

예2) 壬辰日 申將 酉時課(空亡:午未)

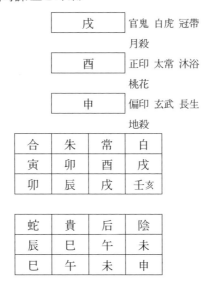

| 戌 | 官鬼 白虎 冠帶 |
|---|---|
| | 月殺 |
| 酉 | 正印 太常 沐浴 |
| | 桃花 |
| 申 | 偏印 玄武 長生 |
| | 地殺 |

| 合 | 朱 | 常 | 白 |
|---|---|---|---|
| 寅 | 卯 | 酉 | 戌 |
| 卯 | 辰 | 戌 | 壬亥 |

| 蛇 | 貴 | 后 | 陰 |
|---|---|---|---|
| 辰 | 巳 | 午 | 未 |
| 巳 | 午 | 未 | 申 |

| 朱 | 卯 | 辰 |  |  | 酉 | 申 | 玄 |
|---|---|---|---|---|---|---|---|
| 合 | 寅 | 卯 |  |  | 戌 | 酉 | 常 |
|  |  | 寅 | 丑 | 子 | 亥 |  |  |
|  |  | 丑 | 子 | 亥 | 戌 |  |  |
|  |  | 勾 | 靑 | 空 | 白 |  |  |

◆ 戌(河魁)에 白虎가 乘하여 官鬼가 되니, 官人은 催官使者(최관사자)가 되어 빨리 遷官되나, 平人은 반드시 놀라는 일이 있거나, 奴婢의 도주, 부인의 의복, 식물, 도난 등의 일이 있다. 類神인 酉가 中傳이고, 初傳 戌土 官鬼가 생하니 반드시 찾을 수 있고, 도적 역시 잡을 수 있다.

## 四課 : 涉害課(섭해과)

◎ 섭해과는 二位에서 上剋下나 下賊上이 되는데 知一課가 되지 못할 경우, 天盤本家에서 地盤本家까지 오는 동안 剋을 많이 받는 것을 택한다.

◎ 受剋되는 數가 같아 四孟神(寅申巳亥)의 上에서 發用이 되면 見機格(견기격)이라 한다.

◎ 受剋되는 數가 같아 四仲神(子午卯酉)의 上에서 發用이 되면 察微格(찰미격)이라 한다.

◎ 상기의 경우에도 같을 경우, "復等(복등)"이라 하여 陽日干은 1.2課 上神을 취하고, 陰日干은 3.4課 上神을 취하는데 이를 綴瑕格(철하격)이라 한다.

◎ 험난하고 저체되고 곤란한 상황을 건넌다는 뜻이 있어 涉害課라 하는데, 苦盡甘來(고진감래)의 象이다.

◎ 풍파가 險惡(험악)하고, 곤란함을 건너는 것이고, 圖謀하여 名利를 얻음은 연관사가 많아 消費됨이 많다.

◎ 婚事는 막힘이 있다.

◎ 疾病은 安泰하지 못하다.

◎ 胎産은 지연된다.

◎ 行人은 오지 않는다.

◎ 受剋되어 건너는 것이 많으면 災禍가 重하고 풀기 어렵고, 受剋되어 건너는 것이

적으면 災禍가 輕하고 풀기 쉽다.

⊙ 涉害課는 사안은 비록 곤란하나 종국에는 풀리게 된다.

⊙ 上剋下의 發用은 憂患이 輕하고 下賊上의 發用은 憂患이 重하다. 또한 神將이
吉하면 憂患이 輕하고, 神將이 凶하면 憂患이 重하다.

⊙ 神將이 凶하고 三四處의 剋을 받을 때는 凶禍는 解産되기 힘들다.

예1) 己丑日 卯將 亥時課

| | 酉 | 食神 螣蛇 長生 |
| --- | --- | --- |
| | | 將星 |
| | 丑 | 比肩 青龍 墓 |
| | | 華蓋 |
| | 巳 | 正印 玄武 帝旺 |
| | | 地殺 |

| 蛇 | 玄 | 白 | 合 |
| --- | --- | --- | --- |
| 酉 | 巳 | 卯 | 亥 |
| 巳 | 丑 | 亥 | 己未 |

◆ 1課 亥와 4課 酉가 天盤本家에서 地盤本家까지 오는 동안 剋을 받음이 상호
4개로 같다.

◆ 四孟神인 4課 巳의 上神에서 發用을 取하니 見機格이다.

예2) 丁亥日 亥將 卯時課

| | 未 | 食神 太常 冠帶 |
| --- | --- | --- |
| | | 華蓋 |

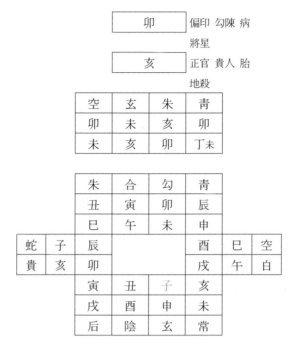

◆ 四孟神인 3課 亥의 上神에서 發用이니 見機格이다.

◆ 一季는 氣候를 의미하며 이미 일어날 조짐들이 내재되었고, 사안은 초기에 일어남이며, 禍福은 潛藏(잠장)되어 필히 그 기미를 신중히 살펴야 하니 見機格인 것이다.

예3) 辛未日 申將 卯時課

|  |  |  |  |
|---|---|---|---|
| 戌 | 亥 | 子 | 丑 |
| 巳 | 午 | 未 | 申 |

| 青 | 酉 | 辰 |  |  | 酉 | 寅 | 貴 |
|---|---|---|---|---|---|---|---|
| 空 | 申 | 卯 |  |  | 戌 | 卯 | 后 |

|  |  |  |  |
|---|---|---|---|
| 寅 | 丑 | 子 | 亥 |
| 未 | 午 | 巳 | 辰 |
| 白 | 常 | 玄 | 陰 |

- 孟을 덮어 生이 됨이니, 生의 處가 剋을 받음과 같다. 害를 받음이 홀로 깊어 이런 연유로 孟이 이제 仲에 미치게 된 것이다. 이제 害를 당함이 점점 옅어진 고로 단지 조짐을 띨 뿐이니 察微格이라 한 것이다.
- 웃음 속에 칼을 감추고, 꿀 속에 비소를 숨기고, 人情이 음험하여 반드시 그 조짐을 살펴야 한다.
- 만약 魁罡(辰)이 日辰에 加하면 胎産은 難産이다.

예4) 戊辰日 未將 子時課

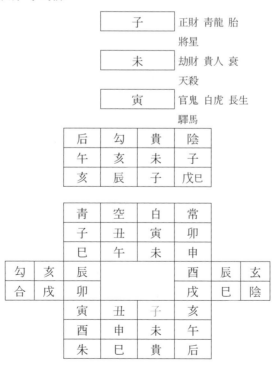

| 子 | 正財 靑龍 胎 |
|---|---|
|  | 將星 |
| 未 | 劫財 貴人 衰 |
|  | 天殺 |
| 寅 | 官鬼 白虎 長生 |
|  | 驛馬 |

| 后 | 勾 | 貴 | 陰 |
|---|---|---|---|
| 午 | 亥 | 未 | 子 |
| 亥 | 辰 | 子 | 戊巳 |

| 青 | 空 | 白 | 常 |
|---|---|---|---|
| 子 | 丑 | 寅 | 卯 |
| 巳 | 午 | 未 | 申 |

| 勾 | 亥 | 辰 |  |  | 酉 | 辰 | 玄 |
|---|---|---|---|---|---|---|---|
| 合 | 戌 | 卯 |  |  | 戌 | 巳 | 陰 |

|  |  |  |  |
|---|---|---|---|
| 寅 | 丑 | 子 | 亥 |
| 酉 | 申 | 未 | 午 |
| 朱 | 巳 | 貴 | 后 |

◆ 1課와 4課 子와 午가 下賊을 당하는데, 天盤本家에서 地盤本家까지 오는 동안 공히 4번 剋을 당하고 있다. 둘 다 陽神에 해당하니 比用法을 적용하지 못하고, 또한 둘 다 孟神의 上神이니 이제 "復等"이 되는 것이다. 陽日干은 1,2課 上神에서 취하라 했으니 子가 初傳이 되는 것이다.

◆ 子와 午가 竝하여 剋을 받음이 깊다. 4課 中 1,2課는 高와 先이고 3,4課는 低와 後인데, 陽日干은 高와 先을 取하라 했으니. 이는 마치 쉽게 눈에 띄는 갓관 위의 흠있는 玉꾸러미와 같다하여 綴瑕格이라 한 것이다.

◆ 두 영웅의 다툼과 같고, 經營은 지체되고, 人衆은 牽連(견연)되고, 災耗(재모)가 끊이지 않고, 君子와 친함이 이롭고 小人은 멀리해야 한다. 胎産은 달을 넘기고, 行人은 소식이 없다.

만약 月建이 吉神을 대동하고 入傳하며 日辰이 有氣하면, 사안은 비록 沮滯(저체)되나 종국엔 성사됨이 있다.

## 五課 : 遙剋課(요극과)

◉ 上下로 賊剋이 없어 他神과의 遙剋됨을 취하는 것이다.

◉ 2, 3, 4課의 上神에서 日干을 剋하는 것을 蒿矢課(호시과)라 하여 먼저 取하고, 日干이 2, 3, 4과의 上神을 剋하는 것을 彈射課(탄사과)라 하여 나중에 取한다.

◉ 蒿矢課(호시과)

◆ 멀리서 剋이 되어 오므로 처음에는 크게 보이고 무섭게 느껴지나 나중은 작아 용두사미인 경우가 많다.

◆ 憂喜(우희)가 모두 실속이 없다.

◆ 文書는 공허하고 음모가 있다.

◆ 他客은 받아들이지 않는 것이 좋고, 만약 용납하면 小人의 口舌이 있다. 凡事에 憂는 西南에 있고 喜는 西北있다.

◆ 主人에게 이롭고 客에게 불리하다.

◆ 대체로 이로움이 적고 불리함이 많은 것이다.

◆ 先動卽 불리하고 後動卽 다소의 이익이 있다.

◆ 神將이 凶하고 日辰이 無氣하면 도적의 음모가 있고, 日辰이 有氣하면 貴人에 의지함에 기쁨이 있다.

◆ 行人은 돌아오며 방문하면 相見할 수 있다.

⊙ 彈射課(탄사과)

◆ 용병은 客에 이롭고 主에 불리하다.

◆ 先動 即 불리하고 後動 即 유리하다.

◆ 訪人은 不見이다.

◆ 行人은 오지 않는다.

◆ 空亡이 發用이면 動함은 허사이다.

◆ 神將이 吉하고 德合을 보고 貴人이 順行하면 和親함과 기쁨과 길함이 있다.

◆ 神將이 凶하고 凶神을 帶하고 貴人이 逆治되면 매사 不睦(불목)하고 冤仇盜賊
(원구도적)이 있다.

⊙ 만약 兩神을 剋하면 한 화살로 두 사슴을 쏘는 것 같아서 事物難中하고, 매사
兩頭로 온다는 뜻이 있다.

⊙ 위의 兩課는 대체로 虛名之事이고 遠事이며, 실속이 없다. 혹, 성취함이 있다
하더라도 속은 虛하고 이득이 없는 것이다. 만약 土金殺을 帶하면 사람이 傷함을
당한다.

⊙ 만약 土金殺을 帶하는 경우에, 嵩矢課의 發用이 金을 보면 화살촉이 되고, 彈射
課의 發用이 土를 보면 탄환이 되어, 앞뒤 가리지 않고 뛰어드는 격이니 災厄이
있는 것이다.

⊙ 만약 三傳이 空亡이면, 화살촉과 탄환이 遺失(유실)된 것과 같아, 일은 성사되지
않으며 禍福(화복)은 모두 경미하다.

⊙ 太陰, 玄武, 天空을 보면 사기당하기 쉬우므로 조심해야 한다.

⊙ 二課에서 발용은 近事로 대개 外事에 속하고, 흉세는 略大하며 함부로 처리함이
불가하고, 三課나 四課에서 發用하면 遠事로 흉세는 漸小하나, 三課는 凶重하
고, 四課는 무력하여 길흉은 이루어지지 않는다.

예1) 丙戌日 辰將 未時課

| 亥 | 官鬼 朱雀 胞 |
| | 劫殺 |
| 申 | 財鬼 天后 病 |
| | 驛馬 |

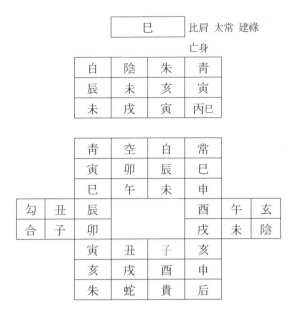

- 2課 上神 亥가 日干 丙火를 遙剋하니 蒿矢課이다.
- 멀리서 日干을 剋하니 완만하고 輕하여, 꺾인 쑥대로 화살을 만든 것과 같아, 힘이 없고 傷害를 입히지 못한다.

예2) 丁酉日 未將 申時課

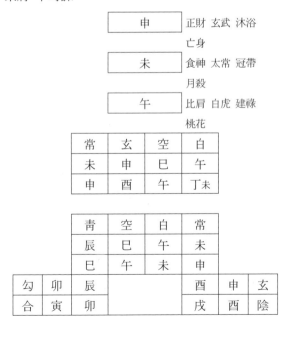

| 寅 | 丑 | 子 | 亥 |
|---|---|---|---|
| 丑 | 子 | 亥 | 戌 |
| 朱 | 蛇 | 貴 | 后 |

◆ 上下剋이 없고, 4課中 上神에서 日干을 遙剋함도 없으니, 이젠 日干에서 上神을 遙剋함을 찾는다. 3課 上神 申金이 日干 丁火의 剋을 받으니 이를 初傳으로 삼는다.

◆ 내가 타인을 극하는데 상호 멀리 떨어져 있어 탄환을 발사하는 것과 같으니 彈射課라 하는데, 적중시키기가 용이한 것이 아니다.


## 六課 : 昴星課(묘성과)

◉ 賊剋과 遙剋이 없을 때 酉字를 중심하는데, 陽日은 地盤酉上의 神을 初傳으로 삼고 支上神을 中傳, 干上神을 末傳으로 삼는다.

陰日에는 天盤酉下의 神을 初傳으로 삼고 干上神을 中傳, 支上神을 末傳으로 삼는다.

◉ 陽日은 虎視轉蓬格(호시전봉격)이라하고, 陰日은 冬蛇掩目格(동사엄목격)이라한다.

◉ 酉는 西方이고 西方은 白虎에 해당하여 호랑이가 仰視하는 것과 같다하여 虎視格이라 한다.

◉ 昴星課는 陽日은 본시 하늘이 위와 친해지려는 의도가 있어 三傳의 歸結이 干上이 되며 天類를 따르는 것이고, 陰日은 땅이 아래와 친해지려는 의도가 있어 三傳의 歸結이 支上이 되며 地類를 따르는 이치이다.

◉ 虎視轉蓬格(호시전봉격)

◆ 驚患(경환)이 있고 關門(관문)과 途梁(도량)은 閉塞(폐색)되고 津渡(진도)는 稽留(계류)되며, 禍는 밖에서 일어난다.

◆ 靜하면 憂患은 없다.

◆ 出行은 虛事로 돌아오게 된다.

◆ 만약 發用이 凶하고 死囚가 되거나, 天罡에 死氣가 乘하고 螣蛇나 白虎가 入傳하면 大凶하며 病者는 반드시 죽고, 訴訟者는 투옥되는데, 日辰이 旺相하면 減凶된다.

◉ 冬蛇掩目格(동사엄목격)

◆ 進退가 자유롭지 못하다.

◆ 매사 暗昧하고 不明이다.

◆ 行人은 눌러앉아 지체된다.

◆ 도망자는 행방이 묘연하다.

◆ 螣蛇가 入傳하면 괴이한 꿈을 자주 꾸게 된다.

◆ 申이 卯에 加하면 車輪倒踬(차륜도착)이라 하여 흉하고, 三傳에 玄武를 보면 매우 흉하다.

◆ 午가 卯에 加하면 明堂이라 하여 萬事가 隆昌하고, 衰, 敗, 凶神을 만나더라도 흉변길이 된다.

예1) 戊寅日 戌將 午時課

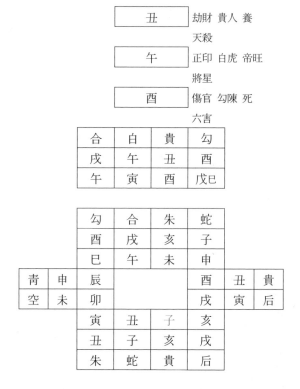

| | 丑 | | 劫財 貴人 養 |
| --- | --- | --- | --- |
| | | | 天殺 |
| | 午 | | 正印 白虎 帝旺 |
| | | | 將星 |
| | 酉 | | 傷官 勾陳 死 |
| | | | 六害 |

| 合 | 白 | 貴 | 勾 |
| --- | --- | --- | --- |
| 戌 | 午 | 丑 | 酉 |
| 午 | 寅 | 酉 | 戌巳 |

| | | 勾 | 合 | 朱 | 蛇 | | |
| --- | --- | --- | --- | --- | --- | --- | --- |
| | | 酉 | 戌 | 亥 | 子 | | |
| | | 巳 | 午 | 未 | 申 | | |
| 靑 | 申 | 辰 | | | 酉 | 丑 | 貴 |
| 空 | 未 | 卯 | | | 戌 | 寅 | 后 |
| | | 寅 | 丑 | 子 | 亥 | | |
| | | 丑 | 子 | 亥 | 戌 | | |
| | | 朱 | 蛇 | 貴 | 后 | | |

◆ 上下剋이 없고 遙剋도 없으니 昂星法을 적용한다. 陽日干이니 地盤 酉의 上神인 丑土를 初傳으로 삼는 것이다. 支上神인 午가 中傳이고, 日上神인 酉가 末

傳이다.

예2) 丁丑日 申將 亥時課

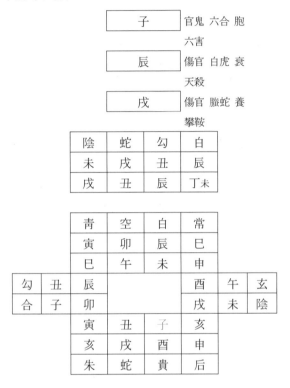

|   |   |   |   |
|---|---|---|---|
| 子 | 官鬼 六合 胞 | | |
| | 六害 | | |
| 辰 | 傷官 白虎 衰 | | |
| | 天殺 | | |
| 戌 | 傷官 螣蛇 養 | | |
| | 攀鞍 | | |

| 陰 | 蛇 | 勾 | 白 |
|---|---|---|---|
| 未 | 戌 | 丑 | 辰 |
| 戌 | 丑 | 辰 | 丁未 |

|   | 青 | 空 | 白 | 常 |   |
|---|---|---|---|---|---|
|   | 寅 | 卯 | 辰 | 巳 |   |
|   | 巳 | 午 | 未 | 申 |   |
| 勾 丑 | 辰 | | | 酉 | 午 玄 |
| 合 子 | 卯 | | | 戌 | 未 陰 |
|   | 寅 | 丑 | 子 | 亥 |   |
|   | 亥 | 戌 | 酉 | 申 |   |
|   | 朱 | 蛇 | 貴 | 后 |   |

◆ 上下剋이 없고 遙剋도 없으니 昴星法을 적용한다. 陰日干이니 天盤 酉의 下神인
子를 初傳으로 삼는 것이다. 日上神인 辰이 中傳이고, 支上神인 戌이 末傳이다.
◆ 陰日은 陰에 속하고, 陰한 성질은 땅을 따르는 것이니, 여자의 경우 氣가 가라
앉아 아래를 내려다보는 것이다. 이는 겨울에 뱀이 冬眠에 들어 눈을 가리는
형국이라 冬蛇掩目格이라 한다.

예3) 戊申日 辰將 卯時課

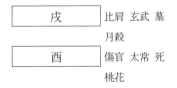

|   |   |
|---|---|
| 戌 | 比肩 玄武 墓 |
| | 月殺 |
| 酉 | 傷官 太常 死 |
| | 桃花 |

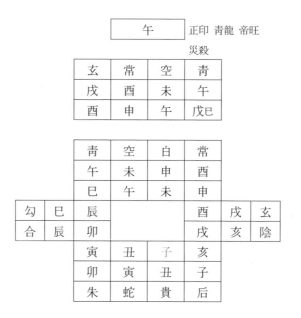

| | 午 | | 正印 青龍 帝旺 |
| | | | 災殺 |

| 玄 | 常 | 空 | 靑 |
|---|---|---|---|
| 戌 | 酉 | 未 | 午 |
| 酉 | 申 | 午 | 戌巳 |

| 靑 | 空 | 白 | 常 |
|---|---|---|---|
| 午 | 未 | 申 | 酉 |
| 巳 | 午 | 未 | 申 |

| 勾 | 巳 | 辰 | | 酉 | 戌 | 玄 |
| 合 | 辰 | 卯 | | 戌 | 亥 | 陰 |
| | 寅 | 丑 | 子 | 亥 | | |
| | 卯 | 寅 | 丑 | 子 | | |
| | 朱 | 蛇 | 貴 | 后 | | |

◆ 陽日 昴星이므로 虎視轉蓬格(호시전봉격)이다. 반드시 놀라는 일이 있고, 매사 閉塞(폐색)되고, 진퇴는 稽留(계류)되며, 出行은 부득불 본인이 돌아오게 된다. 禍는 밖에서 일어나므로 집안에서 靜守함이 좋고, 動하면 불리하다.

## 七課 : 別責課(별책과)

⊙ 賊剋도 없고 遙剋도 없는데 모두 三課밖에 되지 못 할 때이다.

⊙ 陽日은 日干과 干合하는 寄宮의 上神을 취하고,

　陰日은 日支의 三合하는 前 一位를 初傳으로 잡는다.

　中傳과 末傳은 日干 上神으로 잡는다.

⊙ 전부 4과가 되지 못하는데, 日과 陽陰을 분별하여, 별도의 책임을 물어 하나를 택하여 초전으로 삼으니 별책이라 한다.

⊙ 別責課

　◆ 만사가 제대로 갖추어지지 못하고 부족한 것을 나타낸다.

　◆ 謀事는 정의로움이 부족하다.

　◆ 재물은 완전히 갖추어지지 못했다.

　◆ 用兵은 장수를 잘 선정해야 한다.

- ◆ 물을 건너려면 배를 찾아야 한다.
- ◆ 혼인은 타처에 혼사가 또 있거나 재혼이다.
- ◆ 胎孕은 多延되고,
- ◆ 求財는 불리하다.
- ◆ 家事占은 閨房(규방)의 淫亂事(음란사)와 연관된다.
- ⊙ 神將이 흉하고 日辰과 用神이 休囚되면 凶하고, 神將이 吉하고 日辰과 用神이 旺하면 吉祥이 된다.
- ⊙ 別責課는 凡事에 남에게 의지해야 하는 연고로, 차용이나 서둘러 행하는 일에 있어서는, 길흉이 자신으로 인해 발생되지는 않는다.

예1) 辛丑日 子將 酉時課

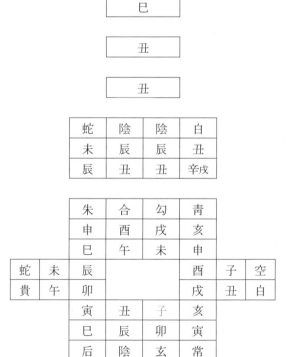

- ◆ 2課와 3課가 같아, 총4課가 不備되어 3課뿐이니 別責課이다.
- ◆ 陰日이니 日支의 三合局 前 支로 初傳을 삼고, 日干上神으로 中‧末傳을 삼는다. 初傳은 巳이고 中‧末傳은 丑이다.

예2) 丙辰日 辰將 卯時課

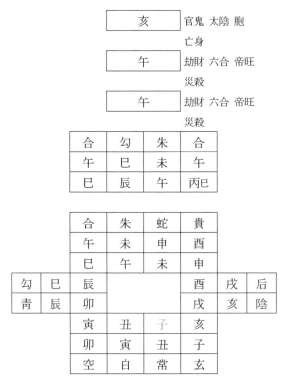

| | | | |
|---|---|---|---|
| 亥 | | 官鬼 太陰 胞 | |
| | | 亡身 | |
| 午 | | 劫財 六合 帝旺 | |
| | | 災殺 | |
| 午 | | 劫財 六合 帝旺 | |
| | | 災殺 | |

| 合 | 勾 | 朱 | 合 |
|---|---|---|---|
| 午 | 巳 | 未 | 午 |
| 巳 | 辰 | 午 | 丙巳 |

| | | | 合 | 朱 | 蛇 | 貴 | | |
|---|---|---|---|---|---|---|---|---|
| | | | 午 | 未 | 申 | 酉 | | |
| | | | 巳 | 午 | 未 | 申 | | |
| 勾 | 巳 | 辰 | | | | 酉 | 戌 | 后 |
| 青 | 辰 | 卯 | | | | 戌 | 亥 | 陰 |
| | | 寅 | 丑 | 子 | 亥 | | | |
| | | 卯 | 寅 | 丑 | 子 | | | |
| | | 空 | 白 | 常 | 玄 | | | |

- 1課와 4課가 동일하여 총3課밖에 안되니 別責課이다. 陽日이라 日干과 干合되는 神의 寄宮의 上神을 初傳으로 삼고, 日干上神으로 中·末傳을 삼는다.


## 八課 : 八傳課(팔전과)

- 干支가 동일하여 二課밖에 없고 賊剋이 없을 때를 말한다.
- 陽日에는 日干의 陽神에서 順行 3番하여 初傳을 삼고
  日干 上神으로 中傳, 末傳을 삼는다.
  陰日에는 日支의 陰神에서 逆行 3番하여 初傳을 삼는다.
  日支 上神으로 中傳, 末傳을 삼는다.
- 여덟 字가 네 字가 되는 것이니, 여덟 가구가 한 우물을 사용하는 격이다.
- 八專課
  - 二人이 同心하여 이득을 분배하는 象이다.

- ♦ 主客이 불분명하다.
- ♦ 兵資는 重疊된다.
- ♦ 失物은 內尋해야 한다.
- ♦ 장수와 병사는 많아야 승리한다.
- ♦ 陽日이면 윗사람이 아랫사람을 속이고 百事는 급속히 이루어지며, 陰日이면 처는 남편을 속이고 奴婢는 주인을 속이며, 百事에 退縮되고 遲緩해진다.
- ♦ 혼인점은 서둘러야지 그렇지 않으면 口舌이 있어 분리된다.
- ♦ 憂喜는 다같이 重疊(중첩)된다.
- ◉ 八傳課에 靑龍이나 太常을 보고 貴人과 같은 吉將과 天德, 月德, 日德 등을 보면 만인이 협력하여 매사가 순조롭게 이루어진다.
- ◉ 三傳에서 天后, 六合, 玄武중 하나만 보더라도 帷簿不修格(유부불수격)이 된다.
  - ♦ 帷帳(유장)이 없으니 내외 구분이 없다.
  - ♦ 講堂(강당)에 남녀 혼잡격이니 풍기가 문란하고 禮가 없다.
- ◉ 三傳이 同一하면 獨足課(독족과)다. 720課중 하나밖에 없는 유별난 課다.
  - ♦ 百事에 移動이 불능하고, 모망은 비용만 들고 百事不成이다.
  - ♦ 여행은 배 이외엔 일체 불허한다.
  - ♦ 胎産占은 허사다.
  - ♦ 八專課에서 末傳이 空亡되도 獨足課(독족과)라 논한다.

예1) 己未日 酉將 戌時課

| | 卯 | | 官鬼 靑龍 病 |
|---|---|---|---|
| | | | 將星 |
| | 午 | | 偏印 朱雀 建祿 |
| | | | 六害 |
| | 午 | | 偏印 朱雀 建祿 |
| | | | 六害 |

| 合 | 朱 | 合 | 朱 |
|---|---|---|---|
| 巳 | 午 | 巳 | 午 |
| 午 | 未 | 午 | 己未 |

| 勾 | 合 | 朱 | 蛇 |
|---|---|---|---|
| 辰 | 巳 | 午 | 未 |
| 巳 | 午 | 未 | 申 |

| 青 | 卯 | 辰 | | | | 酉 | 申 | 貴 |
|---|---|---|---|---|---|---|---|---|
| 空 | 寅 | 卯 | | | | 戌 | 酉 | 后 |

| 寅 | 丑 | 子 | 亥 |
|---|---|---|---|
| 丑 | 子 | 亥 | 戌 |
| 白 | 常 | 玄 | 陰 |

◆ 전부 2課밖에 되지 않으니 八專課다. 陰日이므로 日支의 陰神인 巳에서 逆行 三辰하니 卯가 初傳이고, 日干上神 午가 中·末傳이다.

예2) 丁未日 辰將 丑時課

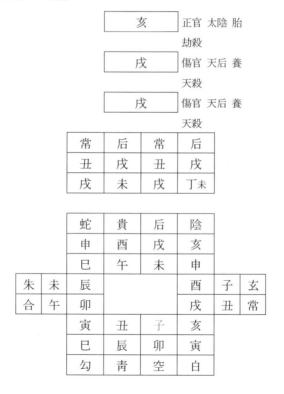

| 亥 | 正官 太陰 胎 |
|---|---|
| | 劫殺 |
| 戌 | 傷官 天后 養 |
| | 天殺 |
| 戌 | 傷官 天后 養 |
| | 天殺 |

| 常 | 后 | 常 | 后 |
|---|---|---|---|
| 丑 | 戌 | 丑 | 戌 |
| 戌 | 未 | 戌 | 丁未 |

| 蛇 | 貴 | 后 | 陰 |
|---|---|---|---|
| 申 | 酉 | 戌 | 亥 |
| 巳 | 午 | 未 | 申 |

| 朱 | 未 | 辰 | | | | 酉 | 子 | 玄 |
|---|---|---|---|---|---|---|---|---|
| 合 | 午 | 卯 | | | | 戌 | 丑 | 常 |

| 寅 | 丑 | 子 | 亥 |
|---|---|---|---|
| 巳 | 辰 | 卯 | 寅 |
| 勾 | 青 | 空 | 白 |

◆ 전부 2課밖에 되지 않으니 八專課다. 陰日이므로 日支의 陰神인 丑에서 逆行 三辰하니 亥가 初傳이고, 日干上神 戌이 中·末傳이다.

예3) 己未日 亥將 丑時課

| 丑 | 比肩 白虎 墓 |
| 月殺 |

| 巳 | 正印 六合 帝旺 |
| 驛馬 |

| 巳 | 正印 六合 帝旺 |
| 驛馬 |

| 青 | 合 | 青 | 合 |
|---|---|---|---|
| 卯 | 巳 | 卯 | 巳 |
| 巳 | 未 | 巳 | 己未 |

| 青 | 勾 | 合 | 朱 |
|---|---|---|---|
| 卯 | 辰 | 巳 | 午 |
| 巳 | 午 | 未 | 申 |

| 空 | 寅 | 辰 | | | | 酉 | 未 | 蛇 |
|---|---|---|---|---|---|---|---|---|
| 白 | 丑 | 卯 | | | | 戌 | 申 | 貴 |

| 寅 | 丑 | 子 | 亥 |
|---|---|---|---|
| 子 | 亥 | 戌 | 酉 |
| 常 | 玄 | 陰 | 后 |

◆ 총 2課밖에 안되니 八專課이다. 陰日이라 日支의 陰神 卯에서 逆行 三辰하니 丑이 初傳이고 日干上神 巳가 中·末傳이다. 三傳에 六合이 있으니 "帷簿不修格(유부불수격)"이다.

예4) 己未日 酉將 未時課

| 酉 | 食神 六合 長生 |
| 災殺 |

| 酉 | 食神 六合 長生 |
| 災殺 |

| 酉 | 食神 六合 長生 |
| 災殺 |

| 蛇 | 合 | 蛇 | 合 |
|---|---|---|---|
| 亥 | 酉 | 亥 | 有 |
| 有 | 未 | 酉 | 己未 |

| 青 | 勾 | 合 | 朱 |   |   |   |
|---|---|---|---|---|---|---|
| 未 | 申 | 酉 | 戌 |   |   |   |
| 巳 | 午 | 未 | 申 |   |   |   |

| 空 | 午 | 辰 |   | 酉 | 亥 | 蛇 |
|---|---|---|---|---|---|---|
| 白 | 巳 | 卯 |   | 戌 | 子 | 貴 |

| 寅 | 丑 | 子 | 亥 |
|---|---|---|---|
| 辰 | 卯 | 寅 | 丑 |
| 常 | 玄 | 陰 | 后 |

◆ 총2課밖에 안되는데 三傳이 同一하니 獨足課(독족과)이다.

### 九課 : 伏吟課(복음과)

⊙ 占時와 月將이 같으니 당연히 天盤과 地盤도 같다.

⊙ 伏吟課

　◆ 上下剋이 있으면

　　上下剋이 있는 것으로 初傳을 삼고,

　　中傳과 末傳은 順次的으로 三刑이 되는 것을 取한다.

　◆ 上下剋이 없으면

　　陽日에는 日干 上神으로 初傳을 삼고,

　　陰日에는 日支上神으로 初傳을 삼고,

　　中·末傳은 順次的으로 三刑이 되는 것을 取한다.

　◆ 만약 初傳이 自刑이 됐을 시에는 陽日은 日支上神으로 中傳, 陰日은 日干上神
　　으로 中傳, 末傳은 中傳을 沖하는 것으로 삼는다.

　◆ 또다시 中傳이 自刑이 될 때에는 中傳을 沖하는 것으로 末傳을 삼는다.

⊙ 陽日 伏吟은 自任格이고, 陰日 伏吟은 自信格이다.

⊙ 日干이 有氣하고 神將이 吉하면 吉相으로 보고 神將이 凶하면 凶相으로 본다.

⊙ 自任格

　◆ 자기를 믿고 자만하므로 허물이 많다.

　◆ 行人은 바로 돌아오고,

　◆ 도망은 眼前에 있고,

- ◆胎産은 벙어리를 낳기 쉽다.
- ◆禍患은 留延되고,
- ◆訪人은 알현할 수 있으나, 만약 丁神이 三傳에 있으면 출타중이다.

⊙ 自信格
- ◆百事에 몸을 움직이기 곤란하며 가택이 편안치 못하고, 日干이 潛藏伏匿(잠장 복익)하므로 자신이 부자유하다.
- ◆도망은 근처에 있다.
- ◆도적도 안에서 찾아야 한다.
- ◆病人은 暗啞이다.
- ◆行人은 淹留檢身하여 오지 못한다.
- ◆일진과 초전이 왕상하면 자신이 움직이는 고로 획득할 수 없다.

⊙ 自刑이 발용되면 杜傳課이다.
- ◆초전이 自刑됨을 의미한다.
- ◆杜絶된다는 뜻으로 百事를 중지하고 다시 改求함이 마땅하다.
- ◆스스로 하지 않더라도 매사 중단된다.
- ◆현재 居하고 있으면 장차 移徙의 조짐이 있고, 현재 合하여 있으면 장차 分離의 조짐이 있고, 失物은 가택을 벗어나지 않았고, 三傳 中 驛馬를 보면 靜한 중 動함이 있다. 먼 곳의 서신이나 소식은 門에 당도한다.
- ◆매사 반대로 돌아가는데 日辰이 旺相하고 吉將이 乘하면 다소 나으나 오래가지 못한다.
- ◆白虎, 六合, 天馬, 驛馬 등을 보면 靜中動하고 人信은 到門하고,
- ◆勾陳을 보면 沈屈不伸(침굴불신)하고 動과 止가 稽留(계류)되며, 太陰을 보면 陰私不明 하고, 天空을 보면 허사이다.
- ◆孟神上에 六合이 있고 三傳이 陽이 되면 남자의 일인데, 子午는 道路事나 消息事, 卯酉는 門戶事, 四季는 宅地의 爭訟事, 四孟은 부득이한 協同事인데, 日辰이 旺相하면 吉祥으로 본다.

예1) 癸未日 午將 午時課

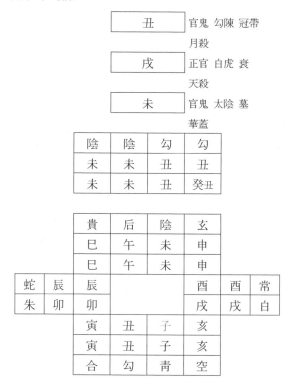

| | 丑 | | 官鬼 勾陳 冠帶 |
| | | | 月殺 |
| | 戌 | | 正官 白虎 衰 |
| | | | 天殺 |
| | 未 | | 官鬼 太陰 墓 |
| | | | 華蓋 |

| 陰 | 陰 | 勾 | 勾 |
|---|---|---|---|
| 未 | 未 | 丑 | 丑 |
| 未 | 未 | 丑 | 癸丑 |

| | 貴 | 后 | 陰 | 玄 | | |
|---|---|---|---|---|---|---|
| | 巳 | 午 | 未 | 申 | | |
| | 巳 | 午 | 未 | 申 | | |
| 蛇 辰 | 辰 | | | 酉 | 酉 常 | |
| 朱 卯 | 卯 | | | 戌 | 戌 白 | |
| | 寅 | 丑 | 子 | 亥 | | |
| | 寅 | 丑 | 子 | 亥 | | |
| | 合 | 勾 | 靑 | 空 | | |

- 1課가 上剋下니 丑土가 初傳이고, 순차적으로 三刑을 取하니, 中傳 戌, 末傳 未이다.
- 上下가 같아 伏地不動이니 悲嘆(비탄)과 呻吟(신음)이 자기 몸에 이르는 고로 伏吟이라 한 것이다.
- 考試는 합격하고, 求名은 성사되고, 病憂는 土의 괴이함이 연유이고, 田畓의 爭訟이 있다.
- 春夏는 災가 輕하고, 秋冬은 災가 심하다.
- 勤愼(근신)함이 길하나 動함이 있어도 큰 우려는 적다.
- 靜한 중 생각은 動하고 있는 象이다.

예2) 庚辰日 午將 午時課

| | 申 | | 比肩 白虎 建祿 |
| | | | 地殺 |

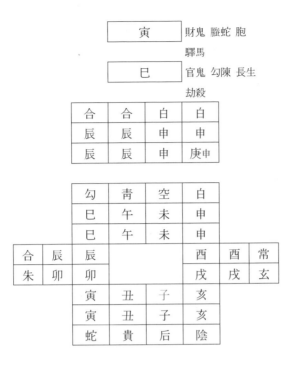

| | 寅 | 財鬼 螣蛇 胞 |
| --- | --- | --- |
| | | 驛馬 |
| | 巳 | 官鬼 勾陳 長生 |
| | | 劫殺 |

| 合 | 合 | 白 | 白 |
| --- | --- | --- | --- |
| 辰 | 辰 | 申 | 申 |
| 辰 | 辰 | 申 | 庚申 |

| | | 勾 | 青 | 空 | 白 | | |
| --- | --- | --- | --- | --- | --- | --- | --- |
| | | 巳 | 午 | 未 | 申 | | |
| | | 巳 | 午 | 未 | 申 | | |
| 合 | 辰 | 辰 | | | 酉 | 酉 | 常 |
| 朱 | 卯 | 卯 | | | 戌 | 戌 | 玄 |
| | | 寅 | 丑 | 子 | 亥 | | |
| | | 寅 | 丑 | 子 | 亥 | | |
| | | 蛇 | 貴 | 后 | 陰 | | |

◆ 伏吟局인데 上下剋이 없고 陽日이니, 日干上神 申이 初傳이고, 순차적으로 三刑을 取하니 中傳이 寅, 末傳이 巳이다.

◆ 陽日伏吟이며 스스로 책임을 맡아 자만하는 격이니 "自任格"이다.

◆ 자만하여 강폭하고, 災禍가 필히 오고, 行人은 당도하고, 逃亡은 안전에 있으며, 孕胎(잉태)는 聾啞(농아)이고, 禍患(화환)이 지속된다.

◆ 만약 初傳이 旺相하고 三傳에 驛馬가 있으면, 때를 기다려 움직이라는 것이다. 혹, 부득이 움직이더라도 성사됨은 있다.


예3) 辛巳日 子將 子時課

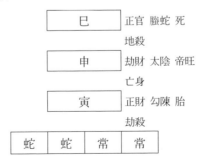

| | 巳 | 正官 螣蛇 死 |
| --- | --- | --- |
| | | 地殺 |
| | 申 | 劫財 太陰 帝旺 |
| | | 亡身 |
| | 寅 | 正財 勾陳 胎 |
| | | 劫殺 |

| 蛇 | 蛇 | 常 | 常 |
| --- | --- | --- | --- |

| 巳 | 巳 | 戌 | 戌 |
|---|---|---|---|
| 巳 | 巳 | 戌 | 辛戌 |

| | 蛇 | 貴 | 后 | 陰 | | |
|---|---|---|---|---|---|---|
| | 巳 | 午 | 未 | 申 | | |
| | 巳 | 午 | 未 | 申 | | |
| 朱 辰 | 辰 | | | 酉 | 酉 | 玄 |
| 合 卯 | 卯 | | | 戌 | 戌 | 常 |
| | 寅 | 丑 | 子 | 亥 | | |
| | 寅 | 丑 | 子 | 亥 | | |
| | 勾 | 青 | 空 | 白 | | |

◆ 陰日 伏吟이니 "自信格"이다.

◆ 日支上神 巳를 初傳으로 삼고 순차적으로 三刑을 취하여, 中傳이 申, 末傳이 寅이다.

예4) 己亥日 巳將 巳時課

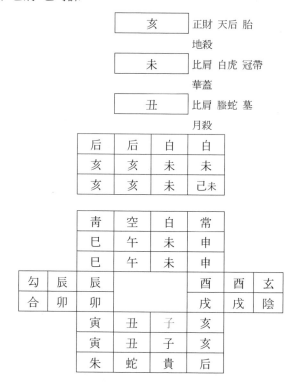

| 亥 | 正財 天后 胎 |
|---|---|
| | 地殺 |
| 未 | 比肩 白虎 冠帶 |
| | 華蓋 |
| 丑 | 比肩 螣蛇 墓 |
| | 月殺 |

| 后 | 后 | 白 | 白 |
|---|---|---|---|
| 亥 | 亥 | 未 | 未 |
| 亥 | 亥 | 未 | 己未 |

| | 青 | 空 | 白 | 常 | | |
|---|---|---|---|---|---|---|
| | 巳 | 午 | 未 | 申 | | |
| | 巳 | 午 | 未 | 申 | | |
| 勾 辰 | 辰 | | | 酉 | 酉 | 玄 |
| 合 卯 | 卯 | | | 戌 | 戌 | 陰 |
| | 寅 | 丑 | 子 | 亥 | | |
| | 寅 | 丑 | 子 | 亥 | | |
| | 朱 | 蛇 | 貴 | 后 | | |

◆陰日 伏吟이니 日支上神 亥를 初傳으로 삼는다. 初傳 亥가 自刑되니 "杜傳格(두 전격)"이다. 中傳은 日干上神 未이고, 末傳은 中傳 未를 沖하는 丑이다.

## 十課 : 返吟課(반음과)

⊙ 月將과 占時가 沖되면 당연히 天盤과 地盤도 沖이 된다.

◆ 이때도 相剋이 있으면 이를 취하여 初傳을 삼으면 "無依格"이라 하고,

◆ 相剋이 없을 시에는 따로 井欄射格(정란사격) 혹은 無親格(무친격)이라 하고, 丑日에는 驛馬에 해당하는 亥로 初傳을 삼고 未日에는 驛馬에 해당하는 巳로 初傳을 삼고 日支 上神이 中傳이고, 日干 上神이 末傳이다.

⊙ 無依格(무의격)

◆ 상하극이 있어 발용됨을 말한다.

◆ 온 사람은 갈 생각 하고, 이별은 합하려고 하고, 매사 반대로 작용하여 得失이 분명치 않고, 得失은 밖에 있고, 害人은 스스로 만든 것이다.

◆ 成敗를 가늠하기 어렵고, 대체로 動하는 象이며, 舊事가 재발하는 象이다.

⊙ 巳亥巳는 改動, 受金, 文章事 등이고, 卯酉卯는 家宅, 門戶, 道路事 등이고, 寅申寅은 遠行, 移動, 爭訟事 등이다.

⊙ 凶神 凶將을 만나면 손실이 있고, 動謀해도 무익하고, 重重驚恐이 있으나 吉神 吉將이 乘하면 희소식이 오고 官吏는 轉官된다.

⊙ 無親格(井欄射格)

◆ 上下剋이 없어 驛馬發用인 경우이다.

◆ 行人은 沮滯(저체)되고 오지 못한다.

◆ 盜賊은 相攻하며 내외에 怪事가 있다.

◆ 上下가 不恭(불공)하며, 널리 求하면 일은 성사되나, 직접 求하려면 막힘이 많다.

◆ 凡事에 빨리 성사됨이 있으나 破됨도 용이하다.

예1) 己亥日 午將 子時課

|  | 巳 | 正印 玄武 帝旺 |
|---|---|---|
|  |  | 驛馬 |
|  | 亥 | 正財 六合 胎 |
|  |  | 地殺 |
|  | 巳 | 正印 玄武 帝旺 |
|  |  | 驛馬 |

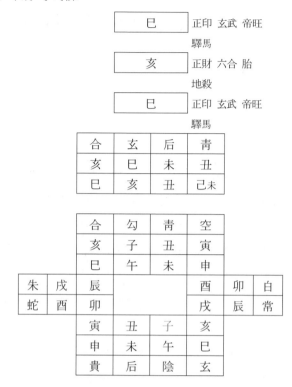

| 合 | 玄 | 后 | 青 |
|---|---|---|---|
| 亥 | 巳 | 未 | 丑 |
| 巳 | 亥 | 丑 | 己未 |

| 合 | 勾 | 青 | 空 |  |  |  |
|---|---|---|---|---|---|---|
| 亥 | 子 | 丑 | 寅 |  |  |  |
| 巳 | 午 | 未 | 申 |  |  |  |
| 朱 戊 辰 |  |  |  |  | 酉 卯 | 白 |
| 蛇 酉 卯 |  |  |  |  | 戌 辰 | 常 |
| 寅 | 丑 | 子 | 亥 |  |  |  |
| 申 | 未 | 午 | 巳 |  |  |  |
| 貴 | 后 | 陰 | 玄 |  |  |  |

◆ 3課가 下賊上이 되니 巳가 初傳이다. 亥가 中傳이고 巳가 末傳이다. 上下剋으로 發用되니 "無依格(무의격)"이다.

◆ 上下가 전부 相沖되니 反復呻吟之象(반복신음지상)이라 返吟課라 한다.

예2) 己丑日 亥將 巳時課

|  | 亥 | 正財 朱雀 胎 |
|---|---|---|
|  |  | 驛馬 |
|  | 未 | 比肩 靑龍 冠帶 |
|  |  | 月殺 |
|  | 丑 | 比肩 天后 墓 |
|  |  | 華蓋 |

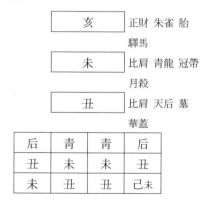

| 后 | 靑 | 靑 | 后 |
|---|---|---|---|
| 丑 | 未 | 未 | 丑 |
| 未 | 丑 | 丑 | 己未 |

| 蛇 | 貴 | 后 | 陰 |
|---|---|---|---|
| 亥 | 子 | 丑 | 寅 |
| 巳 | 午 | 未 | 申 |

| 朱 | 亥 | 辰 | | | 酉 | 卯 | 玄 |
|---|---|---|---|---|---|---|---|
| 合 | 戌 | 卯 | | | 戌 | 辰 | 常 |

| 寅 | 丑 | 子 | 亥 |
|---|---|---|---|
| 申 | 未 | 午 | 巳 |
| 勾 | 青 | 空 | 白 |

- 上下剋이 없으니 井欄射格(정란사격)으로 日支 丑의 驛馬를 初傳으로 삼으니 亥이다. 中傳은 日支上神인 未이고, 末傳은 日干上神인 丑이다.

- 우물에 빠지지 않게 쌓아올린 난간과 같으니, 기울이거나 직접 건지지 않으면 우물을 빠져 나오지 못하는 것과 같다하여 井欄射格이라 한 것이다.

- 전반적으로 沖하여 흩어져 소속이 없으니 일명 無親格이라고도 한다.


## 十一課 : 三光課(삼광과)

◉ 用神과 日辰이 왕상하고 길신이 있으면 三光課가 된다.

◉ 日干은 人으로 간주되는데 旺相하면 諸 鬼가 침범치 못하고 人口가 더욱 번성함이 一光이요,

支는 宅으로 간주되는데 旺相하면 점포와 가택이 번창하여 邪鬼가 침범치 못하니 二光이요,

用神은 日辰의 모든 사안에 견주되는데, 旺相하면 모든 일에 막힘이 없고 光輝를 볼 수 있으니 三光이다.

또한 위의 三處에 吉將이 乘하면 萬事亨通이다.

◉ 三光課는 萬事가 大吉하고, 囚獄者는 석방되고, 질병은 安泰하고, 賣買는 이득이 있고, 謀望은 길하다. 만약 中·末傳이 囚死氣를 띠면 즉, 三光이 失明한 것인데, 이런 경우엔 먼저는 亨通하고 나중은 압박을 받게 된다.


예1) 甲辰日 申將 午時課

| 辰 | 財鬼 六合 衰 |
|---|---|

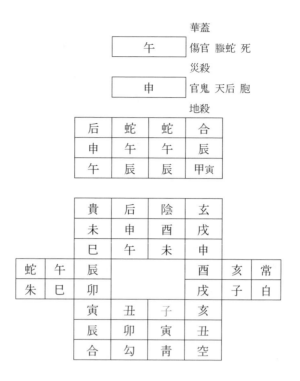

華蓋
| 午 | 傷官 螣蛇 死 |

災殺
| 申 | 官鬼 天后 胞 |

地殺

| 后 | 蛇 | 蛇 | 合 |
|---|---|---|---|
| 申 | 午 | 午 | 辰 |
| 午 | 辰 | 辰 | 甲寅 |

| 貴 | 后 | 陰 | 玄 |
|---|---|---|---|
| 未 | 申 | 酉 | 戌 |
| 巳 | 午 | 未 | 申 |

| 蛇 | 午 | 辰 | | | 酉 | 亥 | 常 |
|---|---|---|---|---|---|---|---|
| 朱 | 巳 | 卯 | | | 戌 | 子 | 白 |

| 寅 | 丑 | 子 | 亥 |
|---|---|---|---|
| 辰 | 卯 | 寅 | 丑 |
| 合 | 勾 | 青 | 空 |

◆ 申將은 4月에 해당하며 孟夏節이다. 日上神 辰과 支上神 午는 旺氣이다. 또한 三傳에 吉將인 六合과 靑龍이 乘하였고, 日上에서 發用하였는데, 日은 人이고 支는 宅이라 發用이 동작을 나타내는 것이다.

◆ 4課 中 3곳이 모두 旺相氣가 있고, 吉將이 乘하고, 三者가 공히 균등하게 光輝를 띠니 三光課라 하는 것이다.

예2) 甲辰日 酉將 未時課

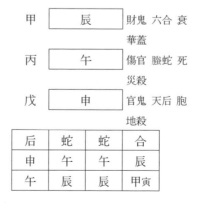

| 甲 | 辰 | 財鬼 六合 衰 |

華蓋
| 丙 | 午 | 傷官 螣蛇 死 |

災殺
| 戊 | 申 | 官鬼 天后 胞 |

地殺

| 后 | 蛇 | 蛇 | 合 |
|---|---|---|---|
| 申 | 午 | 午 | 辰 |
| 午 | 辰 | 辰 | 甲寅 |

|     |     | 貴 | 后 | 陰 | 玄 |     |     |
|-----|-----|-----|-----|-----|-----|-----|-----|
|     |     | 未 | 申 | 酉 | 戌 |     |     |
|     |     | 巳 | 午 | 未 | 申 |     |     |
| 蛇 | 午 | 辰 |     |     | 酉 | 亥 | 常 |
| 朱 | 巳 | 卯 |     |     | 戌 | 子 | 白 |
|     |     | 寅 | 丑 | 子 | 亥 |     |     |
|     |     | 辰 | 卯 | 寅 | 丑 |     |     |
|     |     | 合 | 勾 | 青 | 空 |     |     |

◆ 酉將은 辰月이다. 木旺之節이며 火氣로 進氣하는 계절이니 火勢도 旺하다. 初傳 辰은 月令을 得하니 旺하고, 日辰 역시 旺하며, 三傳에 吉將인 六合과 天后가 乘하니 三光課이다.


## 十二課 : 三陽課(삼양과)

⊙ 三陽課는 天乙貴人이 순행하고, 日辰이 天乙貴人의 前에 있으며 有氣하고, 旺相氣가 발용되는 것을 말한다.

⊙ 貴人이 순행하면 陽氣가 순조로우니 一陽이고,
日辰이 貴人 前이면 貴人陽氣가 伸暢하니 二陽이고,
日辰이 왕상하면 陽氣가 和進하니 三陽이다.

⊙ 三陽課가 되면 三陽이 開泰의 뜻이 있어 萬事亨通하고, 吉將이 乘하고 上下相生하면 만사 이득이 있고, 관리는 지위가 올라가고, 病者는 완쾌되고, 訴訟은 걱정할 것이 없으며, 行人은 돌아오고, 盜賊이 와도 싸우지 않고, 財喜는 뜻을 이루고, 孕胎(잉태)는 현량한 아들을 낳는다.

⊙ 만약 貴人이 辰戌에 臨하면 "貴人坐獄(귀인좌옥)"이라 한다.
初傳이 日의 鬼가 되고, 中·末傳에 救神이 없으면, 三陽이 不泰한 것이니, 占事는 暗昧疑惑(암매의혹)이 있고, 먼저는 편하나 나중은 불안하다.


예1) 乙丑日 戌將 酉時課

| 寅 | 劫財 朱雀 帝旺 |
|-----|-----|
|     | 劫殺 |

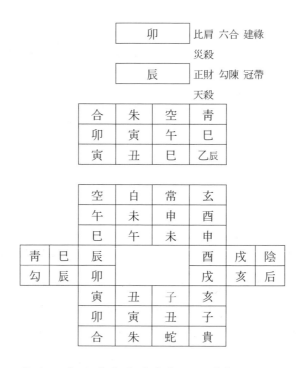

| | 卯 | 比肩 六合 建祿 |
|---|---|---|
| | | 災殺 |
| | 辰 | 正財 勾陳 冠帶 |
| | | 天殺 |

| 合 | 朱 | 空 | 青 |
|---|---|---|---|
| 卯 | 寅 | 午 | 巳 |
| 寅 | 丑 | 巳 | 乙辰 |

| | 空 | 白 | 常 | 玄 | | |
|---|---|---|---|---|---|---|
| | 午 | 未 | 申 | 酉 | | |
| | 巳 | 午 | 未 | 申 | | |
| 青 | 巳 | 辰 | | | 酉 | 戌 | 陰 |
| 勾 | 辰 | 卯 | | | 戌 | 亥 | 后 |
| | 寅 | 丑 | 子 | 亥 | | |
| | 卯 | 寅 | 丑 | 子 | | |
| | 合 | 朱 | 蛇 | 貴 | | |

- ◆陽地盤인 子에 貴人이 乘하여 순행하니 一陽이다.
- ◆日의 寄宮 辰과 日支 丑이 貴人이 乘한 子의 前에 위치하니 二陽이다.
- ◆戌將은 月建이 木旺之絕인 春節로 卯月이다. 日의 寄宮 辰은 春節이니 旺하고, 丑은 亥子丑의 水旺之節로 相이니 日辰이 旺相하여 三陽이다.

## 十三課 : 三奇課(삼기과)

⊙旬奇와 日奇가 發用되거나 入傳되는 것을 말한다.

| | 丑 | 甲子.乙丑… 甲戌.乙亥… |
|---|---|---|
| 旬奇 | 子 | 甲申.乙酉… 甲午.乙未… |
| | 亥 | 甲辰.乙巳… 甲寅.乙卯… |

| 日奇 | 日奇 | 甲 | 乙 | 丙 | 丁 | 戊 | 己 | 庚 | 辛 | 壬 | 癸 |
|---|---|---|---|---|---|---|---|---|---|---|---|
| | | 午 | 巳 | 辰 | 卯 | 寅 | 丑 | 未 | 申 | 酉 | 戌 |

⊙ 또한 遁干이 三傳에서 甲戊庚(天上三奇)이나 乙丙丁(地下三奇)이 되도 三奇格이다.

⊙ 三奇格이 되면 매사 여의하다. 旬奇만 있고 日奇가 없어도 三奇課가 되나, 日奇만 있는 것은 어렵고, 遁奇만 있어도 참반한다.

⊙ 三傳이 寅巳申이면 寅宮의 奇는 甲, 巳宮의 奇는 戊, 申宮의 奇는 庚으로 甲戊庚의 天上三奇가 된다.

　三傳이 辰巳未이면 辰宮의 奇는 乙, 巳宮의 奇는 丙, 未宮의 奇는 丁으로 乙丙丁의 地下三奇가 되는 것이다.

⊙ 三傳이 亥子丑 三奇 聯珠가 되면 대길하다. 게다가 天上三奇나 地下三奇를 보면 더욱 좋다.

⊙ 萬事가 和合되며, 災殃이 해소되고, 婚事는 현모양처를 얻고, 孕胎는 貴子를 낳고, 在官者는 기이한 緣을 만나고, 病占은 良醫를 만나게 되고, 凡事가 凶을 만나도 吉로 바뀌게 되어 刑殺도 두려워하지 않는다.

⊙ 만약 奇가 空亡이 되면, 奇의 精이 손상되어 福이 반감되고, 먼저는 밝고 나중은 어두우며, 길흉간에 성사됨이 없다.


예1) 己酉日 申將 未時課

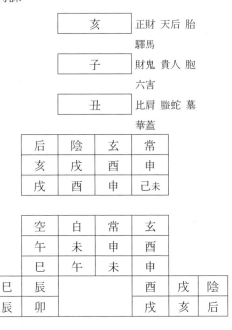

| 亥 | 正財 天后 胎 |
|---|---|
|  | 驛馬 |
| 子 | 財鬼 貴人 胞 |
|  | 六害 |
| 丑 | 比肩 螣蛇 墓 |
|  | 華蓋 |

| 后 | 陰 | 玄 | 常 |
|---|---|---|---|
| 亥 | 戌 | 酉 | 申 |
| 戌 | 酉 | 申 | 己未 |

| 空 | 白 | 常 | 玄 |
|---|---|---|---|
| 午 | 未 | 申 | 酉 |
| 巳 | 午 | 未 | 申 |

| 靑 | 巳 | 辰 |  |  | 酉 | 戌 | 陰 |
|---|---|---|---|---|---|---|---|
| 勾 | 辰 | 卯 |  |  | 戌 | 亥 | 后 |

| 寅 | 丑 | 子 | 亥 |
|---|---|---|---|
| 卯 | 寅 | 丑 | 子 |
| 合 | 朱 | 蛇 | 貴 |

◆ 己酉日은 甲辰旬中에 속하며 亥가 旬奇에 해당하는데 初傳이 되고, 己丑日은 日奇가 丑인데 末傳이 되어, 旬奇와 日奇가 모두 入傳하니 三奇課이다.

◆ 丑은 "玉堂(옥당)"이라 하는데, 鷄(계)는 丑時에 하루의 精備를 알리고, 子는 "明堂(명당)"이라 하는데, 鶴(학)은 子月에 한달의 精備를 알리고, 亥는 "絳宮(강궁)"이라 하는데, 북두칠성이 亥에 天道가 바뀌어 星의 精備를 알리는 것이다.

◆ 日月星 三者가 精하여 六旬의 奇가 되니, 日奇, 月奇, 星奇는 각각의 연유로 인해 名이 성립된 것이다.

예2) 丙子日 申將 戌時課

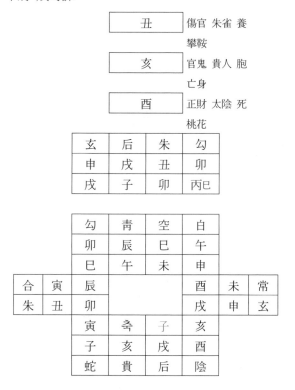

◆ 丙子日은 甲戌旬 中인데 丑이 旬奇가 되며 初傳이니 三奇課이다.

# 十四課 : 六儀課(육의과)

⊙ 儀에는 旬儀와 支儀가 있는데 旬儀란 바로 旬首를 말하고 支儀란 日支의 儀를 말함이다.

| | 旬儀 = 旬首 | 旬中 |
|---|---|---|
| 旬儀 | 子 | 甲子.乙丑… |
| | 戌 | 甲戌.乙亥… |
| | 申 | 甲申.乙酉… |
| | 午 | 甲午.乙未… |
| | 辰 | 甲辰.乙巳… |
| | 寅 | 甲寅.乙卯… |

| 支儀 | 日支 | 子 | 丑 | 寅 | 卯 | 辰 | 巳 | 午 | 未 | 申 | 酉 | 戌 | 亥 |
|---|---|---|---|---|---|---|---|---|---|---|---|---|---|
| | 儀 | 午 | 巳 | 辰 | 卯 | 寅 | 丑 | 未 | 申 | 酉 | 戌 | 亥 | 子 |

⊙ 六儀課는 喜慶이 많은 課로 죄수는 사면 받고, 求財는 이롭고, 病者는 완치되고, 投書는 貴人의 도움이 있고, 刑殺은 소멸된다.

⊙ 만일 魁罡이 日辰에 加乘되더라도 年命에서 六儀를 보아 發用되면 凶은 吉로 바뀐다.

⊙ 만일 旬儀나 日儀가 다같이 三傳에 있고 다시 天乙貴人이 되면 "富貴六儀格(부귀 육의격)"이 되어 만사형통한다. 단 儀가 行年을 剋하면 凶하다.

예) 丙辰日 酉將 辰時課

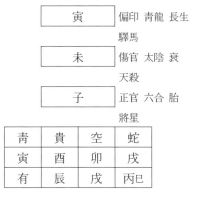

```
        ┌─────────┐
        │   寅    │  偏印 靑龍 長生
        └─────────┘  驛馬
        ┌─────────┐
        │   未    │  傷官 太陰 衰
        └─────────┘  天殺
        ┌─────────┐
        │   子    │  正官 六合 胎
        └─────────┘  將星
```

| 靑 | 貴 | 空 | 蛇 |
|---|---|---|---|
| 寅 | 酉 | 卯 | 戌 |
| 有 | 辰 | 戌 | 丙巳 |

| | | | | | | | |
|---|---|---|---|---|---|---|---|
| | 蛇 | 朱 | 合 | 勾 | | | |
| | 戌 | 亥 | 子 | 丑 | | | |
| | 巳 | 午 | 未 | 申 | | | |
| 貴 | 酉 | 辰 | | | 酉 | 寅 | 青 |
| 后 | 申 | 卯 | | | 戌 | 卯 | 空 |
| | 寅 | 丑 | 子 | 亥 | | | |
| | 未 | 午 | 巳 | 辰 | | | |
| | 陰 | 玄 | 常 | 白 | | | |

◆ 丙辰日은 甲寅旬中이니 旬儀는 寅이고, 辰日의 支儀는 역시 寅이니, 旬儀와 支儀가 공히 初傳이니 六儀課이다.


## 十五課 : 時泰課(시태과)

◉ 太歲나 月建 中 하나가 發用하거나 入傳하고, 初傳이나 末傳에 靑龍이나 六合이 乘하고 財德을 兼하는 것을 말한다.

◉ 太歲는 天子이고 月建은 諸侯이며, 靑龍은 장관이고, 財德은 財物과 德神이 되고, 六合은 吉緣利祿이 되므로 사람이 時運을 만나 크게 亨通하는 것과 같으므로 時泰課라 한다.

◉ 災禍는 消滅하고, 謨望은 의심할 바가 없고, 도망자는 필히 돌아오고, 盜賊은 自敗하고, 孕胎는 貴子를 낳고, 앞길은 원대하다. 만약 三傳에 空亡을 보면 喜慶 中 虛事가 많다.

◉ 在官者와 凡人이 다 같이 좋으나, 賤人은 큰 재앙을 당하거나 투옥된다.

예) 子年 戊月 戊寅日 卯將 戌時課

| | | | |
|---|---|---|---|
| 靑 | 貴 | 常 | 合 |

| 子 | 未 | 卯 | 戌 |
|---|---|---|---|
| 未 | 寅 | 戌 | 戌巳 |

| | | 合 | 句 | 青 | 空 | | |
|---|---|---|---|---|---|---|---|
| | | 戌 | 亥 | 子 | 丑 | | |
| | | 巳 | 午 | 未 | 申 | | |
| 朱 | 酉 | 辰 | | | 酉 | 寅 | 白 |
| 蛇 | 申 | 卯 | | | 戌 | 卯 | 常 |
| | | 寅 | 丑 | 子 | 亥 | | |
| | | 未 | 午 | 巳 | 辰 | | |
| | | 貴 | 后 | 陰 | 玄 | | |

◆太歲 子가 初傳으로 財와 靑龍이 乘하고, 月建 戌이 末傳이며 六合이 乘하며, 中傳 巳는 德神이니 時泰課다.


## 十六課: 龍德課(용덕과)

◉ 太歲와 月將에 같이 天乙貴人이 乘하여 發用하는 것을 말한다.

◉ 萬事亨通의 課로 君子에게는 吉慶이 중중하나, 賤人에게는 災厄이 중중하다.

◉ 罪人은 出獄하게 되고, 財喜가 몸에 이르고, 명성을 얻음에 이롭고, 爭訟은 和解하고, 官職은 昇遷(승천)하고, 大人을 봄에 이롭다.

◉ 만약 尊貴한 者가 卑俗(비속)을 얻는 占엔 불리하다.


예) 申年 乙酉日 申將 辰時課

| | 申 | 正官 貴人 胎 |
|---|---|---|
| | | 亡身 |
| | 子 | 偏印 勾陳 病 |
| | | 六害 |
| | 辰 | 正財 太常 冠帶 |
| | | 天殺 |

| 玄 | 青 | 勾 | 貴 |
|---|---|---|---|
| 巳 | 丑 | 子 | 申 |
| 丑 | 酉 | 申 | 乙辰 |

| 蛇 | 朱 | 合 | 勾 |
|---|---|---|---|
| 酉 | 戌 | 亥 | 子 |
| 巳 | 午 | 未 | 申 |

| 貴 | 申 | 辰 | | | 酉 | 丑 | 靑 |
|---|---|---|---|---|---|---|---|
| 后 | 未 | 卯 | | | 戌 | 寅 | 空 |

| 寅 | 丑 | 子 | 亥 |
|---|---|---|---|
| 午 | 巳 | 辰 | 卯 |
| 陰 | 玄 | 常 | 白 |

◆ 太歲 申과 月將 申에 天乙貴人이 乘하여 發用이니 龍德課이다.

## 十七課 : 官爵課(관작과)

⊙ 年.月.日.時와 年命의 驛馬가 發用하고 또 天魁(戌)와 太常이 入傳하게 되는 것을 말한다.

⊙ 平常人은 官職에 오르고, 在官者는 昇遷하고, 病訟占은 凶함이 많고 吉함이 적다. 만약 驛馬가 沖波되면 財官者는 稽留(계류)됨과 沮滯(저체)됨이 많다. 訪人은 不在하나, 行人은 還家하고, 胎産은 貴子를 얻는다.

⊙ 魁는 印으로 논하고 太常은 綬로 논하여 印綬가 되는 것이다. 만약 印綬가 空亡이 되면 在官者는 관직을 박탈당할 염려가 있다.

⊙ 日辰과 用神이 旺相하면 百事가 속성하고, 관리는 遷官(천관)되고 昇進하는 慶事가 있고, 常人은 재물을 얻고, 선비는 관직을 얻는 기쁨이 있다.

⊙ 日辰과 用神이 休囚가 되면 매사 지체되고 애만 쓰나 성사됨이 없고, 官吏는 左遷의 염려가 있고, 謀事는 문서상의 과실로 이루어지지 않는다.

예) 己未年 卯月 丁亥日 戌將 巳時課(本命:癸亥)

| 巳 | 劫財 天空 帝旺 |
|---|---|
| | 驛馬 |
| 戌 | 傷官 螣蛇 養 |
| | 天殺 |
| 卯 | 偏印 太常 病 |
| | 將星 |

| 朱 | 白 | 空 | 后 |
|---|---|---|---|
| 酉 | 辰 | 巳 | 子 |
| 辰 | 亥 | 子 | 丁未 |

|   |   |   | 蛇 | 貴 | 后 | 陰 |   |   |   |
|---|---|---|---|---|---|---|---|---|---|
|   |   |   | 戌 | 亥 | 子 | 丑 |   |   |   |
|   |   |   | 巳 | 午 | 未 | 申 |   |   |   |
| 朱 | 酉 | 辰 |   |   |   |   | 酉 | 寅 | 玄 |
| 合 | 申 | 卯 |   |   |   |   | 戌 | 卯 | 常 |
|   |   |   | 寅 | 丑 | 子 | 亥 |   |   |   |
|   |   |   | 未 | 午 | 巳 | 辰 |   |   |   |
|   |   |   | 勾 | 青 | 空 | 白 |   |   |   |

◆ 亥卯未 三合木局의 驛馬는 巳이다. 따라서 未年, 卯月, 亥日, 巳時, 本命 亥年, 모두 驛馬에 해당하며 發用된 것이고, 中傳에 戌土 天魁(천괴=河魁)와 末傳 卯에 太常이 乘했으니 官爵課이다.


## 十八課 : 富貴課(부귀과)

⊙ 天乙貴人이 發用되어 旺相하거나 日辰과 行年에 臨하여 上下 相生되고, 또는 日支上에는 日干의 祿이 乘하고, 日干上에는 日支의 驛馬가 乘해도 富貴課가 된다.
⊙ 만사여의하고 戌加巳가 되면 富貴權印之象으로 最吉하고, 다시 太常 印綬와 驛馬에 靑龍이 乘하면 재물을 얻고 대대로 富貴하고, 官이 없더라도 윗사람에 발탁되어 得官하게 되고, 官吏는 榮轉(영전)할 수 있다.


예) 壬子日 未將 寅時課 (行年:巳)

| 巳 | 財鬼 貴人 胞 劫殺 |
|---|---|
| 戌 | 官鬼 靑龍 冠帶 月殺 |
| 卯 | 傷官 太陰 死 六害 |

| 青 | 貴 | 勾 | 后 |
|---|---|---|---|
| 戌 | 巳 | 酉 | 辰 |
| 巳 | 子 | 辰 | 壬亥 |

| | | | | 青 | 空 | 白 | 常 | | | |
|---|---|---|---|---|---|---|---|---|---|---|
| | | | | 戌 | 亥 | 子 | 丑 | | | |
| | | | | 巳 | 午 | 未 | 申 | | | |
| 勾 | 酉 | 辰 | | | | | | 酉 | 寅 | 玄 |
| 合 | 申 | 卯 | | | | | | 戌 | 卯 | 陰 |
| | | | | 寅 | 丑 | 子 | 亥 | | | |
| | | | | 未 | 午 | 巳 | 辰 | | | |
| | | | | 朱 | 蛇 | 貴 | 后 | | | |

◆ 天乙貴人이 巳에 乘하여 發用되고 行年 역시 天乙貴人이 乘하니 富貴課이다.

## 十九課 : 軒蓋課(헌개과)

⊙ 正月, 七月 兩月에 三傳이 午-卯-子가 되면 된다. 子는 神后로 華蓋(화개)가 되고, 卯는 太沖으로 天車가 되며, 午는 勝光으로 天馬가 되어, 華蓋天馬의 天車가 되므로 軒蓋라고 한 것이다. 軒蓋課는 만사형통한다.

⊙ 招搖過市(남의 이목을 끌며 요란스레 저자거리를 지나감)하며, 車馬가 휘황찬란하고, 求財와 貴人의 도움을 얻으려면 사전에 미리 와서 준비작업과 정리정돈을 해야 한다.

⊙ 行人은 즉시 오고, 疾病은 지속된다.

⊙ 만약 三傳에 螣蛇나 白虎, 死殺이 乘하여 年命이나 日辰을 剋하거나 空亡되면 사망의 염려가 있다. 만약 卯에 喪車殺이 乘하면 墮軒落馬(타헌낙마)라 하여 불길하다.

⊙ 軒蓋課(헌개과)

◆ 正月, 七月이 아니면 三交課가 되니 出戰함은 피함이 좋다.

◆ 訟事는 법원이 자주 바뀌게 된다.

◆ 病者는 魂魄이 천리로 달아나 回生이 不可하다.

◆ 年命에 青龍을 보면 出行에 天佑가 있다.

⊙ 만약 日과 用神이 旺相하고, 또 太歲, 月將, 德神 上에 貴人, 靑龍, 天后, 六合 등 吉將이 승하면 君主를 가까이 대하게 되고, 官爵은 公卿之位(공경지위)에 오르고 龐祿十全之榮(방록십전지영)을 누린다.

예) 甲子日 子將 卯時課

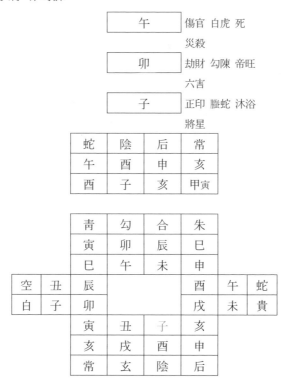

◆ 初傳 午는 勝光으로 天馬가 되고, 中傳 卯는 太沖으로 天車가 되며, 末傳 子는 神后로 華蓋가 되어 三傳에 있으니 軒蓋課인 것이다.

## 二十課 : 鑄印課(주인과)

⊙ 三傳이 巳-戌-卯가 되고 太常이 入傳하면 된다.
⊙ 巳는 爐고 戌은 印이며 卯는 印模인데 戌中辛金이 巳中丙火에 작합하여 印符가 鑄成되므로 鑄印課라 한다.
⊙ 印(戌)은 車輪으로도 논하니 일명 "鑄印乘軒(주인승헌)"이라고도 한다.
⊙ 頑金(완금)을 鑄篆(주전)하여 籍火功成(저화공성)하니, 投書獻策(투서헌책)은 이롭

고, 관직은 높이 오르고, 詔命(소명)을 여러번 받고, 胎産은 吉하고, 혼인은 좋은 연이다.

⊙ 在官者는 吉하고 平民은 不吉하다.

⊙ 질병, 소송, 우환 등에는 대단히 불리하다.

⊙ 戊己日은 日干을 생하게 되어 다시 太常을 보면 印綬가 쌍전하니 鑄印乘軒之象 (주인승헌지상)이 되어 考試에 합격하고, 君王께 進策上書를 올려 관직이 승진되고, 作事가 如意하고, 印信 喜慶 恩榮이 있다. 貴人, 靑龍, 六合 등의 吉將이 乘하며 日辰과 用神이 旺相하면 더욱 大吉하다.

⊙ 春夏節의 丙, 丁, 巳, 午日은 火勢가 炎炎한데, 中.末傳이 空亡되면 "破印損模(파인손모)"라 하여 在官者는 昇遷하지 못하고, 다시 凶神이 臨하면, 먼저는 성취하나 나중은 破되고, 심신의 노력을 기울여야 한다.

예) 丙子日 子將 未時課

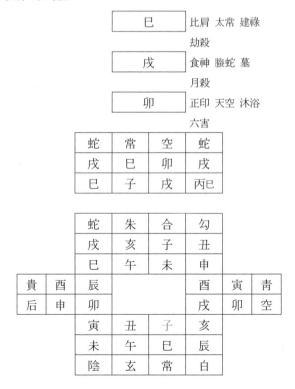

| 巳 | 比肩 太常 建祿 |
| 劫殺 |
| 戌 | 食神 螣蛇 墓 |
| 月殺 |
| 卯 | 正印 天空 沐浴 |
| 六害 |

| 蛇 | 常 | 空 | 蛇 |
|---|---|---|---|
| 戌 | 巳 | 卯 | 戌 |
| 巳 | 子 | 戌 | 丙巳 |

| 蛇 | 朱 | 合 | 勾 | | | | |
|---|---|---|---|---|---|---|---|
| 戌 | 亥 | 子 | 丑 | | | | |
| 巳 | 午 | 未 | 申 | | | | |
| 貴 | 酉 | 辰 | | | 酉 | 寅 | 靑 |
| 后 | 申 | 卯 | | | 戌 | 卯 | 空 |
| | | 寅 | 丑 | 子 | 亥 | | |
| | | 未 | 午 | 巳 | 辰 | | |
| | | 陰 | 玄 | 常 | 白 | | |

◆ 三傳이 巳戌卯가 되고, 初傳 巳에 太常이 乘하니 鑄印課다.

## 二十一課 : 斲輪課(착륜과)

◎ 卯가 庚,辛,申,酉 上에서 發用하면 斲輪課다. 卯는 車輪이고, 庚辛은 刀斧인데, 車輪이 되려면 金斲을 要하므로 斲輪課라 한다.

◎ 財喜懽躍하고, 在官者는 祿位와 직책이 승진되고 다시 吉星이 乘하면 公卿之位이다. 그러나 孕胎나 訟事, 疾病은 흉험하다.

◎ 戌(印)과 太常(綬)가 入傳하면 더욱 吉祥이다.

◎ 斲輪課는 車輪을 만드는데 勞苦를 요하므로 凡事에 있어 성취가 늦다.

◎ 卯加庚이 제일 좋고, 卯加辛은 다음이다. 卯中 乙木은 庚金이나 申中庚金과 작합하여 貴器가 이루어지나, 辛金은 戌土의 餘氣라 辛上에서 發用하면 求財는 急就해야 하고 萬事 속히 처리해야 한다. 그렇지 않으면 卯木이 戌土를 剋하여 凶하게 되기 때문이다.

◎ 卯木에 白虎가 乘하면 棺槨(관곽)이 되고, 空亡이 되면 朽木(후목=썩은 고목)이라 조각할 수 없으니 매사불성이다.

◎ 春節 甲乙日이나 寅卯時 占은 木이 태왕하여 刀斧를 손상시키고, 秋節 庚辛日이나 申酉時占은 金이 태왕해져 車輪을 손상시키니 공히 이롭지 못하다.

예) 辛丑日 亥將 辰時課

| | (癸) 卯 | 財鬼 天后 胞 |
| | | 災殺 |
| | (戊) 戌 | 正印 勾陳 冠帶 |
| | | 攀鞍 |
| | (空) 巳 | 正官 玄武 死 |
| | | 地殺 |

| 后 | 空 | 朱 | 玄 |
|---|---|---|---|
| 卯 | 申 | 子 | 巳 |
| 申 | 丑 | 巳 | 辛戌 |

| 朱 | 蛇 | 貴 | 后 |
|---|---|---|---|
| 子 | 丑 | 寅 | 卯 |

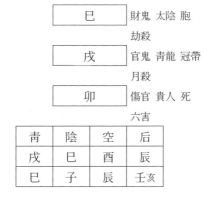

|  |  | 巳 | 午 | 未 | 申 |  |  |
|---|---|---|---|---|---|---|---|
| 合 | 亥 | 辰 |  |  | 酉 | 辰 | 陰 |
| 勾 | 戌 | 卯 |  |  | 戌 | 巳 | 玄 |
|  |  | 寅 | 丑 | 子 | 亥 |  |  |
|  |  | 酉 | 申 | 未 | 午 |  |  |
|  |  | 青 | 空 | 白 | 常 |  |  |

◆ 4課 上神 卯가 下神 申의 賊을 받아 發用이니 斬輪課다.


## 二十二課 : 引從課(인종과)

⊙ 日干上神이나 日支上神을 初傳과 末傳에서 前引後從하는 것이다.

⊙ 사방에서 貴人이 많이 나와서 서로 도와주고 관리는 승진하고, 日干上神을 前引 後從하면 대개 榮轉이나 승진이 있고, 日支上神을 引從하면 가택수리나 개조등 에 대길한데, 선비는 과거급제하고 名利高昇하고, 胎産은 대길하고, 혼인도 길 하고, 출행시 재물을 얻고 귀인의 도움을 받는다.


```
          初  中  末              初  中  末
예)    巳 - 戌 - 卯          寅 - 未 - 子
     生 巳 辰 卯 寅        卯 寅 丑 子 亥
```

◆ 앞에서 이끌고 뒤에서 따라온다.


예1) 壬子日 戌將 巳時課

| 巳 | 財鬼 太陰 胞 |
|---|---|
|  | 劫殺 |
| 戌 | 官鬼 靑龍 冠帶 |
|  | 月殺 |
| 卯 | 傷官 貴人 死 |
|  | 六害 |

| 靑 | 陰 | 空 | 后 |
|---|---|---|---|
| 戌 | 巳 | 酉 | 辰 |
| 巳 | 子 | 辰 | 壬亥 |

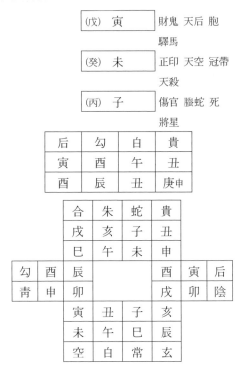

|   | 朱 | 蛇 | 貴 | 后 |   |   |
|---|---|---|---|---|---|---|
|   | 子 | 丑 | 寅 | 卯 |   |   |
|   | 巳 | 午 | 未 | 申 |   |   |
| 合 | 亥 | 辰 |   | 酉 | 辰 | 陰 |
| 勾 | 戌 | 卯 |   | 戌 | 巳 | 玄 |
|   | 寅 | 丑 | 子 | 亥 |   |   |
|   | 酉 | 申 | 未 | 午 |   |   |
|   | 青 | 空 | 白 | 常 |   |   |

◆ 日干上神은 辰인데, 初傳 巳는 辰의 前이고, 末傳 卯는 辰의 後니 引從課이다.

◆ 日干 壬의 晝天乙貴人은 卯이고, 夜天乙貴人은 巳이다. 卯와 巳가 日干 壬의 貴人이 되니 拱天干格인 것이다.

예2) 庚辰日 酉將 辰時課

| (戊) 寅 | 財鬼 天后 胞 |
|---|---|
|   | 驛馬 |
| (癸) 未 | 正印 天空 冠帶 |
|   | 天殺 |
| (丙) 子 | 傷官 螣蛇 死 |
|   | 將星 |

| 后 | 勾 | 白 | 貴 |
|---|---|---|---|
| 寅 | 酉 | 午 | 丑 |
| 酉 | 辰 | 丑 | 庚申 |

|   | 合 | 朱 | 蛇 | 貴 |   |   |
|---|---|---|---|---|---|---|
|   | 戌 | 亥 | 子 | 丑 |   |   |
|   | 巳 | 午 | 未 | 申 |   |   |
| 勾 | 酉 | 辰 |   | 酉 | 寅 | 后 |
| 青 | 申 | 卯 |   | 戌 | 卯 | 陰 |
|   | 寅 | 丑 | 子 | 亥 |   |   |
|   | 未 | 午 | 巳 | 辰 |   |   |
|   | 空 | 白 | 常 | 玄 |   |   |

◆ 初傳 寅木과 末傳 子水가 日干上神 丑土를 앞에서 이끌어주고 , 뒤에서 따라오니 引從課이다.

## 二十三課 : 亨通課(형통과)

⊙ 三傳이 遞生干하는 경우
 ◆ 初傳이 中傳 生하고, 中傳이 末傳 生하고, 末傳이 日干이나 日支를 생할 때.
 ◆ 末傳이 中傳 生하고, 中傳이 初傳 生하고, 初傳이 日干이나 日支를 생할 때.
⊙ 干支가 互生旺하는 경우
 ◆ 日干上神이 日干을 生하고 日支上神이 日支를 生하면 生格이라 한다.
 ◆ 日干上神이 日支를 生하고 日支上神이 日干을 生하면 互生格이라 한다.
 ◆ 日干上神이 日干의 旺神이 되고 日支上神이 日支의 旺神이 되면 旺格이라 한다.
 ◆ 日干上神이 日支의 旺神이 되고 日支上神이 日干의 旺神이 되면 互旺格이라
   한다.
⊙ 亨通課는 干支가 有情하여 官爵이 승진되고, 혼인은 길하고, 財利는 득하고, 만
  사여의하고 貴人의 도움을 받는다. 다만 三傳 중 하나라도 空亡되면 亨通課가
  되지 못하고 貴人은 열심의 뜻이 없다.

  예1) 丙戌日 亥將 申時課

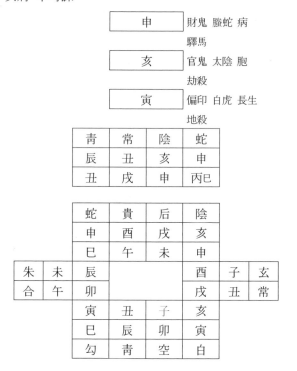

◆ 初傳 申이 中傳 亥를 生하고, 中傳 亥가 末傳 寅을 生하고 , 末傳 寅이 日干 丙火를 生하니 亨通課다.

예2) 辛巳日 酉將 辰時課

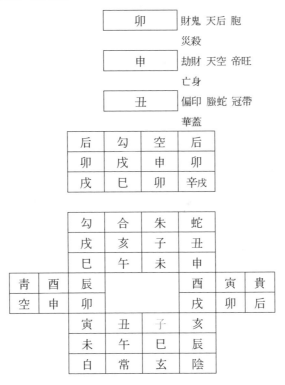

| | | | |
|---|---|---|---|
| 卯 | | 財鬼 天后 胞 | |
| | | 災殺 | |
| 申 | | 劫財 天空 帝旺 | |
| | | 亡身 | |
| 丑 | | 偏印 螣蛇 冠帶 | |
| | | 華蓋 | |

| 后 | 勾 | 空 | 后 |
|---|---|---|---|
| 卯 | 戌 | 申 | 卯 |
| 戌 | 巳 | 卯 | 辛戌 |

| | | 勾 | 合 | 朱 | 蛇 | | |
|---|---|---|---|---|---|---|---|
| | | 戌 | 亥 | 子 | 丑 | | |
| | | 巳 | 午 | 未 | 申 | | |
| 青 | 酉 | 辰 | | | 酉 | 寅 | 貴 |
| 空 | 申 | 卯 | | | 戌 | 卯 | 后 |
| | | 寅 | 丑 | 子 | 亥 | | |
| | | 未 | 午 | 巳 | 辰 | | |
| | | 白 | 常 | 玄 | 陰 | | |

◆ 日干上神 卯가 日支 巳를 生하고, 日支上神 戌이 日干 辛을 生하니 亨通課 중 互生格이다.

예3) 甲申日 午將 巳時課

| | | | |
|---|---|---|---|
| 辰 | | 財鬼 六合 衰 | |
| | | 華蓋 | |
| 巳 | | 食神 朱雀 病 | |
| | | 劫殺 | |
| 午 | | 傷官 螣蛇 死 | |
| | | 災殺 | |

| 玄 | 陰 | 合 | 勾 |
|---|---|---|---|
| 戌 | 酉 | 辰 | 卯 |
| 酉 | 申 | 卯 | 甲寅 |

| | | | 蛇 | 貴 | 后 | 陰 | | | |
|---|---|---|---|---|---|---|---|---|---|
| | | | 午 | 未 | 申 | 酉 | | | |
| | | | 巳 | 午 | 未 | 申 | | | |
| 朱 | 巳 | 辰 | | | | | 酉 | 戌 | 玄 |
| 合 | 辰 | 卯 | | | | | 戌 | 亥 | 常 |
| | | | 寅 | 丑 | 子 | 亥 | | | |
| | | | 卯 | 寅 | 丑 | 子 | | | |
| | | | 勾 | 青 | 空 | 白 | | | |

◆ 日干上神 卯가 日干 甲의 旺神이고, 日支上神 酉가 日支 申의 旺神이니 亨通
課 중 旺格이다.

### 二十四課 : 繁昌課(번창과)

⊙ 부부 두 사람의 行年 干支가 上下相生되고 德.合이 될 때이다.

⊙ 陰陽이 화합하여 만물이 생성되고, 孕胎는 男兒이고, 財利를 得하고, 家宅이 번
창한다.

⊙ 만약 德孕格(덕잉격)에 行年이 沐浴이 되거나 死絶 및 刑害가 되면 養育할 수 없
고 자식이 적다.

⊙ 자손의 性情은 부부행년의 干合으로 알 수 있다.

　甲己合이 되면 황색이며 장대하고 단후하며 독서를 좋아한다.

　丙辛合이 되면 흑색이며 비만이고 힘이 세고 흉악하다.

　丁壬合이 되면 청색으로 눈이 깊고 검으며 문학, 예술을 잘한다.

　戊癸合이 되면 얼굴이 붉고 삼각형 꼴이고 놀기를 잘하고 훌륭한 기술을 가지고
있다.

예) 壬申日 巳將 未時課  行年 : 남편 – 甲寅(本命 水).  부인 – 己亥(本命 木)

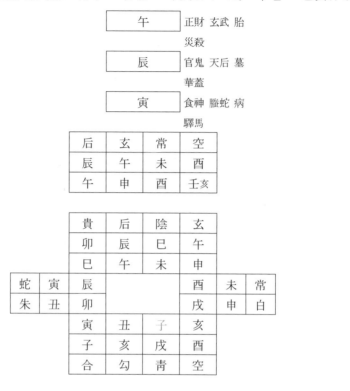

◆ 夫의 行年은 甲寅이고, 妻의 行年은 己亥이니 干支가 甲己와 寅亥로 각각 干合과 支合을 이루고 있다. 따라서 干支가 相合하고 있는 것을 말하며 또한 行年 上에 本命 旺相氣가 乘한 것을 말한다.

◆ 夫의 本命은 水로 行年 寅上에 乘하여 旺하고, 妻의 本命은 金으로 行年亥上에 乘하여 旺하다.

◆ 日干 壬의 德(日德)은 亥로 妻의 行年에 해당하며, 夫의 行年인 寅木과 相合하니 德合이 된 것이며 또한 부부합이 된 것이다.

◆ 부부간 情이 動한 것으로, 孕胎(잉태)와 養育(양육)에 繁昌(번창)함을 기대할 수 있으니 繁昌課(번창과)라 한 것이다. 또한 夫婦行年이 德合之鄉에 들었으니 "德孕格"이라고도 한다.

예2) 甲申日 戌將 未時課(行年 : 夫 - 卯. 妻 - 亥)

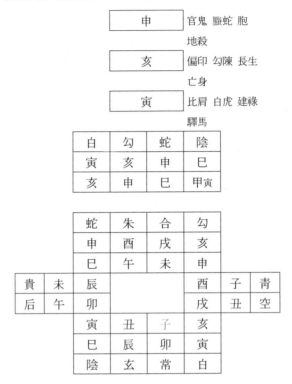

| | |
|---|---|
| 申 | 官鬼 螣蛇 胞 |
| | 地殺 |
| 亥 | 偏印 勾陳 長生 |
| | 亡身 |
| 寅 | 比肩 白虎 建祿 |
| | 驛馬 |

| 白 | 勾 | 蛇 | 陰 |
|---|---|---|---|
| 寅 | 亥 | 申 | 巳 |
| 亥 | 申 | 巳 | 甲寅 |

| | | | | | | |
|---|---|---|---|---|---|---|
| | 蛇 | 朱 | 合 | 勾 | | |
| | 申 | 酉 | 戌 | 亥 | | |
| | 巳 | 午 | 未 | 申 | | |
| 貴 未 | 辰 | | | 酉 | 子 | 靑 |
| 后 午 | 卯 | | | 戌 | 丑 | 空 |
| | 寅 | 丑 | 子 | 亥 | | |
| | 巳 | 辰 | 卯 | 寅 | | |
| | 陰 | 玄 | 常 | 白 | | |

- 行年은 夫婦가 卯未로 半合木局을 이루고 있다.
- 戌將은 卯月이라 春節이고 木이 旺하고 火로 進氣하는 계절이니 火 역시 약하지 않다. 妻의 行年 亥上의 寅은 旺氣이고, 夫의 行年 卯上의 午는 旺相休囚死의 休에 해당되나 地盤 卯의 生을 받으니 弱變强이 되어 약하지 않다.
- 夫婦의 行年上에 공히 旺相氣가 乘했으니 "旺孕格"이라 한다.

## 二十五課 : 榮華課(영화과)

◎ 祿, 馬, 貴人이 日辰과 年命에 臨하여, 旺相하며 發用이 되고, 다시 吉將이 乘한 것이다. 祿, 馬와 貴人이 臨하니 사람이 영달하며 光華가 있는 것과 같다.

◎ 經營은 이롭고, 動靜은 어느 것이든 유리하고, 孕胎는 男兒이고, 婚事는 순탄하고, 用兵은 천리 땅을 획득한다.

◎ 貴人坐獄(귀인좌옥: 貴人의 所乘之神이 日의 官鬼가 됨을 뜻함)이면 前進이 불가하고 後

退함이 좋다.

⊙ 官吏는 이롭고 病占은 凶하다.


예1) 丙申日 亥將 寅時課(本命 : 寅. 行年 : 巳)

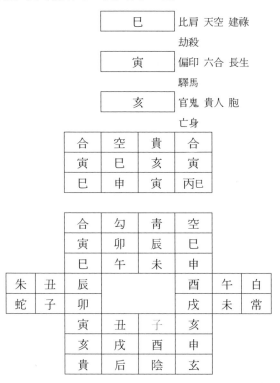

|  | 巳 | 比肩 天空 建祿 |
|---|---|---|
|  |  | 劫殺 |
|  | 寅 | 偏印 六合 長生 |
|  |  | 驛馬 |
|  | 亥 | 官鬼 貴人 胞 |
|  |  | 亡身 |

| 合 | 空 | 貴 | 合 |
|---|---|---|---|
| 寅 | 巳 | 亥 | 寅 |
| 巳 | 申 | 寅 | 丙巳 |

| 合 | 勾 | 靑 | 空 |
|---|---|---|---|
| 寅 | 卯 | 辰 | 巳 |
| 巳 | 午 | 未 | 申 |

| 朱 | 丑 | 辰 |  |  | 酉 | 午 | 白 |
| 蛇 | 子 | 卯 |  |  | 戌 | 未 | 常 |

| 寅 | 丑 | 子 | 亥 |
| 亥 | 戌 | 酉 | 申 |
| 貴 | 后 | 陰 | 玄 |

◆ 日干 丙의 上神 寅은 驛馬이고, 日支 申의 上神 巳는 日의 建祿이다. 本命 寅의 上神 亥에 貴人이 乘하고, 行年 巳의 上神 寅에 驛馬가 乘했으니 榮 華課이다.


예2) 丙寅日 巳將 寅時課(本命 : 庚寅生　行年 : 申)

| (壬) 申 | 財鬼 六合 病 |
|---|---|
|  | 驛馬 |
| (空) 亥 | 官鬼 貴人 貴人 |
|  | 劫殺 |
| (丙) 寅 | 偏印 玄武 長生 |
|  | 地殺 |

| 合 | 空 | 貴 | 合 |
|---|---|---|---|

| 申 | 巳 | 亥 | 申 |
|---|---|---|---|
| 巳 | 寅 | 申 | 丙巳 |

| 合 | 朱 | 蛇 | 貴 | | | |
|---|---|---|---|---|---|---|
| 申 | 酉 | 戌 | 亥 | | | |
| 巳 | 午 | 未 | 申 | | | |
| 勾 未 辰 | | | | 酉 | 子 | 后 |
| 青 午 卯 | | | | 戌 | 丑 | 陰 |
| 寅 | 丑 | 子 | 亥 | | | |
| 巳 | 辰 | 卯 | 寅 | | | |
| 空 | 白 | 常 | 玄 | | | |

- 日上神 申에 驛馬가 乘하여 發用하고, 辰上神 巳에 建祿이 乘하고, 行年申의 上神 亥에 貴人이 乘했으니 榮華課이다.

## 二十六課 : 德慶課(덕경과)

⊙ 天月二德이나 日德, 支德이 발용하고, 年命에 吉將이 乘하는 것을 말한다. 이중 日德이 가장 길하다.

⊙ 諸殺이 소멸되고 병은 완쾌되고, 刑厄은 自疏되고, 혼인에 길하고, 胎産도 길하고, 만사여의하다.

⊙ 만약 神과 將이 外戰이면 不吉하다.

   - 外戰 : 天將이 所乘之神을 剋하는 경우.
   - 內戰 : 所乘之神이 天將을 剋하는 경우

⊙ 만약 德神이 鬼가 되더라도 功名은 얻을 수 있고, 질병도 쾌유된다. 靑龍이 乘하면 더욱 좋다.

⊙ 辰戌丑未 四殺이 乾坤艮巽에 沒하면 대길하며 百事에 대길하다.

예) 戊子日 卯將 戌時課

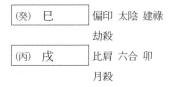

| (癸) 巳 | 偏印 太陰 建祿 |
|---|---|
| | 劫殺 |
| (丙) 戌 | 比肩 六合 卯 |
| | 月殺 |

(辛) 卯　　正官 太常 沐浴
　　　　　　六害

| 合 | 陰 | 常 | 合 |
|---|---|---|---|
| 戌 | 巳 | 卯 | 戌 |
| 巳 | 子 | 戌 | 戌巳 |

```
        合   勾   青   空
        戌   亥   子   丑
        巳   午   未   申
朱 酉 辰               酉 寅 白
蛇 申 卯               戌 卯 常
        寅   丑   子   亥
        未   午   巳   辰
        貴   后   陰   玄
```

♦ 巳는 日德에 해당되는데 日支인 子 上에 乘하여 發用하므로 德慶課다.


## 二十七課 : 合歡課(합환과)

⊙ 三傳이 三合이 되고 日上神의 遁干이 日干과 干合되는 것을 말한다.

⊙ 合歡課는 行人은 迎接(영접)받고, 名利暢達(명리창달)하고, 婚姻은 天緣이고, 만사에 喜慶이 있다. 그러나 孕胎(잉태)는 지연되어 낳게 되고, 疑惑之事(의혹지사)는 結緣(결연)되어 늦어진다.

⊙ 爭訟 件은 和解되고 吉하다.


예) 戊申日 申將 子時課

(壬) 子　　正財 靑龍 胎
　　　　　　將星
(戊) 申　　食神 螣蛇 病
　　　　　　地殺
(甲) 辰　　偏印 玄武 冠帶
　　　　　　華蓋

| 青 | 玄 | 朱 | 空 |
|---|---|---|---|
| 子 | 辰 | 酉 | 丑 |
| 辰 | 申 | 丑 | 戌巳 |

| | | 空 | 白 | 常 | 玄 | | |
|---|---|---|---|---|---|---|---|
| | | 丑 | 寅 | 卯 | 辰 | | |
| | | 巳 | 午 | 未 | 申 | | |
| 青 | 子 | 辰 | | | 酉 | 巳 | 陰 |
| 句 | 亥 | 卯 | | | 戌 | 吳 | 后 |
| | | 寅 | 丑 | 子 | 亥 | | |
| | | 戌 | 酉 | 申 | 未 | | |
| | | 合 | 朱 | 巳 | 貴 | | |

◆ 三傳이 申子辰 三合水局을 형성하고, 日干上神 丑의 遁干 癸와 日干 戊가 干合되니 合歡課이다.

## 二十八課 : 和美課(화미과)

◉ 日上2課 上下, 支上2課 上下가 三合局을 이루고, 다시 三傳이 三合局을 형성함을 의미한다.

◉ 上下가 서로 기뻐하고, 謨望은 성사되고, 交易은 大通하고, 財利가 不絶하고, 婚姻은 良緣이다. 단 病占과 訴訟은 不利하고, 戰賊은 和決된다.

◉ 三合중에 干支上神과 刑沖破害가 되면 合中犯殺하니 笑中藏刀(소중장도)하고 蜜中砒素(밍중비소)格으로 百事不成하고 動함보다 靜함이 좋다.

예) 壬午日 丑將 巳時課

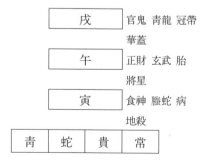

| 戌 | 寅 | 卯 | 未 |
|---|---|---|---|
| 寅 | 午 | 未 | 壬亥 |

| 朱 | 蛇 | 貴 | 后 |
|---|---|---|---|
| 丑 | 寅 | 卯 | 辰 |
| 巳 | 午 | 未 | 申 |

| 合 | 子 | 辰 | | | 酉 | 巳 | 陰 |
|---|---|---|---|---|---|---|---|
| 勾 | 亥 | 卯 | | | 戌 | 午 | 玄 |

| 寅 | 丑 | 子 | 亥 |
|---|---|---|---|
| 戌 | 酉 | 申 | 未 |
| 青 | 空 | 白 | 常 |

◆ 日上兩課 上下가 亥卯未 三合局을 이루고, 支上2課 上下가 寅午戌 三合局을 이루며, 다시 三傳이 寅午戌 三合局을 이루니 和美課이다.


## 二十九課 : 斬關課(참관과)

⊙ 辰(天罡), 戌(河魁)이 日辰에 臨하여 發用될 때를 말한다.

辰은 天罡이고 戌은 河魁이며 日辰은 人인데, 魁罡(天關)이 日辰에 加臨되면 사람이 凶神을 만나 重土가 閉塞되어 天關을 通難하게 하니 통관하고자 하면 반드시 斬開關門(참개관문)해야 하므로 斬關이라 한 것이다.

⊙ 寅은 天梁이고 卯는 天關인데 寅卯木으로 土를 剋하면 三天이 俱動하니 斬關課는 逃亡이나 出行에 좋고, 盜賊은 잡기 어려우며, 出行은 불리하고, 질병과 訴訟은 흉화가 있다.

⊙ 기도, 부적, 약처방 등은 영험함이 있다.

⊙ 甲戌日 占에 貴人이 亥에 臨하면 "神藏殺沒(신장살몰)"이라 한다. 神藏(신장)이라 함은 아래 六神(六天將)의 藏을 의미하는 것이다.

◆ 螣蛇가 子에 臨하면 "掩目(엄목)"이라 한다.

◆ 朱雀이 丑에 臨하면 "掩目(엄목)"이라 한다.

◆ 勾陳이 卯에 臨하면 "入獄(입옥)"이라 한다.

◆ 天空이 巳에 臨하면 "受辱(수욕)"이라 한다.

◆ 白虎가 午에 臨하면 "焚身(분신)"이라 한다.

◆玄武가 申에 臨하면 "折足(절족)"이라 한다.

이상의 六神이 所乘地에서 제압을 당하면 역할을 못하고 흉함이 潛藏되는 것이다.

◎ 殺沒(살몰)이라 함은 四殺이 沒됨을 뜻한다. 四殺은 辰未戌丑을 말하는데 寅申巳에 臨하면 四維(건.곤.간.손)가 沒된 것이라 논한다.

◎ 神藏殺沒이 되면 貴人이 天門에 올라 하늘의 命을 받음이니 모든 殺이 制服당하여 만사가 순탄하고 이롭고, 비록 斬關課에 凶將이 乘한 경우라도 무탈하다.

◎ 戌(河魁)이 亥에 臨하면 "魁度天門(괴도천문)"이라 하여 閉塞難通(폐색난통)하고, 辰(天罡)이 寅에 臨하면 "罡寒鬼戶(강한귀호)"라 하여 謨望(모망)은 순탄하다.

◎ 辰戌에 凶將이 乘하고, 羅網(天羅地網)이 되어 四仲(子午卯酉)에 加하면 天地가 關隔(관격)되어 關梁(관량)이 閉塞(폐색)되니 不利隱匿(불리은익)하고, 질병, 소송, 출행에 나쁘다.

◆子卯는 天時관계로 關隔되고, 午酉는 地理관계로 關隔(관격)된다.

◆三傳이 內戰하면 內外가 의견충돌로 關隔된다.

◆中傳이 初·末傳을 沖하면 上下의 의견이 일치하지 못하여 關隔된다.

◆陽日 昂星은 도로나 교량으로 인한 關隔된다.

◆陰日 昂星이나 伏吟은 潛伏하여 사람을 못보아 關隔된다.

◆三交課, 天羅地網課, 從革格 등은 매사 阻滯(조체)되므로 關隔된다.


예) 甲寅日 未將 亥時課

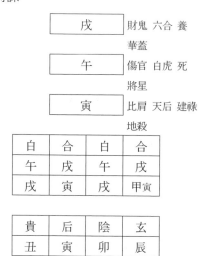

|  |  | 巳 | 午 | 未 | 申 |  |  |
|---|---|---|---|---|---|---|---|
| 蛇 | 子 | 辰 |  |  | 酉 | 巳 | 常 |
| 朱 | 亥 | 卯 |  |  | 戌 | 午 | 白 |
|  |  | 寅 | 丑 | 子 | 亥 |  |  |
|  |  | 戌 | 酉 | 申 | 未 |  |  |
|  |  | 合 | 勾 | 青 | 空 |  |  |

◆ 日上神 戌이 河魁로 發用되니 斬關課이다.

### 三十課 : 閉口課(폐구과)

◎ 旬尾가 旬首에 加하거나, 旬首에 玄武가 乘하거나, 旬首 上神에 玄武가 승하여 발용하면 閉口課가 된다. 首尾가 붙어 입과 꼬리가 구별되지 않으므로 閉口課라 한 것이다.

◎ 噤口不語(금구불어)하고, 事跡은 분명치 못하고, 尋人은 찾아올 수 없고, 失物도 찾지 못하며, 報造는 吊允되고, 論訟은 回斷되어 不平하고, 胎産은 벙어리를 낳기 쉽고, 占事는 끝내 미루어진다.

◎ 旬尾가 旬首에 加하여 六合이 乘하면 매사 성취되고 凶禍는 解散되며, 朱雀이 乘하면 訟事는 屈曲難伸하고, 白虎가 乘하면 분명치 않게 죄를 받는다.

◎ 病占엔 痰氣(담기)로 咽喉(인후)가 막혀 음식을 먹지 못하고, 兼하여 無祿課가 되면 필히 죽는다.

◎ 失物占은 사람을 붙잡아도 긍정하지 않는다.

◎ 盜賊占에 玄武가 旬首에 乘하거나 臨하면 포획하지 못한다.

◎ 捕盜占에는 六甲日에는 玄武의 陽神下 順行 六位에서 여자를 잡고, 逆行하여 四位가 玄武의 陰神인데 玄武의 陰神下方에서 남자를 잡는다. 단. 六甲日에만 해당하고 六甲日 이외에는 玄武의 陽神下方에서 여자를 잡고 玄武의 陰神下方에서 남자를 잡는다.

◎ 尋人占에는 君子는 德方으로 가서 찾고, 小人은 刑方으로 가서 찾는다.

예1) 甲申日 子將 卯時課

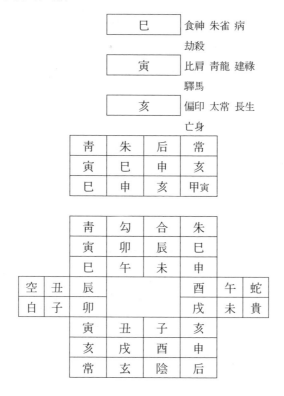

| | | |
|---|---|---|
| 巳 | 食神 朱雀 病 | |
| | 劫殺 | |
| 寅 | 比肩 靑龍 建祿 | |
| | 驛馬 | |
| 亥 | 偏印 太常 長生 | |
| | 亡身 | |

| 靑 | 朱 | 后 | 常 |
|---|---|---|---|
| 寅 | 巳 | 申 | 亥 |
| 巳 | 申 | 亥 | 甲寅 |

| | | 靑 | 勾 | 合 | 朱 | | |
|---|---|---|---|---|---|---|---|
| | | 寅 | 卯 | 辰 | 巳 | | |
| | | 巳 | 午 | 未 | 申 | | |
| 空 | 丑 | 辰 | | | 酉 | 午 | 蛇 |
| 白 | 子 | 卯 | | | 戌 | 未 | 貴 |
| | | 寅 | 丑 | 子 | 亥 | | |
| | | 亥 | 戌 | 酉 | 申 | | |
| | | 常 | 玄 | 陰 | 后 | | |

◆ 甲申日은 甲申旬中에 속하며 旬首가 申이고 旬尾가 巳다. 巳加申하여 發用이니 閉口課이다.

예2) 乙未日 寅將 卯時課

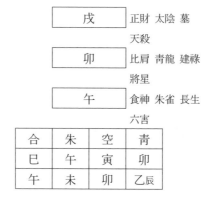

| | | |
|---|---|---|
| 戌 | 正財 太陰 墓 | |
| | 天殺 | |
| 卯 | 比肩 靑龍 建祿 | |
| | 將星 | |
| 午 | 食神 朱雀 長生 | |
| | 六害 | |

| 合 | 朱 | 空 | 靑 |
|---|---|---|---|
| 巳 | 午 | 寅 | 卯 |
| 午 | 未 | 卯 | 乙辰 |

|   |   |   |   |
|---|---|---|---|
| 勾 | 合 | 朱 | 蛇 |
| 辰 | 巳 | 午 | 未 |
| 巳 | 午 | 未 | 申 |

| 青 | 卯 | 辰 |   |   | 酉 | 申 | 貴 |
|---|---|---|---|---|---|---|---|
| 空 | 寅 | 卯 |   |   | 戌 | 酉 | 后 |

|   |   |   |   |
|---|---|---|---|
| 寅 | 丑 | 子 | 亥 |
| 丑 | 子 | 亥 | 戌 |
| 白 | 常 | 玄 | 陰 |

◆ 전부 4課인데 上下剋이 없으니 昻星法을 적용한다. 陰日이니 天盤 酉下의 戌을 初傳으로 잡고, 日干上神 卯가 中傳, 日支上神 午가 末傳이다.

◆ 乙未日은 甲午旬中인데 旬首는 午고 旬尾는 卯다. 午가 日支上神이고 卯가 日干上神이다. 旬中에 首尾가 다 있으니 "一旬周編格(일순주편격)"이라 하는데, 閉口課의 別格인 것이다. 부연하면 旬尾加日干, 旬首加日支, 旬首加日干, 旬尾加日支를 "一旬周遍格"이라 하는 것이다.

◆ "一旬周編格"에 主事가 不脫空(뜬소문이 아님)이면 謨望이 성취되고, 시험은 대리로 치르게 하고, 訴訟은 법원을 옮김이 이로운데, 病占은 이롭지 못하다.


## 三十一課 : 遊子課(유자과)

◉ 三傳이 辰戌丑未 全土가 되고, 旬丁이나 二馬(驛馬.天馬)가 發用이 되면 遊子課가 된다. 土는 季神으로 偏歷巡遊(편력순유)하는 象이 있고, 旬丁이나 二馬는 다같이 動搖(동요)의 神이므로 사람으로 하여금 好遊하게 하므로 遊子課라 한다. 天馬를 보면 海角課(해각과)라고도 한다.

◉ 遊子課는 丁馬가 加季하니 동분서주하고, 출행은 이로우나, 坐守하면 곤궁하고, 질병은 낫기 어렵고, 官訟은 다 흉하고, 하늘은 흐리나 비가 오지 않고, 혼사는 불길하고, 傳出陽神(初傳未 中傳戌之類)하면 원행코져 하고, 傳出陰神(初傳戌 中傳未 之類)하면 私敗코져 한다.

◉ 만약 三奇課나 六儀課를 兼하고, 年命이나 日辰上에 沖剋이 있더라도 救神이 있으면 禍變吉이 된다.

◉ 만약 斬關課를 兼하면 范蠡(범려)가 월나라로 가버리거나 張良이 歸山한 것과 같

이 종적을 모르게 된다.

⊙ 만약 淫泆課를 겸하면 淫私로 멀리 도망코져 한다.

⊙ 天寇課를 兼하면 도적질을 해서 멀리 숨고자 한다.

⊙ 墓神, 四殺이 日辰, 年命 上神에 있고 凶將이 乘하면, 매사 迍遭(둔전)되고, 太歲 內에 반드시 官災가 있고 惡禍가 相功하여 三年 內로 반드시 破財한다.

예) 3月 乙巳日 酉將 午時課

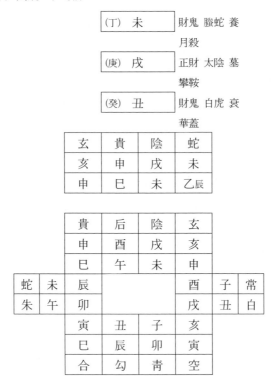

| (丁) 未 | 財鬼 螣蛇 養 |
| | 月殺 |
| (庚) 戌 | 正財 太陰 墓 |
| | 攀鞍 |
| (癸) 丑 | 財鬼 白虎 衰 |
| | 華蓋 |

| 玄 | 貴 | 陰 | 蛇 |
|---|---|---|---|
| 亥 | 申 | 戌 | 未 |
| 申 | 巳 | 未 | 乙辰 |

| | | 貴 | 后 | 陰 | 玄 | | |
|---|---|---|---|---|---|---|---|
| | | 申 | 酉 | 戌 | 亥 | | |
| | | 巳 | 午 | 未 | 申 | | |
| 蛇 | 未 | 辰 | | | 酉 | 子 | 常 |
| 朱 | 午 | 卯 | | | 戌 | 丑 | 白 |
| | | 寅 | 丑 | 子 | 亥 | | |
| | | 巳 | 辰 | 卯 | 寅 | | |
| | | 合 | 勾 | 青 | 空 | | |

◆ 三傳이 全土이고 初傳 未의 遁干이 丁으로 丁馬에 해당하니 遊子課이다.

◆ 中傳 戌이 天馬이니 三傳에 丁馬, 天馬가 竝臨한 것이라 "天涯地角課(천애 지각 과)"라 하기도 한다.

## 三十二課 : 三交課(삼교과)

⊙ 四仲日(子午卯酉)에 四仲神이 日支에 加하여, 三傳이 전부 四仲이 되고 發用되어

太陰이나 六合이 乘하면 三交課이다.

⊙ 四仲日에 四仲時인 경우도 이에 해당된다.

⊙ 子午卯酉는 四敗神이라고도 하는데 六陽干 기준하여 沐浴地에 해당하는 것이다.

⊙ 四仲日.時가 一交요, 三傳이 全部四仲이니 二交요, 將逢陰合하니 三交가 되므로 三交課이다.

⊙ 三交課

　◆家中에 奸詐함이 있고, 혹 逃匿함이 있다.

　◆謀事는 불명확하다.

　◆求財는 무익하다.

　◆官訟은 刑을 받게 된다.

　◆用兵은 강적을 만나게 된다. 이에 凶將이 乘하면 병환은 더욱 심하고, 또다시 흉신을 만나면, 남자는 重法을 범하고 여자는 私通한다.

　　太陰, 六合이 乘하면 門戶不利하고,

　　天空을 보면 허사가 있고,

　　玄武는 流失이 있고,

　　螣蛇는 驚怪의 일이 있고,

　　朱雀은 구설수가 있고,

　　勾陳은 쟁투가 있고,

　　白虎는 殺傷 등이 있다.

⊙ 六陽日은 交羅라고 하여 陰私上門하고, 凶將惡殺을 帶하면 殺傷之禍가 일어나고, 六陰日은 交祿이라 하여 求祿事이고 玄武가 乘하면 陰私와 失祿이 있다.

⊙ 年, 月, 日, 時가 전부 四仲神이면 "三交不解(삼교불해)"라 한다.

예) 戊子日 酉將 午時課

|  | 卯 | 正官 太陰 沐浴 |
|---|---|---|
|  |  | 六害 |
| (空) | 午 | 正印 白虎 帝旺 |
|  |  | 災殺 |
|  | 酉 | 傷官 勾陳 死 |
|  |  | 桃花 |

| 白 | 陰 | 朱 | 青 |
|---|---|---|---|
| 午 | 卯 | 亥 | 申 |
| 卯 | 子 | 申 | 戌巳 |

| | | 青 | 勾 | 合 | 朱 | | |
|---|---|---|---|---|---|---|---|
| | | 申 | 酉 | 戌 | 亥 | | |
| | | 巳 | 午 | 未 | 申 | | |
| 空 | 未 | 辰 | | | 酉 | 子 | 蛇 |
| 白 | 午 | 卯 | | | 戌 | 丑 | 貴 |
| | | 寅 | 丑 | 子 | 亥 | | |
| | | 巳 | 辰 | 卯 | 寅 | | |
| | | 常 | 玄 | 陰 | 后 | | |

◆ 四仲日 四仲時에 三傳이 四仲이 되고, 太陰이 乘하니 三交課이다.


## 三十三課 : 亂首課(난수과)

⊙ 支가 日上에 加하여 日을 剋하고 發用하거나, 日이 支上에 加하여 支의 剋을 받아 發用될 때를 말한다. 干은 尊上이며 首가 되고, 支는 卑下로 族이 되는데 卑下가 作亂하여 上門亂首(상문난수)하므로 亂首課라 한 것이다.

⊙ 日干이 日支에 臨하여 剋을 받으면 自取亂首(자취난수)라 하고, 日支가 日干에 加하여 剋하는 것을 上門亂首라 하는데 통털어 反常課라고도 한다.

⊙ 亂首課가 되면 下가 上을 剋하니 家門이 背逆되고, 불효막급하며 매사 여의하지 못하다.

⊙ 自取亂首는 尊長이 스스로 失禮를 한 것이므로 事案이 輕稍(경초)하나, 上門亂首는 卑下가 犯上하니 사안은 重하다.
自取亂首는 事體가 안에서 발단되어 밖에서 일어나므로, 軍兵은 客에 불리하고 역시 不宣侵攻(불선침공)하며, 오직 固守함이 좋고 나중엔 解圍된다.

⊙ 上門亂首는 事體는 밖에서 발단되어 안에서 일어나므로, 軍兵은 主에 불리하고 賊來擊戰(적래격전)하여 營寨(영채)가 손상된다.
만약 卯酉와 神后 六合을 보면 남녀가 訛雜(와잡)하여 不分幼長(불분유장)하며, 窩犯醜聲(와범추성)하고 禍自內出(화자내출)함을 不免한다.

◉ 위 課는 조상이 變姓했거나, 자기가 변성하는데 만약 靑龍이 乘했으면, 내정은 幼兒나 私生兒를 어느 호적에 올릴 것인가 하는 문제이다.

예1) 庚午日 戌將 申時課

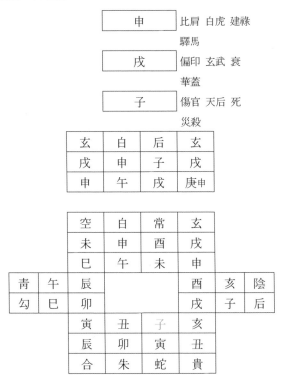

| | 申 | 比肩 白虎 建祿 |
| | | 驛馬 |
| | 戌 | 偏印 玄武 衰 |
| | | 華蓋 |
| | 子 | 傷官 天后 死 |
| | | 災殺 |

| 玄 | 白 | 后 | 玄 |
|---|---|---|---|
| 戌 | 申 | 子 | 戌 |
| 申 | 午 | 戌 | 庚申 |

| 空 | 白 | 常 | 玄 | | | |
|---|---|---|---|---|---|---|
| 未 | 申 | 酉 | 戌 | | | |
| 巳 | 午 | 未 | 申 | | | |
| 青 午 辰 | | | | 酉 | 亥 | 陰 |
| 勾 巳 卯 | | | | 戌 | 子 | 后 |
| 寅 | 丑 | 子 | 亥 | | | |
| 辰 | 卯 | 寅 | 丑 | | | |
| 合 | 朱 | 蛇 | 貴 | | | |

♦ 寄宮 申金은 天干으로는 日干 庚金과 같다. 申金이 日支 午上에 臨하여 日支의 剋을 받아 發用이니 自取首課이다.

예2) 庚午日 寅將 辰時課

| | 午 | 正官 靑龍 沐浴 |
| | | 將星 |
| | 辰 | 偏印 六合 養 |
| | | 月殺 |
| | 寅 | 財鬼 螣蛇 胞 |
| | | 地殺 |

| 蛇 | 合 | 合 | 青 |
|---|---|---|---|
| 寅 | 辰 | 辰 | 午 |
| 辰 | 午 | 午 | 庚申 |

| | | | 朱 | 合 | 勾 | 青 | | |
|---|---|---|---|---|---|---|---|---|
| | | | 卯 | 辰 | 巳 | 午 | | |
| | | | 巳 | 午 | 未 | 申 | | |
| 蛇 | 寅 | 辰 | | | | 酉 | 未 | 空 |
| 貴 | 丑 | 卯 | | | | 戌 | 申 | 白 |
| | | | 寅 | 丑 | 子 | 亥 | | |
| | | | 子 | 亥 | 戌 | 酉 | | |
| | | | 后 | 陰 | 玄 | 常 | | |

◆ 日支 午火가 日干에 臨하여 日을 剋하고 發用이니 上門亂首이다.


### 三十四課 : 贅壻課(췌서과)

◎ 亂首課와는 반대이다. 日支가 日上에 臨하여 日의 剋을 받아 發用되거나, 日干이 支에 臨하여 支를 剋하여 發用하는 것을 말한다. 이것은 남자가 贅壻妻家하는 것과 같으므로 贅壻課라 이름한 것이다.

◎ 凡事不成하고 寄居나 一身이 자유롭지 못하고, 屈意從人하고, 사안은 索連되어 늦어지고, 孕胎는 늦어지고, 질병과 訴訟은 지연되고, 行人은 滯留되며, 求財나 求名은 성사된다.

◎ 日干이 日支를 剋하면 尊上에 이롭고 卑下에 불리하며, 動이 좋고 靜이 불리하고, 兵事는 客에 이롭다.

◎ 日支가 日干에 臨하여 剋을 받으면 尊上을 辱侵하고, 日辰과 用神이 休囚되고 凶將이 乘하면 전염병은 낫지 않고, 日辰과 用神이 旺相하고 吉將이 乘하면 婚姻之事인데 데릴사위 뜻이 있다.

예) 丙申日 丑將 辰時課 (夜占)

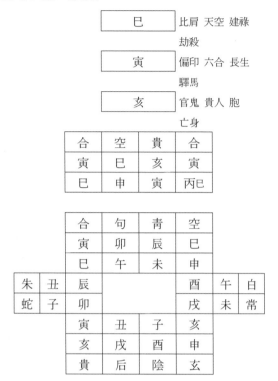

| | | | |
|---|---|---|---|
| | 巳 | | 比肩 天空 建祿 |
| | | | 劫殺 |
| | 寅 | | 偏印 六合 長生 |
| | | | 驛馬 |
| | 亥 | | 官鬼 貴人 胞 |
| | | | 亡身 |

| 合 | 空 | 貴 | 合 |
|---|---|---|---|
| 寅 | 巳 | 亥 | 寅 |
| 巳 | 申 | 寅 | 丙巳 |

| | | 合 | 句 | 靑 | 空 |
|---|---|---|---|---|---|
| | | 寅 | 卯 | 辰 | 巳 |
| | | 巳 | 午 | 未 | 申 |
| 朱 | 丑 | 辰 | | 酉 | 午 | 白 |
| 蛇 | 子 | 卯 | | 戌 | 未 | 常 |
| | | 寅 | 丑 | 子 | 亥 |
| | | 亥 | 戌 | 酉 | 申 |
| | | 貴 | 后 | 陰 | 玄 |

◆ 巳火는 天干으로는 丙火와 같다. 巳火가 支上에 加하여 支를 剋하여 發用이니 贅壻課이다.

## 三十五課 : 沖破課(충파과)

◉ 日辰의 沖神이 破神에 加하여 발용되거나, 用神과 年, 月, 日, 時가 서로 沖破되면 沖破課가 된다. 沖은 충돌, 破는 破棄(파기), 損財의 의미가 있다. 초전에 비록 德이 있더라도 나중에 반드시 傾覆된다.

◉ 子午沖은 道路나 남녀의 爭訟, 謀事의 변동이 있고,
卯酉沖은 문호의 改痛, 이사, 도망, 失脫, 外人의 淫亂, 奸詐 등이 있고,
寅申沖은 人鬼가 相傷하며, 夫婦에 二心이 있고,
巳亥沖은 主事가 反覆(반복)되고 허무하며 重求輕得된다.
丑未沖은 형제나 朋友간 謀心이 不同하고 매사 불성하고,
辰戌沖은 主僕(주복)이 相離하고 貴賤이 불분명하며 不義之爭이 있다.

⊙ 破는 解産과 破財, 主事更改 多有中輟(다유중철)되는데

午卯破. 子酉 破 - 門戶가 破財되고 陰少有災가 있다.

辰丑 破 - 丘墓, 사찰의 파손이 있고

戌未 破 - 先破後刑(먼저는 破를 적용하고 나중은 刑을 적용한다)되며

寅亥 破. 申巳 破 - 先破 後合한다.

⊙ 대체로 沖은 變動, 反覆(반복)이 있고, 破는 損財나 傾壞(경괴)가 있다.

⊙ 沖破課가 되면 人情은 反覆(반복)되고, 門戶가 不寧하며, 혼인은 불성되고, 胎孕(태잉)은 難成하며, 질병이나 흉화는 消散되고, 財利나 謀望은 성사되더라도 다시 傾覆(경복)된다.

예) 庚子日 午將 卯時課

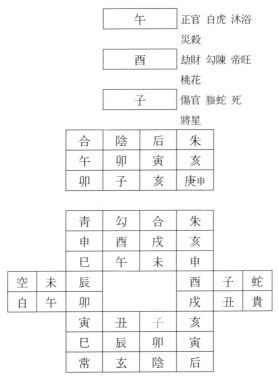

| 午 | 正官 白虎 沐浴 |
| 災殺 | |
| 酉 | 劫財 勾陳 帝旺 |
| 桃花 | |
| 子 | 傷官 螣蛇 死 |
| 將星 | |

| 合 | 陰 | 后 | 朱 |
|---|---|---|---|
| 午 | 卯 | 寅 | 亥 |
| 卯 | 子 | 亥 | 庚申 |

| | | | 青 | 勾 | 合 | 朱 | | |
|---|---|---|---|---|---|---|---|---|
| | | | 申 | 酉 | 戌 | 亥 | | |
| | | | 巳 | 午 | 未 | 申 | | |
| 空 | 未 | 辰 | | | | 酉 | 子 | 蛇 |
| 白 | 午 | 卯 | | | | 戌 | 丑 | 貴 |
| | | | 寅 | 丑 | 子 | 亥 | | |
| | | | 巳 | 辰 | 卯 | 寅 | | |
| | | | 常 | 玄 | 陰 | 后 | | |

◆ 上下剋이 없으니 遙剋法을 적용하여 午火가 初傳이다. 4課 上神 午는 日支子의 沖神이고, 다시 上下가 午卯破로 卯破의 上神으로 發用됐으니 沖破課이다.

# 三十六課 : 淫泆課(음일과)

- 初傳이 卯나 酉가 되고, 다시 初傳이나 末傳에 天后나 六合이 乘하는 것을 말한다. 卯酉는 淫事之門(음사지문)이고, 天后와 六合은 淫泆之神(음일지신)이므로, 卯酉와 天后, 六合을 보면 淫奔泆慾(음분일욕)하므로 淫泆課라 한다.

- 만약 初傳에 六合이 乘하고, 末傳에 天后가 乘하면 "狡童格(교동격)"이라 하고, 初傳에 天后가 乘하고 末傳에 六合이 乘하면 "泆女格(일녀격)"이라 한다.

- 남자는 蓄妾(축첩)하고, 부녀는 私通(사통)하며, 陰私莫禁(음사막금)하고 淫慾이 加하니, 嫁娶(가취)는 불길하고, 逃亡은 오히려 길하고, 盜賊은 잡기 어렵고, 訪人은 自着한다.

- 만약 三交課를 겸하면 濁濫淫泆(탁람음일)하여 一人一妻가 아니고, 天羅地網이 加하면 대단히 흉하고 악성이 높다.

- 만약 二煩課를 겸하면 남자는 殺傷하고 여자는 毒蟲에 물리거나 橫死당한다.

- 만약 九醜課를 겸해도 남녀 다같이 殺傷당한다.

예1) 辛未日 戌將 寅時課

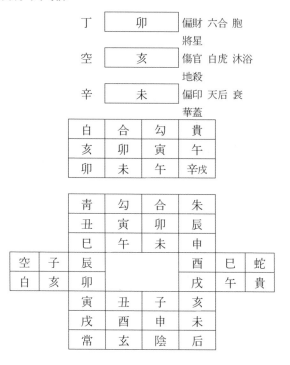

| 丁 | 卯 | 偏財 六合 胞 將星 |
| 空 | 亥 | 傷官 白虎 沐浴 地殺 |
| 辛 | 未 | 偏印 天后 衰 華蓋 |

| 白 | 合 | 勾 | 貴 |
|---|---|---|---|
| 亥 | 卯 | 寅 | 午 |
| 卯 | 未 | 午 | 辛戌 |

◆ 初傳이 卯가 되어 六合이 乘하고 末傳 未에 天后가 乘했으니 淫泆課이다.

예2) 戊戌日 午將 辰時課

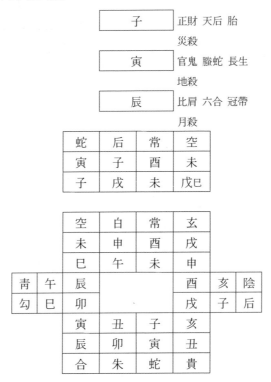

| 子 | 正財 天后 胎 |
| --- | --- |
| | 災殺 |
| 寅 | 官鬼 螣蛇 長生 |
| | 地殺 |
| 辰 | 比肩 六合 冠帶 |
| | 月殺 |

| 蛇 | 后 | 常 | 空 |
| --- | --- | --- | --- |
| 寅 | 子 | 酉 | 未 |
| 子 | 戌 | 未 | 戌巳 |

| | 空 | 白 | 常 | 玄 | | |
| --- | --- | --- | --- | --- | --- | --- |
| | 未 | 申 | 酉 | 戌 | | |
| | 巳 | 午 | 未 | 申 | | |
| 青 午 辰 | | | | 酉 | 亥 | 陰 |
| 勾 巳 卯 | | | | 戌 | 子 | 后 |
| | 寅 | 丑 | 子 | 亥 | | |
| | 辰 | 卯 | 寅 | 丑 | | |
| | 合 | 朱 | 蛇 | 貴 | | |

◆ 卯酉가 아니라도 子午에 六合과 天后가 乘해도 淫泆課에 준한다.

## 三十七課 : 蕪淫課(무음과)

◎ 蕪淫課는 剋은 있으나 別責課와 같이 三課밖에 없을 때와, 전부 4課가 俱全되어 있으나 交互相剋하는 경우를 말한다.

◎ 陽日은 1課부터 1課 陽, 2課 陰, 3課 陽, 4課 陰의 순으로 세어 陽과 陰의 比를 논하고, 陰日은 3課부터 3課 陽, 4課 陰, 1課 陽, 2課 陰의 순으로 세어 陽과 陰의 比를 논한다. 위와 같이 세어나가면 같은 것을 제외하면 반드시 2陽1陰(陰不備)이나, 2陰1陽(陽不備)이 된다.

◎ 蕪淫課는 家門이 不貞하고, 事多淫亂하며, 부부는 다 같이 私通하고, 兩情이 相排하여 蕪淫無度하므로 蕪淫課라 한다.

⊙ 交互上剋을 제일 혐오하는데, 主客이 모두 불리하고, 질병은 오래가고, 흐린날은 미미하고 맑은 날은 장구하여 맑은 날이 줄고 비가오기를 기다리며, 行人은 오지 않고, 用兵은 근심이 있는데, 陽不備면 主에게 이롭고 陰不備면 客에게 이롭다.

⊙ 蕪淫課 중 日上神과 日支, 日支上神과 日이 상호 交叉하여 上剋되면 "交互上剋格"이라 한다.

⊙ 蕪淫課 중 夫婦 行年이 상호 相沖되고 다시 부부 行年의 上神도 역시 相沖되면 "解離格(해리격)"라 한다.

⊙ 蕪淫課 중 孤神, 寡宿이 發用하면 "孤神寡宿格(고신과숙격)"이라 한다.

　◆ 春節 : 孤神-巳　寡宿-丑
　◆ 夏節 : 孤神-申　寡宿-辰
　◆ 秋節 : 孤神-亥　寡宿-未
　◆ 冬節 : 孤神-寅　寡宿-戌

⊙ 蕪淫課

　◆ 利名은 얻기 어렵고,
　◆ 獄事와 疾病은 오래 끌게 되며,
　◆ 陰不備는 淸明하고,
　◆ 陽不備는 雨氣가 있고,
　◆ 行人은 未至하고,
　◆ 征戰은 自敗하고,
　◆ 陽不備는 用兵에 主가 이로우며 적은 오지 않고,
　◆ 陰不備는 用兵에 客이 이롭고 적은 오나 不戰하고, 射物은 難中하는데,
　◆ 不備課가 되어 日과 辰이 交互相剋되면 最凶하고, 所乘神將까지 凶하면 凶禍를 면할 수 없다.


예1) 乙卯日 未將 午時課

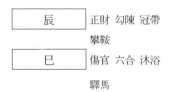

| 辰 | 正財 勾陳 冠帶 |
| | 攀鞍 |
| 巳 | 傷官 六合 沐浴 |
| | 驛馬 |

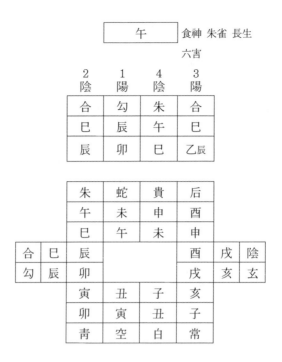

◆ 陰日이므로 제3課부터 제3課는 陽, 제4課는 陰, 제1課는 陽인데 제4課와 같으므로 제외하고, 다음 제2課 陰이다. 따라서 2陰1陽이 된다. 따라서 陽不備에 해당되어 두 여자가 남자 하나를 놓고 다투는 형국이다.

예2) 丙子日 卯將 戌時課

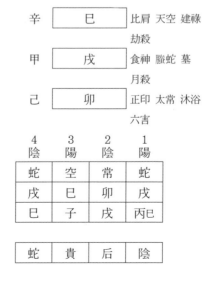

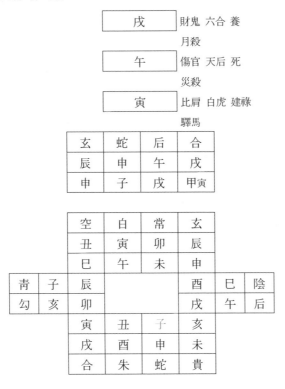

| 戌 | 亥 | 子 | 丑 |   |   |
|---|---|---|---|---|---|
| 巳 | 午 | 未 | 申 |   |   |

| 朱 | 酉 | 辰 |   | 酉 | 寅 | 玄 |
| 合 | 申 | 卯 |   | 戌 | 卯 | 常 |

| 寅 | 丑 | 子 | 亥 |
|---|---|---|---|
| 未 | 午 | 巳 | 辰 |
| 勾 | 青 | 空 | 白 |

◆ 陽日이므로 제1과부터 1課 陽, 第2課 陰, 제3課 陽, 제4課는 본시 陰이지만 제1課와 동일하니 제외하여, 2陽1陰이 된다. 따라서 陰不備에 해당되어 두 남자가 여자 하나를 놓고 다투는 형국이다.

예3) 甲子日 亥將 卯時課

| 戌 | 財鬼 六合 養 |
|---|---|
|   | 月殺 |
| 午 | 傷官 天后 死 |
|   | 災殺 |
| 寅 | 比肩 白虎 建祿 |
|   | 驛馬 |

| 玄 | 蛇 | 后 | 合 |
|---|---|---|---|
| 辰 | 申 | 午 | 戌 |
| 申 | 子 | 戌 | 甲寅 |

| 空 | 白 | 常 | 玄 |   |   |
|---|---|---|---|---|---|
| 丑 | 寅 | 卯 | 辰 |   |   |
| 巳 | 午 | 未 | 申 |   |   |

| 青 | 子 | 辰 |   | 酉 | 巳 | 陰 |
| 勾 | 亥 | 卯 |   | 戌 | 午 | 后 |

| 寅 | 丑 | 子 | 亥 |
|---|---|---|---|
| 戌 | 酉 | 申 | 未 |
| 合 | 朱 | 蛇 | 貴 |

◆ 日上神 戌이 日支 子를 剋하고, 支上神 申이 日干 甲을 剋하니 "交互上剋格"인 것이다. 日은 夫로 支는 妻로 논하는데 日이 支를 取하려 하나 剋을 두려워하

고, 支 역시 日을 取하려 하나 역시 剋을 두려워하니 夫婦가 각각 陰私之微(음사지미)가 있을 뿐이라 蕪陰課라 한다.

예4) 丁巳日 酉將 未時課　夫行年-午　妻行年-子

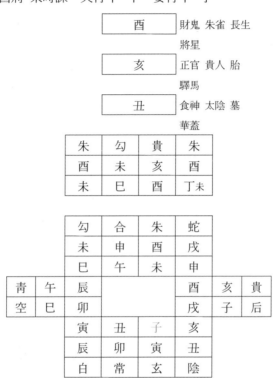

| | | |
|---|---|---|
| 酉 | 財鬼 朱雀 長生 | 將星 |
| 亥 | 正官 貴人 胎 | 驛馬 |
| 丑 | 食神 太陰 墓 | 華蓋 |

| 朱 | 勾 | 貴 | 朱 |
|---|---|---|---|
| 酉 | 未 | 亥 | 酉 |
| 未 | 巳 | 酉 | 丁未 |

| | 勾 | 合 | 朱 | 蛇 | | |
|---|---|---|---|---|---|---|
| | 未 | 申 | 酉 | 戌 | | |
| | 巳 | 午 | 未 | 申 | | |
| 青 午 | 辰 | | | 酉 | 亥 | 貴 |
| 空 巳 | 卯 | | | 戌 | 子 | 后 |
| | 寅 | 丑 | 子 | 亥 | | |
| | 辰 | 卯 | 寅 | 丑 | | |
| | 白 | 常 | 玄 | 陰 | | |

◆ 蕪陰課의 陽不備이다. 夫妻의 行年이 午, 子로 상호 相沖하고, 夫行年 午의 上神 申과, 妻行年 子의 上神 寅과 역시 相沖되니, 夫婦가 反目하고, 離婚(이혼)의 象이라 "解離格(해리격)"이라 한다.

예5) 壬申日 戌將 丑時課

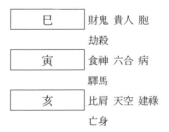

| | | |
|---|---|---|
| 巳 | 財鬼 貴人 胞 | 劫殺 |
| 寅 | 食神 六合 病 | 驛馬 |
| 亥 | 比肩 天空 建祿 | 亡身 |

| 合 | 貴 | 貴 | 玄 |
|---|---|---|---|
| 寅 | 巳 | 巳 | 申 |
| 巳 | 申 | 申 | 壬亥 |

| | 合 | 朱 | 蛇 | 貴 | | |
|---|---|---|---|---|---|---|
| | 寅 | 卯 | 辰 | 巳 | | |
| | 巳 | 午 | 未 | 申 | | |
| 勾 | 丑 | 辰 | | 酉 | 午 | 后 |
| 青 | 子 | 卯 | | 戌 | 未 | 陰 |
| | 寅 | 丑 | 子 | 亥 | | |
| | 亥 | 戌 | 酉 | 申 | | |
| | 空 | 白 | 常 | 玄 | | |

◆ 戌將은 2月로 春節이다. 巳가 孤神으로 初傳이니 "孤神格"이다.


### 三十八課 : 孤寡課(고과과)

◉ 孤寡란 孤神, 寡宿이란 말로 旬中孤寡에 세 종류가 있는데,

　첫째 발용이 旬空이 될 때 陽空은 孤, 陰空은 寡가 되는 것.

　둘째 발용의 地盤空이 孤, 天盤空이 寡가 되는 것.

　셋째 발용이 空亡되면 孤, 末傳이 空亡되면 寡라 함.

◉ 四時上의 孤寡

　春節 - 巳孤　辰丑寡

　夏節 - 申孤　未寡

　秋節 - 亥孤　未戌寡

　冬節 - 寅孤　丑辰寡

◉ 孤寡가 되면 고향을 등지고,

　관직은 易位되고,

　재산은 空手되며,

　결혼은 破綻되고,

　잉태는 虛孕이고,

　출입에 방도해야 하고,

日辰이 無氣면 최흉하다.

⊙ 孤神이 되면 부모에 재앙이 있고, 일찍 부모와 고향을 이별하고, 寡宿은 처자와 이별하고 육친과 헤어진다.

⊙ 旬中孤寡와 四時孤寡가 겸하면 대흉하다.

⊙ 空亡이 되면 憂喜事가 같이 불성하나 近事는 出旬을 하면 이루어질 수 있고, 遠事는 百事不成한다.

예) 亥月 庚子日 寅將 辰時課(本名:己未生)

| | 午 | | 正官 青龍 |
|---|---|---|---|
| | 辰 | | 偏印 六合 |
| | 寅 | | 偏財 螣蛇 |

| 白 | 玄 | 合 | 靑 |
|---|---|---|---|
| 申 | 戌 | 辰 | 午 |
| 戌 | 子 | 午 | 庚申 |

| | | 朱 | 合 | 勾 | 靑 | | |
|---|---|---|---|---|---|---|---|
| | | 卯 | 辰 | 巳 | 午 | | |
| | | 巳 | 午 | 未 | 申 | | |
| 蛇 | 寅 | 辰 | | | 酉 | 未 | 空 |
| 貴 | 丑 | 卯 | | | 戌 | 申 | 白 |
| | | 寅 | 丑 | 子 | 亥 | | |
| | | 子 | 亥 | 戌 | 酉 | | |
| | | 后 | 陰 | 玄 | 常 | | |

◆庚金 日干에 初傳 午火는 休囚가 되고, 亥月은 冬節인데, 寅이 孤가 되고, 丑辰이 寡가 되니 孤寡課이다.

### 三十九課 : 度厄課(도액과)

⊙ 三位가 동시에 上剋下가 되든지 下賊上이 되면 度厄課가 되는데, 三位가 上剋下

가 될 때는 "幼度厄"이라 하고, 三位가 下賊上이 될 때는 "長度厄"이라 한다.

⊙ 三上剋下면 卑小(비소)가 厄難을 당하고, 三下賊上을 하면 尊長이 度侵(도침)을 당하니 度厄課라 이름한 것이다.

⊙ 度厄課가 되면 家門이 불길하고 骨肉이 乖離(괴리)된다.

⊙ 幼度厄은 子孫이나 卑下에 禍厄이 있는데, 자손이 發用하고 凶將이 乘하고 囚死되며 子孫墓神이 乘하면 子孫이 必死한다.

⊙ 長度厄에 父母가 發用하고 凶神이 入墓하면 父母나 尊長이 사망한다. 官吏는 左遷되고, 常人은 실패하며, 선비는 명리가 여의치 못하다.

예1) 甲子日 申將 丑時課

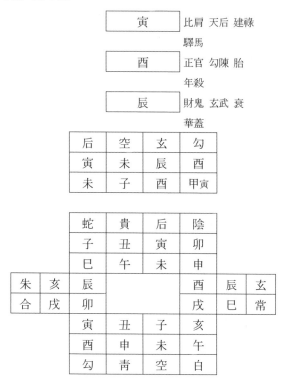

| | 寅 | 比肩 天后 建祿 |
| | | 驛馬 |
| | 酉 | 正官 勾陳 胎 |
| | | 年殺 |
| | 辰 | 財鬼 玄武 衰 |
| | | 華蓋 |

| 后 | 空 | 玄 | 勾 |
|---|---|---|---|
| 寅 | 未 | 辰 | 酉 |
| 未 | 子 | 酉 | 甲寅 |

| | | | 蛇 | 貴 | 后 | 陰 | | |
|---|---|---|---|---|---|---|---|---|
| | | | 子 | 丑 | 寅 | 卯 | | |
| | | | 巳 | 午 | 未 | 申 | | |
| 朱 | 亥 | 辰 | | | | 酉 | 辰 | 玄 |
| 合 | 戌 | 卯 | | | | 戌 | 巳 | 常 |
| | | | 寅 | 丑 | 子 | 亥 | | |
| | | | 酉 | 申 | 未 | 午 | | |
| | | | 勾 | 青 | 空 | 白 | | |

◆ 제1과, 3과, 4과의 三位가 上剋下가 되므로 度厄課 중 幼度厄에 해당되며 卑下에게 厄難이 있다.

예2) 壬申日 未將 子時課

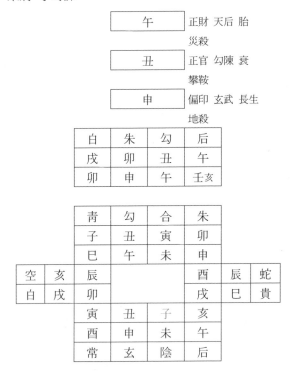

| 午 | 正財 天后 胎 |
| 災殺 | |

| 丑 | 正官 勾陳 衰 |
| 攀鞍 | |

| 申 | 偏印 玄武 長生 |
| 地殺 | |

| 白 | 朱 | 勾 | 后 |
|---|---|---|---|
| 戌 | 卯 | 丑 | 午 |
| 卯 | 申 | 午 | 壬亥 |

| | | 青 | 勾 | 合 | 朱 | | |
|---|---|---|---|---|---|---|---|
| | | 子 | 丑 | 寅 | 卯 | | |
| | | 巳 | 午 | 未 | 申 | | |
| 空 | 亥 | 辰 | | | 酉 | 辰 | 蛇 |
| 白 | 戌 | 卯 | | | 戌 | 巳 | 貴 |
| | | 寅 | 丑 | 子 | 亥 | | |
| | | 酉 | 申 | 未 | 午 | | |
| | | 常 | 玄 | 陰 | 后 | | |

◆ 三位에서 下賊上을 당하니 度厄課 中 長度厄이며 尊長에게 厄難이 있다.


## 四十課 : 無祿.絶嗣課(무록.절사과)

◎ 四課가 전부 下賊上이 되는 것은 無祿課라 하고, 이와 반대로 四課가 전부 上剋下가 되는 것을 絶嗣課라 한다. 지위와 祿을 다 이룰 수 없으니 無祿이다.

◎ 無祿課(무록과)

   ◆ 고독하고, 父子 사이가 갈라서게 된다.

   ◆ 謀望은 성취하지 못한다.

   ◆ 행동은 의혹이 많다.

   ◆ 官吏는 멀지 않아 剝職(박직)되는데 輕하면 減俸(감봉)이고, 重하면 削職(삭직)된다.

   ◆ 下에서 上을 賊하니 군자가 災殃을 받고, 屈者는 難伸하며, 對敵은 客에 이롭고, 三傳에 救神이 있으면 災厄은 면하게 되는데, 病占은 必死한다.

- ◆用兵과 訴訟은 後起者가 勝한다.
- ◆君臣은 悖逆하게 된다.
- ◆凡事가 靜하려 하나 필히 動하게 된다.

◎ 絕嗣課(절사과)

- ◆卑下에게 不利하다.
- ◆用兵과 訴訟은 先起者가 勝한다.
- ◆凡事가 動하려 하나 필히 靜하게 된다.

예1) 庚辰日 亥將 辰時課

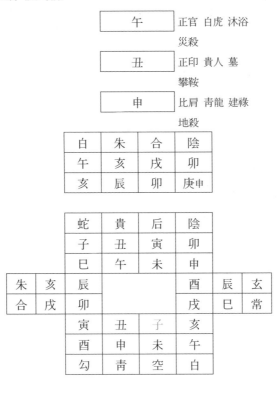

|  | 午 | 正官 白虎 沐浴 |
|---|---|---|
|  |  | 災殺 |
|  | 丑 | 正印 貴人 墓 |
|  |  | 攀鞍 |
|  | 申 | 比肩 靑龍 建祿 |
|  |  | 地殺 |

| 白 | 朱 | 合 | 陰 |
|---|---|---|---|
| 午 | 亥 | 戌 | 卯 |
| 亥 | 辰 | 卯 | 庚申 |

| 蛇 | 貴 | 后 | 陰 |
|---|---|---|---|
| 子 | 丑 | 寅 | 卯 |
| 巳 | 午 | 未 | 申 |

| 朱 | 亥 | 辰 |  |  | 酉 | 辰 | 玄 |
|---|---|---|---|---|---|---|---|
| 合 | 戌 | 卯 |  |  | 戌 | 巳 | 常 |

| 寅 | 丑 | 子 | 亥 |
|---|---|---|---|
| 酉 | 申 | 未 | 午 |
| 勾 | 靑 | 空 | 白 |

- ◆四位가 전부 下賊上이니 無祿課이다.

예2) 己巳日 酉將 寅時課

|  | 酉 | 食神 螣蛇 長生 |
|---|---|---|
|  |  | 將星 |

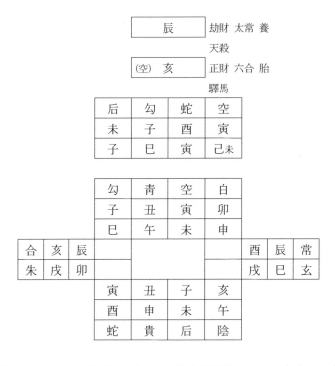

◆ 第1課부터 第4課까지 전부 上剋下가 되니 絶嗣課(절사과)이다. 上이 下를 용납하지 않으니 스스로 존재할 수 없는 것이다.


## 四十一課 : 迍福課(둔복과)

◉ 八迍(팔둔)과 五福(오복)이란 뜻으로 凶神, 惡殺, 死囚, 墓, 絶 등을 迍이라 하고, 旺相, 德合 등의 吉神을 福이라 하는데, 迍과 福이 같이 겸해 있는 것을 迍福課라 한다.

◉ 八迍

　◆ 發用이 時令의 死氣가 됨이 一迍.

　◆ 發用의 下神이 時令의 旺氣를 얻음이 二迍.

　◆ 仰見하여 坵(墓神)를 봄이 三迍.

　◆ 俯見하여 仇(剋)를 봄이 四迍.

　◆ 凶將이 乘함이 五迍.

　◆ 刑害가 中傳됨이 六遁.

　◆ 下賊上이 여럿 있음이 七迍.

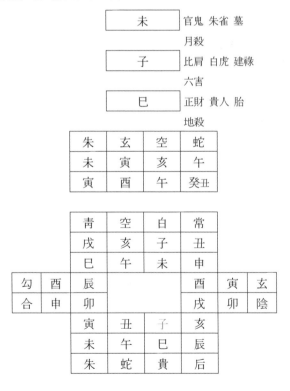
◆ 日辰上神에 凶將이 乘함이 八迍.

◉ 五福
　◆ 末傳이 旺相氣이면 一福.
　◆ 末傳에 吉將이 乘함이 二福.
　◆ 日의 德이 日辰에 臨하거나 入傳하면 三福.
　◆ 年命上神이 흉살을 대동한 初傳을 剋함이 四福.
　◆ 日辰上神이 相生됨이 五福.

◉ 迍福課가 되면 憂患(우환)은 닥쳐오고, 得病은 傾危(경위)되며, 遭官座死(조관좌사)하고, 營謀(영모)는 不成하고, 動作은 被累(피누)된다. 그러나 五福을 相逢하면 凶變爲吉하나 五福을 相逢치 못하면 大凶하다.

　예1) 癸酉日 戌將 巳時課(本命 : 酉)

◆戌將은 2月이라 春節이며 木旺之節이다. 初傳 未가 死氣로 發用이 一逃이고, 未의 地盤 寅은 旺氣이니 二逃이고, 日干 癸의 墓(坵)는 未로 仰見其坵 함이니 三逃이고, 未의 下神이 寅으로 下의 剋(仇)받음을 봄이니 俯見其仇라 四逃이고, 未에 朱雀인 凶將이 乘하니 五逃이고, 未와 中傳 子가 害됨이니 六逃이고, 下賊上을 당함이 여럿이니 七逃이고, 日上 午에 螣蛇가 乘하고 辰上 寅에 玄武가 乘하니 八逃이다.

◆末傳 巳가 相氣이니 一福이고, 巳에 吉將인 貴人이 乘했으니 二福이고, 日干 癸의 德이 巳로 入傳함이니 三福이고, 日上神 午와 辰上神 寅이 相生되니 四福이고, 命上神 寅이 初傳 未를 剋하니 五福이다.

예2) 癸酉日 亥將 午時課(行年 : 寅)

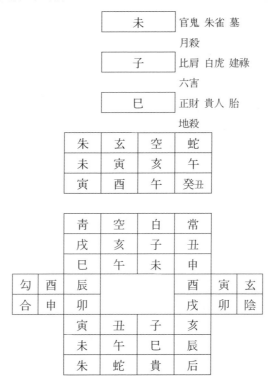

| 未 | 官鬼 朱雀 墓 |
|---|---|
|  | 月殺 |
| 子 | 比肩 白虎 建祿 |
|  | 六害 |
| 巳 | 正財 貴人 胎 |
|  | 地殺 |

| 朱 | 玄 | 空 | 蛇 |
|---|---|---|---|
| 未 | 寅 | 亥 | 午 |
| 寅 | 酉 | 午 | 癸丑 |

| | 青 | 空 | 白 | 常 | |
|---|---|---|---|---|---|
| | 戌 | 亥 | 子 | 丑 | |
| | 巳 | 午 | 未 | 申 | |
| 勾 酉 | 辰 | | | 酉 | 寅 玄 |
| 合 申 | 卯 | | | 戌 | 卯 陰 |
| | 寅 | 丑 | 子 | 亥 | |
| | 未 | 午 | 巳 | 辰 | |
| | 朱 | 蛇 | 貴 | 后 | |

◆初傳 未土는 寅月에 死囚되니 一逃이고, 寅上에 發用하여 上弱下旺하니 二逃이고, 仰視하면 未土는 寅木의 墓神이 되므로 三逃이고, 俯視하니 未土를 寅木이 극하니 四逃이고, 초전 未土에 朱雀인 凶將이 乘하니 五逃이고, 干上神

午火와 日干 癸水의 寄宮 丑土가 相害되니 六迍이고, 下賊上 발용하니 七迍이고, 日辰에 螣蛇와 玄武가 흉장이 乘하여 上·下 相剋하니 八迍이다.

- ◆ 그러나 비록 초전이 死囚되나, 말전 巳火는 寅月에 相氣가 되니 一福이고, 초전 未와 중전 子가 비록 흉하나 말전 巳에 貴人이 乘했으니 二福이고, 日德 巳가 入傳했으니 三福이고, 초전은 官鬼와 下賊發用이나 말전은 貴人이 乘하고 行年 寅木이 초전의 凶氣를 극제하니 四福이고, 日辰에 旺相氣가 乘하고 상호 相生되니 五福이 되어 迍福課가 된다.


### 四十二課 : 侵害課(침해과)

- ⊙ 干支의 害神이 上下相加하여 발용되면 侵害課가 되는데, 年命에 臨하면 더욱 강하게 작용한다.
- ⊙ 侵害課는 물이 흘러가다 막힌 것처럼, 혈기가 未行하고 每事阻滯된다.
- ⊙ 육친간 和睦함이 없고, 골육상쟁하고, 혼사는 불성하고, 용병은 패하고, 잉태는 낙태를 방지해야 하고, 귀인 알현은 불리하다.
- ⊙ 만약 길장이 乘하여 발용인데 德合을 兼하면 사안은 비록 저체됨이 있으나 종국엔 성취된다.
- ⊙ 子加未는 매사에 始終이 없고, 官災口舌이 있으며,
  未加子는 營謀阻塞(영모조색)되며 災禍가 있다.
  丑午나 卯辰은 소인 凌侵(능침)의 뜻이 있는데,
  丑加午는 官病憂驚(관병우경)하고, 夫婦不合하며,
  午加丑은 매사 不明不就되고,
  卯加辰은 主事虛聲(주사허성)이고, 爭財有沮(쟁재유저)하다.
  寅巳申亥는 競强爭進(경강쟁진)의 害가 있는데,
  寅加巳는 出行改動이 있는데, 退 즉 利하고, 進 즉 不利하며,
  巳加寅은 主事艱阻(주사간조)하고, 口舌憂疑(구설우의)가 있으며,
  申加亥는 先順後逆되어 心無始終이고,
  酉加戌은 陰小逃亡(음소도망), 病凶 등이고,
  戌加酉는 시기를 놓쳐 막힘이 많고, 질병은 흉하다.

예) 癸丑日 申將 卯時課

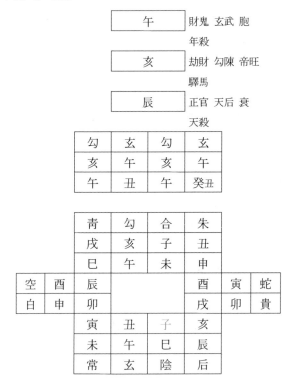

|  |  |  |
|---|---|---|
| 午 | 財鬼 玄武 胞 年殺 |
| 亥 | 劫財 勾陳 帝旺 驛馬 |
| 辰 | 正官 天后 衰 天殺 |

| 勾 | 玄 | 勾 | 玄 |
|---|---|---|---|
| 亥 | 午 | 亥 | 午 |
| 午 | 丑 | 午 | 癸丑 |

| | | 靑 | 勾 | 合 | 朱 | | |
|---|---|---|---|---|---|---|---|
| | | 戌 | 亥 | 子 | 丑 | | |
| | | 巳 | 午 | 未 | 申 | | |
| 空 | 酉 | 辰 | | | 酉 | 寅 | 蛇 |
| 白 | 申 | 卯 | | | 戌 | 卯 | 貴 |
| | | 寅 | 丑 | 子 | 亥 | | |
| | | 未 | 午 | 巳 | 辰 | | |
| | | 常 | 玄 | 陰 | 后 | | |

◆ 日上 午는 日干 癸의 寄宮인 丑의 害이다. 辰上 午 역시 坐下 丑의 害이다. 日辰上에 각각 害가 乘하고 發用이니 侵害課이다. 침탈과 손재 및 저체의 기미가 있는 것이다.


## 四十三課 : 刑傷課(형상과)

⊙ 三刑이나 自刑이 발용되고, 行年도 또한 三刑이 될 때를 말한다.

⊙ 刑傷課
   ◆ 在官者는 모든 직위를 상실하게 된다.
   ◆ 家門이 昌達하지 못한다.
   ◆ 孕胎는 落胎이다.
   ◆ 婚姻은 不善하다.
   ◆ 圖謀之事는 乖亂(괴란)된다.

◆ 凡事에 災殃이 있다.

◆ 人情이 불합하고 疎遠(소원)해진다.

⊙ 日干을 刑하면 남자에 불리하고,

日支를 刑하면 여자에 불리하며 또한 家宅이 불안하다.

時를 刑하면 口舌이 있고,

月建을 刑하면 訴訟은 不可하고,

日辰을 刑하면 遠行은 不可하다.

干刑은 사안이 빠르고 支刑은 지체된다.


예1) 甲申日 亥將 寅時課

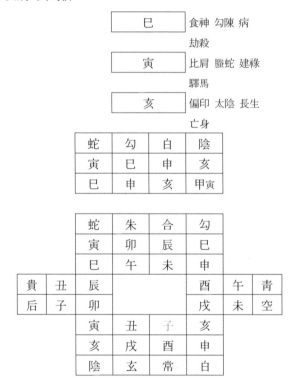

|  | 巳 | 食神 勾陳 病 |
|---|---|---|
|  |  | 劫殺 |
|  | 寅 | 比肩 螣蛇 建祿 |
|  |  | 驛馬 |
|  | 亥 | 偏印 太陰 長生 |
|  |  | 亡身 |

| 蛇 | 勾 | 白 | 陰 |
|---|---|---|---|
| 寅 | 巳 | 申 | 亥 |
| 巳 | 申 | 亥 | 甲寅 |

◆ 日干 甲의 寄宮은 寅인데, 초전 巳와 刑이 되고, 日支 申 역시 초전 巳와 刑되니
刑傷課이다.

예) 丑月 庚午日 子將 寅時課(行年:午)

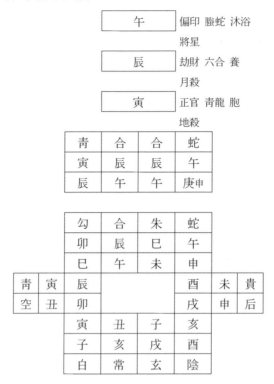

| | |
|---|---|
| 午 | 偏印 螣蛇 沐浴 |
| | 將星 |
| 辰 | 劫財 六合 養 |
| | 月殺 |
| 寅 | 正官 青龍 胞 |
| | 地殺 |

| 青 | 合 | 合 | 蛇 |
|---|---|---|---|
| 寅 | 辰 | 辰 | 午 |
| 辰 | 午 | 午 | 庚申 |

| | | 勾 | 合 | 朱 | 蛇 | | |
|---|---|---|---|---|---|---|---|
| | | 卯 | 辰 | 巳 | 午 | | |
| | | 巳 | 午 | 未 | 申 | | |
| 青 | 寅 | 辰 | | | 酉 | 未 | 貴 |
| 空 | 丑 | 卯 | | | 戌 | 申 | 后 |
| | | 寅 | 丑 | 子 | 亥 | | |
| | | 子 | 亥 | 戌 | 酉 | | |
| | | 白 | 常 | 玄 | 陰 | | |

◆ 日干上神 午는 日支 午와 自刑이 되고, 行年 午는 역시 日支 午와 自刑이 되니
   刑傷課이다.


## 四十四課 : 二煩課(이번과)

⊙ 日月宿이 四仲神이고 다시 四仲神에 臨하고 天罡(辰), 下魁(戌)가 丑未에 臨한 경
   우이다.

⊙ 天煩과 地煩이란 말로 四仲日(子午卯酉日)이나 四平日(朔望顯晦. 陰曆初一日-朔. 初八
   日-上弦. 二十三日-下弦. 月終日-晦)에 四仲日宿이나 四仲月宿이 四仲에 加하고, 魁
   罡(辰戌)이 丑이나 未에 임하게 되면 二煩課가 된다.
   ◆ 天煩課 : 四仲日宿가 仲神에 臨하고 斗臨丑未하는 경우
   ◆ 地煩課 : 四仲月宿가 仲神에 臨하고 斗臨丑未하게 경우

⊙ 日宿은 月將을 뜻하고, 月宿은 占事日의 해당 28宿을 뜻한다.

⊙ 남자가 天煩課이면 重法을 犯하여 刑戮(형육)을 당하고,

여자가 地煩課를 얻으면 독충에 물리거나 불치병으로 사망한다.

⊙ 二煩課

◆ 征戰은 傷亡하고,

◆ 疾病은 號哭(호곡)하고,

◆ 獄事, 訴訟은 連禁(연금)되고,

◆ 胎孕은 不育한다.

◆ 螣蛇가 乘하면 憂恐이 있고,

◆ 勾陳이 乘하면 爭鬪가 있으며,

◆ 天后, 六合이 乘하면 陰暗되며,

◆ 白虎가 乘하면 喪亡之事가 있다.

⊙ 天煩, 地煩을 兼하면 남녀같이 禍患이 있는데, 春節에는 減輕하나, 秋節엔 無救하다. 이럴 때에는 집에 꼼짝하지 않고 있어야지 出行은 절대불가하고, 百事에 謀事는 災殃과 禍害만 초래하므로 靜守함이 제일 좋다.

| 28宿 次序 | | | | | | | | | |
|---|---|---|---|---|---|---|---|---|---|
| 1 | 2 | 3 | 4 | 5 | 6 | 7 | 8 | 9 | 10 |
| 室실 | 壁벽 | 奎규 | 婁누 | 胃위 | 昴묘 | 畢필 | 觜자 | 參삼 | 井정 |
| 11 | 12 | 13 | 14 | 15 | 16 | 17 | 18 | 19 | 20 |
| 鬼귀 | 柳유 | 星성 | 張장 | 翼익 | 軫진 | 角각 | 亢항 | 氐저 | 房방 |
| 21 | 22 | 23 | 24 | 25 | 26 | 27 | 28 | | |
| 心심 | 尾미 | 箕기 | 斗두 | 牛우 | 女여 | 虛허 | 危위 | | |

| 日宿 | 亥 | 子 | 丑 | 寅 | 卯 | 辰 | 巳 | 午 | 未 | 申 | 酉 | 戌 |
|---|---|---|---|---|---|---|---|---|---|---|---|---|
| 月將 | 亥將 | 子將 | 丑將 | 寅將 | 卯將 | 辰將 | 巳將 | 午將 | 未將 | 申將 | 酉將 | 戌將 |

| 月宿 | 1月 | 2月 | 3月 | 4月 | 5月 | 6月 | 7月 | 8月 | 9月 | 10月 | 11月 | 12月 |
|---|---|---|---|---|---|---|---|---|---|---|---|---|
| 初1日起 | 室 | 奎 | 胃 | 畢 | 參 | 鬼 | 張 | 角 | 氐 | 尾 | 斗 | 虛 |
| | 奎. 張. 井. 翼. 氐. 斗 등은 2日씩 계산한다. | | | | | | | | | | | |

| 12支 해당 28宿 | | | | | | | | | | | |
|---|---|---|---|---|---|---|---|---|---|---|---|
| 子 | 丑 | 寅 | 卯 | 辰 | 巳 | 午 | 未 | 申 | 酉 | 戌 | 亥 |
| 女虛危 | 斗牛 | 尾箕 | 氐房心 | 角亢 | 翌軫 | 柳張星 | 井鬼 | 觜參 | 胃昴畢 | 奎婁 | 室壁 |

예) 九月 初三日. 丙午日 卯將 午時課(本命:庚寅. 行年:午)

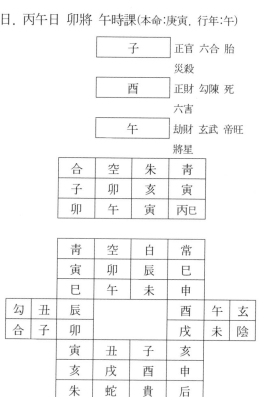

◆ 九月 初3일은 月宿가 房이 되는데, 房은 卯에 속하므로 四仲月宿이 되고, 日宿
은 月將이 卯將으로 卯가 되어 四仲인 午上에 加하였고, 다시 辰戌 魁罡이 丑
未 上에 臨하니 天地二煩格이 된다.

◆ 28宿 배열은 九月은 氐宮(저궁)에서 시작하는데, 氐宮은 2日을 머물러, 初3日
은 房(방)에 해당되는 것이다. 房은 卯에 속하니 四仲月宿가 되는 것이다.

# 四十五課 : 天禍課(천화과)

⊙ 四立日(立春. 立夏. 立秋. 立冬)에 前日(昨日)의 干支가 今日의 干支에 臨하던가, 今日의 干支가 前日(昨日)의 干支에 臨하게 되는 것을 말한다.

⊙ 一年 內에 立春, 立夏, 立秋, 立冬이 四立日이고, 其 前 一日이 四絶日이 된다. 그러므로 四立日의 干支가 絶神의 干支에 加하거나, 絶神의 干支가 四立日의 干支에 臨하게 되면, 이것은 四時의 氣가 德絶用刑(덕절용형)하여 天刑이 있고, 時災가 있어서 人受其禍(인수기화)하므로 天禍課라 이름한 것이다.

⊙ 天禍課가 되면 天災나 天禍가 있어 一身을 삼가 근신해야 하고, 戰鬪는 有血하고, 造死喪偶(조사상우)하며, 出行하면 사망하고, 訪謁은 空走한다.

⊙ 만약 四立日이 今日인데 絶日火神이 相加하여 發用하면, 占者는 반드시 火災를 당하고 雷震天災(뇌진천재)가 있으며, 水動은 水災나 盜賊, 淫亂之事(음란지사)가 있고, 木動은 屋梁(옥량)의 崩折(붕절), 金動은 兵戈, 戰鬪, 刀劍之傷이 있고, 土動은 가택붕괴, 장벽의 파손 등이 있다. 다시 白虎가 乘하면 死傷, 玄武가 乘하면 失脫, 朱雀은 口舌, 勾陳은 爭鬪 등으로 보고, 惡殺을 대동하면 반드시 不意의 凶禍가 九十日 내로 나가지 않는다.


예) 正月 甲申日 立春日 子將 亥時課(甲申旬中. 午未空亡)

| 辰 | 財鬼 六合 衰 |
|---|---|
| | 華蓋 |

| 巳 | 食神 勾陳 病 |
|---|---|
| | 劫殺 |

| 午 | 傷官 青龍 死 |
|---|---|
| | 災殺 |

| 玄 | 常 | 合 | 朱 |
|---|---|---|---|
| 戌 | 酉 | 辰 | 卯 |
| 酉 | 申 | 卯 | 甲寅 |

| 青 | 空 | 白 | 常 |
|---|---|---|---|
| 午 | 未 | 申 | 酉 |
| 巳 | 午 | 未 | 申 |

| 勾 | 巳 | 辰 |   |   | 酉 | 戌 | 玄 |
|---|---|---|---|---|---|---|---|
| 合 | 辰 | 卯 |   |   | 戌 | 亥 | 陰 |
|   |   | 寅 | 丑 | 子 | 亥 |   |   |
|   |   | 卯 | 寅 | 丑 | 子 |   |   |
|   |   | 朱 | 蛇 | 貴 | 后 |   |   |

◆ 甲申日은 立春日이다. 一日 前은 癸未日이고, 甲의 寄宮은 寅이고 癸의 寄宮
  은 丑이다. 寅이 丑 上에 있고 申이 未 上에 있어 今日의 日干支가 모두 前日의
  日干支에 加한 것이라 天禍課인 것이다.

## 四十六課 : 天獄課(천옥과)

⊙ 囚死氣가 發用하고 斗罡(辰=천강)이 日의 本(日干之長生)에 加臨될 때를 말한다.

⊙ 死囚가 발용하면 死傷이나 囚禁之事가 있는데 日의 本(장생)이 旺하여 日干을 生
  하게 되면 救神의 역할을 할 수 있는데, 斗罡(辰)이 日의 本을 擊하니 용신을 扶
  助할 수가 없어 天降災禍하며, 사람에게 근심이 있고, 獄禁難逃(옥금난도)하게 되
  니 天獄課라 한다.

⊙ 天獄課
  ◆ 日用이 迍遭(둔전)하니 刑獄之愆(형옥지건)이 있고,
  ◆ 犯法은 難逃(난도)하며,
  ◆ 전염병은 未瘥(미전)되고,
  ◆ 출행은 흉하다.
  ◆ 謀事는 허사이고,
  ◆ 兵家에서는 大忌하며,
  ◆ 出軍은 不旋(불선)한다.

⊙ 天獄課는 비록 靑龍과 같은 救神이 있더라도 救神의 역할을 하지 못하고, 만약
  魄化나 死氣를 兼하면 凶禍는 더욱 증가하여 出行이나 作事등은 절대하지 말아
  야 한다.

예) 乙酉日 戌將 巳時課

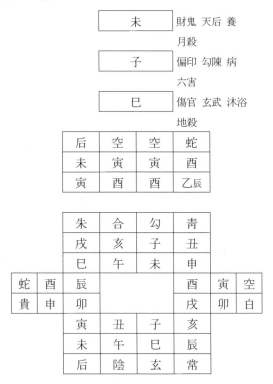

❖ 春月의 未土는 囚死氣가 되고 木氣의 墓神이 되며, 또한 木氣의 長生인 亥上
  에 斗罡(辰)이 있어 亥를 擊戰(격전)하니 天獄課가 된다.

## 四十七課 : 天寇課(천구과)

⊙ 天寇課는 四離日(사이일)에 月宿가 臨하여 發用된 것을 말한다.
  ❖ 四離日이란 春分, 夏至, 秋分, 冬至 즉 四分至日의 前 一日을 말한다.
⊙ 月宿은 陰精으로 刑殺과 偸盜(투도)를 主事로 하는데 月宿가 四離에 加하면 明中
  有盜가 되어 天降凶寇(천강흉구)하며 殃及人民(앙급인민)하니 天寇課라 한것이다.
⊙ 天寇課
  ❖ 陰陽이 분리된 것이니 凡事破壞(범사파괴)되고 事多亂離(다사난이)된다.
  ❖ 盜賊은 猖狂(창광)하고
  ❖ 用兵은 敗하게 되고

- ◆病者는 死亡하고
- ◆産婦는 卽生하나 여아이고
- ◆출행에 死傷이 있고
- ◆婚姻은 折散(절산)되며
- ◆營造는 火災를 보고
- ◆謀望은 不成한다.

◎ 한번 動한즉 生死가 분별되는 象이므로 비록 救神이 있더라도 소용이 없고 오직 집안에서 靜守함이 좋다.

◎ 月宿가 離日 辰에 臨하면 課傳에 없더라도 흉하며, 만약 發用이 되면 더욱 흉한데, 玄武나 勾陳이 乘하여 遊都(유도)나 盜神이 되면 盜賊은 必來하며 必戰한다.

◎ 白虎가 乘하여 鬼劫이 되면 眞天寇格(진천구격)으로 大凶하니, 절대 出行을 삼가고, 賣買는 不可하고, 劫盜喪亡(겁도상망)등이 있다.

◎ 만약 月宿가 離日에 臨하는데 年命이 兼하게 되면, 자신이 도적질을 하려고 성패를 묻는 것이다.

◎ 만약 月宿와 太陽이 倂하면 盜賊은 敗露(패로)된다.

예) 陰曆 八月 初五日 丁酉日 秋分 戌將 卯時課

| 亥 | 正官 貴人 胎 驛馬 |
|---|---|
| 子 | 官鬼 螣蛇 胞 六害 |
| 丑 | 食神 朱雀 墓 華蓋 |

| 貴 | 青 | 陰 | 合 |
|---|---|---|---|
| 亥 | 辰 | 酉 | 寅 |
| 辰 | 酉 | 寅 | 丁未 |

| 蛇 | 朱 | 合 | 勾 |
|---|---|---|---|
| 子 | 丑 | 寅 | 卯 |
| 巳 | 午 | 未 | 申 |

| 貴 | 亥 | 辰 | | 酉 | 辰 | 青 |
|---|---|---|---|---|---|---|
| 后 | 戌 | 卯 | | 戌 | 巳 | 空 |

| 寅 | 丑 | 子 | 亥 |
|---|---|---|---|
| 酉 | 申 | 未 | 午 |
| 陰 | 玄 | 常 | 白 |

* 丁酉日은 秋分이며 一日 前인 離日은 丙申이다. 즉, 申이 離日인 것이다. 月宿
  은 8月은 角에서 初1日을 起하는데, 初5日은 房星이 되며 卯宮에 해당된다.
  따라서 卯가 離日인 申에 加한 것이니 天寇課인 것이다.


## 四十八課 : 天網課(천망과)

⊙ 占時와 發用이 日干을 동일하게 剋하는 것을 말한다.

⊙ 占時는 目前이 되고, 發用은 事始가 되는데, 時.用이 같이 日鬼가 되면, 人擧(인
  거)함에 目見天網(목견천망)함과 같기 때문에 天網이라고 이름한 것이다.

⊙ 干 前 1위를 "天羅"라 하고 天羅의 對沖을 "地網"이라 한다.

⊙ 이외에도 두 가지 뜻이 있다. 하나는 干 前 1位를 天羅라 하고 支 前 1위를 天地
  라 한다. 또 하나는 辰을 天羅라 하고 戌을 地網이라 한다.

⊙ 天網課(천망과)
  * 動靜에 불안과 阻滯가 있어, 踊躍, 登高, 致遠이 불가능하게 된다.
  * 胎孕은 損傷되고,
  * 전쟁은 埋伏이 있고,
  * 病占은 膏盲(고맹)되기 쉽고,
  * 訴訟은 災厄이 따른다.
  * 謀事는 졸렬함이 드러나 성사되지 못한다.
  * 金鬼(예, 木日 見 庚申. 辛酉) 는 爭訟, 疾病이 있고 ,
  * 水鬼는 여자의 질병에 대한 근심이 있거나, 訴訟이 있고,
  * 木鬼는 쟁송, 손재, 훼상 등이 있고,
  * 火鬼는 驚恐, 官災, 口舌 등,
  * 土鬼는 田土나 墳墓에 대한 爭訟이 있다.

⊙ 만약 末傳이나 年命上神이 救神이 되어 初傳을 剋하면 이를"解網"이라 하는데
  흉변길이 될 수 있다.

- 만약 三傳에 丁馬가 있으면 다시 흉해진다.
- 三傳에 三殺을 만나면 반드시 관재구설이 있고, 또 災劫을 만나면 흉함이 多發한다. 三殺이란 天網殺, 天刑殺, 天羅地網殺이다.

  天網殺 - 寅午戌日-亥. 亥卯未日-申. 申子辰日-巳. 巳酉丑日-寅

  天刑殺 - 春節-酉. 夏節-子. 秋節-卯. 冬節-午

  天羅殺 - 天罡(辰).

  地網殺 - 河魁(戌)를 말한다.

  이상과 같이 三殺이 入傳하면 天網四長이 되니 만물이 盡傷되니 대단히 흉한 課가 되어 관재구설은 難消되고, 行軍은 被圍되어 탈출은 불가능하고, 만약 天獄課나 死奇課를 兼하게 되면 必死한다.

예1) 庚辰日 辰將 午時課

| | | |
|---|---|---|
| 午 | 正官 靑龍 沐浴 | 災殺 |
| 辰 | 偏印 六合 養 | 華蓋 |
| 寅 | 財鬼 螣蛇 胞 | 驛馬 |

| 后 | 蛇 | 合 | 靑 |
|---|---|---|---|
| 子 | 寅 | 辰 | 午 |
| 寅 | 辰 | 午 | 庚申 |

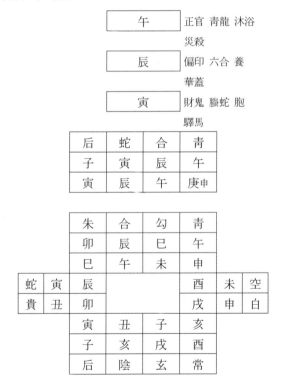

| | | | 朱 | 合 | 勾 | 靑 | | |
|---|---|---|---|---|---|---|---|---|
| | | | 卯 | 辰 | 巳 | 午 | | |
| | | | 巳 | 午 | 未 | 申 | | |
| 蛇 | 寅 | 辰 | | | 酉 | 未 | 空 |
| 貴 | 丑 | 卯 | | | 戌 | 申 | 白 |
| | | 寅 | 丑 | 子 | 亥 | | |
| | | 子 | 亥 | 戌 | 酉 | | |
| | | 后 | 陰 | 玄 | 常 | | |

◆占時 午火와 初傳인 午火가 동시에 日干 庚金을 剋하므로 天網課가 된다.

예2) 甲寅日 辰將 酉時課

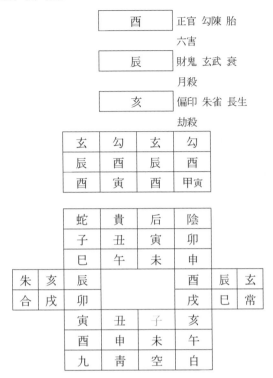

| | | |
|---|---|---|
| 酉 | 正官 勾陳 胎 | |
| | 六害 | |
| 辰 | 財鬼 玄武 衰 | |
| | 月殺 | |
| 亥 | 偏印 朱雀 長生 | |
| | 劫殺 | |

| 玄 | 勾 | 玄 | 勾 |
|---|---|---|---|
| 辰 | 酉 | 辰 | 酉 |
| 酉 | 寅 | 酉 | 甲寅 |

| | 蛇 | 貴 | 后 | 陰 | |
|---|---|---|---|---|---|
| | 子 | 丑 | 寅 | 卯 | |
| | 巳 | 午 | 未 | 申 | |
| 朱 亥 | 辰 | | | 酉 | 辰 玄 |
| 合 戌 | 卯 | | | 戌 | 巳 常 |
| | 寅 | 丑 | 子 | 亥 | |
| | 酉 | 申 | 未 | 午 | |
| | 九 | 靑 | 空 | 白 | |

◆ 占時가 酉時인데 發用되어 공히 日干 甲을 剋하니 天網이고, 甲의 寄宮은 寅
이고, 寅 前 1位가 卯로 天羅殺이 된다. 酉는 卯와 對沖으로 地網殺이 되어
"天羅地網格(천라지망격)"이라 한다.


## 四十九課 : 魄化課(백화과)

⊙ 白虎가 死神이나 死氣를 帶하고 日辰과 行年에 臨하여, 死囚氣가 되어 發用하
거나, 日墓에 白虎가 乘하여 日鬼가 되면 魄化課가 된다.

| | 1月 | 2月 | 3月 | 4月 | 5月 | 6月 | 7月 | 8月 | 9月 | 10月 | 11月 | 12月 |
|---|---|---|---|---|---|---|---|---|---|---|---|---|
| 死神 | 巳 | 午 | 未 | 申 | 酉 | 戌 | 亥 | 子 | 丑 | 寅 | 卯 | 辰 |
| 死氣 | 午 | 未 | 申 | 酉 | 戌 | 亥 | 子 | 丑 | 寅 | 卯 | 辰 | 巳 |

⊙ 飛魂殺이 日辰이나 行年에서 發用하면 "飛魂格"이라 하고, 喪魂殺이 日辰이나
行年에서 發用하면 "喪魂格"이라 한다.

⊙ 白虎는 흉신이나 旺相하면 受制되어 害가 되지 않으나, 만약 死神, 死氣나 時令으로 囚氣가 될 때에는 餓虎(아호)가 되어 반드시 傷人하니 魂魄이 驚化飛散(경화비산)하는 것과 같으므로 魄化課라 한다.

⊙ 魄化課

   ◆ 病者는 사망하고, 無病者도 병이 들며,

   ◆ 訴訟은 驚憂가 있고,

   ◆ 戰爭은 兵卒이 常하고

   ◆ 動作은 禍를 초래하고, 遠行은 더욱 꺼린다.

⊙ 日墓 作鬼가 되어 白虎가 乘하거나, 魁罡(戌.辰)이 囚死되어 發用하면 "自虎衝屍(자호충시)"라 하여 아주 흉하다.

⊙ 年命에 臨하면 스스로 죽음을 찾고, 金神, 三殺, 血支, 血忌를 併하면 刀下身亡한다. 또 水神(오행상), 井殺(正月起 未, 二月 申.. 순행12支) 歸忌(正月起 丑.. 순행12支) 등이 兼하면 반드시 스스로 投水溺死(투수익사)코져 하거나 縊死(액사)한다.

⊙ 대저 白虎가 日干을 剋하면 一身을 조심해야 하고, 日支를 剋하면 家宅의 修理를 잘해야 한다. 上剋下가 되면 外喪이고, 下剋上이 되면 內喪인데, 陽神은 남자에 憂가 있고, 陰神은 여자에 憂가 있다.


예1) 六月 壬戌日 午將 未時課(行年:亥)

|   |   |   |   |
|---|---|---|---|
| 戊 | | | 官鬼 白虎 冠帶 |
| | | | 華蓋 |
| 酉 | | | 正官 天空 沐浴 |
| | | | 六害 |
| 申 | | | 偏印 青龍 長生 |
| | | | 驛馬 |

| 青 | 空 | 空 | 白 |
|---|---|---|---|
| 申 | 有 | 酉 | 戌 |
| 酉 | 戌 | 戌 | 壬亥 |

| 蛇 | 朱 | 合 | 勾 |
|---|---|---|---|
| 辰 | 巳 | 午 | 未 |
| 巳 | 午 | 未 | 申 |

| 貴 | 卯 | 辰 | | | | 酉 | 申 | 青 |
|---|---|---|---|---|---|---|---|---|
| 后 | 寅 | 卯 | | | | 戌 | 酉 | 空 |
| | | 寅 | 丑 | 子 | 亥 | | | |
| | | 丑 | 子 | 亥 | 戌 | | | |
| | | 陰 | 玄 | 常 | 白 | | | |

◆ 白虎가 戌에 乘하여 官鬼가 되고 日干과 行年上에서 發用이니 魄化課이다.

◆ 戌은 六月에 死神에 해당되고, 白虎는 凶將으로 刑殺을 관장하는데, 다시 死神과 만나 日辰과 行年上에 臨하니 필히 사람을 傷하게 한다.

예2) 壬戌日 亥將 子時課(本命:亥)

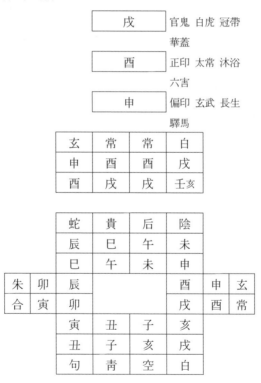

| | 戌 | 官鬼 白虎 冠帶 |
|---|---|---|
| | | 華蓋 |
| | 酉 | 正印 太常 沐浴 |
| | | 六害 |
| | 申 | 偏印 玄武 長生 |
| | | 驛馬 |

| 玄 | 常 | 常 | 白 |
|---|---|---|---|
| 申 | 酉 | 酉 | 戌 |
| 酉 | 戌 | 戌 | 壬亥 |

| | 蛇 | 貴 | 后 | 陰 | | |
|---|---|---|---|---|---|---|
| | 辰 | 巳 | 午 | 未 | | |
| | 巳 | 午 | 未 | 申 | | |
| 朱 | 卯 | 辰 | | | 酉 | 申 | 玄 |
| 合 | 寅 | 卯 | | | 戌 | 酉 | 常 |
| | | 寅 | 丑 | 子 | 亥 | | |
| | | 丑 | 子 | 亥 | 戌 | | |
| | | 句 | 青 | 空 | 白 | | |

◆ 白虎가 日鬼(戌이 초전으로 官鬼가 됨)가 되고, 日辰, 年命上神에서 발용하니 魄化課이다.

## 五十課 : 三陰課(삼음과)

⊙ 貴人이 逆行하고, 日辰이 貴人의 後가 되고, 死囚가 發用됨을 말하며, 三陽課와 상반되는 개념이다.

⊙ 또는 貴人이 逆行하고, 日辰이 貴人의 後가 되고, 初.末傳이 死囚되어 玄武가 乘하고, 時가 行年을 剋할 때를 말하기도 한다.

⊙ 戌이 死氣가 되어 發用되고 貴人이 逆行하니 陰氣不順이라 一陰이고, 日辰이 貴人의 後가 되어 陰氣不伸이니 二陰이고, 發用이 死囚되어 陰氣不和하니 三陰이다.

⊙ 三陰課
- ◆ 公私間에 동작이 困苦하고,
- ◆ 百事가 침체되며,
- ◆ 見官은 屈伏되고,
- ◆ 病患은 速快되지 못한다.
- ◆ 在官者는 職을 유지하기 어렵고,
- ◆ 婚姻은 꺼리며,
- ◆ 求財는 불성이고,
- ◆ 孕胎는 女兒이다.

⊙ 만약 三傳이 始終 囚死가 될 때에는 最凶하며, 공사간에 어떤 일이고 이루어지지 않으며, 喪魄, 遊魂, 五鬼, 伏殃殺 등이 兼臨(겸임)하면 大禍가 일어난다.

喪魄殺 — 正月 未. 二月 辰. 三月 丑. 四月 戌. 五月 未… 등
遊魂殺 — 正月起亥. 二月 子…. 순행 12支
五鬼殺 — 正月起寅. 二月 丑…. 역행 12支
伏殃殺 — 月沖(月破)과 동일하다.

예) 寅月(立春~驚蟄) 癸丑日 子將 卯時果(行年:丑)

| 戌 | 正官 白虎 衰 攀鞍 |
|---|---|
| 未 | 官鬼 太陰 墓 月殺 |
| 辰 | 正官 螣蛇 養 天殺 |

| 陰 | 白 | 陰 | 白 |
|---|---|---|---|
| 未 | 戌 | 未 | 戌 |
| 戌 | 丑 | 戌 | 癸丑 |

| | | | 合 | 朱 | 蛇 | 貴 | | | |
|---|---|---|---|---|---|---|---|---|---|
| | | | 寅 | 卯 | 辰 | 巳 | | | |
| | | | 巳 | 午 | 未 | 申 | | | |
| 句 | 丑 | 辰 | | | | 酉 | 午 | 后 | |
| 青 | 子 | 卯 | | | | 戌 | 未 | 陰 | |
| | | | 寅 | 丑 | 子 | 亥 | | | |
| | | | 亥 | 戌 | 酉 | 申 | | | |
| | | | 空 | 白 | 常 | 玄 | | | |

◆ 貴人이 逆行하고, 日辰이 貴人의 後가 되고, 立春 後는 春節이라 木旺하여 戌
  은 死氣를 띠는데 發用이 되니 三陰課이다.


## 五十一課 : 龍戰課(용전과)

⊙ 卯酉日 占에 卯酉가 發用하면 龍戰課가 된다. 이는 卯日占에 卯 發用, 酉日占에
  酉 發用을 의미한다. 만약 行年 역시 卯酉에 臨하면 심히 흉하다.

⊙ 卯酉는 음양의 出入之門으로, 卯는 二月로 陽氣는 南出이고 陰氣는 北入이며 德
  을 生하고, 酉는 八月로 陽氣는 北入이고 陰氣는 南出이며 刑殺을 生하여, 一生
  一殺하며 一合一戰하여 造化가 龍과 같으니 龍戰이라 한 것이다.

⊙ 龍戰課(용전과)
  ◆ 疑惑(의혹)이 反覆(반복)되고,
  ◆ 門戶가 不寧하며,
  ◆ 出行은 절대로 남과 북을 꺼리고,
  ◆ 合者는 別離하며, 去者는 長離하고,
  ◆ 欲行하나 불행하고, 欲至하나 不至하고,
  ◆ 婚姻은 막히고,
  ◆ 孕胎는 불안하며,
  ◆ 財物은 不就된다.

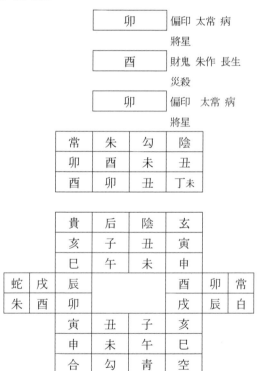

⊙ 만약 三交課가 되면 敵來必戰하고,

遊神(春 丑. 夏 子. 秋 亥. 冬 戌)을 秉하면 行人은 必來하고,

疾病은 反覆되며,

官職은 改動되고,

夫妻年命上에 龍戰이 되면 家屬이 離散되고,

兄弟上에 龍戰이 되면 爭財移去하며,

天將이 天后가 되면 事案은 부인으로부터 일어나고, 螣蛇와 玄武가 있으면 驚恐
(경황)이 있다.


예) 丁卯日 戌將 辰時課

| | |
|---|---|
| 卯 | 偏印 太常 病 / 將星 |
| 酉 | 財鬼 朱作 長生 / 災殺 |
| 卯 | 偏印 太常 病 / 將星 |

| 常 | 朱 | 勾 | 陰 |
|---|---|---|---|
| 卯 | 酉 | 未 | 丑 |
| 酉 | 卯 | 丑 | 丁未 |

| | | | | | | |
|---|---|---|---|---|---|---|
| 貴 | 后 | 陰 | 玄 | | | |
| 亥 | 子 | 丑 | 寅 | | | |
| 巳 | 午 | 未 | 申 | | | |
| 蛇 戌 辰 | | | | 酉 | 卯 | 常 |
| 朱 酉 卯 | | | | 戌 | 辰 | 白 |
| 寅 | 丑 | 子 | 亥 | | | |
| 申 | 未 | 午 | 巳 | | | |
| 合 | 勾 | 青 | 空 | | | |


◆ 卯日에 卯가 發用되니 龍戰課이다.

## 五十二課 : 死奇課(사기과)

⊙ 斗罡(辰=天罡)이 日辰에 臨하고 發用하거나, 角亢之分(각항지분)이 되거나, 月宿가 太歲에 臨하면 死奇課이다.

⊙ 死奇課

 ◆ 病者는 必死하고,

 ◆ 謀事는 凶兆가 있으며,

 ◆ 訴訟은 被囚되고,

 ◆ 婚姻이나 出行은 禍患이 自招되고,

 ◆ 日鬼나 日墓를 帶하고 災.劫 등 惡殺을 併하면서, 白虎가 乘하면 반드시 사망할 징조가 있다. 다시 歲月之上에 臨하면 眞死奇課가 되어 最凶하다.

⊙ 天罡이 臨日하면 憂患(우환)은 旬內에 있고, 臨辰하면 憂患은 月內에 있다.

⊙ 太歲에 臨하면 憂患은 歲內에 일어나고 , 孟神에 臨하면 兩親에, 仲神에 臨하면 妻卑에 憂患이 있다.

예) 甲子日 巳將 丑時課

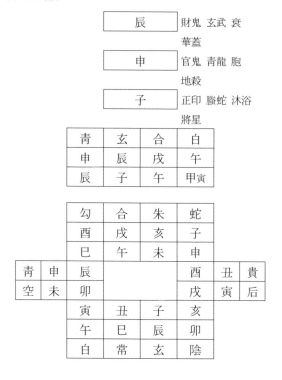

| | 辰 | 財鬼 玄武 衰 |
|---|---|---|
| | | 華蓋 |
| | 申 | 官鬼 靑龍 胞 |
| | | 地殺 |
| | 子 | 正印 螣蛇 沐浴 |
| | | 將星 |

| 靑 | 玄 | 合 | 白 |
|---|---|---|---|
| 申 | 辰 | 戌 | 午 |
| 辰 | 子 | 午 | 甲寅 |

| | 勾 | 合 | 朱 | 蛇 | |
|---|---|---|---|---|---|
| | 酉 | 戌 | 亥 | 子 | |
| | 巳 | 午 | 未 | 申 | |
| 靑 申 辰 | | | | 酉 丑 貴 |
| 空 未 卯 | | | | 戌 寅 后 |
| | 寅 | 丑 | 子 | 亥 | |
| | 午 | 巳 | 辰 | 卯 | |
| | 白 | 常 | 玄 | 陰 | |

◆天干 辰이 日支 子에 加하여 發用되니 死奇課이다.

## 五十三課 : 災厄課(재액과)

◎ 喪車(상차), 遊魂(유혼), 伏殃(복앙), 病符(병부), 喪門(상문), 弔客(조객), 歲虎(세호) 등의 惡殺이 발용하면 災厄課가 된다.

◎ 喪車(喪魂)는 正月起未하여 順行四季(辰未戌丑)하는데 惡鬼이 臨門하니 질병이나 사망의 근심이 있고, 부인의 産厄이 있으며, 病이 아니더라도 위태함이 있다.

◎ 遊魂은 正月起亥하여 順行 12支하는데 鬼祟(귀수)나 妖怪(요괴)의 不祥함이 있고, 정신적으로 驚恐(경황), 病患凶災(병환흉재) 등이 있다.

◎ 伏殃은 正月起酉하여 順行四仲(子午卯酉)하는데 "天鬼殺"이라고도 하며 殃禍가 所侵되고 伏兵殺傷이 있다.

◎ 病符는 去年太歲로 日支上에 臨하여 剋을 하면 전 가족에 病剋이 있는데, 天鬼, 白虎 등을 併할 때는 大凶하다. 그러나 干支가 旺相하고 日財나 貴人을 帶하면 去年舊事는 잘 처리된다.

◎ 歲前三辰이 喪門이고, 歲後三辰이 弔客인데, 만약 干支나 年命에 臨하여 발용하면 孝服을 입는데 혹 死氣나, 絶神, 白虎 등이 併臨하면 弔客入宅이라 하여 자신이 사망한다.

◎ 歲後四辰이 歲虎가 되는데 白虎를 併하면 最凶하며, 病氣는 치료불가하게 된다.

◎ 災厄課
  ◆家門厄會하고,
  ◆妖蠱危害하며,
  ◆病疾은 사망하고,
  ◆財産은 파괴되고,
  ◆婚姻은 多凶하며,
  ◆征戰은 大敗하고,
  ◆行人은 不歸하고,
  ◆訪人은 부재한다.

◎ 羊刃, 血支, 血忌 등을 보면 血光이 있고 刀下身傷하며, 日用이 死囚가 되고 凶將이 乘하면 대흉하다.

예) 己亥年　正月　乙亥日　亥將　卯時課

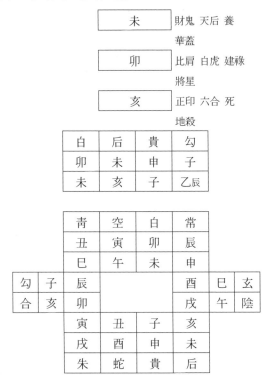

| | 未 | 財鬼　天后　養 |
| | | 華蓋 |
| | 卯 | 比肩　白虎　建祿 |
| | | 將星 |
| | 亥 | 正印　六合　死 |
| | | 地殺 |

| 白 | 后 | 貴 | 勾 |
|---|---|---|---|
| 卯 | 未 | 申 | 子 |
| 未 | 亥 | 子 | 乙辰 |

| | 青 | 空 | 白 | 常 | | |
|---|---|---|---|---|---|---|
| | 丑 | 寅 | 卯 | 辰 | | |
| | 巳 | 午 | 未 | 申 | | |
| 勾　子 | 辰 | | | 酉 | 巳 | 玄 |
| 合　亥 | 卯 | | | 戌 | 午 | 陰 |
| | 寅 | 丑 | 子 | 亥 | | |
| | 戌 | 酉 | 申 | 未 | | |
| | 朱 | 蛇 | 貴 | 后 | | |

◆ 正月에 未는 喪車(喪魄)가 되며, 春節의 未는 死氣에 해당하고, 亥年에 未는
　歲虎에 해당하니 災厄課가 된다.

## 五十四課 ： 殃咎課(앙구과)

⊙ 三傳이 遞剋日干(체극일간)하고 干支에 墓神이 乘하거나, 干支가 墓神에 坐하면
　殃咎課다.
　◆ 체극간 : 초전이 중전을 剋하고 중전이 말전을 剋하고 말전이 日干을 剋하는
　　경우.
　　말전이 중전을 剋하고 중전이 초전을 剋하고 초전이 日干을 剋하는 경우.
⊙ 官人은 타인의 忌凌(기릉)과 憚劾(탄핵)을 방비해야 하고, 常人은 凶楨之禍나, 이
　웃의 雷狀攻訟(뇌상공송)을 당하기 쉬운데, 將剋神하여 外戰이 되면 禍患은 쉽게
　풀리나, 神剋將하여 內戰이 되면 禍患은 難解한다.

⊙ 初遭夾剋(초조협극 : 初傳 午가 亥에 臨하고 天后가 乘한 경우 등)이 되면
매사에 자유롭지 못하다. 同類(비견.겁재)가 되면 자신이 부자유스럽고, 財가 되면
비용만 들고 소득이 없으나, 官鬼가 來剋하면 오히려 좋다.

⊙ 將逢內戰이 되면 謀事가 비록 달성되어도 他人의 口舌數나 攪擾(교요)등이 있고,
天罡內戰이 되면 妻와 不和하거나 多病한데, 天將의 동태에 따라 논단해야 한
다. 위와 같으면 人宅이 다 같이 불리하여 非殃禍라도 반드시 過失之咎(과실지구)
가 있으므로 殃咎課라 한 것이다.

⊙ 十二天將이 所乘之神을 剋하면 "外戰"이라 하고, 반대로 所乘之神이 十二天將을
剋하면 "內戰"이라 한다.

예1) 辛酉日 未將 寅時課

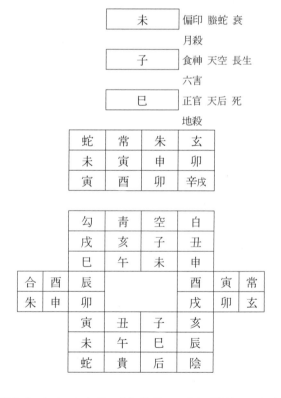

♦ 三傳이 遞剋干이 되고, 辛金은 酉金인데 日干支 공히 日干 辛의 墓神인 辰에
坐하니 殃咎課이다.

예2) 丙寅日 子將 巳時課

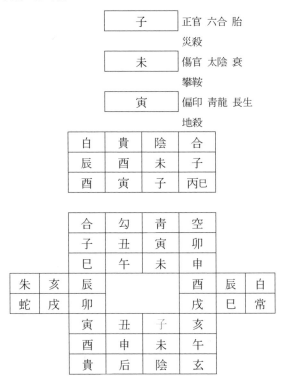

| 子 | 正官 六合 胎 |
|---|---|
| | 災殺 |
| 未 | 傷官 太陰 衰 |
| | 攀鞍 |
| 寅 | 偏印 靑龍 長生 |
| | 地殺 |

| 白 | 貴 | 陰 | 合 |
|---|---|---|---|
| 辰 | 酉 | 未 | 子 |
| 酉 | 寅 | 子 | 丙巳 |

| | | 合 | 勾 | 靑 | 空 | | |
|---|---|---|---|---|---|---|---|
| | | 子 | 丑 | 寅 | 卯 | | |
| | | 巳 | 午 | 未 | 申 | | |
| 朱 | 亥 | 辰 | | | 酉 | 辰 | 白 |
| 蛇 | 戌 | 卯 | | | 戌 | 巳 | 常 |
| | | 寅 | 丑 | 子 | 亥 | | |
| | | 酉 | 申 | 未 | 午 | | |
| | | 貴 | 后 | 陰 | 玄 | | |

◆말전 寅木이 중전 未土를 剋하고, 중전 未土가 초전 子水를 剋하고, 초전 子水가 日干 丙火를 剋하고 있다. 말전에서 시작하여 遞剋日干하니 殃咎課이다.

예3) 戊子日 寅將 申時課

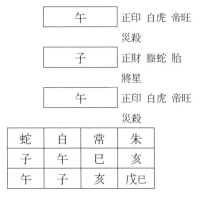

| 午 | 正印 白虎 帝旺 |
|---|---|
| | 災殺 |
| 子 | 正財 螣蛇 胎 |
| | 將星 |
| 午 | 正印 白虎 帝旺 |
| | 災殺 |

| 蛇 | 白 | 常 | 朱 |
|---|---|---|---|
| 子 | 午 | 巳 | 亥 |
| 午 | 子 | 亥 | 戊巳 |

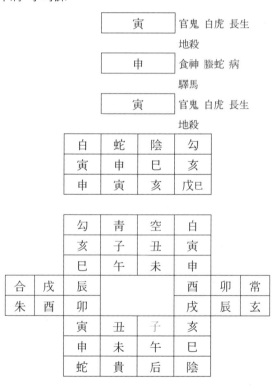

| 朱 | 蛇 | 貴 | 后 |
|---|---|---|---|
| 亥 | 子 | 丑 | 寅 |
| 巳 | 午 | 未 | 申 |

| 合 | 戌 | 辰 | | | 酉 | 卯 | 陰 |
|---|---|---|---|---|---|---|---|
| 勾 | 酉 | 卯 | | | 戌 | 辰 | 玄 |

| 寅 | 丑 | 子 | 亥 |
|---|---|---|---|
| 申 | 未 | 午 | 巳 |
| 青 | 空 | 白 | 常 |

♦초전과 말전 午火는 所乘한 白虎 金을 剋하고, 중전 子水는 所乘한 螣蛇 火를 剋하니 神剋將인 것이다. 三傳이 모두 所乘한 天將을 剋하니 殃咎課이다.

예4) 戊寅日 午將 子時課

| 寅 | 官鬼 白虎 長生 |
|---|---|
| | 地殺 |
| 申 | 食神 螣蛇 病 |
| | 驛馬 |
| 寅 | 官鬼 白虎 長生 |
| | 地殺 |

| 白 | 蛇 | 陰 | 勾 |
|---|---|---|---|
| 寅 | 申 | 巳 | 亥 |
| 申 | 寅 | 亥 | 戌巳 |

| 勾 | 青 | 空 | 白 |
|---|---|---|---|
| 亥 | 子 | 丑 | 寅 |
| 巳 | 午 | 未 | 申 |

| 合 | 戌 | 辰 | | | 酉 | 卯 | 常 |
|---|---|---|---|---|---|---|---|
| 朱 | 酉 | 卯 | | | 戌 | 辰 | 玄 |

| 寅 | 丑 | 子 | 亥 |
|---|---|---|---|
| 申 | 未 | 午 | 巳 |
| 蛇 | 貴 | 后 | 陰 |

♦초전과 말전 寅木에 白虎 金이 승하여 剋을 받고, 중전 申金에 螣蛇 火가 승하여 剋을 받으니, 삼전이 모두 所乘한 天將의 剋을 받으니 殃咎課이다.

예5) 丙寅日 辰將 亥時課

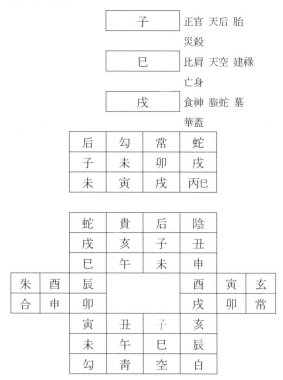

| | | | | |
|---|---|---|---|---|
| 子 | 正官 天后 胎 | | | |
| | 災殺 | | | |
| 巳 | 比肩 天空 建祿 | | | |
| | 亡身 | | | |
| 戌 | 食神 螣蛇 墓 | | | |
| | 華蓋 | | | |

| 后 | 勾 | 常 | 蛇 |
|---|---|---|---|
| 子 | 未 | 卯 | 戌 |
| 未 | 寅 | 戌 | 丙巳 |

| 蛇 | 貴 | 后 | 陰 |
|---|---|---|---|
| 戌 | 亥 | 子 | 丑 |
| 巳 | 午 | 未 | 申 |

| 朱 | 酉 | 辰 | | 酉 | 寅 | 玄 |
| 合 | 申 | 卯 | | 戌 | 卯 | 常 |

| 寅 | 丑 | 子 | 亥 |
|---|---|---|---|
| 未 | 午 | 巳 | 辰 |
| 勾 | 青 | 空 | 白 |

❖ 丙의 墓는 戌이고, 丙의 寄宮은 巳다. 따라서 巳의 上神에 戌 墓神이 臨하고, 寅은 甲인데 甲의 墓는 未다. 寅의 上神에 墓가 臨하니 干支 上神에 공히 墓神이 臨하여 殃咎課이다.

예6) 壬寅日 酉將 寅時課

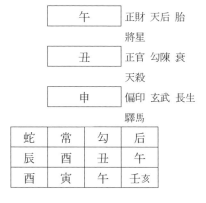

| | |
|---|---|
| 午 | 正財 天后 胎 |
| | 將星 |
| 丑 | 正官 勾陳 衰 |
| | 天殺 |
| 申 | 偏印 玄武 長生 |
| | 驛馬 |

| 蛇 | 常 | 勾 | 后 |
|---|---|---|---|
| 辰 | 酉 | 丑 | 午 |
| 酉 | 寅 | 午 | 壬亥 |

| | | | 靑 | 勾 | 合 | 朱 | | |
|---|---|---|---|---|---|---|---|---|
| | | | 子 | 丑 | 寅 | 卯 | | |
| | | | 巳 | 午 | 未 | 申 | | |
| 空 | 亥 | 辰 | | | | 酉 | 辰 | 蛇 |
| 白 | 戌 | 卯 | | | | 戌 | 巳 | 貴 |
| | | | 寅 | 丑 | 子 | 亥 | | |
| | | | 酉 | 申 | 未 | 午 | | |
| | | | 常 | 玄 | 陰 | 后 | | |

◆초전 午火가 所乘神인 天后(子)의 剋을 받고, 또한 下神인 亥水의 剋을 받으니 遭・夾剋(조・협극)된 것이라 殃咎課이다.

## 五十五課 : 九醜課(구추과)

◎ 戊子, 戊午, 壬子, 壬午, 乙卯, 乙酉, 己卯, 己酉, 辛卯, 辛酉의 十日 中에 丑이 四仲에 臨하여 발용되면 九醜課가 된다.

◎ 子는 冬至로 以陽易陰하고 午는 夏至로 以陰易陽하고, 卯는 春分으로 陽盛陰絶 되고, 酉는 秋分으로 陰盛陽絶되니, 위의 四仲은 陰陽의 易絶之四支인 것이다.

◎ 乙은 雷始震之日(뇌시진지일)이고, 戊己는 北辰下降之日이고, 辛은 萬事斷絶之日 (만사단절지일)이고, 壬은 三光不照之日(삼광부조지일)이 된다. 위의 五干은 刑殺不 正支干(형살부정지간)이 된다.

◎ 상기 四支와 五干의 陰陽 合하여 九日이 되므로 九醜日이라 하고, 丑은 歲功旣畢 (세공기필)하며 諸神의 奏事(진사)에 선악을 불문하고 災禍를 不免할 징조인데, 상 기와 같이 九日에 해당하므로 九醜課라 한 것이다.

◎ 九醜課는 剛日(강일)은 남자에 凶하고 柔日(유일)은 여자에 害가 있는데, 重陽은 害父하고, 重陰은 害母한다. 혼인은 有災하고 造葬(조장)은 無補되며 諸事謀望이 走勞身苦(주로신고)할 따름이다.

◎ 陽日에 日月辰이 天乙 前이면 重陽으로 害父하고, 陰日에 日月辰이 天乙後면 重 陰으로 害母되는데, 만약 白虎가 乘하면 반드시 사망한다.
이럴 때에는 遠行, 移徙(이사), 娶嫁(취가), 造葬(조장), 圖謀(도모) 등 萬事의 災禍 가 최장 3년에서 최단 3개월을 넘지 않는다.

예) 卯月 乙卯日 戌將 子時課

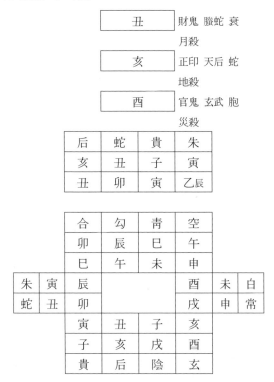

| | 丑 | | 財鬼 螣蛇 衰 |
| | | | 月殺 |
| | 亥 | | 正印 天后 蛇 |
| | | | 地殺 |
| | 酉 | | 官鬼 玄武 胞 |
| | | | 災殺 |

| 后 | 蛇 | 貴 | 朱 |
|---|---|---|---|
| 亥 | 丑 | 子 | 寅 |
| 丑 | 卯 | 寅 | 乙辰 |

| | | 合 | 勾 | 青 | 空 | | |
|---|---|---|---|---|---|---|---|
| | | 卯 | 辰 | 巳 | 午 | | |
| | | 巳 | 午 | 未 | 申 | | |
| 朱 | 寅 | 辰 | | | 酉 | 未 | 白 |
| 蛇 | 丑 | 卯 | | | 戌 | 申 | 常 |
| | | 寅 | 丑 | 子 | 亥 | | |
| | | 子 | 亥 | 戌 | 酉 | | |
| | | 貴 | 后 | 陰 | 玄 | | |

◆ 乙卯日에 丑이 四仲에 加하여 發用하므로 九醜課이다.


## 五十六課 : 鬼墓課(귀묘과)

⊙ 日辰의 墓神이 되고 兼하여 日의 鬼가 發用되거나, 支鬼와 支墓가 日辰에 臨하여 발용되면 鬼墓課가 된다.

⊙ 鬼墓課가 되면 일체 모든 것이 凶하다. 鬼란 賊으로 殘傷을 뜻하고 墓는 曖昧(애매)로 暗墓를 뜻하기 때문에 不利謀望하고 家門不昌하며 病凶財耗되며 도적은 못 잡는다.

⊙ 墓神이 覆日하면 정신이 혼매하고 운명이 쇠약하다.

⊙ 日辰의 墓神에 螣蛇, 白虎가 乘하여 卯酉에 加하고, 行年 역시 卯酉가 되면 墓門開格이 되는데, 日墓가 卯上에 加하면 外喪이고 酉上에 加하면 內喪이며, 支墓가 卯上에 加하면 內喪이고, 酉上에 加하면 外喪이다.

◉ 墓門開格이 되면 연이어 상복을 입게 되는데 喪門, 弔客, 死氣, 死神을 대하면 더욱 흉하다.

예) 壬申日 午將 丑時課

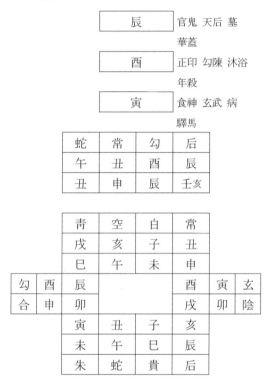

| | | | |
|---|---|---|---|
| | | | 辰 | 官鬼 天后 墓 華蓋 |

| | 辰 | 官鬼 天后 墓 |
|---|---|---|
| | | 華蓋 |
| | 酉 | 正印 勾陳 沐浴 |
| | | 年殺 |
| | 寅 | 食神 玄武 病 |
| | | 驛馬 |

| 蛇 | 常 | 勾 | 后 |
|---|---|---|---|
| 午 | 丑 | 酉 | 辰 |
| 丑 | 申 | 辰 | 壬亥 |

| | 青 | 空 | 白 | 常 | | |
|---|---|---|---|---|---|---|
| | 戌 | 亥 | 子 | 丑 | | |
| | 巳 | 午 | 未 | 申 | | |
| 勾 酉 | 辰 | | | 酉 | 寅 | 玄 |
| 合 申 | 卯 | | | 戌 | 卯 | 陰 |
| | 寅 | 丑 | 子 | 亥 | | |
| | 未 | 午 | 巳 | 辰 | | |
| | 朱 | 蛇 | 貴 | 后 | | |

◆ 初傳 辰이 日의 墓神이 되고 兼하여 辰이 日의 鬼가 되어 發用하니 鬼墓課이다.

五十七課 : 勸德課(권덕과)

◉ 天乙貴人이 卯酉에 臨하면 勸德課가 된다. 卯酉는 陰陽交易位로 貴人이 속하면 門戶가 搖動(요동)되고, 進退가 분별되는데, 干支의 陰神은 卑小(비소)로 貴人의 前에 있으면 되지 않고, 干支의 陽神은 尊屬(존속)으로 貴人의 後에 있으면 貴人이 前引하며 君子는 進用하고 知機하며 行人布德한 즉 길하니, 이것은 天道의 福善 禍淫(복선화음)을 獎勵(장려)하여 有德하게 하므로 勸德이라고 이름한 것이다.
◉ 勸德課가 되면 反覆不定(반복부정)하고 官位가 이동되며 君子는 遷官되고 小人은

(출책)黜責되며 常人은 身宅이 불안하므로 기도드림이 좋다.

⊙ 만약 日辰의 陰陽二神이 貴人의 前이면 "蹉跎格(차타격)"이라 하여 平民에 이롭고 貴官에 불리하다.

⊙ 만약 日辰의 陰陽二神이 貴人의 後이면 "微服格(미복격)"이라 하여 貴官에 이롭고 平民에 불리하다.

⊙ 陽神이 前引하고 陰神이 後從하면 君子는 利하고 小人은 不利하고, 陰神이 前引하고 陽神이 後從하면 君子는 不利하고 小人은 利하다.


예1) 戊子日 午將 申時課

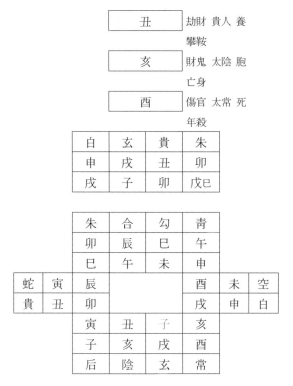

| | 丑 | | 劫財 貴人 養 |
| | | | 攀鞍 |
| | 亥 | | 財鬼 太陰 胞 |
| | | | 亡身 |
| | 酉 | | 傷官 太常 死 |
| | | | 年殺 |

| 白 | 玄 | 貴 | 朱 |
|---|---|---|---|
| 申 | 戌 | 丑 | 卯 |
| 戌 | 子 | 卯 | 戊巳 |

| 朱 | 合 | 勾 | 青 |
|---|---|---|---|
| 卯 | 辰 | 巳 | 午 |
| 巳 | 午 | 未 | 申 |

| 蛇 | 寅 | 辰 | | | 酉 | 未 | 空 |
| 貴 | 丑 | 卯 | | | 戌 | 申 | 白 |

| 寅 | 丑 | 子 | 亥 |
|---|---|---|---|
| 子 | 亥 | 戌 | 酉 |
| 后 | 陰 | 玄 | 常 |

◆ 日干 戊의 貴人은 丑인데 卯上에 臨하니 勸德課다.

예2) 庚申日 午將 申時課

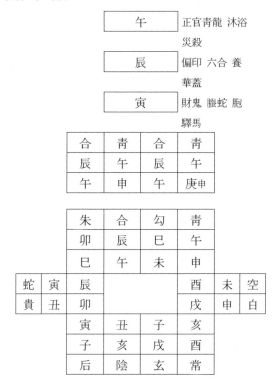

| 午 | 正官靑龍 沐浴 |
|---|---|
|  | 災殺 |
| 辰 | 偏印 六合 養 |
|  | 華蓋 |
| 寅 | 財鬼 螣蛇 胞 |
|  | 驛馬 |

| 合 | 靑 | 合 | 靑 |
|---|---|---|---|
| 辰 | 午 | 辰 | 午 |
| 午 | 申 | 午 | 庚申 |

| | 朱 | 合 | 勾 | 靑 | | |
|---|---|---|---|---|---|---|
| | 卯 | 辰 | 巳 | 午 | | |
| | 巳 | 午 | 未 | 申 | | |
| 蛇 寅 | 辰 | | | 酉 | 未 | 空 |
| 貴 丑 | 卯 | | | 戌 | 申 | 白 |
| | 寅 | 丑 | 子 | 亥 | | |
| | 子 | 亥 | 戌 | 酉 | | |
| | 后 | 陰 | 玄 | 常 | | |

◆ 日干 庚의 貴는 丑인데 卯上에 臨하니 勸德課이고, 日辰의 陰陽이 다 貴人의 前이니 蹉跎格이라 하며, 君子는 退位되며 事體는 稍遲(초지)되고 小事는 可하나 大事는 不可하다.


## 五十八課 : 盤珠課(반주과)

◉ 年, 月, 日, 時가 전부 三傳이 되며, 또한 四課上에 있는 것을 말한다. 일명 "天心格'이라고도 한다.

◉ 主事는 遠大非常하며, 朝廷에 까지 미치며 가히 成就할 수 있다.

　年, 月, 日, 時가 四課 中에 있으므로 不出外하고 盤中走珠함과 같기 때문에 盤珠課라 한 것이다.

◉ 盤珠課

　◆ 三傳四課가 會合非常하니 吉則成福하고 凶則成殃한다.

　◆ 賊盜은 境內를 벗어나지 못했고,

- ◆ 行人은 還鄕(환향)하며.
- ◆ 淫事(음사)나 解釋事(해석사)는 반대로 좋지 못하다.

◉ 만약 日과 초전이 旺相하고 神將이 길하면 大利한데 四課가 不備하면 守舊動作함이 역시 吉하다.

◉ 占吉하면 事吉하고 占凶하면 事凶하다.

예) 戊年 丑月 甲子日 子將 丑時課

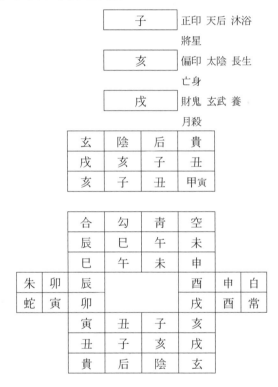

|  | 子 | 正印 天后 沐浴 |
|---|---|---|
|  |  | 將星 |
|  | 亥 | 偏印 太陰 長生 |
|  |  | 亡身 |
|  | 戌 | 財鬼 玄武 養 |
|  |  | 月殺 |

| 玄 | 陰 | 后 | 貴 |
|---|---|---|---|
| 戌 | 亥 | 子 | 丑 |
| 亥 | 子 | 丑 | 甲寅 |

| | | 合 | 勾 | 青 | 空 | | |
|---|---|---|---|---|---|---|---|
| | | 辰 | 巳 | 午 | 未 | | |
| | | 巳 | 午 | 未 | 申 | | |
| 朱 | 卯 | 辰 | | | 酉 | 申 | 白 |
| 蛇 | 寅 | 卯 | | | 戌 | 酉 | 常 |
| | | 寅 | 丑 | 子 | 亥 | | |
| | | 丑 | 子 | 亥 | 戌 | | |
| | | 貴 | 后 | 陰 | 玄 | | |

◆ 年, 月, 日, 時가 전부 四課上에 있고 또한 三傳에 있으니 盤珠課다.

### 五十九課 : 全局課(전국과)

◉ 三傳이 三合되는 것을 全局課라 한다.

◉ 申子辰 合 水局은 潤下格이라 하고,
　寅午戌 合 火局은 炎上格이라 하고,
　亥卯未 合 木局은 曲直格이라 하고,

巳酉丑 合 金局은 從革格이라 한다.

辰戌丑未를 稼穡格이라 한다.

⊙ 全局課가 되면 三方이 會合하여 得成秀氣하니,

吉事는 필성하고,

凶事는 難解하다.

尊長은 恩榮이 있고,

常人은 財利의 기쁨이 있으며,

婚姻은 성합되고,

謀望은 大利하며,

求財에 三傳 中에 財星이 있으면 재물을 쉽게 얻을 수 있고, 官이 있으면 官을 쉽게 얻을 수 있다.

⊙ 日과 초전이 旺相하고 相生되며 神將이 吉할 때는 만사형통되나, 만약 日과 초전이 休衰될 때는 매사 遲逆되고, 火가 災鬼를 倂하면 화재, 金이 血支, 血忌를 倂하면 殘傷, 木이 木鬼를 倂하면 木壓등이 있다.

⊙ 戊己日에 丑未를 用하면 田宅事인데, 丑戌未에 白虎가 乘하면 病死, 訟獄 등이 일어난다.


潤下格

◆ 水(壬)는 申에서 長生이고, 子에서 旺하며 辰에서 墓가 되는데, 윤택하고 아래로 흐르는 성격이 있으므로 潤下格이라 한다.

◆ 潤下格은 三傳이 結局되니 매사 늦어지고, 급박하지 않으나 저체되지는 않는다.

◆ 木日은 生氣가 되고, 金日은 盜氣가 되는데, 主事는 대체로 운송수단, 어로업 등과 연관이 있다. 아래로 흐르는 성향이 있으니 주로 길흉은 하천인에게 해당된다.

◆ 訴訟은 하천인과 연관되어 있고,

◆ 天氣는 우기이며,

◆ 孕胎는 여아이고,

◆ 疾病은 흉하다, 天罡이 墓가 되기 때문이다.

◆ 家宅占은 흉하지 않고,

♦ 文書는 朱雀을 剋하니 불리하다.

♦ 潤下格은 불안하고 지연되나, 六合과 天后가 乘하면 음란함이 있고, 玄武가 승하면 盜賊之象이다. 현명한 자는 적덕을 쌓도록 하고 은혜를 베풀도록 노력해야 한다.


## 炎上格

♦ 火(丙)는 寅에서 長生이고, 午에서 旺하고, 戌에서 墓가 되는데, 火性은 炎炎하고 위로 오르려는 성향이 있으니 炎上格이라 한다. 대체로 문서와 연관돼 있고, 金을 대하면 爐冶事이다.

♦ 土日은 生氣가 되고, 木日은 盜氣가 된다. 驛馬貞位가 되면 天子가 권위를 잡고 있는 象이다. 驛馬貞位는 天罡(辰)을 月建에 가하여 驛馬 上神이 貞神이 된다. 年命에 보면 더욱 길하나,

♦ 常人은 口舌과 가택의 불안이 있다.

♦ 火鬼를 帶하면 火災가 있고,

♦ 朱雀을 帶하면 官訟이 있고,

♦ 天空을 大하면 가옥의 붕괴가 있고,

♦ 病者는 다열하고 심장에 병이 있다.

♦ 天后와 六合을 보면 부인은 혈병이고,

♦ 天氣는 맑고, 문점자는 성급하고,

♦ 行人은 도래한다.

♦ 매사 성급히 서둘러야 한다. 그렇지 않으면 불성한다.

♦ 虛多實少하고 朋黨이나 和合은 급히 서둘러야 이루어지는데, 先喜後嘆하고, 先合後散한다. 왜냐 火氣는 급히 불타올랐다 급히 사그러지기 때문이다.


## 曲直格

♦ 木(甲)은 亥에서 長生이고, 卯에서 旺하며, 未에 墓가 된다. 木性은 본래 곡절하고 직하니 曲直格이라 한 것이다.

♦ 曲直格은 진퇴가 결정되지 않은 것이나, 動한 즉 길하고, 靜한 즉 흉하다. 이유는 木은 八卦의 震에 해당하니 雷動의 뜻이 있기 때문이다. 火日은 生氣가

되고, 水日은 盜氣가 된다.

- 主事는 船車, 修營, 裁木, 植木 등이다.
- 卯加亥가 되면 先曲後直하니 매사 끝맺음이 좋고, 三傳이 亥卯未가 되면 先直 後曲이니 有始無終이다. 三合되어 神將이 內戰하고, 흉장이 乘하면 매사불성 이다.
- 만약 三合局이 年命을 剋하면 매우 좋지 않다.

從革格

- 金(庚)은 巳에서 長生이고, 酉에서 旺하며, 丑에서 墓가 된다. 煆煉相從하며 故舊可革 할 수 있으니 從革이라 한 것이다. 주로 변동과 개혁 및 변화의 일이다.
- 水日은 生氣가 되고, 土日은 盜氣가 된다. 丙丁日은 財가 되나 만약 丑이 발용 하면 降氣가 되어 부모에게 재앙이 있다. 그리고 세력만 믿고 발전의 象이 없 는 사람이다.
- 매사 先沮後通하며, 만약 日辰이 旺相하고 吉將이 乘할 때에는 革이 변해서 富貴가 된다. 그렇지 않고 歲破. 月破, 螣蛇, 白虎를 보면 死傷變革 등의 일이다.
- 日干이 囚衰하면 西行之兆가 있다. 三傳이 巳酉丑이고 有氣하면 革而進하고, 無氣하면 革而退한다.
- 酉加巳가 되면 愁課(수과)라고 하는데, 酉는 秋令으로 肅殺之氣(숙살지기)에 해 당하니 愁苦(수고)가 있기 때문이다.
- 巳加酉가 되면 仕人은 差追改易하고, 常人은 道路門戶 등의 개혁이 있으며, 不寧하거나 연인과의 離別之象이 있다. 婚姻에는 大忌하나, 遠行이나 隱匿(은 익)에는 제일 좋고, 求財는 보배를 얻을 수 있다.

稼穡格

- 土(戊)는 四季에 旺하고, 농사 만물의 생육 등을 맡아 기르고 거두는 근본이니 稼穡이라 한 것이다. 格을 이루려면 三傳에 丁馬가 있어야 한다. 만약 丁馬가 있으면 遊子課가 된다.
- 稼穡格이 되면 매사 침체되고, 戊己日은 더욱 심하다. 오직 壬癸日은 脫難殺 이라고 하여 위험은 해소된다. 常人占은 凡事에 핍박을 당하나, 雷神의 구조

가 있으면 점차 나아진다. 雷神은 太沖(卯)과 六合을 말한다.

◆ 主事는 건축, 농사, 택사 등의 일인데 만약 日辰이나 年命에 死氣, 死神이 있으면 墳墓事 건이고 불안하다.

◆ 巳午가 日辰이나 年命에 가하면 窯竈事(요조사)이고, 寅卯가 加하면 耕農이고, 申酉가 加하면 修城建築(수성건축)이고, 亥子가 加하면 溝河(구하) 등의 일인데, 靑龍, 六合이 乘하면 전택, 교역 등이 있는데, 대체로 지체되고, 病者는 비위의 병이다.

예1) 乙酉日 巳將 丑時課

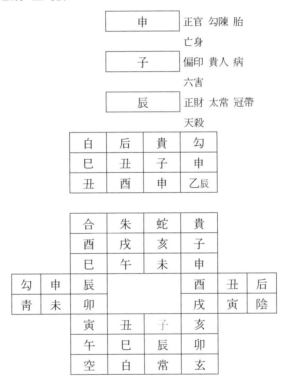

| | | |
|---|---|---|
| 申 | 正官 勾陳 胎 | |
| | 亡身 | |
| 子 | 偏印 貴人 病 | |
| | 六害 | |
| 辰 | 正財 太常 冠帶 | |
| | 天殺 | |

| 白 | 后 | 貴 | 勾 |
|---|---|---|---|
| 巳 | 丑 | 子 | 申 |
| 丑 | 酉 | 申 | 乙辰 |

◆ 三傳이 申子辰 三合水局이 되니 全局課 중 潤下格이다.

예2) 甲戌日 戊將 午時課

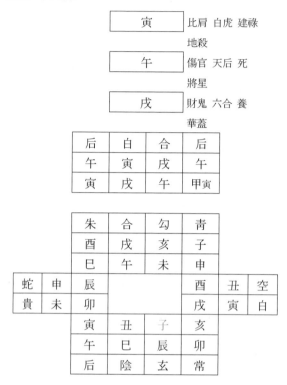

|  | 寅 | 比肩 白虎 建祿 |
|---|---|---|
|  |  | 地殺 |
|  | 午 | 傷官 天后 死 |
|  |  | 將星 |
|  | 戌 | 財鬼 六合 養 |
|  |  | 華蓋 |

| 后 | 白 | 合 | 后 |
|---|---|---|---|
| 午 | 寅 | 戌 | 午 |
| 寅 | 戌 | 午 | 甲寅 |

| 朱 | 合 | 勾 | 靑 |
|---|---|---|---|
| 酉 | 戌 | 亥 | 子 |
| 巳 | 午 | 未 | 申 |

| 蛇 | 申 | 辰 |  |  | 酉 | 丑 | 空 |
|---|---|---|---|---|---|---|---|
| 貴 | 未 | 卯 |  |  | 戌 | 寅 | 白 |

| 寅 | 丑 | 子 | 亥 |
|---|---|---|---|
| 午 | 巳 | 辰 | 卯 |
| 后 | 陰 | 玄 | 常 |

◆ 三傳이 寅午戌의 삼합화국이 되니 全局課 중 炎上格이다.

예3) 乙未日 酉將 巳時課

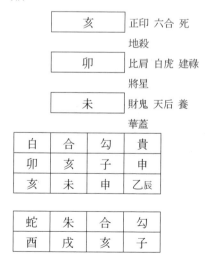

|  | 亥 | 正印 六合 死 |
|---|---|---|
|  |  | 地殺 |
|  | 卯 | 比肩 白虎 建祿 |
|  |  | 將星 |
|  | 未 | 財鬼 天后 養 |
|  |  | 華蓋 |

| 白 | 合 | 勾 | 貴 |
|---|---|---|---|
| 卯 | 亥 | 子 | 申 |
| 亥 | 未 | 申 | 乙辰 |

| 蛇 | 朱 | 合 | 勾 |
|---|---|---|---|
| 酉 | 戌 | 亥 | 子 |

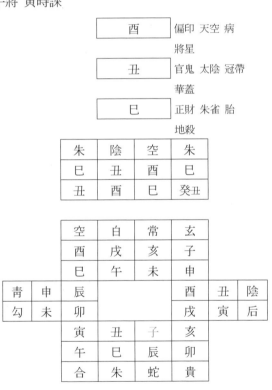

|   |   | 巳 | 午 | 未 | 申 |   |   |
|---|---|---|---|---|---|---|---|
| 貴 | 申 | 辰 |   |   | 酉 | 丑 | 青 |
| 后 | 未 | 卯 |   |   | 戌 | 寅 | 空 |
|   |   | 寅 | 丑 | 子 | 亥 |   |   |
|   |   | 午 | 巳 | 辰 | 卯 |   |   |
|   |   | 陰 | 玄 | 常 | 白 |   |   |

◆ 三傳이 亥卯未의 삼합목국이 되니 全局課 중 曲直格이다.


예4) 癸酉日 午將 寅時課

| 酉 | 偏印 天空 病 |
|---|---|
|   | 將星 |
| 丑 | 官鬼 太陰 冠帶 |
|   | 華蓋 |
| 巳 | 正財 朱雀 胎 |
|   | 地殺 |

| 朱 | 陰 | 空 | 朱 |
|---|---|---|---|
| 巳 | 丑 | 酉 | 巳 |
| 丑 | 酉 | 巳 | 癸丑 |

|   | 空 | 白 | 常 | 玄 |   |   |
|---|---|---|---|---|---|---|
|   | 酉 | 戌 | 亥 | 子 |   |   |
|   | 巳 | 午 | 未 | 申 |   |   |
| 靑 申 辰 |   |   | 酉 | 丑 | 陰 |
| 勾 未 卯 |   |   | 戌 | 寅 | 后 |
|   | 寅 | 丑 | 子 | 亥 |   |   |
|   | 午 | 巳 | 辰 | 卯 |   |   |
|   | 合 | 朱 | 蛇 | 貴 |   |   |

◆ 三傳이 巳酉丑의 삼합금국이 되니 全局課 중 從革格이다.

예5) 乙丑日 午將 卯時課

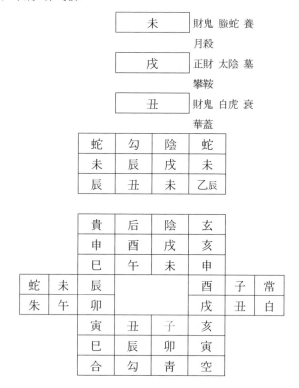

| | 未 | | 財鬼 螣蛇 養 |
| | | | 月殺 |
| | 戌 | | 正財 太陰 墓 |
| | | | 攀鞍 |
| | 丑 | | 財鬼 白虎 衰 |
| | | | 華蓋 |

| 蛇 | 勾 | 陰 | 蛇 |
|---|---|---|---|
| 未 | 辰 | 戌 | 未 |
| 辰 | 丑 | 未 | 乙辰 |

| | 貴 | 后 | 陰 | 玄 | |
|---|---|---|---|---|---|
| | 申 | 酉 | 戌 | 亥 | |
| | 巳 | 午 | 未 | 申 | |
| 蛇 未 辰 | | | | 酉 子 常 |
| 朱 午 卯 | | | | 戌 丑 白 |
| | 寅 | 丑 | 子 | 亥 | |
| | 巳 | 辰 | 卯 | 寅 | |
| | 合 | 勾 | 青 | 空 | |

◆ 三傳이 未戌丑의 全土로 구성되니 全局課 中 稼穡格이다.


## 六十課 : 玄胎課(현태과)

⊙ 三傳이 전부 孟神(寅.申.巳.亥)일 때 玄胎課라 한다.
⊙ 孟神은 五陽干之長生之局이며 五陽干之受氣之位로 玄中에 胎生의 뜻이 있으므로 玄胎課라 한 것이다. 受氣라 함은 絕神을 의미한다.

甲 : 長生 - 亥　　　絕神 - 申

丙戊 : 長生 - 寅　　　絕神 - 亥

庚 : 長生 - 巳　　　絕神 - 寅

壬 : 長生 - 申　　　絕神 - 巳

⊙ 玄胎課

◆ 百事에 다 신의가 있고, 嬰兒隱伏之象이 있다.

- ◆出産, 求官, 求財, 求婚 등에 제일 좋으나,
- ◆疾病과 訴訟은 淹滯(엄체)되고,
- ◆行人은 不來하고,
- ◆盜賊은 不獲한다.
- ◆道路는 험난하다.

⊙ 寅加巳, 巳加申, 申加亥, 亥加寅이 되면 進步長生이 되어 主事는 速하고, 上生下하며 오행의 病處에서 懷胎(회태)하니 病玄胎라 한다.

⊙ 寅加亥. 亥加申. 申加巳. 巳加寅이 되면 下生上하며 身臨長生하니 生玄胎라고 한다.

⊙ 生玄胎에 발용이 財가 되고 天后가 승하면 生氣胎神이 되니 반드시 其妻에 잉태의 기쁨이 있다.

⊙ 喜神이나 吉將을 보면 遠行이나, 經理, 求名에 大吉하나, 질병만은 대흉하다. 왜냐하면 玄胎는 結絕의 뜻이 없기 때문이다.

⊙ 凶將 惡殺이 乘하면 반드시 憂疑 驚恐이 있고, 부모나 존장에 災禍가 있다.

⊙ 玄胎課에 印星이 發用이면 尊長에게 災害가 있다.

⊙ 玄胎課에 食傷이 發用이며 空亡되면 "玄胎不育"이라 하고 百事가 不成하며, 자식은 곤란한 점이 있다.

⊙ 초전에 天后가 乘하고 空亡이면 孕胎는 産母에게 傷害가 있다.

예) 甲寅日 巳將 寅時課

| | 申 | 官鬼 靑龍 胞 |
| | | 驛馬 |

| | 亥 | 偏印 朱雀 長生 |
| | | 劫殺 |

| | 寅 | 比肩 天后 建祿 |
| | | 地殺 |

| 靑 | 常 | 靑 | 常 |
|---|---|---|---|
| 申 | 巳 | 申 | 巳 |
| 巳 | 寅 | 巳 | 甲寅 |

| | | 青 | 勾 | 合 | 朱 | | |
|---|---|---|---|---|---|---|---|
| | | 申 | 酉 | 戌 | 亥 | | |
| | | 巳 | 午 | 未 | 申 | | |
| 空 | 未 | 辰 | | | 酉 | 子 | 蛇 |
| 白 | 午 | 卯 | | | 戌 | 丑 | 貴 |
| | | 寅 | 丑 | 子 | 亥 | | |
| | | 巳 | 辰 | 卯 | 寅 | | |
| | | 常 | 玄 | 陰 | 后 | | |

◆ 三傳이 전부 孟神(寅申巳亥)이니 玄胎課이다.


## 六十一課 : 連珠課(연주과)

⊙ 三傳이 一方을 이루는 것을 말한다. 즉 寅卯辰. 巳午未. 申酉戌. 亥子丑. 등이다. 成方이 되면 孟仲季神이 相連實珠함과 같아 連珠課라 하고, 茹采가 拔芽聯茹(발아연여)함과 같아 連茹課(연여과)라고도 한다.

⊙ 連珠課가 되면 吉事는 喜慶이 중중하고, 凶事는 災禍가 疊疊(첩첩)이다.

⊙ 天氣도 淸明時는 오랫동안 淸明하고, 雨期時는 오랫동안 雨期이다.

⊙ 만약 進茹課(申酉戌. 亥子丑 등)가 될 때에는 前進함이 좋고 貴人이 순행하면 매사 순조롭고 속성된다. 그러나 空亡이 될 때에는 후퇴함이 마땅하여 가히 全身遠害 할 수 있다.

⊙ 반대로, 退茹課(戌酉申. 丑子亥 등)가 될 때에는 후퇴함이 마땅하고, 貴人이 逆治되면 매사 지체된다. 空亡이 될 때에는 前進해야만이 마땅하며 가히 消災避禍(소재피화) 할 수 있다.

⊙ 陰陽이 짝을 이룸이니 배우자와 기이한 緣이 있고, 사안은 결속되고, 孕胎는 連年生이다.


예) 丁酉日 申將 未時課

| 亥 | 正官 勾陳 胎 |
|---|---|
| | 驛馬 |
| 子 | 官鬼 天后 胞 |
| | 六害 |

| | 丑 | 食神 太陰 墓 |
| --- | --- | --- |
| | | 華蓋 |

| 貴 | 蛇 | 朱 | 合 |
| --- | --- | --- | --- |
| 亥 | 戌 | 酉 | 申 |
| 戌 | 酉 | 申 | 丁未 |

| | 青 | 勾 | 合 | 朱 | | |
| --- | --- | --- | --- | --- | --- | --- |
| | 午 | 未 | 申 | 酉 | | |
| | 巳 | 午 | 未 | 申 | | |
| 空 | 巳 | 辰 | | 酉 | 戌 | 蛇 |
| 白 | 辰 | 卯 | | 戌 | 亥 | 貴 |
| | 寅 | 丑 | 子 | 亥 | | |
| | 卯 | 寅 | 丑 | 子 | | |
| | 常 | 玄 | 陰 | 后 | | |

◆ 三傳이 亥子丑 一方을 이루고 前進하는 象이니 進連珠課이다.

## 六十二課 : 間傳課(간전과)

◉ 三合하는 오행 중 一支를 間隔하고 三傳이 되는 것을 말한다. 間傳課에는 順間傳 12格과, 逆間傳 12格이 있는데, 一位를 間隔하여 三傳이 되므로 間傳課라고 이름한 것이다.

◉ 間傳課는 間位가 相傳하니 매사에 間阻됨이 많다. 만약 日用이 旺相하고 吉將이 승하면 凡事에 대길하나 日用이 休囚되고 神將이 흉하면 매사불리 하고 막히고, 출행은 天時가 도로관계로 장애가 많고, 行人은 不來하고 매사 지체된다.

〈順間傳12格〉

◆ 辰午申 − 登三天格(등삼천격)

◆ 申戌子 − 涉三淵格(섭삼연격)

◆ 子寅辰 − 向三陽格(향삼양격)

◆ 午申戌 − 出三陽格(출삼양격)

◆ 丑卯巳 − 出戸格(출호격)

◆ 卯巳未 − 盈陽格(영양격)

- 巳未酉−變盈格(변영격)
- 未酉亥−入冥格(입명격)
- 酉亥丑−凝陰格(응음격)
- 亥丑卯−溟濛格(명몽격)
- 戌子寅−入三淵格(입삼연격)
- 寅辰午−出陽格(출양격)

〈逆間傳12格〉
- 寅子戌−冥陰格(명음격)
- 戌申午−悖戾格(패려격)
- 午辰寅−顧祖格(고조격)
- 丑亥酉−極陰格(극음격)
- 酉未巳−勵明格(권명격)
- 未巳卯−回明格(회명격)
- 巳卯丑−轉悖格(전패격)
- 卯丑亥−斷澗格(단간격)
- 子戌申−偃蹇格(언건격)
- 申辰午−凝陽格(응양격)
- 辰寅子−涉疑格(섭의격)
- 亥酉未−時遁格(시둔격)

## 順間傳格

예1) 甲子日 辰將 寅時課

| 辰 | 財鬼 六合 衰 華蓋 |
|---|---|
| 午 | 傷官 靑龍 死 災殺 |
| 申 | 官鬼 白虎 胞 地殺 |

| 合 | 蛇 | 青 | 合 |
|---|---|---|---|
| 辰 | 寅 | 午 | 辰 |
| 寅 | 子 | 辰 | 甲寅 |

| | 空 | 白 | 常 | 玄 | | |
|---|---|---|---|---|---|---|
| | 未 | 申 | 酉 | 戌 | | |
| | 巳 | 午 | 未 | 申 | | |
| 青 午 辰 | | | | | 酉 亥 陰 | |
| 勾 巳 卯 | | | | | 戌 子 后 | |
| | 寅 | 丑 | 子 | 亥 | | |
| | 辰 | 卯 | 寅 | 丑 | | |
| | 合 | 朱 | 蛇 | 貴 | | |

◆ 三傳이 一位 隔해 順間傳을 이루었는데 "登三天格"이다.

◆ 구름이 비를 내리고, 澤地가 만물을 滋養하고, 官職은 昇遷되나, 脫氣됨을 기피한다.

◆ 爭訟은 확대되고, 疾病도 加重된다.

◆ 盜賊은 필히 오고, 行人은 즉시 도착한다.

예2) 乙丑日 午將 辰時課

| 申 | 正官 貴人 胎 |
|---|---|
| | 亡身 |
| 戌 | 正財 太陰 墓 |
| | 攀鞍 |
| 子 | 偏印 太常 病 |
| | 六害 |

| 合 | 青 | 貴 | 朱 |
|---|---|---|---|
| 巳 | 卯 | 申 | 午 |
| 卯 | 丑 | 午 | 乙辰 |

| 蛇 | 貴 | 后 | 陰 |
|---|---|---|---|
| 未 | 申 | 酉 | 戌 |
| 巳 | 午 | 未 | 申 |

| 朱 | 午 | 辰 | | | | 酉 | 亥 | 玄 |
|---|---|---|---|---|---|---|---|---|
| 合 | 巳 | 卯 | | | | 戌 | 子 | 常 |
| | | 寅 | 丑 | 子 | 亥 | | | |
| | | 辰 | 卯 | 寅 | 丑 | | | |
| | | 勾 | 青 | 空 | 白 | | | |

◆ 삼전이 申戌子이니 順間傳 중 "涉三淵格"이다.

◆ 亥.子.丑.寅은 대개 "地"로 논하는데, 삼전이 申~子로 진행함은 深淵之象(심연지상)에 臨함과 같다하여 "涉三淵格"이라 명칭한 것이다.

◆ 연못에 이르러 얼음을 밟는 격이니, 전전긍긍하는 것이고, 질병은 難治(난치)이고, 謀望(모망)은 불성이다.

◆ 盜賊은 오지 않고, 行人도 오지 않으며, 久雨占에서는 晴해질 것이라 점단한다.


예3) 壬申日 未將 巳時課

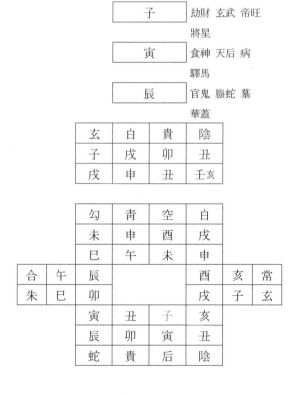

| | 子 | | 劫財 玄武 帝旺 |
|---|---|---|---|
| | | | 將星 |
| | 寅 | | 食神 天后 病 |
| | | | 驛馬 |
| | 辰 | | 官鬼 螣蛇 墓 |
| | | | 華蓋 |

| 玄 | 白 | 貴 | 陰 |
|---|---|---|---|
| 子 | 戌 | 卯 | 丑 |
| 戌 | 申 | 丑 | 壬亥 |

| | 勾 | 青 | 空 | 白 | | | |
|---|---|---|---|---|---|---|---|
| | 未 | 申 | 酉 | 戌 | | | |
| | 巳 | 午 | 未 | 申 | | | |
| 合 | 午 | 辰 | | | 酉 | 亥 | 常 |
| 朱 | 巳 | 卯 | | | 戌 | 子 | 玄 |
| | | 寅 | 丑 | 子 | 亥 | | |
| | | 辰 | 卯 | 寅 | 丑 | | |
| | | 蛇 | 貴 | 后 | 陰 | | |

- 三傳이 子寅辰으로 順間傳의 "向三陽格"이다.
- 子는 북방의 暗幽의 象이며, 寅辰은 동방의 日出之象이다. 따라서 子~辰으로 진행함은 向陽의 象이라 "向三陽格"이라 칭한 것이다.
- 暗이 明으로 진입하니 선흉후길이다. 질병은 쾌유되고, 소송은 화해되고, 사람과 일은 편안히 쉬는 형국이며 凡事皆吉이다.

예4) 辛未日 卯將 丑時課

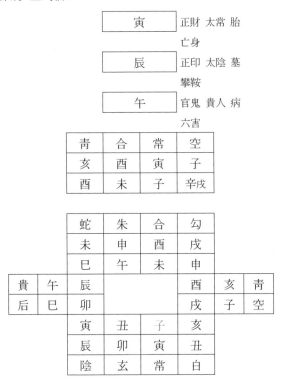

|  | | |
|---|---|---|
| 寅 | 正財 太常 胎 | 亡身 |
| 辰 | 正印 太陰 墓 | 攀鞍 |
| 午 | 官鬼 貴人 病 | 六害 |

| 青 | 合 | 常 | 空 |
|---|---|---|---|
| 亥 | 酉 | 寅 | 子 |
| 酉 | 未 | 子 | 辛戌 |

| | | 蛇 | 朱 | 合 | 勾 | | |
|---|---|---|---|---|---|---|---|
| | | 未 | 申 | 酉 | 戌 | | |
| | | 巳 | 午 | 未 | 申 | | |
| 貴 | 午 | 辰 | | | 酉 | 亥 | 青 |
| 后 | 巳 | 卯 | | | 戌 | 子 | 空 |
| | | 寅 | 丑 | 子 | 亥 | | |
| | | 辰 | 卯 | 寅 | 丑 | | |
| | | 陰 | 玄 | 常 | 白 | | |

- 삼전이 寅辰午로 順間傳의 "出三陽格"이다.
- 午火 後에는 生陰하니 寅~午로 진행함은 三傳에 陽이 다 지나가며 이제 陰이 시작되므로 "出三陽格"이라 칭하는 것이다.
- 陽이 가고 陰이 오니, 閉塞不明하고, 陰謀가 動하며, 災殃이 도래한다.
- 질병점이건 소송점이건 모두 흉하다.

예5) 癸酉日 丑將 亥時課

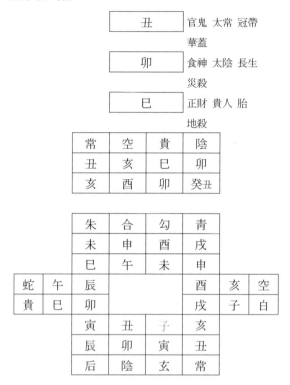

| | | 丑 | 官鬼 太常 冠帶 華蓋 |

|  | 卯 | 食神 太陰 長生 災殺 |

|  | 巳 | 正財 貴人 胎 地殺 |

| 常 | 空 | 貴 | 陰 |
|---|---|---|---|
| 丑 | 亥 | 巳 | 卯 |
| 亥 | 酉 | 卯 | 癸丑 |

| 朱 | 合 | 勾 | 青 |
|---|---|---|---|
| 未 | 申 | 酉 | 戌 |
| 巳 | 午 | 未 | 申 |

| 蛇 | 午 | 辰 | | 酉 | 亥 | 空 |
| 貴 | 巳 | 卯 | | 戌 | 子 | 白 |

| 寅 | 丑 | 子 | 亥 |
| 辰 | 卯 | 寅 | 丑 |
| 后 | 陰 | 玄 | 常 |

◆ 三傳이 丑卯巳니 順間傳 중 "出戶格"이다.

◆ 卯는 "門戶"라 하고, 巳는 "地戶"라 하는데, 三傳이 丑~巳로 진행하니 대문을 나서는 象과 같다하여 "出戶格"이라 한 것이다.

◆ 대문을 나서는 것은 가는 것과 같으니, 방문에는 응함이 없고, 君子는 吉하고 小人은 흉하다. 盜賊占에 盜賊은 포획하기 어렵고, 行人은 돌아오지 않는다.

예6) 己丑日 酉將 未時課

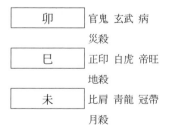

|  | 卯 | 官鬼 玄武 病 災殺 |

|  | 巳 | 正印 白虎 帝旺 地殺 |

|  | 未 | 比肩 靑龍 冠帶 月殺 |

| 白 | 玄 | 蛇 | 合 |
|---|---|---|---|
| 巳 | 卯 | 亥 | 酉 |
| 卯 | 丑 | 酉 | 己未 |

| | | | | | | |
|---|---|---|---|---|---|---|
| 青 | 勾 | 合 | 朱 | | | |
| 未 | 申 | 酉 | 戌 | | | |
| 巳 | 午 | 未 | 申 | | | |
| 空 午 辰 | | | | 酉 | 亥 | 蛇 |
| 白 巳 卯 | | | | 戌 | 子 | 貴 |
| 寅 | 丑 | 子 | 亥 | | | |
| 辰 | 卯 | 寅 | 丑 | | | |
| 常 | 玄 | 陰 | 后 | | | |

- ◆ 三傳이 卯巳未로 順間傳의 "盈陽格"이다.
- ◆ 卯巳는 陽이고, 未는 陰의 시작이니, 日 즉, 陽의 기세가 차차 陰으로 기울어지는 象이라 "盈陽格"이라 한 것이다.
- ◆ 陽의 기세가 점차 陰으로 기울어지며, 점차적으로 진행되는 象이라, 사안은 급히 진척시켜야 하며 막히고 걸리지 말아야 한다. 일체 급히 진행하면 길하고, 완만히 진행하면 흉하다.

예7) 癸未日 午將 辰時課

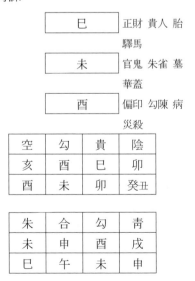

| | | |
|---|---|---|
| 巳 | 正財 貴人 胎 | 驛馬 |
| 未 | 官鬼 朱雀 墓 | 華蓋 |
| 酉 | 偏印 勾陳 病 | 災殺 |

| 空 | 勾 | 貴 | 陰 |
|---|---|---|---|
| 亥 | 酉 | 巳 | 卯 |
| 酉 | 未 | 卯 | 癸丑 |

| 朱 | 合 | 勾 | 青 |
|---|---|---|---|
| 未 | 申 | 酉 | 戌 |
| 巳 | 午 | 未 | 申 |

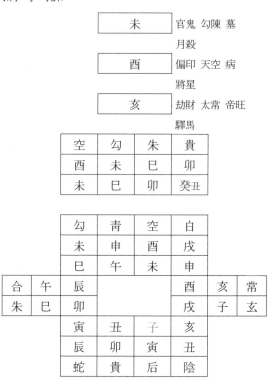

| 蛇 | 午 | 辰 |  |  | 酉 | 亥 | 空 |
|---|---|---|---|---|---|---|---|
| 貴 | 巳 | 卯 |  |  | 戌 | 子 | 白 |
|  |  | 寅 | 丑 | 子 | 亥 |  |  |
|  |  | 辰 | 卯 | 寅 | 丑 |  |  |
|  |  | 后 | 陰 | 玄 | 常 |  |  |

◆ 삼전이 巳未酉로 순간전의 "變盈格"이다.

◆ 陽은 午火에 이르러 極陽한 시점이며, 未.酉는 陰이니 巳~酉로 진행함은 꽉찬 둥근달이 이제 이지러지는 형상이라 "變盈格"이라 칭한 것이다.

◆ 즐거움은 더 이상 지속되지 않고, 홀로 외롭게 행하며, 실은 것은 물에 빠지는 형국이다.

◆ 官職者는 파직당하고, 病占은 新病은 필사하고 久病은 쾌유된다.

예8) 癸巳日 寅將 子時課

| 未 | 官鬼 勾陳 墓 |
|---|---|
|  | 月殺 |
| 酉 | 偏印 天空 病 |
|  | 將星 |
| 亥 | 劫財 太常 帝旺 |
|  | 驛馬 |

| 空 | 勾 | 朱 | 貴 |
|---|---|---|---|
| 酉 | 未 | 巳 | 卯 |
| 未 | 巳 | 卯 | 癸丑 |

| 勾 | 青 | 空 | 白 |  |  |  |  |
|---|---|---|---|---|---|---|---|
| 未 | 申 | 酉 | 戌 |  |  |  |  |
| 巳 | 午 | 未 | 申 |  |  |  |  |
| 合 | 午 | 辰 |  |  | 酉 | 亥 | 常 |
| 朱 | 巳 | 卯 |  |  | 戌 | 子 | 玄 |
|  |  | 寅 | 丑 | 子 | 亥 |  |  |
|  |  | 辰 | 卯 | 寅 | 丑 |  |  |
|  |  | 蛇 | 貴 | 后 | 陰 |  |  |

◆ 삼전이 未酉亥로 順間傳의 "入冥格"이다.

◆ 酉는 陰이 시작되는 시점이고 亥는 一陽이 생하기 前의 陰盛한 시점이니, 未~亥로 진행함은 陽이 衰하고 陰이 盛해지는 시점이라 "入冥格"이라 칭한 것이다.

◆ 해가 서산에 지고, 天將은 昏昧하며, 사안은 급히 일어서서 추진해야 되며 시기를 놓치지 말아야 한다.

◆ 일체 매사 급히 진척시켜야 하며 일처리를 완만히 하면 그르치게 된다.

◆ 병점과 소송점은 모두 흉하고, 官職占 역시 불리하다.

예9) 丁酉日 戌將 申時課

| 酉 | 財鬼 朱雀 長生 |
|---|---|
| | 將星 |
| 亥 | 正官 貴人 胎 |
| | 驛馬 |
| 丑 | 食神 太陰 墓 |
| | 華蓋 |

| 陰 | 貴 | 貴 | 朱 |
|---|---|---|---|
| 丑 | 亥 | 亥 | 酉 |
| 亥 | 酉 | 酉 | 丁未 |

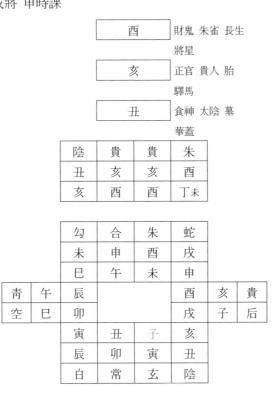

| | | 勾 | 合 | 朱 | 蛇 |
|---|---|---|---|---|---|
| | | 未 | 申 | 酉 | 戌 |
| | | 巳 | 午 | 未 | 申 |
| 青 | 午 | 辰 | | | 酉 | 亥 | 貴 |
| 空 | 巳 | 卯 | | | 戌 | 子 | 后 |
| | | 寅 | 丑 | 子 | 亥 |
| | | 辰 | 卯 | 寅 | 丑 |
| | | 白 | 常 | 玄 | 陰 |

◆ 三傳이 酉亥丑인 順間傳의 "凝陰格"이다.

◆ 대개 亥丑은 북방의 冬節을 뜻하니, "嚴霜堅氷之象"이라 "凝陰格"이라 칭한 것이다.

◆ 嚴霜堅氷(엄상견빙)하니 陰陽이 凝結(응결)한 것이고, 정의로움이 없고 敵은 사악하며, 간사음험하고, 도적의 침탈이 염려된다. 暗幽不明(암유불명)하니 凡事皆凶이다.

예10) 己卯日 申將 午時課

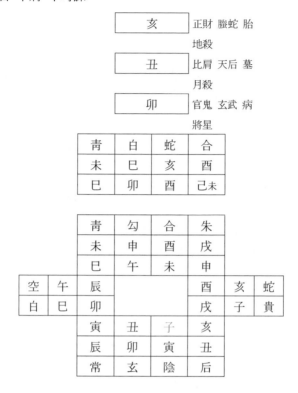

| | | | |
|---|---|---|---|
| 亥 | | | 正財 螣蛇 胎 / 地殺 |
| 丑 | | | 比肩 天后 墓 / 月殺 |
| 卯 | | | 官鬼 玄武 病 / 將星 |

| 青 | 白 | 蛇 | 合 |
|---|---|---|---|
| 未 | 巳 | 亥 | 酉 |
| 巳 | 卯 | 酉 | 己未 |

- 三傳이 亥丑卯로 順間傳의 "溟濛格(명몽격)"이다.
- 亥丑은 極陰이고 卯는 微陽이니, 두 개의 陰이 하나의 微陽을 보는 象이니, 정의로움이 어둡고 흐릿한 형국에 놓인 격이라 "溟濛格"이라 칭한 것이다.
- 陰이 盛하고 陽이 微弱하니 장래에도 未明이라, 進退가 失機했고, 憂懼도 때를 놓친 격이다.
- 일체 진실됨이 없는 것이며, 속히 결정하고 진척시킴이 難望이다.

## 逆間傳格

예1) 壬午日 寅將 辰時課(申酉空亡)

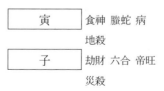

| | 寅 | 食神 螣蛇 病 / 地殺 |
|---|---|---|
| | 子 | 劫財 六合 帝旺 / 災殺 |

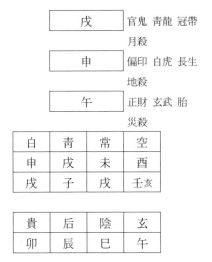

| 戌 | | 官鬼 靑龍 冠帶 |
|---|---|---|
| | | 華蓋 |

| 蛇 | 后 | 常 | 空 |
|---|---|---|---|
| 寅 | 辰 | 未 | 酉 |
| 辰 | 午 | 酉 | 壬亥 |

| | 貴 | 后 | 陰 | 玄 | | |
|---|---|---|---|---|---|---|
| | 卯 | 辰 | 巳 | 午 | | |
| | 巳 | 午 | 未 | 申 | | |
| 蛇 寅 辰 | | | | | 酉 | 未 常 |
| 朱 丑 卯 | | | | | 戌 | 申 白 |
| | 寅 | 丑 | 子 | 亥 | | |
| | 子 | 亥 | 戌 | 酉 | | |
| | 合 | 勾 | 靑 | 空 | | |

◆ 三傳이 寅子戌이니 逆間傳의 "冥陰格"이다.

◆ 寅은 日出의 방향이고, 子戌은 陰氣가 왕성한 방향이니, 子~戌로 진행되어 陽이 쇠퇴하여 陰으로 들어가는 형상이라 "冥陰格"이라 칭한 것이다.

◆ 日이 은익하는 형국이며 陰이 기세를 펼치는 上이라, 鬼殺이 앞에 있으니 暗損을 방지해야 하고, 관록점에서는 가장 흉하다.

예2) 壬子日 丑將 卯時課

| 戌 | | 官鬼 靑龍 冠帶 |
|---|---|---|
| | | 月殺 |
| 申 | | 偏印 白虎 長生 |
| | | 地殺 |
| 午 | | 正財 玄武 胎 |
| | | 災殺 |

| 白 | 靑 | 常 | 空 |
|---|---|---|---|
| 申 | 戌 | 未 | 酉 |
| 戌 | 子 | 戌 | 壬亥 |

| 貴 | 后 | 陰 | 玄 |
|---|---|---|---|
| 卯 | 辰 | 巳 | 午 |

| | | 巳 | 午 | 未 | 申 | | |
|---|---|---|---|---|---|---|---|
| 蛇 | 寅 | 辰 | | | 酉 | 未 | 常 |
| 朱 | 丑 | 卯 | | | 戌 | 申 | 白 |
| | | 寅 | 丑 | 子 | 亥 | | |
| | | 子 | 亥 | 戌 | 酉 | | |
| | | 合 | 勾 | 青 | 空 | | |

- 三傳이 一位 隔해 逆間傳을 이루어 "悖戾格(패려격)"이다.
- 前進은 不可하고 後退해야 한다.
- 逃避는 어렵고 盜賊도 포획하기 어렵다.

예3) 辛亥日 卯將 巳時課

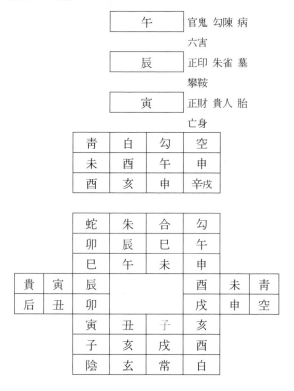

| 午 | 官鬼 勾陳 病 |
|---|---|
| | 六害 |
| 辰 | 正印 朱雀 墓 |
| | 攀鞍 |
| 寅 | 正財 貴人 胎 |
| | 亡身 |

| 青 | 白 | 勾 | 空 |
|---|---|---|---|
| 未 | 酉 | 午 | 申 |
| 酉 | 亥 | 申 | 辛戌 |

| | | 蛇 | 朱 | 合 | 勾 | | |
|---|---|---|---|---|---|---|---|
| | | 卯 | 辰 | 巳 | 午 | | |
| | | 巳 | 午 | 未 | 申 | | |
| 貴 | 寅 | 辰 | | | 酉 | 未 | 青 |
| 后 | 丑 | 卯 | | | 戌 | 申 | 空 |
| | | 寅 | 丑 | 子 | 亥 | | |
| | | 子 | 亥 | 戌 | 酉 | | |
| | | 陰 | 玄 | 常 | 白 | | |

- 三傳이 午辰寅으로 戌申午의 逆間傳의 "顧祖格(고조격)"이다.
- 午火는 寅木의 자손이고, 寅은 午의 長生이고, 삼전이 초전 午에 말전 寅은 자손이 祖를 돌아보는 象이라 "顧祖格"이라 한 것이다.

◆ 자식이 스스로 모친을 뵙고자 옛집을 찾아오고, 집나간 자손은 마음이 動하여 귀가하고, 求財나 謀望 件 등도 모두 길하다.
◆ 단, 庚日의 질병점은 흉하다.

예4) 丙辰日 戌將 子時課

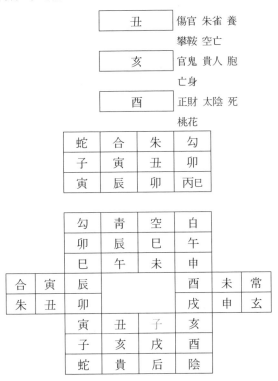

| | |
|---|---|
| 丑 | 傷官 朱雀 養 / 攀鞍 空亡 |
| 亥 | 官鬼 貴人 胞 / 亡身 |
| 酉 | 正財 太陰 死 / 桃花 |

| 蛇 | 合 | 朱 | 勾 |
|---|---|---|---|
| 子 | 寅 | 丑 | 卯 |
| 寅 | 辰 | 卯 | 丙巳 |

| 勾 | 青 | 空 | 白 |
|---|---|---|---|
| 卯 | 辰 | 巳 | 午 |
| 巳 | 午 | 未 | 申 |

| 合 | 寅 | 辰 | | | 酉 | 未 | 常 |
|---|---|---|---|---|---|---|---|
| 朱 | 丑 | 卯 | | | 戌 | 申 | 玄 |

| 寅 | 丑 | 子 | 亥 |
|---|---|---|---|
| 子 | 亥 | 戌 | 酉 |
| 蛇 | 貴 | 后 | 陰 |

◆ 삼전이 丑亥酉로 逆間傳의 "極陰格(극음격)"이다.
◆ 丑亥酉는 陰濁之氣이며 동절의 陰方이고 초전 丑에 말전 酉는 陰이 가장 극성한 시점이므로 "極陰格"이라 한 것이다.
◆ 極陰의 象이니 邪氣가 氣勝을 부리고, 荒淫無道(황음무도)하고, 酒色으로 패가망신한다. 悖逆淫亂(패역음란)하고, 질병점은 必死한다.

예5) 癸丑日 亥將 丑時課

| | |
|---|---|
| 亥 | 劫財 勾陳 帝旺 / 驛馬 |

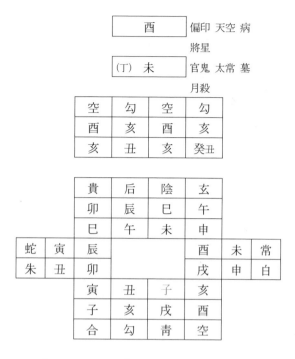

| | | | |
|---|---|---|---|
| 酉 | | 偏印 天空 病 | |
| | | | 將星 |
| (丁) 未 | | 官鬼 太常 墓 | |
| | | | 月殺 |

| 空 | 勾 | 空 | 勾 |
|---|---|---|---|
| 酉 | 亥 | 酉 | 亥 |
| 亥 | 丑 | 亥 | 癸丑 |

| | | 貴 | 后 | 陰 | 玄 | | |
|---|---|---|---|---|---|---|---|
| | | 卯 | 辰 | 巳 | 午 | | |
| | | 巳 | 午 | 未 | 申 | | |
| 蛇 | 寅 | 辰 | | | 酉 | 未 | 常 |
| 朱 | 丑 | 卯 | | | 戌 | 申 | 白 |
| | | 寅 | 丑 | 子 | 亥 | | |
| | | 子 | 亥 | 戌 | 酉 | | |
| | | 合 | 勾 | 青 | 空 | | |

◆ 三傳이 亥酉未로 "時遁格(시둔격)"이다.

◆ 酉는 太陰에 속하고 未土 지장간에 丁火가 있어, 隱遁潛行하니 "時遁格"이라 칭하는 것이다.

◆ 六丁이 앞에서 이끌고 遁迹潛行(둔적잠행)하는 象이다. 行人은 오지 않고, 도적은 찾기 힘들다.

◆ 질병과 소송점은 길하다.

예6) 乙亥日 辰將 午時課

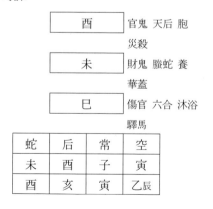

| | | | |
|---|---|---|---|
| 酉 | | 官鬼 天后 胞 | |
| | | | 災殺 |
| 未 | | 財鬼 螣蛇 養 | |
| | | | 華蓋 |
| 巳 | | 傷官 六合 沐浴 | |
| | | | 驛馬 |

| 蛇 | 后 | 常 | 空 |
|---|---|---|---|
| 未 | 酉 | 子 | 寅 |
| 酉 | 亥 | 寅 | 乙辰 |

| 青 | 勾 | 合 | 朱 |
|---|---|---|---|
| 卯 | 辰 | 巳 | 午 |
| 巳 | 午 | 未 | 申 |

| 空 | 寅 | 辰 | | | 酉 | 未 | 蛇 |
|---|---|---|---|---|---|---|---|
| 白 | 丑 | 卯 | | | 戌 | 申 | 貴 |

| 寅 | 丑 | 子 | 亥 |
|---|---|---|---|
| 子 | 亥 | 戌 | 酉 |
| 常 | 玄 | 陰 | 后 |

◆ 三傳이 酉未巳로 逆間傳의 "勸明格(권명격)"이다.

◆ 巳는 陽明이고 酉는 陰暗인데, 酉~巳로 진행함은 暗이 明으로 진입하는 象이
라 "勸明格"이라 칭한 것이다.

◆ 暗이 明으로 진입하니 근면하며 힘써 행하는 것이고, 前途가 탄탄하고 거침없
으니, 바라는 바대로 성취된다.

◆ 선비는 官을 얻고 祿位가 加增되고, 平民은 조속히 영달한다.

예7) 乙酉日 巳將 未時課

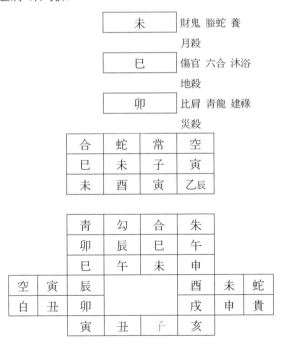

| 未 | 財鬼 螣蛇 養 |
|---|---|
| | 月殺 |
| 巳 | 傷官 六合 沐浴 |
| | 地殺 |
| 卯 | 比肩 靑龍 建祿 |
| | 災殺 |

| 合 | 蛇 | 常 | 空 |
|---|---|---|---|
| 巳 | 未 | 子 | 寅 |
| 未 | 酉 | 寅 | 乙辰 |

| 青 | 勾 | 合 | 朱 |
|---|---|---|---|
| 卯 | 辰 | 巳 | 午 |
| 巳 | 午 | 未 | 申 |

| 空 | 寅 | 辰 | | | 酉 | 未 | 蛇 |
|---|---|---|---|---|---|---|---|
| 白 | 丑 | 卯 | | | 戌 | 申 | 貴 |

| 寅 | 丑 | 子 | 亥 |
|---|---|---|---|

| 子 | 亥 | 戌 | 酉 |
|---|---|---|---|
| 常 | 玄 | 陰 | 后 |

- ◆ 三傳이 未巳卯로 逆間傳의 "回明格(회명격)"이다.
- ◆ 초전 未는 陰이고 중·말전 巳卯는 陽으로, 陰~陽으로 진행하니, 일그러진 달이 점차 둥글게 되가는 象이라 "回明格"이라 칭한 것이다.
- ◆ 明魄이 順生하고, 이지러진 달이 점차 둥글게 되니, 순환의 굴레에서 漸進하는 象이며, 災殃은 소멸된다.
- ◆ 사안은 천천히 진행시킴이 좋고, 급히 진행시키면 불리하다. 吉事는 점차성사되고, 흉사는 점차 소산된다. 久雨점은 晴해진다.

예8) 癸未日 未將 酉時課

| 巳 | 正財 太陰 胎 |
|---|---|
| | 驛馬 |
| 卯 | 食神 貴人 長生 |
| | 將星 |
| 丑 | 官鬼 朱雀 冠帶 |
| | 月殺 |

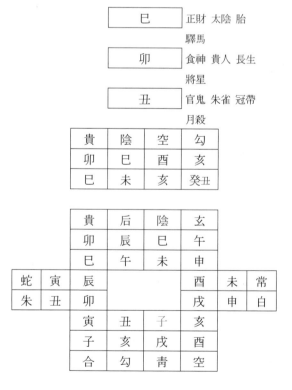

| 貴 | 陰 | 空 | 勾 |
|---|---|---|---|
| 卯 | 巳 | 酉 | 亥 |
| 巳 | 未 | 亥 | 癸丑 |

| | | 貴 | 后 | 陰 | 玄 | | |
|---|---|---|---|---|---|---|---|
| | | 卯 | 辰 | 巳 | 午 | | |
| | | 巳 | 午 | 未 | 申 | | |
| 蛇 | 寅 | 辰 | | | 酉 | 未 | 常 |
| 朱 | 丑 | 卯 | | | 戌 | 申 | 白 |
| | | 寅 | 丑 | 子 | 亥 | | |
| | | 子 | 亥 | 戌 | 酉 | | |
| | | 合 | 勾 | 青 | 空 | | |

- ◆ 三傳이 巳卯丑으로 逆間傳의 "轉悖格(전패격)"이다.
- ◆ 巳卯는 陽이고 丑은 陰이니, 巳~丑으로 진행함은 明을 버리고 暗으로 투입되

는 형국이라, 悖戾됨이 殊甚이라 "轉悖格"이라 칭한 것이다.

◆ 明을 버리고 暗으로 들어가는 것이며, 바른 길을 버리는 것이며, 방심하여 구하지 못하고, 破家하는 것이다.

◆ 家業이 퇴락하고, 사안은 정궤대로 행하지 못하고, 安分하지 못하며 定命대로 살지 못한다.

예9) 己酉日 辰將 午時課

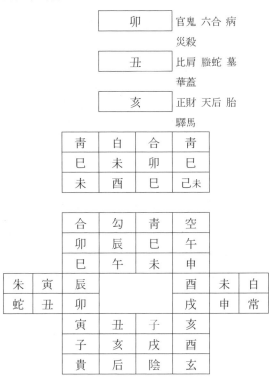

◆ 三傳이 卯辰亥로 逆間傳의 "斷澗格(단간격)"이다.

◆ 卯는 陽이고 丑亥는 陰으로, 卯~亥로 진행함은, 陽이 陰에 진입하는 형국이며, 산골물의 밑바닥까지 투입되는 象이라 "斷澗格"이라 칭한 것이다.

◆ 벼랑끝에 매달려 추락하는 형국이며, 물줄기가 끊어짐이며, 名利를 구함은 허사이다.

◆ 在官者는 退職의 上이고 平民은 災殃을 만나게 된다.

## 六十三課 : 六純課(육순과)

⊙ 四課三傳이 전부 陽이 되던가, 陰이 되면 六純課라 한다.
純陽이 될 때는 六陽格이라 하고, 純陰이 될때는 六陰格이라 한다.

⊙ 六陽格이 되면 公事는 이롭지만 私事는 불리하다. 또 君子에 이롭고 小人은 불리하다.

⊙ 事體는 重大하여 大衆의 뜻이 있고, 만약 私心을 가지면 필패한다.

⊙ 六陰格이 되면 私事에 이롭고 公事에 불리하다. 君子는 불리하고, 卑下에 이롭고 淫謀姦邪(음모간사)가 있으며 病者는 사망한다.

예) 庚子日 戌將 申時課

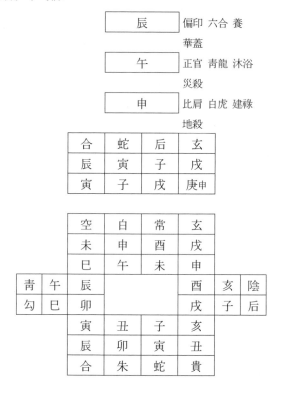

| | 辰 | 偏印 六合 養 |
| | | 華蓋 |
| | 午 | 正官 青龍 沐浴 |
| | | 災殺 |
| | 申 | 比肩 白虎 建祿 |
| | | 地殺 |

| 合 | 蛇 | 后 | 玄 |
|---|---|---|---|
| 辰 | 寅 | 子 | 戌 |
| 寅 | 子 | 戌 | 庚申 |

| 空 | 白 | 常 | 玄 |
|---|---|---|---|
| 未 | 申 | 酉 | 戌 |
| 巳 | 午 | 未 | 申 |

| 青 | 午 | 辰 | | | 酉 | 亥 | 陰 |
| 勾 | 巳 | 卯 | | | 戌 | 子 | 后 |
| 寅 | 丑 | 子 | 亥 |
| 辰 | 卯 | 寅 | 丑 |
| 合 | 朱 | 蛇 | 貴 |

◆ 四課와 三傳이 모두 陽으로 구성되었으니 六陽課이다.

## 2. 과체개념課體概念 요약要約

아래에 기술하는 六壬神課의 과체별 개념 요약은, 문점사안에 대해 점단시 일목 요연하게 쟁점 사안을 판단할 수 있도록 요약하여 정리 정돈한 것이다. 과체의 외 적으로 드러나는 큰 틀을 먼저 알면 그 세부적인 관련사항을 판단함에 있어 오류는 자연 적어지게 되는 것이므로, 재삼재사 숙지하면 육임실점의 미래예측과 관련하 여 많은 도움이 되리라 사료된다.

### (1) 元首課

◎ 구성

　◆ 4과중에서 유일하게 상극하로 發用된 課를 말한다.

◎ 사안

　◆ 일은 밖에서 들어오고, 천지간 得位함이 있고, 신하는 충성하고, 자손은 효도 를 한다.

　◆ 胎産은 남아이고, 謀望은 순리대로 이루어진다.

　◆ 商人은 이득을 얻고, 재관자는 높이 천약된다.

　◆ 上神이 旺하면 百事皆吉하고, 下神이 旺하면 잠재된 우려가 있다.

### (2) 重審課

◎ 구성

　◆ 4과중에서 유일하게 下賊上으로 發用된 課를 말한다.

◎ 사안

　◆ 下가 上을 범하는 것이니 禍는 내부에서 시작되고, 人事는 역행하고 謀望은 불리하다.

　◆ 凡事는 재삼재사 심사숙고해야 하고, 일은 처음엔 험하고 나중은 수월하다.

　◆ 胎産은 여아이고, 謀望은 처음은 어려우나 나중은 성사된다.

　◆ 上神이 旺하면 종내 危害됨이 없다.

### (3) 知一課

◉ 구성

- ◆ 4과중 상극하 혹은 하적상이 2개과인 경우 日干과 陰陽이 같은 것을 선택하는 경우이다.

◉ 사안

- ◆ 사안은 동류이며, 양 갈래로 선택의 기로에 있는 것이다.
- ◆ 의심이 많아 결정을 내리지 못하니, 범사에 하나를 택하여 전념함이 좋고, 먼 것을 버리고 가까운 것을 취함이 좋다.
- ◆ 소원함을 버리고 친함을 택하면 일을 성사시킬 수 있다.
- ◆ 失物과 尋人은 근방에 있는 것이다.

### (4) 涉害課

◉ 구성

- ◆ 4과중 상극하 혹은 하적상이 2개과인 경우에 또한 日干과 陰陽이 같아, 천반의 本家에서 지반 本家까지 오는 동안 극을 많이 받는 것을 取하는 과이다.

◉ 사안

- ◆ 凡事難望이며, 풍상을 겪은 후에야 성사된다.
- ◆ 극을 많이 받으면 재액의 해결이 난망하고, 극을 적게 받으면 재액이 쉽게 해결된다.
- ◆ 相剋下면 憂慮가 輕하고, 下賊上이면 憂慮가 重하다.

〈見機格〉

◉ 구성

- ◆ 涉害課 중 剋을 받는 數가 같은 경우 四孟神上의 발용을 의미한다.

◉ 사안

- ◆ 사안은 의혹이 있으므로, 조속히 책략을 변화시키고 고침이 이롭고, 심사숙고 후 행하면 성사됨이 있다.

〈察微格〉

◉ 구성

◆ 四孟神上에서 취하지 못하는 경우, 四仲神上이나 四季神上에서 취함을 말한다.

◉ 사안

◆ 인심이 혐악하고, 웃음속에 칼을 감춘 형국이고, 범사에 면밀히 관찰하여 행하면 害를 당함은 없다.


〈綴瑕格〉

◉ 구성

◆ 섭해과 중 四孟神上, 四仲神上, 四季神上에서 취하지 못하는 경우, 陽日은 干上神, 陰日은 支上神에서 취함을 말한다.

◉ 사안

◆ 상호 牽索되고 難望함이 있다.

◆ 干上神 발용은 나의 잘못으로 인한 禍가 타인에게 미치게 되고, 支上神 발용은 타인으로 인한 재액이 나에게 까지 미치게 된다.


## (5) 遙尅課

◉ 구성

◆ 四課에서 賊尅이 없는 경우, 사과상신에서 일간을 극하거나, 일간이 사과 상신을 극하는 것을 취하는 경우.

◉ 사안

◆ 凡事難成이다.

◆ 1,2과 발용은 극함이 비교적 세고, 3,4과 발용은 극함이 비교적 약하다.


〈嵩矢格〉

◉ 구성

◆ 2과,3과,4과상신에서 日干을 극함을 취하는 것이다.

◉ 사안

◆ 虛驚함이 있으나 종국엔 무탈하다.

◆ 蒿矢格이 三傳에 金이 있으면 "鏃(족)"이라 하여, 사안에 숨겨진 날카로움이 있고, 기운차게 나아가나 재액이 있다.

〈彈射格〉
◉ 구성
  ◆ 日干이 2과, 3과, 4과상신을 극함을 취하는 것이다.
◉ 사안
  ◆ 사안은 멀리 있고 성취하기 어려우며, 종국엔 얻는 것이 없다.
  ◆ 탄사격이 삼전에 土가 있으면 "丸"이라 하여, 숨겨진 흉액이 있고, 기운차게 나아가나 재액이 있다.

## (6)昴星課
◉ 구성
  ◆ 賊剋도 없고 遙剋도 없는 경우, 陽日은 지반 酉의 上神을, 陰日은 천반 酉의 下神을 취하는 것이다.
◉ 사안
  ◆ 우려되고 경황됨이 있고, 사안은 성취됨이 없다.

〈虎視轉蓬格〉
◉ 구성
  ◆ 陽日이라 지반 酉의 上神을 취하는 것이다.
◉ 사안
  ◆ 심신이 불안하고, 禍는 외부에서 일어나고, 靜하면 安分됨이 있다.

〈冬蛇掩目格〉
◉ 구성
  ◆ 陰日이라 천반 酉의 下神을 취하는 것이다.
◉ 사안
  ◆ 暗昧不明이고, 진퇴양난이며, 凡事難成이다.

## (7) 別責課

◎ 구성

- 4과가 되지 못하고 3과밖에 못되는데, 賊剋도 없고 遙剋도 없는 경우, 陽日은 일간과 간합되는 神의 寄宮의 천반을 취하고, 陰日은 日支와 삼합국의 前 支를 취한다.

◎ 사안

- 매사 불완전하고, 기다려야 하며, 모망은 불성하고, 교묘함을 꾀하나 종국엔 졸작을 만들어 낸다.
- 4과가 二陽 一陰이면 두 명의 남자가 여자 한명을 놓고 다투는 형국이고, 二陰 一陽이면 두 명의 여자가 남자 한명을 놓고 다투는 형국이다.

## (8) 八專課

◎ 구성

- 4과중 상하가 같은 것이 2개 있어 전부 2과만 있고 상하극이 없는 경우이다. 陽日은 일간의 陽神에서 순행 3위하여 취하고, 陰日은 日支의 陰神에서 역행 3위하여 취한다.

◎ 사안

- 二人이 同心하여 그 이득을 분배하는 형국이다. 실물은 내부에 있다.

〈幃簿不修格〉

◎ 구성

- 팔전과에서 天后, 六合, 玄武 중 하나가 입전하는 경우이다.

◎ 사안

- 남녀가 혼잡하여 음란하고, 가정에 추문이 있다.

〈獨足格〉

◎ 구성

- 팔전과에서 三傳이 일간상신과 같은 것을 말한다.

◎ 사안

- 길흉간의 사안이 모두 자신으로 인한 결과이다.

### (9) 伏吟課

◎ 구성

- 월장과 점시가 같아 천반과 지반이 모두 같은 것을 말한다.

◎ 사안

- 伏而不動이고 뜻을 펴기 어렵다.

〈自任格〉

◎ 구성

- 陽日의 복음과를 말한다.

◎ 사안

- 자신으로 말미암아 발생하는 일이고, 강하게 추진하나 오히려 재화를 초래하고, 행인은 즉지하고, 병세는 가중되고, 실물은 근방에 있다.

〈自信格〉

◎ 구성

- 陰日의 복음과를 말한다.

◎ 사안

- 심신이 부자유하고, 행인은 저체되고, 병세는 가중되고, 실물은 근방이고, 도적은 내부에서 찾아야 한다.

〈杜撰格(두찬격)〉

◎ 구성

- 복음과 중 말전이 空亡된 것을 말한다.

◎ 사안

- 사안은 날조되고, 허황되고 부실하며, 실물은 집안에 있다.

## (10) 返吟課

◎ 구성

  ◆ 월장과 점시가 상충되어 자연 천지반이 상충된 경우를 말한다.

◎ 사안

  ◆ 범사가 反覆되고 不寧하다.


〈無依格(무의격)〉

◎ 구성

  ◆ 반음과 중 상하극이 있어 이를 취함을 말한다.

◎ 사안

  ◆ 내우외환이고, 친척과 무리가 離叛하고, 의탁할 곳이 없다.


〈無親格=井欄射格(무친격=정란사격)〉

◎ 구성

  ◆ 반음과 중 상하극이 없어 일지의 역마를 취함을 말한다.

◎ 사안

  ◆ 일을 빨리 진척시키면 파하게 되고, 한 몸으로 두 가지 일을 해야 하는 형국이다. 길장이 승하면 절반의 성취는 있다.


## (11) 三光課

◎ 구성

  ◆ 초전과 간지 등 三處가 旺相氣를 띠고 다시 길장이 승한 경우.

◎ 사안

  ◆ 모망은 순리대로 성사되고, 萬事皆吉이다.


## (12) 三陽課

◎ 구성

  ◆ 귀인이 순포되고, 간지가 유기하며 귀인의 전이고, 다시 초전이 왕상한 경우.

⊙ 사안

　◆ 범사개길이다. 구하는 바는 대체로 성취된다.


### (13) 三奇課

⊙ 구성

　◆ 旬奇가 발용이나 입전하거나, 혹은 삼전의 遁干이 三奇에 해당하는 경우.

⊙ 사안

　◆ 범사에 逢凶化吉이고 殃禍가 解消된다.


### (14) 六儀課

⊙ 구성

　◆ 旬儀가 발용하거나 入傳한 경우.

⊙ 사안

　◆ 범사에 逢凶化吉이고, 刑殺도 不忌한다. 다만, 六儀가 초전인데 年命을 극하
　　면 흉하다.


### (15) 時泰課

⊙ 구성

　◆ 太歲나 月建에 靑龍이나 六合이 乘하여 발용되고 財德을 겸한 경우.

⊙ 사안

　◆ 萬事亨通하고 災禍는 消散된다.


### (16) 龍德課

⊙ 構成

　◆ 太歲나 月將에 貴人이 乘하여 발용한 경우

⊙ 事案

　◆ 降福消災되고, 財喜가 몸에 이르고, 官職者는 遷躍된다.

## (17) 官爵課

⊙ 構成

◆ 太歲, 月建, 年命이 三合되어 驛馬가 발용하고 또한 河魁(戌)나 太常이 입전한 경우

⊙ 事案

◆ 官爵은 昇進되고, 謀事는 速成이다.


## (18) 富貴課

⊙ 構成

◆ 貴人이 旺相氣를 띠어 발용하고 상하 상생하며, 干支나 年命에 臨한 경우.

⊙ 事案

◆ 가문과 관직이 현달하고, 부귀가 양전한다.


## (19) 軒蓋課

⊙ 構成

◆ 삼전이 午卯子로 된 경우.

⊙ 事案

◆ 범사개길이고 관직은 昇遷한다.


## (20) 鑄印課

⊙ 構成

◆ 삼전이 巳戌卯인 경우(삼전이 巳戌만 있어도 주인과라 하기도 한다.)

⊙ 事案

◆ 매사 성취되나 늦어짐이 있고, 질병과 소송점은 불리하다.


## (21) 斲輪課

⊙ 構成

◆ 삼전이 卯戌巳가 되거나, 卯加申인 경우

⊙ 事案
  ◆ 매사 성취되나 늦어짐이 있고, 관직자는 高躍하고, 病訟은 불리하다.


## (22) 引從課

⊙ 構成
  ◆ 초전과 말전이 일간지의 前, 後의 神에 해당하는 경우.
⊙ 事案
  ◆ 범사개길이고, 사람들의 협력과 도움으로 일을 성사시킨다.


## (23) 亨通課

⊙ 構成
  ◆ 삼전이 체생일간하거나, 干支가 교호상생되고 왕상한 경우.
⊙ 事案
  ◆ 체생되면 귀인의 천거로 일을 성사시키고, 교호상생되면 상호 협력하여 이득
    을 취하게 된다.


## (24) 繁昌課

⊙ 構成
  ◆ 부부의 年命이 왕상하고 생합되며, 간지가 생합되는 경우.
⊙ 事案
  ◆ 음양이 화합되므로 人丁이 興旺하다.


## (25) 榮華課

⊙ 構成
  ◆ 祿馬貴人이 왕상하며 길장이 승하고 간지에 임한 경우이거나, 年命이 발용되
    거나 입전한 경우.
⊙ 事案
  ◆ 人宅이 모두 吉利하고 범사가 皆吉이다.

## (26) 德慶課

⊙ 構成

 ◆ 日德, 支德, 天德, 月德이 발용하고 어울러 年命上神에 길장이 승한 경우.

⊙ 事案

 ◆ 매사 吉昌하고, 전화위복이다.


## (27) 合歡課

⊙ 構成

 ◆ 三傳이 三合이 되고 日上神의 遁干이 日干과 干合되는 것을 말한다.

⊙ 事案

 ◆ 화합되고 경사가 있고, 訟事는 和解되어 이득이 되고, 胎産은 지연되고, 병점
 은 늦어지나 쾌유된다.


## (28) 和美課

⊙ 構成

 ◆ 日上2課 上下, 辰上2課 上下가 三合局을 이루고, 다시 三傳이 三合局을 형성
 함을 의미한다.

⊙ 事案

 ◆ 모망은 성취되고 교역은 성사된다.


## (29) 斬關課

⊙ 構成

 ◆ 辰.戌이 日干에 臨하여 발용하는 경우.

⊙ 事案

 ◆ 도망이나 은둔에 이롭고, 도적은 포획하기 어렵고, 病訟은 흉하다.

### (30) 閉口課
⊙ 構成
- 旬尾가 旬首에 加하여 발용하거나, 천·지반의 旬首에 현무가 승하여 발용하는 경우.

⊙ 事案
- 機關은 莫測이고, 事跡은 難明이고, 매사 屈伸과 難解함이 있다.


### (31) 遊子課
⊙ 構成
- 辰未戌丑이 삼전에 전부 있고, 旬丁이나 天馬가 발용하는 경우.

⊙ 事案
- 원행사이고, 범사에 의혹과 부정이 있고, 족적은 고찰할 바가 전혀 없다.


### (32) 三交課
⊙ 構成
- 四仲日占에 四仲神이 사과에 있고, 다시 삼전이 四仲神이며 태음이나 육합이 승하여 발용한 경우.

⊙ 事案
- 交加連累되고, 暗昧不明이며 進退兩難이다.


### (33) 贅婿課
⊙ 構成
- 干이 支를 극하거나, 干이 支上에 臨하여 支를 극하거나, 혹은 支가 干上에 臨하여 干의 극을 받는 경우.

⊙ 事案
- 심신이 부자유하고, 타인에게 굴신하고 따르게 된다.

## (34) 亂首課

⊙ 構成

- 支가 干을 극하고, 支가 干上에 臨하여 干을 극하거나, 혹은 干이 支上에 壬하여 支의 극을 받은 경우.

⊙ 事案

- 패역되고, 下가 上을 犯하는 사안이다.


## (35) 自在課

⊙ 構成

- 支가 干上에 壬하여 干을 생하는 경우.

⊙ 事案

- 능히 운신의 폭을 넓혀 뜻을 펴나갈 수 있다.


## (36) 俯就課

⊙ 構成

- 干이 支上에 臨하여 支의 생을 받는 경우.

⊙ 事案

- 현달함이 있다.


## (37) 歷虛課

⊙ 構成

- 干이 支上에 臨하여 支를 생하는 경우.

⊙ 事案

- 我가 客處에 임하니 소모와 지출이 많다.


## (38) 歸寵課

⊙ 構成

- 支가 干上에 臨하여 干의 생을 받는 경우.

◉ 事案

- 객이 我處에 임하니 崇尙을 받는 격이다.


## (39) 脫骨課

◉ 構成

- 干支가 교호상생되는 경우.

◉ 事案

- 彼我有情이라 상호간 상부상조됨이 있다.


## (40) 沖破課

◉ 構成

- 日支를 沖하는 神이 발용되고, 沖하는 神의 下神에 破神이 있는 경우.

◉ 事案

- 門戶가 不寧하고, 日은 성사되었다 다시 해산된다.


## (41) 淫泆課

◉ 構成

- 卯.酉에 천후나 육합이 승하여 발용한 경우.

◉ 事案

- 사적인 모망은 이로우나 공적인 모망은 불리하다. 私通淫奔한다. 만약, 삼교 과를 겸하면 여러 사람과 음란함이 있다.


〈泆女格〉

◉ 構成

- 淫泆課 중 초전에 천후가 승하고 말전에 육합이 승한 경우.

◉ 事案

- 여자 스스로 음탕함이 있다.

〈狡童格〉

◎ 構成

♦ 淫泆課 중 초전이 육합이고 말전이 천후인 경우.

◎ 事案

♦ 남자가 여자를 유혹하여 음분한다.


### (42) 蕪淫課

◎ 構成

♦ 사과가 완전하지 못하고 간지가 교호상극된 경우.

◎ 事案

♦ 가문이 不正하고, 夫婦가 불목하고, 매사 음란함이 많다.


### (43) 解離課

◎ 構成

♦ 부부의 年命이 상충, 상극되고, 부부의 年命上神이 교호상극된 경우.

◎ 事案

♦ 부부가 불목하고 부부 각각 異心이 있다.


### (44) 孤寡課

◎ 構成

♦ 日干支 上神이 고진, 과숙살이 되거나, 순공이 되는 경우.

◎ 事案

♦ 고독하고 無依이다.


### (45) 度厄課

◎ 構成

♦ 四課가 되지 못하고 三過 밖에 없는데, 상하극이나 하적상이 있는 경우

◎ 事案

♦ 가정이 불화하고 長幼가 불목한다.

〈幼度厄格〉

⊙ 構成

  ◆ 도액과 중 상극하인 경우.

⊙ 事案

  ◆ 尊長이 卑幼를 欺瞞하고 卑幼者는 災厄이 따른다.


〈長度厄格〉

⊙ 構成

  ◆ 도액과 중 하적상인 경우.

⊙ 事案

  ◆ 존장이 不正하고, 下가 上을 犯한다.


## (46) 無祿課

⊙ 構成

  ◆ 四課가 전부 상극하로 된 경우

⊙ 事案

  ◆ 구재나 모망은 불리하다. 屈身難伸이다.


## (47) 絶嗣課

⊙ 構成

  ◆ 四課가 전부 하적상인 경우.

⊙ 事案

  ◆ 貧苦하고, 尊長에게 재액이 있고, 소인은 무례하고, 暗害가 있다.


## (48) 迍福課

⊙ 構成

  ◆ 八迍과 五福이 겸해있는 것을 말한다.

⊙ 事案

  ◆ 먼저는 우려가 있으나 나중은 기쁨이 있다. 凶變吉이다.

## (49) 侵害課

⊙ 構成

　◆ 干支에 六害가 相加하여 발용된 경우.

⊙ 事案

　◆ 小人의 범함이 있고, 상허 손상됨이 있다.


## (50) 刑傷課

⊙ 構成

　◆ 三刑殺이 발용하고 年命에도 삼형살이 있는 경우.

⊙ 事案

　◆ 범사에 재앙이 있고, 매사 뒤틀리고 어그러진다.


## (51) 二煩課

⊙ 構成

　◆ 日, 月宿이 四仲에 해당하고, 天罡(辰), 河魁(戌)가 丑未에 임한 경우.

⊙ 事案

　◆ 消散된 災禍가 다시 도래하고, 우려와 번뇌가 한꺼번에 발생한다.


〈天煩格〉

⊙ 構成

　◆ 日宿이 四仲에 임하고 천강, 하괴가 축미에 임한 경우.

⊙ 事案

　◆ 우려와 번뇌가 다발한다.


〈地煩格〉

⊙ 構成

　◆ 月宿이 四仲에 임하고 천강, 하괴가 축미에 임한 경우.

⊙ 事案

　◆ 우려와 번뇌가 다발한다.

〈杜傳格〉

◎ 構成

 ◆ 日宿이 四仲에 임하고, 천강, 하괴가 축미에 임하지 않은 경우.

◎ 事案

 ◆ 범사에 정함이 이롭고 동하면 불리하다.


### (52) 天禍課

◎ 構成

 ◆ 四立日(立春. 立夏. 立秋. 立冬)에 前日(昨日)의 干支가 今日의 干支에 臨하던가,
  今日의 干支가 前日(昨日)의 干支에 臨하게 되는 경우.

◎ 事案

 ◆ 動함에 흉액이 따르며 망동함도 불가하다.


### (53) 天獄課

◎ 構成

 ◆ 囚, 死, 墓神이 발용이고, 천강(진)이 日의 長生地 上에 있는 경우.

◎ 事案

 ◆ 憂患이 難解하고, 囚禁之災가 있다.


### (54) 天寇課

◎ 構成

 ◆ 天寇課는 四離日에 月宿가 臨하여 發用된 것을 말한다. 四離日이란 春分, 夏
  至, 秋分, 冬至 즉 四分至日의 前 一日을 말한다.

◎ 事案

 ◆ 시세가 불리하고, 모망도 불성하며, 도적을 창궐한다.


### (55) 天網課

◎ 構成

 ◆ 점시와 초전이 공히 일간을 극하는 경우.

⊙ 事案
♦ 動한 즉 沮礙가 있고, 法度가 없고, 死喪의 우려가 있다.


## (56) 魄化課

⊙ 構成
♦ 백호가 死神이나 死氣를 대동하여 간지에 임하고 행년이 발용된 경우.
⊙ 事案
♦ 病訟은 驚惶되고, 死喪의 우려가 있다.


## (57) 喪魄課

⊙ 構成
♦ 喪魂이 간지나 행년에 임하여 발용한 경우.
⊙ 事案
♦ 건강이 악화되고, 病者는 사망의 우려가 있다.


## (58) 飛魂課

⊙ 構成
♦ 飛魂이 간지나 행년에 임하여 발용한 경우
⊙ 事案
♦ 밤에 흉몽이 많고, 鬼祟가 相侵하고, 심신이 不寧하고, 정신이 혼미하다.


## (59) 三陰課

⊙ 構成
♦ 貴人이 역행하고, 日辰이 貴人의 後이고, 囚死氣에 현무나 백호가 승하여 발용한 경우.
⊙ 事案
♦ 범사불통하고, 매사 저체됨이 많다.

## (60) 龍戰課

⊙ 構成
  ◆ 卯, 酉日 占에 行年이 卯酉이고 卯酉가 발용한 경우

⊙ 事案
  ◆ 門戶가 不寧하고, 주거가 일정치 않고, 반복부정하고, 憂疑가 있다.


## (61) 龍首課

⊙ 構成
  ◆ 태세, 월건, 월장이 동시에 발용한 경우.

⊙ 事案
  ◆ 天子로부터 皇恩을 입고 관작이 加增된다.


## (62) 死氣課

⊙ 構成
  ◆ 天羅가 간지에 임하여 발용한 경우.

⊙ 事案
  ◆ 범사가 불길하고, 死喪의 우려가 있다.


## (63) 災厄課

⊙ 構成
  ◆ 喪車, 遊魂, 伏殃, 病符, 喪門, 弔客, 三丘, 五墓, 太歲 등에 백호가 승하여 발용한 경우.

⊙ 事案
  ◆ 재액이 끊이지 않고, 질병은 사망한다.


## (64) 殃咎課

⊙ 構成
  ◆ 삼전이 체극일간하고, 상하신과 천장이 內戰(神剋將)이나 外傳(將剋神)한 경우

이거나, 간지에 墓가 승한 경우.

◎ 事案

  ◆ 凶多吉小하고 재화를 피하기 어렵다.


### (65) 伏殃課

◎ 構成

  ◆ 天鬼가 간지나 행년에 임하여 발용한 경우.

◎ 事案

  ◆ 災禍가 伏藏되고, 殺傷之厄이 있다.


### (66) 九醜課

◎ 構成

  ◆ 戊子, 戊午, 壬子, 壬午, 乙卯, 乙酉, 己卯, 己酉, 辛卯, 辛酉의 10일에 점시가 四仲時이고, 丑이 四仲에 임하여 발용한 경우.

◎ 事案

  ◆ 大禍가 있고, 叛徒의 무리이고, 친인척과의 이별이 있다.


### (67) 鬼墓課

◎ 構成

  ◆ 日墓에 官鬼가 승하여 발용한 경우.

◎ 事案

  ◆ 病財는 흉하고 모망은 불성한다.


### (68) 勸德課

◎ 構成

  ◆ 귀인이 지반 卯酉에 임하여 발용한 경우.

◎ 事案

  ◆ 만사 대비함이 없으면 앙화가 따르고, 대비함이 있으면 형통하다.

〈微服格〉

⊙ 構成

　◆ 권덕과에서 日辰의 陰陽二神이 貴人의 後인 경우.

⊙ 事案

　◆ 안거함이 이롭고 그렇지 않으면 불리하다.


〈蹉跎格〉

⊙ 構成

　◆ 권덕과에서 일지의 음양이신이 귀인의 전인 경우.

⊙ 事案

　◆ 소인은 직책을 얻고, 군자는 퇴위한다.


## (69) 盤珠課

⊙ 構成

　◆ 태세, 월건, 일시가 삼전과 사과에 모두 있는 경우

⊙ 事案

　◆ 범사가 遠大하고 抱負가 掌中에 있다.


〈天心格〉

⊙ 構成

　◆ 太歲, 月建, 日時가 사과 중엔 없으나 삼전에는 있는 경우

⊙ 事案

　◆ 범사 원대하고 非常하며 최고위층과 상관되어 있다.


〈回還格〉

⊙ 構成

　◆ 太歲, 月建, 日時가 사과 중엔 있으나 삼전에는 없는 경우.

⊙ 事案

　◆ 일체 범사가 모두 장중에 있다.

## (70) 全局課

⊙ 構成

◆ 삼전이 삼합국이 되는 경우.

⊙ 事案

◆ 길사는 필성하고 흉사는 피하기 어렵다.


〈潤下格〉

⊙ 構成

◆ 삼전이 申子辰의 삼합수국이 된 경우

⊙ 事案

◆ 和順하고, 溝渠(구거), 漁網등과 관련사안이다. 천기점엔 陰雨이다.


### ① 出奇

⊙ 構成

◆ 삼전이 子辰申으로 배열된 경우

⊙ 事案

◆ 스스로 새롭게 改過해야 한다.

### ② 仰元

⊙ 構成

◆ 삼전이 子申辰으로 배열된 경우.

⊙ 事案

◆ 처음은 왕성하나 나중은 곤고하다.

### ③ 呈斗

⊙ 構成

◆ 삼전이 辰申子로 배열된 경우

⊙ 事案

◆ 玩의 兩面手法이 있다.

### ④ 間斗

⊙ 構成

◆ 삼전이 申辰子로 배열된 경우

⊙ 事案

◆ 胸有成竹(흉유성죽=흉중에 이미 대나무 그림을 그리고 있다)이다.


〈炎上格〉

⊙ 構成

　　◆ 삼전이 寅午戌의 삼합화국을 형성한 경우

⊙ 事案

　　◆ 묵은 것은 향상되고, 爐治, 文書 등과 연관된 사안이다. 천기는 晴旱이다.


① 間魁

　　⊙ 構成

　　◆ 삼전이 午戌寅으로 배열된 경우.

　　⊙ 事案

　　◆ 어긋남은 거하고 바른 것을 취한다.

② 正義

　　⊙ 構成

　　◆ 삼전이 午寅戌로 배열된 경우.

　　⊙ 事案

　　◆ 정의가 影顯된다.

③ 頂墓

　　⊙ 構成

　　◆ 삼전이 戌寅午로 배열된 경우

　　⊙ 事案

　　◆ 集思廣益(집사광익=생각을 모아 이익을 더한다)함을 再 行事한다.

④ 華明

　　⊙ 構成

　　◆ 삼전이 寅戌午로 배열된 경우

　　⊙ 事案

◆ 빛나는 재주가 넘쳐나며 남보다 우뚝 서게 된다.


〈曲直格〉
⊙ 構成
　◆ 삼전이 亥卯未의 삼합목국을 이룬 경우.
⊙ 事案
　◆ 굽고 어그러진 것을 바로잡음. 車船, 種植 관련지사이다.


① **合縱**
　⊙ 構成
　◆ 삼전이 卯未亥로 배열된 경우.
　⊙ 事案
　◆ 쌍방간에 손상된 감정이 있다.

② **先春**
　⊙ 構成
　◆ 삼전이 卯亥未로 배열된 경우.
　⊙ 事案
　◆ 시기가 성숙되기 전에 행동을 취함. 功敗 후 성공을 남긴다.

③ **從吉**
　⊙ 構成
　◆ 삼전이 未亥卯로 배열된 경우.
　⊙ 事案
　◆ 때를 기다려 해동한다.

④ **轉輪**
　⊙ 構成
　◆ 삼전이 亥未卯로 배열된 경우
　⊙ 事案
　◆ 轉敗爲勝이다.

〈從革格〉

⊙ 構成

  ◆ 삼전이 巳酉丑의 삼합금국으로 형성된 경우.

⊙ 事案

  ◆ 옛것을 개혁하여 새것을 이룬다. 兵戈, 金鐵과 연관된 사안이다.


① 獻刃

  ⊙ 構成

  ◆ 삼전이 酉丑巳로 배열된 경우

  ⊙ 事案

  ◆ 원근과 彼我 모두 손상이 있다.

② 操會(조회)

  ⊙ 構成

  ◆ 삼전이 酉巳丑으로 배열된 경우.

  ⊙ 事案

  ◆ 때가 착오와 과실이 생기기 쉬우니 明哲하지 못하면 손실을 떠안게 된다.

③ 藏金

  ⊙ 構成

  ◆ 삼전이 丑巳酉로 배열된 경우.

  ⊙ 事案

  ◆ 사안이 심장되어 노출되지 않는다.

④ 反射

  ⊙ 構成

  ◆ 삼전이 巳丑酉로 배열된 경우.

  ⊙ 事案

  ◆ 一定에 따라 외출을 咐囑하는데 回報가 당도해 있다.


〈稼穡格〉

⊙ 構成

◆ 삼전이 辰未戌丑으로 구성된 경우.

⊙ 事案

◆ 田土, 墳墓(분묘), 稽留(계류)등과 관련사안이다.


## (71) 玄胎課

⊙ 構成

◆ 삼전이 寅申巳亥의 사맹신으로 구성된 경우.

⊙ 事案

◆ 사안은 대체로 새로운 의미가 있고, 憂疑와 驚惶됨이 있다.


### 〈順四孟格〉

⊙ 構成

◆ 삼전이 巳申亥寅으로 배열된 경우.

⊙ 事案

◆ 일명 "病胎格"이라고도 한다. 정세에 순응하고, 사안은 속하고, 태산은 우려가 있다.


### 〈逆四孟格〉

⊙ 構成

◆ 삼전이 亥申巳寅으로 배열된 경우.

⊙ 事案

◆ 일명 "生胎格"이라고도 한다. 정세가 패역되고, 사안은 늦고, 태산은 대길하다.


### 〈絕胎格〉

⊙ 構成

◆ 삼전이 寅申寅, 巳亥巳, 申寅申…등으로 배열된 경우.

⊙ 事案

◆ 꽃은 피나 열매가 없다.

## (72) 四仲課

⊙ 構成
- ◆ 삼전이 子午卯酉의 사중신으로 구성된 경우.

⊙ 事案
- ◆ 교제함에 함정을 주의해야 하고, 문호에 재앙이 많다.

〈順四仲格〉

⊙ 構成
- ◆ 삼전의 배열이 子卯午酉로 배열된 경우

⊙ 事案
- ◆ 일견하면 매사 수월해 보이나 실상은 위기가 암장되어 있다.

〈逆四仲格〉

⊙ 構成
- ◆ 삼전이 子酉午卯로 배열된 경우.

⊙ 事案
- ◆ 위기와 어려움이 있는 중 일말의 生機가 있다.

## (73) 四季課

⊙ 構成
- ◆ 삼전이 辰未戌丑의 사계신으로 구성된 경우.

⊙ 事案
- ◆ 田土와 재물의 손실을 방지해야 한다.

〈順四季格〉

⊙ 構成
- ◆ 삼전이 丑辰未戌로 배열된 경우.

⊙ 事案
- ◆ 사안은 順理이나 번뇌와 복잡함이 있다.

## 〈逆四季格〉

⊙ 構成

 ◆ 삼전이 丑戌未辰으로 배열된 경우

⊙ 事案

 ◆ 사안이 逆理이니 손실을 방지해야 한다.


## (74) 連珠課

⊙ 構成

 ◆ 삼전이 子丑寅, 卯辰巳… 등으로 연이어 구성된 경우.

⊙ 事案

 ◆ 사안은 필히 연속하여 발생한다.


### 順連珠12格

⊙ 構成

 ◆ 삼전이 子丑寅, 卯辰巳… 등으로 구성된 경우.

⊙ 事案

 ◆ 사안은 발전됨이 있으나 다소 교만함도 있다.


### ① 龍潛格

 ⊙ 構成

 ◆ 삼전이 亥子丑으로 배열된 경우.

 ⊙ 事案

 ◆ 실력은 없으나 좌충우돌이다.

### ② 含春格

 ⊙ 構成

 ◆ 삼전이 子丑寅으로 배열된 경우.

 ⊙ 事案

 ◆ 역량이 누적되고 세력을 집약하여 일어설 때를 기다린다.

③ 將泰格

　⊙ 構成

　◆ 삼전이 丑寅卯로 배열된 경우.

　⊙ 事案

　◆ 이름은 얻으나 실리가 없다.

④ 正和格

　⊙ 構成

　◆ 삼전이 寅卯辰으로 배열된 경우.

　⊙ 事案

　◆ 눈여겨 쏘아봄을 받으나 능히 재주를 펼칠 재목이다.

⑤ 離漸格

　⊙ 構成

　◆ 삼전이 卯辰巳로 배열된 경우.

　⊙ 事案

　◆ 賞賜의 은혜를 받고 군왕을 측근에서 보필한다.

⑥ 升階格

　⊙ 構成

　◆ 삼전이 묘진사로 배열된 경우.

　⊙ 事案

　◆ 점점 높이 오르게 된다.

⑦ 近陽格

　⊙ 構成

　◆ 삼전이 辰巳午로 배열된 경우

　⊙ 事案

　◆ 공명이 고위직에 근접했어도 실권은 장악을 못하고 있다.

⑧ 麗明格

　⊙ 構成

　◆ 삼전이 午未申으로 배열된 경우.

　⊙ 事案

◆ 공명이 성취됨, 대권을 장악한다.

## ⑨ 廻春格

◉ 構成

◆ 삼전이 未申酉로 배열된 경우.

◉ 事案

◆ 기세가 점차 쇠잔해지고, 한밤중의 殘燈과 같다.

## ⑩ 遊金格

◉ 構成

◆ 삼전이 申酉戌로 배열된 경우.

◉ 事案

◆ 험로를 밟게 된다.

## ⑪ 革故從新格

◉ 構成

◆ 삼전이 酉戌亥로 배열된 경우.

◉ 事案

◆ 소인이 득세하고 군자는 실세한다.

## ⑫ 隱明就暗格

◉ 構成

◆ 삼전이 戌亥子로 배열된 경우.

◉ 事案

◆ 陰私事는 길하고 公開事는 흉아다.


逆連珠12格

◉ 構成

◆ 삼전이 子亥戌, 寅丑子… 등으로 배열된 경우.

◉ 事案

◆ 점차 쇠퇴한다.

① 迴陰格

⊙ 構成

◆ 삼전이 亥戌酉로 배열된 경우.

⊙ 事案

◆ 샷됨이 이고 암매하다.

② 返賀格

⊙ 構成

◆ 삼전이 戌酉申으로 배열된 경우.

⊙ 事案

◆ 험난함에 이르고, 소심증과 殺身之禍를 예방해야 한다.

③ 出獄格

⊙ 構成

◆ 삼전이 酉申未로 배열된 경우.

⊙ 事案

◆ 옛 것을 떠나 새로운 것에 다다른다. 소원한 자는 친해지고 친한 자는 소원해 진다.

④ 凌陰格

⊙ 構成

◆ 삼전이 申未午로 배열된 경우.

⊙ 事案

◆ 험난함을 행함에 요행이 따른다. 편안한 자는 재액을 만나고, 재액을 만난자는 편안해 진다.

⑤ 漸晞格

⊙ 構成

◆ 삼전이 未午巳로 배열된 경우.

⊙ 事案

◆ 換骨脫胎하여 점차 나은 곳으로 전진한다.

⑥ 登庸格

⊙ 構成

◆ 삼전이 午巳辰으로 배열된 경우.

⊙ 事案

◆ 견문을 넓혀 다음 단계로 오른다.

⑦ 正己格

⊙ 構成

◆ 삼전이 巳辰卯로 배열된 경우.

⊙ 事案

◆ 범사가 순리대로다.

⑧ 返照格

⊙ 構成

◆ 삼전이 辰卯寅으로 배열된 경우.

⊙ 事案

◆ 收斂하여 행하면 확보된 것으로 인하여 이득이 있다.

⑨ 聯芳格

⊙ 構成

◆ 삼전이 卯寅丑으로 배열된 경우.

⊙ 事案

◆ 길흉을 오판하지 말고, 나쁜 운이 다하면 좋은 운이 온다.

⑩ 遊魂格

⊙ 構成

◆ 삼전이 寅丑子로 배열된 경우

⊙ 事案

◆ 점차 험난함에 다다르고, 쌓은 공도 한 삼태기로 이지러진다.

⑪ 入墓格

⊙ 構成

◆ 삼전이 丑자해로 배열된 경우

⊙ 事案

◆ 은둔하고자 하는 마음만 있고, 위로 전진하려는 마음이 없다.

⑫ 重陰格

⊙ 構成

◆ 삼전이 子亥戌로 배열된 경우

⊙ 事案

◆ 현실에 안주하고 전진하지 않는 象이다.


## (75) 間傳課

⊙ 構成

◆ 삼전이 子寅辰, 辰寅子… 등과 같이 일위 격해 나열된 경우를 말한다.

⊙ 事案

◆ 범사에 저체됨이 많다.


### 順間傳12格

⊙ 構成

◆ 삼전이 子寅辰, 寅辰午… 등으로 一位 隔해 이루어진 경우.

⊙ 事案

◆ 사안은 정황상 크고 순리대로이다.


① 溟濛格

⊙ 構成

◆ 삼전이 亥丑卯로 배열된 경우.

⊙ 事案

◆ 사안이 진실되지 않고, 憂惶不寧하며, 진퇴가 未決이다.

② 向三陽格

⊙ 構成

◆ 삼전이 子寅辰으로 배열된 경우

⊙ 事案

◆ 스스로 어둠에서 밝음으로 나오고, 처음은 흉하나 나중은 길하다.

③ 出戶格

⊙ 構成

♦ 삼전이 丑卯巳로 배열된 경우

⊙ 事案

♦ 범사 밖의 일에 힘쓰고 집안일은 도외시 한다.

④ 出三陽格

⊙ 構成

♦ 삼전이 寅辰午로 배열된 경우.

⊙ 事案

♦ 장차 경황되고 놀랄 일이 파도같이 밀려온다.

⑤ 盈陽格

⊙ 構成

♦ 삼전이 卯巳未로 배열된 경우.

⊙ 事案

♦ 사물이 극에 다하면 반드시 반전된다.

⑥ 登三天格

⊙ 構成

♦ 삼전이 辰午申으로 배열된 경우

⊙ 事案

♦ 升遷하고 능력을 발휘한다.

⑦ 變盈格

⊙ 構成

♦ 삼전이 巳未酉로 배열된 경우.

⊙ 事案

♦ 勢가 지나치고 사람이 衰하며, 범사개흉이다.

⑧ 出三天格

⊙ 構成

♦ 삼전이 午申戌로 배열된 경우.

⊙ 事案

♦ 맨 꼭대기에 올랐으니 이제 회환이 남고, 때가 나를 허락하지 않는다.

⑨ 入冥格

⊙ 構成
◆ 삼전이 未酉亥로 배열된 경우.

⊙ 事案
◆ 길함은 점차 줄어들고, 흉함은 점차 증가한다.

⑩ 涉三淵格
⊙ 構成
◆ 삼전이 申戌子로 배열된 경우.

⊙ 事案
◆ 謀望은 성사되기 어렵고 은퇴함만 못하다.

⑪ 凝雲格
⊙ 構成
◆ 삼전이 酉亥丑으로 배열된 경우

⊙ 事案
◆ 범사불명이고 우울함이 難解하다.

⑫ 入三淵格
⊙ 構成
◆ 삼전이 戌子寅으로 배열된 경우.

⊙ 事案
◆ 屈함이 있고 難伸이다.


**逆間傳12格**
⊙ 構成
　　◆ 삼전이 子戌申, 戌申午… 등으로 일위 격해 역으로 배열된 경우.
⊙ 事案
　　◆ 사안은 정황상 크게 어려움이 있고, 매사 패퇴한다.


① 時遁格
⊙ 構成
◆ 삼전이 亥酉未로 배열된 경우.

◉ 事案

◆ 은둔격이고 사안은 엇박자가 나며 도래한다.

② **悖戾格**

◉ 構成

◆ 삼전이 戌申午로 배열된 경우.

◉ 事案

◆ 매사 성사시킬 욕심이나 원하는 바대로 되지 않는다.

③ **勸明格**

◉ 構成

◆ 삼전이 酉未巳로 배열된 경우.

◉ 事案

◆ 어둠을 벗어나 밝음으로 들어선다.

④ **凝陽格**

◉ 構成

◆ 삼전이 申午辰으로 배열된 경우

◉ 事案

◆ 행동거지가 뜻대로 풀린다.

⑤ **廻明格**

◉ 構成

◆ 삼전이 未巳卯로 배열된 경우.

◉ 事案

◆ 길사는 점차 성시되고, 흉사는 점차 소산된다.

⑥ **顧祖格**

◉ 構成

◆ 삼전이 午辰寅으로 배열된 경우

◉ 事案

◆ 화기애애하고 화평하다.

⑦ **轉悖格**

◉ 構成

◆ 삼전이 巳卯丑으로 배열된 경우.

⊙ 事案

◆ 길함이 흉으로 바뀌고, 愚弄과 驕慢으로 拙劣하다.

⑧ **涉疑格**

⊙ 構成

◆ 삼전이 辰寅子로 배열된 경우.

⊙ 事案

◆ 진퇴가 猶豫되고 결정을 내리지 못한다.

⑨ **斷澗格**

⊙ 構成

◆ 삼전이 卯丑亥로 배열된 경우.

⊙ 事案

◆ 諸事不利하고, 어둠이 길고 밝음은 소산된다.

⑩ **冥陽格**

⊙ 構成

◆ 삼전이 寅子戌로 배열된 경우.

⊙ 事案

◆ 흉함과 어두움이 목전이니 暗損을 방지해야 한다.

⑪ **極陰格**

⊙ 構成

◆ 삼전이 丑亥酉로 배열된 경우.

⊙ 事案

◆ 光明이 전무하고 범사가 불리하다.

⑫ **偃蹇格**

⊙ 構成

◆ 삼전이 子戌申으로 배열된 경우.

⊙ 事案

◆ 연이어 난관 봉착이다.

### (76) 六純課

◎ 構成

♦ 삼전, 사과가 전부 양이나 음으로 구성된 경우.

◎ 事案

♦ 公開事에 이롭고, 아울러 陰人이나 陰私事에 이롭다.


### (77) 雜狀課

◎ 構成

♦ 초전支가 人元 支藏干에 多寡인 경우.

◎ 事案

♦ 人元인 지장간의 오행에 의거 오행의 純雜, 數目, 物色을 구별한다.


### (78) 物類課

◎ 構成

♦ 初傳 支의 오행으로 六親, 物類, 親疎, 往相休囚를 판별하는 경우

◎ 事案

♦ 初傳 支의 유형으로 육친과 物의 類型을 알 수 있다.


### (79) 萃茹格

◎ 構成

♦ 登明(亥)이 간지에 임하여 발용한 경우.

◎ 事案

♦ 사안의 정황은 순리이고 성사된다.


### (80) 關格

◎ 構成

♦ 天罡(辰)이 四仲神의 상에서 발용한 경우.

◎ 事案

♦ 人事가 阻隔된다.

# 제4장

# 격국格局, 이십사격二十四格과 십육국十六局

　格局은 二十四格과 十六局을 말한다. 이 格局에 들면 貴命이라 하는데, 모두
그러한 것은 아니고, 格局에 들지 않지만 과체가 아름답고, 日辰이 有氣하고, 旺
相하고, 四課三傳이 상호 有情하고 상극됨이 없으며, 吉將이 乘하면 모두 貴命인
것이다.


## 1. 이십사격二十四格

### (1) 正跨靑龍格(정과청룡격)

　子年生이 子加寅하여 子上에 靑龍이 乘하고, 驛馬, 學堂貴人과 생합하고, 身宮,
宅宮, 사과삼전에서 刑沖이 없을 때 極貴之命이다.


### (2) 倒跨靑龍格(도과청룡격)

　子年生이나 寅年生이 本命上에 靑龍이 乘하면 龍返來就我 하여 我得跨之(아득과
지)하니 倒誇(도과)라 하여 과전에서 길신. 길장이 扶助하고, 상극되는 오행이 없는
경우 大貴大富之命이다.


### (3) 雙騎龍背格(쌍기용배격)

　辰年生이 寅辰이 相加한 것을 말하는데, 타처에서 寅申의 沖을 꺼린다. 沖이 있
으면 貴命이 못된다.

### (4) 二龍御命格(이룡어명격)

身命이 子가 되는데, 寅加子나 辰加寅이 되면 貴命을 이룬다. 無氣하고, 沖剋됨을 꺼린다. 타처에서 一龍을 合去하면 성격이 못된다. 그리고 흉신이나, 沖剋이 되어 二龍을 손상시키면 貧人이나 賤人으로 본다.

### (5) 龍化土蛇格(용화토사격)

寅生이 寅加巳가 되어 蛇之本家에 임했는데, 다시 螣蛇가 승하면 賤命이나, 螣蛇의 所乘之神을 沖하면 오히려 貴命이 된다. 그렇지 못하면 설혹 큰 뜻이 있더라도 펴지를 못한다. 대개 부자나 良家의 자손들에게 많다.

### (6) 土蛇化龍格(토사화룡격)

巳年生이 螣蛇를 帶하여 寅上에 臨하고, 전후에서 길신과 길장이 공조하고, 太沖(卯)과 六合이 유력지에 居하는 것을 말한다. 靑龍이 空亡이 되거나 沖을 만나면 반대로 賤命이 된다.

### (7) 乘虎登天格(승호등천격)

午生이 白虎를 帶하여 亥上에 加하거나, 申生이 亥上에 加하면 이 格이다. 刑沖과 흉장, 흉신을 꺼리지는 않으나 旺相함을 요한다. 旺相하면 名振四海 하고 公侯之命이나, 休囚되면 폭도나 흉악지명이 된다.

### (8) 如履虎尾格(여이호미격)

本命이 未上에 壬함을 말한다. 길신, 길장이 乘하면 복록이 있다. 그렇지 못하면 기술자나 하급관리이다. 無氣함은 두려워하지 않으나 沖과 合을 좋아한다.

### (9) 白虎立首格(백호입수격)

本命이 酉上에 가함을 말한다. 有氣하면 名振萬里하나, 無氣하면 범이 놀라 머리를 드는 것과 같아 매사 불성한다. 沖破를 두려워하지는 않으나 길신의 扶助를 기뻐한다.

### (10) 雙騎虎背格(쌍기호배격)

本命이 申年生이고 白虎가 乘함을 말하며 萬人이 制服하기를 바란다. 길흉을 불문하고 有氣함을 제일 기뻐한다. 문무겸비하고, 영웅호걸다운 기상이다.

### (11) 龍化獨狸格(용화독리격)

本命이 申年生이고 戌에 가하여 白虎를 帶하면 이 格인데, 군졸이나 하급관리 아니면 흉악무도의 부류이다. 無氣하고 空亡되면 出生은 부귀하나 말년은 천명이다. 길신, 길장을 만나고 상하 合이나 沖이 되더라도 복록은 반밖에 되지 않는다.

### (12) 狐狸化虎格(호리화호격)

戌年生이 申上에 加하여 白虎를 帶하고, 寅上에 있어 有力하고, 다시 길신, 길장이 扶助함을 요한다. 그렇지 못하면 化하지 못한다. 이것은 貴가 公卿의 위치에 버금한다.

### (13) 命司天門格(명사천문격)

本命이 亥上에 加하여 貴人, 太常, 天后, 六合, 朱雀이 乘하고, 四馬, 皇書, 皇恩, 學堂을 겸하면 중앙부처의 최고요직을 거치나, 만약 흉장이나, 공망되고, 충극되면 賤命이다.

### (14) 天門不開格(천문불개격)

本命之神이 閉口가 되던지, 亥上에 臨하여 亥가 閉口가 될 때에는 不開格이 되어 寒儒之命이다. 타 處에서 刑沖되면 작은 발복은 있다.

### (15) 明入天門格(명입천문격)

本命이 太陽이 되거나, 亥가 태양이 되어 本命上에 臨하면 明入이 되어 富貴之命이다. 合沖을 꺼리지 않으나, 無氣함을 꺼린다. 無氣하면 寒儒之命(한유지명)이다.

## (16) 暗入天門格(암입천문격)

本命上에 玄武가 乘하고 亥上에 臨하거나, 本命이 玄武가 되면 밤을 좋아하고 낮을 꺼린다. 旺氣가 되고, 天罡, 壓殺이 있으면 祿林의 호걸이 되거나 아니면 奸雄이다. 無氣하면 하급관리이다.

## (17) 來拱地戸格(내공지호격)

本命 辰年生이 午上에 加하면 무역으로 거부가 될 수 있다. 타 처에서 문명지신이 照應하면 관직을 돈으로 산다. 有氣하고 길신, 길장이 乘함을 기뻐하고, 흉장이나 沖剋이 되면 부귀의 명이 될 수 없다.

## (18) 朱雀京翅格(주작경시격)

本命上에 朱雀이 乘하여 亥子丑 三位에 臨하면 朱雀이 낙수하는 격이니 전혀 발전이 없다. 타처에서 土多하면 낙수의 우환만은 면하고, 木을 보면 생을 얻어 작은 발복이 있고, 만약 旺相하고 길격이면 뛰어난 문장가이다.

## (19) 朱雀騰輝格(주작등휘격)

本命에 朱雀을 대하고 寅卯巳午上에 臨하면 木氣에 受生되고 火氣에 兼旺되니 登輝格이라 한다. 문장이 출중하고 한림원에 이름을 날리나 無氣하고 흉장과 흉신을 대하면 한유이다.

## (20) 四墓交錯格(사묘교착격)

辰戌丑未生이 四季上에 加하면 신체가 풍후하고 재산 역시 풍족하다. 타 처에서 길신과 길장이 보조하면 富하고, 無氣하고 흉장을 帶하면 빈궁하다.

## (21) 河魁貫甲格(하괴관갑격)

本命이 戌年生이고 寅巳에 加함을 말한다. 무관의 길이고, 타 처에서 문명지신이 공조하고 有氣하면 문무를 겸하고 貴命이며, 無氣하면 貴命이 못된다.

### (22) 甲貫河魁格(갑관하괴격)

本命 寅年生이 戌에 加함을 말한다. 하괴관갑격과 동일하나, 有氣하고 길장, 길신이 공조하면 貴命이나, 無氣하면 貴命이 못된다.

### (23) 朱勾拱拜格(주구공배격)

本命 午年生이 辰巳에 加하거나, 本命에 火神이 乘하여 辰上에 臨해서 有氣하면 성격이 강개하고 달변이며 貴命이나, 無氣하면 평생 불만을 품고 쟁투와 시비를 일삼는 소인배이다.


## 2. 십육국十六局

### (1) 庚星里瑞格(경성이서격)
삼전이 巳酉丑 금국이 되는 경우.

### (2) 祥忙搖拱格(상망요공격)
삼전이 寅午戌 화국이 되는 경우

### (3) 帝座淵穆格(제좌연목격)
삼전이 申子辰 수국이 되는 경우

### (4) 靑帝施恩格(청제시은격)
삼전이 亥卯未 목국이 되는 경우

### (5) 穩坐中宮格(온좌중궁격)
삼전이 전부 辰戌丑未가 있는 경우.

◆ 이상 5格은 三傳이 三合됨을 말하나, 身宮이나 命宮을 생하고, 다시 길신과 길장이 乘하고 또 有氣하면, 대부귀명이나 타 처에서 형충되면 반감된다.

## (6) 北斗司權格(북두사권격)

삼전이 亥子丑이 되는 경우

## (7) 南極獻圖格(남극헌도격)

삼전이 巳午未가 되는 경우

## (8) 西方專美格(서방전미격)

삼전이 申酉戌이 되는 경우

## (9) 東海探珠格(동해탐주격)

삼전이 寅卯辰이 되는 경우

◆ 상기 4格도 身宮이나 命宮을 생하고 길신과 길장이 扶助하면 大富貴命이다. 無氣할 경우는 寒儒에 불과하다.

## (10) 坎離交泰格(감리교태격)

本命이 亥子丑이고 三傳이 巳午未가 되던지, 本命이 巳午未이고 三傳이 亥子丑이 되는 경우를 말한다. 有氣하고 길신, 길장이 乘하면 富貴命이 된다.

## (11) 兌震投合格(태진투합격)

本命이 寅卯辰이 되는데 申酉戌上에 加하거나, 本命이 申酉戌이 되는데 寅卯辰上에 加하게 되는 것을 말하는데, 길흉은 감리교태격과 같이 적용된다.

## (12) 週天守擢格(주천수탁격)

伏吟課는 발전의 上이 없는 課이지만 복음과라도, 身宮과 命宮에 길신과 길장이 乘하고 有氣하면 부귀발전의 명이다.

## (13) 紅雲雙秀格(홍운쌍수격)

本命이 寅卯辰이 되어 亥子丑에 加하던지, 本命이 亥子丑이 되어 寅卯辰에 家하여 연여격이나 간전격을 이루면 수재나 천재이다. 沖合은 두려워하지 않으나 官鬼를 꺼린다.

### (14) 林火揚光格(임화양광격)

本命이 寅卯辰이 되어 巳午未에 加하던지, 本命이 巳午未가 되어 寅卯辰에 加하는 것을 말한다. 本命 上神이 三傳에 들어있고, 간전격이나 연여격을 이루면 귀명이다. 천재이거나 수재가 많다.

### (15) 天合北極格(천합북극격)

本命이 申酉戌이 되어 亥子丑에 加하던지, 本命 亥子丑이 申酉戌에 加하는 것을 말한다. 三傳이 間傳格이나 連茹格이 되면 복록이고 富貴命이나, 無氣하고 刑, 沖, 破, 害, 怨嗔 등이 있으면 빈곤하다.

### (16) 火明西嶽格(화명서악격)

本命 巳午未가 申酉戌上에 加하던지, 本命 申酉戌이 巳午未 上에 加하고, 本命 上神이 三傳에 들어 있으면 부귀발전의 命이나, 無氣하고 흉장, 흉신이 乘하면 발전하지 못한다.

# 제5장
# 육임점단六壬占斷 실례實例

六壬占斷의 자유자재한 通辯(통변)의 지름길은 占斷에 필요한 핵심 구성요소들의 면밀한 분석과 더불어 깊이 있는 통찰과 이해가 우선 熟知되어야 한다. 아래에 열거한 占斷의 實例들은, 필자의 占斷 경험과 古今의 여러 점단사례 중에서 비교적 사안이 뚜렷하며, 정확히 檢證되고 또한 충실한 分析을 통해, 六壬占斷의 이해의 폭을 넓힐 수 있는 사례들을 선별하여 현대적 의미로 재구성하고, 다시 實戰에 효용성있게 활용할 수 있도록 핵심 이론의 添削과 分別과정을 거쳐 서술한 것이다.

實戰에서 六壬神課를 활용한 미래운명의 점단시에, 다방면에서 유용하게 활용할 수 있도록 정리 정돈한 것이니, 재삼재사 정독하면 실전활용에 많은 도움이 될 것이라 사료된다.

## 1. 점占 방문訪問

### 〈제1법〉

(1) **占時** : 己卯年 壬申月 己亥日 午將 巳時課 (甲午旬中. 辰巳空亡)

(2) **問占** : 지인관계인 남녀 2인의 三個月 내 외국방문이 가능한가?

(3) **課體** : 賊剋法. 元首. 將泰. 連珠. 蟇越. 淫泆

|  | 丑 | 比肩 螣蛇 墓 |
|---|---|---|
|  |  | 月殺 |
|  | 寅 | 正官 朱雀 死 |
|  |  | 亡身 |
|  | 卯 | 官鬼 六合 病 |
|  |  | 將星 |

| 蛇 | 貴 | 玄 | 常 |
|---|---|---|---|
| 丑 | 子 | 酉 | 申 |
| 子 | 亥 | 申 | 己未 |

|  | 空 | 白 | 常 | 玄 |  |  |
|---|---|---|---|---|---|---|
|  | 午 | 未 | 申 | 酉 |  |  |
|  | 巳 | 午 | 未 | 申 |  |  |
| 青 巳 | 辰 |  |  | 酉 | 戌 | 陰 |
| 勾 辰 | 卯 |  |  | 戌 | 亥 | 后 |
|  | 寅 | 丑 | 子 | 亥 |  |  |
|  | 卯 | 寅 | 丑 | 子 |  |  |
|  | 合 | 朱 | 蛇 | 貴 |  |  |

## (4) 占斷

◆ 占時 巳時가 日支 亥의 驛馬인데, 空亡되니 필히 늦어진다.

◆ 初傳 丑은 日干 己의 墓가 되니 역시 늦어지리라 판단한다.

◆ 初傳 丑墓가 支上神 子와 子丑의 六合되어 묶이게 되니 또한 출행은 늦어지리라 판단한다.

◆ 中傳 寅은 "安巢(안소)"라 하여 둥지에 편히 있음을 상징하는데, 소식을 나타내는 朱雀이 乘하니 오히려 문서와 소식은 지체되리라 판단하여, 출국수속에 저체됨이 있을 것이라 판단하는 것이다.

◆ 末傳 卯에 六合이 乘하여 日干 己를 剋하고, 다시 支上神 子와 子卯 刑을 이루니, 쌍방간에 和氣가 부족하여, 수속과정에서 沮滯(저체)됨이 있을 것이라 판단한다. 또한 六合이 私門인 卯에 居하여 不合하니, 陰私가 不明한 것이라, 합작하여 좋은 결과를 얻기가 불명하다.

◆ 女命의 年命은 辰이며 空亡이고, 驛馬 巳가 空亡인 辰上에 자리하여 空陷(공함)되고, 巳에 靑龍이 乘하니 "掩目格(엄목격)"이라 財와 연관하여 우려함이 있는 것이다.

## (5) 結果

◆ 女命의 자금부족과, 수속과정에서 출국과 연관하여 장애요소가 발생하여 외국방문이 불가능해진 것이다.

## 〈제2법〉

### (1) 占斷

◆ 初傳은 應事之門인데 螣蛇가 丑에 居하니 蟠龜(반귀)이다. 盤根錯節(반근착절)의 얽히고설킨 상황이다. 螣蛇는 丑中의 禽星(금성)인 龜(귀)와 만나고, 또한 龜는 蟠泥(반니)인 丑土에 沒(몰)되니 지체되고 不動의 象이다.

◆ 中傳 朱雀이 安巢(안소)인 寅에 居하니 역시 遲延(지연)의 象인데, 朱雀은 秦書(진서), 消息 등을 관장하여 상호 대조적인 象이라 遲滯, 不順이 함유되어 있다.

◆ 末傳 六合이 入室인 卯에 居하고 있다. 六合은 쌍방을 의미하고, 入室은 在家를 상징하여 陰的 요소이니 相互 不動의 象이다.

### (2) 結果

◆ 三傳이 모두 遲滯不動의 象이니 외국방문 건은 불가능하다.


## 2. 점占 문병問病

### 〈제1법〉

(1) 占時 : 己卯年 壬申月 癸丑日 巳將 辰時課 (甲辰旬. 寅卯空亡)
(2) 問占 : 와병중인 祖母를 문병하고 4개월 내로 돌아올 수 있을 것인가?
(3) 課體 : 賊剋法. 元首. 孤寡. 正和. 連珠. 六儀. 關格

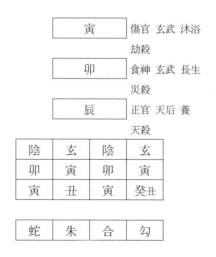

| | 寅 | | 傷官 玄武 沐浴 |
| | | | 劫殺 |
| | 卯 | | 食神 玄武 長生 |
| | | | 災殺 |
| | 辰 | | 正官 天后 養 |
| | | | 天殺 |

| 陰 | 玄 | 陰 | 玄 |
|---|---|---|---|
| 卯 | 寅 | 卯 | 寅 |
| 寅 | 丑 | 寅 | 癸丑 |

| 蛇 | 朱 | 合 | 勾 |
|---|---|---|---|

| | | 午 | 未 | 申 | 酉 | | |
| --- | --- | --- | --- | --- | --- | --- | --- |
| | | 巳 | 午 | 未 | 申 | | |
| 貴 | 巳 | 辰 | | | 酉 | 戌 | 青 |
| 后 | 辰 | 卯 | | | 戌 | 亥 | 空 |
| | | 寅 | 丑 | 子 | 亥 | | |
| | | 卯 | 寅 | 丑 | 子 | | |
| | | 陰 | 玄 | 常 | 白 | | |

## (4) 占斷

◆ 八專課로 陰日이니 사안은 退縮之緩의 象이다. 干上神 寅과 支上神 寅은 모두 空亡이다. 따라서 심중의 결심이 약하다 판단하니 뜻대로 되지 않는 것이다.

◆ 초·중전이 空亡이니 虛空不實이고 來去가 不定하다.

◆ 三傳이 寅卯辰의 連珠課로 사안은 급히 前進하는 象이나, 초, 중전이 空亡이니 오히려 퇴보하는 것으로 판단한다. 말전이 辰으로 多事를 함축하고 있으나 下神이 卯로 空亡地에 臨하니 일시적으로 몸을 빼내기가 불능한 것이다.

## (5) 結果

◆ 4개월 내로 돌아올 수 없었던 것이다.


## 〈제2법〉

### (1) 占斷

◆ 초전 玄武가 寅에 居하니 入林이다. 은둔적이고 폐쇄적이라 그림자를 보기 어렵고 찾기도 난하다.

◆ 중전 太陰이 卯에 居하니 微行이다. 조심하고 근신하는 象이나 절도가 있는 것이다.

◆ 말전 天后가 辰에 居하니 毁粧(훼장)이다. 天后는 女로 祖母를 나타내며, 臨한 辰은 多事之地로 水를 賊剋하는데, 子神인 天后가 土의 賊剋을 받아 毁粧됨이 용이하여, 꾸미고 단장함이 難하므로, 祖母의 상황으로 인해 4개월 내에 돌아오기가 불능해진 것이다.

### (2) 結果

◆ 4개월 말까지도 돌아오지 못했다.

# 3. 점占 혼사婚事

## 〈제1법〉

(1) **占時** : 己卯年 乙亥月 甲戌日 卯將 未時課 (甲戌旬中. 申酉空亡)

(2) **問占** : 여자친구와 3개월 내에 혼사가 성사될 것인가?

(3) **課體** : 賊剋法. 重審. 炎上. 贅壻. 斬關. 不備. 六儀

| | | |
|---|---|---|
| 囚 | 戌 | 財鬼 六合 養 華蓋 |
| 死 | 午 | 傷官 天后 死 將星 |
| 相 | 寅 | 比肩 白虎 建祿 地殺 |

| 白 | 后 | 后 | 合 |
|---|---|---|---|
| 寅 | 午 | 午 | 戌 |
| 午 | 戌 | 戌 | 甲寅 |

| 空 | 白 | 常 | 玄 |
|---|---|---|---|
| 丑 | 寅 | 卯 | 辰 |
| 巳 | 午 | 未 | 申 |

| 青 | 子 | 辰 | | | 酉 | 巳 | 陰 |
|---|---|---|---|---|---|---|---|
| 勾 | 亥 | 卯 | | | 戌 | 午 | 后 |

| 寅 | 丑 | 子 | 亥 |
|---|---|---|---|
| 戌 | 酉 | 申 | 未 |
| 合 | 朱 | 蛇 | 貴 |

## (4) 占斷

◆ 亥月이니 三傳의 旺相休囚死는, 초전 戌土는 囚이고, 중전 午火는 死이고, 말전 寅木은 相이다.

◆ 別責課이다. 따라서 어떤 사안에 대해 배회나 소원하는 바의 심려, 또는 退役之象이다. 求婚과 연관하여서는 헤어짐이 있다 판단한다.

◆ 혼사점은 男命의 문의는 干이 남자이고 支는 여자이다. 별책과는 四課가 온전하지 못하니 별도의 책임을 묻는 象인데, 干이 支를 剋하니 여자에게 문제가

있고 책임이 있는 것이다.

◆ 삼전이 寅午戌 삼합화국의 黨을 형성하니 伴侶者로서의 위치가 不正하다. 또
한 삼합화국이 日干 甲의 氣를 脫하니 謨望事는 不成인 것이다.

**(5) 結果**

◆ 여자 쪽의 사유로 인해 혼사문제가 결렬된 것이다.

◆ 문점 후 10일 지나서 서로 헤어지기로 한 것이다.


## 〈제2법〉

**(1) 占斷**

◆ 우선 남자 쪽이 혼사 건에 문의해온 과식으로 別責課이다. 별도의 책임을 묻는
과체이므로, 여자 쪽의 문제 및 남자 쪽의 원하는 의도가 설명되어야 한다.

◆ 婚姻은 類神이 六合인데, 초전 六合이 戌에 居하니 "亡羞(망수)"다. 六合은 乙
卯木에 속하는 길장인데 戌에 臨하니, 私門인 卯가 스스로 戌을 취하려는 의도
가 있는 것으로, 苟且하게 合和의 뜻이 있는 것이다. 이는 情으로는 不願이고,
구차하게 조건을 제시하는 격이다.

◆ 중전의 天后가 午에 居하여 伏枕이다. 천후는 女를 의미하고 伏枕은 臥睡不快
(와수불쾌), 坐臥不寧(좌와불령), 不順心의 象이니, 인연이 적고 상심이 있을 것
이라 판단하는 것이다.

◆ 말전 白虎가 寅에 居하니 登山이다. 白虎는 흉신으로 정치인들은 기뻐하지만
평인들은 흉액을 면치 못하고 어려움이 있는 것이다.


**(2) 結果**

◆ 三傳이 모두 혼사에 불리하여 혼사는 불성이라 판단한다.

◆ 문점 후 10일쯤 되어 상호 헤어진 것이다.


## 4. 점占 재운財運

**(1) 占時** : 戊辰年 丙辰月 庚戌日 酉將 丑時課(本命:乙未. 甲辰旬中. 寅卯空亡)

(2) **問占** : 戊辰年 금년 한해 財運의 길흉 여부?

(3) **課體** : 賊剋法. 重審. 潤下. 仰元. 斬關. 六儀

| | | |
|---|---|---|
| 子 | 傷官 靑龍 死 | |
| | 災殺 | |
| 申 | 比肩 螣蛇 建祿 | |
| | 驛馬 | |
| 辰 | 偏印 玄武 養 | |
| | 月殺 | |

| 白 | 后 | 靑 | 玄 |
|---|---|---|---|
| 寅 | 午 | 子 | 辰 |
| 午 | 戌 | 辰 | 庚申 |

| | 空 | 白 | 常 | 玄 | | |
|---|---|---|---|---|---|---|
| | 丑 | 寅 | 卯 | 辰 | | |
| | 巳 | 午 | 未 | 申 | | |
| 青 子 辰 | | | | | 酉 巳 陰 | |
| 勾 亥 卯 | | | | | 戌 午 后 | |
| | 寅 | 丑 | 子 | 亥 | | |
| | 戌 | 酉 | 申 | 未 | | |
| | 合 | 朱 | 蛇 | 貴 | | |

## (4) 占斷

- 三傳이 無財이나, 申子辰 삼합수국의 食傷局을 형성하니 암암리에 生財할 의도가 있는 것이다. 年命上神 卯가 春節에 旺하고 다시 下神 未와 반합목국의 財星局을 형성하고 吉將인 太常이 乘하니 大財를 得할 수 있는 것이다.

- 年命上神 卯를 위주하면, 春節은 財가 길하고 이롭고, 未月(6월)은 大財를 得할 수 있고, 申月(7월)은 財가 약하고, 酉月(8월)은 破財되고, 冬節은 財가 불길하다.

- 本命 未에 貴人이 乘하고 財庫地이니 得財가 가능하다.

- 卯月에 주식을 사서 得財했고, 未月에 대재를 득했다. 이는 주식을 취득하여 吉하게 된 것인데, 未上 卯財에 태상이 승했고, 未는 貴人이 居하며 순행했기 때문이다.

- 申酉月은 財弱하니 守舊(수구)함이 좋다.
- 三傳 삼합수국이 日干 庚의 氣를 洩하니 冬節엔 불리한 것이다.

**(5) 結果**

- 未月(6월)까지 得財하였고, 申月(7월) 이후 金水之節은 財가 불길한데, 貪財(탐재)하여 주식을 팔지 않은 고로 이득이 없었다.


## 5. 점占 운세運勢

**(1) 占時** : 戊辰年 丙辰月 己酉日 酉將 巳時課(甲辰旬中. 寅卯空亡)

**(2) 問占** : 친구(乙巳命)의 최근 운세가 어떠한가?

**(3) 課體** : 賊剋法. 重審. 曲直. 三奇

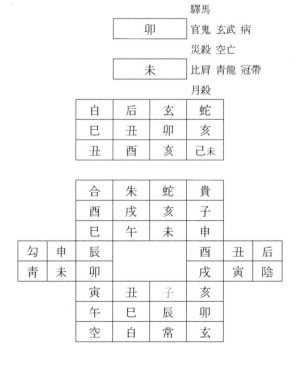

|  |  | 亥 | 正財 螣蛇 胎 |
|---|---|---|---|
|  |  |  | 驛馬 |
|  |  | 卯 | 官鬼 玄武 病 |
|  |  |  | 災殺 空亡 |
|  |  | 未 | 比肩 青龍 冠帶 |
|  |  |  | 月殺 |

| 白 | 后 | 玄 | 蛇 |
|---|---|---|---|
| 巳 | 丑 | 卯 | 亥 |
| 丑 | 酉 | 亥 | 己未 |

| 合 | 朱 | 蛇 | 貴 |
|---|---|---|---|
| 酉 | 戌 | 亥 | 子 |
| 巳 | 午 | 未 | 申 |

| 勾 | 申 | 辰 |  |  | 酉 | 丑 | 后 |
| 青 | 未 | 卯 |  |  | 戌 | 寅 | 陰 |

| 寅 | 丑 | 子 | 亥 |
|---|---|---|---|
| 午 | 巳 | 辰 | 卯 |
| 空 | 白 | 常 | 玄 |

## (4) 占斷

- 중전 卯가 空亡이나 三傳이 亥卯未 三合木局의 官星局을 형성하니 脫空된 것이다. 또한 三合局의 官星은 官鬼로 논하는바 日干을 극하니 최근 운세는 좋지 못할 것이라 판단한다.
- 寅卯木은 수레바퀴와 탈 것 등으로도 논하는데 官鬼가 乘하면 차사고와 연관되는 것이다.
- 중전 卯에 官鬼가 乘하여 卯月이 매우 위태로우니 근신함이 좋은데, 卯月은 前月이 되니 이미 차사고가 발생했을 것이라 판단한다.
- 다행인 것은 本命 巳에 白虎가 乘했으나 日干 己를 生하고, 日干 己의 寄宮 未가 空亡되지 않으니 救濟됨이 있어 大禍는 면할 것이라 판단한다.

## (5) 結果

- 乙巳命 친구가 지난달에 연달아 2회의 차사고가 났고, 수일 전에는 다시 차사고로 상해를 입어 병원에서 치료받고 있다는 것이다.

# 6. 점占 시험試驗

(1) **占時** : 戊辰年 庚辰月 庚子日 戊將 午時課 (甲午旬中. 辰巳空亡)

(2) **問占** : 電信士(전신사) 考試가 예정대로 치러질 것인가?

(3) **課體** : 賊剋法. 潤下. 朝日. 勸德. 不備. 回還

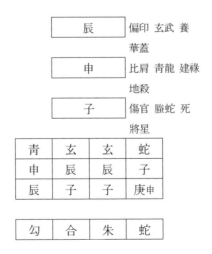

| | 辰 | | 偏印 玄武 養 |
| | | | 華蓋 |
| | 申 | | 比肩 靑龍 建祿 |
| | | | 地殺 |
| | 子 | | 傷官 螣蛇 死 |
| | | | 將星 |

| 靑 | 玄 | 玄 | 蛇 |
|---|---|---|---|
| 申 | 辰 | 辰 | 子 |
| 辰 | 子 | 子 | 庚申 |

| 勾 | 合 | 朱 | 蛇 |
|---|---|---|---|

| 酉 | 戌 | 亥 | 子 |
|---|---|---|---|
| 巳 | 午 | 未 | 申 |

| 青 | 申 | 辰 | | | 酉 | 丑 | 貴 |
|---|---|---|---|---|---|---|---|
| 空 | 未 | 卯 | | | 戌 | 寅 | 后 |

| 寅 | 丑 | 子 | 亥 |
|---|---|---|---|
| 午 | 巳 | 辰 | 卯 |
| 白 | 常 | 玄 | 陰 |

### (4) 占斷

◆ 考試와 연관 지어서는 三傳에 印星이 출현하고, 類神인 青龍, 朱雀, 太常이 三傳에 乘하여 吉하고 貴人이 순행하면 이롭다.

◆ 初傳 辰이 偏印을 대동하였으니 시험 관련사는 動했으나, 盜賊之神인 玄武가 乘하고 또한 空亡되니 계획된 일정의 시험에 차질이 우려된다.

◆ 三傳이 申子辰 삼합수국의 식상국으로 日干 庚의 氣를 洩하고, 또한 즐거움과 연회를 상징하는 太常이 空亡되고, 국가시험과 연관 지어서는 青龍을 살펴보아야 하는데 青龍이 落空亡地이고, 또한 朱雀이 乘한 亥水는 氣가 休囚되니 시험이 延期되는 象인 것이다.

◆ 空亡과 塡實됨이 出되는 시점에서 다시 시험이 치러지게 된다.

### (5) 結果

◆ 辰巳가 空亡인데, 戊辰年으로 초전 辰이 空亡이며, 또한 戊辰은 辰宮의 正氣에 戊土가 있어 塡實된 것이니, 이를 벗어나는 시점인 금년을 지나야 시험이 치러질 것이라 예상한다.

◆ 巳가 역시 空亡이며 太常이 乘했는데, 明年이 己巳年이라 脫空亡되는 시점이니 明年에 시험이 치러지게 된다.

◆ 금년 7,8월의 시험 계획이 明年 己巳年 2월로 연기된 것이다. 묘월은 신자진 삼합수극을 卯申 怨嗔과 子卯 刑으로 삼합국을 깨어 日主의 脫氣됨을 억제하니 이 시점을 應期(응기)로 보는 것이다.

# 7. 점占 승학升學

(1) **占時** : 戊辰年 丙辰月 戊戌日 戌將 未時課 (甲午旬中. 辰巳空亡. 女行年: 丑. 女本命: 巳)

(2) **問占** : 원하는 대학의 학과를 진학할 수 있을 것인가?

(3) **課體** : 遙剋法. 彈射. 玄胎. 亨通

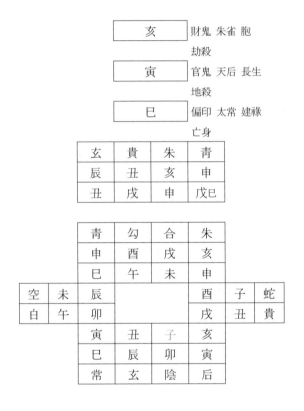

|  |  |  |  |
|---|---|---|---|
| 亥 | 財鬼 朱雀 胞 |  |  |
|  | 劫殺 |  |  |
| 寅 | 官鬼 天后 長生 |  |  |
|  | 地殺 |  |  |
| 巳 | 偏印 太常 建祿 |  |  |
|  | 亡身 |  |  |

| 玄 | 貴 | 朱 | 青 |
|---|---|---|---|
| 辰 | 丑 | 亥 | 申 |
| 丑 | 戌 | 申 | 戌巳 |

| 青 | 勾 | 合 | 朱 |
|---|---|---|---|
| 申 | 酉 | 戌 | 亥 |
| 巳 | 午 | 未 | 申 |

| 空 | 未 | 辰 |  |  | 酉 | 子 | 蛇 |
|---|---|---|---|---|---|---|---|
| 白 | 午 | 卯 |  |  | 戌 | 丑 | 貴 |

| 寅 | 丑 | 子 | 亥 |
|---|---|---|---|
| 巳 | 辰 | 卯 | 寅 |
| 常 | 玄 | 陰 | 后 |

## (4) 占斷

- 국립대학에 입학이 可하나, 다소 비인기학과를 지망함이 좋겠고, 분명 학교 성적은 좋을 것이나, 시험장 갈 때에는 가벼운 마음으로 가는 것이 좋겠다.

- 三傳四課가 財生官을 이루며 다시 遞生干하니 길한데, 末傳 巳가 偏印을 대동하고 空亡이라 亨通課를 이루지 못하니 일점 흠이 있는 것이다.

- 年命에 貴人과 太常의 吉將이 乘하니 반드시 좋은 결과가 있을 것이라 판단한다. 다만 혐의가 되는 것은 日干上神에 申金 靑龍이 乘하여 日主 戊土의 氣를

洩하여 의지를 약하게 할 수 있고, 다시 말전 巳火가 空亡되니 종합하면 긴장하기 쉬어 시험에 임하여 십분 능력을 발휘함에 장애가 될까 염려스럽다.

**(5) 結果**

◆ 대만대학에 입학은 했으나, 문과계열에 들어가지 못하고, 토목공학계열과에 입학했던 것이다.

◆ 이는 課傳은 길한데 干上神 金이 日干 戊土의 氣를 洩하여 신약하게 되어 긴장했기 때문이다.

# 8. 점占 투기投機

**(1) 占時** : 戊辰年 丙辰月 丙申日 戌將 午時課 (女本命: 戊戌. 甲午旬中. 空亡: 辰巳)

**(2) 問占** : 주식투자시 길흉은?

**(3) 課體** : 賊剋法. 重審. 從革. 獻刃

| | |
|---|---|
| 酉 | 正財 貴人 死<br>年殺(咸池) |
| 丑 | 傷官 太常 養<br>攀鞍 |
| 巳 | 比肩 勾陳 建祿<br>劫殺 |

| 青 | 玄 | 常 | 貴 |
|---|---|---|---|
| 辰 | 子 | 丑 | 酉 |
| 子 | 申 | 酉 | 丙巳 |

| 貴 | 后 | 陰 | 玄 | | |
|---|---|---|---|---|---|
| 酉 | 戌 | 亥 | 子 | | |
| 巳 | 午 | 未 | 申 | | |
| 蛇 申 辰 | | | | 酉 | 丑 常 |
| 失 未 卯 | | | | 戌 | 寅 白 |
| 寅 | 丑 | 子 | 亥 | | |
| 午 | 巳 | 辰 | 卯 | | |
| 合 | 勾 | 青 | 空 | | |

## (4) 占斷

◆ 得財가 可한데, 下月이 돼야 주식을 비싸게 欺罔(기망)하여 파는 것이 가능 할 것이라 판단한다.

◆ 이는 일간상신 酉가 재성인데 貴人을 대동하여 발용하고, 다시 三傳이 삼합금 국의 財星局을 이루어 財가 지나치게 왕하나, 초전 酉가 咸池殺이고, 말전 巳가 空亡이기 때문이다.

◆ 본명상신에 白虎가 乘했는데 이는 투기성을 불호하고, 또한 삼전이 삼합국으로 結局되어 매사 늦게 진행되는 연고로, 다만 돈이 회수되어 모아짐이 늦어질 것이라 판단한다.

## (5) 結果

◆ 3주후에 주식을 팔아 많은 돈을 벌었다.

## 9. 점占 운세運勢

(1) **占時** : 戊辰年 乙卯月 戊子日 戊將 亥時課(男本命:甲辰. 行年:寅. 甲申旬中. 空亡:午未)

(2) **問占** : 戊辰年 금년의 남동생 운세의 길흉은 어떠한가?

(3) **課體** : 知一法. 連珠. 返駕. 驀越. 六儀

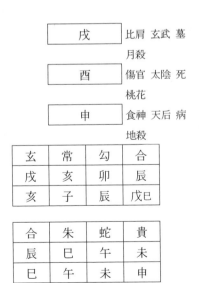

| 勾 | 卯 | 辰 | | | 酉 | 申 | 后 |
|---|---|---|---|---|---|---|---|
| 靑 | 寅 | 卯 | | | 戌 | 酉 | 陰 |
| | | 寅 | 丑 | 子 | 亥 | | |
| | | 丑 | 子 | 亥 | 戌 | | |
| | | 空 | 白 | 常 | 玄 | | |

### (4) 占斷

◆ 남동생은 뚜렷한 직업 없이 떠도는 過客이다. 三傳에 玄武, 太陰, 天后가 乘했으니 家事가 不正할 것이라 판단한다.

◆ 간지상신의 辰과 亥가 自刑되고, 말전 申金에 天后가 乘하였고 遁干은 甲木이라 官鬼에 해당된다.

◆ 亥時는 夜時라 야천을귀인인 未土가 空亡되었고, 다시 妻宮인 日支 子水와 相害되므로 妻가 감옥에 갇힐 조짐이 있는 것이다.

◆ 本命 辰의 上神 卯에 勾陳이 乘하고, 行年 寅의 上神이 丑으로 空亡이니, 쟁송, 시비구설의 象인 것이다.

◆ 比肩에 해당하는 초전 戌이 墓宮이고, 退茹格을 이루며, 妻宮인 日支 子水에 白虎가 乘하여 下神인 丑과 子丑 合土되어 子를 극하니 감옥에 갇힘을 모면할 수 없는 것이다.

### (5) 結果

◆ 未土 貴人이 逆行하고 空亡이니 도움을 받을 길이 없어 入獄되었다.

## 10. 점占 천시天時

(1) 占時 : 戊辰年 乙卯月 乙酉日 戌將 丑時課 (甲申旬中. 午未空亡)

(2) 問占 : 현재 비가 오는데 언제 맑게 갤 것인가?

(3) 課體 : 賊剋法. 重審. 稼穡. 勸德

|  | 未 | | 財鬼 白虎 養 |
|---|---|---|---|
| | | | 月殺 |

| 合 | 空 | 陰 | 蛇 |
|---|---|---|---|
| 卯 | 午 | 戌 | 丑 |
| 午 | 酉 | 丑 | 乙辰 |

| | | | 朱 | 合 | 勾 | 青 | | |
|---|---|---|---|---|---|---|---|---|
| | | | 寅 | 卯 | 辰 | 巳 | | |
| | | | 巳 | 午 | 未 | 申 | | |
| 蛇 | 丑 | 辰 | | | | 酉 | 午 | 空 |
| 貴 | 子 | 卯 | | | | 戌 | 未 | 白 |
| | | | 寅 | 丑 | 子 | 亥 | | |
| | | | 亥 | 戌 | 酉 | 申 | | |
| | | | 后 | 陰 | 玄 | 常 | | |

### (4) 占斷

◆ 辰 天罡이 下神 未에 臨하니 雨의 象이고, 일간상신 丑에 螣蛇가 乘하여 일간 乙의 剋을 받으니 역시 雨의 象이다.

◆ 靑龍이 巳에 승하고 下神 申에 臨하여 昇天의 象이니 역시 雨와 연관된다.

◆ 丑은 雨師로 논하고, 未는 風伯이고, 三傳에 財多하니 財鬼로 논하는데, 三傳 丑戌未 稼穡格에 未土 空亡이니 역시 雨의 象이다.

◆ 今日 午未時에 出 空亡되고 塡實되니 비는 오지 않을 것이나, 未는 풍백이니 바람은 불 것이라 판단한다.

### (5) 結果

◆ 午時에 出 空亡이니 晴하나 風은 있었다.

## 11. 점占 가택家宅

(1) **占時** : 戊辰年 乙卯月 癸未日 戌將 亥時課(男命. 本命:丙申. 甲戌旬中. 申酉空亡)

(2) **問占** : 家運의 길흉이 어떠할 것인가?

(3) **課體** : 賊剋法. 彈射. 蟇越. 正己. 連珠

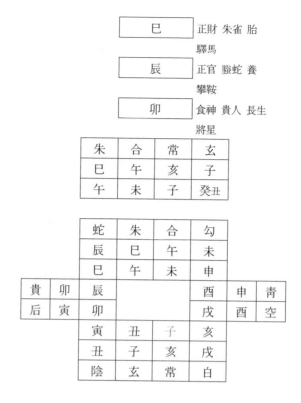

## (4) 占斷

♦ 癸水 日干에 巳는 正財로 朱雀이 乘하니 孕胎의 조짐이 있다. 또한 초전이고 貴人이 순행하고, 卯月은 火旺節로 進氣하는 계절이니 초전 巳火는 약하지 않아, 貴子를 얻을 징조이다.

♦ 춘절에 이롭고, 夏節엔 시비구설과 破財의 우려가 있는데, 부친에게도 이롭지 못하다.

♦ 초전 巳가 正財이며 胎神인데, 삼전이 二陰一陽이고, 未와 卯는 반합목국으로 子孫에 해당하고 卯에 貴人이 乘했으니, 처의 孕胎의 조짐과 男兒일 것임을 알게 된 것이다.

♦ 干支上神이 子午로 相沖하여 흉함이 예상되는데, 巳火 財星에 朱雀이 승했고 夏節이므로, 巳午月에 시비구설, 파재가 예상되는 것이다.

♦ 申酉金은 印星으로 父母爻에 해당되는데, 申金에 靑龍이 乘했으니 부친이 在官人이라 논할 수 있는데 空亡되니 이롭지 못한 것이다.

◆ 夏節에 이롭지 못했고, 부친에게도 불리했던 것이다.


## 12. 점占 재운財運

(1) **占時** : 戊辰年 乙卯月 庚午日 亥將 子時課(本命:壬辰. 甲子順中. 戊亥空亡)

(2) **問占** : 최근의 재물운이 어떠하겠는가?

(3) **課體** : 賊剋法. 蒿矢. 連珠. 登庸. 天獄. 引從

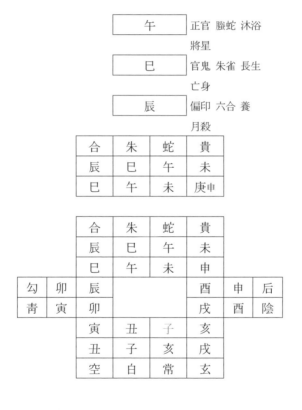

| | | 午 | | 正官 螣蛇 沐浴 |
|---|---|---|---|---|
| | | | | 將星 |
| | | 巳 | | 官鬼 朱雀 長生 |
| | | | | 亡身 |
| | | 辰 | | 偏印 六合 養 |
| | | | | 月殺 |

| 合 | 朱 | 蛇 | 貴 |
|---|---|---|---|
| 辰 | 巳 | 午 | 未 |
| 巳 | 午 | 未 | 庚申 |

| | | 合 | 朱 | 蛇 | 貴 | | |
|---|---|---|---|---|---|---|---|
| | | 辰 | 巳 | 午 | 未 | | |
| | | 巳 | 午 | 未 | 申 | | |
| 勾 | 卯 | 辰 | | | 酉 | 申 | 后 |
| 青 | 寅 | 卯 | | | 戌 | 酉 | 陰 |
| | | 寅 | 丑 | 子 | 亥 | | |
| | | 丑 | 子 | 亥 | 戌 | | |
| | | 空 | 白 | 常 | 玄 | | |

(4) **占斷**

◆ 寅卯月은 재물운이 순탄하지만, 夏節인 巳午月은 크게 기대할 수 없어 守舊함
  이 좋겠다.

◆ 庚日干의 財는 寅卯木인데, 寅木에 財의 類神인 靑龍이 승하여 旺相하므로,
  春節에 得財에 이롭다 판단하는 것이며, 夏節인 巳午月은 官星에 해당되고 螣

蛇와 朱雀이 乘하여 日干을 剋하므로 재물운이 불리하다 판단한다.

◆ 未月은 未에 貴人이 乘하니 得財에 다소 길하다.

◆ 申月은 比劫이 旺해져 財를 다투니 財運이 이롭지 못하고, 酉月은 太陰이 乘하고 落空亡地이며 比劫이 旺해지니 역시 爭財되어 財의 운용을 보수적으로 함이 좋을 것이다.

**(5) 結果**

◆ 하절기 巳午月에 재물의 손실이 발생했다.

## 13. 점占 고시考試

(1) **占時** : 戊辰年 乙卯月 己巳日 亥將 申時課(本命:辛丑. 甲子旬中. 戊亥空亡)

(2) **問占** : 보통고시에 합격할 수 있겠는가?

(3) **課體** : 賊剋法. 重審. 玄胎. 勸德

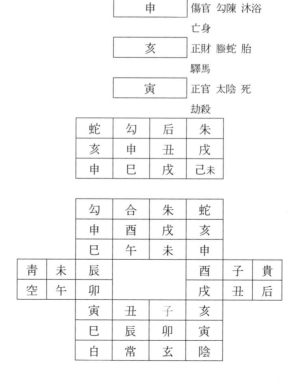

| | 申 | | 傷官 勾陳 沐浴 |
| --- | --- | --- | --- |
| | | | 亡身 |
| | 亥 | | 正財 螣蛇 胎 |
| | | | 驛馬 |
| | 寅 | | 正官 太陰 死 |
| | | | 劫殺 |

| 蛇 | 勾 | 后 | 朱 |
| --- | --- | --- | --- |
| 亥 | 申 | 丑 | 戌 |
| 申 | 巳 | 戌 | 己未 |

| | 勾 | 合 | 朱 | 蛇 | | |
| --- | --- | --- | --- | --- | --- | --- |
| | 申 | 酉 | 戌 | 亥 | | |
| | 巳 | 午 | 未 | 申 | | |
| 青 未 辰 | | | | 酉 子 貴 | | |
| 空 午 卯 | | | | 戌 丑 后 | | |
| | 寅 | 丑 | 子 | 亥 | | |
| | 巳 | 辰 | 卯 | 寅 | | |
| | 白 | 常 | 玄 | 陰 | | |

## (4) 占斷

❖ 日辰과 日辰上神이 상호 교차하여 日辰의 氣를 洩하고 있다. 日干 己는 日支上神 申이 脫氣하고, 日支 巳는 日干上神 戌이 脫氣하고 있다.

❖ 干은 試驗人이고 支는 文章인데, 상호 脫氣되므로, 노력을 집중하지도 않고 의욕도 적은 것이다.

❖ 일간상신 戌에 朱雀이 乘했고, 朱雀은 文章을 주관하는데 空亡되고 旺하지 못하며, 특히 간상신에 臨하니 의욕도 부진하고 시험에 붙는다는 믿음도 부족한 것이다.

❖ 중전 亥는 空亡이고, 말전 寅은 십이운성과 십이신살이 死와 劫殺에 해당되며 초전의 剋을 받아 무력해지니 有始無終의 象이다.

## (5) 結果

❖ 금년에 합격하지 못하여 이름이 합격자 명단에 등재되지도 못했으며, 이는 노력이 태부족한 결과이다.

## 14. 점占 운세運勢

(1) **占時** : 戊辰年 乙卯月 丁卯日 亥將 午時課(父親 本命：庚午. 甲子旬中. 戌亥空亡)

(2) **問占** : 庚午生 부친의 금년 운세는 어떠한가?

(3) **課體** : 賊剋法. 重審. 鑄印

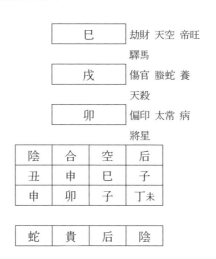

| | 巳 | 劫財 天空 帝旺 |
| | | 驛馬 |
| | 戌 | 傷官 螣蛇 養 |
| | | 天殺 |
| | 卯 | 偏印 太常 病 |
| | | 將星 |

| 陰 | 合 | 空 | 后 |
|---|---|---|---|
| 丑 | 申 | 巳 | 子 |
| 申 | 卯 | 子 | 丁未 |

| 蛇 | 貴 | 后 | 陰 |
|---|---|---|---|

|     | 戊 | 亥 | 子 | 丑 |     |     |
| --- | --- | --- | --- | --- | --- | --- |
|     | 巳 | 午 | 未 | 申 |     |     |

| 朱 | 酉 | 辰 |     |     | 酉 | 寅 | 玄 |
| --- | --- | --- | --- | --- | --- | --- | --- |
| 合 | 申 | 卯 |     |     | 戌 | 卯 | 常 |

|     | 寅 | 丑 | 子 | 亥 |
| --- | --- | --- | --- | --- |
|     | 未 | 午 | 巳 | 辰 |
|     | 勾 | 靑 | 空 | 白 |

### (4) 占斷

◆ 부친은 官職人이며, 夏節에 退職을 강요당하게 되고, 또한 소인배 친우의 陰害
  를 예방해야 한다.

◆ 이는 중전 戌이 공망이므로 鑄印課가 破模되었다 판단하기 때문이다. 따라서
  현재 관직인이라 하더라도 관직을 떠나야하는 문제가 발생하는 것이다.

◆ 本命 午의 상신인 亥水 正官에 貴人이 승했는데 공망되고 상하 상극하니 退職
  의 象인 것이다.

◆ 초전 巳가 겁재로 親友인데 天空이 乘하고, 다시 중전 戌과 怨嗔되니 우애에
  금이 갔다 판단하는 것이다.

◆ 중전 戌이 空亡이고, 말전 卯는 印星으로 父母爻인데 점시 午와 破되고, 太歲
  辰과는 害되니 부친의 운은 불길한 것이다.

### (5) 結果

◆ 상기 점단과 같이 퇴직하게 된 것이다.

## 15. 점占 승진昇進

(1) **占時** : 戊辰年 乙卯月 癸亥日 亥將 未時課(本命:癸巳. 甲寅旬中. 子丑空亡)

(2) **問占** : 현재 電信局(전신국) 재직중인데 최근의 승진운세는 어떠한가?

(3) **課體** : 涉害法. 從革. 察微. 長度厄. 獻刃

| | | 酉 | 偏印 勾陳 病 |
|---|---|---|---|
| | | | 災殺 |
| | | 丑 | 官鬼 太常 冠帶 |
| | | | 月殺 |
| | | 巳 | 正財 貴人 胎 |
| | | | 驛馬 |

| 朱 | 陰 | 勾 | 貴 |
|---|---|---|---|
| 未 | 卯 | 酉 | 巳 |
| 卯 | 亥 | 巳 | 癸丑 |

| 勾 | 青 | 空 | 白 |
|---|---|---|---|
| 酉 | 戌 | 亥 | 子 |
| 巳 | 午 | 未 | 申 |

| 合 | 申 | 辰 | | | 酉 | 丑 | 常 |
|---|---|---|---|---|---|---|---|
| 朱 | 未 | 卯 | | | 戌 | 寅 | 玄 |

| 寅 | 丑 | 子 | 亥 |
|---|---|---|---|
| 午 | 巳 | 辰 | 卯 |
| 蛇 | 貴 | 后 | 陰 |

## (4) 占斷

◆ 삼전이 巳酉丑 삼합금국 印星局으로 父母爻가 되어 日干을 생하고, 또한 중, 말전에 太常과 貴人이 乘하고, 일간상신 巳에 貴人이 乘하여 旺相하니 승진의 조짐이 있는 것이다. 그러나 애석하게도 중전 丑이 空亡되고, 다시 말전 巳는 丑土 空亡地에 坐하여 空陷(空亡地에 坐함)되니 승진에 결격이 있는 것이다.

◆ 말전 巳는 또한 本命에 해당되며 貴人이 乘했으나 空陷되었고, 중전 丑과 巳丑 반합금국의 官鬼局으로 化되어 승진이 불가한데, 明年 己巳年은 太歲가 巳라, 巳가 得氣하여 空陷(공함)됨을 脫시키고 塡實(전실)됨으로 인해 반합국을 깨니, 冬至 이후 明年에 틀림없이 승진할 것이라 판단한다.

◆ 또한 무관직과 이공계열은 승진점에서 類神을 太常으로 논하는데, 太常의 陰神으로 應期를 판단한다. 天盤 丑에 太常이 乘했는데 이의 陰神은, 地盤 丑의 上神이므로 巳가 應期인 것이다. 따라서 明年이 己巳年이므로 이해에 승진할 것이라 판단하는 것이다.

◆ 금년은 승진이 不可하고, 明年에 관운이 좋으니 노력하면 승진이 가능하다.


## 16. 점占 자식子息

(1) 占時 : 戊辰年 乙卯月 癸亥日 亥將 子時課(本命:丙申. 甲寅旬中. 子丑空亡)

(2) 問占 : 得男은 언제 가능한가?

(3) 課體 : 賊剋法. 元首. 斬關. 連珠. 返駕

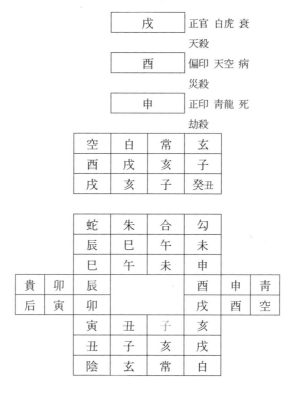

|  |  |  |  |
|---|---|---|---|
| 戌 | 正官 白虎 衰 天殺 | | |
| 酉 | 偏印 天空 病 災殺 | | |
| 申 | 正印 青龍 死 劫殺 | | |

| 空 | 白 | 常 | 玄 |
|---|---|---|---|
| 酉 | 戌 | 亥 | 子 |
| 戌 | 亥 | 子 | 癸丑 |

| 蛇 | 朱 | 合 | 勾 |
|---|---|---|---|
| 辰 | 巳 | 午 | 未 |
| 巳 | 午 | 未 | 申 |

| 貴 | 卯 | 辰 |  | 酉 | 申 | 青 |
| 后 | 寅 | 卯 |  | 戌 | 酉 | 空 |

| 寅 | 丑 | 子 | 亥 |
| 丑 | 子 | 亥 | 戌 |
| 陰 | 玄 | 常 | 白 |

(4) 占斷

◆ 이미 딸을 셋 두었으니 득남은 難한 일이다.

◆ 善德을 많이 쌓은 연후거나 혹, 午, 未年에 득남할 가능성은 있다.

◆ 三傳이 逆退하고, 二陽一陰이며, 또한 삼전이 申酉戌 방합금국의 印星局으로
父母爻가 되어 旺相하여 자연 子孫인 食傷을 剋하니 득남은 요원한 것이며 계

속 딸만 낳았던 것이다.

- 胎爻 巳가 陰으로 딸에 해당되니, 오직 득남의 문제는 類神인 六合의 정황에 달려있는데, 육합이 午에 居하며 下神 未에 臨했으니 午年이거나, 六合이 午未年에 加한 해에 득남이 가능한 것이다.
- 癸水 日干에 食傷은 木이고, 木의 數는 3이므로 3女를 두게 된 것이다.

**(5) 結果**
- 2년 후인 庚午年에 득남한 것이다.


# 17. 점占 애정愛情

(1) **占時** : 戊辰年 甲寅月 庚申日 亥將 子時課(女命 : 甲辰生. 甲寅旬中. 子丑空亡)
(2) **問占** : 남친의 애정정도는 어떠한가?
(3) **課體** : 八專法. 帷簿. 天獄

| | |
|---|---|
| 酉 | 劫財 太陰 帝旺 |
| | 年殺 |
| 未 | 正印 貴人 冠帶 |
| | 天殺 |
| 未 | 正印 貴人 冠帶 |
| | 天殺 |

| 巳 | 貴 | 蛇 | 貴 |
|---|---|---|---|
| 午 | 未 | 午 | 未 |
| 未 | 申 | 未 | 庚申 |

| 合 | 朱 | 蛇 | 貴 |
|---|---|---|---|
| 辰 | 巳 | 午 | 未 |
| 巳 | 午 | 未 | 申 |

| 勾 | 卯 | 辰 | | | 酉 | 申 | 后 |
|---|---|---|---|---|---|---|---|
| 青 | 寅 | 卯 | | | 戌 | 酉 | 陰 |
| | 寅 | 丑 | 子 | 亥 | | | |
| | 丑 | 子 | 亥 | 戌 | | | |
| | 空 | 白 | 常 | 玄 | | | |

### (4) 占斷

◆ 남자는 대학 학력자이고, 그 부모는 아들의 여자친구에 대해 상당한 호감을 갖고 있는 것이다.

◆ 明年에 결혼이 예상된다.

◆ 일진과 일진상신이 상호 比和되고, 吉將인 貴人이 乘했으며, 日支上神인 未가 日干 庚을 生하고, 日干上神 未가 日支 申을 生하고, 다시 각각 上神이 下神을 生하니 交互相生이 되어 매우 길한 것이라 상호 감정이 양호한 것이라 판단한다.

◆ 三傳이 길하고, 中·末傳에 貴人이 乘하여 日干과 日支를 生하니, 兩家 집안에서 상호 반대함이 없는 것이라 판단하며, 감정이 순리대로 진전되리라 본다.

◆ 남자친구는 성격이 과묵한 편이라, 그 심사를 알기가 어려운데, 마음을 읽는 것은 日干의 寄宮으로 판단하는바, 일간의 寄宮 申의 上神이 未로 父母爻에 해당하기 때문이다.

### (5) 結果

◆ 감정이 서로 어긋나지 않고 있다. 이미 친밀하고 상호 감정의 교류가 많은 상황이다.


## 18. 점占 승천昇遷

(1) **占時** : 辛巳年 正月 丙子日 亥將 申時課(甲戌旬中. 申酉空亡)

(2) **問占** : 금년 내에 승진할 수 있을 것인가?

(3) **課體** : 賊剋法. 重審. 玄胎. 孤寡. 亨通

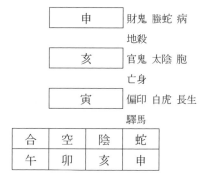

| 申 | 財鬼 螣蛇 病 |
| | 地殺 |
| 亥 | 官鬼 太陰 胞 |
| | 亡身 |
| 寅 | 偏印 白虎 長生 |
| | 驛馬 |

| 合 | 空 | 陰 | 蛇 |
|---|---|---|---|
| 午 | 卯 | 亥 | 申 |

| 卯 | 子 | 申 | 丙巳 |
| --- | --- | --- | --- |

| 蛇 | 貴 | 后 | 陰 |
| --- | --- | --- | --- |
| 申 | 酉 | 戌 | 亥 |
| 巳 | 午 | 未 | 申 |

| 朱 | 未 | 辰 | | | 酉 | 子 | 玄 |
| --- | --- | --- | --- | --- | --- | --- | --- |
| 合 | 午 | 卯 | | | 戌 | 丑 | 常 |

| 寅 | 丑 | 子 | 亥 |
| --- | --- | --- | --- |
| 巳 | 辰 | 卯 | 寅 |
| 勾 | 青 | 空 | 白 |

### (4) 占斷

◆ 今年에 昇進이 不可하고 明年 春節에 가능하다.

◆ 삼전이 財官印이며 驛馬를 대동하고 遞生干하고, 간지와 간지상신이 交互相生하니 필히 승진의 기쁨이 있다.

◆ 月將 亥가 入中傳하니 만사 길조의 상이다.

◆ 다만 혐의가 되는 것은 초전 申이 空亡이라 亨通課가 되지 못하니 금년엔 승진이 불능인 것이다.

◆ 내년엔 行年이 亥인데, 上神이 寅으로 日干을 생하니 내년 정월에 틀림없이 승진할 것이다.

### (5) 結果

◆ 壬午年 正月에 安陸府 知府로 승진발령 받은 것이다.

## 19. 점占 관직官職

(1) **占時** : 癸未年 己未月 乙巳日 未將 亥時課(甲辰旬中. 寅卯空亡)

(2) **問占** : 稟申(품신)한 안건에 대한 상사의 질책으로 인한 길흉여부?

(3) **課體** : 遙剋法. 蒿矢. 從革. 操會. 驀越

| | | | |
|---|---|---|---|
| 酉 | 官鬼 玄武 胞 | | |
| | 將星 | | |
| 巳 | 傷官 靑龍 沐浴 | | |
| | 地殺 | | |
| 丑 | 財鬼 螣蛇 衰 | | |
| | 華蓋 | | |

| 玄 | 蛇 | 常 | 貴 |
|---|---|---|---|
| 酉 | 丑 | 申 | 子 |
| 丑 | 巳 | 子 | 乙辰 |

| | | | | | | | |
|---|---|---|---|---|---|---|---|
| | 蛇 | 朱 | 合 | 勾 | | | |
| | 丑 | 寅 | 卯 | 辰 | | | |
| | 巳 | 午 | 未 | 申 | | | |
| 貴 | 子 | 辰 | | | 酉 | 巳 | 靑 |
| 后 | 亥 | 卯 | | | 戌 | 午 | 空 |
| | 寅 | 丑 | 子 | 亥 | | | |
| | 戌 | 酉 | 申 | 未 | | | |
| | 陰 | 玄 | 常 | 白 | | | |

## (4) 占斷

◆ 삼전이 酉巳丑 삼합금국의 官星局을 이루니 官鬼라 논한다. 合局되어 日干을 剋하고, 干支上神이 子丑으로 貴人과 螣蛇이니 한 번의 풍파가 예상되는 것이다.

◆ 다행인 것은 삼전 酉巳丑이 모두 乘한 天將의 制를 받으니 삼합금국이 무력해 진 것이다.

◆ 日干上神 子水가 삼합금국의 金氣를 洩하고, 日干 乙木을 생하니 化凶爲吉이 된 것이다.

◆ 다만 혐의가 되는 것은 간지와 간지상신이 交叉하여 相剋됨인데, 간지상신이 子丑의 六合局을 이루니, 처음엔 시비구설이 따르나 종국엔 和解되고 이롭게 될 것이라 판단한다.

## (5) 結果

◆ 품신한 안건에 대해 처음엔 參劾(참핵)이 대두되었는데 종국엔 해소되었다.

# 20. 점占 관직官職

(1) **占時** : 乙酉年 辛巳月 丁巳日 酉將 巳時課(行年:午. 本命:丑. 甲寅旬中. 子丑空亡)

(2) **問占** : 官의 缺員된 자리로 옮길 수 있는가?

(3) **課體** : 賊剋法. 重審. 從革. 獻刃

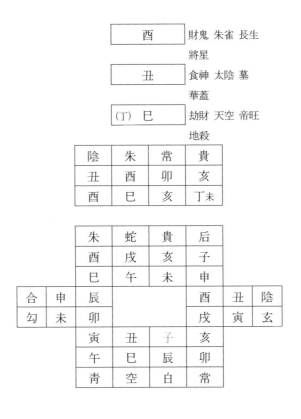

| | 酉 | | 財鬼 朱雀 長生 |
| | | | 將星 |
| | 丑 | | 食神 太陰 墓 |
| | | | 華蓋 |
| (丁) | 巳 | | 劫財 天空 帝旺 |
| | | | 地殺 |

| 陰 | 朱 | 常 | 貴 |
|---|---|---|---|
| 丑 | 酉 | 卯 | 亥 |
| 酉 | 巳 | 亥 | 丁未 |

| 朱 | 蛇 | 貴 | 后 | | | |
|---|---|---|---|---|---|---|
| 酉 | 戌 | 亥 | 子 | | | |
| 巳 | 午 | 未 | 申 | | | |

| 合 | 申 | 辰 | | 酉 | 丑 | 陰 |
| 勾 | 未 | 卯 | | 戌 | 寅 | 玄 |

| 寅 | 丑 | 子 | 亥 |
|---|---|---|---|
| 午 | 巳 | 辰 | 卯 |
| 靑 | 空 | 白 | 常 |

## (4) 占斷

◆ 일간상신 亥에 貴人이 乘하고 다시 驛馬를 대동하였고, 삼전이 巳酉丑 삼합국을 이루어 驛馬에 채찍질을 加하고 있는 象이다.

◆ 일지상신 酉는 太歲이며 月將에 해당되고 入傳하였으며, 문서, 소식을 담당하는 朱雀이 乘했고 발용되고 있어 길하다.

◆ 문관의 類神인 靑龍이 午에 乘하여 日干 丁의 建祿이 되고 다시 行年 午에 乘했고, 또한 天喜가 夏節이라 本命 丑에 居하니, 이 모두 榮轉의 조짐이 있는 것이다.

◆ 丁神이 入傳하여 사안은 속히 진행되니 應期는 멀지않은 시점인 것이다.

**(5) 결과**

◆ 靑龍이 乘한 當年 午月에 榮轉(영전)했던 것이다.


## 21. 점占 혼사婚事

**(1) 占時** : 辛巳年 五月 甲寅日 申將 子時課(男行年:申 女行年:巳 男本命:申 甲寅旬中.
子丑空亡)

**(2) 問占** : 男命 혼사건의 길흉이 어떠할 것인가?

**(3) 課體** : 賊剋法. 重審. 炎上. 斬關. 六儀

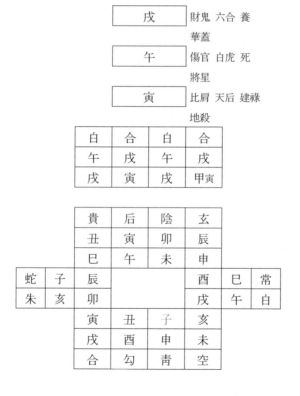

| | 戌 | | 財鬼 六合 養 |
|---|---|---|---|
| | | | 華蓋 |
| | 午 | | 傷官 白虎 死 |
| | | | 將星 |
| | 寅 | | 比肩 天后 建祿 |
| | | | 地殺 |

| 白 | 合 | 白 | 合 |
|---|---|---|---|
| 午 | 戌 | 午 | 戌 |
| 戌 | 寅 | 戌 | 甲寅 |

| 貴 | 后 | 陰 | 玄 | | |
|---|---|---|---|---|---|
| 丑 | 寅 | 卯 | 辰 | | |
| 巳 | 午 | 未 | 申 | | |
| 蛇 | 子 | 辰 | | 酉 | 巳 | 常 |
| 朱 | 亥 | 卯 | | 戌 | 午 | 白 |
| 寅 | 丑 | 子 | 亥 | | |
| 戌 | 酉 | 申 | 未 | | |
| 合 | 勾 | 靑 | 空 | | |

**(4) 占斷**

◆ 초전 戌이 干支와 합을 이루고, 삼전이 寅午戌 삼합화국을 형성하는데, 寅木이

말전에 있으니 이른바 逆合이다. 따라서 혼사 건은 불순한 조짐이 있는 것이다.

- 일간은 일지상신을 剋하고, 일지는 일간상신을 剋하니 이른바 交互上剋되어 吉하지 못하고, 간지와 간지상신이 상호 상극되니 解離格(해리격)이 된 것이다.

- 초전 戌이 妻星인데, 간상신에 居하여 공히 日辰의 剋을 받고, 日辰의 陰神인 2課 上神 午와 4課 上神 午가 상호 自刑을 이루니, 남녀 사이에 저애 요소가 있는 것이다.

- 남녀 行年이 申과 巳로 合中 刑殺이 있는 것이고, 女命의 本命은 申으로 落空亡地이니 결혼이 성사되기 힘들다 판단한다.

**(5) 結果**

- 혼사 건으로 兩家 의견이 분분했으나 끝내 성사되지 못했다.


## 22. 점占 태산胎産

**(1) 占時 :** 壬午年 三月 乙酉日 酉將 辰時課(女命. 本命;己亥. 行年: 庚午. 甲申旬中. 午未空亡)

**(2) 問占 :** 順産의 여부?

**(3) 課體 :** 知一法. 不備. 驀越. 亂首. 長度厄

| | | 未 | 財鬼 天后 養 |
| | | | 月殺 |
| | | 子 | 偏印 勾陳 病 |
| | | | 六害 |
| | | 巳 | 傷官 玄武 沐浴 |
| | | | 地殺 |

| 后 | 空 | 空 | 蛇 |
|---|---|---|---|
| 未 | 寅 | 寅 | 酉 |
| 寅 | 酉 | 酉 | 乙辰 |

| 朱 | 合 | 勾 | 青 |
|---|---|---|---|
| 戌 | 亥 | 子 | 丑 |
| 巳 | 午 | 未 | 申 |

| | | | | | | |
|---|---|---|---|---|---|---|
| 蛇 | 酉 | 辰 | | | 酉 | 寅 | 空 |
| 貴 | 申 | 卯 | | | 戌 | 卯 | 白 |

| | | | |
|---|---|---|---|
| 寅 | 丑 | 子 | 亥 |
| 未 | 午 | 巳 | 辰 |
| 后 | 陰 | 玄 | 常 |

### (4) 占斷

◆ 출산시 母의 傷害가 따르고 자식도 낳아 기르기가 어렵다.

◆ 일간을 子息으로 보고, 일지를 母로 논한다. 일간 乙이 간상신 酉의 剋을 받으니 자식이 위태로운 것이고, 일지 酉는 上神이 寅으로 天空이 居하며 역시 상하 상극하니 母體도 상해가 우려되는 것이다.

◆ 초전 未는 五墓에 해당되고 空亡되며 삼전이 遞剋되니 課體가 불리한 것이다.

◆ 일지 酉가 일간 乙에 加하여 일간을 剋하니 上門亂首格(상문난수격)이다.

◆ 年命 午亥가 공히 상신인 亥辰의 剋을 받으니 母가 필히 傷害를 받게 되는 것이다.

### (5) 結果

◆ 출산 휴유증으로 인해 母子가 다 사망했다.

## 23. 점占 재운財運

(1) 占時 : 己卯年 庚午月 丙辰日 申將 丑時課(甲寅旬中. 子丑空亡)

(2) 問占 : 금년 재물운이 어떠하겠는가?

(3) 課體 : 知一法. 驀越

| | |
|---|---|
| 午 | 劫財 白虎 帝旺<br>災殺 |
| 丑 | 傷官 朱雀 養<br>攀鞍 |
| 申 | 財鬼 玄武 病<br>地殺 |

| 白 | 貴 | 常 | 蛇 |
|---|---|---|---|
| 午 | 亥 | 未 | 子 |
| 亥 | 辰 | 子 | 丙巳 |

| 蛇 | 朱 | 合 | 勾 |
|---|---|---|---|
| 子 | 丑 | 寅 | 卯 |
| 巳 | 午 | 未 | 申 |

| 貴 | 亥 | 辰 | | | 酉 | 辰 | 青 |
|---|---|---|---|---|---|---|---|
| 后 | 戌 | 卯 | | | 戌 | 巳 | 空 |

| 寅 | 丑 | 子 | 亥 |
|---|---|---|---|
| 酉 | 申 | 未 | 午 |
| 陰 | 玄 | 常 | 白 |

### (4) 占斷

◆ 삼전이 遞生하여 空亡인 子를 생하고 있다. 일간 丙은 午火節에 得氣했으니 능히 말전 財鬼를 감당할만하여 得財의 가능성은 있다 판단한다. 日干 丙이 간상신 子의 剋을 받으나 午火節에 水氣가 무력한 것이라 丙火가 크게 손상되지는 않는다.

◆ 중전 丑이 空亡인데 말전 申財를 生하니 空財가 된 것이며, 다시 초전 午가 말전 申을 剋하니 空財가 이제는 無財가 되었다. 말전 申이 일지상신 亥水官鬼를 生하고, 官鬼가 일간 丙을 剋하니 日干 丙이 財를 취하기가 어려워진 것이다.

◆ 삼전이 白虎, 朱雀, 玄武인 凶將이 乘하여 불길한데, 말전 財鬼에 盜賊之神인 玄武가 乘하니, 貪財로 인해 一身上의 災禍를 초래할 것이 우려된다.

### (5) 結果

◆ 小財를 貪하다 汚名을 쓰게 된 것이다.

## 24. 점占 태산胎産

(1) **占時** : 庚辰年 丙戌月 甲子日 辰將 寅時課(本命:壬午. 行年:戌. 甲子旬中. 戌亥空亡)

(2) **問占** : 출산의 길흉은 어떠할 것인가?

(3) **課體** : 賊剋法. 重審. 不備. 間傳. 斬關. 登三天. 俯就

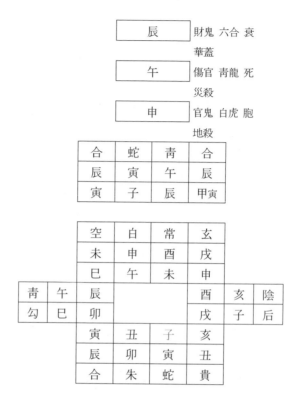

| | 辰 | 財鬼 六合 衰 |
| --- | --- | --- |
| | | 華蓋 |
| | 午 | 傷官 靑龍 死 |
| | | 災殺 |
| | 申 | 官鬼 白虎 胎 |
| | | 地殺 |

| 合 | 蛇 | 靑 | 合 |
| --- | --- | --- | --- |
| 辰 | 寅 | 午 | 辰 |
| 寅 | 子 | 辰 | 甲寅 |

| 空 | 白 | 常 | 玄 |
| --- | --- | --- | --- |
| 未 | 申 | 酉 | 戌 |
| 巳 | 午 | 未 | 申 |

| 靑 | 午 | 辰 | | | 酉 | 亥 | 陰 |
| --- | --- | --- | --- | --- | --- | --- | --- |
| 勾 | 巳 | 卯 | | | 戌 | 子 | 后 |

| 寅 | 丑 | 子 | 亥 |
| --- | --- | --- | --- |
| 辰 | 卯 | 寅 | 丑 |
| 合 | 朱 | 蛇 | 貴 |

## (4) 占斷

◆ 十月 辰日에 남아를 출산하나 키우기 어려울 것이다. 天罡 辰이 일간상신에
  臨하니 필히 남아를 생하는 것이고, 일간 甲의 長生은 亥인데, 亥는 十月이라
  이때 生男한다 판단하는 것이다.

◆ 本命 午의 上神 申과 行年 戌의 上神 子는 干上神 辰과 삼합국을 형성하고,
  2課 下神 辰 上에 午 勝光이 臨하니 辰日이라 판단한다.

◆ 다만 혐의가 되는 것은 초전 辰이 년명상신과 合을 이루어 日干 上에 臨하였는
  데, 月支 戌의 死炁(사기)에 해당하는 寅이 이를 剋하니, 출생은 可하나 키우기
  는 어렵다 판단하는 것이다.

## (5) 結果

◆ 남아를 출생했으나 일찍 죽어 키우지 못했다.

## 25. 점占 차용借用

(1) **占時** : 庚辰年 丙戌月 丁巳日 辰將 酉時課(甲寅旬中. 子丑空亡)

(2) **問占** : 금전 차용이 가능한가?

(3) **課體** : 涉害法. 幼度厄. 三奇. 關格

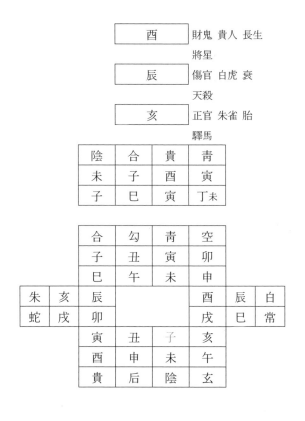

| | | | |
|---|---|---|---|
| | 酉 | | 財鬼 貴人 長生 |
| | | | 將星 |
| | 辰 | | 傷官 白虎 衰 |
| | | | 天殺 |
| | | 亥 | 正官 朱雀 胎 |
| | | | 驛馬 |

| 陰 | 合 | 貴 | 青 |
|---|---|---|---|
| 未 | 子 | 酉 | 寅 |
| 子 | 巳 | 寅 | 丁未 |

| | | | 合 | 勾 | 青 | 空 | | |
|---|---|---|---|---|---|---|---|---|
| | | | 子 | 丑 | 寅 | 卯 | | |
| | | | 巳 | 午 | 未 | 申 | | |
| 朱 | 亥 | 辰 | | | | 酉 | 辰 | 白 |
| 蛇 | 戌 | 卯 | | | | 戌 | 巳 | 常 |
| | | 寅 | 丑 | 子 | 亥 | | | |
| | | 酉 | 申 | 未 | 午 | | | |
| | | 貴 | 后 | 陰 | 玄 | | | |

### (4) 占斷

◆ 초전 酉 財鬼에 貴人이 乘했고, 또한 酉는 占時에 해당하고, 말전 亥는 甲寅旬
中의 旬奇에 해당된다.

◆ 靑龍이 寅에 乘하여 말전 亥의 長生에 해당되고 干上神에 臨했으니 필히 금전
차용은 성사될 것이라 판단한다.

◆ 초전으로 점단하건데 初傳 財鬼 酉金은 大定數가 6으로 丙戌月과 대비 已往之
事(이왕지사)에 해당된다.

◆ 다만 혐의가 되는 것은, 課式 中 月支 戌 기준하여 申 天財가 空亡地인 丑土에

臨하고, 또한 日支 巳의 驛馬인 말전 亥는 下神 辰 墓庫에 臨하니, 심부름꾼인 驛馬가 허사가 되는 고로, 당시엔 빈손으로 돌아왔으나 나중에 송금을 받았던 것이다.

**(5) 結果**

◆ 당일에는 돈을 차용하지 못했고, 나중에 송금을 받았던 것이다.

## 26. 점占 원행遠行

(1) **占時** : 辛巳年 庚寅月 己未日 亥將 申時課(甲寅旬中. 子丑空亡)

(2) **問占** : 遠行하려는데 水陸 모두 무탈하겠는가?

(3) **課體** : 八專法. 三奇. 斬關. 勸德. 財閉口

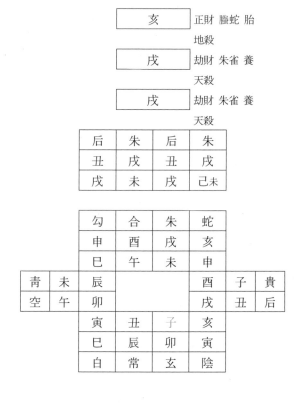

| | 亥 | | 正財 螣蛇 胎 |
|---|---|---|---|
| | | | 地殺 |
| | 戌 | | 劫財 朱雀 養 |
| | | | 天殺 |
| | 戌 | | 劫財 朱雀 養 |
| | | | 天殺 |

| 后 | 朱 | 后 | 朱 |
|---|---|---|---|
| 丑 | 戌 | 丑 | 戌 |
| 戌 | 未 | 戌 | 己未 |

| 勾 | 合 | 朱 | 蛇 | | | |
|---|---|---|---|---|---|---|
| 申 | 酉 | 戌 | 亥 | | | |
| 巳 | 午 | 未 | 申 | | | |
| 青 未 辰 | | | | 酉 | 子 | 貴 |
| 空 午 卯 | | | | 戌 | 丑 | 后 |
| 寅 | 丑 | 子 | 亥 | | | |
| 巳 | 辰 | 卯 | 寅 | | | |
| 白 | 常 | 玄 | 陰 | | | |

**(4) 占斷**

◆ 간지와 간지상신이 모두 相剋됨이 없으니 무탈할 것이다. 다만 의외의 경비 지출이 발생하여 재물의 消耗가 있을 것이라 판단한다. 이는 초전 亥水 財를 중, 말전의 戌土 劫財가 爭財하기 때문인 것이다.

◆ 또한 歲破는 申이고 月破는 亥인데, 月破가 歲破에 加하여 發用이니 재물의 소모됨이 있을 것이라 판단하는 것이다.

◆ 간지와 간지상신이 交互 刑破되고, 중·말전이 중첩되어 干支를 역시 刑破하니 不通의 象이라, 遠行함에 財와 연관되어 다소 장애요소가 있을 것이라 판단한다.

**(5) 結果**

◆ 遠行함에 목적지까지의 도로공사가 완료되지 못하여 이동과정에서 많은 추가 경비가 소요됐던 것이다.


## 27. 점占 원행遠行

(1) **占時** : 癸未年 庚申月 戊戌日 巳將 酉時課(行年:戌. 甲午旬中. 辰巳空亡)

(2) **問占** : 遠行함에 무탈하겠는가?

(3) **課體** : 遙剋法. 蒿矢. 炎上. 華明. 六儀. 驀越

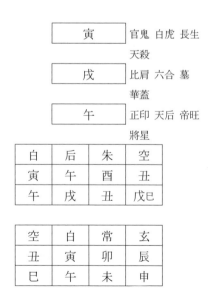

| | | | |
|---|---|---|---|
| 寅 | 官鬼 白虎 長生 | | |
| | 天殺 | | |

| | | | |
|---|---|---|---|
| 戌 | 比肩 六合 墓 | | |
| | 華蓋 | | |

| | | | |
|---|---|---|---|
| 午 | 正印 天后 帝旺 | | |
| | 將星 | | |

| 白 | 后 | 朱 | 空 |
|---|---|---|---|
| 寅 | 午 | 酉 | 丑 |
| 午 | 戌 | 丑 | 戌巳 |

| 空 | 白 | 常 | 玄 |
|---|---|---|---|
| 丑 | 寅 | 卯 | 辰 |
| 巳 | 午 | 未 | 申 |

| 青 | 子 | 辰 |   |   | 酉 | 巳 | 陰 |
|---|---|---|---|---|---|---|---|
| 勾 | 亥 | 卯 |   |   | 戌 | 午 | 后 |
|   |   | 寅 | 丑 | 子 | 亥 |   |   |
|   |   | 戌 | 酉 | 申 | 未 |   |   |
|   |   | 合 | 朱 | 蛇 | 貴 |   |   |

### (4) 占斷

◆ 초전 寅이 官鬼와 白虎를 대동하니 원행함에 이미 흉조의 기미가 있는 것이다.

◆ 삼전이 寅午戌 삼합화국의 印星局으로 바뀌니 이를 偏印으로 논한다. 따라서 偏印은 傷害와 연관되니 吉 中 凶함이 내재되어 있는 것이다.

◆ 삼전이 合局되어 干支를 生하고, 다시 간지 상하가 상생되니 遠行함에 큰탈은 없을 것이나, 초전 寅에 白虎가 乘하여 日干을 剋하고, 日支上神 午와 말전이 自刑되고, 歲支 未의 病符殺이 午인데, 行年과 中傳 戌의 上神에 臨하니 採薪之憂(채신지우: 병이 들어 땔나무를 할 수 없음)가 대두되는 것이다.

### (5) 結果

◆ 遠行 중 질병으로 되돌아 와야 했던 것이다.

## 28. 점占 행인行人

(1) **占時** : 庚辰年 戊子月 戊辰日 寅將 酉時課(甲子旬中. 戌亥空亡)

(2) **問占** : 친우가 언제 도착하겠는가?

(3) **課體** : 賊剋法. 重審. 蟇越. 六儀

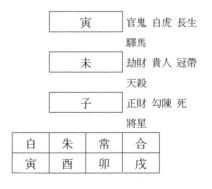

| 寅 | 官鬼 白虎 長生 |
|---|---|
|   | 驛馬 |
| 未 | 劫財 貴人 冠帶 |
|   | 天殺 |
| 子 | 正財 勾陳 死 |
|   | 將星 |

| 白 | 朱 | 常 | 合 |
|---|---|---|---|
| 寅 | 酉 | 卯 | 戌 |

| 酉 | 辰 | 戌 | 戌巳 |
|---|---|---|---|

| | 合 | 勾 | 青 | 空 | | |
|---|---|---|---|---|---|---|
| | 戌 | 子 | 丑 | 寅 | | |
| | 巳 | 午 | 未 | 申 | | |
| 朱 | 酉 | 辰 | | | 酉 | 寅 | 白 |
| 蛇 | 申 | 卯 | | | 戌 | 卯 | 常 |
| | 寅 | 丑 | 子 | 亥 | | |
| | 未 | 午 | 巳 | 辰 | | |
| | 貴 | 后 | 陰 | 玄 | | |

**(4) 占斷**

◆ 이미 친구가 路程에 들어섰고 午日에 당도할 것이다.

◆ 天馬와 驛馬에 해당하는 초전 寅이 官鬼를 대동하고 白虎가 乘하였고, 다시 月將이 되어 入傳했으니 그 기세가 웅장하고 민첩하다.

◆ 4과 下神이 酉로 占時인데, 寅木 驛馬가 乘하니 매우 빠르게 사안이 진척되는 것으로 판단한다.

◆ 초전 寅 驛馬는 간상신 戌과 寅戌의 반합화국인데, 虛字入局(허자입국)으로 午를 合하면 寅午戌 삼합화국이 成局되니 午日에 도착할 것이라 판단한다.

**(5) 結果**

◆ 壬午日에 도착한 것이다.

## 29. 점占 관직官職

(1) **占時** : 壬午年 癸卯月 甲辰日 戌將 申時課(甲辰旬中. 寅卯空亡)

(2) **問占** : 新任 관리가 언제 到任하겠는가?

(3) **課體** : 涉害法, 間傳, 斬關. 贅壻. 狡童

| 辰 | 財鬼 六合 衰 華蓋 |
|---|---|
| 午 | 傷官 螣蛇 死 災殺 |

| 申 | 官鬼 天后 胞 |
|---|---|
| | 地殺 |

| 后 | 蛇 | 蛇 | 合 |
|---|---|---|---|
| 申 | 午 | 午 | 辰 |
| 午 | 辰 | 辰 | 甲寅 |

| | | 貴 | 后 | 陰 | 玄 | | |
|---|---|---|---|---|---|---|---|
| | | 未 | 申 | 酉 | 戌 | | |
| | | 巳 | 午 | 未 | 申 | | |
| 蛇 | 午 | 辰 | | | 酉 | 亥 | 常 |
| 朱 | 巳 | 卯 | | | 戌 | 子 | 白 |
| | | 寅 | 丑 | 子 | 亥 | | |
| | | 辰 | 卯 | 寅 | 丑 | | |
| | | 合 | 勾 | 青 | 空 | | |

### (4) 占斷

◆ 天罡 辰이 日干에 加하여 發用하였으니 斬關課이며, 문서의 합의를 의미하는 六合이 乘했으니 사안은 이미 진행중인 것이다.

◆ 다만 혐의가 되는 것은, 초전 辰이 落空亡地이니 저체됨이 있는 것이고, 辰前 一位 巳는 辰午 사이에 間傳되었으며 문서를 관장하는 朱雀이 乘했으니 案件 이 稽留(계류)중일 것이라 추축되는 것이다.

◆ 말전으로 應期를 보는데, 申에 天馬가 乘하여 下神 午에 臨하였으니 午月로 보고, 日干 甲의 寄宮이 寅으로 驛馬이니 寅日이라 추산하는 것이다.

### (5) 結果

◆ 丙午月 寅日에 到任했던 것이다.

## 30. 점占 가택家宅

(1) **占時** : 戊辰年 丙辰月 己亥日 戌將 子時課(行年:丑. 本命:巳. 甲午旬中. 辰巳空亡)

(2) **問占** : 新宅의 길흉이 어떠한가?

(3) **課體** : 遙剋法. 蒿矢. 間傳. 斬關. 淫泆. 官閉口

|  | 卯 | 官鬼 青龍 病 |
|---|---|---|
|  |  | 將星 |
|  | 丑 | 比肩 白虎 墓 |
|  |  | 月殺 |
|  | 亥 | 正財 玄武 胎 |
|  |  | 地殺 |

| 蛇 | 后 | 青 | 合 |
|---|---|---|---|
| 未 | 酉 | 卯 | 巳 |
| 酉 | 亥 | 巳 | 己未 |

| 靑 | 勾 | 合 | 朱 |
|---|---|---|---|
| 卯 | 辰 | 巳 | 午 |
| 巳 | 午 | 未 | 申 |

| 空 | 寅 | 辰 |  |  | 酉 | 未 | 蛇 |
|---|---|---|---|---|---|---|---|
| 白 | 丑 | 卯 |  |  | 戌 | 申 | 貴 |

| 寅 | 丑 | 子 | 亥 |
|---|---|---|---|
| 子 | 亥 | 戌 | 酉 |
| 常 | 玄 | 陰 | 后 |

## (4) 占斷

◆ 日干이 人이고 日支가 宅이다. 干이 支를 剋하니 입주하여 살아감에 큰 탈은 없는 것이다.

◆ 수면상태나 정신적인 면에서 크게 좋다 할 수는 없으나, 官運에 다소의 도움이 되고, 여인과 연관된 財利를 취할 수 있다.

◆ 陰氣가 重하고 課傳이 純陰이니 가택이 神壇과 연루된 장소이었을 것이라 판단한다. 3과 4과 上神이 酉未로 天后와 螣蛇가 乘하였고 陰氣가 重하니 여자에게 이로운 곳이다.

◆ 삼전에 未가 缺되어 삼합국을 이루지 못했으나, 年命이 丑巳로 上神에 亥財星에 玄武가 乘하고 卯 靑龍이 乘하였으니, 여성과 연관된 물품으로 개점하면 길할 것이며, 점포는 확장하지 말고 보수적 경영을 함이 이로울 것이라 판단한다.

◆ 초전 卯가 官鬼가 되고 靑龍이 乘하였으며 本命 巳에 臨하여 主管하나, 애석하게도 旺하지 못하여, 官運은 많지 않을 것이라 판단한다.

**(5) 結果**

◆ 庚午年에 이르러 관운은 電信局인 공공기관의 반장에 그치었고, 재물은 다소 모을 수 있었다.


# 31. 점占 질병疾病

(1) **占時** : 戊辰年 丙辰月 癸卯日 戊將 午時課(甲午旬中. 辰巳空亡)
(2) **問占** : 感冒(감모:감기)증세가 언제 완쾌되겠는가?
(3) **課體** : 涉害法. 從革. 絶嗣. 獻刃

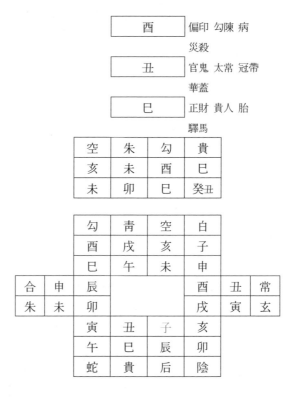

| | 偏印 勾陳 病 |
|---|---|
| 酉 | 災殺 |
| 丑 | 官鬼 太常 冠帶 |
| | 華蓋 |
| 巳 | 正財 貴人 胎 |
| | 驛馬 |

| 空 | 朱 | 勾 | 貴 |
|---|---|---|---|
| 亥 | 未 | 酉 | 巳 |
| 未 | 卯 | 巳 | 癸丑 |

| | | | 勾 | 青 | 空 | 白 | | | |
|---|---|---|---|---|---|---|---|---|---|
| | | | 酉 | 戌 | 亥 | 子 | | | |
| | | | 巳 | 午 | 未 | 申 | | | |
| 合 | 申 | 辰 | | | 酉 | 丑 | 常 | | |
| 朱 | 未 | 卯 | | | 戌 | 寅 | 玄 | | |
| | | | 寅 | 丑 | 子 | 亥 | | | |
| | | | 午 | 巳 | 辰 | 卯 | | | |
| | | | 蛇 | 貴 | 后 | 陰 | | | |

**(4) 占斷**

◆ 일간은 病者이고 일지는 病症이다.

◆ 감기증세가 이미 여러 날 계속되었고 의사도 여러 차례 방문했으나 완쾌되지 않고 있다. 數日 후에야 쾌유될 것이라 판단한다.

- 말전 巳가 空亡인데 초전 酉가 空亡地인 巳에 坐하니 空陷된 것이라 판단한다. 또한 1과부터 4과까지 上神이 모두 下賊을 당하니 불길한 징조인 것이다.
- 다행인 것은 삼전이 삼합금국을 이루어 日干을 生하고, 干에 속하는 1.2과 下神이 巳丑 金局을 이루어, 支에 속하는 3.4과 下神인 卯未 木局을 剋하니 완쾌의 조짐이 있는 것이다.
- 일지상신 未가 官鬼이며 朱雀이 乘하여 病症은 傷風之類인데, 下神이 金剋木되니 上神 역시 무력해지는 고로 병세는 치료가 可하다 판단하는 것이다.
- 치유 시점은 말전이 空亡이라 出 空亡되는 시점이 應期인데 數日 後가 되는 것이다.

**(5) 結果**

- 3일 후 名醫를 만나 치료를 받고 數日 내로 완쾌된 것이다.


## 32. 점占 질병疾病

(1) **占時** : 丁丑年 庚戌月 甲子日 辰將 辰時課(甲子旬中. 戌亥空亡)
(2) **問占** : 부친 병환의 쾌유 여부?
(3) **課體** : 伏吟法. 自任. 玄胎

| | |
|---|---|
| 寅 | 比肩 勾陳 建祿 驛馬 |
| 巳 | 食神 朱雀 病 劫殺 |
| 申 | 官鬼 天后 胞 地殺 |

| 空 | 空 | 勾 | 勾 |
|---|---|---|---|
| 子 | 子 | 寅 | 寅 |
| 子 | 子 | 寅 | 甲寅 |

| 蛇 | 貴 | 后 | 陰 |
|---|---|---|---|
| 午 | 未 | 申 | 申 |
| 巳 | 午 | 未 | 申 |

| 朱 | 巳 | 辰 |
|---|---|---|
| 合 | 辰 | 卯 |

| 酉 | 酉 | 玄 |
|---|---|---|
| 戌 | 戌 | 常 |

| 寅 | 丑 | 子 | 亥 |
|---|---|---|---|
| 寅 | 丑 | 子 | 亥 |
| 勾 | 青 | 空 | 白 |

### (4) 占斷

◆ 삼전이 寅巳申 三刑殺을 이루고, 초전 寅은 日干 甲의 祿이고, 중전 巳는 病이고, 말전 申은 絶에 해당하며 得令하여 日干을 剋하여 鬼가 되므로, 부친의 병세는 필히 쾌유되기 어렵다.

◆ 병세의 위중함이 朝夕이니 급히 오지 못하면 임종을 보기 어려울 것이다.

### (5) 結果

◆ 3일 후 전신환으로 부친의 사망을 알려왔다.

## 33. 점占 재운財運

(1) **占時** : 丙子年 丙申月 己亥日 巳將 子時課(甲午旬中. 辰巳空亡)

(2) **問占** : 가택에 딸린 신규 개설 점포에서 이득이 있겠는가?

(3) **課體** : 知一法. 鑄印. 勸德. 孤寡

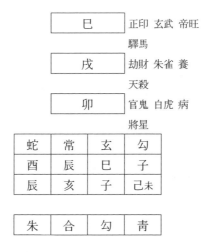

| | | 巳 | 正印 玄武 帝旺 |
|---|---|---|---|
| | | | 驛馬 |
| | | 戌 | 劫財 朱雀 養 |
| | | | 天殺 |
| | | 卯 | 官鬼 白虎 病 |
| | | | 將星 |

| 蛇 | 常 | 玄 | 勾 |
|---|---|---|---|
| 酉 | 辰 | 巳 | 子 |
| 辰 | 亥 | 子 | 己未 |

| 朱 | 合 | 勾 | 青 |
|---|---|---|---|

| | | 戌 | 亥 | 子 | 丑 | | |
|---|---|---|---|---|---|---|---|
| | | 巳 | 午 | 未 | 申 | | |
| 蛇 | 酉 | 辰 | | | 酉 | 寅 | 空 |
| 貴 | 申 | 卯 | | | 戌 | 卯 | 白 |
| | | 寅 | 丑 | 子 | 亥 | | |
| | | 未 | 午 | 巳 | 辰 | | |
| | | 后 | 陰 | 玄 | 常 | | |

### (4) 占斷

◆ 일간이 人이고 일지가 家宅이다.

◆ 일간상신이 財鬼이고, 일지상신이 辰庫라, 財神이 宅庫에 歸宿된 것이라 영업은 잘 풀려나갈 것이다.

◆ 혐의가 되는 것은, 초전 巳가 空亡인데 중전 戌은 空亡地인 巳에 坐하여 火庫가 되며 空陷된 것이라 흉함이 있을 것이라 판단한다. 大定數가 巳는 數가 四, 戌은 數가 五라, 九年 혹은 九個月에 타인의 爭奪(쟁탈)이 있을까 우려되는 것이다.

### (5) 結果

◆ 타 업체에서 가택 주인에게 많은 돈을 주고 점포를 쟁탈해간 것이다. 이듬해 초여름의 일이다

◆ 초전이 空亡이니 鑄印課(주인과)가 손상된 것이라 "鑄印損模(주인손모)"라 한다. 課體가 有始無終인 것이라 長久히 점포를 운영할 수 없는 것이다.

# 34. 점占 차용借用

(1) 占時 : 丁丑年 乙巳月 丁巳日 申將 丑時課(行年:壬寅. 本命:辛丑 甲寅旬中. 子丑空亡)

(2) 問占 : 金錢 借用이 성사되겠는가?

(3) 課體 : 涉害法. 幼度厄. 三奇. 官閉口. 關格

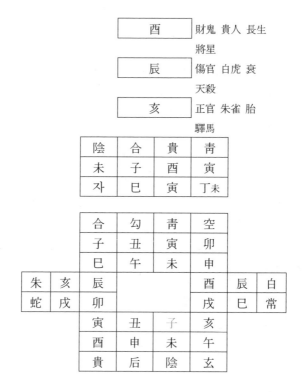

### (4) 占斷

◆ 초전이 財鬼이고 寅에 靑龍이 乘하여 일간상에 臨했으며, 다시 貴人이 行年寅
에 乘하고, 本命 辛丑은 초전 酉財와 金局을 이루니 차용은 틀림없이 성사된다.

◆ 다만 혐의가 되는 것은 酉財가 巳月이라 得氣하지 못했고, 酉는 大定數가 六
이고, 日辰 丁巳의 巳는 大定數가 四라 아직 때가 진행되지 못한 연고로 논하
기 때문에 성사시점이 다소 늦어질 수 있다 판단하는 것이다.

◆ 地盤 辰上 亥에 朱雀이 乘하고 驛馬를 대동하니 심부름꾼으로 논하는데, 辰上
亥가 坐下 辰土 水庫地에 臨하니 창고에 갇힌 격이라 차용이 늦어질 수 있는
것이다.

### (5) 結果

◆ 당일날 심부름꾼은 빈손으로 돌아왔고, 우편을 통해 나중에 송금을 받았던 것
이다.

# 35. 점占 과식설명課式說明

(1) 占時 : 丁丑年 甲辰月 乙未日 酉將 卯時課(甲午旬中. 辰巳空亡)

(2) 問占 : 방문한 지인이 下記의 六壬 課體에 대한 설명을 부탁하였다.

(3) 課體 : 返吟法. 無依. 稼穡. 孤寡. 斬關. 回還

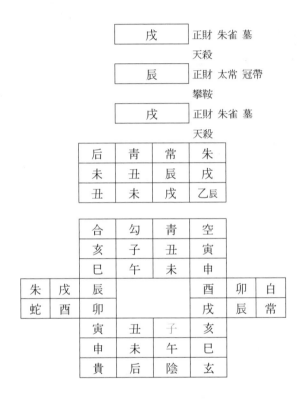

| | |
|---|---|
| 戌 | 正財 朱雀 墓 |
| | 天殺 |
| 辰 | 正財 太常 冠帶 |
| | 攀鞍 |
| 戌 | 正財 朱雀 墓 |
| | 天殺 |

| 后 | 靑 | 常 | 朱 |
|---|---|---|---|
| 未 | 丑 | 辰 | 戌 |
| 丑 | 未 | 戌 | 乙辰 |

| | 合 | 勾 | 靑 | 空 | | |
|---|---|---|---|---|---|---|
| | 亥 | 子 | 丑 | 寅 | | |
| | 巳 | 午 | 未 | 申 | | |
| 朱 戌 辰 | | | | | 酉 | 卯 白 |
| 蛇 酉 卯 | | | | | 戌 | 辰 常 |
| | 寅 | 丑 | 子 | 亥 | | |
| | 申 | 未 | 午 | 巳 | | |
| | 貴 | 后 | 陰 | 玄 | | |

## (4) 점단

◆ 삼전이 전부 土로 財星에 해당하니 과체는 求財之事다.

◆ 返吟格이며 다시 無依格이 되며 稼穡格(가색격)을 이루는데 중전 辰이 空亡이
니 戌은 空陷된 것이라 삼전 모두가 空亡과 空陷된 것이다. 따라서 필히 소리
는 들리지만 실속은 없는 象이다.

◆ 謨望은 있으나 得하기 어려우니, 비유하면 비록 보물이 많은 산에 들어가더라
도 결국 빈손으로 나오는 象이다.

## (5) 結果

◆ 방문자가 답하기를 친구가 금광을 채굴하는데 현재는 有聲無實과 같은 상황이다. 소요자금이 이미 다 소진되어 허망한데, 친구가 다시 채권을 발행하여 일을 재차 추진하려 하니 저번과 같은 실수가 재연될까 염려스럽다. 집안에서 반대가 심하고 방금 선생께서 말씀하신 것처럼 入寶山하되 空手歸라는 표현을 쓰며 추진을 辭絕하라고 강력히 종용했다 하더이다.

# 36. 점占 석방釋放

(1) 占時 : 丁丑年 壬子月 庚午日 寅將 酉時課(甲子旬中. 戌亥空亡)

(2) 問占 : 일본군에 의해 감옥에 갇혔는데 언제 석방될 것인가?

(3) 課體 : 知一法. 驀越. 兄閉口

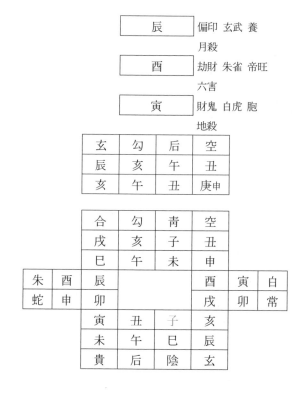

|  | 辰 | 偏印 玄武 養 |
|---|---|---|
|  |  | 月殺 |
|  | 酉 | 劫財 朱雀 帝旺 |
|  |  | 六害 |
|  | 寅 | 財鬼 白虎 胞 |
|  |  | 地殺 |

| 玄 | 勾 | 后 | 空 |
|---|---|---|---|
| 辰 | 亥 | 午 | 丑 |
| 亥 | 午 | 丑 | 庚申 |

| | 合 | 勾 | 青 | 空 | | | |
|---|---|---|---|---|---|---|---|
| | 戌 | 亥 | 子 | 丑 | | | |
| | 巳 | 午 | 未 | 申 | | | |
| 朱 酉 | 辰 | | | | 酉 | 寅 | 白 |
| 蛇 申 | 卯 | | | | 戌 | 卯 | 常 |
| | 寅 | 丑 | 子 | 亥 | | | |
| | 未 | 午 | 巳 | 辰 | | | |
| | 貴 | 后 | 陰 | 玄 | | | |

**(4) 占斷**

◆ 蟊越課이며 사안은 창졸간에 발생한 것이고, 사정상 양측의 소원함과 오해에서 비롯된 것이다.

◆ 초전 辰이 偏印이고 玄武가 乘하니 필히 남의 敎唆로 인해 발생한 사안이다.

◆ 일간 庚의 氣를 일지상신인 亥가 洩하고, 일지 午의 氣를 일간상신 丑이 洩하니 干支가 상호 氣가 洩되어 人宅이 모두 불안한 것이다.

◆ 다행인 것은 말전에서 초전을 剋하고, 일간상신 丑이 日干 庚을 生하니 이미 경황됨은 지나갔고 필히 흉험은 발생하지 않을 것이다. 또한 일본군 쪽에서 대우해줌도 있을 것이다

**(5) 結果**

◆ 당월 14일 丁丑日에 석방되었다.

# 37. 점占 질병疾病

(1) **占時** : 丁丑年 乙巳月 辛亥日 申將 亥時課(甲辰旬中. 寅卯空亡)

(2) **問占** : 처의 병세가 어떠할 것인가?

(3) **課體** : 賊剋法. 玄胎. 元首. 勸德. 蟊越

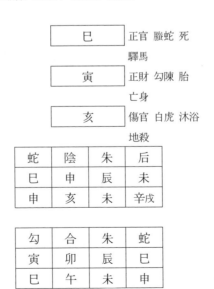

| | | | |
|---|---|---|---|
| | | | 巳 | 正官 螣蛇 死 |

| 巳 | 正官 螣蛇 死 |
|---|---|
| | 驛馬 |
| 寅 | 正財 勾陳 胎 |
| | 亡身 |
| 亥 | 傷官 白虎 沐浴 |
| | 地殺 |

| 蛇 | 陰 | 朱 | 后 |
|---|---|---|---|
| 巳 | 申 | 辰 | 未 |
| 申 | 亥 | 未 | 辛戌 |

| 勾 | 合 | 朱 | 蛇 |
|---|---|---|---|
| 寅 | 卯 | 辰 | 巳 |
| 巳 | 午 | 未 | 申 |

| 青 | 丑 | 辰 | | | 酉 | 午 | 貴 |
|---|---|---|---|---|---|---|---|
| 空 | 子 | 卯 | | | 戌 | 未 | 后 |

| 寅 | 丑 | 子 | 亥 |
|---|---|---|---|
| 亥 | 戌 | 酉 | 申 |
| 白 | 常 | 玄 | 陰 |

### (4) 占斷

- 子水 食神에 天空이 乘하니 胸膈阻塞(흉격조색)症이고 음식을 먹지 못해 생긴 질병이다.
- 妻爻인 중전 寅木 財가 夫爻인 초전 巳火 官과 刑殺이 되고, 또한 妻爻인 寅木 財가 空亡이고 亡身殺을 대동하니 처의 병세가 위중하다.
- 초전과 중전, 초전과 말전이 상호 刑冲되니 삼전에 和合의 기미가 없다.
- 초전 巳가 死氣를 띠고 巳火節에 得令하여 旺하므로, 다시 火勢를 가중시키는 火旺之節에 命을 보존하기 힘들 것이다.

### (5) 占斷

- 巳火節 末日에 終命한 것이다.

## 38. 점占 부부해후夫婦邂逅

(1) **占時** : 丁丑年 己酉月 戊戌日 巳將 辰時課(甲午旬中. 辰巳空亡)
(2) **問占** : 戰亂 중 창졸간에 헤어진 부부가 언제 만나겠는가?
(3) **課體** : 賊剋法. 重審. 三奇. 龍潛. 連珠

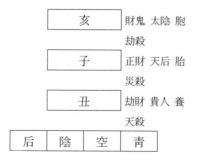

| | 亥 | | 財鬼 太陰 胞 |
|---|---|---|---|
| | | | 劫殺 |
| | 子 | | 正財 天后 胎 |
| | | | 災殺 |
| | 丑 | | 劫財 貴人 養 |
| | | | 天殺 |

| 后 | 陰 | 空 | 青 |
|---|---|---|---|

| 子 | 亥 | 未 | 午 |
|---|---|---|---|
| 亥 | 戌 | 午 | 戊巳 |

| | | 青 | 空 | 白 | 常 | | |
|---|---|---|---|---|---|---|---|
| | | 午 | 未 | 申 | 酉 | | |
| | | 巳 | 午 | 未 | 申 | | |
| 勾 | 巳 | 辰 | | | 酉 | 戌 | 玄 |
| 合 | 辰 | 卯 | | | 戌 | 亥 | 陰 |
| | | 寅 | 丑 | 子 | 亥 | | |
| | | 卯 | 寅 | 丑 | 子 | | |
| | | 朱 | 蛇 | 貴 | 后 | | |

### (4) 占斷

◆ 일간이 夫고 일지가 妻다.

◆ 干支上神이 각각 午와 亥로 自刑에 해당되고, 干支陰神의 上神은 역시 각각
午와 亥의 自刑에 해당되니 일시적 이별수가 들어오는 것이다.

◆ 삼전이 亥子丑의 進茹格을 이루고, 다시 甲子旬中의 旬奇는 丑인데 立末傳 하
니 三奇格으로 길하게 되어 회합의 가망성이 보이는 것이다.

◆ 삼전이 亥子丑의 進茹格이니 사안이 전진하는 格이며, 丑은 북방이니 그 처는
이미 북방으로 피난했을 것이라 판단한다.

### (5) 結果

◆ 부부가 전란 중에 창졸간에 헤어져 생사가 걱정되었는데, 그 처는 이미 북쪽의
母家로 피신해 있었던 것이다.


## 39. 점占 퇴직退職

(1) 占時 : 丙子年 甲午月 庚子日 未將 亥時課(甲午旬中. 辰巳空亡)

(2) 問占 : 질병으로 인해 직장을 퇴직하려는데 순리대로 풀려나가겠는가?

(3) 課體 : 賊剋法. 三奇. 潤下. 仰元. 斬關. 不備. 回還

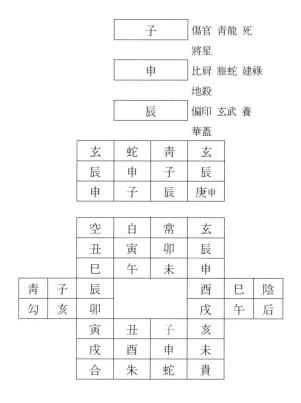

| | | | |
|---|---|---|---|
| 子 | 傷官 青龍 死 | | 將星 |
| 申 | 比肩 螣蛇 建祿 | | 地殺 |
| 辰 | 偏印 玄武 養 | | 華蓋 |

| 玄 | 蛇 | 青 | 玄 |
|---|---|---|---|
| 辰 | 申 | 子 | 辰 |
| 申 | 子 | 辰 | 庚申 |

| 空 | 白 | 常 | 玄 |
|---|---|---|---|
| 丑 | 寅 | 卯 | 辰 |
| 巳 | 午 | 未 | 申 |

| 青 | 子 | 辰 | | | 酉 | 巳 | 陰 |
| 勾 | 亥 | 卯 | | | 戌 | 午 | 后 |

| 寅 | 丑 | 子 | 亥 |
|---|---|---|---|
| 戌 | 酉 | 申 | 未 |
| 合 | 朱 | 蛇 | 貴 |

## (4) 占斷

◆ 뜻대로 되지 않을까 염려되는 象이다. 퇴직시엔 그 자리를 대행할 사람이 있어야 하는 연고로, 明年 봄에나 뜻을 이룰 수 있을 것 같다.

◆ 삼전이 四課 上에 모두 있으니 回還格(회환격)이다. 또한 말전부터 遞生 초전하니 退茹格이나 삼합수국되어 기세가 旺하니 아직 퇴위할 때가 아니라 판단하는 것이다.

◆ 말전 辰이 空亡인데 초전 子는 空亡地인 辰에 坐하니 이른바 空陷된 것이다. 또한 日干의 祿이 日支 上에 있어 아직 職을 유지하고자하는 조짐이 있는 것이다.

◆ 삼전이 三合되어 日干 庚의 氣를 洩하니, 病은 일시적인 것은 아니나 쾌유될 것이라 판단한다.

◆ 明年 暮春인 辰月은, 초전 子水 青龍이 空陷되고 말전 辰은 空亡된 상황에서, 辰月이 되면 이른바 塡實(전실)되고 脫空亡 되는 시점이라, 마치 瓜熟蒂落(과숙체락 : 오이가 익으면 꼭지가 떨어진다는 뜻)과 같아 자연 퇴직하게 될 것이라 판단

한다.

◆ 또한 明年 辰月은 木旺之節이라 木은 日의 財가 되니 큰돈이 주어질 것이다.

**(5) 結果**

◆ 직장의 윗분이 그동안 열심히 일한 노고를 생각하여 病暇를 활용토록 했으나, 질병이 고질화 되니 이듬해인 丁丑年 辰月에 免職처리 하고, 퇴직금도 두둑이 챙겨주었던 것이다.


# 40. 점占 질병疾病

**(1) 占時 :** 壬申年 甲辰月 己巳日 酉將 未時課(女本命:未. 行年:未. 戌亥空亡)

**(2) 問占 :** 건강상태가 어떠한가?

**(3) 課體 :** 賊剋法. 彈射. 不備. 孤寡. 間傳. 三奇

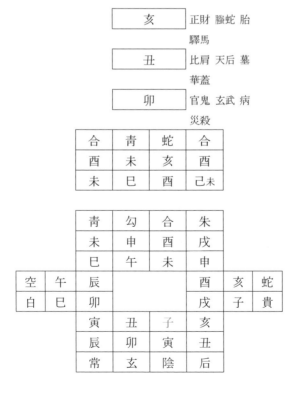

**(4) 占斷**

◆ 하반신에 病이 있는데, 당뇨병 혹은 신장병과 연관되며 배설계통의 질환인 것이다.

◆ 위장도 양호하지 못하고 이미 병든 지가 오래되었다. 의사의 진단을 받음도 오래되었고, 保養함이 좋은 것이다. 갈증이 심하니 물을 많이 먹고 또한 항시 약도 복용해야 하고, 금년에 의원에게 검사를 받음이 요망된다.

◆ 내년에 小心症이 오고, 건강에 대해 주의해야 하고, 保養함이 이로운데, 그리하면 81세까지는 활동할 수 있을 것이다.

◆ 초전 亥가 空亡이며 螣蛇가 乘했고, 삼전이 螣蛇, 天后, 玄武로 삼합국에 一字가 缺되었다. 亥卯가 本命 未를 얻어 亥卯未 삼합국의 官鬼局이 되어 日을 剋하게 되어 흉하다.

◆ 다행인 것은 本命과 行年의 上神인 酉가 官鬼를 극제하나, 木이 旺相하여 당뇨병의 완치가 어렵고 신장도 건강치 못한 것이며, 또한 호전됨을 막고 있는 것이다.

◆ 제3과 上神 未에 靑龍이 乘하여 위장병이 있는 것으로 점단한 것이다.

**(5) 結果**

◆ 상기 점단한 결과와 건강상태가 일치했다.

# 41. 점占 질병疾病

(1) **占時** : 甲戌年 癸酉月 壬戌日 辰將 戌時課(戌亥空亡)

(2) **問占** : 어린아이의 건강상태는 어떠한가?

(3) **課體** : 返吟法. 玄胎. 祿閉口. 勸德. 回還

| 巳 | 財鬼 貴人 胞 |
| --- | --- |
| | 亡身 |
| 亥 | 比肩 天空 建祿 |
| | 劫殺 空亡 |
| 巳 | 財鬼 貴人 胞 |
| | 亡身 |

| 青 | 后 | 空 | 貴 |
|---|---|---|---|
| 戌 | 辰 | 亥 | 巳 |
| 辰 | 戌 | 巳 | 壬亥 |

| | | | 空 | 白 | 常 | 玄 | | | |
|---|---|---|---|---|---|---|---|---|---|
| | | | 亥 | 子 | 丑 | 寅 | | | |
| | | | 巳 | 午 | 未 | 申 | | | |
| 青 | 戌 | 辰 | | | | | 酉 | 卯 | 陰 |
| 勾 | 酉 | 卯 | | | | | 戌 | 辰 | 后 |
| | | | 寅 | 丑 | 子 | 亥 | | | |
| | | | 申 | 未 | 午 | 巳 | | | |
| | | | 合 | 朱 | 蛇 | 貴 | | | |

### (4) 占斷

◆ 어린아이의 신체는 전체가 뒤틀리고 어긋나 있다. 病이 발생한 시기는 오래되었고, 의원들이 病을 간과한 것도 여러 번이다. 많은 돈을 들였으나 효험이 없었을 것이다.

◆ 제3과, 4과 上神이 官鬼가 되어 日을 剋하고, 3과 上神은 病症으로 보는데, 일지상신 辰이 墓神이 되어 居하고 있는 것이다. 병세는 자못 重하고 反覆되고 있는 것이다.

◆ 日의 墓가 辰으로 3과의 上神인데, 3과는 家宅으로 보니 가택에 풍수상 문제가 있는 것이다. 전문가를 청하여 감정을 받아보아야 한다.

◆ 삼전이 巳亥의 相冲으로 巳火 財가 破財되는 상이다.

◆ 상기는 貴登天門格이므로 年末에 名醫를 만나 치료하여 내년에 질병치료에 효험을 볼 수 있을 것이라 점단한다.

◆ 널리 적덕하고 선을 베풀면 쾌유되리라 본다.

◆ 子孫爻가 寅인데 卯木과 더불어 酉月에 生하여 月建의 剋을 받으니 休囚된 것이다. 寅卯木은 手足이라 어린애가 수족이 위축되어 행동에 차질이 많은 것이다.

### (5) 結果

◆ 어린아이의 질병은 가택에 풍수상 결함이 있어 발병됐던 것이다.

## 42. 점占 매매賣買

(1) **占時** : 壬申年 戊申月 戊辰日 巳將 巳時課(戌亥空亡)

(2) **問占** : 차를 사려는데 길흉이 어떠한가?

(3) **課體** : 伏吟法. 自任. 玄胎

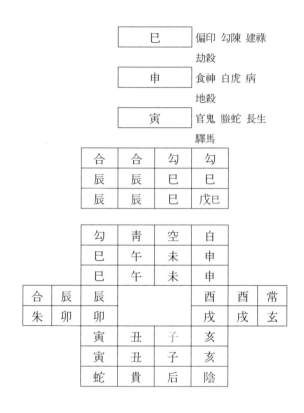

| | | | |
|---|---|---|---|
| | 巳 | | 偏印 勾陳 建祿 劫殺 |
| | 申 | | 食神 白虎 病 地殺 |
| | 寅 | | 官鬼 螣蛇 長生 驛馬 |

| 合 | 合 | 勾 | 勾 |
|---|---|---|---|
| 辰 | 辰 | 巳 | 巳 |
| 辰 | 辰 | 巳 | 戊巳 |

| 勾 | 青 | 空 | 白 |
|---|---|---|---|
| 巳 | 午 | 未 | 申 |
| 巳 | 午 | 未 | 申 |

| 合 | 辰 | 辰 | | | 酉 | 酉 | 常 |
|---|---|---|---|---|---|---|---|
| 朱 | 卯 | 卯 | | | 戌 | 戌 | 玄 |

| 寅 | 丑 | 子 | 亥 |
|---|---|---|---|
| 寅 | 丑 | 子 | 亥 |
| 蛇 | 貴 | 后 | 陰 |

### (4) 占斷

◆ 삼전이 寅巳申 三刑殺이 되니 凶兆의 象이다.

◆ 차를 사는데 있어 여러 얽히고설킨 紛糾(분규)가 발생한다. 재물의 손실이 있고, 또한 차가 중고차이다. 상대방의 사기행각으로 인해 속 썩이게 되고, 화가 치밀기도 한다.

◆ 伏吟課로 매사 여의치가 않은 것이다. 삼전에 모두 흉장이 乘하니 차를 사는데 있어 이로움이 없는 것이다.

◆ 초전 巳가 父母爻인데 休囚되니 중고차로 논한다. 勾陳은 경찰국으로 논하니

경찰국 인근서 매수 상담을 한 것이다.

- 삼전에 財星이 없으니 破財로 논하고, 巳火는 선천수가 2.7이니 20만원(대만 화폐)의 損財가 발생한 것이다.

**(5) 結果**

- 차를 속아서 샀고, 상대방은 대금을 받은 후 도피하여 대금을 환전받지 못한 것이다.


# 43. 점占 승진昇進

(1) **占時** : 甲戌年 癸酉月 乙丑日 辰將 亥時課(本命:辰. 行年:申. 戌亥空亡)

(2) **問占** : 昇官이 가능한가?

(3) **課體** : 賊剋法. 重審. 天獄. 勸德. 六儀

|  |  |
|---|---|
| 寅 | 劫財 太陰 帝旺 |
|  | 劫殺 |
| 未 | 財鬼 青龍 養 |
|  | 月殺 |
| 子 | 偏印 貴人 病 |
|  | 六害 |

| 蛇 | 空 | 陰 | 合 |
|---|---|---|---|
| 亥 | 午 | 寅 | 酉 |
| 午 | 丑 | 酉 | 乙辰 |

| 朱 | 蛇 | 貴 | 后 |  |  |  |
|---|---|---|---|---|---|---|
| 戌 | 亥 | 子 | 丑 |  |  |  |
| 巳 | 午 | 未 | 申 |  |  |  |
| 合 | 酉 | 辰 |  | 酉 | 寅 | 陰 |
| 勾 | 申 | 卯 |  | 戌 | 卯 | 玄 |
| 寅 | 丑 | 子 | 亥 |  |  |  |
| 未 | 午 | 巳 | 辰 |  |  |  |
| 青 | 空 | 白 | 常 |  |  |  |

## (4) 占斷

- 지난해에 昇進이 있었고, 최근 2개월도 昇進의 기회가 있었다. 상사를 찾아 뵙고 청탁하면 이로움이 있을 것이다. 貴人의 끌어줌이 있으니 昇官됨이 순리인 것이다.

- 일상신 酉金이 當令하고 또한 본명상신에 해당된다. 따라서 癸酉年에 昇官했을 것이고, 또한 올해 申, 酉月에 昇官의 기회가 있는 것이다.

- 삼전에 吉將이 乘하고, 子에 貴人이 乘하여 旬首가 되니 貴人의 薦拔(천발)이 있을 것이라 판단하는 것이다.

- 請託人(청탁인)을 속히 찾아가서 부탁하고, 上司를 방알하여 도움을 청하면 겨울에 순리대로 昇官할 것이라 점단한 것이다.

## (5) 結果

- 문점인은 교통부에 근무하고 있으며, 壬申年에 찾아와 昇官을 물었을 때 癸酉年에 가하다 했는데 적중했고, 금년 酉月에 또 찾아와 승진시점을 물은 것인데, 겨울에 승진할 것이라 답변한 것이다.


# 44. 점占 실물失物

(1) **占時** : 甲戌年 甲戌月 己巳日 辰將 子時課(本命:申. 行年:午. 戌亥空亡)

(2) **問占** : 귀금속을 분실했는데 찾을 수 있을 것인가?

(3) **課體** : 涉害法. 察微. 從革. 三奇. 淫泆

| | 酉 | 食神 螣蛇 長生 |
| --- | --- | --- |
| | | 將星 |
| | 丑 | 比肩 青龍 墓 |
| | | 華蓋 |
| | 巳 | 正印 玄武 帝旺 |
| | | 地殺 |

| 青 | 蛇 | 白 | 合 |
| --- | --- | --- | --- |
| 丑 | 酉 | 卯 | 亥 |
| 酉 | 巳 | 亥 | 己未 |

|   |   |   |   |   |   |   |   |
|---|---|---|---|---|---|---|---|
| 蛇 | 朱 | 合 | 勾 |   |   |   |   |
| 酉 | 戌 | 亥 | 子 |   |   |   |   |
| 巳 | 午 | 未 | 申 |   |   |   |   |
| 貴 | 申 | 辰 |   |   | 酉 | 丑 | 青 |
| 后 | 未 | 卯 |   |   | 戌 | 寅 | 空 |
|   | 寅 | 丑 | 子 | 亥 |   |   |   |
|   | 午 | 巳 | 辰 | 卯 |   |   |   |
|   | 陰 | 玄 | 常 | 白 |   |   |   |

### (4) 占斷

- ◆ 失物은 귀금속으로 상대방이 이미 집으로 가져간 상태다. 어느 곳에 사는지도 모르고 가격이 정확히 얼마인지도 모르고 있다. 상대방은 서쪽에 사는 사람이고, 제3자를 통해 거주지를 알 수 있을 것이다.

- ◆ 2주 혹은 길게 잡아 1달 內로 회수가 가능할 것으로 점단하며, 귀금속의 가격은 20만원(대만화폐)으로 추산한다.

- ◆ 酉金이 발용하니 실물은 귀금속으로 판단한다. 失物은 玄武를 위주하는데, 玄武가 巳火에 乘했는데 戌月의 巳火는 休囚된 것이라 능히 회수가 가능하다 판단한다.

- ◆ 巳火의 陰神인 酉金이 旺相하고 酉金은 서쪽을 나타낸다. 酉金의 陰神은 丑土로 財의 類神인 靑龍이 乘하여 旺相하다. 그리고 數日 전에 상점의 노판매원을 만나 귀금속의 가격을 訂定받아 알 수 있었다.

- ◆ 삼전이 삼합되어 金局을 형성하니, 친우가 상대방의 거주지를 알 것이라 판단한다. 초전 酉는 數가 4이고 중전 丑은 數가 5라 5×4=20인 것이고, 財爻인 亥水는 大定數가 4인데 戌月에 休囚되니 반감하여 2가 되어 2, 20, 200… 등이 되는 것이다.

- ◆ 가격의 산출은 玄武가 乘한 巳火의 상신 酉金과 酉金의 陰神이며 財의 類神인 靑龍이 乘한 丑土의 오행수로 산출한 것이다.

### (5) 結果

- ◆ 노점주가 귀금속을 가져간 후 소식을 듣지 못했는데, 나중에 친우가 노점주가 서쪽 지역으로 간 것을 알고, 찾아가서 귀금속을 회수해온 것이다.

# 45. 점占 송사訟事

(1) **占時** : 甲戌年 丁卯月 庚申日 戌將 未時課(本命:午. 行年:午. 子丑空亡)

(2) **問占** : 訟事 件의 길흉이 어떻게 될 것인가?

(3) **課體** : 八專法. 帷簿. 孤寡. 三奇

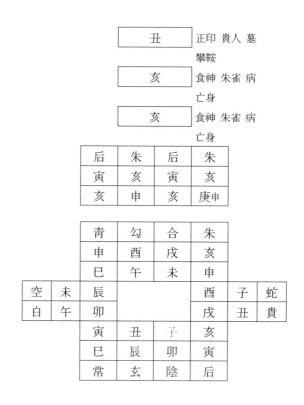

| 丑 | 正印 貴人 墓 |
| --- | --- |
| | 攀鞍 |
| 亥 | 食神 朱雀 病 |
| | 亡身 |
| 亥 | 食神 朱雀 病 |
| | 亡身 |

| 后 | 朱 | 后 | 朱 |
| --- | --- | --- | --- |
| 寅 | 亥 | 寅 | 亥 |
| 亥 | 申 | 亥 | 庚申 |

| 青 | 勾 | 合 | 朱 |
| --- | --- | --- | --- |
| 申 | 酉 | 戌 | 亥 |
| 巳 | 午 | 未 | 申 |

| 空 未 辰 | | | 酉 子 蛇 |
| --- | --- | --- | --- |
| 白 午 卯 | | | 戌 丑 貴 |

| 寅 | 丑 | 子 | 亥 |
| --- | --- | --- | --- |
| 巳 | 辰 | 卯 | 寅 |
| 常 | 玄 | 陰 | 后 |

## (4) 占斷

◆ 문점자는 이여사로 多藝館(다예관)을 경영하며 여학생과의 사이에 분규가 빈번
하여 訟事로 이어지게 된 것이다.

◆ 破財가 따르고 여름철에 불리한 것이다. 소송은 패소할 것이고 여학생측이 송
사에서 우세를 차지할 것이다.

◆ 가장 좋은 것은 貴人을 만나 和解를 請하는 것인데, 애석하게도 과전에서 貴人
이 무력하고 空亡된 것이라, 貴人의 도움을 받을 수 없고 또한 친우의 도움도
받을 수 없다.

- 日과 辰이 상하가 모두 동일하다. 日辰 庚申은 白虎에 해당하니 흉한데, 주로 官司와 연관되며 불길한 것이다.
- 일지상신 亥水에 朱雀이 乘하여 休囚되었고, 本命과 行年 上神은 酉金으로 兄弟 爻이며 勾陳이 乘하고 있어 역시 흉하며, 주로 官司와 破財를 초래하는 것이다.
- 夏節엔 火勢가 강하니 剋金하여 필히 訟事에서 패하게 될 것이고, 丑土 貴人은 桃花인 月建 卯木의 剋을 받고 있으며 空亡되어 救濟가 무력해진 것이다.
- 전체 4과의 上神에 寅亥 合이 중첩되고, 亥水는 子孫爻니 상대는 여학생인 것이다.
- 訟事 件의 당사자들 두 사람에게 모두 桃花殺이 있으니, 혼인 관련하여 삼각관계가 있는 것이며 아름답지 못하다.

### (5) 結果
- 夏節의 재판에서 敗訴했고, 破財가 있었던 것이다.


## 46. 점占 송사訟事

(1) **占時** : 甲戌年 癸酉月 乙丑日 辰將 亥時課(本命:辰. 行年:申. 戌亥空亡)
(2) **問占** : 訟事관련 길흉이 어떠하겠는가?
(3) **課體** : 賊剋法. 重審. 天獄. 勸德. 六儀

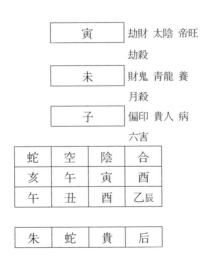

| | 寅 | 劫財 太陰 帝旺 |
| | | 劫殺 |
| | 未 | 財鬼 靑龍 養 |
| | | 月殺 |
| | 子 | 偏印 貴人 病 |
| | | 六害 |

| 蛇 | 空 | 陰 | 合 |
|---|---|---|---|
| 亥 | 午 | 寅 | 酉 |
| 午 | 丑 | 酉 | 乙辰 |

| 朱 | 蛇 | 貴 | 后 |
|---|---|---|---|

| | | | | | | | | | |
|---|---|---|---|---|---|---|---|---|---|
| | 戌 | 亥 | 子 | 丑 | | | | | |
| | 巳 | 午 | 未 | 申 | | | | | |
| 合 | 酉 | 辰 | | | 酉 | 寅 | 陰 | | |
| 勾 | 申 | 卯 | | | 戌 | 卯 | 玄 | | |
| | 寅 | 丑 | 子 | 亥 | | | | | |
| | 未 | 午 | 巳 | 辰 | | | | | |
| | 青 | 空 | 白 | 常 | | | | | |

## (4) 占斷

◆ 訟事는 壬申年에 시작하여 今年 甲戌年까지 끌어 온 것인데, 현시점엔 불리하나, 冬節로 들어서며 길하게 바뀔 것이다. 子月로 들어서면 양방간에 和解로 돌아서고 이로써 큰 이득을 얻게 될 것이다.

◆ 일상신 酉가 日을 剋하고, 본명상신 酉 역시 日을 剋하는데, 酉金은 月令을 得하여 旺相하니 訟事가 태동한 것이다.

◆ 寅木에 太陰이 乘하여 발용하여 日干과는 兄弟爻로 比劫에 해당되는데, 太陰 역시 형제자매의 類神이라, 太陰이 乘하여 암암리에 人和와 和親을 구하는 象이라, 이로써 형제자매가 訟事를 배제하게 되어 해결의 조짐이 발하는 형국이다.

◆ 초전 寅木의 陰神은 未土 財로 靑龍이 乘하니, 祖父의 재산과 연관하여 많은 이득을 얻게 되는 것이다.

◆ 子月이 되어 水生木하니 訟事는 길하게 바뀌고, 늦어질 경우에는 子年에 이르러 勝訴하게 되고, 또한 많은 이득을 얻게 될 것이다.

## (5) 結果

◆ 訟事는 몇 년을 끌었으나 종국에는 勝訴하여 많은 이득을 얻었던 것이다.

## 47. 점占 혼인婚姻

(1) 占時 : 壬申年 丁未月 乙未日 未將 申時課(本命:寅. 行年:申. 辰巳空亡)

(2) 問占 : 남자친구와의 혼사건의 길흉이 어떠한가?

(3) 課體 : 昴星法. 冬蛇. 勸德. 六儀. 祿閉口. 淫泆. 周遍

| | | | |
|---|---|---|---|
| 戌 | 正財 太陰 墓 |
| | 天殺 |
| 卯 | 比肩 青龍 建祿 |
| | 將星 |
| 午 | 食神 朱雀 長生 |
| | 六害 |

| 合 | 朱 | 空 | 青 |
|---|---|---|---|
| 巳 | 午 | 寅 | 卯 |
| 午 | 未 | 卯 | 乙辰 |

| | | | | | | |
|---|---|---|---|---|---|---|
| | 勾 | 合 | 朱 | 蛇 | | |
| | 辰 | 巳 | 午 | 未 | | |
| | 巳 | 午 | 未 | 申 | | |
| 青 卯 | 辰 | | | 酉 | 申 貴 | |
| 空 寅 | 卯 | | | 戌 | 酉 后 | |
| | 寅 | 丑 | 子 | 亥 | | |
| | 丑 | 子 | 亥 | 戌 | | |
| | 白 | 常 | 玄 | 陰 | | |

## (4) 占斷

- 남자친구는 결혼경력이 있고 이혼한 상태다. 말씀씨가 있어 호감이 가고, 공정 부서에 근무하고 있다. 연령은 다소 많은 편이고, 신체는 중간키 이상이고, 문 점자인 여자분은 남자친구를 매우 좋아하고 있는 것이다.

- 남자친구는 재혼을 앞두고 딸이 있는 것이 항상 쟁점사항이고, 계유년 말이나 갑술년에 결혼이 가능하다.

- 일상신에 卯木 青龍이 乘했는데, 초전 戌土는 財爻로 太陰이 乘했고 卯木과는 합되고 있다. 따라서 남자친구는 이미 결혼경력이 있다 판단한 것이다. 그러나 얼마 전에 이혼한 것이다.

- 卯戌合火는 桃花合이니 둘 사이가 매우 친밀하여 동거생활을 하고 있을 것이 라 판단한다.

- 일상신이 일지상신을 生하니 여측이 남친을 매우 좋아한다 판단하는 것이다. 日支의 上, 下神이 午未로 합되고, 午火는 日干의 子孫爻가 되고, 午火의 陰神 인 巳火에 六合이 乘하여 역시 子孫爻가 되며, 六合 역시 자손의 類神이라,

남친에게 자식이 이미 있을 것이라 판단하는 것이다.

- 일지상신에 午火에 朱雀이 乘하여 休囚되니 남자친구는 키가 큰 편은 아닐 것이고, 년령은 여친과 10세 이상 차이가 날 것이라 판단한다.

- 朱雀은 새부리와 연관지어 말솜씨가 좋을 것이라 보고, 또한 朱雀은 火에 속하니 공정업무와 관련지어 판단할 수 있다.

- 초전 戊土 太陰이 일상신 卯木 靑龍과 合되니, 戊年에 결혼할 것이라 판단한다. 申金에 貴人이 乘했는데, 下神 酉金의 上神이라, 酉年 하반기 혹은 戊年 초에 결혼할 것이라 점단한 것이다.

**(5) 結果**

- 酉年 末月에 同居를 시작했고 戊年 初에 결혼한 것이다.


## 48. 점占 **부부감정**夫婦感情

(1) **占時** : 甲戌年 丁巳月 己未日 申將 未時課(女本命:午. 行年:辰. 子丑空亡)

(2) **問占** : 부부간의 감정이 어떠한가?

(3) **課體** : 八專法. 帷簿

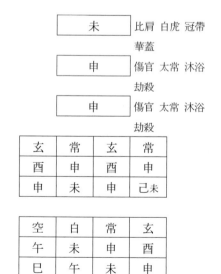

| | | | |
|---|---|---|---|
| 未 | | 比肩 白虎 冠帶 | |
| | | 華蓋 | |
| 申 | | 傷官 太常 沐浴 | |
| | | 劫殺 | |
| 申 | | 傷官 太常 沐浴 | |
| | | 劫殺 | |

| 玄 | 常 | 玄 | 常 |
|---|---|---|---|
| 酉 | 申 | 酉 | 申 |
| 申 | 未 | 申 | 己未 |

| 空 | 白 | 常 | 玄 |
|---|---|---|---|
| 午 | 未 | 申 | 酉 |
| 巳 | 午 | 未 | 申 |

| 青 | 巳 | 辰 | | | 酉 | 戌 | 陰 |
|---|---|---|---|---|---|---|---|
| 勾 | 辰 | 卯 | | | 戌 | 亥 | 后 |
| | | 寅 | 丑 | 子 | 亥 | | |
| | | 卯 | 寅 | 丑 | 子 | | |
| | | 合 | 朱 | 蛇 | 貴 | | |

## (4) 占斷

◆ 문점자와 남편과의 감정이 크게 융합되고 흡족함이 없으며 대립하고 있으니 갈라서는 상이다. 남편은 외적으로 經商을 하며 내연녀의 집에 머무르고, 문점 자도 외적으로 남자친구가 있으며 좋아하는 감정이 깊어, 스스로는 헤쳐 나올 수가 없는 것이다.

◆ 가장 좋은 상황은 쾌도난마처럼 얼키고설킨 실타래를 끊고 부부가 마음을 다 잡는 것인데, 그렇지 못하면 이혼해야 하는 문제가 발생한다. 또한 남자친구가 유숙하지 않을 것이 보증돼야 한다.

◆ 八專課는 桃花와 연관되며 家庭이 정상적이지 못하다. 제2과 4과 上神에 玄武 가 乘했는데, 玄武는 陰事淫慾之神(음사음욕지신)이라 부부가 각각 外道하고 있 다 점단한 것이다.

## (5) 結果

◆ 점단한 바와 같은 상황이었다.

# 49. 점占 **연애감정**戀愛感情

(1) 占時 : 甲戌年 庚午月 乙酉日 未將 亥時課(女本命:午. 行年:辰. 午未空亡)

(2) 問占 : 연애감정이 어떠한가?

(3) 課體 : 賊剋法. 元首. 從革. 反射

| 巳 | 傷官 靑龍 沐浴 |
|---|---|
| | 地殺 |
| 丑 | 財鬼 螣蛇 衰 |
| | 華蓋 |

| | 酉 | | 官鬼 玄武 胞 |
|---|---|---|---|

將星

| 蛇 | 青 | 常 | 貴 |
|---|---|---|---|
| 丑 | 巳 | 申 | 子 |
| 巳 | 酉 | 子 | 乙辰 |

| | | 蛇 | 朱 | 合 | 勾 | | |
|---|---|---|---|---|---|---|---|
| | | 丑 | 寅 | 卯 | 辰 | | |
| | | 巳 | 午 | 未 | 申 | | |
| 貴 | 子 | 辰 | | | 酉 | 巳 | 青 |
| 后 | 亥 | 卯 | | | 戌 | 午 | 空 |
| | | 寅 | 丑 | 子 | 亥 | | |
| | | 戌 | 酉 | 申 | 未 | | |
| | | 陰 | 玄 | 常 | 白 | | |

### (4) 占斷

◆ 문점자는 삼각관계에 빠져있는 것이며 또한 이미 결혼한 경력이 있다. 얼마
전에 나이가 적은 남자와 연애감정이 생겼는데 상대에게는 어머니가 있는 것
이다. 상대방이 秋節에 문점자를 傷害하여, 심적 고통과 번민이 있으며, 금년
에는 이혼은 하지 않을 것이라 판단한다.

◆ 문점자는 타인과의 결혼도 생각하고 있으나, 상대방은 법도가 없으며 또한 역
시 문점자와 같이 동거생활하는 것을 기대하고 있으나, 문점자는 이를 원치
않고 있으니 문점자의 주변에서 맴돌고 있는 것이다.

◆ 아직 운세가 형통하지 못하나 이후엔 잘 풀릴 시기가 오리라 점단한다.

◆ 삼전의 삼합국은 三人行을 의미하며 일상신과 제2과 上神 申이 반합국을 이루
니, 남자친구와 동거 혹은 결혼했을 것이며 아이도 있을 것이라 유추한다.

◆ 日의 寄宮과 日支가 辰酉로 合을 이루고 酉金에 玄武가 乘하니 남자친구와 필
히 헤어지는 문제가 발생하는 것이다.

◆ 일지상신 巳火가 旺相하니 상대방은 젊고 건장하다 판단하고, 4과상신 丑土에
螣蛇가 乘하니 어머니가 있을 것이라 판단하며 마음상태는 불량하다 판단한다.

◆ 삼전의 三合金局이 2과상신 甲과 日支 酉와 더불어 日干 乙木을 剋하니 秋節에
상대방에게 驚恐(경황)됨과 傷害를 당할 수 있으나, 생명에는 지장이 없을 것이

라 판단한다.

**(5) 結果**

◆ 문점자는 이미 결혼했고 아이도 하나 있으나 호적에 등록은 하지 않았다. 현재는 1년 가까이 이미 결혼한 남자친구와 동거하고 있으나, 상대방은 문점자보다 나이가 적으며, 마음상태가 불량하고 잘 풀려나가지 못하고 있는 것이다.

◆ 7,8월에 금전을 요구하며 겁박을 하고, 차문을 열고 문점자를 밀쳤으나, 다행이 큰 사고로 연결되지는 않았던 것이다.

# 50. 점占 혼인婚姻

**(1) 占時** : 壬申年 甲辰月 甲子日 戌將 戌時課(女命. 戌亥空亡)

**(2) 問占** : 부부간 결혼연이 어떠한가?

**(3) 課體** : 伏吟法. 自任. 玄胎

| | |
|---|---|
| 寅 | 比肩 螣蛇 建祿 |
| | 地殺 |
| 巳 | 食神 勾陳 病 |
| | 亡身 |
| 申 | 官鬼 白虎 胞 |
| | 驛馬 |

| 后 | 后 | 蛇 | 蛇 |
|---|---|---|---|
| 子 | 子 | 寅 | 寅 |
| 子 | 子 | 寅 | 甲寅 |

| | | 勾 | 青 | 空 | 白 | | |
|---|---|---|---|---|---|---|---|
| | | 巳 | 午 | 未 | 申 | | |
| | | 巳 | 午 | 未 | 申 | | |
| 合 | 辰 | 辰 | | | 酉 | 酉 | 常 |
| 朱 | 卯 | 卯 | | | 戌 | 戌 | 玄 |
| | | 寅 | 丑 | 子 | 亥 | | |
| | | 寅 | 丑 | 子 | 亥 | | |
| | | 蛇 | 貴 | 后 | 陰 | | |

### (4) 占斷

- 부인과 남편사이에는 서로 좋아하는 감정이 없다. 남편은 밖에 사귀는 여자가 있는 것이다. 남편은 夏節에 이혼할 것이고, 이혼 후에는 윤락과 오락장소를 드나들게 될 것이다. 이혼하지 않음이 좋은 선택이었는데 夏節인 6月에 이혼한 것이다.
- 月將과 占時가 같으니 伏吟課다. 呻吟痛苦之象인 것이다.
- 삼전에 흉장이 乘하니 결혼생활은 이미 이혼의 단계로 접어들고 있다 판단하는 것이다.
- 제3과, 4과상신 子水에 天后가 乘하니, 남편은 밖에 여자가 있는 것이고 또한 동거생활을 하고 있는 것이다.
- 제1과 2과상신 寅木에 螣蛇가 乘하니 煩惱(번뇌), 困苦(곤고), 憂慮(우려)의 象인 것이다.

### (5) 結果

- 문점시에 부인에게 이혼하지 말 것을 권유했고, 남편의 행태를 아는 듯 모르는 듯하면, 금년이 지난 후엔 이혼하지 않게 될 것이라 답변한 것이다.
- 그러나 부인은 2월 이후에 이혼을 했고, 비슷한 시점에 남편의 동거녀는 妓女養成所의 상급반에 입학한 것이다.

## 51. 점占 연애감정戀愛感情

(1) 占時 : 甲戌年 戊戌月 丁卯日 辰將 亥時課(女本命:午. 行年:辰. 戌亥空亡)

(2) 問占 : 남자친구와의 연애감정이 어떠한가?

(3) 課體 : 賊剋法. 重審. 鑄印

| 巳 | 劫財 太常 帝旺 |
| --- | --- |
|  | 驛馬 |
| 戌 | 傷官 螣蛇 養 |
|  | 天殺 |
| 卯 | 偏印 天空 病 |

將星

| 勾 | 后 | 常 | 合 |
|---|---|---|---|
| 丑 | 申 | 巳 | 子 |
| 申 | 卯 | 子 | 丁未 |

| | | 蛇 | 朱 | 合 | 勾 | | |
|---|---|---|---|---|---|---|---|
| | | 戌 | 亥 | 子 | 丑 | | |
| | | 巳 | 午 | 未 | 申 | | |
| 貴 | 酉 | 辰 | | | 酉 | 寅 | 青 |
| 后 | 申 | 卯 | | | 戌 | 卯 | 空 |
| | | 寅 | 丑 | 子 | 亥 | | |
| | | 未 | 午 | 巳 | 辰 | | |
| | | 陰 | 玄 | 常 | 白 | | |

## (4) 占斷

◆ 문점자는 남자친구와의 사이가 배우자와 같은 깊은 관계인데, 문점자는 이미 결혼을 했고, 남자친구는 1달 쯤 전에 한 여자와 동거생활을 하고 있는 것이다. 남자친구는 풍수 등의 학문을 공부하면서 이 여자와 이별할 것을 생각하고 있는 것이다.

◆ 문점자가 남자친구에게 돈을 주며, 역술공부를 하지 말 것을 당부하고, 또한 타인에게 연정을 빼앗길 것을 두려워하고 있다. 좋아하는 감정이 심히 깊으나, 가장 좋은 것은 연정의 실타래를 끊어 번민을 벗어남이 좋은 것이고, 결과는 예측할 수 없는 것이다.

◆ 일상신 子水에 六合이 乘하여 日을 剋하니 문점자에게 남자친구가 이미 있을 것이라 판단하는 것이다.

◆ 일상신 子水가 일지상신 申金과 합되니 남자친구에게 여자가 있을 것이라 판단하고, 또한 문점자의 本命上神 亥水에 朱雀이 乘하니 역시 문점자에게도 남자친구가 있다 판단한다.

◆ 亥水의 陰神 辰土에 白虎가 乘하니 남자친구는 風水 등 東洋五術을 연구하고 있을 것이라 판단하는 것이다.

◆ 일지상신 申金이 六合이 乘한 子水와 삼합되니 문점자가 남자친구에게 돈을 준 것이라 점단한다.

(5) 結果

◆ 상기 점단한 결과와 대동소이했다.

## 52. 점占 도망逃亡

(1) 占時 : 己卯年 庚午月 乙亥日 未將 丑時課(申酉空亡)

(2) 問占 : 從僕(종복) 한 명이 도망갔는데 찾을 수 있겠는가?

(3) 課體 : 返吟法. 無依. 玄胎. 回翰

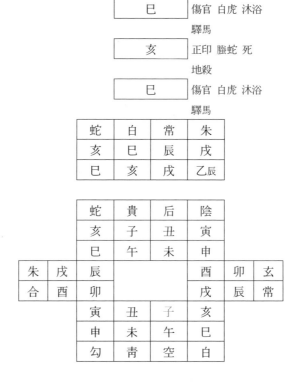

(4) 占斷

◆ 도망간 從僕(종복)은 찾지 못하고 돌아오지 않을 것이다. 초전에 白虎와 驛馬가 乘했고 다시 亡神이 乘했기 때문이다.

◆ 月德 巳火가 日의 寄宮이며 自刑인 辰을 生하니, 주인이 종복을 찾을 수 없는

것이다.

- ◆ 勾陳 申이 비록 玄武 卯를 극한다 하나, 玄武의 陰神인 酉金이 空亡이고, 또한 역시 勾陳 申金이 空亡이기 때문에, 종복이 깊이 잠복되어 있는 상황으로 판단하기 때문이다.
- ◆ 支의 상·하신이 干의 상·하신을 각각 生하니 종복은 돌아올 의도가 없는 것이다.

**(5) 結果**

- ◆ 점단한 결과대로 도망간 종복을 찾지 못했던 것이다.

## 53. 점占 도망逃亡

(1) **占時** : 壬午年 乙巳月 癸卯日 酉將 午時課(辰巳空亡)

(2) **問占** : 부인이 자식을 데리고 도망갔는데 찾을 수 있겠는가?

(3) **課體** : 賊剋法. 重審. 三交. 三奇. 驀越

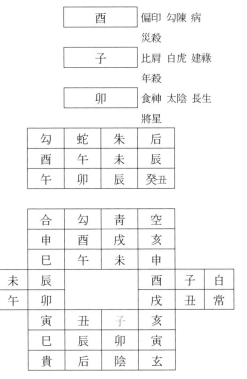

| | | | |
|---|---|---|---|
| 酉 | 偏印 勾陳 病 災殺 |
| 子 | 比肩 白虎 建祿 年殺 |
| 卯 | 食神 太陰 長生 將星 |

| 勾 | 蛇 | 朱 | 后 |
|---|---|---|---|
| 酉 | 午 | 未 | 辰 |
| 午 | 卯 | 辰 | 癸丑 |

| 合 | 勾 | 青 | 空 |
|---|---|---|---|
| 申 | 酉 | 戌 | 亥 |
| 巳 | 午 | 未 | 申 |

| 朱 | 未 | 辰 | | 酉 | 子 | 白 |
|---|---|---|---|---|---|---|
| 蛇 | 午 | 卯 | | 戌 | 丑 | 常 |

| 寅 | 丑 | 子 | 亥 |
|---|---|---|---|
| 巳 | 辰 | 卯 | 寅 |
| 貴 | 后 | 陰 | 玄 |

## (4) 占斷

- ◆ 이 부인은 正東方으로 도주하여 15리 밖에 있는데, 辰日에 찾을 수 있다.
- ◆ 占時가 日의 妻財爻가 되고 卯上에 臨하니 정동방으로 판단하는 것이다.
- ◆ 午는 선천수가 9이고, 卯는 6이니 합하여 15리 밖이라 판단한다.
- ◆ 酉에 勾陳이 乘하여 발용하였는데, 酉는 太歲 午의 上神으로 下神 午의 剋을 받고, 또한 勾陳이 乘한 酉가 玄武가 乘한 寅을 剋하니 찾을 수 있다 판단하는 것이다.
- ◆ 干上神 辰은 空亡이고 天后가 乘했는데, 초전과 辰酉로 六合되니, 辰日에 塡實되고 脫空亡되니 辰日에 찾을 것이라 판단한 것이다.

## (5) 結果

- ◆ 後에 점단 결과대로 辰日에 찾을 수 있었다.

## 54. 점占 질병疾病

(1) **占時** : 庚辰年 己丑月 辛亥日 子將 寅時課(寅卯空亡)

(2) **問占** : 남편의 질병이 어떠하겠는가?

(3) **課體** : 賊剋法. 元首. 間傳. 顧祖. 六儀. 關格

| | |
|---|---|
| 午 | 官鬼 貴人 病 |
| | 六害 |
| 辰 | 正印 朱雀 墓 |
| | 攀鞍 |
| 寅 | 正財 勾陳 胎 |
| | 亡身 空亡 |

| 后 | 玄 | 貴 | 陰 |
|---|---|---|---|
| 未 | 酉 | 午 | 申 |
| 酉 | 亥 | 申 | 辛戌 |

| 合 | 朱 | 蛇 | 貴 |
|---|---|---|---|
| 卯 | 辰 | 巳 | 午 |
| 巳 | 午 | 未 | 申 |

| 勾 | 寅 | 辰 | | 酉 | 未 | 后 |
|---|---|---|---|---|---|---|
| 青 | 丑 | 卯 | | 戌 | 申 | 陰 |

| 寅 | 丑 | 子 | 亥 |
|---|---|---|---|
| 子 | 亥 | 戌 | 酉 |
| 空 | 白 | 常 | 玄 |

### (4) 占斷

◆ 삼전이 午辰寅으로 逆間傳課 중 "顧祖格"이다.

◆ 태세 辰 기준하여 초전 午는 喪門殺, 말전 寅은 弔客殺이다. 喪門, 弔客이 入傳하고 다시 말전이 초전을 생하여 日干 辛을 剋하니 흉함이 이미 극에 달한 것이다.

◆ 초전 午火 官鬼가 夫星인데, 冬節인 丑月의 午火는 喪車殺에 해당되니 죽음이 임박한 것으로 논하므로 매우 흉하다.

◆ 明年 辛巳年에 命이 위태로운 것이다. 이는 今年 丑月 기준하여 巳火가 死氣에 해당되기 때문이다.

### (5) 結果

◆ 다음해인 辛巳年 庚寅月 卯日에 사망했다. 卯日 사망은 夫의 行年이 子로써 子卯 刑殺이 되기 때문이다.

## 55. 점占 질병疾病

(1) 占時 : 壬午年 癸卯月 辛卯日 亥將 寅時課(本命 : 申. 午未空亡)

(2) 問占 : 투병중인데 병세가 어떠한가?

(3) 課體 : 昻星法. 冬蛇. 勸德. 三奇. 回還

| 子 | 食神 天空 長生 |
|---|---|
| | 年殺 |
| 未 | 偏印 天后 衰 |
| | 華蓋 |
| 子 | 食神 天空 長生 |

年殺

| 玄 | 空 | 朱 | 后 |
|---|---|---|---|
| 酉 | 子 | 辰 | 未 |
| 子 | 卯 | 未 | 辛戌 |

| 勾 | 合 | 朱 | 蛇 |
|---|---|---|---|
| 寅 | 卯 | 辰 | 巳 |
| 巳 | 午 | 未 | 申 |

| 青 | 丑 | 辰 | | | 酉 | 午 | 貴 |
|---|---|---|---|---|---|---|---|
| 空 | 子 | 卯 | | | 戌 | 未 | 后 |

| 寅 | 丑 | 子 | 亥 |
|---|---|---|---|
| 亥 | 戌 | 酉 | 申 |
| 白 | 常 | 玄 | 陰 |

## (4) 占斷

◆ 癸巳日에 必死할 것이다.

◆ 초전과 말전이 子水로 동일하니 反覆往來의 象이며, 또한 子水가 日의 氣를 脫하고 다시 飛魂殺을 대동하니 命을 재촉할 것이라 점단한 것이다.

◆ 초·말전이 子水로 天空이 乘했다. 따라서 사안은 중전 위주로 판단하는데, 중전 未土가 死氣를 띠니 병세가 호전됨이 難望한 것이다.

◆ 또한 日의 寄宮 戌土가 중전 未土와 刑破되어 命줄에 해당하는 印星을 손상시키니, 三傳이 전부 무력해진 것이라 소생의 기미가 없다 판단하는 것이다.

◆ 癸巳日에 卒한다는 것은, 巳火가 年支 午火 기준하여 病符殺에 해당하고, 日의 官星에 해당하며, 다시 驛馬를 대동하니 종합하여 巳日에 終命할 것이라 판단한 것이다.

## (5) 結果

◆ 所占한 바와 같이 이틀 후인 癸巳日에 卒했다.


# 56. 점占 소송訴訟

(1) 占時 : 壬午年 甲辰月 戊寅日 酉將 卯時課(本命: 戌. 申酉空亡)

## (2) 問占 : 언제 出獄할 수 있겠는가?

## (3) 課體 : 返吟法. 無依. 玄胎. 回還. 驀越

| | |
|---|---|
| 寅 | 官鬼 天后 長生 |
| | 地殺 |
| 申 | 食神 青龍 病 |
| | 驛馬 |
| 寅 | 官鬼 天后 長生 |
| | 地殺 |

| 后 | 青 | 常 | 朱 |
|---|---|---|---|
| 寅 | 申 | 巳 | 亥 |
| 申 | 寅 | 亥 | 戌巳 |

| | | | | | | |
|---|---|---|---|---|---|---|
| 朱 | 蛇 | 貴 | 后 | | | |
| 亥 | 子 | 丑 | 寅 | | | |
| 巳 | 午 | 未 | 申 | | | |
| 合 戌 辰 | | | | 酉 | 卯 | 陰 |
| 勾 游 卯 | | | | 戌 | 辰 | 玄 |
| | 寅 | 丑 | 子 | 亥 | | |
| | 申 | 未 | 午 | 巳 | | |
| | 青 | 空 | 白 | 常 | | |

## (4) 占斷

◆ 금년 7월에 出獄의 조짐이 있다.

◆ 일상신 亥水가 皇恩을 대동하고 있고, 초전 寅이 天赦를 대동하고 있기 때문이다.

◆ 本命 戌의 上神 辰이 天罡으로 動함의 의미가 있으니 出獄의 조짐으로도 보기 때문이다.

◆ 다만 혐의가 되는 것은 干과 支의 上·下神이 相冲되고, 또한 干과 支가 교차하여 六合되니, 일시적으로는 출옥이 늦어질 것이라 판단하는 것이다.

◆ 초·말전 寅木이 官鬼인데 중전 申金은 食神으로 制鬼하니 救神에 해당된다. 다만 申金이 空亡이니, 申月이 되면 申金이 當令하여 旺해져 塡實되고 脫空亡 되는 고로 申月에 출옥할 수 있을 것이라 판단하는 것이다.

◆ 또한 申金은 日鬼 寅木의 絕地이고, 말전 寅을 冲하므로 官鬼가 무력해지므로

출옥할 수 있다 점단한 것이다.

**(5) 結果**

◆ 상기 점단과 같이 당년 申月에 출옥했다.


## 57. 점占 도적盜賊

**(1) 占時** : 癸未年 丙辰月 丙申日 酉將 丑時課(本命:丑. 辰巳空亡)

**(2) 問占** : 도적을 포획할 수 있겠는가?

**(3) 課體** : 賊剋法. 重審. 潤下. 仰元. 勸德. 斬關. 驀越

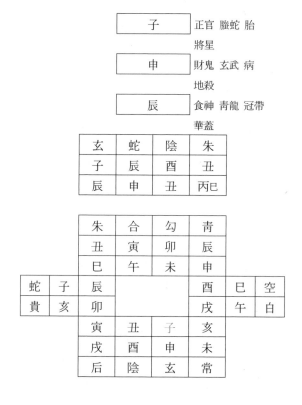

| | 子 | | 正官 螣蛇 胎 |
| | | | 將星 |
| | 申 | | 財鬼 玄武 病 |
| | | | 地殺 |
| | 辰 | | 食神 靑龍 冠帶 |
| | | | 華蓋 |

| 玄 | 蛇 | 陰 | 朱 |
|---|---|---|---|
| 子 | 辰 | 酉 | 丑 |
| 辰 | 申 | 丑 | 丙巳 |

| | 朱 | 合 | 勾 | 青 | | |
|---|---|---|---|---|---|---|
| | 丑 | 寅 | 卯 | 辰 | | |
| | 巳 | 午 | 未 | 申 | | |
| 蛇 | 子 | 辰 | | 酉 | 巳 | 空 |
| 貴 | 亥 | 卯 | | 戌 | 午 | 白 |
| | 寅 | 丑 | 子 | 亥 | | |
| | 戌 | 酉 | 申 | 未 | | |
| | 后 | 陰 | 玄 | 常 | | |

**(4) 占斷**

◆ 이 課는 도적을 즉시 포획하기는 어렵고 8月이 되어서야 포획이 가능할 것이
다. 이는 玄武가 入傳하여 삼합국을 형성하니 結局되어 늦어질 것이라 판단하

기 때문이다.

◆ 다행인 것은 日의 官星이 발용하고, 日干 丙火는 勾陳이 乘한 卯木의 氣를 脫하고, 勾陳의 陰神인 亥水에 貴人이 乘하고, 太陰이 乘한 酉金이 月將이 되고, 日干 丙火가 도적지신인 玄武가 乘한 申金 日支를 剋하니 포획이 가능한 것이다.

◆ 酉金月(8月)에 포획할 수 있다는 것은, 本命 丑의 上神이 酉金으로 太陰이 乘하고 亨通之神인 月將이 되기 때문이다.

(5) 結果

◆ 夏節이 지나 秋節이 되어서 포획했다.


## 58. 점占 도적盜賊

(1) 占時 : 癸未年 庚申月 壬申日 午將 巳時課(戌亥空亡)

(2) 問占 : 도적을 포획할 수 있겠는가?

(3) 課體 : 賊剋法. 元首. 連珠. 三奇. 周遍

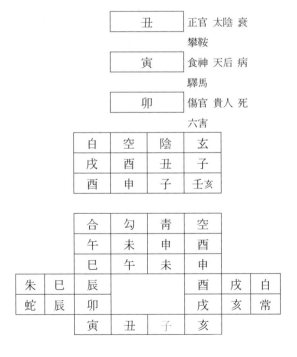

| | 丑 | 正官 太陰 衰 |
| | | 攀鞍 |
| | 寅 | 食神 天后 病 |
| | | 驛馬 |
| | 卯 | 傷官 貴人 死 |
| | | 六害 |

| 白 | 空 | 陰 | 玄 |
|---|---|---|---|
| 戌 | 酉 | 丑 | 子 |
| 酉 | 申 | 子 | 壬亥 |

| | 合 | 勾 | 靑 | 空 | | |
|---|---|---|---|---|---|---|
| | 午 | 未 | 申 | 酉 | | |
| | 巳 | 午 | 未 | 申 | | |
| 朱 | 巳 | 辰 | | 酉 | 戌 | 白 |
| 蛇 | 辰 | 卯 | | 戌 | 亥 | 常 |
| | | 寅 | 丑 | 子 | 亥 | |

| 卯 | 寅 | 丑 | 子 |
|---|---|---|---|
| 貴 | 后 | 陰 | 玄 |

### (4) 占斷

◆ 도적은 8, 9월 사이에 포획할 수 있을 것이다.

◆ 日干의 官星이 발용하고, 말전의 剋을 받으며, 月將上神 未土 勾陳이 下神 午火의 生을 받아 旺하며 玄武가 乘한 子水를 遙剋하기 때문이다.

◆ 日上 子에 乘한 玄武는 上·下神이 兼旺되고, 다시 日支 上.下神의 生을 받으니 旺强하다. 반면 未土에 乘한 勾陳은 申月, 申日이라 洩氣되니 玄武보다 旺하다 할 수 없다. 따라서 盜賊은 强하고 捕盜人(포도인)은 약하다 논한다.

◆ 壬申日은 甲子旬中이다. 子가 旬首이고 酉가 旬尾이다. 干支上神이 旬中의 首尾에 해당하는 子와 酉니 도적이 도망할 곳이 없는 것이다.

◆ 甲子旬中은 酉가 旬尾인데, 酉가 지나고 戌이 시작되는 9월에 포획할 것이라 점단한 것이다.

### (5) 結果

◆ 점단한 바와 같이 秋節에 포획했다.


## 59. 점占 분묘墳墓

(1) 占時 : 辛巳年 庚寅月 甲戌日 亥將 戌時課(申酉空亡)

(2) 問占 : 묘자리의 길흉은 어떠한가?

(3) 課體 : 知一法. 連珠. 升階. 關格

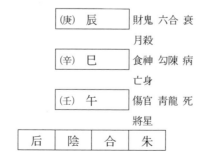

| (庚) 辰 | 財鬼 六合 衰 |
|---|---|
| | 月殺 |
| (辛) 巳 | 食神 勾陳 病 |
| | 亡身 |
| (壬) 午 | 傷官 靑龍 死 |
| | 將星 |

| 后 | 陰 | 合 | 朱 |
|---|---|---|---|

| 子 | 亥 | 辰 | 卯 |
|---|---|---|---|
| 亥 | 戌 | 卯 | 甲寅 |

|  |  | 青 | 空 | 白 | 常 |  |  |
|---|---|---|---|---|---|---|---|
|  |  | 午 | 未 | 申 | 酉 |  |  |
|  |  | 巳 | 午 | 未 | 申 |  |  |
| 勾 | 巳 | 辰 |  |  | 酉 | 戌 | 玄 |
| 合 | 辰 | 卯 |  |  | 戌 | 亥 | 陰 |
|  |  | 寅 | 丑 | 子 | 亥 |  |  |
|  |  | 卯 | 寅 | 丑 | 子 |  |  |
|  |  | 朱 | 蛇 | 貴 | 后 |  |  |

### (4) 占斷

- 초전 辰은 龍이니 龍神이 발용한 것이다. 말전 午는 干支 寅戌을 끌어와 寅午戌 삼합화국을 형성하고, 제4과는 日支의 陰神인데 子亥가 상호 乘했으니, 吉地를 얻은 것이며, 正穴에 자리잡은 것이다.

- 寅은 청룡으로 논하는데, 상·하신이 비록 相剋되나 日干 甲의 祿星地라 旺하고, 申은 白虎로 논하는데, 下神 未土의 生을 받으니 역시 旺하다. 靑龍과 白虎가 旺하니, 左砂 右砂가 역시 길한 것이다.

- 제3과와 제4과는 日支의 陽, 陰神인데, 子亥로 印星에 해당하며 太陰과 天后가 乘했으니 文官으로 貴히 되고, 초전 辰은 財爻로 六合이 乘했으니 富를 얻을 것이며, 말전 午는 子孫爻로 靑龍이 乘했으니 官도 얻게 되어, 부귀겸전의 吉地라 판단한다.

- 중전의 遁干 辛은 正官인데 勾陳이 乘하니, 사법계통의 官職者가 나올 것이라 판단한다.

- 順連珠課의 近陽格(근양격)이라 福祿이 면면히 이어지리라 판단한다.

### (5) 結果

- 소점한 결과대로 발복되고 있다.

# 60. 점占 재운財運

(1) **占時** : 戊辰年 己未月 丁丑日 未將 卯時課(本命:庚子. 行年:午. 申酉空亡)
(2) **問占** : 금년의 재물운이 어떠한가?
(3) **課體** : 賊剋法. 重審. 從革. 獻刃. 驀越. 三奇

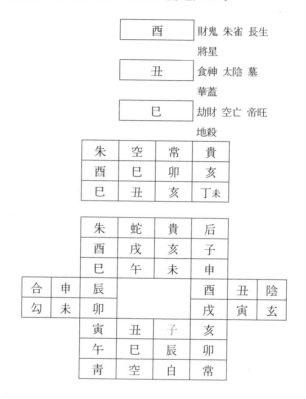

## (4) 占斷

◆ 삼전이 비록 巳酉丑의 삼합금국이 되었으나 아쉽게도 초전 酉가 空亡이라 上神인 丑은 空陷된 것이다. 삼전의 神將이 대체로 불리하고, 年命上神에 螣蛇와 白虎의 凶將이 乘하였다.

◆ 支는 巳丑의 반합금국이며 干은 亥未 반합목국이다. 金剋木으로 支가 干을 剋하고 있다. 따라서 따라서 금년 財運은 길하지 못한 것이다.

◆ 또한 삼전이 巳酉丑으로 全財이니 오히려 재물운은 박하다 판단하는 것이다

## (5) 結果

◆ 소점한대로 財運이 잘 풀리지 못했다.

# 61. 점占 천시天時

(1) **占時** : 己卯年 壬申月 戊辰日 巳將 亥時課(戊亥空亡)

(2) **問占** : 雨天 날씨가 변덕스러운데 언제 맑겠는가?

(3) **課體** : 返吟法. 玄胎. 孤寡

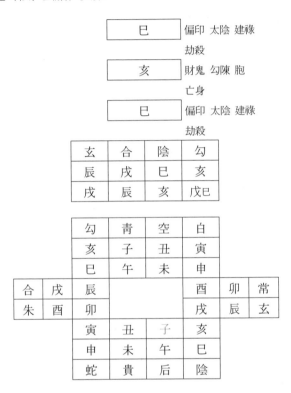

|  |  |  |  |
|---|---|---|---|
| 巳 | | 偏印 太陰 建祿 | |
| | | 劫殺 | |
| 亥 | | 財鬼 勾陳 胞 | |
| | | 亡身 | |
| 巳 | | 偏印 太陰 建祿 | |
| | | 劫殺 | |

| 玄 | 合 | 陰 | 勾 |
|---|---|---|---|
| 辰 | 戌 | 巳 | 亥 |
| 戌 | 辰 | 亥 | 戌巳 |

| 勾 | 青 | 空 | 白 |
|---|---|---|---|
| 亥 | 子 | 丑 | 寅 |
| 巳 | 午 | 未 | 申 |

| 合 | 戌 | 辰 | | | 酉 | 卯 | 常 |
|---|---|---|---|---|---|---|---|
| 朱 | 酉 | 卯 | | | 戌 | 辰 | 玄 |

| 寅 | 丑 | 子 | 亥 |
|---|---|---|---|
| 申 | 未 | 午 | 巳 |
| 蛇 | 貴 | 后 | 陰 |

## (4) 占斷

♦ 초전 巳火는 丙火이며 月將이니 太陽火가 발용했다. 天罡(辰)이 四季神에 加하였고, 亥水가 干에 臨하여 干의 剋을 받고 있으니 금일은 필히 맑을 것이다.

♦ 단지 巳火 上에 亥水가 臨하니 明日 己巳日은 큰 바람이 불 것이라 판단한다.

♦ 戊辰日은 甲子旬中에 배속되니, 갑자, 을축, 병인, 정묘, 무진, 기사…하여 丙丁火가 下神 申酉 上에 臨한 것이니 맑지 못하다. 앞으로 다가올 旬中에서 丙丁火가 下神 午未의 上에 加해지는 日辰에 가서 필히 맑을 것이라 점단한다.

## (5) 結果

♦ 후에 살펴본 결과는 상기 점단한 내용과 부합됐다.

## 62. 占 재운財運

(1) **占時** : 庚辰年 丙戌月 癸亥日 辰將 未時課(本命:酉. 子丑空亡)

(2) **問占** : 재물운이 있을 것인가?

(3) **課體** : 知一法. 玄胎. 兄閉口. 三奇. 六儀. 驀越

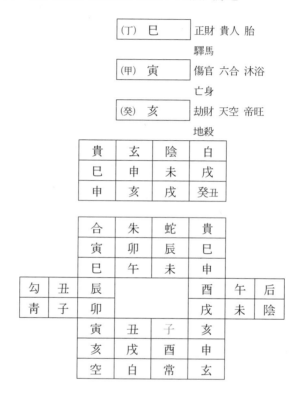

| | | (丁) 巳 | 正財 貴人 胎 |
| --- | --- | --- | --- |
| | | | 驛馬 |
| | | (甲) 寅 | 傷官 六合 沐浴 |
| | | | 亡身 |
| | | (癸) 亥 | 劫財 天空 帝旺 |
| | | | 地殺 |

| 貴 | 玄 | 陰 | 白 |
| --- | --- | --- | --- |
| 巳 | 申 | 未 | 戌 |
| 申 | 亥 | 戌 | 癸丑 |

| | | 合 | 朱 | 蛇 | 貴 | | |
| --- | --- | --- | --- | --- | --- | --- | --- |
| | | 寅 | 卯 | 辰 | 巳 | | |
| | | 巳 | 午 | 未 | 申 | | |
| 勾 | 丑 | 辰 | | | 酉 | 午 | 后 |
| 青 | 子 | 卯 | | | 戌 | 未 | 陰 |
| | | 寅 | 丑 | 子 | 亥 | | |
| | | 亥 | 戌 | 酉 | 申 | | |
| | | 空 | 白 | 常 | 玄 | | |

### (4) 占斷

◆ 초전 巳火에 貴人이 乘하였고 財爻에 해당된다. 또한 丁馬가 乘하니 巳火財의 動함이 큰 것이다.

◆ 다만 혐의가 되는 것은 末傳 亥水와 遁干 癸水가 초전 巳火 財를 剋함이다.

◆ 本命 酉의 上神이 午火 財星이나, 天后가 乘하여 剋하니 이른바 將剋神이 된 것이다.

◆ 支上神 申金은 天財인데, 亥水에 臨하여 玄武가 乘했고, 日支 亥의 劫殺에 해당된다.

◆ 干支 癸亥가 공히 初傳 巳火 正財를 爭財하나 재물운은 분명 있을 것이라 판단

하는 것이다.

### (5) 結果

◆ 점단한 결과대로 적중했다.

# 63. 점占 질병疾病

(1) **占時** : 辛巳年 戊戌月 庚寅日 辰將 申時課(夜占. 本命:辰. 午未空亡)

(2) **問占** : 병세가 어떠하겠는가?

(3) **課體** : 涉害法. 炎上. 斬關

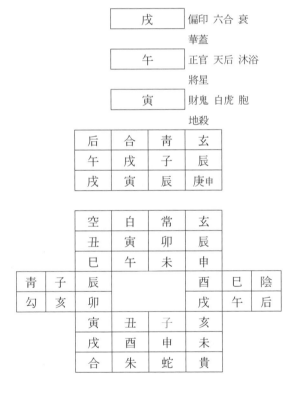

| | | | |
|---|---|---|---|
| | 戊 | | 偏印 六合 衰 |
| | | | 華蓋 |
| | 午 | | 正官 天后 沐浴 |
| | | | 將星 |
| | 寅 | | 財鬼 白虎 胞 |
| | | | 地殺 |

| 后 | 合 | 青 | 玄 |
|---|---|---|---|
| 午 | 戊 | 子 | 辰 |
| 戊 | 寅 | 辰 | 庚申 |

### (4) 占斷

◆ 삼전이 寅午戌 삼합화국으로 官鬼가 局을 이루어 日干을 剋하니 그 병세가 심히 중함을 알 수 있다. 또한 日支 寅木이 삼전의 삼합화국을 生하니 병세는 오래 지속되고 확산될 것임을 알 수 있다.

- 제2과 상신 子水는 天醫인데 陰神이므로 암암리에 鬼殺의 작용을 하고 있는 것이다. 따라서 의사의 처방은 도움이 되지 않을 것이라 판단한다.
- 다행인 것은 午火가 空亡이고, 本命上神이 子水 子孫爻로 官鬼를 剋하여 救神이 되고 있다. 더욱이 戌月은 金旺之節이라 生水하니 水가 旺한 것이라 큰 우려는 적다 할 것이다.
- 다만 秋月의 五墓는 丑인데, 본명상신 子와 六合되어 官鬼 火를 制剋하는 子孫爻 水를 극하니 다시 官鬼의 난동이 우려되는 것이다.
- 중전 午火는 空亡되었으니 말전 寅木은 空陷된 것이다. 明年은 壬午年으로 午火가 入되니, 중전 午火는 塡實되어 脫 空亡되므로, 이제는 삼합화국의 官鬼局이 成局된 것이라 命을 재촉함을 면하기 어려운 것이다.

**(5) 結果**

- 다음해 壬午年 癸卯月에 사망한 것이다.

## 64. 점占 운세運勢

**(1) 占時** : 戊辰年 癸酉月 壬辰日 辰將 辰時課(父本命:寅. 父行年:辰. 午未空亡)

**(2) 問占** : 부친의 최근의 운세는 어떠한가?

**(3) 課體** : 伏吟法. 自任. 斬關. 勸德

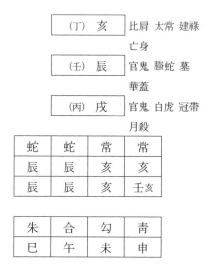

| (丁) | 亥 | 比肩 太常 建祿 |
| --- | --- | --- |
| | | 亡身 |
| (壬) | 辰 | 官鬼 螣蛇 墓 |
| | | 華蓋 |
| (丙) | 戌 | 官鬼 白虎 冠帶 |
| | | 月殺 |

| 蛇 | 蛇 | 常 | 常 |
| --- | --- | --- | --- |
| 辰 | 辰 | 亥 | 亥 |
| 辰 | 辰 | 亥 | 壬亥 |

| 朱 | 合 | 勾 | 青 |
| --- | --- | --- | --- |
| 巳 | 午 | 未 | 申 |

| | 巳 | 午 | 未 | 申 | | |
|---|---|---|---|---|---|---|
| 蛇 | 辰 | 辰 | | | 酉 | 酉 | 空 |
| 貴 | 卯 | 卯 | | | 戌 | 戌 | 白 |
| | | 寅 | 丑 | 子 | 亥 | |
| | | 寅 | 丑 | 子 | 亥 | |
| | | 后 | 陰 | 玄 | 常 | |

### (4) 占斷

◆ 일간상신 兩課 亥에 太常이 乘하여 歲支의 墓가 되고 있다. 또한 父의 行年인 辰土에 螣蛇가 乘해있으며 日의 墓가 되고 , 課傳은 복음과이고, 점시는 辰時로 螣蛇가 乘하고 日의 墓가 되며 官鬼가 되고 있어 흉하다.

◆ 두려운 것은 부친이 이미 血光之災를 당하여 痛苦, 呻吟하는 형국인 것이다. 다행인 것은 干上의 亥水가 旺相하며 德祿이 되며, 本命上神 寅木이 制鬼하고 있어 죽음은 면했다고 판단하는 것이다.

◆ 戌月은 白虎가 乘하여 干의 墓인 辰土와 沖되니 이미 病災가 있다 판단하는 것이다. 쾌유되는 시점은 말전인 戌土月이 지나 冬節이 되어서야 평안히 保養하게 될 것이다.

◆ 明年 辰月에는 통증이 가중되는 것을 예방해야 한다.

### (5) 結果

◆ 문점자의 부친은 얼마전에 火車와 부딪치는 사고를 당해 이미 병원에서 치료를 받고 있었던 것이다.


## 65. 점占 혼사婚事

(1) **占時** : 丙子年 庚子月 癸酉日 寅將 卯時課(男本命:戊午. 女本命:己未. 戌亥空亡)

(2) **問占** : 혼사건의 길흉이 어떠할 것인가?

(3) **課體** : 遙剋法. 蒿矢. 連珠. 斬關. 驀越

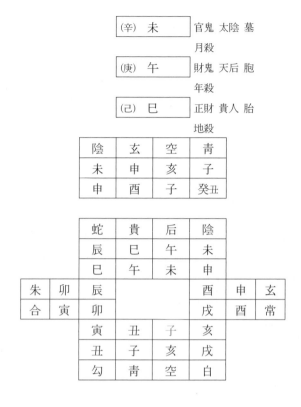

## (4) 占斷

◆ 婚事는 필히 성사되나 후에 訟事로 이어질 것이다.

◆ 干支 上下가 相合되니 혼사는 필히 성사되리라 보는 것이다. 支가 干上神을 生하고. 支上神이 干을 生하니 여자측이 남자를 사모하는 마음이 깊고 간절했던 것이다.

◆ 남녀의 本命이 午와 未로 支合되니 순수한 良緣인 것이다.

◆ 다만 혐의가 되는 것은 초전 未土가 官鬼인데 中·末전에서 生하여 일상신 子水 靑龍을 剋하며, 말전 巳火는 財이고 遁干은 己土인데 역시 일상신 子水 靑龍을 剋하니, 필히 여자로 인해 訟事 문제가 야기되는 것으로 판단한다.

◆ 결혼하고 1달여 만에 陳氏姓의 사람이 결혼무효를 주장하는데, 이는 이미 여자측의 부모가 자신과 결혼하는 것을 허락했었다는 것이다.

## (5) 結果

◆ 저쪽 陳氏姓의 사람의 이의 제기가 진실되고 아름다우니, 이로써 본인을 지지

하는 사람 없이 홀로 남겨진 문점자는 마음의 변화가 일어나기 시작하여 결국 파혼하게 된 것이며, 이로써 訟事는 종결됐던 것이다.

## 66. 점占 장물藏物

(1) 占時 : 己卯年 丙寅月 丙子日 亥將 巳時課(申酉空亡)
(2) 問占 : 친구가 무언가를 숨겨온 것 같은데, 숨겨온 장소와 물건이 무엇일까?
(3) 課體 : 返吟法. 無依. 三交. 回還. 勸德

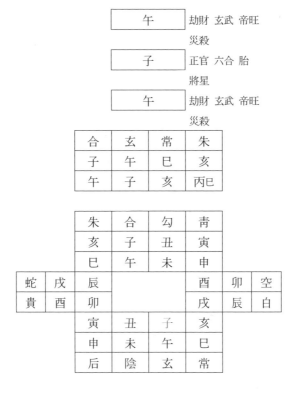

| | 午 | | 劫財 玄武 帝旺 |
| | | | 災殺 |
| | 子 | | 正官 六合 胎 |
| | | | 將星 |
| | 午 | | 劫財 玄武 帝旺 |
| | | | 災殺 |

| 合 | 玄 | 常 | 朱 |
|---|---|---|---|
| 子 | 午 | 巳 | 亥 |
| 午 | 子 | 亥 | 丙巳 |

| | 朱 | 合 | 勾 | 青 | | |
|---|---|---|---|---|---|---|
| | 亥 | 子 | 丑 | 寅 | | |
| | 巳 | 午 | 未 | 申 | | |
| 蛇 | 戌 | 辰 | | 酉 | 卯 | 空 |
| 貴 | 酉 | 卯 | | 戌 | 辰 | 白 |
| | 寅 | 丑 | 子 | 亥 | | |
| | 申 | 未 | 午 | 巳 | | |
| | 后 | 陰 | 玄 | 常 | | |

### (4) 占斷

◆ 삼전이 水火로 구성되었고, 이는 四課에서 역시 水火가 상호 加하여 도출된 것이다. 따라서 숨겨온 물건은 水火와 연계되고 또한 열을 가하여 만든 物이라 판단한다.

- 초·말전이 午火로 炎上을 이루고, 午火는 선천수가 9로 數가 높으니, 物을 숨겨온 물체는 머리부분과 꼬리부분이 높을 것이라 판단한다.
- 子水는 龍之類와도 연관되므로 또한 其 物은 길이가 길 것이라 판단한다.
- 숨겨온 물건은 중전 子水의 下神이 火니, 其 物은 水가 火를 就함과 연관되며 필히 下를 汚(오)하는 것과 연관되는 것이다.
- 또한 중전 子水는 午火 上에 臨하여 六合이 乘하였는데, 六合은 합작하여 도출된 것과도 연관된다. 그리고 下神인 火는 煎(전)과 熬(오)와도 연관되니, 종합하면 "茶"와 연관되며, 다시 三傳을 연계하여 판단하면 숨겨온 물체를 운반해 온 것은 "茶船"인 것이다.

### (5) 結果
- 밖에 나가보니 과연 茶를 실은 茶船이었던 것이다.


# 67. 점占 천시天時

(1) **占時** : 辛巳年 辛丑月 壬子日 丑將 寅時課(寅卯空亡)
(2) **問占** : 눈이 다시 내리는 시점이 언제일 것인가?
(3) **課體** : 賊剋法. 元首. 斬關. 不備. 連珠. 返駕. 驀越

| | 戌 | | 官鬼 白虎 冠帶 |
|---|---|---|---|
| | | | 月殺 |
| | 酉 | | 正印 太常 沐浴 |
| | | | 年殺 |
| | 申 | | 偏印 玄武 長生 |
| | | | 地殺 |

| 白 | 空 | 常 | 白 |
|---|---|---|---|
| 戌 | 亥 | 酉 | 戌 |
| 亥 | 子 | 戌 | 壬亥 |

| 蛇 | 貴 | 后 | 陰 |
|---|---|---|---|
| 辰 | 巳 | 午 | 未 |
| 巳 | 午 | 未 | 申 |

| 朱 | 卯 | 辰 |  |  | 酉 | 申 | 玄 |
|---|---|---|---|---|---|---|---|
| 合 | 寅 | 卯 |  |  | 戌 | 酉 | 常 |

| 寅 | 丑 | 子 | 亥 |
|---|---|---|---|
| 丑 | 子 | 亥 | 戌 |
| 勾 | 青 | 空 | 白 |

## (4) 占斷

◆ 이틀 뒤에 분명 大雪이 내릴 것이다. 이는 天罡(辰)이 巳에 加했기 때문이며, 巳는 雪로 논하기 때문이다.

◆ 河魁(戌)에 白虎가 乘하고 亥水에 臨하여 일간을 剋하고, 중전 酉金에 太陰이 乘하였는데 이는 本家에 太陰이 乘한 것이다. 또한 酉金에 風伯, 雨師, 飛廉, 大殺이 乘하니 大風雪과 연관되는 것이다.

◆ 日辰 壬子는 갑진순중인데, 脫 旬空하는 시점이 甲寅日이라 이틀 뒤에 大雪이 올 것이라 점단한 것이다.

## (5) 結果

◆ 소점한 바와 같이 이틀 뒤인 甲寅日에 큰 눈이 내렸다.

# 68. 점占 천시天時

(1) 占時 : 乙酉年 壬午月 庚戌日 未將 申時課(寅卯空亡)

(2) 問占 : 언제 비가 올 것인가?

(3) 課體 : 遙剋法. 蒿矢. 天獄. 連珠. 登庸. 六儀

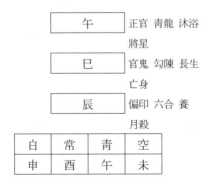

| | 午 | | 正官 靑龍 沐浴 |
|---|---|---|---|
| | | | 將星 |
| | 巳 | | 官鬼 勾陳 長生 |
| | | | 亡身 |
| | 辰 | | 偏印 六合 養 |
| | | | 月殺 |

| 白 | 常 | 靑 | 空 |
|---|---|---|---|
| 申 | 酉 | 午 | 未 |

| 酉 | 戌 | 未 | 庚申 |
|---|---|---|---|

| 合 | 勾 | 青 | 空 |
|---|---|---|---|
| 辰 | 巳 | 午 | 未 |
| 巳 | 午 | 未 | 申 |

| 朱 | 卯 | 辰 | | | 酉 | 申 | 白 |
|---|---|---|---|---|---|---|---|
| 蛇 | 寅 | 卯 | | | 戌 | 酉 | 常 |

| 寅 | 丑 | 子 | 亥 |
|---|---|---|---|
| 丑 | 子 | 亥 | 戌 |
| 勾 | 青 | 空 | 白 |

### (4) 占斷

◆ 초전 午火에 青龍이 乘하였고, 삼전이 비록 火土로 형성되었으나, 正時(문점시)가 申時이니 말전 辰土는 子水를 끌어와, 申子辰 삼합수국을 형성하려는 의도가 있으니 비가 올 조짐이 있는 것이다.

◆ 水神인 亥子는 子丑 上에 賃하였으니, 壬子日과 癸丑日은 小雨이고, 戊, 己日은 大雨라 판단한다.

◆ 壬, 癸日에 小雨라는 것은 亥子가 相加한 때문이고, 戊, 己日에 大雨라는 것은, 上神인 巳午에 水神인 勾陳과 青龍이 乘하여, 水火相爭하니 이른바 將剋神이 되기 때문이다.

### (5) 結果

◆ 소점한대로 응함이 있었다.

## 69. 점占 분묘墳墓

(1) **占時** : 己巳年 甲戌月 甲辰日 辰將 申時課(甲辰旬中. 寅卯空亡)

(2) **問占** : 돌아가신 조부의 매장 후 풍수상 길흉이 어떠할 것인가?

(3) **課體** : 涉害法. 從革

|  | 子 | 正印 靑龍 沐浴 |
|---|---|---|
|  |  | 將星 |
|  | 申 | 官鬼 螣蛇 胞 |
|  |  | 地殺 |
|  | 辰 | 財鬼 玄武 衰 |
|  |  | 華蓋 |

| 蛇 | 靑 | 后 | 合 |
|---|---|---|---|
| 申 | 子 | 午 | 戌 |
| 子 | 辰 | 戌 | 甲寅 |

|  |  | 空 | 白 | 常 | 玄 |  |  |
|---|---|---|---|---|---|---|---|
|  |  | 丑 | 寅 | 卯 | 辰 |  |  |
|  |  | 巳 | 午 | 未 | 申 |  |  |
| 靑 | 子 | 辰 |  |  | 酉 | 巳 | 陰 |
| 勾 | 亥 | 卯 |  |  | 戌 | 午 | 后 |
|  |  | 寅 | 丑 | 子 | 亥 |  |  |
|  |  | 戌 | 酉 | 申 | 未 |  |  |
|  |  | 合 | 朱 | 蛇 | 貴 |  |  |

## (4) 占斷

◆ 매장 후 자손들이 功名을 얻음은 틀림없다. 財의 발복은 첫째, 넷째, 일곱째이고, 財官은 둘째, 다섯째, 여덟째이다. 단 화재 예방에 유의해야 한다. 첫째, 넷째, 일곱째 자손은 대학을 나오고 석사, 박사, 교수 등의 고학력자가 배출되고, 셋째, 여섯째, 아홉째 자손은 비록 財가 있더라고 酒色(주색), 賭博(도박) 등으로 破財하게 될 것이다.

◆ 葬埋 後 어느 한 자손은 재산은 증가하지만 酒色과 연관된 桃花殺의 풍파가 끊임없이 생길 것이다.

◆ 明年엔 밖에서 傷害를 입거나 시비다툼을 조심해야 할 것이다.

◆ 靑龍이 발용했으니 葬地는 吉하다 판단하고, 삼전이 申子辰 삼합수국을 형성하니 墳墓(분묘) 주변이 물로 둘러 쌓여 있을 것이며 또한 庫池(고지)에 해당된다고 점단한다. 다만 혐의가 되는 것은 末傳 辰土가 月建 戌을 沖하는 것이다.

◆ 이 陰宅은 大財가 발복되는 곳이나 財利보다는 명성을 중히 여겨야 한다. 또한 주색, 도박 등으로 인한 破財를 예방해야 하고, 사업을 함에 正途라면 성취함

이 있을 것이다.


# 70. 점占 분묘墳墓

(1) **占時** : 己巳年 甲戌月 甲辰日 辰將 丑時課(甲辰旬中. 寅卯空亡)

(2) **問占** : 조부 묘자리의 길흉이 어떠한가?

(3) **課體** : 賊剋法. 重審. 玄胎. 三奇

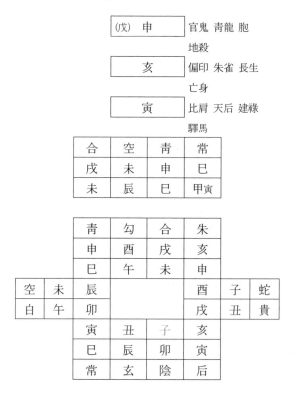

## (4) 占斷

◆ 干은 人이고 支는 墳墓이다. 일간상신 巳火는 坐下 寅木의 生을 받아 旺하고, 官鬼이며 靑龍이 乘한 초전 申金과 刑合되니, 火계통의 사업체나 정부기관의 貴人이 나올 자리이며, 生財함이 많은 吉한 묘자리이다.

◆ 日支의 자리인 제3과, 제4과의 상·하신이 모두 土局으로 日干 甲木의 財가 되니 財가 매우 왕성하여 國家의 財政과 견줄만한 巨富의 자리이다.

◆ 기쁜 것은 중전 亥水가 父母爻로 旬奇이고, 坐下 申金 靑龍의 生을 받아 다시 日干 甲木을 生하니, 日干이 身旺해져 財局을 감당할만한 것이다. 이런 연유로 조부의 묘자리는 크게 吉한 자리이다.

◆ 來龍이 吉하나 혐의가 되는 것은 중전 亥水에 朱雀이 乘함이고, 말전 寅木 德祿이 空亡이라 吉利가 반감하니, 3대 후엔 시비다툼이 빈번하고 官祿은 장구하지 못할 것이다. 말전을 3代로 논하기 때문이다.

◆ 초전 申金 官鬼에 靑龍이 乘했으며 遁干은 戊土로 財가 되니, 葬後에 필히 巨富가 나올 것이고, 官職도 있을 것이나, 중전 亥水에 朱雀이 乘하고, 말전 寅木이 空亡이라, 시비다툼이 많고 직위가 장구하지 못할 것이라 점단한 것이다.

◆ 이 묘자리는 求財와 求名엔 吉함이 있으나 求官에는 吉하지 못한 것이다.

**(5) 結果**

◆ 현재는 상기 점단과 같이 재물과 명성이 여의하다.


# 71. 점占 고시考試. 승학升學

(1) **占時** : 辛巳年 辛丑月 戊寅日 丑將 申時課(本命:己未. 行年:戊子. 申酉空亡)

(2) **問占** : 의대 본과에 다니는 아들이 의대연구원이 되기 위한 상급과정 시험에 합격할 수 있을 것인가?

(3) **課體** : 知一法. 鑄印. 斬關. 驀越. 六儀. 周遍

| | (丙) 子 | 正財 螣蛇 胎 |
|---|---|---|
| | | 災殺 |
| | (辛) 巳 | 偏印 太常 建祿 |
| | | 亡身 |
| | (甲) 戌 | 比肩 六合 墓 |
| | | 華蓋 |

| 蛇 | 空 | 陰 | 合 |
|---|---|---|---|
| 子 | 未 | 卯 | 戌 |
| 未 | 寅 | 戌 | 戊巳 |

| 合 | 朱 | 蛇 | 貴 | | | |
|---|---|---|---|---|---|---|
| 戊 | 亥 | 子 | 丑 | | | |
| 巳 | 午 | 未 | 申 | | | |
| 勾 酉 辰 | | | | 酉 | 寅 | 后 |
| 青 申 卯 | | | | 戌 | 卯 | 陰 |
| 寅 | 丑 | 子 | 亥 | | | |
| 未 | 午 | 巳 | 辰 | | | |
| 空 | 白 | 常 | 玄 | | | |

## (4) 占斷

◆ 干 ： 考試生

　支 ： 考試場

　朱雀 ： 試驗紙

　長生 ： 學堂

　印星 ： 學業成績

　太歲. 月將 ： 試驗官

　簾幕貴人 ： 面接官

◆ 일간상신 戊는 十二運星의 墓에 해당하고 六合이 乘하였고, 天魁가 되며 旬首에 해당된다.

◆ 戊에 승한 六合의 陰神은 卯가 되며, 官星이 되고 天醫에 해당되니 학업성적이 우수함을 알 수 있는 것이다.(현재 의과대 본과생)

◆ 일지상신 未土는 簾幕貴人이 되고, 旬尾가 되며, 遁干 癸水의 墓에 해당되며, 또한 일간상신 戊土와 戊未의 刑破가 되니 금번 시험은 불합격의 조짐이 있는 것이다.

◆ 간지상신이 墓에 해당하는 것은 혼미함을 의미하며, 간지상신 戊未와 月將丑이 丑戌未 三刑殺을 이루고 있다.

◆ 시험지에 해당하는 朱雀이 亥에 乘하여 太歲 巳火를 沖하니 "赤鳥犯歲君"이라 하여 흉한 것이다.

◆ 支가 考試場인데, 支上神 未가 遁干 癸水의 墓가 되어 下神의 剋을 받으니 유리함이 없는 것이다.

◆ 초전 子가 財星이고 螣蛇가 乘했고, 중전은 德祿이 되고, 말전은 日의 墓가 되고 있다. 중전 巳火가 德祿이 되고 印星이 되어 본시 시험운이 길하다 판단 하나, 초전 子水의 剋을 받고, 말전이 墓宮이니 三傳이 無氣한 것이다.

◆ 行年 子의 上神 巳火는 建祿이 되고 吉將인 太常이 乘하였는데, 坐下 子水의 剋을 받으니 이른바 "仰丘俯囚(앙구부수)"인 것이다.

◆ 本命 未土의 上神 子水에 螣蛇가 乘하였는데, 下神 未土의 剋害를 받고 있으 니 變體門도 무력한 것이다.

◆ 시험과 官職의 類神인 靑龍이 乘한 申金이 空亡되고, 巳火 建祿이 초·말전에 의해 손상되고, 貴人은 空陷된 것이라 시험운이 길하지 못한 것이다.


### (5) 結果
◆ 문점자의 아들이 의대 연구원이 되기 위한 상급과정 시험에 낙방했던 것이다.


## 72. 점占 경영經營

(1) **占時** : 庚辰年 庚辰月 癸巳日 戌將 申時課(本命:乙未. 行年:辛亥. 空亡:午未)

(2) **問占** : 飯店(반점)을 경영하고 있는데 生意는 있으나 언제 호전될 것인가?

(3) **課體** : 遙剋法. 蒿矢. 間傳. 源根斷. 勸德. 孤寡

| (丙) | 子 | 正財 螣蛇 胎 |
| --- | --- | --- |
| | | 災殺 |
| (辛) | 巳 | 偏印 太常 建祿 |
| | | 亡身 |
| (甲) | 戌 | 比肩 六合 墓 |
| | | 華蓋 |

| 蛇 | 空 | 陰 | 合 |
| --- | --- | --- | --- |
| 子 | 未 | 卯 | 戌 |
| 未 | 寅 | 戌 | 戌巳 |

| 合 | 朱 | 蛇 | 貴 |
| --- | --- | --- | --- |
| 戌 | 亥 | 子 | 丑 |

|  |  | 巳 | 午 | 未 | 申 |  |  |
|---|---|---|---|---|---|---|---|
| 勾 | 酉 | 辰 |  |  | 酉 | 寅 | 后 |
| 青 | 申 | 卯 |  |  | 戌 | 卯 | 陰 |
|  |  | 寅 | 丑 | 子 | 亥 |  |  |
|  |  | 未 | 午 | 巳 | 辰 |  |  |
|  |  | 空 | 白 | 常 | 玄 |  |  |

## (4) 占斷

◆ 干은 人이며 支는 事이며 또한 合作事案이다.

◆ 干上神 卯木은 太陰이 乘하여 干의 氣를 脫하니 이는 옷을 벗어 나체가 되는 형국이라, 아름답지 못한 것이다.

◆ 干의 陰神 巳火는 貴人이 乘하여 日의 財가 되니 求財에 이로움이 있으나, 支인 巳火는 財인데 上神은 未土 官鬼로 朱雀이 乘하여 干을 剋하여 흉함이 있다. 다행인 것은 支의 陰神인 酉金이 未土 官鬼의 勢를 洩시키고 다시 生干하니 和解의 조짐이 있는 것이다. 그러나 아쉽게도 酉金은 敗神으로 勾陳이 乘하였고, 三傳에 朱雀과 勾陳이 있으니, 이는 鬼殺이 3~4개 臨한 것과 같아 시비 구설을 면키 어려운 것이다.

◆ 간상신 卯木이 支인 巳火를 生하고, 지상신 未土가 干을 剋하니 본인에겐 불리하고 상대방은 이득이 되는 象인 것이다.

◆ 干支의 上神 卯未와 다시 干支의 陰神인 巳酉가 삼합국을 이루니 이는 합한 중 剋함을 대동하고 있는 것이다. 이는 피차가 합작하여 모순됨이 발생되는 조짐이라 판단하는 것이다.

◆ 초, 말전 未亥가 간상신 卯木과 合하여 삼합복국을 이루어 干의 氣를 脫하고 支를 生하니, 마음이 급박하고 비용의 虛耗가 발생하며 실익은 적은 象이다.

◆ 초전 未土는 空亡이고, 중전 酉金은 空陷되고, 말전은 天空이 乘하고, 삼전에서 財神이 全無하다. 비록 말전의 遁干 丁馬가 財神이나, 亥水가 驛馬와 劫財이며 干의 陰神인 巳火 財와 所乘한 貴人을 沖剋하고 있다. 그러므로 飯店(반점)이 生意는 있으나 호전되지 않고 있다 판단하는 것이다.

◆ 本命 未土의 上神 酉金이 敗氣이나 다행히 生干하고, 行年 亥水의 上神 丑土에 太常이 乘하니 飮食, 宴會, 飯店 등과 연관된 것이나, 好轉이 불가한 것으

로 점단한다.

- 課傳이 純陰이니 陰暗하고 沮滯之象(저체지상)인 것이라 合作을 破하고 반점을
  정리해야 하는 것이다.

**(5) 結果**

- 반점의 경영추세가 점단한 결과대로 진행됐다.


# 73. 점占 모망謀望

**(1) 占時** : 壬午年 九月 己未日 辰將 戌時課(子의 本命:丙戌. 空亡:子丑)

**(2) 問占** : 어린 아들이 집안에서 부친과의 사이에 갈등이 심하여, 먼 곳으로
기술을 배우게 기술학교를 보내려 하는데 장차 이를 배워서 성공할
가망이 있을 것인가?

**(3) 課體** : 返吟法. 井欄射

| (丁) 巳 | 正印 玄武 帝旺 |
| --- | --- |
|  | 驛馬 |
| (空) 丑 | 比肩 靑龍 墓 |
|  | 月殺 |
| (空) 丑 | 比肩 靑龍 墓 |
|  | 月殺 |

| 后 | 靑 | 后 | 靑 |
| --- | --- | --- | --- |
| 未 | 丑 | 未 | 丑 |
| 丑 | 未 | 丑 | 己未 |

|  | 合 | 勾 | 靑 | 空 |  |
| --- | --- | --- | --- | --- | --- |
|  | 亥 | 子 | 丑 | 寅 |  |
|  | 巳 | 午 | 未 | 申 |  |
| 朱 戌 辰 |  |  | 酉 | 卯 白 |  |
| 蛇 酉 卯 |  |  | 戌 | 辰 常 |  |
|  | 寅 | 丑 | 子 | 亥 |  |
|  | 申 | 未 | 午 | 巳 |  |
|  | 貴 | 后 | 陰 | 玄 |  |

## (4) 占斷

◆ 반음국이다. 또한 干은 尊長이고 支는 卑幼인데, 간지상신이 교차하여 충하니 長幼가 불목하고 있는 상이다.

◆ 과전에 兄爻인 比肩이 중중하니 이는 劫財로 논하고 자연 爭財되고 있는 것이라 사안에 損財數가 내재되어 있는 것이며, 기 어린 아들은 재물의 허비가 많은 것이라 판단한다.

◆ 干支上神 丑의 遁干이 乙木으로 暗鬼에 해당하고, 巳火가 발용하여 乘한 天將인 玄武(亥)와, 坐下 亥水의 剋을 받으니 夾剋(협극)된 것이다. 이는 심신이 부자유하고, 많은 압박을 받고 있다 판단하는 것이다.

◆ 占時는 先鋒門으로 사안의 機兆를 알 수 있는 것인데, 占時 戌에 朱雀이 乘하니 문서와 소식, 印章을 主事하는바, 학업문제와 연관성이 있는 것이고, 初傳 巳火는 遁干 丁馬와 驛馬가 되며 成神이니, 집을 떠나 유학 보내려는 의도가 있는 것이다.

◆ 本命 戌土 上에 辰土 天罡이 臨했는데 이는 動作의 象이고, 또한 月將이라 太陽으로 吉神에 해당하니 집을 떠날 마음의 動함이 있는 것이며, 그 곳에서 평안함을 얻으려는 생각인 것이다.

◆ 유학을 보내지 않음이 좋다는 것은, 驛馬와 初傳 巳火 正印이 夾剋되고, 중·말전 靑龍이 空亡되고, 建祿 午火가 空陷되었기 때문이며, 이런 이유로 인해 어찌 앞날이 평온해질 가망이 있겠는가?

◆ 유학가서 앞길이 안정될 수 있을 것인가의 판단은, 返吟課이며 格이 井欄格인데, 이는 우물 위에 난간을 세워 몸을 기울이기 편하게 한 이치라, 오래 머물지는 않을 것이라 판단한다.

◆ 四課가 모두 空亡이고, 삼전의 중·말전이 空亡이다. 초전 巳火가 驛馬이며 有氣하나, 초전 巳火가 夾剋되어, 印星이 손상되고 馬가 衰한 것이라 課傳에서 얻을 것이 하나도 없는 것이다.

◆ 返吟課는 去하되 다시 複返(복반)의 象이며, 玄武가 發用이니 虛耗之兆(허모지조)가 있는 것이며, 또한 중·말전이 空亡이니 성사됨이 없는 것이다.

◆ 아들을 유학 보내지 않음이 좋은 것이다. 만약 유학 보낸다면 공부하기를 싫어하니 다시 돌아올 것이고, 破財될 것임이 明若觀火하다.

## (5) 結果

◆ 말을 듣지 않고 아들을 유학 보냈는데, 타 학교에서 공부한다는 불안감과 부적응으로 인해 다시 집으로 귀환했던 것이다. 기 지불한 학비는 일부만 돌려받게 되어 손실이 발생했던 것이다.


# 74. 점占 혼사婚事

(1) **占時** : 己酉年 三月 己卯日 戌將 辰時課(男本命:戊辰. 男行年:未. 女本命: 己丑. 女行年:子. 男:42세 女:21세)

(2) **問占** : 혼사건의 길흉이 어떠하겠는가?

(3) **課體** : 返吟法. 無依. 三交. 龍德. 驀越. 回還. 淫洪

| | | |
|---|---|---|
| 卯 | 官鬼 玄武 病 | 將星 |
| 酉 | 食神 六合 長生 | 災殺 |
| 卯 | 官鬼 玄武 病 | 將星 |

| 玄 | 合 | 青 | 后 |
|---|---|---|---|
| 卯 | 酉 | 未 | 丑 |
| 酉 | 卯 | 丑 | 己未 |

| | | | | | | |
|---|---|---|---|---|---|---|
| | 蛇 | 貴 | 后 | 陰 | | |
| | 亥 | 子 | 丑 | 寅 | | |
| | 巳 | 午 | 未 | 申 | | |
| 朱 | 戌 | 辰 | | 酉 | 卯 | 玄 |
| 合 | 酉 | 卯 | | 戌 | 辰 | 常 |
| | 寅 | 丑 | 子 | 亥 | | |
| | 申 | 未 | 午 | 巳 | | |
| | 勾 | 青 | 空 | 白 | | |

### (4) 占斷

♦ 婚事는 필성이다. 남녀가 이미 사사로이 情을 통하고 있으니 중매는 필요치 않으며, 여자측은 卑賤(비천)하고 행실이 바르지 못하다.

♦ 日과 靑龍은 남자이고, 支와 天后는 여자이다. 男行年과 女本命이 相加하고 있으니 혼인은 필성하나 神殺이 길하지 못하니 淫賤(음천)하다 판단한다.

♦ 丑(大吉)은 여측의 本命이며 天后가 乘하여 남자인 日上에 臨하고, 男行年 未(小吉)는 靑龍이 乘하여 여측 本命인 丑에 臨하니 이미 혼사가 성합된 것과 같은 것이다.

♦ 혼사점의 六合과 玄武는 행실이 바르지 못함과 연관된다. 支는 여자인데, 支의 陰陽 兩課에 卯酉가 臨하고 다시 玄武와 六合이 乘하여 入傳하고, 또한 여측의 行年 子에 桃花殺이 있으니 淫賤하다 판단한 것이다.

♦ 門戶인 卯酉가 相加하여 발용하니, 서로 私通하며 왕래하고 있다 점단한 것이다.

### (5) 結果

♦ 혼사는 성사됐으나 여측의 행실이 문제되어 수치스러움이 있었던 것이다.

## 75. 점占 고시考試

(1) **占時** : 丁丑年 癸卯月 乙未日 亥將 戌時課(空亡:辰巳)
(2) **問占** : 국가고시에 합격하겠는가?
(3) **課體** : 遙剋法. 蒿矢. 革故. 連珠. 驀越. 淫泆

| | | | |
|---|---|---|---|
| | 酉 | 官鬼 玄武 胞 | |
| | | 災殺 | |
| | 戌 | 正財 太陰 墓 | |
| | | 天殺 | |
| | 亥 | 正印 天后 死 | |
| | | 地殺 | |

| 玄 | 常 | 空 | 青 |
|---|---|---|---|
| 酉 | 申 | 午 | 巳 |
| 申 | 未 | 巳 | 乙辰 |

|  |  |  |  |  | 空 | 白 | 常 | 玄 |
|---|---|---|---|---|---|---|---|---|
|  |  |  |  |  | 午 | 未 | 申 | 酉 |
|  |  |  |  |  | 巳 | 午 | 未 | 申 |
| 青 | 巳 | 辰 |  |  |  | 酉 | 戌 | 陰 |
| 勾 | 辰 | 卯 |  |  |  | 戌 | 亥 | 后 |
|  |  |  | 寅 | 丑 | 子 | 亥 |  |  |
|  |  |  | 卯 | 寅 | 丑 | 子 |  |  |
|  |  |  | 合 | 朱 | 蛇 | 貴 |  |  |

### (4) 占斷

◆ 초전 酉가 官鬼가 되고 皇恩이 되고, 중전 戌은 財가 되고 天魁가 되며 天喜가 乘하고, 말전 亥는 印星이 되고 長生이 되며 月將이라 太陽이 되니, 시험에 매우 吉한 象이다.

◆ 지상신 申은 官星이며 簾幕貴人에 해당되고, 文書와 考試를 主事하는 朱雀이 寅木에 乘하여 太歲를 生하니 시험운이 좋고 합격할 것이라 판단한다.

◆ 支上神 申金은 日干 乙木의 胎이고, 日干 乙木은 干上神 巳火에 脫氣되니 관록이 높지 못할 것이라 판단한다.

### (5) 結果

◆ 현재의 지방고시에 합격했으나 관록이 높지 못했고 장구하지도 못했다.

## 76. 점占 교역交易

(1) 占時 : 辛未年 庚寅月 丙戌日 亥將 寅時課(空亡:午未)

(2) 問占 : 交易關係가 어떠할 것인가?

(3) 課體 : 賊剋法. 重審. 玄胎. 六儀. 亨通

| 申 | 財鬼 六合 病 |
|---|---|
|  | 驛馬 |
| 亥 | 官鬼 貴人 胞 |
|  | 劫殺 |

| | 寅 | 偏印 玄武 長生 |
|---|---|---|

地殺

| 白 | 陰 | 貴 | 合 |
|---|---|---|---|
| 辰 | 丑 | 亥 | 申 |
| 丑 | 戌 | 申 | 丙巳 |

| 合 | 朱 | 蛇 | 貴 |
|---|---|---|---|
| 申 | 酉 | 戌 | 亥 |
| 巳 | 午 | 未 | 申 |

| 勾 | 未 | 辰 | | | 酉 | 子 | 后 |
|---|---|---|---|---|---|---|---|
| 青 | 午 | 卯 | | | 戌 | 丑 | 陰 |

| 寅 | 丑 | 子 | 亥 |
|---|---|---|---|
| 巳 | 辰 | 卯 | 寅 |
| 空 | 白 | 常 | 玄 |

## (4) 占斷

◆ 삼전이 遞生日干하고, 月建 寅木이 역시 日을 生하고, 干支가 상생되며 日이 旺相有氣하니 亨通(형통)의 象으로 "亨通課"이다.

◆ 말전 寅이 生干하는데 寅이 月建이라 사람의 暗中 觀照함이 있는 것이다.

◆ 초전 申에 六合이 乘하였고 太歲 未土가 生金하며, 日과 月建이 화합되고 말전과는 比和되고 있으니 길하다. 또한 중전 亥에 貴人이 乘하여 下神 申에 臨하고 生을 받고 있으며 月建 寅木을 생하니, 主客이 모두 분주히 노력하고 상호 興旺하는 大吉課이다.

◆ 다만 혐의가 되는 것은 말전 寅에 玄武가 乘한 것인데, 다행하게도 亥水는 純陰의 水이고 上神에 寅木이 있어 伏藏되고 있는 것이다. 또한 寅은 月建이라 일처리에 새로운 전기를 맞게 되고 귀인의 조력이 있을 것이라 판단하는 것이다.

◆ 말전 寅木이 月建이 되며 旺相하니 玄武는 태동을 하지 못하는 것이라, 교역과 재물이 흥성할 것이라 판단하는 것이다.

◆ 巳火에 天空이 乘하여 寅에 臨하고 있어 "受制(수제)"라 하는데, 公私間에 口舌이 발생할 수 있으나, 巳火 上神 申金에 六合이 乘하니 불리함은 크지 않을 것이라 점단하는 것이다.

**(5) 結果**

◆ 소점한 바와 같이 교역관계가 진행됐다.


# 77. 점占 방알訪謁

(1) **占時** : 癸未年 庚申月 戊戌日 巳將 辰時課(本命:亥. 空亡:辰巳)

(2) **問占** : 친구를 방문하여 文稿(문고)를 얻을 수 있을 것인가?

(3) **課體** : 賊剋法. 重審. 三奇. 龍潛. 連珠

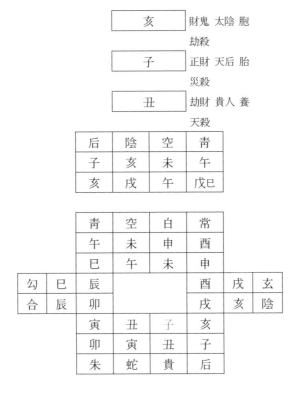

| 亥 | 財鬼 太陰 胞 |
|---|---|
| | 劫殺 |
| 子 | 正財 天后 胎 |
| | 災殺 |
| 丑 | 劫財 貴人 養 |
| | 天殺 |

| 后 | 陰 | 空 | 青 |
|---|---|---|---|
| 子 | 亥 | 未 | 午 |
| 亥 | 戌 | 午 | 戌巳 |

| | | 青 | 空 | 白 | 常 | | |
|---|---|---|---|---|---|---|---|
| | | 午 | 未 | 申 | 酉 | | |
| | | 巳 | 午 | 未 | 申 | | |
| 勾 | 巳 | 辰 | | | 酉 | 戌 | 玄 |
| 合 | 辰 | 卯 | | | 戌 | 亥 | 陰 |
| | | 寅 | 丑 | 子 | 亥 | | |
| | | 卯 | 寅 | 丑 | 子 | | |
| | | 朱 | 蛇 | 貴 | 后 | | |

**(4) 占斷**

◆ 방문하여 필히 친구를 만날 수 있고 또한 文稿를 얻을 수 있을 것이다.

◆ 戊戌日은 갑오순중으로 子가 旬奇에 해당된다. 다시 三傳이 亥子丑이니 "連珠 三奇(연주삼기)"를 이루고, 초전 亥는 月德과 成神에 해당되니 점사가 吉하다.

◆ 말전 丑에 貴人이 乘하고, 本命 亥의 上神 子와는 子丑의 六合을 이루고 있으니 방문하여 만남은 의심할 바가 없다.

◆ 문서와 소식을 主事하는 朱雀이 卯에 승하여 太歲 未와 초전 亥와 亥卯未의 삼합목국을 이루니 文稿(문고)를 얻음도 틀림없는 것이다.

**(5) 結果**

◆ 나중의 결과는 소점한 바와 같았다.


# 78. 점占 가택家宅

**(1) 占時** : 戌月 壬寅日 卯將 子時課(女本命:丁酉. 女行年:甲午. 空亡:辰巳) 晝占

**(2) 問占** : 가택의 길흉이 어떠한가?

**(3) 課體** : 賊剋法. 重審. 玄胎. 不備. 驀越

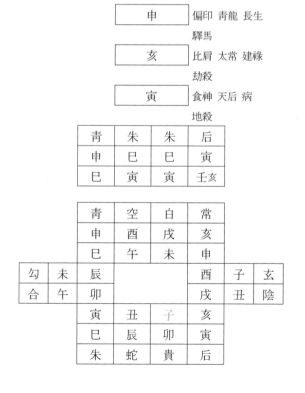

| | 申 | 偏印 靑龍 長生 |
| --- | --- | --- |
| | | 驛馬 |
| | 亥 | 比肩 太常 建祿 |
| | | 劫殺 |
| | 寅 | 食神 天后 病 |
| | | 地殺 |

| 靑 | 朱 | 朱 | 后 |
| --- | --- | --- | --- |
| 申 | 巳 | 巳 | 寅 |
| 巳 | 寅 | 寅 | 壬亥 |

| 靑 | 空 | 白 | 常 |
| --- | --- | --- | --- |
| 申 | 酉 | 戌 | 亥 |
| 巳 | 午 | 未 | 申 |

| 勾 | 未 | 辰 | | | 酉 | 子 | 玄 |
| --- | --- | --- | --- | --- | --- | --- | --- |
| 合 | 午 | 卯 | | | 戌 | 丑 | 陰 |

| 寅 | 丑 | 子 | 亥 |
| --- | --- | --- | --- |
| 巳 | 辰 | 卯 | 寅 |
| 朱 | 蛇 | 貴 | 后 |

### (4) 占斷

- 家宅이 불안하다. 식솔들의 자금 차용으로 인해 損財數가 많고, 재물이 축적되지 않는다. 또한 이웃과의 사이에 항상 시비구설이 있고, 노주인은 항상 집에 있지 않으니 부부연은 좋지 않은 것이다.

- 식솔들은 압박과 번뇌에 시달리며 무능력할 것이라 판단한다.

- 간상신 寅木이 干의 氣를 脫하고 또한 死氣와 月壓이 되니 氣를 펴고 살수 없는 것이다.

- 支는 宅인데 日의 生을 받고, 支上神 巳火가 歲破가 되며 日의 財가 되니, 식솔의 자금 차용으로 인해 재무상태가 압박을 받고, 財가 축적되지 않으며, 외출하지 않고 집에 틀어박혀 있는 것이다.

- 支는 제3과인데 상·하신이 寅巳 刑殺이 되니 가택이 흉한데, 왼쪽 이웃인 제2과와 상·하신이 같으니 兩家가 상호 동병상련으로 不睦하고 있는 象이다. 또한 지상신 巳火에 朱雀이 乘하여 下神 寅과 刑殺이 되니 시비구설이 분분한 것이다.

- 靑龍은 夫君인데 申金에 乘하여 驛馬를 대동하였고, 空亡인 巳火에 坐하여 空陷된 것이라 집을 자주 비우는 것이다. 또한 申金은 干인 壬水의 長生인데 간상신 寅과 相沖하니 부부사이가 썩 좋은 편은 아닌 것이다.

- 초전 申은 日의 長生으로, 長生은 새로움, 창조 등과 연관되어 생각을 바꿔보려하지만, 空亡인 巳에 坐하여 空陷되고, 또한 巳火 財는 歲破에 해당 하니 뜻대로 풀리지가 않는 것이다.

### (5) 結果

- 점단한 바와 같이 가택에 災厄과 憂慮(우려)됨이 많은 것이다.

## 79. 점占 분묘墳墓

(1) 占時 : 庚寅年 午月 乙酉日 未將 寅時課(空亡:午未)

(2) 問占 : 묘자리의 풍수상 길흉이 어떠한가?

(3) 課體 : 知一法. 不備. 驀越. 亂首. 長度厄

|  | 未 | 財鬼 青龍 養 |
|---|---|---|
|  |  | 月殺 空亡 |
|  | 子 | 偏印 貴人 病 |
|  |  | 六害 |
|  | 巳 | 傷官 白虎 沐浴 |
|  |  | 地殺 |

| 青 | 陰 | 陰 | 合 |
|---|---|---|---|
| 未 | 寅 | 寅 | 酉 |
| 寅 | 酉 | 酉 | 乙辰 |

|  |  | 朱 | 蛇 | 貴 | 后 |  |  |  |
|---|---|---|---|---|---|---|---|---|
|  |  | 戌 | 亥 | 子 | 丑 |  |  |  |
|  |  | 巳 | 午 | 未 | 申 |  |  |  |
| 合 | 酉 | 辰 |  |  |  | 酉 | 寅 | 陰 |
| 勾 | 申 | 卯 |  |  |  | 戌 | 卯 | 玄 |
|  |  | 寅 | 丑 | 子 | 亥 |  |  |  |
|  |  | 未 | 午 | 巳 | 辰 |  |  |  |
|  |  | 青 | 空 | 白 | 常 |  |  |  |

## (4) 占斷

◆ 묘자리는 서북쪽에 있고 眞龍과 正穴은 아니지만 그래도 가히 取할만한 곳이다.

◆ 玄武를 主山으로 논하는데 卯加戌 하니 묘자리는 서북쪽에 있는 것으로 판단한 것이다.

◆ 未는 來龍인데 비록 空亡되지만 午火節에 勢가 進氣하니 흉하지는 않다 판단한다. 다만 空亡되니 眞龍과 正穴은 아니라 판단한 것이다.

◆ 騰蛇는 穴로 논하는데 亥에 乘하여 空陷되었고, 亥의 遁干 丁火는 日干의 長生에 해당되니, 穴은 활발하고 有氣하다 판단하는 것이다.

◆ 貴人이 陰地盤에 있어 역행하니 水法은 逆水之局이라 판단한다.

◆ 支의 陰神은 제4과인데 그 下神으로 방위를 논하고 그 對沖方으로 案山을 논하기도 한다. 제4과 下神은 寅인데 艮方에 속하고 對沖方은 申金으로 坤方이니 坐向은 艮坐坤向으로 논하며, 丑未分金을 겸하고 있는 것이다.

◆ 勾陳을 明堂으로 보는데, 勾陳이 申에 乘하고 陰神인 丑土에 天后가 乘하였

다. 申金은 日干의 官이 되며 簾幕貴人(염막귀인)에 해당되고, 丑土는 財가 되는 것이다.

- 朱雀을 案山으로 논하기도 하는데, 戌에 乘하여 巳에 臨하고 있다. 戌은 河魁星이고 朱雀은 丙午火에 속하며 文과 文明을 主事하는데, 午火節에 朱雀이 得令하니 案山이 길하다 판단한다. 또한 案山은 中男으로 논하니 中男의 발복이 있을 것이라 점단한다.

- 다만 혐의가 되는 것은 午火가 자손인데 空亡되니 자식 代는 크게 기대할 바가 없다.

- 酉金은 日干 乙의 胎神이다. 그 陰神인 寅木이 末傳 巳火를 생하는데, 酉는 從魁로 少女 혹은 下女로 논하니 婢妾의 잉태가 있을 것이라 판단한다. 酉金에 六合이 乘하고 下神인 辰土와 合되니 胎産의 應期는 辰年인 것이다.
辰年 11月 酉日에 婢妾의 잉태가 있을 것이고, 巳火는 雙義가 있으니 연이어 자식을 낳을 것이라 점단한다.

- 靑龍은 未에 乘하여 空亡되고 下神 寅木의 剋을 받고, 白虎는 巳에 乘하여 下神인 子의 剋을 받으니 人財는 不旺할 것이고, 左砂는 장남이고 右砂는 막내로 논하니 장남과 막내의 발복은 크게 기대할 수가 없다.

- 太陰은 水口로 논하는데, 寅에 乘하여 제3과 上神 寅木과 比和되고, 螣蛇는 羅城인데 亥水에 乘하여 支의 陽課인 제3과 上神인 寅木을 生하니, 水口가 에워 쌓여 있는 것이며 물을 천천히 흘려보내니 길한 것이다.

- 초, 중, 말전으로 1, 2, 3代를 논한다. 초전 未가 空亡되고, 중전 子는 空陷되니 길하지 못하다. 따라서 1대, 2대는 名利가 헛될 것이고, 말전 巳火는 日干의 長生이며, 그 陰神인 戌은 河魁이며 遁干이 丙火로 火는 文明之宿으로 논하니, 3대에 가서는 중남과 차남의 자손에서 과거급제자가 나올 것이라 점단한다. 또한 말전 巳에 白虎가 乘하니 文武兼職일 것이라 논한다.

## (5) 結果

- 後의 결과는 점단한 바와 같이 墓 자리의 풍수상 길흉이 적중했다.

## 80. 占점 연애감정戀愛感情

(1) **占時** : 戊辰年 丁巳月 癸未日 申將 丑時課(行年:年. 申酉空亡)

(2) **問占** : 여자 친구와의 연애감정이 어떠한가?

(3) **課體** : 賊剋法. 重審. 斲輪. 六儀

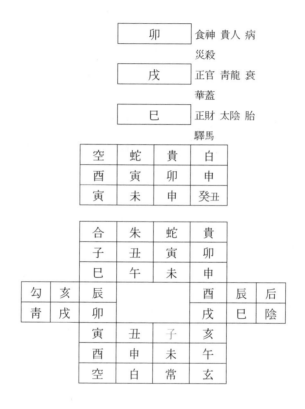

### (4) 占斷

◆ 여자친구의 개성은 썩 좋은 편은 되지 못하고 가세도 또한 길하지 못하다. 남자친구는 학식이 높고 인품도 아름답다. 따라서 양인은 종국에는 갈라서리라 판단한다.

◆ 鑄印課가 破模된 것인데 혼사점에는 썩 길하지 못한 것이다.

◆ 비록 吉將이 乘했으나 貴人이 역행하고, 간지상신이 相沖하니 화합의 情이 없는 것인데, 干支의 陰神 역시 沖剋되고 있는 것이다.

◆ 년명상신이 官鬼가 되고 凶將이 乘했다. 초전은 落空亡地이고, 지상신은 日의

氣를 洩하고, 支는 일상신을 生하니 일시적으로 감정이 좋으나 종국에는 갈라서게 되는 것이다.

**(5) 結果**

◆ 나중의 결과는 둘이 갈라섰다.

# 81. 점占 재운財運

(1) **占時** : 戊辰年 己未月 甲申日 午將 卯時課(本命:庚子. 行年:午. 午未空亡)

(2) **問占** : 최근의 재물운이 어떠한가?

(3) **課體** : 賊剋法. 重審. 玄胎. 六儀. 回還

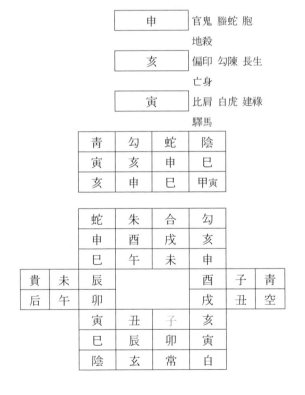

| | | |
|---|---|---|
| 申 | 官鬼 螣蛇 胞 | |
| | 地殺 | |
| 亥 | 偏印 勾陳 長生 | |
| | 亡身 | |
| 寅 | 比肩 白虎 建祿 | |
| | 驛馬 | |

| 青 | 勾 | 蛇 | 陰 |
|---|---|---|---|
| 寅 | 亥 | 申 | 巳 |
| 亥 | 申 | 巳 | 甲寅 |

| | 蛇 | 朱 | 合 | 勾 | |
|---|---|---|---|---|---|
| | 申 | 酉 | 戌 | 亥 | |
| | 巳 | 午 | 未 | 申 | |
| 貴 未 辰 | | | | 酉 子 | 青 |
| 后 午 卯 | | | | 戌 丑 | 空 |
| | 寅 | 丑 | 子 | 亥 | |
| | 巳 | 辰 | 卯 | 寅 | |
| | 陰 | 玄 | 常 | 白 | |

**(4) 占斷**

◆ 최근의 財運은 길하지 못하다. 申月에 필히 破財됨이 있을 것이다. 이것은 申

金이 官鬼로 螣蛇가 乘하여 발용됐기 때문이다.

◆ 干支가 간지상신에 氣를 脫하고, 다시 干支上神이 상호 相冲되고, 行年 午의 上神 酉金에 朱雀이 乘하여 역시 日을 剋하기 때문이다. 따라서 필히 申月에 破財가 있을 것이라 점단한 것이다.

**(5) 結果**

◆ 1달이 조금 지나 주식가격의 폭락으로 損財가 컸던 것이다.


# 82. 점占 운세運勢

**(1) 占時 :** 戊辰年 辛酉月 壬午日 辰將 未時課(本命:丁未. 申酉空亡)

**(2) 問占 :** 明日 하루 운세의 길흉이 어떠하겠는가?

**(3) 課體 :** 賊剋法. 元首. 玄胎. 孤寡

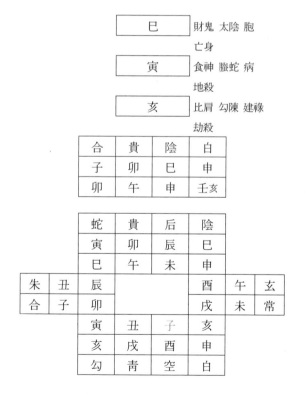

| | | | | 巳 | | 財鬼 太陰 胞 |
| | | | | | | 亡身 |
| | | | | 寅 | | 食神 螣蛇 病 |
| | | | | | | 地殺 |
| | | | | 亥 | | 比肩 勾陳 建祿 |
| | | | | | | 劫殺 |

| 合 | 貴 | 陰 | 白 |
|---|---|---|---|
| 子 | 卯 | 巳 | 申 |
| 卯 | 午 | 申 | 壬亥 |

| 蛇 | 貴 | 后 | 陰 |
|---|---|---|---|
| 寅 | 卯 | 辰 | 巳 |
| 巳 | 午 | 未 | 申 |

| 朱 | 丑 | 辰 | | | 酉 | 午 | 玄 |
|---|---|---|---|---|---|---|---|
| 合 | 子 | 卯 | | | 戌 | 未 | 常 |
| | | 寅 | 丑 | 子 | 亥 | | |
| | | 亥 | 戌 | 酉 | 申 | | |
| | | 勾 | 青 | 空 | 白 | | |

**(4) 占斷**

- 초전이 財鬼가 되고 太陰이 乘했으니 明日은 필히 여자친구가 약속대로 찾아 올 조짐이 있는 것이다.
- 또한 日支 午火가 財星에 해당하니 小財를 얻을 기대도 할 수 있다.
- 애석한 것은 初傳 巳火 財가 空亡地에 坐하여 空陷되고 旺相하지 못하니, 타인에게서 小財밖에 얻지 못할 것이라 점단된다.

**(5) 結果**

- 점단한 바대로 적은 돈을 얻은 것이다.

# 83. 점占 도적盜賊

(1) **占時** : 甲申年 正月 己亥日 亥將 午時課(辰巳空亡)
(2) **問占** : 도적을 포획할 수 있는가?
(3) **課體** : 知一法. 鑄印. 勸德. 孤寡

| | |
|---|---|
| 巳 | 正印 白虎 帝旺 驛馬 |
| 戌 | 劫財 朱雀 養 天殺 |
| 卯 | 官鬼 玄武 病 將星 |

| 合 | 常 | 白 | 貴 |
|---|---|---|---|
| 酉 | 辰 | 巳 | 子 |
| 辰 | 亥 | 子 | 己未 |

| | 朱 | 蛇 | 貴 | 后 | |
|---|---|---|---|---|---|
| | 戌 | 亥 | 子 | 丑 | |
| | 巳 | 午 | 未 | 申 | |
| 合 酉 辰 | | | | | 酉 寅 陰 |
| 勾 申 卯 | | | | | 戌 卯 玄 |
| | 寅 | 丑 | 子 | 亥 | |
| | 未 | 午 | 巳 | 辰 | |
| | 青 | 空 | 白 | 常 | |

## (4) 占斷

◆ 盜賊(도적)은 필히 捕獲(포획)하나 贓物(장물)은 찾을 수 없다.

◆ 捕盜人(포도인)인 勾陳이 申金에 乘하여 太歲가 되고 玄武가 乘한 卯木을 剋하니 필히 포획할 수 있는 것이다.

◆ 課體가 巳戌卯의 鑄印課인데, 초전 巳火가 空亡이니 중전 戌土는 空陷되었으므로 破模가 된 것이다. 말전 卯木 官鬼 위주로 판단한다.

◆ 혐의가 있는 것은 勾陳의 陰神인 丑土가 玄武의 陰神인 申金을 生하니 포획은 하되 다시 석방될 것이라 판단하는 것이다.

◆ 卯에 玄武가 乘하여 戌에 臨하니, 상·하신이 卯戌 合되어 贓物은 이미 連坐된 집에 건너간 것이라 판단한다.

◆ 일간상신 子水 財는 下神 己土와 乘한 天將의 夾剋을 받고 있어 財는 이미 손상된 것이다. 支의 陽神 辰에 乘한 太常은 衣服이고, 支의 陰神 酉金에 乘한 六合은 匣盒인데, 각각 空亡과 空陷되니 贓物은 찾을 수 없다 판단하는 것이다.

## (5) 결과

◆ 後의 結果는 所占한 바와 같았다.

# 제6장
# 삼전사과 조식표三傳四課 造式表

## 1. 천지반天地盤 12국표局表

**1局表**

| | 巳 | 午 | 未 | 申 | |
|---|---|---|---|---|---|
| | 巳 | 午 | 未 | 申 | |
| 辰 | 辰 | 天地盤 | | 酉 | 酉 |
| 卯 | 卯 | 1局表 | | 戌 | 戌 |
| | 寅 | 丑 | 子 | 亥 | |
| | 寅 | 丑 | 子 | 亥 | |

**2局表**

| | 辰 | 巳 | 午 | 未 | |
|---|---|---|---|---|---|
| | 巳 | 午 | 未 | 申 | |
| 卯 | 辰 | 天地盤 | | 酉 | 申 |
| 寅 | 卯 | 2局表 | | 戌 | 酉 |
| | 寅 | 丑 | 子 | 亥 | |
| | 丑 | 子 | 亥 | 戌 | |

**3局表**

| | 卯 | 辰 | 巳 | 午 | |
|---|---|---|---|---|---|
| | 巳 | 午 | 未 | 申 | |
| 寅 | 辰 | 天地盤 | | 酉 | 未 |
| 丑 | 卯 | 3局表 | | 戌 | 申 |
| | 寅 | 丑 | 子 | 亥 | |
| | 子 | 亥 | 戌 | 酉 | |

**4局表**

| | 寅 | 卯 | 辰 | 巳 | |
|---|---|---|---|---|---|
| | 巳 | 午 | 未 | 申 | |
| 丑 | 辰 | 天地盤 | | 酉 | 午 |
| 子 | 卯 | 4局表 | | 戌 | 未 |
| | 寅 | 丑 | 子 | 亥 | |
| | 亥 | 戌 | 酉 | 申 | |

**5局表**

| | 丑 | 寅 | 卯 | 辰 | |
|---|---|---|---|---|---|
| | 巳 | 午 | 未 | 申 | |
| 子 | 辰 | 天地盤 | | 酉 | 巳 |
| 亥 | 卯 | 5局表 | | 戌 | 午 |
| | 寅 | 丑 | 子 | 亥 | |
| | 戌 | 酉 | 申 | 未 | |

**6局表**

| | 子 | 丑 | 寅 | 卯 | |
|---|---|---|---|---|---|
| | 巳 | 午 | 未 | 申 | |
| 亥 | 辰 | 天地盤 | | 酉 | 辰 |
| 戌 | 卯 | 6局表 | | 戌 | 巳 |
| | 寅 | 丑 | 子 | 亥 | |
| | 酉 | 申 | 未 | 午 | |

**7局表**

| | 亥 | 子 | 丑 | 寅 | |
|---|---|---|---|---|---|
| | 巳 | 午 | 未 | 申 | |
| 戌 | 辰 | 天地盤 | | 酉 | 卯 |
| 酉 | 卯 | 7局表 | | 戌 | 辰 |
| | 寅 | 丑 | 子 | 亥 | |
| | 申 | 未 | 午 | 巳 | |

**8局表**

| | 戌 | 亥 | 子 | 丑 | |
|---|---|---|---|---|---|
| | 巳 | 午 | 未 | 申 | |
| 酉 | 辰 | 天地盤 | | 酉 | 寅 |
| 申 | 卯 | 8局表 | | 戌 | 卯 |
| | 寅 | 丑 | 子 | 亥 | |
| | 未 | 午 | 巳 | 辰 | |

**9局表**

| | 酉 | 戌 | 亥 | 子 | |
|---|---|---|---|---|---|
| | 巳 | 午 | 未 | 申 | |
| 申 | 辰 | 天地盤 | | 酉 | 丑 |
| 未 | 卯 | 9局表 | | 戌 | 寅 |
| | 寅 | 丑 | 子 | 亥 | |
| | 午 | 巳 | 辰 | 卯 | |

**10局表**

| | 申 | 酉 | 戌 | 亥 | |
|---|---|---|---|---|---|
| | 巳 | 午 | 未 | 申 | |
| 未 | 辰 | 天地盤 | | 酉 | 子 |
| 午 | 卯 | 10局表 | | 戌 | 丑 |
| | 寅 | 丑 | 子 | 亥 | |
| | 巳 | 辰 | 卯 | 寅 | |

**11局表**

| | 未 | 申 | 酉 | 戌 | |
|---|---|---|---|---|---|
| | 巳 | 午 | 未 | 申 | |
| 午 | 辰 | 天地盤 | | 酉 | 亥 |
| 巳 | 卯 | 11局表 | | 戌 | 子 |
| | 寅 | 丑 | 子 | 亥 | |
| | 辰 | 卯 | 寅 | 丑 | |

**12局表**

| | 午 | 未 | 申 | 酉 | |
|---|---|---|---|---|---|
| | 巳 | 午 | 未 | 申 | |
| 巳 | 辰 | 天地盤 | | 酉 | 戌 |
| 辰 | 卯 | 12局表 | | 戌 | 亥 |
| | 寅 | 丑 | 子 | 亥 | |
| | 卯 | 寅 | 丑 | 子 | |

◆ 지반 子와 이에 臨한 천반으로 몇 局인가를 알아놓고, 이를 다음의 삼전사과 조식
일람표를 참조하여 사용하고자 하는 日辰에 적용하면 삼전사과를 쉽게 도출해낼
수 있는 것이다. 예로 甲子日 문점시의 육임 천·지반 포국이, 지반 子의 上神에

卯가 臨했다면 이는 상기 도표의 10局에 해당된다. 따라서 조식일람표에서 甲子日 10局을 보면 三傳이 申-亥-寅 임을 알 수 있는 것이다.


## 2. 삼전사과三傳四課 조식일람표造式一覽表

| 甲子日　書貴：未　夜貴：丑　空亡：戌亥 | | |
|---|---|---|
| 寅<br>巳<br>申<br><br>子 子 寅 寅<br>子 子 寅 甲 | 子<br>亥<br>戌<br><br>戌 亥 子 丑<br>亥 子 丑 甲 | 戌<br>申<br>午<br><br>申 戌 戌 子<br>戌 子 子 甲 |
| 1局　伏玄自 (地盤) 子<br>　　吟胎任 (天盤) 子 | 2局　比連六回　子<br>　　用茹儀環　亥 | 3局　比悖斬勸間　子<br>　　用戾關德傳　戌 |
| 午<br>卯<br>子<br><br>午 酉 申 亥<br>酉 子 亥 甲 | 戌<br>午<br>寅<br><br>辰 申 午 戌<br>申 子 戌 甲 | 寅<br>酉<br>辰<br><br>寅 未 辰 酉<br>未 子 酉 甲 |
| 4局　元三軒二六驀　子<br>　　首交蓋煩儀月　酉 | 5局　重斬炎狡洗　子<br>　　審關上童女　申 | 6局　知度關幕回　子<br>　　一厄格月環　未 |
| 寅<br>申<br>寅<br><br>子 午 寅 申<br>午 子 申 甲 | 子<br>巳<br>戌<br><br>戌 巳 子 未<br>巳 子 未 甲 | 辰<br>申<br>子<br><br>申 辰 戌 午<br>辰 子 午 甲 |
| 7局　返涉玄無回　子<br>　　吟害胎依環　午 | 8局　知鑄軒度天　子<br>　　一印蓋厄獄　巳 | 9局　元潤斬閉勸　子<br>　　首河關口德　辰 |
| 申<br>亥<br>寅<br><br>午 卯 申 巳<br>酉 子 巳 甲 | 辰<br>午<br>申<br><br>辰 印 午 辰<br>印 子 辰 甲 | 辰<br>巳<br>午<br><br>寅 丑 辰 卯<br>丑 子 卯 甲 |
| 10局　重玄　子<br>　　審胎　卯 | 11局　重不斬狡登　子<br>　　　　　　三<br>　　審備關童天　寅 | 12局　重進重　子<br>　　審茹審　丑 |

乙丑日　晝貴：申　夜貴：子　空亡：戌亥

| 1局 | 2局 | 3局 |
|---|---|---|
| 辰<br>丑<br>戌 | 子<br>亥<br>戌 | 亥<br>酉<br>未 |
| 丑丑辰辰<br>丑丑辰乙 | 亥子印卯<br>子丑卯乙 | 酉亥子寅<br>亥丑寅乙 |
| 伏家斬　　子<br>吟稼關　　子 | 重退龍勸　子<br>審茹德德　亥 | 重間時　　子<br>審傳遁　　戌 |

| 4局 | 5局 | 6局 |
|---|---|---|
| 丑<br>戌<br>未 | 巳<br>丑<br>酉 | 卯<br>戌<br>巳 |
| 未戌戌丑<br>戌丑丑乙 | 巳酉申子<br>酉丑子乙 | 卯申午亥<br>申丑亥乙 |
| 重稼贅勸遊　子<br>審稽壻德子　酉 | 元乙從　　子<br>首奇革　　申 | 知鶂察　　子<br>一輪微　　未 |

| 7局 | 8局 | 9局 |
|---|---|---|
| 戌<br>辰<br>戌 | 寅<br>未<br>子 | 酉<br>丑<br>巳 |
| 丑未辰戌<br>未丑戌乙 | 亥午寅酉<br>午丑酉乙 | 酉巳子申<br>巳丑申乙 |
| 返稼斬　　子<br>吟稼關　　午 | 重勸天　　子<br>審德獄　　巳 | 重狡從　　子<br>審童革　　辰 |

| 10局 | 11局 | 12局 |
|---|---|---|
| 未<br>戌<br>丑 | 申<br>戌<br>子 | 寅<br>卯<br>辰 |
| 未辰戌未<br>辰丑未乙 | 巳卯申午<br>卯丑午乙 | 卯寅午巳<br>寅丑巳乙 |
| 重斬稼不閉　子<br>審關稼備口　卯 | 重間龍涉　子<br>　　三<br>審傳德淵　寅 | 元進羅　　子<br>首茹網　　丑 |

| | 丙寅日　晝貴：酉　夜貴：亥　空亡：戌亥 | |
|---|---|---|

**1局**
```
      巳
      申
      寅

  寅 寅 巳 巳
  寅 寅 巳 丙

伏 玄 子 勸      子
吟 胎 任 德      子
```

**2局**
```
      子
      亥
      戌

  子 丑 卯 辰
  丑 寅 辰 丙

知 斬 退 天      子
一 關 茹 網      亥
```

**3局**
```
      丑
      亥
      酉

  戌 子 丑 卯
  子 寅 卯 丙

重 間 龍 隔      子
審 傳 戰 角      戌
```

**4局**
```
      亥
      申
      巳

  戌 子 丑 卯
  亥 寅 寅 丙

蒿 玄 龍 不      子
矢 胎 德 備      酉
```

**5局**
```
      戌
      午
      寅

  午 戌 酉 丑
  戌 寅 丑 丙

重 炎 斬 狡      子
審 上 關 童      申
```

**6局**
```
      子
      未
      寅

  辰 酉 未 子
  未 寅 子 丙

知 四 度      子
一 絕 厄      未
```

**7局**
```
      寅
      申
      寅

  寅 申 巳 亥
  申 寅 亥 丙

返 無 玄 比 察    子
吟 依 胎 用 微    午
```

**8局**
```
      子
      巳
      戌

  子 未 卯 戌
  未 寅 戌 丙

比 軒 鑄 察      子
用 蓋 印 微      巳
```

**9局**
```
      酉
      丑
      巳

  戌 午 丑 酉
  午 寅 酉 丙

重 從 地 龍      子
審 革 網 德      辰
```

**10局**
```
      申
      亥
      寅

  申 巳 亥 申
  巳 寅 申 丙

重 不      子
審 備      卯
```

**11局**
```
      辰
      午
      申

  午 辰 酉 未
  辰 寅 未 丙

重 間 斬 勸      子
審 傳 關 德      寅
```

**12局**
```
      辰
      巳
      午

  辰 卯 未 午
  卯 寅 午 丙

重 進 六 魁      子
審 茹 化 齰      丑
```

| | 丁卯日　晝貴：亥　夜貴：酉　空亡：戌亥 | | |
|---|---|---|---|

<table>
<tr><td colspan="2">卯<br>子<br>午<br><br>卯 卯 未 未<br>卯 卯 未 丁</td><td colspan="2">丑<br>子<br>亥<br><br>丑 寅 巳 午<br>寅 卯 午 子</td><td colspan="2">亥<br>酉<br>未<br><br>亥 丑 卯 巳<br>丑 卯 巳 丁</td></tr>
<tr><td>1局</td><td>伏 三 龍 奇 自 驀　　子<br>吟 交 戰 化 信 越　　子</td><td>2<br>局</td><td>重 退 三 驀　　　　子<br>審 茹 奇 越　　　　亥</td><td>3局</td><td>涉 間 察 極　　　　子<br>害 傳 微 陰　　　　戌</td></tr>
<tr><td colspan="2">子<br>酉<br>午<br><br>酉 子 丑 辰<br>子 卯 辰 丁</td><td colspan="2">未<br>卯<br>亥<br><br>未 亥 亥 卯<br>亥 卯 卯 丁</td><td colspan="2">戌<br>巳<br>子<br><br>巳 戌 酉 寅<br>戌 卯 寅 丁</td></tr>
<tr><td>4局</td><td>遙 二 天 三　　　　子<br>尅 煩 網 交　　　　酉</td><td>5局</td><td>元 曲 不 四　　　　子<br>首 直 備 驀　　　　申</td><td>6局</td><td>重 地 天 傳　　　　子<br>審 網 獄 墓　　　　未</td></tr>
<tr><td colspan="2">卯<br>酉<br>卯<br><br>卯 酉 未 丑<br>酉 卯 丑 丁</td><td colspan="2">巳<br>戌<br>卯<br><br>丑 申 巳 子<br>申 卯 子 丁</td><td colspan="2">未<br>亥<br>卯<br><br>亥 未 卯 亥<br>未 卯 亥 丁</td></tr>
<tr><td>7局</td><td>返 三 二 斲　　　　子<br>吟 交 煩 輪　　　　午</td><td>8局</td><td>重 鑄 軒　　　　　子<br>審 印 蓋　　　　　巳</td><td>9局</td><td>重 曲 不 回　　　　子<br>審 直 備 環　　　　辰</td></tr>
<tr><td colspan="2">酉<br>子<br>卯<br><br>酉 午 丑 戌<br>午 卯 戌 丁</td><td colspan="2">酉<br>亥<br>丑<br><br>未 巳 亥 酉<br>巳 卯 酉 丁</td><td colspan="2">辰<br>巳<br>午<br><br>巳 辰 酉 申<br>辰 卯 申 丁</td></tr>
<tr><td>10<br>局</td><td>重 三 六 地　　　　子<br>審 交 儀 煩　　　　卯</td><td>11<br>局</td><td>重 間 勸 龍　　　　子<br>審 傳 德 戰　　　　寅</td><td>12<br>局</td><td>見 進 斬 龍　　　　子<br>機 茹 關 戰　　　　丑</td></tr>
</table>

戊辰日　晝貴：丑　夜貴：未　空亡：戌亥

| | | |
|---|---|---|
| 巳<br>申<br>寅<br><br>辰辰巳巳<br>辰辰巳戊<br><br>**1局** 伏天斬玄洸自　子<br>吟羅關胎女任　子 | 卯<br>寅<br>丑<br><br>寅卯卯辰<br>卯辰辰戊<br><br>**2局** 比不退天　子<br>用備茹罡　亥 | 丑<br>亥<br>酉<br><br>子寅丑卯<br>寅辰卯戊<br><br>**3局** 重間極龍　子<br>審傳陰德　戊 |
| 寅<br>亥<br>申<br><br>戌丑亥寅<br>丑辰寅戊<br><br>**4局** 元奇玄地　子<br>首化胎結　酉 | 子<br>申<br>辰<br><br>申子酉丑<br>子辰丑戊<br><br>**5局** 重潤旬　子<br>審河化　申 | 子<br>未<br>寅<br><br>午亥未子<br>亥辰子戊<br><br>**6局** 涉綴四度　子<br>害瑕絕厄　未 |
| 巳<br>亥<br>巳<br><br>辰戌巳亥<br>辰戌亥戊<br><br>**7局** 返玄見斬　子<br>吟胎機關　午 | 寅<br>未<br>子<br><br>寅酉卯戊<br>酉辰戊戊<br><br>**8局** 重斬天飛　子<br>審關羅魂　巳 | 子<br>辰<br>申<br><br>子申丑酉<br>申辰酉戊<br><br>**9局** 彈潤斬勸　子<br>射下關德　辰 |
| 亥<br>寅<br>巳<br><br>戌未亥申<br>未辰申戊<br><br>**10局** 彈玄孤　子<br>射胎寡　卯 | 申<br>戌<br>子<br><br>申午酉未<br>午辰未戊<br><br>**11局** 重間洸涉　子<br>三<br>審傳女淵　寅 | 寅<br>午<br>午<br><br>午巳未午<br>巳辰午戊<br><br>**12局** 別不　子<br>責備　丑 |

| | | | | | |
|---|---|---|---|---|---|
| 己巳日　晝貴：子　夜貴：申　空亡：戌亥 | | | | | |

<table>
<tr><td colspan="2">

巳<br>申<br>寅

巳 巳 未 未<br>巳 巳 未 己
</td><td colspan="2">

卯<br>寅<br>丑

卯 辰 巳 午<br>辰 巳 午 己
</td><td colspan="2">

丑<br>亥<br>酉

丑 卯 卯 巳<br>卯 巳 巳 己
</td></tr>
<tr><td>1局</td><td>

伏 自 玄<br>吟 信 胎　　子<br>　　　　　子
</td><td>2局</td><td>

元 退 斬 三　　子<br>首 茹 關 寄　　亥
</td><td>3局</td><td>

重 間 極 不　　子<br>審 傳 陰 備　　戌
</td></tr>
<tr><td colspan="2">

寅<br>亥<br>申

亥 寅 丑 辰<br>寅 巳 辰 己
</td><td colspan="2">

卯<br>亥<br>未

酉 丑 亥 卯<br>丑 巳 卯 己
</td><td colspan="2">

酉<br>辰<br>亥

未 子 酉 寅<br>子 巳 寅 己
</td></tr>
<tr><td>4局</td><td>

蒿 玄 斬 勸　　子<br>矢 胎 關 德　　酉
</td><td>5局</td><td>

元 曲 泆 天　　子<br>首 直 女 網　　申
</td><td>6局</td><td>

涉 見 無 伏　　子<br>害 機 祿 殃　　未
</td></tr>
<tr><td colspan="2">

巳<br>亥<br>巳

巳 亥 未 丑<br>亥 巳 丑 己
</td><td colspan="2">

巳<br>戌<br>卯

卯 戌 巳 子<br>戌 巳 子 己
</td><td colspan="2">

酉<br>丑<br>巳

丑 酉 卯 亥<br>酉 巳 亥 己
</td></tr>
<tr><td>7局</td><td>

返 無 玄 重 孤　　子<br>吟 依 胎 審 寡　　午
</td><td>8局</td><td>

知 鑄 軒 斬 勸　　子<br>一 印 蓋 關 德　　巳
</td><td>9局</td><td>

涉 從 察 泆　　子<br>害 革 微 女　　辰
</td></tr>
<tr><td colspan="2">

申<br>亥<br>寅

亥 申 丑 戌<br>申 巳 戌 己
</td><td colspan="2">

亥<br>丑<br>卯

酉 未 亥 酉<br>未 巳 酉 己
</td><td colspan="2">

申<br>申<br>午

未 午 酉 申<br>午 巳 申 己
</td></tr>
<tr><td>10局</td><td>

重 玄 斬 勸　　子<br>審 胎 關 德　　卯
</td><td>11局</td><td>

彈 不 間 寡 三　　子<br>射 備 傳 宿 奇　　寅
</td><td>12局</td><td>

昴 冬 天 虎 掩　　子<br>星 蛇 羅 視 目　　丑
</td></tr>
</table>

庚午日　晝貴：丑　夜貴：未　空亡：戌亥

| | | |
|---|---|---|
| 申<br>寅<br>巳<br><br>午午申申<br>午午申庚 | 午<br>巳<br>辰<br><br>辰巳午未<br>巳午未庚 | 午<br>辰<br>寅<br><br>寅辰辰午<br>辰午午庚 |
| 1局　伏玄自　子<br>　　　吟胎任　子 | 2局　遙蒿退　子<br>　　　尅茹　　亥 | 3局　比間顧回不　子<br>　　　用傳祖環備　戌 |
| 巳<br>寅<br>亥<br><br>子卯寅巳<br>卯午巳庚 | 戌<br>午<br>寅<br><br>戌寅子辰<br>寅午辰庚 | 戌<br>巳<br>子<br><br>申丑戌卯<br>丑午卯庚 |
| 4局　元玄　子<br>　　　首胎　酉 | 5局　知炎斬　子<br>　　　一上關　申 | 6局　比龍官　子<br>　　　用戰爵　未 |
| 寅<br>申<br>寅<br><br>午子申寅<br>子午寅庚 | 辰<br>酉<br>寅<br><br>辰亥午丑<br>亥午丑庚 | 辰<br>申<br>子<br><br>寅戌辰子<br>戌午子庚 |
| 7局　返涉玄　子<br>　　　吟害胎　午 | 8局　比驀閉用　子<br>　　　用越口墓　巳 | 9局　涉潤閉斬勸　子<br>　　　害下口關德　辰 |
| 酉<br>子<br>卯<br><br>子酉寅亥<br>酉午亥庚 | 申<br>戌<br>子<br><br>戌申子戌<br>申午戌庚 | 戌<br>未<br>酉<br><br>申未戌酉<br>未午酉庚 |
| 10局　重三伏二　子<br>　　　審交殊煩　卯 | 11局　涉亂蕪斬魄　子<br>　　　害首淫關化　寅 | 12局　昴羅　子<br>　　　星網　丑 |

|  | 1局 |  | 2局 |  | 3局 |
|---|---|---|---|---|---|
|  | 未<br>丑<br>戌 |  | 巳<br>辰<br>卯 |  | 午<br>辰<br>寅 |
|  | 未 未 戌 戌<br>未 未 戌 辛 |  | 巳 午 申 酉<br>午 未 酉 辛 |  | 卯 巳 午 申<br>巳 未 申 辛 |
| 1局 | 伏 稼 遊 自　　子<br>吟 穡 子 信　　子 | 2局 | 蒿 退 天　　子<br>矢 茹 罡　　亥 | 3局 | 元 亨 天 龍　　子<br>首 通 罡 德　　戌 |
|  | 亥<br>未<br>未 |  | 卯<br>亥<br>未 |  | 酉<br>辰<br>亥 |
|  | 丑 辰 辰 未<br>辰 未 未 辛 |  | 亥 卯 寅 午<br>卯 未 午 辛 |  | 酉 寅 子 巳<br>寅 未 巳 辛 |
| 4局 | 別 蕪 不 寡　　子<br>責 淫 備 宿　　酉 | 5局 | 知 曲 伏 狡　　子<br>一 直 殃 童　　申 | 6局 | 涉 無 刼　　子<br>害 祿 絶　　未 |
|  | 巳<br>丑<br>辰 |  | 巳<br>戌<br>卯 |  | 亥<br>卯<br>未 |
|  | 未 丑 戌 辰<br>丑 未 辰 辛 |  | 巳 子 申 卯<br>子 未 卯 辛 |  | 卯 亥 午 寅<br>亥 未 寅 辛 |
| 7局 | 返 無 災 井　　子<br>吟 依 網 欄　　午 | 8局 | 涉 鑄 軒 勸 度　　子<br>害 印 蓋 德 厄　　巳 | 9局 | 知 曲 寡　　子<br>一 直 宿　　辰 |
|  | 亥<br>丑<br>丑 |  | 寅<br>辰<br>午 |  | 申<br>亥<br>申 |
|  | 丑 戌 辰 丑<br>戌 未 丑 辛 |  | 亥 酉 寅 子<br>酉 未 子 辛 |  | 酉 申 子 亥<br>申 未 亥 辛 |
| 10局 | 別 蕪 勸 不　　子<br>責 淫 德 備　　卯 | 11局 | 彈 周 間　　子<br>射 遍 傳　　寅 | 12局 | 昴 掩 天 回　　子<br>星 目 羅 環　　丑 |

| | | | | | |
|---|---|---|---|---|---|
| | 壬申日　晝貴：卯　夜貴：巳　空亡：戌亥 | | | | |

| | 亥申寅 | | 戌酉申 | | 午辰寅 |
|---|---|---|---|---|---|
| | 申申亥亥<br>申申亥壬 | | 午未酉戌<br>未申戌壬 | | 辰午未酉<br>午申酉壬 |
| 1局 | 伏自玄杜寡　　子<br>吟任胎傳宿　　子 | 2局 | 元退斬孤　　子<br>首茹關寡　　亥 | 3局 | 元顧間洸關　子<br>首祖傳女格　戌 |
| | 巳寅亥 | | 子申辰 | | 午丑申 |
| | 寅巳巳申<br>巳申申壬 | | 子辰卯未<br>辰申未壬 | | 戌卯丑午<br>卯申午壬 |
| 4局 | 元玄不　　　子<br>首胎備　　　酉 | 5局 | 重潤斬六狡　子<br>審河關儀童　申 | 6局 | 涉度四　　子<br>害厄絕　　未 |
| | 寅申寅 | | 辰酉寅 | | 未亥卯 |
| | 申寅亥巳<br>寅申巳壬 | | 午丑酉辰<br>丑申辰壬 | | 辰子未卯<br>子申卯壬 |
| 7局 | 返知無玄勸　子<br>吟一依胎德　午 | 8局 | 元斬閉孤　　子<br>首關口寡　　巳 | 9局 | 重曲　　　子<br>審直　　　辰 |
| | 巳申亥 | | 子寅辰 | | 丑寅卯 |
| | 寅亥巳寅<br>亥申寅壬 | | 子戌卯丑<br>戌申丑壬 | | 戌酉丑子<br>酉申子壬 |
| 10局 | 彈玄不富俯　子<br>射胎備貴就　卯 | 11局 | 重間向　　子<br>審傳陽　　寅 | 12局 | 元進三天　子<br>首茹奇網　丑 |

| | 癸酉日　晝貴：巳　夜貴：卯　空亡：戌亥 | | |
|---|---|---|---|

| | 丑<br>戌<br>未<br><br>酉 酉 丑 丑<br>酉 酉 丑 癸 | | 未<br>午<br>巳<br><br>未 申 亥 子<br>申 酉 子 癸 | | 未<br>巳<br>卯<br><br>巳 未 酉 亥<br>未 酉 亥 癸 |
|---|---|---|---|---|---|
| 1局 | 伏 自 稼 天 三 勸　子<br>吟 信 穡 罡 奇 德　子 | 2局 | 遙 蒿 退　　　　子<br>剋 矢 茹　　　　亥 | 3局 | 蒿 廻 間 龍　　　子<br>矢 明 傳 戰　　　戌 |

| | 午<br>卯<br>子<br><br>卯 午 未 戌<br>午 酉 戌 癸 | | 巳<br>丑<br>酉<br><br>丑 巳 巳 酉<br>巳 酉 酉 癸 | | 卯<br>戌<br>巳<br><br>亥 辰 卯 申<br>辰 酉 申 癸 |
|---|---|---|---|---|---|
| 4局 | 涉 軒 三 二 察　　子<br>害 蓋 交 煩 微　　酉 | 5局 | 元 從 回 不 天　　子<br>首 革 環 備 獄　　申 | 6局 | 見 四 斬 引　　　子<br>機 絕 輪 從　　　未 |

| | 卯<br>酉<br>卯<br><br>酉 卯 丑 未<br>卯 酉 未 癸 | | 未<br>子<br>巳<br><br>未 寅 亥 午<br>寅 酉 午 癸 | | 酉<br>丑<br>巳<br><br>巳 丑 酉 巳<br>丑 酉 巳 癸 |
|---|---|---|---|---|---|
| 7局 | 返 無 三 龍 勸　　子<br>吟 依 交 戰 德　　午 | 8局 | 知 度 六 蒿　　　子<br>一 厄 儀 越　　　巳 | 9局 | 涉 從 不 盤　　　子<br>害 革 備 珠　　　辰 |

| | 辰<br>未<br>戌<br><br>卯 子 未 辰<br>子 酉 辰 癸 | | 丑<br>卯<br>巳<br><br>丑 亥 巳 卯<br>亥 酉 卯 癸 | | 亥<br>子<br>丑<br><br>亥 戌 卯 寅<br>戌 酉 寅 癸 |
|---|---|---|---|---|---|
| 10局 | 元 稼 斬　　　　子<br>首 穡 關　　　　卯 | 11局 | 元 間 出 勸 回　　子<br>首 傳 戶 德 環　　寅 | 12局 | 重 進 孤 旬 蒿　　子<br>審 茹 寡 儀 越　　丑 |

| | | |
|---|---|---|
| 甲戌日　晝貴：未　夜貴：丑　空亡： 申酉 | | |

寅<br>巳<br>申<br><br>戌 戌 寅 寅<br>戌 戌 寅 甲

| 1局 | 伏 玄 斬 自　子<br>吟 胎 關 任　子 |
|---|---|

子<br>亥<br>戌<br><br>申 酉 子 丑<br>酉 戌 丑 甲

| 2局 | 知 退　子<br>一 茹　亥 |
|---|---|

午<br>辰<br>寅<br><br>午 申 戌 子<br>申 戌 子 甲

| 3局 | 涉 見 間 勸 顧　子<br>害 機 傳 德 祖　戌 |
|---|---|

申<br>巳<br>寅<br><br>辰 未 申 亥<br>未 戌 亥 甲

| 4局 | 遙 蒿 玄 孤　子<br>剋 矢 胎 寡　酉 |
|---|---|

戌<br>午<br>寅<br><br>寅 午 午 戌<br>午 戌 戌 甲

| 5局 | 重 炎 贅 斬 不　子<br>審 上 堉 關 備　申 |
|---|---|

子<br>未<br>寅<br><br>子 巳 辰 酉<br>巳 戌 酉 甲

| 6局 | 知 四　子<br>一 絕　未 |
|---|---|

寅<br>申<br>寅<br><br>戌 辰 寅 申<br>辰 戌 申 甲

| 7局 | 返 玄 斬　子<br>吟 胎 關　午 |
|---|---|

子<br>巳<br>戌<br><br>申 卯 子 未<br>卯 戌 未 甲

| 8局 | 知 閉 鬼　子<br>一 口 墓　巳 |
|---|---|

寅<br>午<br>戌<br><br>午 寅 戌 午<br>寅 戌 午 甲

| 9局 | 元 炎 洗 勸 不　子<br>首 上 女 德 備　辰 |
|---|---|

申<br>亥<br>寅<br><br>辰 丑 申 巳<br>丑 戌 巳 甲

| 10局 | 重 玄　子<br>審 胎　卯 |
|---|---|

辰<br>午<br>申<br><br>寅 子 午 辰<br>子 戌 辰 甲

| 11局 | 涉 斬 間 洸 登　子<br>　　　　　三<br>害 關 傳 女 天　寅 |
|---|---|

辰<br>巳<br>午<br><br>子 亥 辰 卯<br>亥 戌 卯 甲

| 12局 | 知 進 關 升　子<br>一 茹 格 階　丑 |
|---|---|

| | | | |
|---|---|---|---|
| | 辰<br>亥<br>巳<br><br>亥 亥 辰 辰<br>亥 亥 辰 乙 | | 戌<br>酉<br>申<br><br>酉 戌 寅 卯<br>戌 亥 卯 乙 | | 酉<br>未<br>巳<br><br>未 酉 子 寅<br>酉 亥 寅 乙 |
| 1局 | 伏 斬 杜　　　子<br>吟 關 傳　　　子 | 2局 | 元 斬 勸 閉　　子<br>首 關 德 口　　亥 | 3局 | 遙 蒿 泆 孤　　子<br>剋 失 女 寡　　戌 |
| | 丑<br>戌<br>未<br><br>巳 申 戌 丑<br>申 亥 丑 乙 | | 未<br>卯<br>亥<br><br>卯 未 申 子<br>未 亥 子 乙 | | 午<br>丑<br>申<br><br>丑 午 午 亥<br>午 亥 亥 乙 |
| 4局 | 重 稼 蕪 勸　　子<br>審 穡 淫 德　　酉 | 5局 | 涉 曲 泆　　　子<br>害 直 女　　　申 | 6局 | 重 不 三　　　子<br>審 備 奇　　　未 |
| | 巳<br>亥<br>巳<br><br>亥 巳 辰 戌<br>巳 亥 戌 乙 | | 寅<br>未<br>子<br><br>酉 辰 寅 酉<br>辰 亥 酉 乙 | | 未<br>亥<br>卯<br><br>未 卯 子 申<br>卯 亥 申 乙 |
| 7局 | 返 玄　　　　子<br>吟 胎　　　　午 | 8局 | 重 斬 不 勸　　子<br>審 關 備 德　　巳 | 9局 | 重 曲 泆 喪 驀　子<br>審 直 女 門 越　辰 |
| | 未<br>戌<br>丑<br><br>巳 寅 戌 未<br>寅 亥 未 乙 | | 申<br>戌<br>子<br><br>卯 丑 申 午<br>丑 亥 午 乙 | | 丑<br>寅<br>卯<br><br>丑 子 午 巳<br>子 亥 巳 乙 |
| 10局 | 重 稼 飛 遊　　子<br>審 穡 魂 子　　卯 | 11局 | 重 間 涉 寡　　子<br>　　　 三<br>審 傳 淵 宿　　寅 | 12局 | 元 連 三 驀　　子<br>首 茹 奇 越　　丑 |

| | | | | | | | | |
|---|---|---|---|---|---|---|---|---|

丙子日　晝貴：酉　夜貴：亥　空亡：申酉

巳
申
寅

子 子 巳 巳
子 子 巳 丙

| 1局 | 伏 自 玄　　　　子<br>吟 任 胎　　　　子 |
|---|---|

戌
酉
申

戌 亥 卯 辰
亥 子 辰 丙

| 2局 | 知 退 斬 六 決　　子<br>一 茹 關 儀 女　　亥 |
|---|---|

丑
亥
酉

申 戌 丑 卯
戌 子 卯 丙

| 3局 | 重 斬 極 三　　　子<br>審 關 陰 奇　　　戌 |
|---|---|

午
卯
子

午 酉 亥 寅
酉 子 寅 丙

| 4局 | 元 三 二 軒　　　子<br>首 交 煩 蓋　　　酉 |
|---|---|

申
辰
子

辰 申 酉 丑
申 子 丑 丙

| 5局 | 彈 潤 閉 決　　　子<br>射 下 口 女　　　申 |
|---|---|

子
未
寅

寅 未 未 子
未 子 子 丙

| 6局 | 涉 四 不 亂 無　　子<br>害 絕 備 首 祿　　未 |
|---|---|

午
子
午

子 午 巳 亥
午 子 亥 丙

| 7局 | 返 知 無 三　　　子<br>吟 一 依 交　　　午 |
|---|---|

巳
戌
卯

戌 巳 卯 戌
巳 子 戌 丙

| 8局 | 重 鑄 不 亂 回　　子<br>審 印 備 首 環　　巳 |
|---|---|

酉
丑
巳

申 辰 丑 酉
辰 子 酉 丙

| 9局 | 重 從 斬 伏　　　子<br>審 革 關 殃　　　辰 |
|---|---|

申
亥
寅

午 卯 亥 申
卯 子 申 丙

| 10局 | 重 玄 寡 亨　　　子<br>審 胎 宿 通　　　卯 |
|---|---|

辰
午
申

辰 寅 酉 未
寅 子 未 丙

| 11局 | 重 間 勸 登　　　子<br>　　　　三<br>審 傳 德 淵　　　寅 |
|---|---|

寅
卯
辰

寅 丑 未 午
丑 子 午 丙

| 12局 | 知 進 驀 關　　　子<br>一 茹 越 格　　　丑 |
|---|---|

| | | | | | | | |
|---|---|---|---|---|---|---|---|
| | | 丁丑日　晝貴：亥　夜貴：酉　空亡：申酉 | | | | | |

| 丑<br>戌<br>未<br><br>丑 丑 未 未<br>丑 丑 未 丁 | | 子<br>亥<br>戌<br><br>亥 子 巳 午<br>子 丑 午 丁 | | 亥<br>酉<br>未<br><br>酉 亥 卯 巳<br>亥 丑 巳 丁 | |
|---|---|---|---|---|---|
| 1局 | 伏 自 稼 遊 三　　子<br>吟 信 穡 子 奇　　子 | 2局 | 重 退　　　　　子<br>審 茹　　　　　亥 | 3局 | 重 間 時　　　　子<br>審 傳 遁　　　　戌 |

| 子<br>辰<br>戌<br><br>未 戌 丑 辰<br>戌 丑 辰 丁 | | 巳<br>丑<br>酉<br><br>巳 有 亥 卯<br>酉 丑 卯 丁 | | 卯<br>戌<br>巳<br><br>卯 申 酉 寅<br>申 丑 寅 丁 | |
|---|---|---|---|---|---|
| 4局 | 昴 掩 蒿　　　　子<br>星 目 矢　　　　酉 | 5局 | 元 從 勸 驀　　　子<br>首 革 德 越　　　申 | 6局 | 重 四 骒 驀　　　子<br>審 絕 輪 越　　　未 |

| 亥<br>未<br>丑<br><br>丑 未 未 丑<br>未 丑 丑 丁 | | 巳<br>戌<br>卯<br><br>亥 午 巳 子<br>午 丑 子 丁 | | 酉<br>丑<br>巳<br><br>酉 巳 卯 亥<br>巳 丑 亥 丁 | |
|---|---|---|---|---|---|
| 7局 | 返 無 井　　　　子<br>吟 親 欄　　　　午 | 8局 | 重 鑄 軒　　　　子<br>審 印 蓋　　　　巳 | 9局 | 重 驀 從　　　　子<br>審 越 革　　　　辰 |

| 午<br>戌<br>辰<br><br>未 辰 丑 戌<br>辰 丑 戌 丁 | | 酉<br>亥<br>丑<br><br>巳 卯 亥 酉<br>卯 丑 酉 丁 | | 申<br>酉<br>戌<br><br>卯 寅 酉 申<br>寅 丑 申 丁 | |
|---|---|---|---|---|---|
| 10局 | 昴 掩 蒿 斬 二　　子<br>星 目 矢 關 煩　　卯 | 11局 | 重 間 疑 孤 天　　子<br>審 傳 陰 寡 獄　　寅 | 12局 | 重 進 六　　　　子<br>審 茹 儀　　　　丑 |

| | | |
|---|---|---|
| 巳<br>申<br>寅 | 子<br>亥<br>戌 | 丑<br>亥<br>酉 |
| 寅 寅 巳 巳<br>寅 寅 巳 戊 | 子 丑 卯 辰<br>丑 寅 辰 戊 | 戊 子 丑 卯<br>子 寅 卯 戊 |
| **1局** 伏 自 玄　　子<br>吟 任 胎　　子 | **2局** 知 退 重 三 斬　子<br>一 茹 陰 奇 關　亥 | **3局** 重 間 極 三 龍　子<br>審 傳 陰 奇 戰　戊 |
| 寅<br>亥<br>申 | 戊<br>午<br>寅 | 子<br>未<br>寅 |
| 申 亥 亥 寅<br>亥 寅 寅 戊 | 午 戊 午 丑<br>戊 寅 丑 戊 | 辰 酉 未 子<br>酉 寅 子 戊 |
| **4局** 元 玄 不 亂　子<br>首 胎 備 首　酉 | **5局** 重 炎 洗 斬　子<br>審 上 女 關　申 | **6局** 重 四　　　子<br>審 絕　　　未 |
| 寅<br>申<br>寅 | 子<br>巳<br>戊 | 丑<br>午<br>酉 |
| 寅 申 巳 亥<br>申 寅 亥 戊 | 子 未 卯 戊<br>未 寅 戊 戊 | 戊 午 丑 酉<br>午 寅 酉 戊 |
| **7局** 返 無 玄 度　子<br>吟 依 胎 厄　午 | **8局** 知 鑄 驀 斬　子<br>一 印 越 關　巳 | **9局** 昂 虎 三 回 勸　子<br>星 視 光 環 德　辰 |
| 申<br>亥<br>寅 | 辰<br>午<br>申 | 辰<br>巳<br>午 |
| 巳 申 亥 申<br>巳 寅 申 戊 | 午 辰 酉 未<br>辰 寅 未 戊 | 辰 卯 未 午<br>卯 寅 午 戊 |
| **10局** 重 玄 不　　子<br>審 胎 備　　卯 | **11局** 重 間 斬 登 狡　子<br>　　　　三<br>審 傳 關 天 童　寅 | **12局** 重 進　　　子<br>審 茹　　　丑 |

| 己卯日　晝貴：子　夜貴：申　空亡：戌亥 | | |
|---|---|---|
| 卯<br>子<br>午<br><br>卯 卯 未 未<br>卯 卯 未 己 | 丑<br>子<br>亥<br><br>丑 寅 巳 午<br>寅 卯 午 己 | 亥<br>酉<br>未<br><br>亥 丑 卯 巳<br>丑 卯 巳 己 |
| **1局**　伏 自 三　　　子<br>　　　吟 信 交　　　子 | **2局**　重 退 三 勸 驀　子<br>　　　審 茹 奇 德 越　亥 | **3局**　涉 間 極 龍 九　子<br>　　　害 傳 陰 德 醜　戌 |
| 子<br>酉<br>午<br><br>酉 子 丑 辰<br>子 卯 辰 己 | 未<br>卯<br>亥<br><br>未 亥 亥 卯<br>亥 卯 卯 己 | 戌<br>巳<br>子<br><br>巳 戌 酉 寅<br>戌 卯 寅 己 |
| **4局**　彈 三 二 勸　　子<br>　　　射 交 煩 德　　酉 | **5局**　涉 曲 洗 不 飛　子<br>　　　害 直 女 備 魂　申 | **6局**　重 斬　　　　　子<br>　　　審 關　　　　　未 |
| 卯<br>酉<br>卯<br><br>卯 酉 未 丑<br>有 卯 丑 己 | 巳<br>戌<br>卯<br><br>丑 申 巳 子<br>申 卯 子 己 | 未<br>亥<br>卯<br><br>亥 未 卯 亥<br>未 卯 亥 己 |
| **7局**　返 無 三 九　　子<br>　　　吟 依 交 醜　　午 | **8局**　知 鑄 軒 勸　　子<br>　　　一 印 蓋 德　　巳 | **9局**　涉 比 曲 亂 不　子<br>　　　害 用 直 首 備　辰 |
| 酉<br>子<br>卯<br><br>酉 午 丑 戌<br>午 卯 戌 己 | 亥<br>丑<br>卯<br><br>未 巳 亥 有<br>巳 卯 酉 己 | 辰<br>巳<br>午<br><br>巳 辰 酉 申<br>辰 卯 申 己 |
| **10局**　重 三 驀 二 淫　子<br>　　　審 交 越 煩 洗　卯 | **11局**　遙 彈 間 純　　子<br>　　　剋 射 傳 陰　　寅 | **12局**　重 進 斬　　　子<br>　　　審 茹 關　　　丑 |

| | | |
|---|---|---|
| 申<br>寅<br>巳<br><br>辰 辰 申 申<br>辰 辰 申 庚<br><br>**1局** 伏自玄　　子<br>　　吟任胎　　子 | 卯<br>寅<br>丑<br><br>寅 卯 午 未<br>卯 辰 未 庚<br><br>**2局** 元退連聯天　子<br>　　首茹珠芳獄　亥 | 午<br>辰<br>寅<br><br>子 寅 辰 午<br>寅 辰 午 庚<br><br>**3局** 涉見間顧　　子<br>　　害機傳祖　　戌 |
| 巳<br>寅<br>亥<br><br>戌 丑 寅 巳<br>丑 辰 巳 庚<br><br>**4局** 元玄　　　子<br>　　首胎　　　酉 | 子<br>申<br>辰<br><br>申 子 子 辰<br>子 辰 辰 庚<br><br>**5局** 重潤不斬　子<br>　　審下備關　申 | 午<br>丑<br>申<br><br>午 亥 戌 卯<br>亥 辰 卯 庚<br><br>**6局** 涉絕驀　　子<br>　　害嗣越　　未 |
| 寅<br>申<br>寅<br><br>辰 戌 申 寅<br>戌 辰 寅 庚<br><br>**7局** 返無玄　　子<br>　　吟依胎　　午 | 寅<br>未<br>子<br><br>寅 酉 午 丑<br>酉 辰 丑 庚<br><br>**8局** 重驀引　　子<br>　　審越從　　巳 | 辰<br>申<br>子<br><br>子 申 辰 子<br>申 辰 子 庚<br><br>**9局** 元潤閉勸不　子<br>　　首下口德備　辰 |
| 寅<br>巳<br>申<br><br>戌 未 寅 亥<br>未 辰 亥 庚<br><br>**10局** 彈玄　　　子<br>　　射胎　　　卯 | 申<br>戌<br>子<br><br>申 午 子 戌<br>午 辰 戌 庚<br><br>**11局** 涉間斬涉　　子<br>　　　　三<br>　　害傳關淵　　寅 | 午<br>未<br>申<br><br>午 巳 戌 酉<br>巳 辰 酉 庚<br><br>**12局** 蒿進麗　　子<br>　　失茹明　　丑 |

| | | | | | |
|---|---|---|---|---|---|
| | 巳<br>申<br>寅<br><br>巳 巳 戌 戌<br>巳 巳 戌 辛<br><br>伏 玄 斬 自　　子<br>吟 胎 關 信　　子 | | 卯<br>寅<br>丑<br><br>卯 辰 申 酉<br>辰 巳 酉 辛<br><br>元 退 斬 勸　　子<br>首 茹 關 德　　亥 | | 丑<br>亥<br>酉<br><br>丑 卯 午 申<br>卯 巳 申 辛<br><br>重 間 極 驀　　子<br>審 傳 陰 越　　戌 |
| 1局 | | 2局 | | 3局 | |
| | 寅<br>亥<br>申<br><br>亥 寅 辰 未<br>寅 巳 未 辛<br><br>遙 玄 彈　　　子<br>剋 胎 射　　　酉 | | 午<br>寅<br>戌<br><br>酉 丑 寅 午<br>丑 巳 午 辛<br><br>元 炎　　　　子<br>首 上　　　　申 | | 未<br>寅<br>酉<br><br>未 子 子 巳<br>子 巳 巳 辛<br><br>涉 無 不 亂　　子<br>害 祿 備 首　　未 |
| 4局 | | 5局 | | 6局 | |
| | 巳<br>亥<br>巳<br><br>巳 亥 戌 辰<br>亥 巳 辰 辛<br><br>返 無 玄 回　　子<br>吟 依 胎 環　　午 | | 卯<br>申<br>丑<br><br>卯 戌 申 卯<br>戌 巳 卯 辛<br><br>重 不 勸 踄 亂　子<br>審 備 德 輪 首　巳 | | 酉<br>丑<br>巳<br><br>丑 酉 午 寅<br>有 巳 寅 辛<br><br>知 從 狡　　　子<br>一 革 童　　　辰 |
| 7局 | | 8局 | | 9局 | |
| | 申<br>亥<br>寅<br><br>亥 申 辰 丑<br>申 巳 丑 辛<br><br>重 玄 孤　　　子<br>審 胎 寡　　　卯 | | 寅<br>辰<br>午<br><br>酉 未 寅 子<br>未 巳 子 辛<br><br>遙 彈 出 間　　子<br>　　　三<br>剋 射 陽 傳　　寅 | | 午<br>未<br>申<br><br>未 午 子 亥<br>午 巳 亥 辛<br><br>遙 蒿 進 麗　　子<br>剋 矢 茹 明　　丑 |
| 10局 | | 11局 | | 12局 | |

| | | | | | |
|---|---|---|---|---|---|
| | | 壬午日　晝貴：卯　夜貴：巳　空亡：申酉 | | | |

| 亥<br>午<br>子 | 戌<br>酉<br>申 | 寅<br>子<br>戌 |
|---|---|---|
| 午 午 亥 亥<br>午 午 亥 壬 | 辰 巳 有 戌<br>巳 午 戌 壬 | 寅 辰 未 酉<br>辰 午 酉 壬 |
| **1局**　伏 自 杜　　子<br>　　吟 任 傳　　子 | **2局**　元 退 六 斬　子<br>　　首 茹 儀 關　亥 | **3局**　元 斬 間　　子<br>　　首 關 傳　　戌 |

| 巳<br>寅<br>亥 | 戌<br>午<br>寅 | 午<br>丑<br>申 |
|---|---|---|
| 子 卯 巳 申<br>卯 午 申 壬 | 戌 寅 卯 未<br>寅 午 未 壬 | 申 丑 丑 午<br>丑 午 午 壬 |
| **4局**　元 玄 孤　　子<br>　　首 胎 寡　　酉 | **5局**　重 炎 六 勸　子<br>　　審 上 儀 德　申 | **6局**　重 不 贅 回　子<br>　　審 備 堉 環　未 |

| 午<br>子<br>午 | 辰<br>酉<br>寅 | 未<br>亥<br>卯 |
|---|---|---|
| 午 子 亥 巳<br>子 午 巳 壬 | 辰 亥 酉 辰<br>亥 午 辰 壬 | 寅 戌 未 卯<br>戌 午 卯 壬 |
| **7局**　返 比 三 勸 度　子<br>　　吟 用 交 德 厄　午 | **8局**　知 斬 不　　子<br>　　一 關 備　　巳 | **9局**　重 曲 斬 從　子<br>　　審 直 關 吉　辰 |

| 酉<br>子<br>卯 | 申<br>戌<br>子 | 丑<br>寅<br>卯 |
|---|---|---|
| 子 酉 巳 寅<br>有 午 寅 壬 | 戌 申 卯 丑<br>申 午 丑 壬 | 申 未 丑 子<br>未 午 子 壬 |
| **10局**　重 三 二 寡　子<br>　　審 交 煩 宿　卯 | **11局**　重 間 勸 九　子<br>　　審 傳 德 醜　寅 | **12局**　元 進 蕪 三　子<br>　　首 茹 淫 奇　丑 |

癸未日　晝貴：巳　夜貴：卯　空亡：申酉

| | | | | | | |
|---|---|---|---|---|---|---|

### 1局

丑
戌
未

未 未 丑 丑
未 未 丑 癸

伏 自 稼 勸 奇　子
吟 任 穡 德 儀　子

### 2局

巳
辰
卯

巳 午 亥 子
午 未 子 癸

彈 退 驀　　子
射 茹 越　　亥

### 3局

巳
卯
丑

卯 巳 酉 亥
巳 未 亥 癸

彈 解 間　　子
射 離 傳　　戌

### 4局

戌
未
辰

丑 辰 未 戌
辰 未 戌 癸

元 斬 稼 遊　子
首 關 穡 子　酉

### 5局

巳
丑
酉

亥 卯 巳 丑
卯 未 酉 癸

涉 從 勸 德　子
害 革　　　申

### 6局

卯
戌
巳

酉 寅 卯 申
寅 未 申 癸

重 踶 羅 勸　子
審 輪 網 德　未

### 7局

未
丑
未

未 丑 丑 未
丑 未 未 癸

返 亂 稼 遊　子
吟 首 穡 子　午

### 8局

巳
戌
卯

巳 子 亥 午
子 未 午 癸

知 鑄 度　　子
一 印 厄　　巳

### 9局

酉
丑
巳

卯 亥 酉 巳
亥 未 巳 癸

涉 從 度 孤　子
害 革 厄 寡　辰

### 10局

辰
未
戌

丑 戌 未 辰
戌 未 辰 癸

元 稼 斬 回　子
首 穡 關 環　卯

### 11局

巳
未
酉

酉 亥 巳 卯
酉 未 卯 癸

遙 彈 勸 間　子
尅 射 德 傳　寅

### 12局

申
寅
申

酉 申 卯 寅
申 未 寅 癸

昴 掩 玄 孤 回　子
星 目 胎 寡 環　丑

**1局**

```
寅
巳
申

申申寅寅
申申寅甲

伏玄自　　　子
吟胎任　　　子
```

**2局**

```
子
亥
戌

午未子丑
未申丑甲

知退重　　　子
一茹陰　　　亥
```

**3局**

```
午
辰
寅

辰午戌子
午申子甲

涉間顧勸　　子
害傳祖德　　戌
```

**4局**

```
巳
寅
亥

寅巳申亥
巳申亥甲

元玄回朝　　子
首胎環日　　酉
```

**5局**

```
戌
午
寅

子辰午戌
辰申戌甲

涉炎狡斬　　子
害上童關　　申
```

**6局**

```
戌
巳
子

戌卯辰酉
卯申酉甲

知鑄羅　　　子
一印網　　　未
```

**7局**

```
寅
申
寅

申寅寅申
寅申申甲

返亂無玄回六　子
吟首依胎環儀　午
```

**8局**

```
子
巳
戌

午丑子未
丑申未甲

知比鑄天　　子
一用印獄　　巳
```

**9局**

```
辰
申
子

辰子戌午
子申午甲

元潤閉勸驀　子
首河口德越　辰
```

**10局**

```
申
亥
寅

寅亥申巳
亥申巳甲

重玄　　　　子
審胎　　　　卯
```

**11局**

```
辰
午
申

子戌午辰
戌申辰甲

涉斬間登　　子
　　　　三
害關傳天　　寅
```

**12局**

```
辰
巳
午

戌酉辰卯
酉申卯甲

重進羅升　　子
審茹網階　　丑
```

乙酉日　晝貴：申　夜貴；子　空亡：午未

| 1局 | 2局 | 3局 |
|---|---|---|
| 辰<br>酉<br>卯 | 申<br>未<br>午 | 未<br>巳<br>卯 |
| 酉 酉 辰 辰<br>酉 酉 辰 乙 | 未 申 寅 卯<br>申 酉 卯 乙 | 巳 未 子 寅<br>未 酉 寅 乙 |
| 伏 自 斬 杜　　子<br>吟 信 關 傳　　子 | 遙 蒿 退　　　子<br>剋 矢 茹　　　亥 | 彈 間 廻　　　子<br>射 傳 明　　　戌 |
| **4局** | **5局** | **6局** |
| 丑<br>戌<br>未 | 巳<br>丑<br>酉 | 亥<br>午<br>丑 |
| 卯 午 戌 丑<br>午 酉 丑 乙 | 丑 巳 申 子<br>巳 酉 子 乙 | 亥 辰 午 亥<br>辰 酉 亥 乙 |
| 重 稼 九　　　子<br>審 稽 醜　　　酉 | 元 從　　　　子<br>首 革　　　　申 | 知 不 四　　　子<br>一 備 絕　　　未 |
| **7局** | **8局** | **9局** |
| 卯<br>酉<br>卯 | 未<br>子<br>巳 | 申<br>子<br>辰 |
| 酉 卯 辰 戌<br>卯 酉 戌 乙 | 未 寅 寅 酉<br>寅 酉 酉 乙 | 巳 丑 子 申<br>丑 酉 申 乙 |
| 返 無 龍　　　子<br>吟 依 戰　　　午 | 知 亂 不 慕　　子<br>一 首 備 越　　巳 | 元 潤 羅　　　子<br>首 下 網　　　辰 |
| **10局** | **11局** | **12局** |
| 未<br>戌<br>丑 | 申<br>戌<br>子 | 亥<br>子<br>丑 |
| 卯 子 戌 未<br>子 酉 未 乙 | 丑 亥 申 午<br>亥 酉 午 乙 | 亥 戌 午 巳<br>戌 酉 巳 乙 |
| 重 稼 孤　　　子<br>審 稽 寡　　　卯 | 重 間 涉　　　子<br>　　三<br>審 傳 淵　　　寅 | 重 進 龍　　　子<br>審 茹 潛　　　丑 |

| 丙戌日　晝貴；酉　夜貴：亥　空亡：午未 | | |
|---|---|---|
| 巳<br>申<br>寅 | 卯<br>丑<br>寅 | 丑<br>亥<br>酉 |
| 戌 戌 巳 巳<br>戌 戌 巳 丙 | 申 酉 卯 辰<br>酉 戌 辰 丙 | 午 申 丑 卯<br>申 戌 卯 丙 |
| **1局** 伏斬玄　　子<br>吟關胎　　子 | **2局** 元斬退　　子<br>首關茹　　亥 | **3局** 重間　　子<br>審傳　　戌 |
| 亥<br>申<br>巳 | 酉<br>巳<br>丑 | 子<br>未<br>寅 |
| 辰 未 亥 寅<br>未 戌 寅 丙 | 寅 午 酉 丑<br>午 戌 丑 丙 | 子 巳 未 子<br>巳 戌 巳 丙 |
| **4局** 蒿玄　　子<br>矢胎　　酉 | **5局** 彈從　　子<br>射革　　申 | **6局** 知不四　　子<br>一備絕　　未 |
| 巳<br>亥<br>巳 | 申<br>丑<br>午 | 酉<br>丑<br>巳 |
| 戌 辰 巳 亥<br>辰 戌 亥 丙 | 申 卯 卯 戌<br>卯 戌 戌 丙 | 午 寅 丑 酉<br>寅 戌 酉 丙 |
| **7局** 返斬玄　　子<br>吟關胎　　午 | **8局** 知斬不驀　　子<br>一關備越　　巳 | **9局** 重從　　子<br>審革　　辰 |
| 申<br>亥<br>寅 | 子<br>寅<br>辰 | 亥<br>子<br>丑 |
| 辰 丑 亥 申<br>丑 戌 申 丙 | 寅 子 酉 未<br>子 戌 未 丙 | 子 亥 未 午<br>亥 戌 午 丙 |
| **10局** 重玄六刑　　子<br>審胎儀通　　卯 | **11局** 重間向三天<br>　　　　　三<br>審傳陽奇獄　　子<br>寅 | **12局** 重三進　　子<br>審奇茹　　丑 |

| | | | | | | | | |
|---|---|---|---|---|---|---|---|---|
| | | | | 丁亥日　晝貴：亥　夜貴：酉　空亡：午未 | | | | |

<table>
<tr><td colspan="3" align="center">亥<br>未<br>丑</td><td colspan="3" align="center">戌<br>酉<br>申</td><td colspan="3" align="center">酉<br>未<br>巳</td></tr>
<tr>
<td colspan="3" align="center">亥 亥 未 未<br>亥 亥 未 丁</td>
<td colspan="3" align="center">酉 戌 巳 午<br>戌 亥 午 丁</td>
<td colspan="3" align="center">未 酉 卯 巳<br>有 亥 巳 丁</td>
</tr>
<tr>
<td>1局</td><td>伏 杜 自 勸 驀<br>吟 傳 信 德 越</td><td>子<br>子</td>
<td>2<br>局</td><td>元 斬 連 六<br>首 關 珠 儀</td><td>子<br>亥</td>
<td>3局</td><td>彈 間 勸 回 朝<br>射 傳 明 環 日</td><td>子<br>戌</td>
</tr>
<tr><td colspan="3" align="center">巳<br>寅<br>亥</td><td colspan="3" align="center">未<br>卯<br>亥</td><td colspan="3" align="center">午<br>丑<br>申</td></tr>
<tr>
<td colspan="3" align="center">巳 申 丑 辰<br>申 亥 辰 丁</td>
<td colspan="3" align="center">卯 未 亥 卯<br>未 未 卯 丁</td>
<td colspan="3" align="center">丑 午 酉 寅<br>午 亥 寅 丁</td>
</tr>
<tr>
<td>4局</td><td>元 玄 斬<br>首 胎 關</td><td>子<br>酉</td>
<td>5局</td><td>涉 曲 不<br>害 直 備</td><td>子<br>申</td>
<td>6局</td><td>重 四<br>審 絕</td><td>子<br>未</td>
</tr>
<tr><td colspan="3" align="center">巳<br>亥<br>巳</td><td colspan="3" align="center">巳<br>戌<br>卯</td><td colspan="3" align="center">未<br>亥<br>卯</td></tr>
<tr>
<td colspan="3" align="center">亥 巳 未 丑<br>巳 亥 丑 丁</td>
<td colspan="3" align="center">酉 辰 巳 子<br>辰 亥 子 丁</td>
<td colspan="3" align="center">未 卯 卯 亥<br>卯 亥 亥 丁</td>
</tr>
<tr>
<td>7局</td><td>返 斬 玄<br>吟 關 胎</td><td>子<br>午</td>
<td>8局</td><td>重 鑄 斬 引<br>審 印 關 從</td><td>子<br>巳</td>
<td>9局</td><td>重 曲 不 回<br>審 直 備 環</td><td>子<br>辰</td>
</tr>
<tr><td colspan="3" align="center">午<br>戌<br>寅</td><td colspan="3" align="center">酉<br>亥<br>丑</td><td colspan="3" align="center">申<br>酉<br>戌</td></tr>
<tr>
<td colspan="3" align="center">巳 寅 丑 戌<br>寅 亥 戌 丁</td>
<td colspan="3" align="center">卯 丑 亥 酉<br>丑 亥 酉 丁</td>
<td colspan="3" align="center">丑 子 酉 申<br>子 亥 申 丁</td>
</tr>
<tr>
<td>10<br>局</td><td>昂 炎 斬 虎<br>星 上 關 視</td><td>子<br>卯</td>
<td>11<br>局</td><td>重 間 極 回 勸<br>審 傳 陰 環 德</td><td>子<br>寅</td>
<td>12<br>局</td><td>重 進 六<br>審 茹 儀</td><td>子<br>丑</td>
</tr>
</table>

| | | |
|---|---|---|
| 戊子日　晝貴：丑　夜貴：未　空亡：午未 | | |

| | | |
|---|---|---|
| 巳<br>申<br>寅<br><br>子子巳巳<br>子子巳戊 | 戊<br>酉<br>申<br><br>戊亥卯辰<br>亥子辰戊 | 丑<br>亥<br>酉<br><br>申戊丑卯<br>戊子卯戊 |
| 1局　伏玄自六閉　子<br>　　吟胎任儀口　子 | 2局　知斬進　　子<br>　　一關茹　　亥 | 3局　重勸間極　子<br>　　審德傳陰　戊 |
| 寅<br>亥<br>申<br><br>午酉亥寅<br>酉子寅戊 | 巳<br>申<br>丑<br><br>辰申酉丑<br>申子丑戊 | 子<br>未<br>寅<br><br>寅未未子<br>未子子戊 |
| 4局　涉玄　　子<br>　　害胎　　酉 | 5局　昂龍虎六　子<br>　　星戰視儀　申 | 6局　重回贅不　子<br>　　審環堉備　未 |
| 午<br>子<br>午<br><br>子午巳亥<br>午子亥戊 | 巳<br>戊<br>卯<br><br>戊巳卯戊<br>巳子戊戊 | 辰<br>申<br>子<br><br>申辰丑酉<br>辰子酉戊 |
| 7局　返孤　　子<br>　　吟寡　　午 | 8局　重鑄斬　子<br>　　審印關　巳 | 9局　元潤呈勸斬　子<br>　　首河斗德關　辰 |
| 卯<br>午<br>酉<br><br>午卯亥申<br>卯子申戊 | 辰<br>午<br>申<br><br>辰寅酉未<br>寅子未戊 | 寅<br>卯<br>辰<br><br>寅丑未午<br>丑子午戊 |
| 10局　蒿三二　子<br>　　　矢交煩　卯 | 11局　重洗登　子<br>　　　　三<br>　　　審女天　寅 | 12局　知進關正驀　子<br>　　　一茹格和越　丑 |

己丑日　晝貴：子　夜貴：申　空亡：午未

**1局**
丑
戌
未

丑丑未未
丑丑未己

伏自稼驀朝　子
吟信穡越日　子

**2局**
子
亥
戌

亥子巳午
子丑午己

重退勸三重　子
審茹德奇陰　亥

**3局**
亥
酉
未

酉亥卯巳
亥丑巳己

重間時淫　子
審傳遁泆　戌

**4局**
子
辰
戌

未戌丑辰
戌丑辰己

昂天掩　子
星煩目　酉

**5局**
巳
丑
酉

巳酉亥卯
酉丑卯己

涉從驀　子
害革越　申

**6局**
卯
戌
巳

卯申酉寅
申丑寅己

重踽羅驀　子
審輪網越　未

**7局**
亥
未
丑

丑未未丑
未丑丑己

返無　子
吟親　午

**8局**
巳
戌
卯

亥午巳子
午丑子己

知鑄勸　子
一印德　巳

**9局**
酉
丑
巳

酉巳卯亥
巳丑亥己

涉從　子
害革　辰

**10局**
午
戌
辰

未辰丑戌
辰丑戌己

昂二勸冬斬孤子
星煩德蛇關寡卯

**11局**
卯
巳
未

巳卯亥酉
卯丑酉己

元間盈天閉　子
首傳陽獄口　寅

**12局**
寅
卯
辰

寅卯酉申
寅丑申己

元進正羅　子
首茹和網　丑

| | | | | | | | |
|---|---|---|---|---|---|---|---|
| | 庚寅日　晝貴：丑　夜貴：未　空亡：午未 | | | | | | |

<table>
<tr><td colspan="2">申<br>寅<br>巳<br><br>寅寅申申<br>寅寅申庚</td><td colspan="2">子<br>亥<br>戌<br><br>子丑午未<br>丑寅未庚</td><td colspan="2">午<br>辰<br>寅<br><br>戌子辰午<br>子寅午庚</td></tr>
<tr><td>1局</td><td>伏自玄六　子<br>吟任胎儀　子</td><td>2局</td><td>知退　　子<br>一茹　　亥</td><td>3局</td><td>涉間顧勸　子<br>害傳祖德　戌</td></tr>
<tr><td colspan="2">巳<br>寅<br>亥<br><br>申亥寅巳<br>亥寅巳庚</td><td colspan="2">戌<br>午<br>寅<br><br>午戌子辰<br>戌寅辰庚</td><td colspan="2">戌<br>巳<br>子<br><br>辰酉戌卯<br>酉寅卯庚</td></tr>
<tr><td>4局</td><td>元玄　　子<br>首胎　　酉</td><td>5局</td><td>涉炎斬狡　子<br>害上關童　申</td><td>6局</td><td>知嶭羅　子<br>一輪網　未</td></tr>
<tr><td colspan="2">寅<br>申<br>寅<br><br>寅申申寅<br>申寅寅庚</td><td colspan="2">子<br>巳<br>戌<br><br>子未午丑<br>未寅丑庚</td><td colspan="2">辰<br>申<br>子<br><br>戌午辰子<br>午寅子庚</td></tr>
<tr><td>7局</td><td>返玄贅　子<br>吟胎壻　午</td><td>8局</td><td>知鑄驀　子<br>一印越　巳</td><td>9局</td><td>元潤閉勸　子<br>首河口德　辰</td></tr>
<tr><td colspan="2">申<br>亥<br>寅<br><br>申巳寅亥<br>巳寅亥庚</td><td colspan="2">辰<br>午<br>申<br><br>午辰子戌<br>辰寅戌庚</td><td colspan="2">辰<br>巳<br>午<br><br>辰卯戌酉<br>卯寅酉庚</td></tr>
<tr><td>10局</td><td>重六玄　子<br>審儀胎　卯</td><td>11局</td><td>涉間斬登　子<br>　　三<br>害傳關天　寅</td><td>12局</td><td>重進升驀　子<br>審茹階越　丑</td></tr>
</table>

| | | | | | | | | |
|---|---|---|---|---|---|---|---|---|
| | 卯<br>子<br>午 | | | 丑<br>子<br>亥 | | | 亥<br>酉<br>未 | |
| | 卯卯戌戌<br>卯卯戌辛 | | | 丑寅申酉<br>寅卯酉辛 | | | 亥丑午申<br>丑卯申辛 | |
| 1局 | 伏龍三斬<br>吟戰交關 | 子<br>子 | 2局 | 重天勸<br>審獄德 | 子<br>亥 | 3局 | 涉間察時驀<br>害傳微遁越 | 子<br>戌 |
| | 子<br>未<br>子 | | | 未<br>卯<br>亥 | | | 戌<br>巳<br>子 | |
| | 酉子辰未<br>子卯未辛 | | | 未亥寅午<br>亥卯午辛 | | | 巳戌子巳<br>戌卯巳辛 | |
| 4局 | 昴龍勸<br>星戰德 | 子<br>酉 | 5局 | 比曲知決寡<br>用直一女宿 | 子<br>申 | 6局 | 重斬龍不<br>審關戰備 | 子<br>未 |
| | 卯<br>酉<br>卯 | | | 卯<br>申<br>丑 | | | 未<br>亥<br>卯 | |
| | 卯酉戌辰<br>酉卯辰辛 | | | 丑申申卯<br>申卯卯辛 | | | 亥未午寅<br>未卯寅辛 | |
| 7局 | 返踶龍無淫回<br>吟輪戰依決環 | 子<br>午 | 8局 | 重勸贅踶不<br>審德塤輪備 | 子<br>巳 | 9局 | 涉龍決寡<br>害戰女宿 | 子<br>辰 |
| | 酉<br>子<br>卯 | | | 巳<br>未<br>酉 | | | 辰<br>巳<br>午 | |
| | 酉午辰丑<br>午卯丑辛 | | | 未巳寅子<br>巳卯子辛 | | | 巳辰子亥<br>辰卯亥辛 | |
| 10局 | 重天九勸<br>審煩醜德 | 子<br>卯 | 11局 | 蒿決龍間<br>失女戰傳 | 子<br>寅 | 12局 | 重斬龍<br>審關戰 | 子<br>丑 |

| 1局 | 2局 | 3局 |
|---|---|---|
| 亥<br>辰<br>戌 | 戌<br>酉<br>申 | 寅<br>子<br>戌 |
| 辰 辰 亥 亥<br>辰 辰 亥 壬 | 寅 卯 酉 戌<br>卯 辰 戌 壬 | 子 寅 未 酉<br>寅 辰 酉 壬 |
| 伏 杜 斬 勸　　子<br>吟 傳 關 德　　子 | 知 斬 魄 六 返　子<br>一 關 化 儀 駕　亥 | 元 間 冥 三　　子<br>首 傳 陽 奇　　戌 |

| 4局 | 5局 | 6局 |
|---|---|---|
| 巳<br>寅<br>亥 | 子<br>申<br>辰 | 午<br>丑<br>申 |
| 戌 丑 巳 申<br>丑 辰 申 壬 | 申 子 卯 未<br>子 辰 未 壬 | 午 亥 丑 午<br>亥 辰 午 壬 |
| 元 玄 閉　　　子<br>首 胎 口　　　酉 | 重 勸 狡 六 潤　子<br>審 德 童 儀 下　申 | 知 孤 不 亂 驀　子<br>一 寡 備 首 越　未 |

| 7局 | 8局 | 9局 |
|---|---|---|
| 巳<br>亥<br>巳 | 寅<br>未<br>子 | 未<br>亥<br>卯 |
| 辰 戌 亥 巳<br>戌 辰 巳 壬 | 寅 酉 酉 辰<br>酉 辰 辰 壬 | 子 申 未 卯<br>申 辰 卯 壬 |
| 返 勸 斬 閉 無 回　子<br>吟 德 關 口 依 環　午 | 重 不 亂　　子<br>審 備 首　　巳 | 重 曲 寡　　子<br>審 直 宿　　辰 |

| 10局 | 11局 | 12局 |
|---|---|---|
| 戌<br>丑<br>辰 | 申<br>戌<br>子 | 丑<br>寅<br>卯 |
| 戌 未 巳 寅<br>未 辰 寅 壬 | 申 午 卯 丑<br>午 辰 丑 壬 | 午 巳 丑 子<br>巳 辰 子 壬 |
| 遙 稼 蒿　　子<br>尅 穡 矢　　卯 | 重 六 涉 間 驀　子<br>　　　　　　三<br>審 儀 淵 傳 越　寅 | 元 進 將　　子<br>首 茹 泰　　丑 |

| | 癸巳日 畫貴：巳 夜貴：卯 空亡：午未 | | |
|---|---|---|---|
| | 丑<br>戌<br>未<br><br>巳 巳 丑 丑<br>巳 巳 丑 癸 | 卯<br>寅<br>丑<br><br>卯 辰 亥 子<br>辰 巳 子 癸 | 丑<br>亥<br>酉<br><br>丑 卯 酉 亥<br>卯 巳 亥 癸 |
| 1局 | 伏 勸 稼　　子<br>吟 德 穡　　子 | 2局 元 退 解　　子<br>首 茹 離　　亥 | 3局 重 間 極 回 驀　子<br>審 傳 陰 環 越　戌 |
| | 戌<br>未<br>辰<br><br>亥 寅 未 戌<br>寅 巳 戌 癸 | 巳<br>丑<br>酉<br><br>酉 丑 巳 酉<br>丑 巳 酉 癸 | 卯<br>戌<br>巳<br><br>未 子 卯 申<br>子 巳 申 癸 |
| 4局 | 元 稼 閉 斬　子<br>首 穡 口 關　酉 | 5局 元 從 亨 不 回　子<br>首 革 通 備 環　申 | 6局 重 躋 閉　　子<br>審 輪 口　　未 |
| | 巳<br>亥<br>巳<br><br>巳 亥 丑 未<br>亥 巳 未 癸 | 午<br>亥<br>辰<br><br>卯 戌 亥 午<br>戌 巳 午 癸 | 酉<br>丑<br>巳<br><br>丑 酉 酉 巳<br>酉 巳 巳 癸 |
| 7局 | 返 勸 無 玄 勸 驀　子<br>吟 德 依 胎 德 越　午 | 8局 重 斬 孤　　子<br>審 關 寡　　巳 | 9局 涉 從 不 贅　子<br>害 革 備 堉　辰 |
| | 申<br>亥<br>寅<br><br>亥 申 未 辰<br>申 巳 辰 癸 | 未<br>酉<br>亥<br><br>酉 未 巳 卯<br>未 巳 卯 癸 | 未<br>申<br>酉<br><br>未 午 卯 寅<br>午 巳 寅 癸 |
| 10局 | 重 六 玄 斬　子<br>審 儀 胎 關　卯 | 11局 遙 蒿 勸 入 寡　子<br>剋 失 德 冥 宿　寅 | 12局 遙 蒿 進 寡　子<br>剋 矢 茹 宿　丑 |

甲午日　晝貴：未　夜貴：丑　空亡：辰巳

| | | |
|---|---|---|
| 寅<br>巳<br>申<br><br>午午寅寅<br>午午寅甲 | 子<br>亥<br>戌<br><br>辰巳子丑<br>巳午丑甲 | 戌<br>申<br>午<br><br>寅辰戌子<br>辰午子甲 |
| **1局**　伏自玄　子<br>　　　吟任胎　子 | **2局**　知退三　子<br>　　　一茹奇　亥 | **3局**　涉間斬勸　子<br>　　　害傳關德　戌 |
| 申<br>巳<br>寅<br><br>子卯申亥<br>卯午亥甲 | 戌<br>午<br>寅<br><br>戌寅午戌<br>寅午戌甲 | 酉<br>辰<br>亥<br><br>申丑辰酉<br>丑午酉甲 |
| **4局**　遙蒿玄　子<br>　　　剋矢胎　酉 | **5局**　重炎斬狡　子<br>　　　審上關童　申 | **6局**　元四關　子<br>　　　首絕格　未 |
| 寅<br>申<br>寅<br><br>午子寅申<br>子午申甲 | 子<br>巳<br>戌<br><br>辰亥子未<br>亥午未甲 | 寅<br>午<br>戌<br><br>寅戌戌午<br>戌午午甲 |
| **7局**　返涉無玄　子<br>　　　吟害依胎　午 | **8局**　知三鑄引　子<br>　　　一奇印從　巳 | **9局**　元炎勸洗　子<br>　　　首上德女　辰 |
| 申<br>亥<br>寅<br><br>子酉申巳<br>酉午巳甲 | 辰<br>午<br>申<br><br>戌申午辰<br>申午辰甲 | 辰<br>巳<br>午<br><br>申未辰卯<br>未午卯甲 |
| **10局**　知玄　子<br>　　　一胎　卯 | **11局**　涉間狡斬登　子<br>　　　　　　三<br>　　　害傳童關天　寅 | **12局**　重進孤　子<br>　　　審茹寡　丑 |

| | | | | | | | | |
|---|---|---|---|---|---|---|---|---|
| | 辰<br>未<br>丑 | | | 戊<br>卯<br>午 | | | 亥<br>寅<br>巳 | |
| | 未 未 辰 辰<br>未 未 辰 乙 | | | 巳 午 寅 卯<br>午 未 卯 乙 | | | 卯 巳 子 寅<br>巳 未 寅 乙 | |
| 1局 | 伏 斬 稼 自 遊<br>吟 關 稿 信 子 | 子<br>子 | 2局 | 昂 掩 勸<br>星 目 德 | 子<br>亥 | 3局 | 昂 掩 玄<br>星 目 胎 | 子<br>戌 |
| | 丑<br>戌<br>未 | | | 卯<br>亥<br>未 | | | 午<br>丑<br>申 | |
| | 丑 辰 戌 丑<br>辰 未 丑 乙 | | | 亥 卯 申 子<br>卯 未 子 乙 | | | 酉 寅 午 亥<br>寅 未 亥 乙 | |
| 4局 | 重 稼 勸 遊<br>審 稿 德 子 | 子<br>酉 | 5局 | 元 曲 先<br>首 直 春 | 子<br>申 | 6局 | 重 六 四<br>審 儀 絕 | 子<br>未 |
| | 戌<br>辰<br>戌 | | | 巳<br>戌<br>卯 | | | 亥<br>卯<br>未 | |
| | 未 丑 辰 戌<br>丑 未 戌 乙 | | | 巳 子 寅 酉<br>子 未 酉 乙 | | | 卯 亥 子 申<br>亥 未 申 乙 | |
| 7局 | 返 稼 無 斬<br>吟 稿 依 關 | 子<br>午 | 8局 | 知 鑄 度 勸<br>一 印 厄 德 | 子<br>巳 | 9局 | 重 曲 狡<br>審 直 童 | 子<br>辰 |
| | 未<br>戌<br>丑 | | | 申<br>戌<br>子 | | | 酉<br>戌<br>亥 | |
| | 丑 戌 戌 未<br>戌 未 未 乙 | | | 亥 酉 申 午<br>酉 未 午 乙 | | | 酉 申 午 巳<br>申 未 巳 乙 | |
| 10局 | 重 稼 不 贅<br>審 稿 備 瑣 | 子<br>卯 | 11局 | 重 間 涉<br>三<br>審 傳 淵 | 子<br>寅 | 12局 | 遙 蒿 進 驀 淫<br>剋 矢 茹 越 洑 | 子<br>丑 |

| 丙申日　晝貴：酉　夜貴：亥　空亡：辰巳 | | |
|---|---|---|
| 巳<br>申<br>寅 | 卯<br>寅<br>丑 | 丑<br>亥<br>酉 |
| 申 申 巳 巳<br>申 申 巳 丙 | 午 未 卯 辰<br>未 申 辰 丙 | 辰 午 丑 卯<br>午 申 卯 丙 |
| 1局 伏玄勸寡　子<br>　　吟胎德宿　子 | 2局 元退斬　子<br>　　首茹關　亥 | 3局 重間極　子<br>　　審傳陰　戌 |
| 巳<br>寅<br>亥 | 子<br>申<br>辰 | 戌<br>巳<br>子 |
| 寅 巳 亥 寅<br>巳 申 寅 丙 | 子 辰 酉 丑<br>辰 申 丑 丙 | 戌 卯 未 子<br>卯 申 子 丙 |
| 4局 元玄寡不　子<br>　　首胎宿備　酉 | 5局 重潤　子<br>　　審下　申 | 6局 知鑄四　子<br>　　一印絕　未 |
| 寅<br>申<br>寅 | 卯<br>申<br>丑 | 酉<br>丑<br>巳 |
| 申 寅 巳 亥<br>寅 申 亥 丙 | 午 丑 卯 戌<br>丑 申 戌 丙 | 辰 子 丑 酉<br>子 申 酉 丙 |
| 7局 返玄勸無　子<br>　　吟胎德依　午 | 8局 元斬閉　子<br>　　首關口　巳 | 9局 重從獻　子<br>　　審革刃　辰 |
| 申<br>亥<br>寅 | 子<br>寅<br>辰 | 酉<br>戌<br>亥 |
| 寅 亥 亥 申<br>亥 申 申 丙 | 子 戌 酉 未<br>戌 申 未 丙 | 戌 酉 未 午<br>酉 申 午 丙 |
| 10局 重玄不贅　子<br>　　審胎備堉　卯 | 11局 重斬間三　子<br>　　審關傳陽　寅 | 12局 遙彈進　子<br>　　剋射茹　丑 |

| | | | | | | | | | |
|---|---|---|---|---|---|---|---|---|---|

丁酉日　晝貴：亥　夜貴：酉　空亡：辰巳

| | | | |
|---|---|---|---|
| 酉<br>未<br>丑<br><br>酉 酉 未 未<br>酉 酉 未 丁 | 申<br>未<br>午<br><br>未 申 巳 午<br>申 酉 午 丁 | 丑<br>巳<br>巳<br><br>巳 未 卯 巳<br>未 酉 巳 丁 |

| 1局 | 伏 杜 勸　　　子<br>吟 傳 德　　　子 | 2局 | 遙 彈 退 六 凌　子<br>剋 射 茹 儀 陰　亥 | 3局 | 別 不 蕪　　　子<br>責 備 淫　　　戌 |
|---|---|---|---|---|---|

| | | | |
|---|---|---|---|
| 午<br>卯<br>子<br><br>卯 午 丑 辰<br>午 酉 辰 丁 | 巳<br>丑<br>酉<br><br>丑 巳 亥 卯<br>巳 酉 卯 丁 | 亥<br>午<br>丑<br><br>亥 辰 酉 寅<br>辰 酉 寅 丁 |

| 4局 | 元 三 軒 奇　　子<br>首 交 蓋 儀　　酉 | 5局 | 元 從　　　　子<br>首 革　　　　申 | 6局 | 重 斬　　　　子<br>審 關　　　　未 |
|---|---|---|---|---|---|

| | | | |
|---|---|---|---|
| 卯<br>酉<br>卯<br><br>酉 卯 未 丑<br>卯 酉 丑 丁 | 未<br>子<br>巳<br><br>未 寅 巳 子<br>寅 酉 子 丁 | 亥<br>卯<br>未<br><br>巳 丑 卯 亥<br>丑 酉 亥 丁 |

| 7局 | 返 無 龍 勸　　子<br>吟 依 戰 德　　午 | 8局 | 涉 度　　　　子<br>害 厄　　　　巳 | 9局 | 元 曲　　　　子<br>首 直　　　　辰 |
|---|---|---|---|---|---|

| | | | |
|---|---|---|---|
| 子<br>卯<br>午<br><br>卯 子 丑 戌<br>子 酉 戌 丁 | 酉<br>亥<br>丑<br><br>丑 亥 亥 酉<br>亥 酉 酉 丁 | 亥<br>子<br>丑<br><br>亥 戌 酉 申<br>戌 酉 申 丁 |

| 10局 | 遙 蒿 斬 孤　　子<br>剋 矢 關 寡　　卯 | 11局 | 重 不 間 贅　　子<br>審 備 傳 壻　　寅 | 12局 | 知 進 斬　　　子<br>一 茹 關　　　丑 |
|---|---|---|---|---|---|

| | | |
|---|---|---|
| 戊戌日　晝貴：丑　夜貴：未　空亡：辰巳 | | |

### 戊戌日　晝貴：丑　夜貴：未　空亡：辰巳

| 1局 | | 2局 | | 3局 | |
|---|---|---|---|---|---|
| 巳<br>申<br>寅 | | 卯<br>寅<br>丑 | | 丑<br>亥<br>酉 | |
| 戌戌巳巳<br>戌戌巳戊 | | 申酉卯辰<br>酉戌辰戊 | | 午申丑卯<br>申戌卯戊 | |
| 伏玄斬<br>吟胎關 | 子<br>子 | 元退斬<br>首茹關 | 子<br>亥 | 重間極勸<br>審傳陰德 | 子<br>戌 |

| 4局 | | 5局 | | 6局 | |
|---|---|---|---|---|---|
| 寅<br>亥<br>申 | | 寅<br>戌<br>午 | | 子<br>未<br>寅 | |
| 辰未亥寅<br>未戌寅戊 | | 寅午酉丑<br>午戌丑戊 | | 子巳未子<br>巳戌子戊 | |
| 元玄<br>首胎 | 子<br>酉 | 遙蒿炎<br>剋矢上 | 子<br>申 | 重不<br>審備 | 子<br>未 |

| 7局 | | 8局 | | 9局 | |
|---|---|---|---|---|---|
| 巳<br>亥<br>巳 | | 申<br>丑<br>午 | | 寅<br>午<br>戌 | |
| 戌辰巳亥<br>辰戌亥戊 | | 申卯卯戌<br>卯戌戌戊 | | 午寅丑酉<br>寅戌酉戊 | |
| 返玄無斬寡<br>吟胎依關宿 | 子<br>午 | 元斬不<br>首關備 | 子<br>巳 | 元勸洗<br>首德女 | 子<br>辰 |

| 10局 | | 11局 | | 12局 | |
|---|---|---|---|---|---|
| 亥<br>寅<br>巳 | | 子<br>寅<br>辰 | | 亥<br>子<br>丑 | |
| 辰丑亥申<br>丑戌申戊 | | 寅子酉未<br>子戌未戊 | | 子亥未午<br>亥戌午戊 | |
| 遙彈玄<br>剋射胎 | 子<br>卯 | 重間向洗<br>審傳陽女 | 子<br>寅 | 重三進<br>審奇茹 | 子<br>丑 |

| | | | | | | | |
|---|---|---|---|---|---|---|---|
| 己亥日　晝貴：子　夜貴：申　空亡：辰巳 |||||||

| | 亥<br>未<br>丑 | | | 戌<br>酉<br>申 | | | 卯<br>丑<br>亥 |
|---|---|---|---|---|---|---|---|
| | 亥 亥 未 未<br>亥 亥 未 己 | | | 酉 戌 巳 午<br>戌 亥 午 己 | | | 未 酉 卯 巳<br>酉 亥 巳 己 |
| 1局 | 伏 自 杜　　子<br>吟 信 傳　　子 | | 2<br>局 | 元 退 斬 勸　　子<br>首 茹 關 德　　亥 | | 3局 | 遙 蒿 間　　子<br>剋 矢 傳　　戌 |

| | 巳<br>寅<br>亥 | | | 未<br>卯<br>亥 | | | 午<br>丑<br>申 |
|---|---|---|---|---|---|---|---|
| | 巳 申 丑 辰<br>申 亥 辰 己 | | | 卯 未 亥 卯<br>未 亥 卯 己 | | | 丑 午 酉 寅<br>午 亥 寅 己 |
| 4局 | 元 斬 勸 寡　　子<br>首 關 德 宿　　酉 | | 5局 | 涉 曲 不 度 亂　子<br>害 直 備 厄 首　申 | | 6局 | 重 六 四　　子<br>審 儀 絶　　未 |

| | 巳<br>亥<br>巳 | | | 巳<br>戌<br>卯 | | | 未<br>亥<br>卯 |
|---|---|---|---|---|---|---|---|
| | 亥 巳 未 丑<br>巳 亥 丑 己 | | | 酉 辰 巳 子<br>辰 亥 子 己 | | | 未 卯 卯 亥<br>卯 亥 亥 己 |
| 7局 | 返 玄 寡 回　　子<br>吟 胎 宿 環　　午 | | 8局 | 知 鑄 斬 勸　　子<br>一 印 關 德　　巳 | | 9局 | 返 曲 不 贅　　子<br>吟 直 備 壻　　辰 |

| | 寅<br>巳<br>申 | | | 丑<br>卯<br>巳 | | | 丑<br>寅<br>卯 |
|---|---|---|---|---|---|---|---|
| | 巳 寅 丑 戌<br>寅 亥 戌 己 | | | 卯 丑 亥 酉<br>丑 亥 酉 己 | | | 丑 子 酉 申<br>子 亥 申 己 |
| 10<br>局 | 遙 蒿 玄 斬 勸　子<br>剋 矢 胎 間 德　卯 | | 11<br>局 | 涉 間 見 出　　子<br>亥 傳 機 戸　　寅 | | 12<br>局 | 元 三 進　　子<br>首 奇 茹　　丑 |

| 庚子日　晝貴：丑　夜貴：未　空亡：辰巳 | | |
|---|---|---|
| 申<br>寅<br>巳 | 戌<br>酉<br>申 | 午<br>辰<br>寅 |
| 子子申申<br>子子申庚 | 戌亥午未<br>亥子未庚 | 申戌辰午<br>戌子午庚 |
| 1局　伏玄自　　子<br>　　　吟胎任　　子 | 2局　元退驀天　子<br>　　　首茹越獄　亥 | 3局　涉斬間六天　子<br>　　　害關傳儀網　戌 |
| 午<br>卯<br>子 | 子<br>申<br>辰 | 戌<br>巳<br>子 |
| 午酉寅巳<br>酉子巳庚 | 辰申子辰<br>申子辰庚 | 寅未戌卯<br>未子卯庚 |
| 4局　知孤六軒驀三　子<br>　　　一寡儀蓋越奇　酉 | 5局　重潤斬不　子<br>　　　審下關備　申 | 6局　知備鑄三　子<br>　　　一用印奇　未 |
| 寅<br>申<br>寅 | 巳<br>戌<br>卯 | 辰<br>申<br>子 |
| 子午申寅<br>午子寅庚 | 戌巳午丑<br>巳子丑庚 | 申辰辰子<br>辰子子庚 |
| 7局　返玄　　子<br>　　　吟胎　　午 | 8局　重鑄蕪寡　子<br>　　　審印淫宿　巳 | 9局　元潤斬勸　子<br>　　　首下關德　辰 |
| 午<br>酉<br>子 | 辰<br>午<br>申 | 寅<br>卯<br>辰 |
| 午卯丑亥<br>卯子亥庚 | 辰寅子戌<br>寅子戌庚 | 寅丑戌酉<br>丑子酉庚 |
| 10局　遙蒿六三龍　子<br>　　　剋矢儀交戰　卯 | 11局　涉間斬寡登　子<br>　　　　　　三<br>　　　害傳關宿天　寅 | 12局　知進　　子<br>　　　一茹　　丑 |

| 1局 | 2局 | 3局 |
|---|---|---|
| 丑<br>戌<br>未 | 子<br>亥<br>戌 | 亥<br>酉<br>未 |
| 丑丑戌戌<br>丑丑戌辛 | 亥子申酉<br>子丑酉辛 | 酉亥午申<br>亥丑申辛 |
| 伏稼斬自驀　子<br>吟穡關信越　子 | 重退勸三重　子<br>審茹德奇陰　亥 | 重間時　　　子<br>審傳遁　　　戌 |
| **4局** | **5局** | **6局** |
| 巳<br>未<br>未 | 巳<br>丑<br>酉 | 卯<br>戌<br>巳 |
| 未戌辰未<br>戌丑未辛 | 巳酉寅午<br>巳丑午申 | 卯申子巳<br>申丑巳辛 |
| 別斬不　　　子<br>責關備　　　酉 | 知從天寡　　子<br>一革網宿　　申 | 重鑄斷洪　　子<br>審印輪女　　未 |
| **7局** | **8局** | **9局** |
| 亥<br>未<br>辰 | 卯<br>申<br>丑 | 酉<br>丑<br>巳 |
| 丑未戌辰<br>未丑辰辛 | 亥午申卯<br>午丑卯辛 | 酉巳午寅<br>巳丑寅辛 |
| 返斬孤井　　子<br>吟關寡欄　　午 | 重勸蕪　　　子<br>審德淫　　　巳 | 知從蕪狡　　子<br>一革淫童　　辰 |
| **10局** | **11局** | **12局** |
| 巳<br>丑<br>丑 | 卯<br>巳<br>未 | 寅<br>卯<br>辰 |
| 未辰辰丑<br>辰丑丑辛 | 巳卯寅子<br>卯丑子辛 | 卯寅子亥<br>寅丑亥辛 |
| 別斬不寡　　子<br>責關備宿　　卯 | 元蕪間盈亨　子<br>首淫傳陽通　寅 | 元進正關洪　子<br>首茹和格女　丑 |

| | | | | | |
|---|---|---|---|---|---|
| | 壬寅日　晝貴：卯　夜貴：巳　空亡：辰巳 | | | | |

<table>
<tr><td colspan="2">亥<br>寅<br>巳</td><td colspan="2">子<br>亥<br>戌</td><td colspan="2">戌<br>申<br>午</td></tr>
<tr><td colspan="2">寅　寅　亥　亥<br>寅　寅　亥　壬</td><td colspan="2">子　丑　酉　戌<br>丑　寅　戌　임</td><td colspan="2">戌　子　未　酉<br>子　寅　酉　壬</td></tr>
<tr><td>1局</td><td>伏　玄　勸　自　　　子<br>吟　胎　德　任　　　子</td><td>2<br>局</td><td>知　斬　退　重　三　子<br>一　關　茹　陰　奇　亥</td><td>3局</td><td>元　間　驀　悖　六　子<br>首　傳　越　戾　儀　戌</td></tr>
<tr><td colspan="2">巳<br>寅<br>亥</td><td colspan="2">戌<br>午<br>寅</td><td colspan="2">午<br>丑<br>申</td></tr>
<tr><td colspan="2">申　亥　巳　申<br>亥　寅　申　壬</td><td colspan="2">午　戌　卯　未<br>戌　寅　未　壬</td><td colspan="2">辰　酉　丑　午<br>酉　寅　午　壬</td></tr>
<tr><td>4局</td><td>元　玄　不　寡　　　子<br>首　胎　備　宿　　　酉</td><td>5局</td><td>重　炎　斬　勸　　　子<br>審　上　關　德　　　申</td><td>6局</td><td>重　六　四　　　　　子<br>審　儀　絶　　　　　未</td></tr>
<tr><td colspan="2">寅<br>申<br>寅</td><td colspan="2">子<br>巳<br>戌</td><td colspan="2">未<br>亥<br>卯</td></tr>
<tr><td colspan="2">寅　申　亥　巳<br>申　寅　巳　壬</td><td colspan="2">子　未　酉　辰<br>未　寅　辰　壬</td><td colspan="2">戌　午　未　卯<br>午　寅　卯　壬</td></tr>
<tr><td>7局</td><td>返　玄　勸　　　　　子<br>吟　胎　德　　　　　午</td><td>8局</td><td>知　斬　　　　　　　子<br>一　關　　　　　　　巳</td><td>9局</td><td>重　曲　從　周　　　子<br>審　直　吉　遍　　　辰</td></tr>
<tr><td colspan="2">申<br>亥<br>寅</td><td colspan="2">辰<br>午<br>申</td><td colspan="2">辰<br>巳<br>午</td></tr>
<tr><td colspan="2">申　巳　巳　寅<br>巳　寅　寅　壬</td><td colspan="2">午　辰　卯　丑<br>辰　寅　丑　壬</td><td colspan="2">辰　卯　丑　子<br>卯　寅　子　壬</td></tr>
<tr><td>10<br>局</td><td>重　玄　不　贅　　　子<br>審　胎　備　堉　　　卯</td><td>11<br>局</td><td>重　間　洪　天　　　子<br>審　傳　女　網　　　寅</td><td>12<br>局</td><td>重　進　寡　　　　　子<br>審　茹　宿　　　　　丑</td></tr>
</table>

| | | | |
|---|---|---|---|
| | 癸卯日　晝貴：巳　夜貴：卯　空亡：辰巳 | | |

<table>
<tr>
<td colspan="2">

丑<br>
戌<br>
未<br><br>
卯　卯　丑　丑<br>
卯　卯　丑　癸

**1局**　返稼勸自　　子<br>
　　　　吟穡德信　　子

</td>
<td colspan="2">

丑<br>
子<br>
亥<br><br>
丑　寅　亥　子<br>
寅　卯　子　癸

**2局**　重退三引回　子<br>
　　　　審茹奇從環　亥

</td>
<td colspan="2">

丑<br>
亥<br>
酉<br><br>
亥　丑　酉　亥<br>
丑　卯　亥　癸

**3局**　涉間極回　　子<br>
　　　　害傳陰環　　戌

</td>
</tr>
<tr>
<td colspan="2">

戌<br>
未<br>
辰<br><br>
酉　子　未　戌<br>
子　卯　戌　癸

**4局**　元稼斬　　　子<br>
　　　　首穡關　　　酉

</td>
<td colspan="2">

未<br>
卯<br>
亥<br><br>
未　亥　巳　酉<br>
亥　卯　酉　癸

**5局**　涉曲勸　　　子<br>
　　　　害直德　　　申

</td>
<td colspan="2">

卯<br>
戌<br>
巳<br><br>
巳　戌　卯　申<br>
戌　卯　申　癸

**6局**　知斬鷩蕪　　子<br>
　　　　一關輪淫　　未

</td>
</tr>
<tr>
<td colspan="2">

卯<br>
酉<br>
卯<br><br>
卯　酉　丑　未<br>
酉　卯　未　癸

**7局**　返勸龍無回驀　子<br>
　　　　吟德戰依韓越　午

</td>
<td colspan="2">

午<br>
亥<br>
辰<br><br>
丑　申　亥　未<br>
申　卯　未　癸

**8局**　重六　　　　子<br>
　　　　審儀　　　　巳

</td>
<td colspan="2">

酉<br>
丑<br>
巳<br><br>
亥　未　酉　巳<br>
未　卯　巳　癸

**9局**　涉從絶孤　　子<br>
　　　　害革嗣寡　　辰

</td>
</tr>
<tr>
<td colspan="2">

酉<br>
子<br>
卯<br><br>
酉　午　未　辰<br>
子　卯　辰　癸

**10局**　重斬三　　　子<br>
　　　　　審關交　　　卯

</td>
<td colspan="2">

未<br>
酉<br>
亥<br><br>
未　巳　巳　卯<br>
巳　卯　卯　癸

**11局**　遙蒿勸不　　子<br>
　　　　　尅矢德備　　寅

</td>
<td colspan="2">

辰<br>
巳<br>
午<br><br>
巳　辰　卯　寅<br>
辰　卯　寅　癸

**12局**　重進斬龍寡　子<br>
　　　　　審茹關戰宿　丑

</td>
</tr>
</table>

| | | | | |
|---|---|---|---|---|---|
| | 甲辰日　晝貴：未　夜貴：丑　空亡：寅卯 | | | | |

<table>
<tr>
<td colspan="2">寅<br>巳<br>申</td>
<td colspan="2">子<br>亥<br>戌</td>
<td colspan="2">戌<br>申<br>午</td>
</tr>
<tr>
<td colspan="2">辰 辰 寅 寅<br>辰 辰 寅 甲</td>
<td colspan="2">寅 卯 子 丑<br>卯 辰 丑 甲</td>
<td colspan="2">子 寅 戌 子<br>寅 辰 子 甲</td>
</tr>
<tr>
<td>1局</td>
<td>伏 自 玄 孤　　子<br>吟 任 胎 寡　　子</td>
<td>2<br>局</td>
<td>知 退 重　　子<br>一 茹 陰　　亥</td>
<td>3局</td>
<td>涉 間 悖 閉 勸　子<br>害 傳 戾 口 德　戌</td>
</tr>
<tr>
<td colspan="2">申<br>巳<br>寅</td>
<td colspan="2">戌<br>午<br>寅</td>
<td colspan="2">午<br>丑<br>申</td>
</tr>
<tr>
<td colspan="2">戌 丑 申 亥<br>丑 辰 亥 甲</td>
<td colspan="2">申 子 午 戌<br>子 辰 戌 甲</td>
<td colspan="2">午 亥 辰 酉<br>亥 辰 酉 甲</td>
</tr>
<tr>
<td>4局</td>
<td>蒿 玄　　　子<br>矢 胎　　　酉</td>
<td>5局</td>
<td>涉 炎 斬 狡　　子<br>害 上 關 童　　申</td>
<td>6局</td>
<td>知 四　　　子<br>一 絕　　　未</td>
</tr>
<tr>
<td colspan="2">寅<br>申<br>寅</td>
<td colspan="2">寅<br>未<br>子</td>
<td colspan="2">申<br>子<br>辰</td>
</tr>
<tr>
<td colspan="2">辰 戌 寅 申<br>戌 辰 申 甲</td>
<td colspan="2">寅 酉 子 未<br>酉 辰 未 甲</td>
<td colspan="2">子 申 戌 午<br>申 辰 午 甲</td>
</tr>
<tr>
<td>7局</td>
<td>返 四 孤　　子<br>吟 絕 寡　　午</td>
<td>8局</td>
<td>涉 度 寡　　子<br>害 厄 宿　　巳</td>
<td>9局</td>
<td>遙 潤 勸 蒿　子<br>剋 河 德 矢　辰</td>
</tr>
<tr>
<td colspan="2">申<br>亥<br>寅</td>
<td colspan="2">辰<br>午<br>申</td>
<td colspan="2">辰<br>巳<br>午</td>
</tr>
<tr>
<td colspan="2">戌 未 申 巳<br>未 辰 巳 甲</td>
<td colspan="2">申 午 午 辰<br>午 辰 辰 甲</td>
<td colspan="2">午 巳 辰 卯<br>巳 辰 卯 甲</td>
</tr>
<tr>
<td>10<br>局</td>
<td>重 玄 三　　子<br>審 胎 奇　　卯</td>
<td>11<br>局</td>
<td>涉 間 斬 贅 狡　子<br>害 傳 關 瑁 童　寅</td>
<td>12<br>局</td>
<td>重 進 六 升　子<br>審 茹 儀 階　丑</td>
</tr>
</table>

| | 乙巳日　晝貴：申　夜貴：子　空亡：寅卯 | | |
|---|---|---|---|

| | | | | | | | |
|---|---|---|---|---|---|---|---|
| | 辰<br>巳<br>申 | | | 卯<br>寅<br>丑 | | | 丑<br>亥<br>酉 |
| | 巳巳辰辰<br>巳巳辰乙 | | | 卯辰寅卯<br>辰巳卯乙 | | | 丑卯子寅<br>卯巳寅乙 |
| 1局 | 伏斬六<br>吟關儀 | 子<br>子 | 2局 | 元退不驀<br>首茹備越 | 子<br>亥 | 3局 | 重間極驀<br>審傳陰越 | 子<br>戌 |
| | 丑<br>戌<br>未 | | | 酉<br>巳<br>丑 | | | 午<br>丑<br>申 |
| | 亥寅戌丑<br>寅巳丑乙 | | | 酉丑申子<br>丑巳子乙 | | | 未子午亥<br>子巳亥乙 |
| 4局 | 重稼遊驀<br>審稽子越 | 子<br>酉 | 5局 | 遙蒿從<br>剋矢革 | 子<br>申 | 6局 | 重四<br>審絕 | 子<br>未 |
| | 巳<br>亥<br>巳 | | | 寅<br>未<br>子 | | | 酉<br>丑<br>巳 |
| | 巳亥辰戌<br>亥巳戌乙 | | | 卯戌寅酉<br>戌巳酉乙 | | | 丑酉子申<br>酉巳申乙 |
| 7局 | 返玄無<br>吟胎依 | 子<br>午 | 8局 | 重寡勸<br>審宿德 | 子<br>巳 | 9局 | 重從<br>審革 | 子<br>辰 |
| | 未<br>戌<br>丑 | | | 申<br>戌<br>子 | | | 未<br>申<br>酉 |
| | 亥申戌未<br>申巳未乙 | | | 酉未申午<br>未巳午乙 | | | 未午午巳<br>午巳巳乙 |
| 10局 | 知稼遊勸閉<br>一稽子德口 | 子<br>卯 | 11局 | 重間涉<br>三<br>審傳淵 | 子<br>寅 | 12局 | 遙彈進不驀<br>剋射茹備越 | 子<br>丑 |

| 丙午日　晝貴：酉　夜貴：亥　空亡：寅卯 | | |
|---|---|---|
| 巳<br>申<br>寅<br><br>午　午　巳　巳<br>午　午　巳　丙 | 卯<br>寅<br>丑<br><br>辰　巳　卯　辰<br>巳　午　辰　丙 | 丑<br>亥<br>酉<br><br>寅　辰　丑　卯<br>辰　午　卯　丙 |
| **1局**　伏　玄　勸　自　　　子<br>　　　　吟　胎　德　任　　　子 | **2局**　元　退　不　孤　聯　子<br>　　　　首　茹　備　寡　芳　亥 | **3局**　重　間　極　聯　　　子<br>　　　　審　傳　陰　芳　　　戌 |
| 子<br>酉<br>午<br><br>子　卯　亥　寅<br>卯　午　寅　丙 | 戌<br>午<br>寅<br><br>戌　寅　酉　丑<br>寅　午　丑　丙 | 子<br>未<br>寅<br><br>申　丑　未　子<br>丑　午　子　丙 |
| **4局**　蒿　三　　　　　　子<br>　　　　矢　交　　　　　　酉 | **5局**　重　炎　泆　三　　　子<br>　　　　審　上　女　奇　　　申 | **6局**　知　四　　　　　　子<br>　　　　一　絶　　　　　　未 |
| 午<br>子<br>午<br><br>午　子　巳　亥<br>子　午　亥　丙 | 辰<br>酉<br>寅<br><br>辰　亥　卯　戌<br>亥　午　戌　丙 | 酉<br>丑<br>巳<br><br>寅　戌　丑　酉<br>戌　午　酉　丙 |
| **7局**　返　三　二　驀　　　子<br>　　　　吟　交　煩　越　　　午 | **8局**　比　六　斬　　　　　子<br>　　　　用　儀　關　　　　　巳 | **9局**　重　從　斬　　　　　子<br>　　　　審　革　關　　　　　辰 |
| 申<br>亥<br>寅<br><br>子　酉　亥　申<br>酉　午　申　丙 | 申<br>戌<br>子<br><br>戌　申　酉　未<br>申　午　未　丙 | 申<br>酉<br>戌<br><br>申　未　未　午<br>未　午　午　丙 |
| **10局**　比　玄　亨　　　子<br>　　　　　用　胎　通　　　卯 | **11局**　重　間　天　涉　　子<br>　　　　　　　　三<br>　　　　　審　傳　獄　淵　　寅 | **12局**　彈　進　不　　　子<br>　　　　　射　茹　備　　　丑 |

| 1局 | 2局 | 3局 |
|---|---|---|
| 未<br>丑<br>戌 | 卯<br>午<br>午 | 丑<br>巳<br>巳 |
| 未 未 未 未<br>未 未 未 丁 | 巳 午 巳 午<br>午 未 午 丁 | 卯 巳 卯 巳<br>巳 未 巳 丁 |
| 伏稼自勸　子<br>吟穡信德　子 | 八帷孤三　子<br>專簿寡交　亥 | 八帷　子<br>專簿　戌 |

| 4局 | 5局 | 6局 |
|---|---|---|
| 亥<br>辰<br>辰 | 卯<br>亥<br>未 | 酉<br>辰<br>亥 |
| 丑 辰 丑 辰<br>辰 未 辰 丁 | 亥 卯 亥 卯<br>卯 未 卯 丁 | 酉 寅 酉 寅<br>寅 未 寅 丁 |
| 八帷斬六　子<br>專簿關儀　酉 | 元曲先勸孤　子<br>首直春德寡　申 | 比孤度驀　子<br>用寡厄越　未 |

| 7局 | 8局 | 9局 |
|---|---|---|
| 巳<br>丑<br>丑 | 巳<br>戌<br>卯 | 亥<br>卯<br>未 |
| 未 丑 未 丑<br>丑 未 丑 丁 | 巳 子 巳 子<br>子 未 子 丁 | 卯 亥 卯 亥<br>亥 未 亥 丁 |
| 八返井勸　子<br>專吟欄德　午 | 比鑄　子<br>用印　巳 | 重曲回　子<br>審直環　辰 |

| 10局 | 11局 | 12局 |
|---|---|---|
| 亥<br>戌<br>戌 | 酉<br>亥<br>丑 | 申<br>酉<br>戌 |
| 丑 戌 丑 戌<br>戌 未 戌 丁 | 亥 酉 亥 酉<br>酉 未 酉 丁 | 酉 申 酉 申<br>申 未 申 丁 |
| 八帷斬　子<br>專簿關　卯 | 重間極　子<br>審傳陰　寅 | 重進　子<br>審茹　丑 |

戊申日　晝貴：丑　夜貴：未　空亡：寅卯

| | | |
|---|---|---|
| 巳 申 寅 | 卯 寅 丑 | 丑 亥 酉 |
| 申申巳巳<br>申申巳戊 | 午未卯辰<br>未申辰戊 | 辰午丑卯<br>午申卯戊 |
| **1局**　伏玄自　子<br>吟胎任　子 | **2局**　元退斬　子<br>首茹關　亥 | **3局**　重極勸　子<br>審陰德　戊 |
| 寅 亥 申 | 子 申 辰 | 子 未 寅 |
| 寅巳亥寅<br>巳申寅戊 | 子辰酉丑<br>辰申丑戊 | 戊卯未子<br>卯申子戊 |
| **4局**　比玄不贅孤驀　子<br>用胎備堉寡越　酉 | **5局**　重潤斬周驀　子<br>審下關遍越　申 | **6局**　涉度察　子<br>害厄微　未 |
| 寅 申 寅 | 卯 申 丑 | 辰 申 子 |
| 申寅巳亥<br>寅申亥戊 | 午丑卯戊<br>丑申戊戊 | 辰子丑酉<br>子申酉戊 |
| **7局**　返玄　子<br>吟胎　午 | **8局**　元斬　子<br>首關　巳 | **9局**　元潤六勸　子<br>首下儀德　辰 |
| 寅 巳 申 | 子 寅 辰 | 戊 酉 午 |
| 寅亥亥申<br>亥申申戊 | 子戊酉未<br>戊申未戊 | 戊酉未午<br>酉申午戊 |
| **10局**　蒿玄不孤驀　子<br>矢胎備寡越　卯 | **11局**　重間決向　子<br>　　　　三<br>審傳女陽　寅 | **12局**　昂虎回驀　子<br>星視環越　丑 |

| 己酉日　晝貴：子　夜貴：酉　空亡：寅卯 | | |
|---|---|---|
| 酉<br>未<br>丑<br><br>酉 酉 未 未<br>酉 酉 未 己 | 戌<br>午<br>申<br><br>未 申 巳 午<br>申 酉 午 己 | 卯<br>丑<br>亥<br><br>巳 未 卯 巳<br>未 酉 巳 己 |
| 1局　伏龍自玄泆　　子<br>　　　吟戰任胎女　　子 | 2局　昂勸冬斬　　子<br>　　　星德目關　　亥 | 3局　蒿狡不　　　子<br>　　　矢童備　　　戌 |
| 午<br>卯<br>子<br><br>卯 午 丑 辰<br>午 酉 辰 己 | 巳<br>丑<br>酉<br><br>丑 巳 亥 卯<br>巳 酉 卯 己 | 亥<br>午<br>丑<br><br>亥 辰 酉 寅<br>辰 酉 寅 己 |
| 4局　元軒淫勸三　子<br>　　　首蓋泆德交　酉 | 5局　涉從見反　　子<br>　　　害革機射　　申 | 6局　涉斬驀　　　子<br>　　　害關越　　　未 |
| 卯<br>酉<br>卯<br><br>酉 卯 未 丑<br>卯 酉 丑 己 | 未<br>子<br>巳<br><br>未 寅 巳 子<br>寅 酉 子 己 | 亥<br>卯<br>未<br><br>巳 丑 卯 亥<br>丑 酉 亥 己 |
| 7局　返龍察三回淫　子<br>　　　吟戰微交環泆　午 | 8局　涉絕　　　　子<br>　　　害嗣　　　　巳 | 9局　重曲狡　　　子<br>　　　審直童　　　辰 |
| 卯<br>午<br>酉<br><br>卯 子 丑 戌<br>子 酉 戌 己 | 丑<br>卯<br>巳<br><br>丑 亥 亥 酉<br>亥 酉 酉 己 | 亥<br>子<br>丑<br><br>亥 戌 酉 申<br>戌 酉 申 己 |
| 10局　蒿三斬　　子<br>　　　矢交關　　卯 | 11局　元不間閉出　子<br>　　　首備傳口戶　寅 | 12局　重進三　　子<br>　　　審茹奇　　丑 |

| 1局 | | 2局 | | 3局 | |
|---|---|---|---|---|---|
| 申<br>寅<br>巳 | | 午<br>巳<br>辰 | | 午<br>辰<br>寅 | |
| 戌 戌 申 申<br>戌 戌 申 庚 | | 申 酉 午 未<br>酉 戌 未 庚 | | 午 申 辰 午<br>申 戌 午 庚 | |
| 伏玄自<br>吟胎任 | 子<br>子 | 蒿退天登<br>矢茹獄庸 | 子<br>亥 | 元不勸<br>首備德 | 子<br>戌 |

| 4局 | | 5局 | | 6局 | |
|---|---|---|---|---|---|
| 巳<br>寅<br>亥 | | 子<br>申<br>亥 | | 戌<br>巳<br>子 | |
| 辰 未 寅 巳<br>未 戌 巳 庚 | | 寅 午 子 辰<br>午 戌 辰 庚 | | 子 巳 戌 卯<br>巳 戌 卯 庚 | |
| 元玄<br>首胎 | 子<br>酉 | 重潤仰斬六<br>審下元關儀 | 子<br>申 | 比燕<br>用淫 | 子<br>未 |

| 7局 | | 8局 | | 9局 | |
|---|---|---|---|---|---|
| 寅<br>申<br>寅 | | 申<br>丑<br>午 | | 辰<br>申<br>子 | |
| 戌 辰 申 寅<br>辰 戌 寅 庚 | | 申 卯 午 丑<br>卯 戌 丑 庚 | | 午 寅 辰 子<br>寅 戌 子 庚 | |
| 返斬玄<br>吟關胎 | 子<br>午 | 知順<br>一未 | 子<br>巳 | 涉潤六勸<br>害下儀德 | 子<br>辰 |

| 10局 | | 11局 | | 12局 | |
|---|---|---|---|---|---|
| 寅<br>巳<br>申 | | 子<br>寅<br>辰 | | 亥<br>子<br>丑 | |
| 辰 丑 寅 亥<br>丑 戌 亥 庚 | | 寅 子 子 戌<br>子 戌 戌 庚 | | 子 亥 戌 酉<br>亥 戌 酉 庚 | |
| 彈玄孤<br>射胎寡 | 子<br>卯 | 重間向不贅<br>審傳陽備壻 | 子<br>寅 | 重三進<br>審奇茹 | 子<br>丑 |

| 亥<br>戌<br>未 | 戌<br>酉<br>申 | 午<br>辰<br>寅 |
|---|---|---|
| 亥 亥 戌 戌<br>亥 亥 戌 辛 | 酉 戌 申 酉<br>戌 亥 酉 辛 | 未 酉 午 申<br>酉 亥 申 辛 |
| 1局　伏 杜 斬 驀　子<br>　　　吟 傳 關 越　子 | 2局　元 斬 退 不　子<br>　　　首 關 茹 備　亥 | 3局　元 間 顧 六 關　子<br>　　　首 傳 祖 儀 格　戌 |
| 巳<br>寅<br>亥 | 未<br>卯<br>亥 | 午<br>丑<br>申 |
| 巳 申 辰 未<br>申 亥 未 辛 | 卯 未 寅 午<br>未 亥 午 辛 | 丑 午 子 巳<br>午 亥 巳 辛 |
| 4局　元 玄 驀 勸　子<br>　　　首 胎 越 德　酉 | 5局　涉 曲 度　子<br>　　　害 直 厄　申 | 6局　重 四　子<br>　　　審 絕　未 |
| 巳<br>亥<br>巳 | 卯<br>申<br>丑 | 未<br>亥<br>卯 |
| 亥 巳 戌 辰<br>巳 亥 辰 辛 | 酉 辰 申 卯<br>辰 亥 卯 辛 | 未 卯 午 寅<br>卯 亥 寅 辛 |
| 7局　返 玄 斬　子<br>　　　吟 胎 關　午 | 8局　重 勸 孤　子<br>　　　審 德 寡　巳 | 9局　知 曲　子<br>　　　一 直　辰 |
| 巳<br>申<br>亥 | 丑<br>卯<br>巳 | 丑<br>寅<br>卯 |
| 巳 寅 辰 丑<br>寅 亥 丑 辛 | 卯 丑 寅 子<br>丑 亥 子 辛 | 丑 子 子 亥<br>子 亥 亥 辛 |
| 10局　驀 玄 勸　子<br>　　　　矢 胎 德　卯 | 11局　涉 間 洗 出 閉　子<br>　　　　害 傳 女 戶 口　寅 | 12局　元 進 閉 不　子<br>　　　　首 茹 口 備　丑 |

| | 壬子日　晝貴：卯　夜貴：巳　空亡：寅卯 | | |
|---|---|---|---|

|  | 亥<br>子<br>卯<br><br>子子亥亥<br>子子亥壬 |  | 戌<br>有<br>申<br><br>戌亥酉戌<br>亥子戌壬 |  | 戌<br>申<br>午<br><br>申戌未酉<br>戌子酉壬 |
|---|---|---|---|---|---|
| 1局 | 伏杜三勸　　子<br>吟傳奇德　　子 | 2局 | 元退斬不　　子<br>首茹關備　　亥 | 3局 | 元間斬　　子<br>首傳關　　戌 |
|  | 午<br>卯<br>子<br><br>午酉巳申<br>酉子申壬 |  | 未<br>卯<br>亥<br><br>辰申卯未<br>申子未壬 |  | 午<br>丑<br>申<br><br>寅未丑午<br>未子午壬 |
| 4局 | 比三軒　　子<br>用交蓋　　酉 | 5局 | 涉曲勸　　子<br>害直德　　申 | 6局 | 重四洸　　子<br>審絕女　　未 |
|  | 午<br>子<br>午<br><br>子午亥巳<br>午子巳壬 |  | 巳<br>戌<br>卯<br><br>戌巳酉辰<br>巳子辰壬 |  | 未<br>亥<br>卯<br><br>申辰未卯<br>辰子卯壬 |
| 7局 | 返勸無回　　子<br>吟德依環　　午 | 8局 | 重鑄斬　　子<br>審印關　　巳 | 9局 | 重曲斬　　子<br>審直關　　辰 |
|  | 午<br>酉<br>子<br><br>午卯巳寅<br>卯子寅壬 |  | 辰<br>午<br>申<br><br>辰寅卯丑<br>寅子丑壬 |  | 寅<br>卯<br>辰<br><br>寅丑丑子<br>丑子子壬 |
| 10局 | 彈三驀　　子<br>射交越　　卯 | 11局 | 重間六洸登　　子<br>　　　　三<br>審傳儀女天　　寅 | 12局 | 知進不　　子<br>洗茹備　　丑 |

| | | | | | |
|---|---|---|---|---|---|
| | | 癸丑日　晝貴：巳　夜貴：卯　空亡：寅卯 | | | |

| | 丑<br>戌<br>未 | | 子<br>亥<br>戌 | | 亥<br>酉<br>未 |
|---|---|---|---|---|---|
| | 丑 丑 丑 丑<br>丑 丑 丑 癸 | | 亥 子 亥 子<br>子 丑 子 癸 | | 酉 亥 酉 亥<br>亥 丑 亥 癸 |
| 1局 | 返 亂 稼 遊 勸　　子<br>吟 首 穡 子 德　　子 | 2局 | 重　退　　　　子<br>審　茹　　　　亥 | 3局 | 重 三 時　　　子<br>審 奇 遁　　　戌 |

| | 戌<br>未<br>辰 | | 巳<br>丑<br>酉 | | 卯<br>戌<br>巳 |
|---|---|---|---|---|---|
| | 未 戌 未 戌<br>戌 丑 戌 癸 | | 巳 酉 巳 酉<br>酉 丑 酉 癸 | | 卯 申 卯 申<br>申 丑 申 癸 |
| 4局 | 元 稼 遊 斬　　子<br>首 穡 子 關　　酉 | 5局 | 元 從 勸　　　子<br>首 革 德　　　申 | 6局 | 重 骮 四　　　子<br>審 輪 絕　　　未 |

| | 未<br>丑<br>未 | | 午<br>亥<br>辰 | | 酉<br>丑<br>巳 |
|---|---|---|---|---|---|
| | 丑 未 丑 未<br>未 丑 未 癸 | | 亥 午 亥 午<br>午 丑 午 癸 | | 酉 巳 酉 巳<br>巳 丑 巳 癸 |
| 7局 | 返 稼 遊 勸　　子<br>吟 穡 子 德　　午 | 8局 | 重　八　　　　子<br>審　專　　　　巳 | 9局 | 涉 從　　　　子<br>害 革　　　　辰 |

| | 辰<br>未<br>戌 | | 卯<br>巳<br>未 | | 寅<br>卯<br>辰 |
|---|---|---|---|---|---|
| | 未 辰 未 辰<br>辰 丑 辰 癸 | | 巳 卯 巳 卯<br>卯 丑 卯 癸 | | 卯 寅 卯 寅<br>寅 丑 寅 癸 |
| 10局 | 元 稼 六 斬 遊　子<br>首 穡 儀 關 子　卯 | 11局 | 元 不 間 勸 盈　子<br>首 備 傳 德 陽　寅 | 12局 | 元 進 孤　　　子<br>首 茹 寡　　　丑 |

甲寅日　晝貴：未　夜貴：丑　空亡：子丑

| 1局 | | 2局 | | 3局 | |
|---|---|---|---|---|---|
| 寅 | | 子 | | 戌 | |
| 巳 | | 亥 | | 申 | |
| 申 | | 戌 | | 午 | |
| 寅寅寅寅 | | 子丑子丑 | | 戌子戌子 | |
| 寅寅寅甲 | | 丑寅丑甲 | | 子寅子甲 | |
| 伏自玄蟇 | 子 | 知退孤三蟇 | 子 | 元間悖閉勸 | 子 |
| 吟任胎越 | 子 | 一茹寡奇越 | 亥 | 首傳戾口德 | 戌 |

| 4局 | | 5局 | | 6局 | |
|---|---|---|---|---|---|
| 丑 | | 戌 | | 酉 | |
| 亥 | | 午 | | 辰 | |
| 亥 | | 寅 | | 亥 | |
| 申亥申亥 | | 午戌午戌 | | 辰酉辰酉 | |
| 亥寅亥甲 | | 戌寅戌甲 | | 酉寅酉甲 | |
| 八閉寡 | 子 | 重炎斬狡 | 子 | 元四八 | 子 |
| 專口宿 | 酉 | 審上關童 | 申 | 首絕專 | 未 |

| 7局 | | 8局 | | 9局 | |
|---|---|---|---|---|---|
| 寅 | | 子 | | 申 | |
| 申 | | 巳 | | 午 | |
| 寅 | | 戌 | | 午 | |
| 寅申寅申 | | 子未子未 | | 戌午戌午 | |
| 申寅申甲 | | 未寅未甲 | | 午寅午甲 | |
| 返玄六 | 子 | 知度鑄孤 | 子 | 八帷勸 | 子 |
| 吟胎儀 | 午 | 一厄印寡 | 巳 | 專簿德 | 辰 |

| 10局 | | 11局 | | 12局 | |
|---|---|---|---|---|---|
| 申 | | 辰 | | 辰 | |
| 亥 | | 午 | | 巳 | |
| 寅 | | 申 | | 午 | |
| 申巳申巳 | | 午辰午辰 | | 辰卯辰卯 | |
| 巳寅巳甲 | | 辰寅辰甲 | | 卯寅卯甲 | |
| 重玄奇閉蟇 | 子 | 重間登斬 | 子 | 重進升 | 子 |
| | | 三 | | | |
| 審胎儀口越 | 卯 | 審傳天關 | 寅 | 審茹階 | 丑 |

| | | | | | |
|---|---|---|---|---|---|
| | | 乙卯日　晝貴：申　夜貴：子　空亡：子丑 | | | |

| | 辰<br>卯<br>子 | | 丑<br>子<br>亥 | | 亥<br>酉<br>未 |
|---|---|---|---|---|---|
| | 卯 卯 辰 辰<br>卯 卯 辰 乙 | | 丑 寅 寅 卯<br>寅 卯 卯 乙 | | 亥 丑 子 寅<br>丑 卯 寅 乙 |
| 1局 | 伏 杜 斬 六 蕢　　子<br>吟 傳 關 儀 越　　子 | 2局 | 重 退 三 孤　　子<br>審 茹 奇 寡　　亥 | 3局 | 涉 間 極 九　　子<br>害 傳 陰 醜　　戌 |
| | 丑<br>戌<br>未 | | 未<br>卯<br>亥 | | 午<br>丑<br>申 |
| | 酉 子 戌 丑<br>子 卯 丑 乙 | | 未 亥 申 子<br>亥 卯 子 乙 | | 巳 戌 午 亥<br>戌 卯 亥 乙 |
| 4局 | 重 稼 勸　　子<br>審 穡 德　　酉 | 5局 | 元 曲 泆　　子<br>首 直 女　　申 | 6局 | 涉 四　　子<br>害 絕　　未 |
| | 卯<br>酉<br>卯 | | 寅<br>未<br>子 | | 未<br>亥<br>卯 |
| | 卯 酉 辰 戌<br>酉 卯 戌 乙 | | 丑 申 寅 酉<br>申 卯 酉 乙 | | 亥 未 子 申<br>未 卯 申 乙 |
| 7局 | 返 無 三 龍　　子<br>吟 依 交 戰　　午 | 8局 | 重 六 勸　　子<br>審 儀 德　　巳 | 9局 | 涉 曲　　子<br>害 直　　辰 |
| | 酉<br>子<br>卯 | | 申<br>戌<br>子 | | 辰<br>巳<br>午 |
| | 酉 午 戌 未<br>午 卯 未 乙 | | 未 巳 申 午<br>巳 卯 午 乙 | | 巳 辰 午 巳<br>辰 卯 巳 乙 |
| 10局 | 纖 三 勸　　子<br>害 交 德　　卯 | 11局 | 重 間 涉　　子<br>　　三<br>審 傳 淵　　寅 | 12局 | 重 進 斬 亂　　子<br>審 茹 關 首　　丑 |

**1局**

```
        巳
        申
        寅

辰 辰 巳 巳
辰 辰 巳 丙
伏 玄 斬 勸      子
吟 胎 關 德      子
```

**2局**

```
        卯
        寅
        丑

寅 卯 卯 辰
卯 辰 辰 丙
元 退 斬 不      子
首 茹 關 備      亥
```

**3局**

```
        丑
        亥
        酉

子 寅 丑 卯
寅 辰 卯 丙
重 間 極 寡      子
審 傳 陰 宿      戌
```

**4局**

```
        亥
        申
        巳

戌 丑 亥 寅
丑 辰 寅 丙
遙 蒿 三 玄      子
剋 矢 奇 胎      酉
```

**5局**

```
        子
        申
        辰

申 子 酉 丑
子 辰 丑 丙
重 潤 勸 寡      子
審 下 德 宿      申
```

**6局**

```
        午
        丑
        申

午 亥 未 子
亥 辰 子 丙
知 四          子
一 絕          未
```

**7局**

```
        巳
        亥
        巳

辰 戌 巳 亥
戌 辰 亥 丙
返 斬 勸 玄      子
吟 關 德 胎      午
```

**8局**

```
        寅
        未
        子

寅 酉 卯 戌
酉 辰 戌 丙
重 斬 六        子
審 關 儀        巳
```

**9局**

```
        酉
        丑
        巳

子 申 丑 酉
申 辰 酉 丙
重 從          子
審 革          辰
```

**10局**

```
        申
        亥
        寅

戌 未 亥 申
未 辰 申 丙
重 玄          子
審 胎          卯
```

**11局**

```
        申
        戌
        子

申 午 酉 未
午 辰 未 丙
重 間 涉 勸 天    子
            三
審 傳 淵 德 獄    寅
```

**12局**

```
        亥
        午
        午

午 巳 未 午
巳 辰 午 丙
別 不 三        子
責 備 奇        丑
```

| | | | |
|---|---|---|---|
| | **丁巳日　晝貴：亥　夜貴：酉　空亡：子丑** | | |

| 1局 | | 2局 | | 3局 | |
|---|---|---|---|---|---|
| 巳<br>申<br>寅 | | 卯<br>寅<br>丑 | | 丑<br>亥<br>酉 | |
| 巳 巳 未 未<br>巳 巳 未 丁 | | 卯 辰 巳 午<br>辰 巳 午 丁 | | 丑 卯 卯 巳<br>卯 巳 巳 丁 | |
| 伏 玄 勸<br>吟 胎 德 | 子<br>子 | 元 退 斬<br>首 茹 關 | 子<br>亥 | 重 不 間 極 贅<br>審 備 傳 陰 堉 | 子<br>戌 |

| 4局 | | 5局 | | 6局 | |
|---|---|---|---|---|---|
| 亥<br>申<br>巳 | | 亥<br>未<br>卯 | | 酉<br>辰<br>亥 | |
| 亥 寅 丑 辰<br>寅 巳 辰 丁 | | 酉 丑 亥 卯<br>丑 巳 卯 丁 | | 未 子 酉 寅<br>子 巳 寅 丁 | |
| 遙 蒿 閉 玄<br>剋 矢 口 胎 | 子<br>酉 | 遙 蒿 曲 勸<br>剋 矢 直 德 | 子<br>申 | 涉 度 四 閉 關<br>害 厄 絕 口 格 | 子<br>未 |

| 7局 | | 8局 | | 9局 | |
|---|---|---|---|---|---|
| 巳<br>亥<br>巳 | | 巳<br>戌<br>卯 | | 酉<br>丑<br>巳 | |
| 巳 亥 未 丑<br>亥 巳 丑 丁 | | 卯 戌 巳 子<br>戌 巳 子 丁 | | 丑 酉 卯 亥<br>酉 巳 亥 丁 | |
| 返 玄 勸<br>吟 胎 德 | 子<br>午 | 重 鑄 斬<br>審 印 關 | 子<br>巳 | 重 從<br>審 革 | 子<br>辰 |

| 10局 | | 11局 | | 12局 | |
|---|---|---|---|---|---|
| 申<br>亥<br>寅 | | 酉<br>亥<br>丑 | | 申<br>酉<br>戌 | |
| 亥 申 丑 戌<br>申 巳 戌 丁 | | 酉 未 亥 酉<br>未 巳 酉 丁 | | 未 午 酉 申<br>午 巳 申 丁 | |
| 重 玄 斬<br>審 胎 關 | 子<br>卯 | 重 勸 間 不<br>審 德 傳 備 | 子<br>寅 | 重 進<br>審 茹 | 子<br>丑 |

戊午日　晝貴：丑　夜貴：未　空亡：子丑

| 1局 | 2局 | 3局 |
|---|---|---|
| 巳 申 寅 | 卯 寅 丑 | 丑 亥 酉 |
| 午 午 巳 巳<br>午 午 巳 戊 | 辰 巳 卯 辰<br>巳 午 辰 戊 | 寅 辰 丑 卯<br>辰 午 卯 戊 |
| 伏玄　　子<br>吟胎　　子 | 元退不斬　子<br>首茹備關　亥 | 重間斬勸寡　子<br>審傳關德宿　戊 |

| 4局 | 5局 | 6局 |
|---|---|---|
| 寅 亥 申 | 戊 午 寅 | 子 未 寅 |
| 子 卯 亥 寅<br>卯 午 寅 戊 | 戊 寅 酉 丑<br>寅 午 丑 戊 | 申 丑 未 子<br>丑 午 子 戊 |
| 元六玄　子<br>首儀胎　酉 | 重炎狡九　子<br>審上童醜　申 | 重九四　子<br>審醜絶　未 |

| 7局 | 8局 | 9局 |
|---|---|---|
| 午 子 午 | 辰 酉 寅 | 寅 午 戊 |
| 午 子 巳 亥<br>子 午 亥 戊 | 辰 亥 卯 戊<br>亥 午 戊 戊 | 寅 戊 丑 酉<br>戊 午 酉 戊 |
| 返三　子<br>吟交　午 | 知度斬　子<br>一厄關　巳 | 元炎六狡勸　子<br>首上儀童德　辰 |

| 10局 | 11局 | 12局 |
|---|---|---|
| 酉 子 卯 | 申 戊 子 | 寅 午 午 |
| 子 酉 亥 申<br>酉 午 申 戊 | 戊 申 酉 未<br>申 午 未 戊 | 申 未 未 午<br>未 午 午 戊 |
| 重三　子<br>審交　卯 | 重涉間　子<br>　　三<br>審淵傳　寅 | 別六不　子<br>責儀備　丑 |

己未日　晝貴：子　夜貴：申　空亡：子丑

| | | |
|---|---|---|
| 未<br>丑<br>戌<br><br>未 未 未 未<br>未 未 未 己 | 卯<br>午<br>午<br><br>巳 午 巳 午<br>午 未 午 己 | 丑<br>巳<br>巳<br><br>卯 巳 卯 巳<br>巳 未 巳 己 |
| 1局　伏稼　　　子<br>　　　吟穡　　　子 | 2局　八帷　　　子<br>　　　專簿　　　亥 | 3局　八帷孤　　子<br>　　　專簿寡　　戌 |
| 亥<br>辰<br>辰<br><br>丑 辰 丑 辰<br>辰 未 辰 己 | 卯<br>亥<br>未<br><br>亥 卯 亥 卯<br>卯 未 卯 己 | 酉<br>辰<br>亥<br><br>酉 寅 酉 寅<br>寅 未 寅 己 |
| 4局　八斬勸　　子<br>　　　專關德　　酉 | 5局　元曲狡　　子<br>　　　首直童　　申 | 6局　知無四　　子<br>　　　一祿絕　　未 |
| 巳<br>丑<br>丑<br><br>未 丑 未 丑<br>丑 未 丑 己 | 巳<br>戌<br>卯<br><br>巳 子 巳 子<br>子 未 子 己 | 亥<br>卯<br>未<br><br>卯 亥 卯 亥<br>亥 未 亥 己 |
| 7局　八井返無　子<br>　　　專欄吟親　午 | 8局　知鑄勸　　子<br>　　　一印德　　巳 | 9局　重曲三狡　子<br>　　　審直奇童　辰 |
| 亥<br>戌<br>戌<br><br>丑 戌 丑 戌<br>戌 未 戌 己 | 酉<br>酉<br>酉<br><br>亥 酉 亥 酉<br>酉 未 酉 己 | 未<br>申<br>申<br><br>酉 申 酉 申<br>申 未 申 己 |
| 10局　八斬勸　　子<br>　　　專關德　　卯 | 11局　八獨　　　子<br>　　　專足　　　寅 | 12局　八帷　　　子<br>　　　專簿　　　丑 |

<table>
<tr><td colspan="3" align="center">庚申日　畫貴：丑　夜貴：未　空亡：子丑</td></tr>
</table>

| | | |
|---|---|---|
| 申<br>寅<br>巳<br><br>申 申 申 申<br>申 申 申 庚 | 酉<br>未<br>未<br><br>午 未 午 未<br>未 申 未 庚 | 午<br>辰<br>寅<br><br>辰 午 辰 午<br>午 申 午 庚 |
| **1局**　伏玄　　　子<br>　　　吟胎　　子 | **2局**　八　　　　子<br>　　　專　　　亥 | **3局**　元間顧勸　子<br>　　　首傳祖德　戌 |
| 巳<br>寅<br>亥<br><br>寅 巳 寅 巳<br>巳 申 巳 庚 | 子<br>申<br>辰<br><br>子 辰 子 辰<br>辰 申 辰 庚 | 戌<br>巳<br>子<br><br>戌 卯 戌 卯<br>卯 申 卯 庚 |
| **4局**　元玄　　　子<br>　　　首胎　　酉 | **5局**　重潤斬　　子<br>　　　審下關　申 | **6局**　知龍　　　子<br>　　　一戰　　未 |
| 寅<br>申<br>寅<br><br>申 寅 申 寅<br>寅 申 寅 庚 | 卯<br>丑<br>丑<br><br>午 丑 午 丑<br>丑 申 丑 庚 | 辰<br>申<br>子<br><br>辰 子 辰 子<br>子 申 子 庚 |
| **7局**　返六玄　　子<br>　　　吟儀胎　午 | **8局**　八帷　　　子<br>　　　專簿　　巳 | **9局**　元潤勸　　子<br>　　　首下德　辰 |
| 丑<br>亥<br>亥<br><br>寅 亥 寅 亥<br>亥 申 亥 庚 | 子<br>寅<br>辰<br><br>子 戌 子 戌<br>戌 申 戌 庚 | 亥<br>酉<br>酉<br><br>戌 酉 戌 酉<br>酉 申 酉 庚 |
| **10局**　八帷寡　　子<br>　　　專簿宿　卯 | **11局**　重間向洪　子<br>　　　　　三<br>　　　審傳陽女　寅 | **12局**　八帷三　　子<br>　　　傳簿奇　丑 |

| | | | | | | |
|---|---|---|---|---|---|---|
| | **辛酉日　晝貴：寅　夜貴：午　空亡：子丑** | | | | | |

| | 酉<br>戌<br>未<br><br>酉 酉 戌 戌<br>酉 酉 戌 辛 | | 丑<br>酉<br>酉<br><br>未 申 申 酉<br>申 酉 酉 辛 | | 午<br>辰<br>寅<br><br>巳 未 午 申<br>未 酉 申 辛 | |
|---|---|---|---|---|---|---|
| 1局 | 伏 斬 龍　　子<br>吟 關 戰　　子 | 2局 | 別 勸 不　　子<br>責 德 備　　亥 | 3局 | 元 間 顧　　子<br>首 傳 祖　　戌 |
| | 午<br>卯<br>子<br><br>卯 午 辰 未<br>午 酉 未 辛 | | 巳<br>丑<br>酉<br><br>丑 巳 寅 午<br>巳 酉 午 辛 | | 亥<br>午<br>丑<br><br>亥 辰 子 巳<br>辰 酉 巳 辛 | |
| 4局 | 元 三 軒 勸　子<br>首 交 蓋 德　酉 | 5局 | 知 從　　子<br>一 革　　申 | 6局 | 重 三 斬 四　子<br>審 奇 關 絕　未 |
| | 卯<br>酉<br>卯<br><br>酉 卯 戌 辰<br>卯 酉 辰 辛 | | 未<br>子<br>巳<br><br>未 寅 申 卯<br>寅 酉 卯 辛 | | 寅<br>午<br>戌<br><br>巳 丑 午 寅<br>丑 酉 寅 辛 | |
| 7局 | 返 龍 斬 貚　子<br>吟 戰 關 輪　午 | 8局 | 知 度 勸　　子<br>一 厄 德　　巳 | 9局 | 重 炎 六　　子<br>審 上 儀　　辰 |
| | 卯<br>午<br>酉<br><br>卯 子 辰 丑<br>子 酉 丑 辛 | | 丑<br>卯<br>巳<br><br>丑 亥 寅 子<br>亥 酉 子 辛 | | 亥<br>子<br>丑<br><br>亥 戌 子 亥<br>戌 酉 亥 辛 | |
| 10局 | 遙 彈 勸 三 淫 龍 子<br>剋 射 德 交 泆 戰 卯 | 11局 | 元 泆 寡　　子<br>首 女 宿　　寅 | 12局 | 重 進 不 三 斬 子<br>審 茹 備 奇 關 丑 |

| 1局 | 亥<br>戌<br>未<br><br>戌 戌 亥 亥<br>戌 戌 亥 壬<br>伏 斬 勸 三　　子<br>吟 關 德 奇　　子 | 2局 | 戌<br>酉<br>申<br><br>申 酉 酉 戌<br>酉 戌 戌 壬<br>元 退 斬 亂 不　子<br>首 茹 關 首 備　亥 | 3局 | 午<br>辰<br>寅<br><br>午 申 未 酉<br>申 戌 酉 壬<br>元 洗 顧 勸　　子<br>首 女 祖 德　　戌 |
|---|---|---|---|---|---|
| 4局 | 巳<br>寅<br>亥<br><br>辰 未 巳 申<br>未 戌 申 壬<br>元 玄　　　子<br>首 胎　　　酉 | 5局 | 未<br>卯<br>亥<br><br>寅 午 卯 未<br>午 戌 卯 壬<br>涉 曲 勸　　子<br>害 直 德　　申 | 6局 | 午<br>丑<br>申<br><br>子 巳 丑 午<br>巳 戌 午 壬<br>重 四 洗　　子<br>審 絕 女　　未 |
| 7局 | 巳<br>亥<br>巳<br><br>戌 辰 亥 巳<br>辰 戌 巳 壬<br>返 玄 斬 勸　子<br>吟 胎 關 德　午 | 8局 | 辰<br>酉<br>寅<br><br>申 卯 酉 申<br>卯 戌 辰 壬<br>涉 斬　　　子<br>害 關　　　巳 | 9局 | 未<br>亥<br>卯<br><br>午 寅 未 卯<br>寅 戌 卯 壬<br>重 曲　　　子<br>審 直　　　辰 |
| 10局 | 辰<br>未<br>戌<br><br>辰 丑 巳 寅<br>丑 戌 寅 壬<br>遙 蒿 稼 勸　子<br>剋 矢 穡 德　卯 | 11局 | 子<br>寅<br>辰<br><br>寅 子 卯 丑<br>子 戌 丑 壬<br>重 間 向 勸　子<br>　　　三<br>審 傳 陽 德　寅 | 12局 | 亥<br>子<br>丑<br><br>子 亥 丑 子<br>亥 戌 子 壬<br>重 進 亂 三　子<br>審 茹 首 奇　丑 |

| | | |
|---|---|---|
| 丑<br>戌<br>未<br><br>亥 亥 丑 丑<br>亥 亥 丑 癸<br><br>**1局** 伏 稼 勸　　子<br>　　　吟 穡 德　　子 | 戌<br>酉<br>申<br><br>酉 戌 亥 子<br>戌 亥 子 癸<br><br>**2局** 元 退 斬　　子<br>　　　首 茹 關　　亥 | 未<br>巳<br>卯<br><br>未 酉 酉 亥<br>酉 亥 亥 癸<br><br>**3局** 遙 蒿 間 不　子<br>　　　尅 矢 傳 備　戌 |
| 巳<br>寅<br>亥<br><br>巳 申 未 戌<br>申 亥 戌 癸<br><br>**4局** 知 玄 斬　　子<br>　　　一 胎 關　　酉 | 未<br>卯<br>亥<br><br>卯 未 巳 酉<br>未 亥 酉 癸<br><br>**5局** 涉 曲 度 勸　子<br>　　　害 直 厄 德　申 | 卯<br>戌<br>巳<br><br>丑 午 卯 申<br>午 亥 申 癸<br><br>**6局** 知 踄 四 鑄　子<br>　　　一 輪 絕 印　未 |
| 巳<br>亥<br>巳<br><br>亥 巳 丑 未<br>巳 亥 未 癸<br><br>**7局** 返 玄 勸　　子<br>　　　吟 胎 德　　午 | 午<br>亥<br>辰<br><br>酉 辰 亥 午<br>辰 亥 午 癸<br><br>**8局** 重 斬　　　子<br>　　　審 關　　　巳 | 酉<br>丑<br>巳<br><br>未 卯 酉 巳<br>卯 亥 巳 癸<br><br>**9局** 涉 度 從　　子<br>　　　害 厄 革　　辰 |
| 辰<br>未<br>戌<br><br>巳 寅 未 辰<br>寅 亥 辰 癸<br><br>**10局** 元 稼 斬　　子<br>　　　首 穡 關　　卯 | 丑<br>卯<br>巳<br><br>卯 丑 巳 卯<br>丑 亥 卯 癸<br><br>**11局** 涉 間 不 勸 出　子<br>　　　害 傳 備 德 戶　寅 | 丑<br>寅<br>卯<br><br>丑 子 卯 寅<br>子 亥 寅 癸<br><br>**12局** 元 進　　　子<br>　　　首 茹　　　丑 |

# 參考圖書

陳添賜 編著, 『六壬擂台 上.下』, 대만: 商流文化事業有限公司, 2016.

陳劍 著, 『注解大六壬占驗指南』, 대만: 武陵出版社, 2003.

阿部泰山 著, 『天文易學六壬神課 鑑定秘鍵 上.下』, 대만: 武陵出版有限公社, 1995.

阿部泰山 著, 『六壬神課吉凶正斷法』, 대만 : 武陵出版有限公社, 1999.

張定洲 著, 『六壬神課神斷要訣』, 대만: 武陵出版社, 1998.

秦瑞生 著, 『大六壬豫測學』, 대만: 武陵出版社, 2015.

王雷之 著, 『大六壬實占百例精解』, 中國哲學文化協進會, 2005.

吳霖 編著, 『白話六壬金口訣』, 대만: 宋林出版社, 민국 85년.

韋千里 編著, 『六壬占卜講義』, 대만: 武陵出版社, 2013.

魯揚才 著, 『大六壬高級豫測學』, 中國哲學文化協進會, 2013.

張定洲 著, 『六壬實占詳解』, 대만: 武陵出版社, 1999.

北海閒人 著, 『大六壬必法指要』, 대만: 武陵出版有限公社, 2009.

王雷之 著, 『壬學精華』, 名師出版社, 2007.

孫臏 著, 『六壬神課金口訣大全 課例注釋』, 대만: 育林出版社 민국 88년.

張純照 纂修, 『六壬尋原』, 대만: 集文書局有限公司, 민국 65년

金正音(淸代) 輯, 『大六壬秘本』, 대만: 武陵出版社, 1999.

李敏 編著, 『六壬簡明講義』, 中國哲學文化協進會, 2012.

張成達 · 張慶先 合著, 『大六壬金口訣大揭秘』, 中國哲學文化協進會, 2006.

張泰相 編著, 『六壬精義』, 明文堂, 1976.

李在南 著, 『六壬正斷』, 明文堂, 1985.

## 편저자 김갑진

- 단국대학교 졸업
- 역술학 강의 이력(단국대학교 천안 평생교육원 2007~2018년)
  - 기문둔갑  - 육임
  - 주역  - 사주초급
  - 사주고급  - 실전사주
  - 사주통변술  - 관상학
- 역술학 강의 이력(중앙대학교 안성 평생교육원 2017~)
  - 사주(초급·중급)
  - 풍수지리
- 역술학 강의 이력(나사렛대학교 평생교육원 2018~)
  - 생활명리학

- (현)구궁학회 회장
- (현)구궁학회 상담실 운영(1991~)

- 연락처  041-552-8777
        010-5015-9156

## 실전 육임신과 [이론편]

2018년 12월 27일 초판 1쇄 펴냄

**편저자** 김갑진
**펴낸이** 김흥국
**펴낸곳** 도서출판 보고사

**등록** 1990년 12월 13일 제6-0429호
**주소** 경기도 파주시 회동길 337-15 2층
**전화** 031-955-9797(대표)
        02-922-5120~1(편집), 02-922-2246(영업)
**팩스** 02-922-6990
**메일** kanapub3@naver.com
http://www.bogosabooks.co.kr

ISBN 979-11-5516-852-3  93180
ⓒ 김갑진, 2018

정가 46,000원